Para além do direito

RICHARD A. POSNER

Para além do direito

Tradução
Evandro Ferreira e Silva

wmf **martinsfontes**

Esta obra foi publicada originalmente em inglês com o título
OVERCOMING LAW
por Harvard University Press, Cambridge, USA.
Copyright © 1995 by The President and Fellows of Harvard College
publicado por acordo com Harvard University Press.
Copyright © 2009, Livraria Martins Fontes Editora Ltda.,
São Paulo, para a presente edição.

1ª edição 2009
2ª tiragem 2021

Tradução
EVANDRO SILVA

Acompanhamento editorial
Márcia Leme
Revisões
Sandra Garcia Cortes
Maria Ângela Montenegro de Azevedo
Produção gráfica
Geraldo Alves
Paginação
Studio 3 Desenvolvimento Editorial
Capa
Mayumi Okuyama

Dados Internacionais de Catalogação na Publicação (CIP)
(Câmara Brasileira do Livro, SP, Brasil)

Posner, Richard A.
Para além do direito / Richard A. Posner ; tradução Evandro Ferreira e Silva. – São Paulo : Editora WMF Martins Fontes, 2009.

Título original: Overcoming law.
ISBN 978-85-7827-106-0

1. Direito – Filosofia 2. Direito – Teoria 3. Jurisprudência 4. Direito – Metodologia I. Título.

09-01590   CDU-340.11

Índices para catálogo sistemático:
1. Direito : Teoria   340.11
2. Teoria jurídica   340.11

Todos os direitos desta edição reservados à
Editora WMF Martins Fontes Ltda.
Rua Prof. Laerte Ramos de Carvalho, 133 01325-030 São Paulo SP Brasil
Tel. (11) 3293.8150 e-mail: info@wmfmartinsfontes.com.br
http://www.wmfmartinsfontes.com.br

Índice

Prefácio — VII
Introdução Pragmatismo, economia e liberalismo — 1

Parte um – A profissão

1. Os fundamentos materiais da teoria do direito — 35
2. Os triunfos e reveses do estudo acadêmico do direito — 86
3. O que os juízes maximizam? — 116
4. A profissão em crise: Alemanha e Inglaterra — 155

Parte dois – Teoria constitucional

5. O raciocínio jurídico de cima para baixo e de baixo para cima — 183
6. Possuímos uma teoria constitucional? — 212
7. Positivismo jurídico sem direito positivo — 230
8. O que sou? Uma planta de vaso? — 244
9. Bork e Beethoven — 252

Parte três – Variedade e ideologia na teoria jurídica

10. O primeiro dos neoconservadores — 275
11. A história do pensamento jurídico norte-americano segundo a esquerda — 287
12. Pragmático ou utópico? — 304

13 Hegel e o emprego "sem garantias"	316
14 A Islândia medieval pós-moderna	330

Parte quatro – Sobre sexo e raça

15 Sra. Aristóteles	347
16 Biologia, economia e a crítica feminista radical a *Sex and Reason*	353
17 Obsessão pela pornografia	377
18 Nuança, narrativa e empatia na teoria crítica da raça	388

Parte cinco – Perspectivas filosóficas e econômicas

19 Afinal, o que o pragmatismo *tem* a oferecer ao direito?	409
20 Ronald Coase e a metodologia	429
21 A nova economia institucional encontra a teoria econômica do direito	450
22 Para que servem os filósofos?	468

Parte seis – Na fronteira

23 Direito e literatura revistos	495
24 Retórica, advocacia e raciocínio jurídico	523
25 A proteção jurídica da imagem que apresentamos ao mundo	557
26 A economia e a construção social da homossexualidade	580
Créditos	611
Índice remissivo	613

Prefácio

"Teoria jurídica" é um corpo sistemático de conhecimentos sobre o direito (ou intimamente relacionados a este) que pode receber, e de fato recebe, grandes contribuições de pessoas de fora da área jurídica e que não deveria ser ignorado pelas de dentro. Minha concepção de teoria jurídica é abrangente. Nela se incluem temas que, aparentemente, diriam mais respeito à teoria política ou à sociologia. Essa abrangência reflete um alargamento do campo de interesses, típico dos estudos acadêmicos contemporâneos. Vivemos em uma época na qual os economistas, como Ronald Coase e Gary Becker, os filósofos, como John Rawls e Richard Rorty, e os críticos literários, como Stanley Fish, são presenças reais no panorama dos estudos acadêmicos jurídicos. Neste livro, portanto, além de capítulos sobre os juízes, os profissionais do direito, os estudos acadêmicos jurídicos, a Constituição e a regulamentação dos contratos de emprego, o leitor encontrará capítulos sobre sexualidade, construtivismo social, feminismo, retórica, economia institucional, teoria política e a representação do direito na literatura. Até mesmo minhas incursões em assuntos tão distantes dos domínios usuais da teoria jurídica quanto a ancestralidade de Beethoven, as rixas na Islândia medieval, a criação dos filhos na Grécia Antiga e a educação de crianças surdas nasceram de meus interesses profissionais como juiz e estudioso do direito.

Este é um livro *de* e *sobre* teoria jurídica. Essas preposições denotam, respectivamente, os aspectos analítico e crítico do livro. A Introdução e os capítulos da Parte um e da Parte seis são essencialmente analíticos. A partir do estudo de temas como o comportamento dos juízes, os efeitos da estrutura da profissão jurídica sobre o pensamento jurídico, as relações mútuas entre direito e literatura, o caráter econômico e filosófico da advocacia e do raciocínio jurídico, a proteção da privacidade e a reação social ao comportamento homossexual, esses capítulos ilustram de que maneira, no meu entender, a teoria jurídica deveria ser elaborada. As partes intermediárias do livro são, por sua vez, essencialmente críticas. Através da análise de autores das mais diversas regiões do cenário ideológico e metodológico (Coase, Rorty e Rawls, mas também Patricia Wiliams, James Fitzjames Stephen, Robert Bork, John Hart Ely, Morton Horwitz, Catharine MacKinnon, Walter Berns, Martha Minow, entre outros), esses capítulos ilustram de que modo, a meu ver, a teoria jurídica – inclusive alguns modelos de teoria jurídica pragmática – não deveria ser elaborada.

Como o direito carece significativamente de uma tradição crítica, não me desculpo por dedicar tanta atenção à crítica de outros teóricos. Ademais, os leitores dos manuscritos deste livro me disseram que os capítulos críticos são os mais estimulantes; e eu acredito neles, pois encontrar os buracos no trabalho de outras pessoas é mais fácil que estruturar o próprio a fim de fazê-lo resistir ao tempo. Uma abordagem meramente crítica não resiste ao tempo, e mesmo as críticas devastadoras deixam de sê-lo quando o crítico não põe nada no lugar das ruínas que quer gerar. Não pretendo empreender um trabalho completo de reinterpretação. Porém, mesmo nas áreas às quais não dedico nenhum capítulo "interpretativo", como a do direito constitucional, minhas críticas possuem um aspecto construtivo: apontam o caminho para uma outra abordagem.

Esta, de poder tanto crítico quanto interpretativo, não é exclusivamente econômica, como o leitor pode ser levado a esperar. Não acredito que o economista detenha todas as chaves da teoria jurídica. Acredito, em vez disso, que a economia seja uma dentre três chaves. As outras são o pragmatismo (despojado, entretanto, dos excessos pós-modernistas) e o liberalismo, sobretudo o da tradição clássica, da qual o principal porta-voz continua sendo John Stuart Mill. O pragmatismo e o liberalismo, assim compreendidos, harmonizam-se convenientemente com a economia. As três abordagens se unem para compor uma poderosa ferramenta de compreensão de questões de teoria do direito. Meu ponto é que o gosto pelos fatos, juntamente com o respeito pelas ciências sociais, uma curiosidade eclética, um desejo de praticidade, a crença no individualismo e a abertura a novas possibilidades, características estas que estão todas relacionadas a um certo tipo de pragmatismo ou, alternativamente, a um certo tipo de economia ou de liberalismo, podem fazer da teoria jurídica um instrumento eficaz de compreensão e aprimoramento do direito e das instituições sociais em geral; bem como de demonstração das insuficiências do pensamento jurídico existente e de substituição deste por algo melhor.

Embora muitos dos capítulos aqui apresentados provenham de artigos ou resenhas de livros, cinco são inéditos (o Capítulo 18 e os quatro capítulos da Parte seis), assim como a Introdução, que contém a sistematização mais completa de minha posição teórica geral. Esses seis novos ensaios compõem mais de um quarto do livro. Além disso, todos os capítulos originados de revistas foram revisados antes de compor este livro, muitos deles exaustivamente. Na maior parte deles, acrescentei material novo ou reelaborei o antigo, dando-lhe nova forma ou fazendo cortes; e muitos capítulos reúnem o conteúdo de apostilas publicadas separadamente. O livro, portanto, não é uma miscelânea nem uma enciclopédia. Deve ser lido linearmente.

Muitas pessoas me ajudaram neste empreendimento. Agradeço a Benjamin Aller, John Fee, Wesley Kelman, Harry Lind, Richard Madris, Jeffrey Richards, Susan Steinthal, John Wright e Douglas Y'Barbo pelo excelente auxílio na atividade de pesquisa. Também devo muito a Andrew Abbott, Terence Halliday e Donald Levine pelo estimulante debate sobre a sociologia das profissões que me ajudou a formular a tese do Capítulo 1. Agradeço, ainda, por tecerem importantes comentários a um ou mais dos capítulos em sua forma original de ensaios ou resenhas, a Gary Becker, Harold Demsetz, Frank Easterbrook, David Friedman, Donald Gjerdingen, Henry Hansmann, Lynne Henderson, Stephen Holmes, Daniel Klerman, William Landes, Lawrence Lessig, Geoffrey Miller, Martha Nussbaum, Eric Rasmusen, Eva Saks, Pierre Schlag, Jeffrey Stake e Cass Sunstein. Lessig, Nussbaum e Sustein, além de Michael Aronson, Neil Duxbury, William Eskridge, Mary Ann Glendon, Thomas Grey, Sanford Levinson, Frank Michelman, Charlene Posner e Eric Posner, leram todo o manuscrito do livro e fizeram muitas e proveitosas sugestões. Friedman, assim como Paul Campos, Gerhard Casper, David Cohen, Drucilla Cornell, Donald Davidson, Markus Dubber, Ronald Dworkin, Eldon Eisenach, Daniel Farber, Henry Louis Gates Jr., Julius Kirschner, Jane Larson, Donald McCloskey, Bernard Meltzer, Thomas Nagel, Richard Rorty, Brian Simpson e David Strauss, leram partes do manuscrito e teceram úteis comentários.

O texto do Capítulo 1 teve duas versões anteriores. Uma delas foi a Preleção em Homenagem a Addison C. Harris, proferida em 1993 na Faculdade de Direito da Universidade de Indiana, e a outra foi uma das preleções proferidas no *workshop* para professores da Faculdade de Direito Chicago-Kent. Uma das partes do Capítulo 2 originou-se de uma contribuição a um congresso sobre o ensino da cidadania e do direito, na Faculdade de Direito de Stanford. Outras partes foram, originalmente, debates realizados durante um encontro anual da Associação das Faculdades de Direito dos Estados Unidos. Versões prévias do Capítulo 3, por sua vez, foram proferidas em uma conferência na Faculdade de Direito da Universidade George Mason, durante um encontro anual da Associação de Direito e Economia dos Estados Unidos e na Conferência sobre Política Econômica na Universidade de Harvard. Uma versão prévia do Capítulo 5 foi proferida em forma de debate na Conferência em Homenagem ao Bicentenário da Declaração de Direitos, na Faculdade de Direito da Universidade de Chicago. A origem do Capítulo 13 é uma palestra proferida em uma conferência sobre Hegel e o direito na Faculdade de Direito Cardozo; a do Capítulo 19, uma palestra para um congresso sobre pragmatismo e direito na sociedade realizado na Faculdade de Direito da Universidade do Sul da Califórnia; a do Capítulo 21, uma palestra proferida em uma conferência sobre a nova economia institucional na Universidade de Saarlandes; e a do Capítulo 26, uma palestra proferida durante uma conferência na Universidade Brown, sobre o direito e a natureza. Diversos capítulos, por fim, foram submetidos a um exame crítico intenso do Colóquio de Direito, Filosofia e Teoria Política da Faculdade de Direito da Universidade de Nova York, organizado por Ronald Dworkin e Thomas Nagel. Agradeço aos participantes de todas as sessões do evento pelos muitos e proveitosos comentários.

Introdução: Pragmatismo, economia e liberalismo

Os adeptos do movimento dos estudos jurídicos críticos, mas não só estes, costumam contar a seguinte história sobre o direito. No final do século dezenove, na Inglaterra, o pensamento jurídico era formalista: pensava-se que o direito, como a matemática, referia-se a relações entre conceitos, e não a relações entre estes e a realidade. O estudante de geometria não chega à relação entre o quadrado da hipotenusa de um triângulo retângulo e os quadrados dos catetos através da mensuração de objetos triangulares. Igualmente, para o formalista jurídico, a questão, em um litígio contratual envolvendo recompensa oferecida pela devolução de um bem perdido e reclamada por uma pessoa que encontrou o bem e que não sabia da oferta, não é saber se a imposição do direito à recompensa serviria a algum objetivo social a um custo aceitável; mas, sim, se a aceitação inconsciente de uma oferta é coerente com o conceito de contrato exigível judicialmente. Durante as décadas de 1920 e 1930, essa visão reificante dos conceitos jurídicos, em contraposição a uma visão instrumental, foi, segundo os que contam essa história, superada pelo realismo jurídico, que foi a primeira escola de pensamento jurídico antiformalista. Os formalistas revidaram na década de 1950 com a teoria processual do direito e, na década seguinte e até hoje, com a "teoria econômica do direito", isto é, a aplicação da economia ao direito. De acordo com essa história a que me refiro, a teoria econômica do direito substitui o conceitualismo jurídico pelo econômico. As decisões judiciais passam a ser avaliadas por sua conformidade com a teoria econômica, mas numa esfera ainda bem distante dos fatos. O antídoto para esse conceitualismo é o pragmatismo, uma teoria (ou antiteoria) que derruba qualquer pretensão de construção de um caminho em direção à verdade e que, juntamente com seu irmão gêmeo, o pós-modernismo, subscreve a crítica radical do direito que é conduzida pela teoria feminista do direito, pelos estudos jurídicos críticos e pela teoria crítica da raça (e serve, assim, como exemplo da antiteoria como teoria).

Gosto da parte inicial dessa história, embora pense que ela superdimensiona o formalismo do direito do século dezenove. Mas os limites se extrapolam quando se chega ao realismo jurídico, um movimento excessivamente jactancioso. A parte verdadeira é que, desde Sócrates, sempre houve pensadores influentes que duvidavam da capacidade do raciocínio jurídico de chegar a algo a que se pudesse chamar aceitavelmente "verdade". Nos Estados Unidos, o mais importante desses pensadores é Oliver Wendell Holmes. Quase tudo o que os realistas disseram e que é digno de nota pode ser encontrado nos ensaios de Holmes ou nos livros de Benjamin Cardozo, ademais exposto de forma mais elegante e incisiva[1].

Os elementos acrescentados pelos realistas e transmitidos ao movimento dos estudos jurídicos críticos são, em sua maior parte, simples extensões do pensamento de Holmes e Cardozo. De resto, o realismo jurídico nos legou o pior livro já escrito por um professor de uma grande faculdade de direito: *Woe Unto You, Lawyers!* [Calamidade para vocês,

---

1. O ensaio mais importante de Holmes é "The Path of the Law", 10 *Harvard Law Review* 457 (1897), reimpresso em (entre outras publicações) *The Essential Holmes: Selections from the Letters, Speeches, Judicial Opinions, and Other Writings of Oliver Wendell Holmes, Jr.*, p. 160 (Richard A. Posner [org.], 1992). O livro mais importante de Cardozo é *The Nature of the Judicial Process* (1921). "The Path of the Law" é uma das diversas obras repetidamente citadas neste livro. Para poupar espaço, portanto, apenas nesta nota é que forneço os dados completos desses trabalhos muito citados. Além deste último, tais trabalhos são: o livro de Holmes *The Common Law* (1881); muitos de meus livros – *Law and Literature: A Misunderstood Relation* (1988), *The Problems of Jurisprudence* (1990) [Trad. bras. *Problemas de filosofia do direito*, São Paulo, Martins Fontes, 2007], *Economic Analysis of Law* (4.ª ed., 1992) e *Sex and Reason* (1992); bem como as decisões dos seguintes casos: *Lochner vs. Nova York*, 198 U.S. 45 (1905); *Brown vs. Board of Education*, 347 U.S. 483 (1954); *Griswold vs. Connecticut*, 381 U.S. 479 (1965); *Roe vs. Wade*, 410 U.S. 113 (1973); *Bowers vs. Hardwick*, 478 U.S. 186 (1986). Para reduzir as notas de rodapé (essa maldição dos escritos jurídicos), acrescentarei no próprio corpo do texto as referências a páginas sempre que estiver me referindo repetidamente a um livro ou artigo determinado.

advogados!]. Nesse livro, Fred Rodell, da Faculdade de Direito de Yale, propõe a criminalização da prática do direito e a substituição dos tribunais por comissões de tecnocratas cujas decisões seriam irrevogáveis, incluindo-se uma "Comissão da Morte, que aplicaria suas leis aos atos atualmente conhecidos como assassinato e homicídio"[2].

Os "criticistas" temem que os adeptos da teoria econômica do direito disputem com eles a paternidade do realismo jurídico. Quanto a isso não precisam se preocupar. Nós, os homens econômicos, não temos desejo algum de ser declarados herdeiros de Fred Rodell ou, ainda, de William Douglas, Jerome Frank ou Karl Llewellyn. O movimento da teoria econômica do direito pouco deve ao realismo jurídico, talvez nada além do fato de que Donald Turner e Guido Calabresi, pioneiros na aplicação da economia ao direito, formaram-se na Faculdade de Direito de Yale e podem ter sido influenciados pela tradição jurídico-realista de análise do direito desde a perspectiva de outra disciplina, comum naquela faculdade[3]. Embora o realista jurídico Robert Hale tenha antecipado algumas das descobertas (invenções?) da teoria econômica do direito, a maioria dos estudiosos desta teoria ignoravam, até pouco tempo atrás, seu trabalho. Influências são algo difícil de medir e, portanto, perigoso de negar; porém, na condição de ex-aluno da Faculdade de Direito de Harvard, onde estudei entre 1959 e 1962, posso atestar que, para o estudante, o realismo jurídico parecia ausente daquela faculdade. E nenhum dos pensadores do direito e da economia que, desde a faculdade de direito, foram as principais fontes de orientação de meu próprio pensamento como acadêmico e como juiz – Holmes, Coase, Stigler, Becker, Director, entre outros – pode ser visto como um produto, parcial ou total, do realismo jurídico.

Ao mesmo tempo que negam o legado do realismo, os analistas econômicos do direito se recusam a posicionar-se no extremo oposto e conferir à teoria econômica do direito o título de o novo formalismo. O universo de possibilidades da teoria do direito não pode dividir-se inteiramente entre formalismo e realismo. Podemos ser céticos em re-

---

2. Rodell, *Woe Unto You, Lawyers!* p. 176, 182 (1939). O livro foi reeditado em 1957 com um "Prefácio à nova edição", no qual Rodell afirmava subscrever-se integralmente à primeira edição.

3. Conjectura-se sobre outro elo em "The Fire of Truth: A Remembrance of Law and Economics at Chicago, 1932-1970" (Edmund W. Kitch [org.]), 26 *Journal of Law and Economics* 163, 166-167 (1983) (com notas introdutórias do professor Kitch). O estudo mais completo sobre as relações entre o realismo jurídico e a moderna teoria econômica do direito é Neil Duxbury, "Law and Economics in America" (inédito, Faculdade de Direito da Universidade de Manchester, s/d). A conclusão do autor sobre essas relações coincide com a minha.

lação às alegações dos juristas tradicionais de que o direito é uma disciplina autônoma com suas próprias ferramentas de investigação sem precisarmos concluir, por isso, que o direito não passa de política, que as normas e doutrinas jurídicas são uma cortina de fumaça e que deveríamos nos livrar dos advogados e substituir a justiça legal pela justiça popular. A ideia de que a validade do direito depende de sua proximidade em relação à matemática é a falácia em que caem os langdelianos e muitos criticistas. O meio-termo é o pragmatismo.

A abordagem pragmática

Deixarei para o Capítulo 19 a análise da relação entre o pragmatismo, o realismo jurídico e outros movimentos no campo dos estudos acadêmicos do direito. Por ora, o importante é que o leitor compreenda o significado que dou ao termo, que não é aquele que se lhe atribui de hábito.

Não há um conceito canônico de pragmatismo. Defino-o, para começar, como uma abordagem prática e instrumental, e não essencialista: interessa-se por aquilo que funciona e é útil, e não por aquilo que "realmente" é. Portanto, olha *para a frente* e valoriza a continuidade com o passado somente na medida em que essa continuidade seja capaz de ajudar-nos a lidar com os problemas do presente e do futuro. "Criamos o passado a partir de uma percepção daquilo que pode ser feito no presente."[4] O pragmatista se lembra da afirmação de Santayana de que aqueles que se esquecem do passado estão condenados a repeti-lo; mas também se lembra do conselho de T. S. Eliot (em "The Dry Salvages"), "Não passem bem,/ passem à frente, viajantes", do bordão de Ezra Pound, "Renovar!", e do dito espirituoso de Talleyrand sobre os reis da dinastia Bourbon: que não haviam aprendido nada nem esquecido nada. O pragmatista não tem medo de dizer que um pouco de esquecimento faz bem, pois nos liberta da impressão de atraso, que pode ser paralisante[5]. Não se deve confundir pragmatistas conservadores com reacionários nostálgicos.

Aplicado ao direito, o pragmatismo trataria a decisão segundo os precedentes (a doutrina conhecida como "*stare decisis*") como uma di-

---

4. John Casey, "The Comprehensive Ideal", em *The Modern Movement: A TLS Companion* 93, 95 (John Gross [org.], 1993), descrevendo a visão anti-histórica de T. S. Eliot acerca da tradição.
5. Friedrich Nietzsche, "On the Uses and Disadvantage of History for Life", em Nietzsche, *Untimely Meditations* 57, 120-2 (traduzido para o inglês por R. J. Hollingdale, 1983).

retriz e não como um dever. Mas uma questão anterior a esta é se o pragmatismo deveria ser aplicado ao direito no sentido de ser utilizado como princípio norteador para a tomada de decisões jurídicas. Stanley Fish diria que não, diria que falar de pragmatismo é falar de teoria e não de prática (inclusive no âmbito legal e judicial)[6]. Voltarei a essa questão mais tarde.

A atitude pragmática é *ativista* (voltada para o progresso e a "capacidade de execução") e rejeita tanto o conselho conservador segundo o qual tudo o que já existe é melhor quanto o conselho fatalista de que todas as consequências são imprevistas. O pragmatista crê no progresso sem fingir-se capaz de defini-lo e acredita na possibilidade de alcançá-lo através da ação humana calculada. Essas crenças estão ligadas ao caráter instrumental do pragmatismo, que é uma filosofia da ação e do aperfeiçoamento, embora isso não signifique que o *juiz* pragmatista seja necessariamente um ativista. O ativismo judicial propriamente dito é uma visão das competências e responsabilidades dos tribunais perante os outros órgãos do Estado. Um pragmatista poderia ter boas razões pragmáticas para pensar que os juízes não deveriam atrair muita atenção para si mesmos.

Ao enfatizar a prática, o olhar adiante e as consequências, o pragmatista, ou ao menos o meu tipo de pragmatista (pois veremos que o pragmatismo também tem uma versão antiempírica e anticientífica), é *empírico*. Interessa-se pelos "fatos" e, portanto, deseja estar bem informado sobre o funcionamento, as propriedades e os efeitos prováveis de diferentes planos de ação. Ao mesmo tempo, guarda *ceticismo* diante de qualquer afirmação de confiança na obtenção da verdade final sobre qualquer coisa. A maioria de nossas certezas são apenas as crenças vigentes na comunidade à qual aconteceu de pertencermos, crenças essas que podem ser o resultado irrefletido da criação, da educação e do treinamento profissional que tivemos, bem como do meio social no qual vivemos. Mesmo as "verdades" que mais obstinadamente defendemos não são aquelas que podem ser provadas, sondadas, analisadas e investigadas, mas aquelas que são tão essenciais a nosso quadro de referências que o questionamento delas, ao abalar outras crenças arraigadas, nos atiraria em um estado de desespero e desorientação. Uma prova não é mais forte que suas premissas, e, no fundo de uma cadeia de premissas, habitam intuições inabaláveis – nossas indubitabilidades, ou os "inevitáveis" de Holmes. São exemplos de crenças desse tipo: que te-

---

6. Fish, "Almost Pragmatism: Richard Posner's Jurisprudence", 57 *University of Chicago Law Review* 1447 (1990).

mos a idade que temos, que temos um corpo, que todos os seres humanos nascidos no século XVIII estão mortos, que os objetos não deixam de existir quando deixamos de vê-los, que outras pessoas além de nós possuem consciência e que a Terra já existia quando nascemos. Imagine de que mais seríamos forçados a duvidar se duvidássemos dessas coisas.

Essas coisas são "senso comum", que é o termo leigo para aquilo que chamei de quadro de referências. O pragmatismo é a favor e, ao mesmo tempo, contra o senso comum. O quadro de referências no qual certas proposições são tidas como senso comum pode mudar, por vezes rapidamente, como ocorreu nas últimas décadas com certas visões acerca das preferências e capacidades das mulheres. O pragmatista sabe disso. Porém, se for perspicaz, também saberá que, só porque uma coisa não pode ser provada, isso não significa que possa ser descartada. O primeiro ponto passa despercebido por muitos conservadores e o segundo, por muitos construtivistas sociais (ver Capítulo 26).

As crenças universalmente compartilhadas dentro de uma cultura – os ditames do senso comum – não esgotam o conteúdo do quadro de referências de um indivíduo em uma sociedade complexa e heterogênea como a dos Estados Unidos. Os americanos não compartilham de um quadro geral de referências com o qual possam resolver disputas entre indivíduos cujos quadros pessoais de referências não coincidam completamente. A afirmação de que todos os seres humanos, exceto Jesus Cristo, tiveram um pai humano pertence a um quadro de referências: o cristão. A negação dessa afirmação pertence a outro: o científico. Ambos os quadros podem ser encontrados em nossa sociedade e a conversão de um quadro ao outro é bastante comum, mas não nasce da prova, da dedução, da indução ou de qualquer outro método lógico ou científico. Os cânones da lógica e da prova são elementos de um quadro de referências e não meios de descartar um quadro em favor do outro.

Embora cético e relativista, o pragmatista rejeita o ceticismo e o relativismo como dogmas ou posturas "filosóficas". A crença de que o mundo existe independentemente de nós (desafiada pelo ceticismo) e a crença de que algumas proposições são mais válidas que outras (contraditoriamente desafiada pelo relativismo) fazem parte do quadro de referências compartilhado por todos os leitores deste livro. Só se pode duvidar delas por fingimento. Entretanto, ainda que não possamos duvidar dessas crenças no sentido de uma disposição para agir com base nessa dúvida, podemos aceitar intelectualmente a possibilidade de que um dia serão substituídas por outras igualmente fundamentais, inabaláveis e transitórias.

Para o pragmatista, mesmo que alcançássemos a verdade absoluta, jamais saberíamos que a alcançamos. Por isso, ele é *antidogmático*. Quer manter vivo o debate e aberta a investigação. Ao reconhecer que o progresso não nasce apenas da acumulação paciente de conhecimentos dentro de um dado quadro de referências, mas também de alterações nesse quadro (a substituição de uma perspectiva ou visão de mundo por outra) que abrem novos caminhos para o conhecimento e a percepção, o pragmatista valoriza a liberdade de investigação, a diversidade dos investigadores e a experimentação. Ademais, vê o cientista não como o descobridor das verdades definitivas sobre o universo (verdades que, uma vez descobertas pelos especialistas, deveriam ser impostas ao resto de nós), mas como um identificador de erros, que busca reduzir o conjunto das incertezas humanas ao criar hipóteses invalidáveis e confrontá-las com os dados. Desde esse ponto de vista, a característica mais importante da ciência é que ela sintetiza uma qualidade rara e valiosa do ser humano: a coragem de arriscar-se a errar. Para os pragmatistas, os cientistas não são moralmente superiores às outras pessoas. As características institucionais da ciência é que tornam alta a probabilidade de detecção do erro.

Por ser antimetafísico e antidogmático, o pragmatista vê as teorias científicas como ferramentas que ajudam os seres humanos a explicar e prever; e que, através da explanação, da previsão e da tecnologia, ajudam-nos a entender e controlar seu ambiente físico e social. Teorias de grande beleza, mas impotentes, não o comovem. Sua fonte de inspiração é o cientista *experimental*, o qual nos convoca a imitar por meio de uma pergunta, que devemos fazer sempre que surgir uma discordância: Que diferença prática, concreta e observável isso faz para nós? O que, por exemplo, está em jogo quando os juristas debatem sobre se uma determinada teoria de como os juízes devem agir respeita a "legitimidade democrática"? Como reconhecemos uma "democracia", para começar? Que diferença faz alguém pensar que os juízes tiraram da Constituição as doutrinas de direito constitucional vigentes ou que as colocaram lá? Essas questões, todas examinadas neste livro, diferem daquelas apresentadas pelos pensadores tradicionais do direito e ilustram a possibilidade de pensar cientificamente fora dos domínios da ciência tal como habitualmente a entendemos.

O pragmatismo enfatiza a *primazia do social sobre o natural*. Quando o Cardeal Belarmino recusou-se a olhar, pelo telescópio de Galileu, as luas de Júpiter, cuja existência parecia refutar a visão ortodoxa de que os planetas se fixavam sobre a superfície de esferas de cristal, não estava sendo irracional, mas apenas se negando a jogar o jogo da ciência, no qual se exige que as teorias se conformem às coisas observadas – aos "fatos" – e não o inverso. Este é um jogo comum também em nossa sociedade e toma muitas formas, dentre as quais a forma cosmológica é a astrologia. Outro jogo de fé contemporâneo é o "politicamente correto". Se mostrarmos a um jogador desse jogo uma pilha de relatórios científicos que pretendam demonstrar que as raças ou os sexos diferem em seu potencial para a prática da matemática, o jogador se recusará a lê-los. A investigação empírica das diferenças raciais e sexuais é rejeitada nesse jogo, assim como a investigação empírica do movimento dos astros foi rejeitada por Belarmino. (Abordarei o jogo do politicamente correto nos capítulos 16 e 18.) Do outro lado do cenário ideológico, um jogo análogo é o da civilização ocidental monocultural. Se mostrarmos a um de seus jogadores um romance brilhantemente escrito por um nigeriano ou jamaicano, estes se recusarão a lê-lo.

Ao longo deste livro, recorro várias vezes à metáfora do jogo; mas não no sentido em que o papel do árbitro em um jogo pode ser comparado ao do juiz, comparação bastante comum na teoria do direito convencional; nem no sentido em que a teoria do jogo representa as interações sociais; mas, sim, no sentido dos "jogos de linguagem" de Wittgenstein, isto é, atividades humanas constituídas por um conjunto de regras. Há, nesse sentido, um jogo judicial, e um dos principais objetivos deste livro é aproximá-lo do jogo científico. A aspiração é viável porque as regras do jogo judicial são maleáveis se comparadas, por exemplo, às do xadrez. Porém, nem mesmo as regras do xadrez são imutáveis. Uma das constatações evidenciadas pela metáfora do jogo é que as regras, ao contrário dos fundamentos metafísicos, podem ser modificadas pelas pessoas, ainda que nem sempre facilmente.

Às sociedades que se negam a jogar o jogo da ciência reservam-se diversas consequências, como, por exemplo, os altos índices de pobreza e incidência de doenças, além de um grande risco de serem dominadas ou destruídas por outras sociedades. Essas consequências são importantes para o pragmatista, e a sociedade que as ignore pode infligir grandes sofrimentos a seu povo. Ao fazê-lo, contudo, essa sociedade não estará necessariamente cometendo um erro quanto ao que é "real". Só estará errada se pensar que, através de preces, fé ou magia, pode afastar as consequências mencionadas. Este é um exemplo do cruzamento do jogo científico com o religioso. Se a sociedade, entretanto, estiver preparada para pagar o preço por renunciar à ciência, o pragmatista duvidará de que o cientista tenha motivos para criticá-la.

Com sua ênfase no prático e no útil, o filósofo pragmatista desvaloriza sua própria atividade, o filosofar; pois não se sente confortável quando lhe dizem que o valor da filosofia é inversamente proporcional a sua utilidade e que o exame adequado para um curso de graduação em filosofia deveria consistir inteiramente de piadas[7]. Suas dúvidas sobre o valor pragmático da filosofia tocam até a filosofia analítica, embora muitos dos heróis desta, como Hume, Wittgenstein, Quine e Davidson, sejam também heróis do pragmatismo. A utilização de métodos analíticos para derrubar entidades metafísicas como o livre-arbítrio[8], tal como o fizeram Hume e Quine, deve ser distinguida da utilização desses mesmos métodos para erigir teorias projetadas para orientar a ação. A distinção corresponde ao uso do raciocínio jurídico para evidenciarmos as fraquezas da posição de um oponente e estruturarmos nossa própria posição. Na verdade, os métodos da filosofia analítica e aqueles do raciocínio jurídico (o estabelecimento de cuidadosas distinções e definições, a avaliação da coerência lógica através da elaboração e análise de casos hipotéticos, o desvelamento de pressupostos ocultos, a decomposição de um problema em componentes manejáveis e a exploração meticulosa das implicações dos argumentos de um oponente) são basicamente os mesmos. Para o pragmatista, tanto o filósofo quanto o jurista, por superestimarem o universo de abrangência da lógica, são demasiado propensos a confundir discrepâncias com erros[9] e, assim, descartar prematuramente as visões discordantes. Também por isso, mostram-se insuficientemente interessados nos fundamentos empíricos dessas visões. O pragmatista duvida sobretudo da capacidade da filosofia analítica e de seu irmão gêmeo, o raciocínio jurídico, para a determinação de deveres morais e direitos legais.

Pragmatismo, entretanto, não é o mesmo que positivismo lógico, embora haja afinidades. Para os positivistas lógicos, todas as proposições cabem em uma destas três categorias: tautológicas, empiricamente verificáveis ou sem sentido. Para os pragmatistas, esta é uma epistemologia simplista demais, pois não deixa espaço para as proposições tautológicas que não podem ser verificadas nem desacreditadas, como a de que nenhum ser humano jamais comeu um hipopótamo inteiro de uma só vez. Mas o pragmatista compartilha da desconfiança do positivista lógico em relação a proposições que não possam ser testadas pela observação, proposições que vão das máximas do senso comum às alegações metafísicas e teológicas.

---

7. Ronald de Sousa, *The Rationality of Emotion* 292 n., 297 (1987). Cf. Norman Malcolm, *Ludwig Wittgenstein: A Memoir* 29 (1958).
8. *The Problems of Jurisprudence*, pp. 171-4; e ver Capítulo 19 do presente livro.
9. Para uma boa análise disso, ver Dale Jacquette, "Contradiction", 25 *Philosophy and Rhetoric* 365 (1992).

Pragmatismo também não é idealismo. Como o idealista, o pragmatista é cético diante da possibilidade do conhecimento não interpretativo da realidade. Não pensa, contudo, que só a realidade mental exista efetivamente; apenas duvida da existência de uma correspondência tão exata entre nossa mente e a estrutura do universo, a ponto de sermos capazes de fazer descrições completas e conclusivas de como as coisas são. É por isso que, para o pragmatista, as teorias (inclusive as científicas) são ferramentas e não visões da realidade. Esse tipo de ceticismo não tem nada a ver com o embaraçar-se diante de afirmações como "A testemunha mentiu"; "Algumas teorias científicas foram desmentidas"; "Os cientistas buscam a verdade". Deixar-se embaraçar por essas afirmações é não entender bem a própria língua. Estas não são alegações de certeza apodítica. A primeira reconhece a existência de relatos corretos e incorretos dos acontecimentos; a segunda, que algumas teorias científicas são descartadas por fazerem previsões que se revelam falsas; e a terceira, que os cientistas têm o compromisso de seguir métodos experimentais que permitam a detecção dos erros. Em comparação com o realista científico, que está comprometido com uma teoria da verdade fundada na correspondência, o pragmatista pode estar mais atento à possibilidade de que teorias equivocadas, ao apresentarem linhas promissoras de investigação, acabem ajudando a ciência; ou de que a metáfora – que, adequadamente compreendida, não tem o valor de uma verdade (ver Capítulo 24) – pode, por alterar o quadro de referências do investigador, fomentar a produção de conhecimento; ou de que a retórica, ou mesmo o discurso "acalorado", podem trazer recompensas cognitivas, também por chacoalharem as perspectivas limitadas a que as pessoas estão acostumadas (e, para o pragmatista, todas as perspectivas são parciais).

Porém, reconhecer a possível utilidade social dos equívocos, das elocuções emotivas e dos erros literais (os quais podem ser "verdades" imaginárias ou emotivas) não significa negar que a verdade pode, e normalmente deve, ser diferenciada do erro. Não significa aprovar o desleixo e a tendenciosidade nos estudos acadêmicos, uma atitude de "vale-tudo" diante das alegações e das afirmações ou, o que dá quase no mesmo, a crença de que, como tudo o mais, a ciência e a matemática são "apenas retórica". Pondo-se de lado Emerson e Whitman, o pragmatista reconhece a importância do pensamento lógico e claro; admira os triunfos críticos da tradição analítica e emprega as ferramentas dessa tradição. Acredita na sistematização, ainda que não creia em ambiciosos "sistemas" de especulação moral e metafísica. O pragmatismo não se identifica, ou ao menos não precisa se identificar, com o pós-modernismo (embora haja afinidades); e também não é, como já observei, ceticismo epistemológico ou moral nem relativismo científico ou moral.

A verdadeira antítese do pragmatismo é aquele tipo de racionalismo apropriadamente denominado platônico, que afirma usar métodos puramente lógico-analíticos para chegar à verdade sobre afirmações metafísicas e éticas contestadas[10]. O estilo racionalista é comum no direito. O próprio formalismo jurídico é racionalista.

A abordagem pragmática no direito

Como o termo "pragmatismo" não tem um significado preciso, nunca se sabe ao certo o que está em jogo quando ele é discutido. Os simpatizantes do pragmatismo geralmente o definem a fim de torná-lo sinônimo de sensatez, enquanto seus inimigos fazem dele sinônimo de irracionalidade e autocontradição[11]. Algo, entretanto, está em jogo. Os adjetivos que empreguei para caracterizar o ponto de vista pragmático (prático, instrumental, voltado para a frente, ativista, empírico, cético, antidogmático, experimental) não são aqueles que vêm à mente quando se considera a obra de, digamos, Ronald Dworkin. Não que falte a esta qualidades consideráveis, mas não são estas que enumero aqui. Dworkin define o direito como interpretativo, compara a tarefa do juiz à do escritor de um dos capítulos de um romance escrito a várias mãos, exige que as novas decisões se harmonizem com as anteriores, refere-se com reverência ao passado vivo, nega que os juízes devam adaptar os direitos às novas visões acerca do interesse público, revolta-se diante da ideia do direito como ciência do bem público, não se interessa muito pelos fatos ou pelas ciências sociais ou naturais, insiste até mesmo na ideia de que os juízes possuem uma obrigação *moral* de serem leais a seus predecessores e que o acatamento de decisões anteriores, concebido como um compromisso, é um elemento essencial da justiça[12]. Um pragmatista certamente teria outra concepção sobre a função dos juí-

---

10. A título de exemplo, ver Brand Blanshard, "'Good', 'Right', 'Bad'", em *Readings in Ethical Theory* 222, 233 (Wilfrid Sellars e Johnson Hospers [orgs.], 2.ª ed., 1970).
11. Comparar os ensaios de Rorty e Dworkin em *Pragmatism in Law and Society* (Michael Brint e William Weaver [orgs.], 1991). Rorty, em "The Banality of Pragmatism and the Poetry of Justice", em idem, p. 89, adota uma definição abrangente de pragmatismo e classifica Dworkin como pragmatista. (Ver também Steven D. Smith, "The Pursuit of Pragmatism", 110 *Yale Law Journal* 409, pp. 410-24 [1990].) Dworkin, por sua vez, dá uma definição restrita de pragmatismo e afirma que: "como filosofia, vale tanto quanto o jantar de um cachorro". "Pragmatism, Right Answers, and True Banality", em *Pragmatism in Law and Society*, acima, pp. 359, 360.
12. Dworkin, *Law's Empire* (1986) [trad. bras. *O império do direito*, São Paulo, Martins Fontes, 2007]. "Ao contrário do que querem os pragmatistas, deve-se conceder ao passado algum tipo de poder judicial especial que lhe seja próprio." Idem, p. 169.

zes. Provavelmente acharia a suposição de que um juiz tem a obrigação de manter uma "harmonia" entre o que faz e o que fizeram seus predecessores tão estranha quanto a de que um cientista moderno tem a obrigação de manter uma harmonia entre o que faz e o que fizeram Arquimedes e Aristóteles. Há motivos práticos de caráter tanto epistemológico quanto político para afirmar que os juízes deveriam, de forma geral, seguir a jurisprudência e manter-se fiéis aos valores imanentes a sua tradição jurídica. Isso, porém, não envolve nenhuma *obrigação*; e, se houver boas razões para romper com o passado em prol do presente e do futuro, um juiz não deve hesitar em fazê-lo, da mesma forma que as ciências, uma vez amadurecidas, não hesitam em esquecer seu fundador. Richard Rorty foi capaz de classificar Dworkin como pragmatista em um sentido perfeitamente aceitável do termo (ver nota 11), mas há um sentido mais profícuo em que se pode dizer que Dworkin rejeita o pragmatismo na teoria jurídica. Este sentido se traduz na descrição de Cornel West do "denominador comum" do pragmatismo como "um instrumentalismo que se projeta para o futuro e procura empregar o pensamento como arma que possibilite uma ação mais eficaz"[13]. Não é essa a concepção que um dworkiniano tem do direito.

Mas estaria eu confundindo *sentidos* diversos de pragmatismo com *níveis* diversos de pragmatismo? Um filósofo pragmático poderia, sem cair em incoerência, pensar que os juízes devam ser formalistas, em vez de pragmatistas; assim como um filósofo utilitarista do direito poderia pensar, sem cair em incoerência, que os juízes devam ser kantianos, e não utilitaristas. Poderia haver razões pragmáticas pelas quais seria bom que os juízes se considerassem moralmente obrigados a seguir a jurisprudência, em vez de livres para fazer um julgamento pragmático toda vez que se vissem diante da questão de segui-la ou não[14]; assim como há razões pragmáticas (muito semelhantes, inclusive) para afirmar que os burocratas devem seguir regras, em vez de sempre fazer o que julgarem melhor em cada circunstância, ou para afirmar que os cientistas normalmente devem se preocupar com a veracidade de suas teorias e não com as consequências sociais destas. Dworkin, entretanto, apesar de rejeitar enfaticamente o pragmatismo jurídico[15], não busca justificar pragmaticamente essa rejeição ou justificar sua própria teoria do direito, claramente kantiana em sua insistência em considerar que os direitos nunca devem ser sacrificados no altar do bem público como conceito pragmá-

---

13. West, *The American Evasion of Philosophy: A Genealogy of Pragmatism* 5 (1989).
14. Ver, por exemplo, Frederick Schauer, *Playing by the Rules: A Philosophical Examination of Rule-Based Decision-Making in Law and in Life*, pp. 145-9 (1991).
15. Dworkin, nota 12 acima, Capítulo 5.

tico. Mas seu arqui-inimigo, Stanley Fish, faz melhor que ele ao afirmar que o pragmatismo não incide no nível prático porque é parte do jogo de descrição e teorização da ação e não do agir em si. Eu não concordo com isso, mas reconheço que, como tudo o mais, o pragmatismo deve estar preparado para se defender com fundamentos pragmáticos. Mais adiante nessa Introdução, aponto a existência de uma limitação pragmática do ato pragmático de julgar.

A grande objeção à tentativa de vincular uma abordagem formalista à função de julgar no âmbito do pragmatismo ou de qualquer outro sistema filosófico é que, em nosso sistema jurídico, o formalismo é uma reação inviável aos casos difíceis. A distribuição em cascata que caracteriza o direito norte-americano (a legislação se sobrepõe ao *common law*, as leis federais se sobrepõem às estaduais e o direito constitucional se sobrepõe às leis em geral e ao *common law* no âmbito estadual e federal), o caráter indisciplinado de nosso legislativo, juntamente com a complexidade de nossa sociedade e a heterogeneidade moral da população, impõem aos juízes uma responsabilidade de exercício criativo do direito que é impossível de se honrar através da aplicação literal das normas existentes ou do raciocínio analógico a partir de casos precedentes – a técnica convencional de que se valem os juízes para lidar com a novidade. Prova disso é que um formalista autêntico como Robert Bork é incapaz de encontrar uma única amostra sequer dessa técnica na Suprema Corte, seja no presente, seja no passado (ver Capítulo 9).

Obviamente, nem tudo que não é pragmatismo jurídico é formalismo jurídico. Opor-se ao segundo não implica a obrigação de abraçar o primeiro. Meu ceticismo diante da teoria constitucional assemelha-se ao de Mark Tushnet[16], um "criticista" proeminente, porque olhamos para o mesmo fenômeno a partir de uma perspectiva cética. Tushnet, entretanto, não é um liberal milliano pragmático e economicista; e eu não sou um criticista. Dworkin não se diz um formalista, embora muitos ainda se agarrem a essa desgastada ideia (ver nota 28). Ainda assim, por mais antimetafísica, antidogmática, anticasuística e até (segundo Rorty) "pragmática" que possa parecer sua teoria do direito, veremos, no Capítulo 5, que a força retórica e as principais fraquezas desta seguem o caminho das do formalismo.

O maior pragmatista do direito continua sendo Holmes, que era admirador de Emerson (amigo de sua família) e admirado por Dewey, além

---

16. Comparar seu livro que ataca a teoria constitucional, *Red, White, and Blue: A Critical Analysis of Constitutional Law* (1988), sobretudo a parte 1, com a Parte dois do presente livro.

de amigo de William James, Charles Sanders Peirce e Nicholas St. John Green, os fundadores do pragmatismo. O pragmatismo de Holmes já foi amplamente discutido em outros estudos[17], e eu gostaria de ilustrá-lo aqui com um pequeno discurso feito por ele quando da comemoração do centenário da nomeação de John Marshall para juiz-presidente da Suprema Corte dos Estados Unidos[18]. O discurso começa assim: "Se andarmos pela Court Street, aos solavancos, em meio a uma multidão de pessoas, ocupadas, como nós, com os assuntos do cotidiano, nossos olhos provavelmente pousarão sobre o prédio pequeno e escuro que se situa no início da State Street e, como um sinistro recife, divide a torrente dos negócios em seu curso em direção aos rochedos cinzentos que se elevam adiante." O prédio é o da Assembleia Legislativa do Estado de Massachusetts, e Holmes explica que "as primeiras ondas que anunciavam a chegada da tempestade da revolução quebraram sobre aquele recife". O prédio torna-se pequeno diante dos edifícios mais novos e maiores que o circundam. Isso, porém, não importa, pois "as enormes paredes de concreto não o diminuem, mas, sim, de algum modo, o engrandecem e glorificam por servirem-lhe de pano de fundo". Exatamente da mesma forma, "os primórdios de nossa vida nacional, seja no campo da guerra, seja no do direito, não perdem nada de sua grandeza quando comparados a todos os grandiosos acontecimentos mais tardios diante dos quais, segundo todas as leis quantitativas, devem parecer tão insignificantes". Holmes observa quão insignificantes as maiores batalhas da Revolução Americana parecem para aqueles que, como ele, lutaram na Guerra Civil. "Se eu fosse pensar em John Marshall apenas em termos numéricos e quantitativos abstratos, provavelmente hesitaria em atribuir-lhe superlativos, e o mesmo aconteceria com a batalha de Brandywine se nela pensasse sem levar em conta seu lugar na linha causal dos acontecimentos históricos. Mas tal modo de pensar seria tão vazio quanto abstrato. Pensar sobre um homem sem levar em consideração suas circunstâncias efetivas é algo extremamente infrutífero."

Holmes parece recorrer aqui a uma digressão (como veremos, não é exatamente uma digressão) para ressaltar que seu "mais vivo interesse desperta não diante daquilo que se chama de grandes questões ou casos, mas diante das pequenas decisões que (...), não obstante, trazem

---

17. Ver, por exemplo, Thomas C. Grey, "Holmes, Pragmatism, and Democracy", 71 *Oregon Law Review* 521 (1992); Grey, "Holmes and Legal Pragmatism", 41 *Stanford Law Review* 787 (1989); Patrick J. Kelley, "Was Holmes a Pragmatist? Reflections on a New Twist to an Old Argument", 14 *Southern Illinois University Law Journal* 427 (1990).

18. Holmes, "John Marshall" (1901), em *The Essential Holmes*, nota 1 acima, pp. 206-9.

o germe de alguma teoria maior (...). Os homens que me sinto tentado a homenagear são aqueles que deram origem a pensamentos transformadores", e estes "não raro são quase desconhecidos". Mas nem por isso Holmes participa "desta celebração (...) com indiferença (...). Acredito piamente que, se houvéssemos de representar o direito americano por uma única pessoa, seria consenso, tanto entre os céticos quanto entre os crédulos, que esta só poderia ser uma: John Marshall (...). O que será simbolizado por qualquer imagem da coisa observada depende da mente daquele que observa (...). A escolha deste dia para homenagear um grande juiz" terá, portanto, diferentes significados para os diferentes indivíduos – "para um patriota, será o fato de que o tempo favoreceu Marshall (...). Este dia marca o fato de que todo pensamento é social, está voltado para a ação (...). Não se pode negar que tudo isso é símbolo; mas a bandeira também o é. Para os devotos da palavra, a bandeira não passa de um pedaço de pano. Não obstante, graças a Marshall e aos homens de sua geração (...), o vermelho dela é o sangue que nos dá vida, suas estrelas são nosso mundo e seu azul, nosso céu. Nossa terra pertence a ela e nossas vidas são descartadas a seu bel-prazer."

Interpretar esse discurso como um tributo a Marshall concedido de má-vontade seria falta de sensibilidade. Holmes está dizendo, em linguagem tipicamente pragmatista, que as conquistas pessoais dependem das circunstâncias e se medem por suas consequências; e (um ponto intimamente relacionado) que o sentido é algo construído socialmente e não imanente às coisas. Em si mesma, a Assembleia Legislativa do Estado de Massachusetts não passa de um velho prédio ofuscado por edifícios modernos e muito maiores. A importância dela vem de sua ligação com a vida atual. Da mesma forma, em si mesmas, as batalhas da Revolução Americana não significam muita coisa. Sua importância também reside nas consequências que tiveram para a atualidade. Afortunadamente adaptado às próprias circunstâncias históricas, Marshall teve a sorte de determinar a forma de uma instituição que ajudou a construir os Estados Unidos. Sua sorte foi ainda maior. Embora Marshall fosse um realizador e não um inventor (até a Constituição foi criada por outros, e a maior parte do direito americano é criação de indivíduos praticamente desconhecidos), é ele, e não essas outras pessoas, quem simboliza o direito americano. Um símbolo não precisa ser algo grandioso em si. Uma bandeira é apenas um pedaço de pano. A coisa ou pessoa transformada em símbolo é apenas um receptáculo de sentido. Atribuímo-lhe sentido segundo nossos próprios propósitos. Em suma, "todo pensamento é social", pois seu objetivo é a ação no presente ou no futuro. Nossa história, nossas tradições e nossos antepassados não são nossos senhores, mas nossos instrumentos.

Análise econômica do direito

Quando se aborda o direito desde um ponto de vista pragmático, como tentei fazer em *Problemas de filosofia do direito* e procuro fazer neste livro também, os resultados ferem o amor próprio dos profissionais do direito. A organização da profissão, a concepção de juiz, a interpretação da Constituição, "o direito" como entidade que orienta interpretações e decisões, os teóricos do direito à esquerda e à direita, as premissas das sentenças judiciais fervorosamente contestadas (premissas como "igualdade", "democracia", "sentido original" e "comedimento dos juízes") e até mesmo a própria teoria do direito, nada sai ileso. Uma certa concepção de economia também cai por terra[19], mas não o projeto da "teoria econômica do direito". Não porque este é o meu projeto, mas porque é um exemplo perfeito de aplicação da ética da investigação científica – pragmaticamente compreendida – ao direito. Longe de ser reducionista como pensam seus detratores, a economia é uma ciência instrumental por excelência. Seu propósito não é reduzir o comportamento humano a algum tipo de inclinação biológica ou à faculdade da razão, nem muito menos provar que, nas profundezas de cada um de nós, comandando tudo, exista um detestável "homenzinho econômico"; mas, sim, elaborar e testar modelos de comportamento humano com o objetivo de prever e (quando cabível) controlar esse comportamento. A economia imagina o indivíduo não como "homem econômico", mas como pragmatista; como alguém que baseia suas decisões não em custos irrecuperáveis – estes, ele os trata como águas passadas ("não chore sobre o leite derramado") – mas nos custos e benefícios vinculados a linhas alternativas de ação que permanecem em aberto. O indivíduo concebido pela economia não está comprometido com nenhuma meta restrita e egoísta, tal como a maximização da riqueza pecuniária. Não há nada na ciência econômica que determine quais devem ser as metas de um indivíduo. Porém, quaisquer que sejam estas (algumas delas, ou mesmo todas, podem ser altruístas), presume-se que ele venha a persegui-las com as atenções voltadas para o futuro, comparando as oportunidades que se lhe apresentarem no momento em que for necessário fazer uma escolha[20].

---

19. Ver Capítulo 20, "Ronald Coase e a metodologia".
20. Gary S. Becker, "Nobel Lecture: The Economic Way of Looking at Behavior", 101 *Journal of Political Economy* 395 (1993).

A economia, realista que é em relação a meios e fins, não depende da ideia de que os seres humanos são calculadores incansáveis e infalíveis. Um mercado pode se comportar racionalmente e, portanto, o modelo econômico do comportamento humano se aplicará a ele, ainda que a maior parte dos compradores (ou das compras) individuais seja irracional[21]. As decisões de compra irracionais tendem a ser aleatórias e, portanto, a anularem-se umas às outras, fazendo com que o comportamento médio do mercado seja determinado pela minoria de compradores (ou compras) racionais[22]. Da mesma forma, um modelo que defina os criminosos como maximizadores racionais pode prever corretamente que um aumento da severidade da pena ou da probabilidade de execução desta reduzirá os índices de criminalidade[23], ainda que a maioria

---

21. Jack Hirshleifer, "The Expanding Domain of Economics", 75 *American Economic Review* 53, 59 n. 24 (Dezembro de 1985, edição especial de aniversário). É verdade que muitos dos resultados convencionais do modelo da escolha racional – especialmente a curva declinante da demanda de mercado, mas não só ela – podem-se mostrar compatíveis com um comportamento irracional por parte de todos os participantes do mercado. Gary S. Becker, "Irrational Behavior and Economic Theory", 70 *Journal of Political Economy* 1 (1962), reimpresso em Becker, *The Economic Approach to Human Behavior*, cap. 5 (1976). Ver também Dhananjay K. Gode e Shyam Sunder, "Allocative Efficiency of Markets with Zero-Intelligence Traders", 101 *Journal of Political Economy* 119 (1993). Entretanto, é fácil deixar de compreender a importância desse ponto, conforme observo no Capítulo 21.

22. Considere-se uma mercadoria vendida em uma situação de concorrência, ou seja, a um preço único igual ao valor marginal de compra da mercadoria para o comprador marginal. Considere-se a existência de dois tipos de comprador, um de alto valor e um de baixo valor. Os compradores de alto valor avaliam o valor da primeira compra da mercadoria em $10 e o da segunda compra, em $7. Os de baixo valor avaliam o valor da primeira compra em $7 e o da segunda, em $5. Com uma produção de 100 unidades, metade para cada tipo de comprador (considere-se que haja cinco compradores de cada tipo), o custo marginal de produção da mercadoria, o qual tomaremos como independente da quantidade produzida, é $5; e, portanto, o preço competitivo é $5. (Assim, se algum desses dois tipos de comprador atribuir às unidades adicionais um valor abaixo de $5, o mercado não as fornecerá.) Suponha-se que, devido a um aumento no custo marginal da mercadoria, os vendedores elevem o preço para $5,25. Nesse caso, os compradores de alto valor não seriam afetados, enquanto os de baixo valor reduziriam em 50% suas compras, já que $5,25 > $5,00, valor que atribuíam a metade das unidades compradas por eles ao preço anterior. Suponha-se, entretanto, que apenas um dos cinco compradores de baixo valor seja racional. Nesse caso, os outros não terão reação alguma diante do aumento do preço, mas este comprador racional terá e reduzirá suas compras pela metade, isto é, de 10 para 5. Consequentemente, a demanda do mercado cairá em 5%, de 100 para 95, como resultado do aumento de 5% no preço, de $5 para $5,25. Portanto, a previsão do economista de que uma elevação do preço causará uma queda da demanda se verá concretizada, ainda que um dos pressupostos que a geraram (o da racionalidade dos compradores) seja falso.

23. Como se vê, por exemplo, em Isaac Ehrlich, "Participation in Illegitimate Activities: An Economic Analysis", em *Essays in the Economics of Crime and Punishment*, p. 68 (Gary S. Becker e William M. Landes [orgs.], 1974). Ver também Daryl A. Hellman e Neil O. Alper, *Economics of Crime: Theory and Practice* (2.ª ed., 1990); William N. Trumbull, "Estimation of the Economic Model of Crime Using Aggregate and Individual Level Data", 56 *Southern Economic Journal* 423 (1989).

dos criminosos tenha sérios distúrbios cognitivos e emocionais; pois estes são suficientemente racionais para reagir, ainda que moderadamente, às mudanças de estímulo. Embora a pressuposição da racionalidade dos seres humanos (de todos os seres, em alguns modelos) seja importante na construção de modelos matemáticos do comportamento econômico, os modelos oferecem aproximações igualmente úteis quando a pressuposição é falsa.

A abordagem econômica e a abordagem pragmática do direito poderiam ser consideradas incompatíveis, sob a justificativa de que a primeira pretende substituir uma teoria formal (a teoria do direito de Cícero, Coke, Blackstone, Langdell e Frankfurter) por outra (a teoria econômica com todo o seu repertório normativo e positivo, como a eficiência e a maximização da riqueza), enquanto a segunda insiste na insuficiência da teoria para apreender o significado da prática do direito. Para examinar essa afirmação, é preciso distinguir entre "autonomia", "impessoalidade" e "objetividade" como critérios jurídicos formalistas. A "autonomia" refere-se à autossuficiência do direito e apresenta dois aspectos. O primeiro destes é a autonomia do direito em relação à sociedade, ou seja, a ideia de que o direito tem sua própria lógica interna e que, portanto, quando se transforma, o faz como resultado dos estímulos inerentes a sua natureza (como uma larva que se transforma em borboleta) e não como reação às pressões políticas e econômicas. Assim, a história convencional do direito narra de que modo as doutrinas jurídicas modernas evoluíram a partir das antigas, em vez de contar como as doutrinas jurídicas, em cada etapa da história, foram moldadas pelas necessidades da sociedade ou pela pressão de grupos sociais poderosos[24].
O segundo aspecto da "autonomia" é a independência do pensamento jurídico em relação a outras disciplinas, como a economia. Se a autonomia, em qualquer um desses sentidos, for considerada ingrediente essencial do formalismo jurídico, a análise econômica do direito não poderá ser considerada formalista. Poderia, entretanto, ser uma forma "impessoal" de análise no sentido de gerar resultados que seriam respeitados por pessoas que defendem valores e interesses diversos. Poderia até mesmo ser "objetiva". Para o pragmatista, "objetivo" não significa aquilo que corresponde ao que as coisas realmente são; pois ninguém *sabe* como as coisas *realmente* são. Significa aquilo que é capaz de inspirar respeito entre todos os integrantes de um grupo que subscreva princípios comuns. Na comunidade dos jogadores de xadrez, mover uma

---

24. Robert W. Gordon, "Introduction: J. Willard Hurst and the Common Law Tradition in American Legal Historiography", 10 *Law and Society Review* 9, 16-25 (1975).

torre na diagonal é objetivamente errado; enquanto na comunidade dos cientistas, descrer de certos tipos de dados é objetivamente errado[25].

Para aqueles que, como eu, veem a autonomia como a pretensão essencial dos teóricos tradicionalistas do direito, porque a autonomia do direito e do raciocínio jurídico é fundamental para a defesa do interesse próprio dos profissionais do direito em repelir a concorrência de profissionais de outras áreas na oferta de serviços jurídicos (ver Capítulo 1), é difícil entender a frequente afirmação de que a economia é o "novo langdellismo"[26]. A análise econômica do direito, quase por definição, nega a autonomia do direito. Porém, se a ênfase for colocada no anseio do tradicionalista por impessoalidade e objetividade; por um governo de leis, e não de homens; por métodos de investigação e análise capazes de gerar respostas aceitáveis, embora nem sempre convincentes, até mesmo para as mais difíceis questões jurídicas; e por encontrar princípios de ordem em meio à enorme profusão de doutrinas jurídicas, a afirmação fará mais sentido. Nesse plano, a antítese do formalismo não é a abordagem econômica do direito, mas sim o profundo ceticismo diante da desejabilidade ou até da existência das normas jurídicas, característico de algumas versões do realismo jurídico e dos estudos jurídicos críticos.

Imagino que, no máximo, os profissionais do direito e os juízes possam vir a aceitar a ideia de que a economia deve orientar as decisões judiciais em todos os casos nos quais a Constituição ou a legislação não apresentem a isso nenhuma objeção inequívoca. Na prática, a comunidade do direito aceitaria os métodos investigativos que definem a comunidade dos economistas. Mas a decisão de fazer da economia a lógica do direito não pode ser derivada, ela mesma, da economia, assim como a decisão de ser científico não pode ser derivada da ciência. E mesmo que se tomasse essa decisão, o sistema resultante não se assemelharia muito ao de Langdell. Tanto a teoria do direito langdelliana quanto a teoria econômica são sistemas dedutivos, mas Langdell não desejava ir além da dedução – da comparação dos elementos factuais de um caso com uma norma derivada de um conceito *a priori*, como o de contrato. O economista, por outro lado, tem o compromisso de testar empiricamente suas teorias e descartá-las se forem invalidadas pelos dados empíricos.

---

25. Cf. Sabina Lovibond, *Realism and Imagination in Ethics* (1983), sobretudo pp. 41-5, 67-8; e também J. Huizinga, *Homo Ludens: A Study of the Play-Element in Culture*, pp. 11, 152-3 (1950).
26. Ver referências em Duxbury, nota 3 acima, pp. 3-4.

Mas se a ciência (incluindo-se as ciências sociais e, portanto, a economia) pode ser tida como formalista devido à estrutura dedutiva das teorias científicas, e o pragmatismo é tachado de anticientífico e antiteórico, a combinação da rejeição pragmática do formalismo jurídico com a análise econômica do direito parecerá paradoxal; talvez até estúpida[27]. Alguns pragmatistas *são* hostis à ciência e à teoria em geral. Falaremos sobre alguns deles neste livro. São herdeiros de Emerson e Whitman, famosos zombadores da coerência. De fato, certas maneiras de ver a ciência fazem com que esta pareça altamente formalista. Mas não há nada "no" pragmatismo, por assim dizer, que justifique uma atitude hostil para com a ciência. Quando a ciência é vista como fonte de verdades definitivas e, portanto, como reafirmação secular do platonismo e do monoteísmo, isso dá nos nervos do pragmatista. Mas a ciência também pode ser vista sob um outro prisma, a saber, como um conjunto de métodos comprovados de ampliação do estoque de conhecimentos úteis e acertados do ser humano.

Os pragmatistas querem um direito mais empírico, mais realista, mais sintonizado com as necessidades reais de pessoas reais. Mas seria um erro afirmar, como corolário, que os estudiosos do direito deveriam rejeitar toda teoria. Fatos e teoria não são opostos. São dois elementos que se unem na ciência, inclusive na boa ciência social. O que esses estudiosos deveriam rejeitar é as teorias e investigações empíricas de má qualidade. Os projetos empíricos dos realistas jurídicos, que não apenas malograram, mas que, ao malograrem, colocaram a pesquisa empírica em descrédito perante os estudiosos acadêmicos do direito, exemplificam a inutilidade da investigação científica na ausência de um aparato teórico. (Encontraremos outro exemplo dessa ausência no Capítulo 21, sob a forma da "antiga" economia institucional.) E a ciência econômica moderna pode fornecer esse aparato teórico do qual a investigação empírica necessita tão desesperadamente.

Se a ciência não é formalista em um sentido enriquecedor, talvez o raciocínio jurídico tradicional tampouco o seja. Talvez o formalismo jurídico seja um engodo. Ao escreverem sobre o direito, as pessoas de fato tendem a usar "formalista" como um termo injurioso genérico (como "ativista" ou "centrado nos resultados") e a superestimar o grau de formalismo das principais correntes do pensamento jurídico. Mas

---

27. Smith, nota 11 acima, pp. 425-9. "Apesar de declarar-se pragmatista, parece que o juiz Posner não possui uma índole muito pragmática. Sua análise econômica, principalmente, revela uma forte necessidade de reduzir a um sistema coerente os diversos conteúdos do direito." Idem, p. 438 n. 144.

nenhum formalista moderno crê que o raciocínio jurídico, mesmo em sua forma mais "perfeita", tenha uma estrutura axiomático-dedutiva como a da geometria. Ainda assim, a maioria dos juristas, juízes e professores de direito continua acreditando na possibilidade de encontrar, para a maior parte das questões jurídicas, mesmo as mais difíceis e polêmicas, respostas (é necessário que se as encontre)[28] precisas e demonstráveis e não meramente plausíveis e aceitáveis, fundadas seja nos textos jurídicos revestidos de autoridade, seja nas leis (incluindo-se as constituições) ou nas decisões judiciais; sem recorrer, portanto, às teorias, aos dados, às noções ou aos métodos das ciências sociais nem a valores pessoais ou políticos – em outras palavras, sem penetrar no mundo dos fatos e dos sentimentos.

Não gostaria, contudo, que, a partir do título deste livro ou de minha depreciação do formalismo jurídico, o leitor deduzisse, como o fez Fred Rodell, que desejo substituir o estado de direito pelo império dos economistas ou de quaisquer outros especialistas. O estado de direito, no sentido de um sistema de controle social que funciona de acordo com normas de desprendimento e previsibilidade, é um bem público de enorme valor. Juntamente com a economia de mercado e o sistema político democrático, ao qual na verdade dá sustentação, caracteriza-se como um pressuposto do liberalismo moderno. Os países que já tiveram regimes comunistas compreendem bem esse fato. Os realistas jurídicos revoltados, como Jerome Frank e Fred Rodell, bem como os seguidores de seu criticismo, é que negam a existência de princípios jurídicos. Não obstante, uma concepção do estado de direito fundada no realismo (não no realismo jurídico), ou seja, uma concepção que (segundo o texto do juramento do advogado)[29] exija que o juiz tome suas decisões "independentemente das pessoas" – isto é, independentemente do estado de saúde de um litigante, de sua classe social, seu prestígio político ou de sua raça, identidade étnica ou grau de parentesco com o juiz – está a anos-luz de distância do sonho dos profissionais do direito: um grau de impessoalidade tão elevado, a ponto de os valores, as experiências pessoais e as opiniões sociais e políticas do juiz não afetarem as decisões judiciais. O "direito" a que meu título se refere é um totem profissional que traduz tudo o que há de presunçoso, desinformado, preconceituoso e espúrio na tradição jurídica. Uma abordagem pragmáti-

---

28. "Se não existir uma única solução correta para determinado litígio, os juízes deverão decidir segundo suas convicções e preferências pessoais, em vez de guiar-se pelas fontes jurídicas revestidas de autoridade."
29. 28 U.S.C. § 453.

ca pode ajudar a demolir esse totem, que, com a ajuda da análise econômica do direito, pode ser substituído por coisas melhores, mesmo quando estivermos lidando com os temas mais emotivos, politizados e socialmente proibidos que o direito regula, como a sexualidade.

Entretanto, mesmo segundo uma interpretação pragmática, o estado de direito é mais do que o simples julgamento de casos de forma impessoal. Ele engloba também o papel do pensamento pragmático e econômico na construção das doutrinas jurídicas. O termo estado de direito conota uma estrutura institucional que a ideia de julgamento impessoal por si só não transmite. A ideia de julgamento impessoal poderia resultar em um sistema de arbitragem por parte de profissionais de fora do campo do direito, um método de fato bastante comum na resolução de disputas contratuais, mas que não se aplica à totalidade das disputas jurídicas. Precisamos de juízes profissionais, que não apenas evitarão as formas mais palpáveis de parcialidade, mas também jogarão o jogo dos juízes, descrito no Capítulo 3, o qual pressupõe pelo menos uma adesão parcial às regras estabelecidas pela legislação e pela jurisprudência. O jogo pode justificar-se em função de fatores pragmáticos e econômicos, mas não se pode jogá-lo com um espírito puramente pragmático ou econômico. Um juiz não pode modificar regras e doutrinas sempre que pensar que a modificação aperfeiçoará a racionalidade fundamental delas, por exemplo, por aproximá-las dos preceitos da teoria microeconômica. Há certo grau de verdade, portanto, na crença de Dworkin em que o jogo dos juízes não é pragmático nem econômico, ainda que esteja inserido em um sistema maior de valores e instituições de caráter pragmático e econômico e possa se justificar por referência a esses valores e a essas instituições. Há certo grau de verdade, mas não muito elevado. O interesse de Dworkin volta-se justamente para os casos difíceis, aqueles genuinamente inéditos. Apenas os métodos pragmáticos funcionam para esses casos, nunca os métodos por ele expostos.

Liberalismo e democracia

Sempre que não se pode decidir um caso por referência à jurisprudência ou a alguma lei bem clara, a tarefa do juiz é inevitavelmente normativa. Mas é necessário que a utilização da economia para guiar decisões em casos assim possa ser discutida sem que se mergulhe nas profundezas da filosofia política e moral. É verdade que algumas pessoas insistem em tratar questões jurídicas verdadeiramente restritas e técnicas como se fossem manifestações particulares de questões sociais maiores. Para essas pessoas, os casos de direito antitruste levantam questões de liberdade política e não apenas de distribuição eficiente de recursos; os casos de direito contratual, por sua vez, levantam questões de autonomia do homem e não apenas de custos de transação; os de direito societário levantam questões referentes à democracia em vez de questões de otimização de investimentos; e os de direito penal suscitam questões profundas de livre-arbítrio e autonomia, e não a questão de como minimizar os custos sociais da criminalidade. Eventualmente, exporei de relance a filosofia existente sobre tais assuntos[30]. A meu ver, porém, um economista é perfeitamente capaz de defender-se em um debate desses, mostrando que o aparato conceitual mais proveitoso para analisar questões jurídicas desse tipo é o econômico.

Nem todas as questões do direito, entretanto, podem ser facilmente traduzidas em questões econômicas. Os casos que envolvem a regulamentação da sexualidade e da reprodução por meio de leis fornecem exemplos intermináveis desse fato. O economista encontra grande dificuldade para determinar com clareza a natureza da questão. É perfeitamente possível analisar, segundo os preceitos econômicos, os custos de forçar uma mulher a dar à luz uma criança indesejada. Mas o que dizer dos custos do aborto para o feto? Para saber se esses custos (diferentes daqueles que se impõem às pessoas que valorizam a vida do feto) devem ser sequer levados em conta é preciso saber se os fetos devem ser considerados parte da comunidade cujo bem-estar quer-se maximizar. A resposta a essa pergunta, que implica saber se os utilitaristas devem preocupar-se com a utilidade média ou com a utilidade total (é mais provável que uma política que proteja os fetos e portanto aumente a população maximize a utilidade total), não se restringe ao campo da economia. Também não podemos resolver o problema substituindo a maximização da utilidade pela da riqueza, caso este em que o critério de julgamento seria quanto se está disposto a pagar por alguma coisa (ou, caso já se possua essa coisa, quanto se cobraria para abrir mão dela) e não a quantidade de utilidade que a posse da coisa conferiria (ou confere) a alguém[31]. Pois a liberalização do aborto só caracterizará maximização de riqueza se o direito sobre a vida do feto for atribuído à mãe e não ao próprio feto; e essa atribuição – a determinação das fronteiras da comunidade cuja riqueza se quer maximizar – transcende o campo da economia, assim como o transcende a estipulação de se o objetivo de nossa sociedade deve ser a maximização da riqueza de nosso país ou do mundo inteiro.

---

30. Ver, por exemplo, Capítulo 13 ("Hegel e o emprego 'sem garantias'").
31. Ver *The Problems of Jurisprudence*, pp. 356-7.

Muitas pessoas de orientação conservadora incomodam-se com a ideia de que certos indivíduos pratiquem atos de homossexualidade, ainda que esses indivíduos sejam adultos e esses atos restrinjam-se à esfera privada. Esse transtorno poderia ser tomado como uma externalidade do homossexualismo, um custo que os homossexuais impõem aos outros, semelhante ao custo representado pela poluição, e, portanto, um motivo para cercear-se a liberdade dos homossexuais. Quando, porém, introduzimos na análise econômica externalidades puramente mentais, a ciência econômica pode transformar-se em uma ameaça às liberdades essenciais. Externalidades mentais podem justificar economicamente todo tipo de discriminação contra as minorias. Para Bentham, os mendigos deveriam ficar presos devido ao transtorno que a aparência e o assédio deles causavam aos transeuntes.

As implicações autoritárias do pensamento utilitarista e econômico típico (dentre as quais parece incluir-se a aceitação da tortura e de penas cruéis, bem como a execução de contratos de autoescravização, a liberalização de torneios em que os lutadores digladiam-se até a morte, o cumprimento da condição de pagamento do empréstimo com um pedaço da própria carne, imposta por Shylock*, e a abolição de todos os programas sociais e de quaisquer outras formas de seguridade social) não podem ser ignoradas sob a alegação de que a eficiência tem prioridade sobre a liberdade. Por que deveria ter? Nossas intuições liberais são tão vivas quanto as utilitaristas, e não há princípio intelectual que possa ou deva forçar-nos a abandoná-las.

É impossível fazermos essas implicações autoritárias desaparecerem através da atribuição criteriosa de direitos – dizendo, por exemplo, que, se os mendigos têm o direito de usar as ruas, então os ricos terão de dar-lhes dinheiro para que desistam de mendigar. Não existe nenhum princípio econômico que justifique a atribuição dos direitos sobre o ato de mendigar aos mendigos em vez de àqueles a quem se mendiga. Mesmo um indivíduo profundamente comprometido com a abordagem econômica do direito terá, em algum momento, de tomar partido em questões de filosofia política e moral. Quanto a mim, tomo o partido do John Stuart Mill de *A liberdade* (1859), a declaração por excelência dos princípios do liberalismo clássico[32]. Em *A liberdade*, afirma-se que

---

* Em *O mercador de Veneza*, de Shakespeare. (N. do T.)

32. Não que Mill tenha sido um defensor totalmente ortodoxo do liberalismo clássico. Seu namorico com o socialismo (em *Princípios de economia política*, por exemplo) antecipa a separação que o liberal social moderno faz entre liberdade pessoal e liberdade econômica, em favor da primeira. Não obstante, a visão final de Mill sobre o socialismo é cética. Ver "Chapters on Socialism", em Mill, *On Liberty, with The Subjection of Women and Chapters on Socialism*, pp. 221, 260-79 (Stefan Collini [org.], 1989).

toda pessoa tem direito à máxima liberdade – tanto pessoal quanto econômica – compatível com a de todos os outros integrantes da sociedade[33]. Nem o Estado nem a opinião pública devem procurar reprimir atos "autorreferenciados", isto é, atos que não causem dano palpável aos outros indivíduos. A ressalva expressa na palavra palpável é necessária para excluir o que chamei de externalidades mentais. Para Mill, o fato de a maioria dos americanos se horrorizar diante da ideia de que os mórmons dos confins de Utah praticavam a poligamia não era justificativa para que o governo dos Estados Unidos proibisse tal prática. A exclusão das externalidades mentais separa o liberalismo do utilitarismo e da economia, embora não completamente. O liberalismo está relacionado a uma das versões da economia normativa, o princípio de Pareto, que define como mudança eficiente aquela que melhora a situação de pelo menos uma pessoa sem piorar a de ninguém; ou, em outras palavras, uma mudança que não causa danos. O problema de transformar esse princípio num princípio *liberal* é que, se levarmos em consideração as externalidades mentais e pecuniárias, poucas transações não pioram a situação de alguém em algum lugar, pondo esse alguém em circunstâncias nas quais compensá-lo seria impossível. E a coisa torna-se insolúvel quando o que as pessoas desejam é negar aos outros alguma forma de liberdade (assistir a filmes pornográficos, por exemplo), de modo que o exercício dessa liberdade, embora "autorreferenciado" no sentido de Mill, passa a causar dano aos outros[34].

O liberalismo também tem uma relação *prática* íntima com a ciência econômica. Para o liberalismo clássico, o mercado competitivo é um cenário marcado pelo comportamento autorreferenciado e que, portanto, está para além das fronteiras da intervenção estatal. Entretanto, mesmo uma transação de mercado totalmente eletiva pode afetar os preços e salários pagos e recebidos por indivíduos que não tenham participado dela (não sendo, portanto, plenamente eletiva). Mas essas externalidades pecuniárias[35], bem como as mentais, o liberal clássico, ao con-

---

33. Para uma afirmação mais antiga, ver Immanuel Kant, *The Metaphysical Elements of Justice*, p. 35 (traduzido para o inglês por John Ladd, 1965). O germe do liberalismo "clássico" – que torna o adjetivo particularmente apropriado – parece estar na Grécia Antiga, na famosa ideia exposta na oração fúnebre de Péricles (tal como relata Tucídides), segundo a qual existe uma esfera privada de crenças e atividades, em cujo domínio o Estado não deve imiscuir-se. Ver David Cohen, *Law, Sexuality and Society: The Enforcement of Morals in Classical Athens* (1991).

34. Amartya Sen, "The Impossibility of a Paretian Liberal", 78 *Journal of Political Economy* 152 (1970).

35. Pecuniárias e não reais, tal como os economistas empregam esses termos, posto que perfeitamente refletidas em outro ponto do sistema econômico. Um preço mais alto representa um custo para o consumidor, mas também um benefício equivalente para o produtor. Nesse caso, o valor total da produção da sociedade permanece inalterado. Em contraposição, uma externalidade real, como a poluição, reduz esse valor total.

trário do paretiano, tende (para o bem ou para o mal) a excluí-las de sua definição de dano.

Ao criar um vasto campo de atividades privadas invioláveis e facilitar o funcionamento do livre mercado, o liberalismo cria as condições necessárias, segundo nos ensina a experiência, para a liberdade pessoal e a prosperidade econômica. Ademais, embora esses bens dependam do controle da violência interna e da contenção dos inimigos externos, os Estados modernos mais fortes, nacional e internacionalmente, sempre foram os liberais[36]: a Grã-Bretanha no século XIX e os Estados Unidos no século XX. O liberalismo fomenta as trocas de informação de que depende o progresso científico e tecnológico; arregimenta, sem coerção, o apoio dos cidadãos; maximiza a produção eficiente; estimula e recompensa a competência; previne a excessiva centralização das decisões; enfraquece as rivalidades entre famílias ou clãs e reduz os conflitos ideológicos. A justificação do liberalismo é pragmática.

O liberalismo não é uma filosofia completa do Estado e do direito. Faltam-lhe detalhes cruciais, tais como o nível ideal de tributação (a se pagar pelas atividades estatais limitadas, mas não desprezíveis, que o liberalismo aprova). Ademais, não está claro se é legítimo "comprar", em prol da paz na sociedade, os grupos de interesse mais exaltados. Outro mistério é o profundo compromisso dos governos liberais com certas políticas paternalistas e, portanto, antiliberais à primeira vista, como a proibição da tortura, das penas cruéis e dos esportes letais. Talvez, como pensava Nietzsche, essas políticas possam ser explicadas, no âmbito do liberalismo, pela ideia de que pessoas hipersensíveis são cidadãos mais adequados de um Estado liberal que pessoas acostumadas à violência, ao sofrimento e à morte. Mas a relação de causalidade pode ser inversa: um país torna-se liberal quando aqueles que temem e desprezam a busca por honra e glória, a qual está relacionada com um certo gosto pela violência, ascendem socialmente e expressam seu desprezo por meio do direito.

O liberalismo e a democracia são duas forças em tensão. A democracia não é apenas um meio de dissipar o poder político e, portanto, de proteger a esfera privada contra a invasão da pública, mas também um instrumento através do qual as pessoas podem impor socialmente o desprezo que sentem pelos atos autorreferenciados dos outros. O liberalismo implica o Estado limitado, mas a democracia implica o império da maioria – e a vontade das maiorias não raro é reprimir as minorias.

---

36. Conforme ressalta Stephen Holmes em *The Paradox of Democracy* (a ser lançado em breve pela University of Chicago Press).

Ainda assim, democracia e liberalismo tanto se apoiam quanto se opõem entre si. Por submeter o governo ao controle popular, a democracia reduz o poder de violação da liberdade por parte do Estado; e a liberdade é um pré-requisito para toda escolha democrática consciente, livre de coerção e, portanto, autêntica. Mas a liberdade durante um período t pode levar a um governo popular no período $t + 1$, o qual pode decidir levar à miséria uma minoria impopular. Para minimizar as insuficiências da democracia em relação ao liberalismo, alguns defensores desta afirmam que os eleitores jamais devem deixar-se levar pelo egoísmo ou pela emoção, ou seja, jamais devem votar de forma antiliberal. O voto deve ser sempre resultado de um processo de deliberação bem-informado e imparcial. Quando isso ocorrer, a democracia (afirmam) produzirá soluções sábias e justas para os problemas sociais[37]. O voto imparcial realmente existe, conforme veremos no Capítulo 3; e a opinião pública, apontada pelo voto, não é inteiramente mal informada. Até certo ponto, portanto, a ideia de democracia deliberativa é verdadeira. Mas até que ponto? Joshua Cohen se entrega quando fala do "consenso" como a meta da democracia deliberativa, o que faz do voto um último recurso, ao qual se deve recorrer quando o processo deliberativo revelar-se interminável[38]. Cohen pensa na democracia como se fosse uma reunião de professores, em que pessoas semelhantes e altamente instruídas debatem calmamente assuntos sobre os quais possuem conhecimento direto. Em sociedades compostas por milhões de pessoas, porém, a democracia não funciona assim. Nesses casos, ela não é participativa: exceto em plebiscitos ocasionais, as pessoas votam em representantes e não em políticas. Na prática, em um regime democrático, a ignorância é generalizada, o egoísmo é patente e, muitas vezes, as pessoas são naturalmente maliciosas. É grande a quantidade de leis imperfeitas, abusivas, inúteis, ineficazes e absurdamente dispendiosas; e, se nossa democracia fosse mais populista, haveria mais delas e não menos. Os liberais reconhecem a tensão que existe entre liberalismo e demo-

---

37. Ver, por exemplo, Cass R. Sunstein, *Democracy and the Problem of Free Speech*, cap. 8 (1993); Joshua Cohen, "Deliberation and Democratic Legitimacy", em *The Good Polity: Normative Analysis of the State* 17 (Alan Hamlin e Philip Pettit [orgs.], 1989); David Estlund, "Making Truth Safe for Democracy", em *The Idea of Demcracy* 71 (David Copp, Jean Hampton e John E. Roemer [orgs.], 1993) ("democracia epistêmica"). Aqui, estou falando de democracia *política*. Em um sentido mais abrangente e conhecido a partir das obras de John Dewey e Richard Rorty, democracia é o nome da crença caracteristicamente pragmatista de que a verdade é o acordo entre os membros da comunidade mais importante da sociedade; sendo portanto, em certo sentido, algo a que se chega "democraticamente" e não um reduto de especialistas, descendentes dos reis filósofos de Platão.

38. Cohen, nota 37 acima, p. 23.

cracia. Por isso, querem restringir o alcance da democracia política através da separação dos poderes e da submissão das ações do executivo e do legislativo ao exame do judiciário.

Outra dificuldade com que se deparam os teóricos do liberalismo é a de saber se a liberdade deve ser pensada apenas de forma negativa, pura e simplesmente como liberdade em relação à coerção do Estado, ou se também de forma positiva, como autonomia, potencial ou autorrealização do ser humano (ver Capítulo 6). Neste segundo caso, uma política pública como a de redistribuição de riqueza dos ricos para os pobres poderia ser interpretada como liberal, o que mostra como é fácil descambar do liberalismo clássico para o social. Os limites do liberalismo são, portanto, imprecisos. E, por falar em imprecisão, o liberalismo não obtém maior sucesso que a ciência econômica ao lidar com questões categóricas, como o aborto, em que a determinação do caráter "autorreferenciado" de um ato depende de um indivíduo (o feto, por exemplo) ser considerado ou não um membro da comunidade. Entretanto, o liberalismo se sai bem no caso dos direitos dos homossexuais, em que é relativamente fácil determinar se o comportamento de um indivíduo afeta ou não os outros; e sai-se melhor que a economia em algumas questões jurídicas sofisticadas, conforme exemplificarei com o raciocínio que permeia a doutrina jurídica do flagrante preparado. Nos casos em que o réu de um processo penal não teria cometido um determinado crime se o Estado não o tivesse induzido a isso, diz-se que houve "flagrante preparado", e o réu deve ser absolvido. O economista pode explicar esse desfecho observando que o dispêndio de recursos para punir um indivíduo que não representa ameaça para a sociedade é um desperdício e deve ser distinguido do simples ato de planejar para que um criminoso cometa seu próximo crime num momento e num local escolhidos pelo Estado, para que se possa prendê-lo e condená-lo a um custo mais baixo[39]. Mas a explicação não é totalmente convincente, pois os juízes não costumam se preocupar com a distribuição eficiente dos recursos destinados à imposição da lei. Isso cabe ao poder executivo. A teoria liberal pode preencher essa lacuna. O liberalismo pode exigir do Estado que deixe as pessoas em paz. Uma pessoa que só cometeria um crime se o Estado a impelisse a isso é inofensiva. E punir uma pessoa inofensiva é errado, mesmo que essa pessoa seja fraca de caráter ou carregue pensamentos maldosos.

Mill pintou um quadro atraente da sociedade liberal, mas forneceu poucas *razões* pelas quais deveríamos preferi-la a uma outra mais co-

---

39. *Economic Analysis of Law*, pp. 217-8.

munitária. A história do século XX é rica em provas de que as alternativas comunitárias ao liberalismo, quer fascistas quer socialistas, são aberrações, são inviáveis, ou ambas as coisas. Mas a lição da história é relativizada pelo fato de que os Estados "liberais" modernos estão permeados de elementos socialistas.

George Kateb defende o liberalismo baseado no caráter desejável (na visão dele) do incitamento de "sentimentos de autoafirmação e autossuficiência", o ideal emersoniano que ele resume elegantemente como:

(1) o desejo de ser diferente; o desejo de ser único; o desejo de tomar seu próprio rumo; o desejo de experimentar, de vagar, de flutuar;

(2) o desejo de ser deixado em paz; o desejo de não ser envolvido no jogo alheio; o desejo de não ser observado; o desejo de ser misterioso, de ter segredos, de ser visto como um ser indefinido;

(3) o desejo de não dever favores; o desejo de ser dono de si mesmo;

(4) o desejo de pensar, julgar e interpretar por si mesmo;

(5) o desejo de sentir-se resoluto e não perplexo; o desejo de viver, em vez de desempenhar um só papel ou uma só função por toda a vida;

(6) o desejo de ir até o limite; o desejo de obter sucesso, de acumular experiências;

(7) o desejo de construir a própria vida, mas não segundo um modelo bem construído de narrativa ou de obra de arte; o desejo de ser fluido e não sólido;

(8) o desejo de encontrar a si mesmo, de encontrar seu "verdadeiro eu"; de ser você mesmo e não a ideia que os outros têm de você; o desejo de renascer como você mesmo.[40]

É fácil enxergar que, *se* este é o tipo de personalidade que queremos fomentar, devemos adotar, como princípio mínimo de governo, o princípio milliano de que "seus direitos terminam onde começam os meus", para não termos de lutar até a morte com todos os egoístas agressivos. Porém, para começo de conversa, por que seria desejável fomentar a autoafirmação em uma população com QI médio de apenas 100? E caso seja desejável, por que não deveríamos ir além do princípio do dano? (Ademais, seria desejável para quem?) Pessoas em condições financeiras favoráveis tendem a ter um comportamento mais autoafirmativo, embora menos violento, que as pessoas pobres. Portanto, uma

---

40. Kateb, "Democratic Individuality and the Meaning of Rights", em *Liberalism and the Moral Life*, pp. 183, 191 (Nancy L. Rosenbaum [org.], 1989). Note a semelhança com o princípio de individualidade de Mill, sobre o qual ver Alan Ryan, *The Philosophy of John Stuart Mill*, cap. 13 (2.ª ed., 1990). A última frase de Kateb ("o desejo de renascer como você mesmo") traz à mente a ideia do eterno retorno, de Nietzsche.

distribuição mais igualitária da riqueza poderia maximizar o número de pessoas com comportamento autoafirmativo. Mais uma vez, vemos o liberalismo levar à coerção estatal através do igualitarismo. E por que parar por aí? Se liberdade significa capacidade e não autonomia, os transportes modernos podem tornar os cidadãos de uma ditadura moderna mais livres que os de uma democracia do século XIX. Segundo essa visão, liberdade se reduz a riqueza, o que nos traz de volta à economia[41]. Para Mill, não fazia diferença se as restrições à liberdade pessoal viessem do direito ou da opinião pública. Por que fará diferença se vierem da tecnologia então? Além disso, para alguém que nem acredite em livre-arbítrio, teria a "autoafirmação" algum *significado*? Por que será melhor que o comportamento humano seja determinado pela tecnologia, a publicidade e a cultura popular que pela religião, a etnia e a tradição? Kateb concebe o homem como um ser que fabrica a si próprio, e isso iguala as pessoas comuns ao cientista – um desbravador, um criador, um livre-pensador, um investigador ativo, um experimentador, alguém que ousa errar: tipos dos quais eu gosto. Conforme as perguntas do parágrafo anterior devem ter deixado claro, não estou sugerindo que esse ideal encontre fundamentos sólidos no pragmatismo ou onde quer que seja (de todo modo, prover fundamentos não é o negócio do pragmatismo). Mas tentarei, ao longo deste livro, mostrar que é possível defender o individualismo liberal comparando suas consequências com aquelas que tendem a ser produzidas por alternativas como a democracia e o conservadorismo moral.

Emerson não é o único elo entre o pragmatismo e o liberalismo. Ambas as doutrinas rejeitam (o pragmatismo, no nível da filosofia geral; e o liberalismo, no da filosofia política) a ideia de encontrar em alguma doutrina abrangente (seja a de São Tomás de Aquino, a de Maomé, a de Calvino, a de Kant ou a de Marx) as respostas às questões sobre a realidade e a conduta pessoal. O liberalismo (embora não necessariamente segundo os modelos de Mill ou de Emerson) é a filosofia política mais adequada às sociedades entre cujos integrantes não há um consenso quanto aos fundamentos da moral[42], e o pragmatismo é a filosofia do viver sem fundamentos[43].

---

41. George J. Stigler, "Wealth, and Possibly Liberty", 7 *Journal of Legal Studies* 213 (1978).

42. Conforme ressalta John Rawls, *Political Liberalism* (1993).

43. A ligação entre o liberalismo (ou ao menos uma das versões deste) e o pragmatismo vem à tona em algumas observações de Rawls: "Diferentes concepções de mundo podem perfeitamente ser elaboradas a partir de diferentes pontos de vista, e a diversidade surge, em parte, de nossas diferentes perspectivas. Não é uma postura realista – pior ainda, é uma ati-

Portanto, liberalismo e pragmatismo combinam bastante um com o outro e, como vimos mais atrás, com a economia. Essa fusão pode transformar a teoria do direito. Esta, pelo menos, é a tese deste livro.

tude que levanta desconfianças e suspeitas mútuas – supor que todas as nossas diferenças derivem da ignorância e da perversidade ou, ainda, das disputas por poder, *status* ou dinheiro (...). Muitos de nossos julgamentos mais importantes são realizados sob condições nas quais não é de esperar que pessoas conscienciosas e plenamente dotadas da faculdade da razão, mesmo após o livre debate, chegarão à mesma conclusão." Id., p. 58. Mas veremos, no Capítulo 5, que seria um erro conceber *Political Liberalism* como uma obra pragmatista.

PARTE UM
A profissão

capítulo 1
Os fundamentos materiais da teoria do direito

    A história da profissão jurídica é, em grande medida e apesar dos estridentes e incessantes protestos e elogios, a história dos esforços de todos os ramos da profissão, incluindo-se os professores e os juízes, no sentido de garantir seu lugar ao Sol tanto na economia quanto na sociedade. Até recentemente, os profissionais do direito nos Estados Unidos, assim como na maioria dos países ricos, vinham obtendo total sucesso nesse empreendimento. A profissão era uma teia complexa e engenhosamente tecida, embora imperfeita; um cartel que, através de regulamentações estatais projetadas para dificultar a entrada de novos membros e para protegê-lo da concorrência externa, bem como de pressões competitivas desagregadoras em seu próprio interior, conservava-se unido contra os perigos rondantes que normalmente destruiriam um cartel de muitos membros. A estrutura cartelizada da profissão gerou, como subproduto, uma certa visão do "direito" como entidade enigmática, mas essencialmente cognoscível. Esta, ao restringir o comportamento dos advogados e juízes, justifica a autonomia da profissão em relação às leis da política e do mercado.

    Desde a década de 1960, esse cartel enfraqueceu. (Farei uma analogia desse declínio com o da produção artesanal medieval, também organizada em cartéis, e o triunfo da indústria moderna de produção em massa.) Os sintomas incluem mudanças no tamanho e na organização dos escritórios de advocacia, bem como na remuneração dos advogados iniciantes em comparação com a dos veteranos, além de um aumento na quantidade de horas de trabalho dos advogados e a diminuição das gratificações que advogados, juízes e professores de direito extraem de seu emprego. Como o pensamento jurídico convencional é, em grande medida, um subproduto da cartelização, o enfraquecimento do cartel alterou esse pensamento, fazendo-o rumar a uma desintegração e uma busca, até agora inútil, por métodos de reintegração. Se o cartel desmoronar e o direito se tornar um serviço desregulamentado, como a administração ou as vendas, podemos esperar uma mudança profunda na concepção atual de direito: a ideia de direito como esfera autônoma do conhecimento dará lugar a uma ideia de direito como uma mistura heterogênea de golpes e contragolpes retóricos, aconselhamento e intermediação por parte de velhos sábios, análises e investigações acerca do interesse público e diversas tarefas administrativas e burocráticas. Uma tal mudança acabaria com o "sistema jurídico", compreendido no sentido da autoconcepção lisonjeira dos profissionais do direito acerca daquilo que significa praticar, ser e vivenciar "o direito"[1].

Há apenas trinta anos, os profissionais do direito acreditavam piamente que possuíam ferramentas confiáveis de investigação (basicamente, a dedução, a analogia, o precedente, a interpretação, a aplicação de normas jurídicas, a identificação e ponderação de interesses sociais concorrentes, a formulação e aplicação de princípios imparciais e o comedimento judicial*), as quais compunham uma metodologia capaz de gerar respostas objetivamente corretas até para as mais difíceis questões jurídicas. As mais conceituadas figuras acadêmicas afirmavam que a Suprema Corte estava "predestinada (...) a ser uma voz da razão", pois "a razão é o que dá vida ao direito"[2]. Hoje, em contrapartida, torna-se cada vez mais um consenso, embora alguns grupos resistam obstinadamente, a constatação de que a ideia da "objetividade" do direito, e tudo

---

1. Minha definição de "jurisprudência" não é consolidada, mas tampouco é inédita. Ver Thurman W. Arnold, "Apologia for Jurisprudence", 44 *Yale Law Journal* 729 (1935).

* *Judicial restraint*, no original em inglês. Este é o princípio segundo o qual o Judiciário não deve usurpar as funções dos outros dois poderes do Estado. (N. do T.)

2. Henry M. Hart, Jr., "The Supreme Court 1958 Term: Foreword: The Time Chart of the Justices", 73 *Harvard Law Review* 84, 99, 125 (1959). O guru de Hart, Felix Frankfurter, falava, de modo ainda mais extravagante, na "razão chamada direito". Frankfurter, "Chief Justices I Have Known", 39 *Virginia Law Review* 883, 905 (1953). Para Holmes, diferentemente, o que "dá vida ao direito" é a "experiência". *The Common Law*, p. 1. A mudança de termos, como veremos, é enorme.

o que esse termo conota, caiu por terra: "Somos todos pragmatistas agora."[3] Os pragmatistas não negam a objetividade. Porém, ao fundá-la no consenso, negam que o direito (ou qualquer outra prática) possa ser objetivo quando não houver mais consenso acerca de suas premissas.

A ideologia de uma profissão é o resultado do modo como seus membros trabalham, da forma e do conteúdo da carreira deles, das atividades que constituem sua jornada diária; em suma, da estrutura econômico-social da profissão. Pelo menos é isso que afirmarei, valendo-me da bibliografia acadêmica sobre os efeitos do trabalho sobre a consciência[4] e da bem conhecida bibliografia sobre a história das corporações de ofício medievais. Peço ao leitor que não desconsidere logo de cara – apenas por ser o marxismo uma filosofia em descrédito – a sugestão de que os modos de pensar característicos de uma profissão podem ter causas econômicas. A medicina é rica em exemplos disso[5]. Por que a medicina preventiva sempre foi tão ignorada pelos profissionais da medicina? Porque alguns de seus métodos mais eficazes, como a higiene básica e a purificação da água, não requerem treinamento médico; e não é fácil transformar seus benefícios em renda. Por que os médicos medievais davam tanta ênfase ao prognóstico? Porque, dada a escassez de conhecimentos sobre como curar uma doença, o sucesso profissional dependia essencialmente da habilidade de avaliar a probabilidade de o possível paciente recuperar-se por conta própria. Caso o prognóstico fosse negativo, o médico se recusaria a tratá-lo, para defender a reputação da profissão. E por que esses mesmos médicos não consideravam a cirurgia uma prática própria da medicina, deixando-a a cabo dos barbeiros? Porque as técnicas cirúrgicas da época eram quase todas mecânicas, totalmente independentes de qualquer conhecimento abstrato e, portanto, incompatíveis com a autodivulgação da medicina como uma profissão erudita. Deveríamos nos surpreender com a constatação de que o interesse pessoal desempenhou um papel tão importante no pensamento jurídico quanto no médico?

---

3. Este é o tema de que trata Richard Rorty, "The Banality of Pragmatism and the Poetry of Justice", 63 *University of Southern California Law Review* 1811 (1990), reimpresso em *Pragmatism in Law and Society*, p. 89 (Michael Brint e William Weaver [orgs.], 1991).

4. Uma bibliografia bem ilustrada por Joseph Bensman e Robert Lilienfeld, *Craft and Consciousness: Occupational Technique and the Development of World Images* (1973). Ver também Arthur L. Stinchcombe, "Reason and Rationality", em *The Limits of Rationality*, p. 285 (Karen Schweers Cook e Margaret Levi [orgs.], 1990), e o comentário de Andrew Abbott sobre o tema, em id., p. 317; e Robert Blauner, *Alienation and Freedom* (1964).

5. Os exemplos a seguir foram retirados de Erwin H. Ackerknecht, *A Short History of Medicine*, pp. 54, 82, 195 (1955).

Realismo e materialismo

Mesmo o mais realista dos cientistas admitiria que a intensidade e o rumo da pesquisa científica sofrem a influência dos interesses pessoais e de fatores políticos e ideológicos extrínsecos à verdade das ideias científicas[6]. Mas quase todo o mundo, incluindo o pragmatista fiel, também admitiria que os procedimentos de experimentação, estatística, previsão e observação da ciência moderna, juntamente com a possibilidade técnica de testar as teorias científicas com a ajuda da tecnologia (como a teoria atômica materializada nas armas e nos reatores nucleares), torna possível que muitas ideias científicas se sustentem com um grau de certeza (nunca absoluto, é claro) que nos permite tratá-las, sem compromisso, como "verdades" e não como meras crenças convenientes.

No direito, a coisa é diferente. Não porque o direito varia de acordo com o lugar, ao contrário das proposições matemáticas e científicas. Uma proposição sobre o direito em X pode ser demonstrável em Y tanto quanto em X, mesmo que a teoria jurídica sobre o tema em Y seja diferente. O problema tampouco está no fato de os advogados e juízes fazerem pouco uso dos métodos científicos. Muitas das proposições – nem todas elas puramente formais (por exemplo, que um peão não pode se mover para trás no jogo de xadrez) – que consideramos tão inabaláveis quanto as proposições científicas básicas não são científicas. A afirmação de que está errado torturar crianças é tão verdadeiramente um enunciado ético contemporâneo quanto a afirmação (em si mesma uma mera aproximação, impossível de se provar por meios compreensíveis às pessoas comuns) de que a Terra gira em torno do Sol é um enunciado científico contemporâneo. Além disso, aquela é uma afirmação com a qual puderam concordar os integrantes de uma cultura para a qual a violência contra a criança é inconcebível, posto que é meramente uma afirmação sobre nossa moral e não uma asserção normativa.

O problema do direito (e também da ética) como sistema de raciocínio é que, em uma sociedade pluralista, faltam-lhe técnicas convincentes para a solução de desacordos. Se todos os indivíduos de nossa sociedade de repente concordassem com a afirmação de que as leis contra o aborto violam a liberdade constitucional (assim como todos os mem-

---

6. Conforme ressaltam estudos sociológicos recentes sobre o conhecimento científico. Para um resumo do tema, ver H. M. Collins, "The Sociology of Scientific Knowledge: Studies of Contemporary Science", 9 *Annual Review of Sociology* 265 (1983). Eu rejeito a posição radical (chamada de "programa forte" pela sociologia da ciência e bem ilustrada por Bruno Latour e Steve Woolgar, *Laboratory Life: The Construction of Scientific Facts* [1986]) de que a aceitação de crenças científicas independe da veracidade destas.

bros de uma dada comunidade acreditam que mover uma torre diagonalmente é uma violação das regras do xadrez), esta seria uma proposição verdadeira do direito americano moderno. Se, porém, um número significativo de indivíduos racionais a rejeita (e a rejeição dessa proposição não pode ser, por si só, considerada um sinal de irracionalidade, ao contrário da rejeição da proposição de que é considerado errado, em nossa sociedade, torturar crianças, ou da proposição de que a Terra gira em torno do Sol[7]), a única maneira de resolver a discordância é através da força ou de algum outro método igualmente não analítico de solução de disputas, como o do voto. Não há testes, procedimentos, protocolos, algoritmos, experiências, cálculos ou observações para determinar qual dos lados da disputa está certo. Alguns argumentos podem ser rejeitados como ruins, mas restam, de ambos os lados, bons argumentos suficientes para deixar a questão em aberto (ver Capítulo 5). Pode-se esperar, portanto, que considerações relativas à política, ao interesse pessoal, à tradição, ao hábito, bem como quaisquer outras considerações que independam da verdade, desempenharão, na explicação do conteúdo, da forma e da aceitação das ideias jurídicas, um papel muito maior do que aquele que desempenham na ciência moderna, caso no qual a comunidade correspondente concorda quanto aos critérios de avaliação.

Profissionalismo

Uma profissão é uma atividade que as pessoas acreditam que exija não apenas saber prático, experiência e "inteligência", mas também o domínio de um conjunto de conhecimentos especializados e relativamente (às vezes altamente) abstratos – de uma ciência ou algum outro campo presumidamente dotado de uma estrutura e de um sistema intelectuais, como a teologia, o direito ou a ciência militar (o estudo das leis gerais, no sentido científico da palavra, das táticas e estratégias militares). Com o crescimento das universidades em sua forma moderna (instituições especializadas tanto em divulgar quanto em ampliar o conhecimento abstrato), o treinamento profissional assume cada vez mais, sobretudo nos Estados Unidos, a forma de estudos de pós-graduação, embora o antigo sistema de treinamento profissional, fundado na relação entre mestre e aprendiz, continue influente em profissões como a jornalística e a militar, bem como na medicina. Assim, a economia é

---

7. Eu me afastaria demais do nosso tema se me pusesse a examinar como as pessoas podem ser julgadas racionais ou irracionais.

uma profissão, mas a administração não; porque é possível, sem dominar um conjunto de conhecimentos abstratos, ser um homem de negócios bem-sucedido, mas não um economista. A marcenaria também não é uma profissão. Embora ela exija mais conhecimento especializado que a administração, não requer um alto grau de treinamento ou competência intelectuais[8].

Meu interesse é pelas profissões *restritas*, como o direito e a medicina. Qualquer um pode se dizer um economista, ser contratado como um economista ou (se for capaz) executar o trabalho de um economista. Mas uma pessoa não pode praticar o direito ou a medicina, nem dizer-se médico ou advogado, nem tampouco lecionar em uma escola pública sem uma licença. Muitas atividades que não são profissões também são restritas, como a de barbeiro ou motorista de táxi. Porém, justamente por não serem profissões, suas restrições assumem uma forma diferente. A restrição mais característica – embora não apenas profissional – da atualidade é a exigência de uma extensa educação formal; incluindo-se um certo grau, por vezes elevado, de educação especializada de tipo universitário, além da comprovação de competência intelectual por meio de rigorosos testes escritos. Mas nem sempre foi assim. Até o início do século XX, os pré-requisitos de educação formal para advogados nos Estados Unidos eram modestos e frequentemente nulos. O direito, no entanto, sempre foi visto como uma atividade "erudita" em ambos os sentidos da palavra, e o ingresso nela sempre foi restrito de uma forma ou de outra.

As restrições ao ingresso na profissão podem ser estatais ou privadas. As últimas, porém, raramente serão eficazes por muito tempo sem algum tipo de apoio do Estado. Por exemplo, o reconhecimento das instituições de ensino pode ser privado. Porém, a menos que o órgão público responsável pela regulamentação do setor educacional se recuse a reconhecer o diploma dos estudantes formados em escolas não reconhecidas, esse reconhecimento privado provavelmente não limitará muito o ingresso na profissão. Poucos estados, notadamente a Califórnia, permitem que pessoas que não tenham se formado em uma faculdade de direito oficialmente reconhecida sejam admitidas na Ordem dos Advogados caso passem na prova dessa instituição. Uma das consequências é que as faculdades de direito sem reconhecimento oficial são bas-

---

8. A vasta bibliografia, principalmente sociológica, sobre as profissões está bem representada em Eliot Freidson, *Professional Powers: A Study of the Institutionalization of Formal Knowledge* (1986); Andrew Abbott, *The System of Professions: An Essay on the Division of Expert Labor* (1988); e JoAnne Brown, *The Definition of a Profession: The Authority of Metaphor in the History of Intelligence Testing, 1890-1930* (1992).

tante reconhecidas na Califórnia. A prova da Ordem dos Advogados da Califórnia, entretanto, é extraordinariamente difícil. Assim, o treinamento de maior qualidade oferecido pelas faculdades oficialmente reconhecidas é de grande valor para o estudante e, graças a ele, essas faculdades podem cobrar mensalidades mais altas que aquelas das particulares (e poucos tentam passar na prova da Ordem sem ter frequentado nenhuma faculdade de direito). De qualquer modo, na Califórnia, o poder de limitar o ingresso na profissão passa dos órgãos de regulamentação educacional e das faculdades de direito para a prova da Ordem dos Advogados.

O cartel medieval como modelo para a profissão jurídica moderna

A profissão jurídica em sua forma tradicional é um cartel de provedores de serviços relativos às leis da sociedade[9]. A teoria dos cartéis analisa as circunstâncias sob as quais as empresas são capazes, ou incapazes, de elevar e fixar seus preços acima do nível competitivo, ao menos por um tempo[10]. Os cartéis assumem diversas formas, que atualmente vão desde breves conspirações para fraudar licitações na indústria de construção de rodovias ao cartel do petróleo da OPEP, passando pelos cartéis regulamentadores como o dos produtores de laticínios. Em poucos cartéis é possível perceber uma mística ou uma ideologia, como acontece com as profissões restritas em geral e sobretudo com o direito. Para isso, temos de remontar às corporações de ofício medievais, essas ancestrais dos cartéis, cuja estrutura, em tempos tanto de ascensão quanto de declínio, assemelha-se à das correspondentes fases da profissão jurídica. Como meu interesse nas corporações de ofício limita-se à luz que estas lançam sobre seus descendentes remotos, será conveniente apresentar as características principais desse sistema através do retrato sintético de uma corporação de ofício fictícia[11].

---

9. A explicação das restrições profissionais baseada na ideia de cartel obviamente não é nova. Ver Brown, nota 8 acima, pp. 63-4; Milton Friedman, *Capitalism and Freedom*, cap. 9 (1962); D. S. Lees, *Economic Consequences of the Professions* (1966); *Regulating the Professions: A Public-Policy Symposium* (Roger D. Blair e Stephen Rubin [orgs.], 1980); S. David Young, *The Rule of Experts: Occupational Licensing in America* (1987). Para críticas, ver Mark J. Osiel, "Lawyers as Monopolists, Aristocrats, and Entrepeneurs", 103 *Harvard Law Review* 2009 (1990).
10. *Economic Analysis of Law*, pp. 265-71.
11. Para as fontes dessa síntese pictórica, ver Steven A. Epstein, *Wage Labor and Guilds in Medieval Europe* (1991); John H. Mundy, *Europe in the High Middle Ages: 1150-1309*, pp. 131-8 (2.ª ed., 1991); Anthony Black, *Guilds and Civil Society in European Political Thought from the Twelfth Century to the Present* (1984); Sylvia L. Thrup, "The Guilds", em *Economic Organization and Policies in the Middle Ages* (vol. 3 da *Cambridge Economic His-*

A corporação dos tecelões de linho do ducado de Guermantes, na França do século XII, funciona com a autorização de uma carta-patente concedida pelo duque de Guermantes. A carta-patente autoriza a corporação a fabricar e vender tecidos de linho e proíbe a fabricação e importação de tecidos de linho que não aqueles produzidos por seus membros e impressos com a marca exclusiva da corporação. A corporação obteve essa garantia de monopólio porque concordou em dar de presente ao duque, anualmente, um lote de seus melhores tecidos. Em compensação, graças à proibição da concorrência, a corporação pode fixar preços que garantem uma generosa remuneração a seus membros, mesmo após a subtração do custo do presente concedido ao duque. Tanto a corporação quanto o duque, no entanto, hesitam em justificar explicitamente o monopólio como fruto de interesses econômicos mútuos. Mesmo em um sistema político não democrático, a opinião pública tem um certo peso, não raro significativo. Privilégios causam indignação e também podem ter implicações políticas nefastas. No famoso "Caso dos Monopólios", em que os juízes ingleses se juntaram ao parlamento na oposição à prática da Coroa de aumentar a arrecadação de impostos sem o consentimento do parlamento, através da concessão de monopólios, o monopolista defendeu seu monopólio de fabricação e importação de cartas de jogo alegando que este mantinha elevada a qualidade das cartas e que permitir a entrada de produto importado de baixo preço causaria desemprego[12].

Não é de surpreender, portanto, que, na carta-patente da corporação dos tecelões, afirme-se a necessidade do monopólio como forma de proteger o povo contra a venda de mercadorias aparentemente baratas (por serem de má qualidade, embora não à primeira vista) por parte de estrangeiros e outros indivíduos pouco confiáveis. Um teórico precoce das corporações de ofício observou que, quando falta aos consumidores informações fidedignas sobre a qualidade de um produto, estes ine-

---

tory of Europe), cap. 5 (M. M. Postan, E. E. Rich e Edward Miller [orgs], 1965); Edgcumbe Staley, *The Guilds of Florence* (1906); Lujo Brentano, *On the History and Development of Gilds, and the Origin of Trade-Unions* (1870); Toulmin Smith, *English Gilds: The Original Ordinances of More Than One Hundred Early English Gilds* (1870). Para uma discussão particularmente interessante, ver Henri Pirenne, *Economic and Social History of Medieval Europe* 178-191 (1933). A bibliografia sobre o tema é resumida e criticada em Charles R. Hickson e Earl A. Thompson, "A New Theory of Guilds and European Economic Development", 28 *Explorations in Economic History* 127 (1991). Corporações de advogados eram raras, embora tenha existido uma poderosa em Florença, entre os séculos XIV e XVI. Lauro Martines, *Lawyers and Statecraft in Renaissance Florence*, cap. 2 (1968). Sua estrutura e suas práticas eram semelhantes às das outras corporações de ofício.

12. *Darcy vs. Allein*, 11 Co. Rep. 84b, 77 Eng. Rep. 1260 (K.B. 1602).

vitavelmente presumem que todas as marcas do produto, independente do preço, são de qualidade mediana. Comprarão, portanto, a marca mais barata – a qual, por possuir a pior das qualidades, tem o menor custo de fabricação. Os produtores das marcas superiores e mais caras, na impossibilidade de recuperar os custos adicionais através da cobrança de um preço mais alto, serão afastados do mercado; a menos que reduzam a qualidade e, consequentemente, o custo de sua marca. Assim, a qualidade diminuirá progressivamente e os consumidores terminarão recebendo um produto de qualidade inferior à que desejam e pela qual estão dispostos a pagar[13].

Embora a proibição do ingresso na corporação de ofício seja condição necessária à obtenção de lucros acima da média de um mercado competitivo, não é condição suficiente. Se uma corporação de ofício tiver muitos membros (talvez mesmo que tenha poucos), cada membro se verá incentivado a expandir sua produção até que o custo da última unidade produzida por ele seja igual ao preço de mercado; pois, até que esse ponto seja alcançado, uma produção maior aumentará seu lucro. Toda essa produção adicional, entretanto, acabará abaixando o preço de mercado até o nível competitivo. Aparentemente, esse resultado poderia ser evitado facilmente se a corporação fixasse um preço mínimo para os produtos de seus membros, em um nível que maximizasse seus lucros como um todo, e punisse os desobedientes, isto é, aqueles que reduzissem seu preço. A corporação dos tecelões fez isso. Porém, mesmo que se tenha evitado a desobediência explícita por parte de seus membros (a leve redução do preço mínimo estipulado, possibilitando-se assim a venda de uma produção muito maior a um lucro por unidade só um pouco inferior ao que a venda pelo preço estipulado pelo cartel proporcionaria), a tentação de abocanhar uma fatia maior dos lucros da

---

13. Hayne E. Leland, "Quacks, Lemons, and Licensing: A Theory of Minimum Quality Standards", 87 *Journal of Political Economy* 1328 (1979); para críticas, ver Keith B. Leffler, "Commentary", em *Occupational Licensure and Regulation* 287 (Simon Rottenberg [org.], 1980). No caso de um prestador de serviços pessoais, como o advogado, a análise feita no texto sugere que o cliente pode não conseguir um advogado tão competente quanto aquele pelo qual estaria disposto a pagar. Carl Shapiro, "Investment, Moral Hazard, and Occupational Licensing", 53 *Review of Economic Studies* 843 (1986). A defesa econômica das corporações de ofício como resposta ao problema da incerteza do consumidor em relação à qualidade é apresentada em Bo Gustafsson, "The Rise and Economic Behavior of Medieval Craft Guilds: An Economic-Theoretical Interpretation", 35 *Scandinavian Economic History Review and Economy and History* 1 (1987). Não tentarei avaliar a eficiência econômica ou o valor social geral do sistema baseado nas corporações de ofício nem das restrições equivalentes na profissão jurídica, mas lançarei um olhar rápido sobre a questão no Capítulo 4. Para uma discussão interessante, ver Ronald J. Gilson, "The Devolution of the Legal Profession: A Demand Side Perspective", 49 *Maryland Law Review* 869 (1990).

corporação levou alguns de seus primeiros membros a trabalhar mais horas ou a contratar mais trabalhadores para vender mais pelo preço fixado. Outros aumentaram a qualidade de seu produto, oferecendo ao consumidor mais pelo mesmo preço estipulado pela corporação e conquistando, assim, uma fatia do mercado de seus concorrentes.

A primeira prática (o aumento da quantidade) foi mais vigorosamente punida pela corporação que a segunda (o aumento da qualidade). Isso se deu em parte por praticidade e em parte por razões relacionadas à imagem e às relações públicas da corporação. É relativamente fácil para a corporação estabelecer, e até impor, um limite de horas de trabalho ou de número de trabalhadores. De fato, os membros da corporação em questão foram proibidos de trabalhar à noite e nos feriados, bem como de contratar trabalhadores além do número mínimo de aprendizes necessários para garantir a continuidade da corporação após a aposentadoria ou morte dos membros atuais. Embora os lucros da corporação, mesmo assim, tenham saído prejudicados devido à insistência de seus membros em competir pela qualidade, isso não é algo inteiramente negativo do ponto de vista da corporação. A competição pela qualidade reforça o argumento da preservação da qualidade, principal fundamento com que a corporação defende sua legitimidade. A corporação realmente *está* fabricando um produto superior. Na verdade, está oferecendo um produto melhor do que aquele que os consumidores desejam. Estes ficariam mais felizes com um produto um pouco pior, porém mais barato. Por outro lado, não conhecem a combinação ideal de preço e qualidade, pois não lhes foi oferecida outra opção. O que efetivamente sabem e que a corporação não os deixa esquecer é que estão recebendo um produto de qualidade superior em quesitos como firmeza da trama, resistência, suavidade no toque, boa aparência e durabilidade.

Quanto às restrições ao emprego, embora a intenção essencial destas fosse limitar a produção, elas acabam reforçando a qualidade como justificação do monopólio. Como os membros da corporação não podem contratar legiões de trabalhadores (não podem adotar um sistema industrial), caracterizam-se, forçosamente, como artesãos, isto é, trabalhadores manuais. A corporação dos tecelões promoveu insistentemente o trabalho à mão como sinal de qualidade, algo plausível para uma época anterior às lojas de departamento e aos produtos com garantia. Cada peça de tecido de linho traz a marca não só da corporação, como também de quem a fabricou. Não há divisão de responsabilidade nem possibilidade de acusações mútuas quando algum produto fabricado pela corporação apresentar defeito.

O verdadeiro perigo para a corporação não é seus membros aumentarem a qualidade de seu produto, dissipando assim, por meio da concorrência, toda possibilidade de lucro; mas, sim, tentarem elevar seus lucros reduzindo a qualidade e, com isso, os custos. Esse tipo de concorrência destruiria a lógica da qualidade que rege o monopólio da corporação; geraria, no longo prazo, insatisfação nos consumidores (no curto prazo, estes podem não perceber a queda da qualidade); e, ao criar uma pressão intolerável no sentido de abandonar o preço mínimo determinado pela corporação, ameaçaria a sobrevivência desta e, consequentemente, dos membros com custos de produção mais altos. Para reagir a essa ameaça, a corporação estabeleceu padrões mínimos de qualidade para a mão de obra e os materiais. Os membros são obrigados a seguir esses padrões, sob pena de serem expulsos da corporação. Esses padrões e essas exigências forneceram, por sua vez, respaldo adicional à lógica da qualidade como fundamento para as restrições da corporação – esta está policiando diretamente a qualidade do trabalho de seus membros e não meramente excluindo concorrentes que supostamente fabricam um produto de qualidade inferior.

A corporação não pode esperar que a ameaça de sanções previna todas as violações às restrições que impõe. Por isso procurou estimular a coesão social entre seus membros para fazer com que o altruísmo e as sanções informais contribuam para a obediência a essas restrições. Proibiu o ingresso de judeus e outros estrangeiros que provavelmente não comungam dos mesmos gostos e valores básicos que eles. Além disso, tornou-se uma coligação tanto comercial quanto social, marcada por frequentes casamentos entre as famílias de seus membros e pelo enfraquecimento da concorrência entre as gerações, já que os aprendizes são escolhidos exclusivamente entre os filhos e sobrinhos dos atuais membros. Seus membros são estimulados a orgulharem-se de sua vocação e a levarem uma vida irrepreensível de lealdade à corporação e de igualdade entre si. Em outras palavras, a corporação busca imbuir seus membros de preceitos e valores morais comunitários (em vez de individualistas), calculados para reduzir a probabilidade de que desobedeçam às restrições que se lhes impõem. Tradição e não inovação; uniformidade e não variedade; ênfase na mão de obra, não na produção; logo, ênfase na qualidade, não na quantidade; e valorização daqueles que fazem seu próprio trabalho em vez de terceirizá-lo ou delegá-lo a empregados (em suma, no ofício de fabricante, de artesão, e não no de supervisor do trabalho alheio); são atitudes e valores que a corporação cultivou diligentemente.

Precisamos nos voltar mais detidamente ao ofício de aprendiz. A importância deste não reside apenas em sua função de treinamento[14], mas também no fato de que uma corporação de ofício precisa tomar providências para continuar existindo no futuro. Ainda que seus membros não estejam preocupados com o vigor dela depois da morte deles, a corporação não pode esperar manter seus privilégios junto às leis de Guermantes se não der garantias satisfatórias de que será capaz de fornecer tecidos de linho ao duque por tempo indefinido. Mas como a corporação pode garantir que haverá uma próxima geração de membros, sem compartilhar suas rendas de monopólio com um grupo de novos membros? A resposta está no ofício de aprendiz. O ingresso no posto potencialmente lucrativo de membro da corporação dos tecelões restringe-se àqueles que estejam dispostos a enfrentar longos anos de trabalho mal remunerado. Na prática, o aprendiz compra uma parcela da participação do mestre nos lucros da corporação de ofício, quase da mesma forma que o comprador de ações de uma empresa detentora de uma patente ou outro tipo de monopólio compra o direito de receber uma parcela proporcional das rendas de monopólio previstas pela empresa. Esse direito rende-lhe apenas uma previsão de retorno competitivo para seu investimento e não um retorno monopolístico, pois os possíveis ganhos de monopólio foram descontados no preço de compra das ações.

A duração do período de aprendizado determina a velocidade de expansão da corporação. Variações na duração desse período permitem o ajuste contínuo da oferta de mão de obra para atender às mudanças na demanda pela produção da corporação e, logo, na correspondente demanda por mão de obra e outros insumos; enquanto os baixos salários pagos aos aprendizes evitam a transferência dos ganhos da corporação para os recém-chegados. A duração do aprendizado também reforça o argumento da qualidade. O aprendizado é, em parte, um período de treinamento. Portanto, quanto mais longo for, mais convincente será a imagem – apresentada pela corporação à sociedade – de que a fabricação de um produto de alta qualidade é uma tarefa que exige uma habilidade extraordinária, a qual só pode ser adquirida mediante um longo treinamento. A instituição do aprendizado também facilita a seleção e doutrinação de novos membros. A uniformidade de opinião e, consequentemente, uma maior probabilidade de conformação às normas de determinação de preços, de trabalho e de produção estabelecidas veem-se fomentadas por um sistema em que os produtores passaram muitos anos na condição de estudantes, pupilos e suplentes dos mais velhos. A corpo-

---

14. Ressaltada em Bernard Elbaum, "Why Apprenticeship Persisted in Britain But Not in the United States", 49 *Journal of Economic History* 337 (1989).

ração dos tecelões poderia leiloar novas vagas, como ocorreria posteriormente na Bolsa de Valores de Nova York, outro cartel. Mas isso traria para dentro da corporação produtores provavelmente infensos a internalizar os valores desta, valores projetados para restringir a concorrência interna. O sistema de aquisição de novos membros fundado na instituição do aprendizado minimiza esse risco.

De corporação de ofício a fábrica

Ainda que, conforme creio, a melhor explicação para as corporações de ofício seja que estas eram mecanismos de maximização dos ganhos líquidos de seus membros, os esforços que elas empregavam para esse fim fomentavam uma ética pessoal e uma mística institucional específicas. Essa ética pessoal enfatizava valores como lealdade, igualdade, ajustamento, responsabilidade pessoal e paciência no trabalho artesanal, o que implicava um escrupuloso cuidado com os detalhes e a qualidade. A mística institucional, por sua vez, envolvia a celebração da fabricação de produtos ou serviços de alto padrão de qualidade como peças únicas concebidas à mão por especialistas altamente treinados, e a esconjuração dos produtos baratos e malfeitos. Essa combinação de ética e mística como elementos que se alimentam mutuamente forma a ideologia da produção nas corporações de ofício. Uma ideologia industrial, entretanto, não sobrevive à transição para a produção em massa. As condições em que se dá tal produção, conforme afirmou Marx, estimulam o surgimento de uma ideologia dos trabalhadores, acima da qual observa-se uma ideologia administrativa compartilhada por muitos homens de negócios. Mas não há ideologia da unidade produtiva. Como veremos, não *existe* mais uma unidade produtiva única. Uma corporação de tecelões possui uma ideologia, ao contrário do que ocorre com um cartel de fabricantes de tecidos, sobretudo em um mercado competitivo.

A produção em massa envolve uma grande mudança: a fabricação de pequenas quantidades de mercadorias individualizadas e de alta qualidade por especialistas altamente treinados dá lugar à produção de grandes quantidades de mercadorias de qualidade mediana por máquinas frequentemente operadas por trabalhadores não especializados, que realizam tarefas simples e repetitivas sob a direção de supervisores e, em última análise, de executivos[15]. A divisão do trabalho dentro da unidade

---

15. Um estágio intermediário entre a corporação de ofício e a produção em massa é o sindicato de "ofício", onde a organização da força de trabalho "capacitada" segundo um modelo semelhante ao das corporações de ofício associa-se a métodos modernos de organização da produção. As regras de aprendizado e as práticas excludentes dos sindicatos de ofício as-

produtiva, ao decompor em suas partes operacionais constitutivas o processo de manufatura próprio da corporação de ofício, torna possível a geração de uma produção maior por uma força de trabalho em que pode não haver ninguém dotado das extensas habilidades e do profundo treinamento que possuía um mestre artesão no sistema das corporações de ofício[16]. Assim, diminui a importância de insuflar na força de trabalho a valorização do trabalho artesanal; e diminui também o valor do treinamento prolongado, como o do aprendiz. Os trabalhadores se parecem mais com as diferentes peças de uma máquina ou as diferentes células de um organismo, do que com artesãos, já que nenhum deles fabrica um produto inteiro. Os valores exigidos dos supervisores e executivos são particularmente distantes dos da corporação de ofício – são valores de liderança e de "relações humanas", talentos específicos de relacionamento estratégico em grandes organizações e de perspicácia financeira e mercadológica. Esses talentos são de pouca utilidade para quem desempenha um trabalho lento e meticuloso, por conta própria ou, no máximo, com a ajuda de um ou dois aprendizes.

A diversidade de tarefas da empresa moderna condena à morte a uniformidade moral do sistema das corporações de ofício. A qualidade perde importância e o trabalho manual se torna coisa do passado. Desse modo, desaparece também a mística centrada na qualidade, típica da corporação de ofício. Tanto a força de trabalho quanto o pessoal administrativo são dinâmicos e regem-se por técnicas de produção e administração gerais e não técnicas vinculadas a alguma indústria específica pela lenta acumulação de habilidades manuais únicas. Outrora, o tecelão pode ter sido visto como um tipo de artista. Ninguém, no entanto, descreveria uma empresa moderna de fabricação de tecidos como um "ateliê".

Devemos evitar exageros. Existe engenho (*craft*)*, e não só artimanha (*craftiness*), nas habilidades organizacionais do executivo moderno

---

semelham-se às das corporações de ofício. Uma analogia possível é com o advogado "interno", o qual, por ser um funcionário da empresa, é, ao mesmo tempo, uma peça subordinada em uma força de trabalho e um profissional independente. Cf. Diana Chapman Walsh, *Corporate Physicians: Between Medicine and Management* (1987).

16. Harry Braverman, *Labor and Monopoly Capital: The Degradation of Work in the Twentieth Century*, pp. 79-80 (1974). Seria um erro, porém, supor que os métodos modernos de produção impliquem uma extensa "desqualificação" da força de trabalho. Paul Attewell, "The Deskilling Controversy", 14 *Work and Occupations* 323 (1987).

* O autor emprega, adiante, um jogo de palavras impossível de ser adaptado para o português, no qual opõe as palavras compostas com o radical "craft" àquelas derivadas de "artisan" (artesão). Seu objetivo é diferenciar o trabalho em que há engenho (*craft*) daquele em que há artesanalidade (*artisanality*), no sentido de trabalho manual, pessoal e cuidadoso, quase como no trabalho de um artista. Na língua inglesa, a palavra "craft" tem tanto o sentido mais material de "artesanato" quanto o de "engenho", mais abstrato. Daí o autor ter sentido a necessidade de recorrer à palavra "artisanality". (N. do T.)

e nas habilidades técnicas do operário moderno. Este último, com o desenvolvimento do conceito de "qualidade total" e dos times de produção ao estilo japonês, parece-se cada vez menos com o autômato de linha de produção pintado por Charlie Chaplin. É preciso uma palavra melhor que "engenho" para distinguir o trabalho dos artífices das corporações de ofício medievais daquele do operariado fabril moderno. Essa palavra é "artesanalidade"[17]; ao mesmo tempo mais abrangente e mais restrita que engenho – mais abrangente por não se limitar aos membros de uma corporação de ofício medieval (ou de qualquer outro tipo) e mais restrita porque os termos *engenho*, *artífice* (*craftsman*) e *engenhosidade* (*craftsmanship*) podem-se aplicar a atividades, mão de obra e técnicas não artesanais. O artífice das corporações de ofício, no entanto, era um artesão (*artisan*).

Equivalente industrial do pintor ou do escultor, o artesão faz as coisas com as mãos, quando muito com o auxílio limitado de máquinas. Ele sente satisfação em observar uma conexão direta entre seu trabalho e o fruto deste, a satisfação de ter algo de tangível para mostrar como resultado de seus esforços. O espírito da artesanalidade está presente, no século XIX, no movimento das "artes e ofícios", que enfatizava o "toque pessoal – o cuidado, o engenho e a atenção aos detalhes que entra em uma peça de mobiliário ou em um objeto de decoração feitos à mão. A visão era de que a arte de criar alguma coisa deveria ser uma experiência prazerosa e estimulante e não apenas um meio de ganhar dinheiro."[18] Além disso, o modo de produção artesanal, ao limitar a produção, fomenta uma organização industrial cartelizada e estável.

A ascensão do cartel dos profissionais do direito

Algo semelhante à evolução da indústria têxtil da produção ao modo das corporações de ofício para a produção em massa, juntamente com o concomitante declínio da artesanalidade, ocorre hoje no mercado dos serviços jurídicos.

Ao final do século XIII, havia surgido, na Inglaterra, uma profissão jurídica característica que possuía afinidades bem definidas com uma corporação de ofício, por um lado, e com a moderna profissão jurídica inglesa, por outro. Assim, à época da Revolução Americana, a profissão

---

17. Ver, por exemplo, Paul S. Weaver, *Wallington's World: A Puritan Artisan in Seventeenth Century London*, cap. 5 (1985).
18. Beth Sherman, "A Celebration of Beauty", *Newsday*, 31 de março de 1988, p. 3. Para um sentimento semelhante expresso por um juiz moderno, ver Capítulo 4.

jurídica inglesa havia assumido uma forma incrivelmente semelhante à atual[19]. Os profissionais do direito se dividiam então em advogados de tribunal (*barristers*) e de escritório (*solicitors*). Para se tornar um *barrister*, o aspirante ao título deveria ser "chamado à Ordem dos Advogados" após um período em que residia e estudava em uma *inn of court**. Como essa residência era dispendiosa e como um *barrister* não podia trabalhar para outro *barrister*, mas, em vez disso, tinha de depender dos *solicitors* (naturalmente relutantes em confiar seus casos a iniciantes) para enviar-lhe processos, a carreira de *barrister* limitava-se, em grande medida, a pessoas financeiramente independentes. Consequentemente, a oferta de *barristers* era limitada; e, enquanto muitos *barristers* tinham, por isso, uma renda bastante elevada, os que não tinham a sorte de receber casos dos *solicitors* mal conseguiam seu sustento e tinham de fazer bico, por exemplo, como jornalistas. A grande heterogeneidade da renda dos advogados permanece uma característica tanto da profissão jurídica inglesa quanto da americana.

Os *barristers* bem-sucedidos e os juízes da coroa** (anteriormente *barristers*) formavam uma comunidade pequena, bem acomodada e homogênea. O *common law* é a expressão dos valores dessa comunidade[20]. A ausência de um sentimento de necessidade de sistematização do *common law* através de sua redução a um código de leis é reflexo da homogeneidade dessa comunidade. Seus membros necessitavam tão pouco de um código quanto os falantes nativos de uma comunidade linguística necessitam de uma gramática para saber falar.

Para tornar-se um *solicitor*, era preciso trabalhar por uma determinada quantidade de anos como estagiário (*articled clerk*), isto é, como apren-

---

19. O quadro histórico que se segue baseia-se em *Lawyers in Early Modern Europe and America* (Wilfrid Prest [org.], 1981); Gerald W. Gawalt, *The Promise of Power: The Emergence of the Legal Profession in Massachusetts 1760-1840* (1979); Robert Stevens, *Law School: Legal Education in America from the 1850s to the 1980s* (1983); Richard L. Abel, *American Lawyers* (1989); Paul Brand, *The Origins of the English Legal Profession* (1992). A sustentação que a analogia do "artífice" fornece ao pensamento filosófico-jurídico tradicional recebe um tratamento interessante em Pierre Schlag, "The Problem of the Subject", 69 *Texas Law Review* 1627, 1662-1663 (1991). Uma enorme quantidade de informações comparativas e históricas sobre a profissão jurídica pode ser encontrada em *Lawyers in Society* (Richard L. Abel e Philip S. C. Lewis [orgs.], 3 vols., 1988-1989).

* Cada uma das quatro sociedades jurídicas britânicas, fundadas no início do século XIV, e que detêm o direito exclusivo de conferir o título de *barrister* aos estudantes de direito. (N. do T.)

** Juízes nomeados diretamente pela rainha e que preenchem os principais cargos jurisdicionais. (N. do T.)

20. A. W. Brian Simpson, "The Common Law and Legal Theory", em *Legal Theory and Common Law* 8 (William Twinning [org.], 1986), reimpresso em Simpson, *Legal Theory and Legal History: Essays on the Common Law*, p. 359 (1987).

diz de um *solicitor*. Portanto, o ingresso no ramo profissional dos *solicitors* também era controlado. Aos *solicitors* só era permitido ter um estagiário por vez, o que limitava o aumento do número de profissionais.

A situação nas colônias e, mais tarde, no novo país, era menos rígida. Embora os profissionais do direito tivessem exercido um papel fundamental na fundação da nação e constituíssem, na visão de Tocqueville, a classe mais semelhante a uma aristocracia nos Estados Unidos, o povo não simpatizava com restrições e privilégios ao estilo das corporações de ofício. A divisão entre *barristers* e *solicitors* nunca vigorou. Muitos juízes eram eleitos, em vez de nomeados; a maior parte deles não vestia a toga (o símbolo da excelência dos juízes, assim como dos membros do clero); e seus poderes sobre os júris eram altamente limitados. Em suma, havia resistência à ideia de uma casta jurídica. Antes da Guerra Civil, dois estados revogaram todas as condições ao ingresso na profissão jurídica, exceto a de que o novo profissional deveria ser um adulto de bom caráter[21]. Outros estados eram mais rígidos. Nestes, geralmente se exigia, como condição de ingresso na Ordem dos Advogados, que o indivíduo fosse estagiário (o equivalente do *articled clerk* inglês), por um tempo, no escritório de um advogado. Mas não havia exigências educacionais, nem exame da Ordem. Provavelmente, a principal limitação à expansão da profissão era simplesmente o baixo nível geral de instrução nos Estados Unidos do século XIX. O direito era então, assim como é hoje, uma profissão que exige muito do intelecto. (Se precisa ser, esta é outra questão.) Um homem brilhante como Abraham Lincoln podia tornar-se um advogado de sucesso praticamente sem nenhuma educação formal. Mas a quantidade de pessoas capazes disso deveria ser pequena, assim como o era a quantidade de pessoas capazes de tornarem-se cantores de ópera ou atletas, duas atividades nas quais umas poucas "estrelas" ganham salários altíssimos, mesmo não havendo nenhuma restrição legal a que se ingresse nelas.

Mas os padrões educacionais se elevaram e puseram em risco a renda de escassez dos profissionais do direito (ver nota 26). Seja por esta ou por outras razões, a última parte do século XIX testemunhou um movimento – rico em paralelos com acontecimentos que ocorriam simultaneamente entre os profissionais da medicina – em prol da transformação do direito em uma profissão restrita nos Estados Unidos. Podemos datar de 1870 o início desse movimento, quando Christopher Columbus Langdell se tornou decano da Faculdade de Direito de Harvard.

---

21. Stevens, nota 19 acima, p. 17.

Seu programa de reforma educacional[22] era explicitamente baseado na premissa de que o direito é uma ciência[23]. Tal premissa tornava natural o pressuposto de que os advogados deveriam passar por um longo período de preparação em uma universidade; afinal, onde mais se criariam cientistas? A partir daí, faltava só mais um passo, ainda que grande (e que não foi dado pelas ciências verdadeiras), para *fazer* com que se submetessem a essa preparação como condição obrigatória para a prática das atividades profissionais. O passo não estaria completo até que se abolisse o ofício de aprendiz como via alternativa de admissão no exame da Ordem e até que os cursos preparatórios para o exame deixassem de ser reconhecidos, embora sobrevivam até hoje como cursos de revisão (com algumas semanas de duração), frequentados pelos estudantes de direito recém-formados antes de fazer a referida prova. Ainda em 1951, 20% dos advogados americanos não eram formados em uma faculdade de direito e 50% não tinham curso superior[24]. Porém, em 1960, quatro anos de universidade (mais precisamente, um diploma de graduação, que raramente se obtém em menos tempo), mais três anos em uma faculdade de direito reconhecida, mais a aprovação no exame da Ordem dos Advogados no estado onde o candidato exerceria a profissão, mais o atestado de bom caráter do candidato, dado por uma comissão da Ordem; tudo isso formava uma série de obstáculos com que se deparava todo indivíduo que desejasse se tornar um profissional licenciado do direito nos Estados Unidos.

No entanto, todos esses obstáculos não teriam sido tão efetivos, não fosse pela proibição da prática informal do direito. Os indivíduos que não integrassem a Ordem dos Advogados de seu estado não só eram proibidos de se apresentar como advogados, mas também de realizar os serviços que o estado definia como a prática do direito, ou seja, em linhas gerais, a representação de litigantes nos tribunais e na maior parte dos órgãos públicos, bem como a venda de consultoria jurídica. Além disso, quem não fosse advogado ficava proibido de entrar em sociedade com advogados ou de obter participação em empresas de consultoria jurídica, duas maneiras de contornar os obstáculos mencionados.

Os estados também limitavam a concorrência *dentro* da profissão, proibindo a maioria dos métodos de venda de serviços jurídicos (incluin-

---

22. Cujos créditos, entretanto, podem ser, em grande parte, atribuídos ao presidente de Harvard, Charles W. Eliot. Anthony Chase, "The Birth of the Modern Law School", 23 *American Journal of Legal History* 329, 332 (1979).

23. Embora de um tipo curioso, como obervaremos no Capítulo 5.

24. Dietrich Rueschemeyer, *Lawyers and Their Society: A Comparative Study of the Legal Profession in Germany and in the United States*, p. 105 (1973).

do-se os "advogados de porta de hospital" e os anúncios publicitários), estimulando os advogados a determinar os preços de seus serviços de acordo com as taxas estipuladas pela Ordem dos Advogados de seu estado e restringindo a mobilidade interestadual dos advogados. Para advogar nos tribunais de um estado, o advogado teria de residir neste e passar no exame da Ordem desse estado, além de preencher todos os outros requisitos de licenciamento vigentes no estado; sendo, portanto, um membro da Ordem. Em alguns estados, a Ordem aceitava candidatos sem submetê-los ao exame, se tivessem exercido a profissão em um estado que oferecesse os mesmos privilégios, mas apenas se eles se mudassem para o estado onde buscavam admissão. A proibição dos "intermediários leigos" (a contratação de um advogado por um não advogado, como, por exemplo, por uma empresa interessada em comercializar serviços jurídicos para seus clientes) e do exercício da profissão sem autorização limitava a concorrência dentro da profissão e fora desta, pois dificultava a expansão dos escritórios de advocacia.

As restrições à concorrência dentro da profissão também vinham na forma de restrições ao ingresso de novos participantes nos submercados da profissão. A publicidade e o acesso a mercados de capitais eficientes são mais importantes para as empresas novatas que para as já existentes, pois estas já consolidaram sua reputação e acumularam capital. Mesmo que, percebendo oportunidades de lucro excepcionais em um estado onde a oferta de serviços de advocacia seja particularmente restrita, um advogado empreendedor se desse ao trabalho de obter uma licença nesse estado (trabalho possivelmente considerável, podendo inclusive ser o *motivo* da escassez de advogados no referido estado), não teria a sua disposição os métodos habituais através dos quais uma empresa nova em um determinado mercado busca conquistar os clientes das empresas já existentes.

Quando falamos de mercados de milhares de vendedores, o problema das limitações à entrada de novas empresas no mercado da profissão pode parecer uma preocupação acadêmica. Não teria necessariamente de haver, em todas as localidades importantes, provedores licenciados de serviços jurídicos em número suficiente para garantir uma forte concorrência (e, logo, frustrar todos os esforços de cartelização), mesmo que a entrada de novos profissionais fosse completamente bloqueada? Para responder a essa pergunta, é preciso distinguir entre um cartel de produtores de mercadorias e um cartel de provedores de serviços particulares. O segundo tende a ter mais membros, o que elevará os custos de coordenação, bem como os de prevenção de trapaças. É muito mais difícil, no entanto, para um indivíduo, aumentar seu fornecimento de um serviço particular, do que é, para uma empresa, aumentar a produção de uma mercadoria sua. Esta pode contratar mais trabalhadores e executivos, construir uma fábrica maior e comprar mais máquinas e insumos. Só aos poucos se deparará com deseconomias de escala que limitem seu crescimento. O caso dos serviços particulares é diferente. O ano é composto por um número determinado de horas. Portanto, um cirurgião altamente qualificado só será capaz de realizar um número limitado de operações por ano. Da mesma forma, mesmo o melhor dos advogados só conseguirá conduzir um número limitado de julgamentos, e o melhor dos consultores jurídicos só conseguirá atender a um número limitado de clientes por ano. Mesmo o melhor e mais barato advogado do mundo, auxiliado pelos mais qualificados e eficientes assistentes, é capaz de suprir apenas uma fração mínima da demanda do mercado por representação judicial. Alguns artistas renascentistas, ao incumbir a seus assistentes, aprendizes ou estudantes a tarefa de pintar os personagens secundários e as paisagens de fundo de seus quadros, aumentaram consideravelmente sua produção. Mesmo assim, o grau de dedicação pessoal que se exigia do mestre era, em geral, alto demais para que ele pudesse adotar a produção em massa[25].

Portanto, mesmo que seja impraticável tabelar os preços dos serviços jurídicos (outra dificuldade é o caráter heterogêneo desses serviços) ou restringir a produção dos advogados particulares e dos escritórios de advocacia, enquanto o *número* de advogados for limitado, alguns advogados obterão ganhos de monopólio[26]. Limitar a entrada de novos competidores no mercado torna-se então o objetivo central do cartel profissional. Isso, por sua vez, torna a assistência do Estado mais importante para os cartéis profissionais do que para os cartéis convencionais, de produtores. Estes conseguem, através do tabelamento de pre-

---

25. Rubens foi uma exceção. "Ele desenvolveu uma fábrica de pinturas: juntamente com o mestre, artistas especializados em determinadas técnicas (paisagens, animais e assim por diante) conceberam uma forma de criação em que se empregava uma inteligente combinação de esboços e desenhos a óleo, por vezes com retoques do próprio mestre nas mãos ou no rosto (...). Rubens, ao contrário de Rembrandt, não assinava as obras vendidas por seu ateliê. Das milhares de obras que vendeu, assinou apenas cinco." Svetlana Alpers, *Rembrandt's Enterprise: The Studio and the Market*, p. 101 (1988).

26. Mesmo que não houvesse restrições, alguns advogados obteriam renda econômica (ganhos superiores aos que poderiam ter em qualquer outra atividade), exatamente como alguns cantores de ópera, que competem em uma indústria desregulamentada. Mas a renda econômica referente a um fator de produção irremediavelmente escasso em relação à demanda deve ser distinguida da renda econômica referente a um fator de produção cuja oferta é restringida por acordos ou regulamentações. É a segunda renda, a de monopólio, que nos interessa aqui.

ços e do controle da produção, obter ganhos de monopólio por um tempo, embora a entrada de novos competidores acabe eliminando, pouco a pouco, esses ganhos. Porém, no caso do cartel profissional, controlar a entrada de novos competidores é fundamental, pois o número excessivo de membros inevitavelmente dificultará a coordenação entre preços e produção, bem como a identificação dos desobedientes. Ademais, a despeito da vasta literatura teórica sobre a utilização de táticas predatórias de desestímulo à entrada de novos competidores nos mercados, os exemplos de utilização bem-sucedida dessas táticas são raros e quase todos envolvem o monopólio de uma única empresa em vez de o monopólio de um cartel, pois o emprego coordenado de táticas predatórias é particularmente difícil de se viabilizar. O Estado, por outro lado, através da exigência de que os fornecedores de um determinado serviço sejam licenciados, é capaz de limitar facilmente a entrada de novos profissionais no mercado. É de esperar, portanto, que os cartéis profissionais duradouros e eficazes sejam aqueles que contam com o respaldo do Estado.

Outra diferença entre os cartéis de profissionais e os de produtores é que, em geral, distinguir entre produtos é mais fácil que distinguir entre serviços profissionais. Aço, alumínio, automóveis, petróleo, aparelhos sanitários e café são coisas palpáveis e visivelmente distintas entre si de uma maneira que muitos serviços jurídicos e médicos não são. Se um advogado contratar um ator profissional para ler o *script* de sua defesa perante o júri (redigido pelo advogado), estará o ator exercendo a profissão do direito? (Um tradutor-intérprete não estaria; nem tampouco o alfaiate do advogado – não obstante, a vestimenta é uma forma de linguagem, como veremos no Capítulo 24.) Redigir um testamento é exercer a advocacia? E criar um fideicomisso? E atender a clientes em um escritório de advocacia? E realizar pesquisas jurídicas para um advogado? E pôr em ordem alfabética os registros de um julgamento? E redigir o voto ou a sentença de um juiz? E ensinar o direito a estudantes de direito? E a estudantes de administração? E revisar um contrato de emissão de título? E representar litigantes em um tribunal fiscal ou em juízos de previdência social ou de invalidez de veteranos de guerra? E captar clientes para um escritório de advocacia? E cobrar contas atrasadas? E segurar imóveis? E fazer a transferência de propriedade de um imóvel? E a de um automóvel? E entrevistar testemunhas em potencial? E arbitrar um litígio? Da mesma forma, realizar saneamento público é praticar a medicina? E tratar de fraturas simples? E realizar aborto de fetos de menos de um trimestre de vida? E tratar neuroses? E aplicar enemas? E dar injeções de vacina contra a gripe? E curar pela fé? E receitar exercícios para dores na coluna? O corrigir problemas de visão? E arrancar dentes? E receitar uma dieta de perda de peso?

Para restringir a entrada de pessoas em uma profissão, não basta pôr obstáculos na frente daqueles que desejam *chamar a si mesmos* de advogados, médicos ou o que quer que seja. A profissão precisa ser definida de maneira que se evite que prestadores de serviços substitutos roubem os clientes dos profissionais que a exercem, como os psicólogos roubaram, em grande medida, a função dos médicos e dos padres de zelar pela saúde mental das pessoas; e como os bancos e as companhias fiduciárias roubaram, dos profissionais do direito, grande parte dos serviços relativos ao direito das sucessões e à redação de contratos de compra e venda.

Chamei de restrição à entrada de novos profissionais o controle dos serviços de uma profissão; mas poderia muito bem ter chamado de aumento da demanda. Quanto maior a abrangência dos serviços de um campo profissional, maior a demanda por esses serviços. Se, como fazem os economistas, definirmos o aumento da demanda como a disposição dos consumidores para comprar mais unidades de um produto a um preço qualquer, será possível perceber que um aumento da demanda pelo produto ou serviço de um cartel pode elevar sua produção sem provocar queda no preço, de modo que se aumentem os lucros do cartel. Outro meio pelo qual um cartel pode aumentar a demanda é induzindo o Estado a subsidiá-la – por exemplo, pagando pelo advogado de uma pessoa pobre. Porém, do ponto de vista de um cartel, medidas de aumento da demanda são uma faca de dois gumes, fato que ajuda a explicar a clássica oposição dos profissionais da medicina e do direito ao subsídio de seus serviços pelo Estado. Quando a demanda está em ascensão, um cartel encontra mais dificuldade para identificar seus membros "desonestos", pois pode ser que os "honestos" não estejam perdendo vendas, mas apenas crescendo mais lentamente que os "desonestos"; e talvez nem saibam disso. Se, ademais, para conservar-se coeso, o cartel deixa de expandir sua produção em um cenário de expansão da demanda, as pressões sociais e econômicas pela liberação da entrada de novos profissionais podem-se tornar irrefreáveis, na medida em que os preços subirão às alturas como forma de tornar a nova e crescente demanda proporcional à oferta, agora insuficiente. Como é extremamente difícil para um indivíduo expandir sua prestação de serviços particulares, a única maneira de aumentar a oferta de serviços profissionais para atender à nova demanda pode ser a admissão de novos membros. Mas o aumento do tamanho do cartel de profissionais pode intensificar as pressões desagregadoras que acometem todo cartel, não apenas dificultando a identificação dos desobedientes, mas também forçando os profissionais a admitirem a entrada de novos membros que não compartilhem dos valores dos antigos, talvez por virem de grupos étnicos outrora excluídos da profissão. Portanto, pode ser do interesse dos membros de uma profissão manter a demanda em um nível baixo.

Ao descrever o sistema das corporações de ofício, enfatizei a relação íntima entre cartelização e qualidade. A cartelização pode melhorar a qualidade média de uma profissão, ainda que o mecanismo de seleção ou credenciamento seja aleatório quanto à qualidade (poderia ser um sistema de loteria, por exemplo). É necessário apenas que este restrinja o número de pessoas no exercício da profissão. Pois assim a renda média delas será maior, o que, por sua vez, aumentará a qualidade média dos candidatos à profissão, por torná-la mais atraente a quem possui boas chances de sucesso em outras áreas; a não ser que os membros existentes de uma profissão consigam estabelecer a exigência do trabalho como aprendiz para evitar que os novatos compartilhem das rendas de monopólio geradas pela cartelização.

Outra fonte de pressão por qualidade na profissão do direito é o caráter adversativo dos serviços jurídicos. Quanto melhor for o advogado de uma das partes de um caso (ou de uma negociação), maior será o valor, para a outra parte, de ter um bom advogado. Como a melhor qualidade dos advogados pode levar a uma melhor qualidade nas sentenças, a competição por qualidade entre os advogados não é um jogo inútil. Se a cartelização resultar em advogados melhores, que redigirão processos de melhor qualidade, as decisões judiciais tenderão a ser de melhor qualidade e isso trará benefícios à comunidade como um todo – talvez. "Qualidade" é um conceito traiçoeiro quando se trata de serviços jurídicos. Juristas inteligentíssimos podem criar estruturas doutrinais complexas que, embora engenhosas e até, em certo sentido, acuradas, não têm utilidade social. Por exemplo, juristas brilhantes criam, descobrem e ampliam brechas nas leis fiscais. Essa atividade é puramente redistributiva e não traz ganhos à sociedade. Na verdade, há, no final das contas, uma perda social, não só porque existe um custo de oportunidade do tempo dos juristas, mas também porque suas atividades de garimpagem exigem leis tributárias mais complexas e cuidadosamente elaboradas. O bem-estar social poderia aumentar se o QI dos juristas pudesse ser reduzido em 10%.

Esse ponto é exemplo de uma diferença entre as corporações de ofício e as profissões. A segunda esconde mais dimensões da qualidade. A determinação do valor social de um serviço profissional exige interpretação e não investigação. Isso fortalece o papel da ideologia e da retórica na atribuição de um *status* econômico e social mais privilegiado a uma profissão[27]. À medida que a medicina se torna mais científica e o direito, mais competitivo (em ambos os casos, facilita-se o monitoramento dos serviços profissionais), é de esperar que os elementos ideológicos e retóricos desses serviços profissionais enfraqueçam-se.

Uma análise econômica completa da cartelização de uma profissão exigiria que se explicasse como um grupo composto por centenas de milhares de indivíduos é capaz de superar os obstáculos à ação coletiva criados pelo "problema dos caronas", ao ponto de conseguir obter apoio estatal para um cartel. (Mas sabemos que eles conseguem. Basta pensar nos fazendeiros.) Como a quantidade de profissionais é enorme, como uma fração significativa – embora pequena – destes possui um interesse concreto em preservar o cartel profissional e como os custos sociais desse cartel são difusos e apenas parcialmente perceptíveis, o problema dos caronas não é necessariamente insolúvel. Desde que os advogados existentes sejam isentados sempre que se criar uma nova barreira à entrada de profissionais (como a exigência de graduação em uma faculdade de direito reconhecida oficialmente), todo o custo da barreira recairá sobre os candidatos ao ingresso na profissão (muitos dos quais nem sequer começaram a pensar se entrarão na profissão, e alguns dos quais nem nasceram ainda) e sobre os consumidores dos serviços jurídicos.

Em alguns estados, há uma Ordem dos Advogados "integrada", o que significa que todo advogado deve pertencer à associação da Ordem dos Advogados estadual. Na verdade, o advogado sustenta, por meio de impostos, as atividades pró-cartel da associação e, assim, supera-se o problema dos caronas. Precisamos nos perguntar, contudo, como se dá o surgimento de uma Ordem dos Advogados integrada em um estado. Quem são os interessados em defender a existência de tal instituição? Uma das respostas possíveis é que, ao investir nas atividades de uma associação de advogados, um profissional obtém retorno na forma de honorários por se tornar mais conhecido pelos outros advogados, o que aumenta as chances de que estes repassem a ele os casos que não tenham tempo ou habilidade para resolver, ou que estejam impedidos de resolver por regras de conflito de interesses.

Desde a adoção do sistema de ensino do direito baseado na jurisprudência, de Langdell, compatível (totalmente, para alguns) com uma quantidade bem baixa de professores em relação à de estudantes e, portanto, barato, as universidades que possuem faculdades de direito pas-

---

[27]. Conforme enfatizado em Brown, nota 8 acima, cap. 1.

saram a ter um interesse financeiro em defender a exigência de que todo advogado seja graduado em um curso de três anos em uma faculdade de direito[28]. As universidades também têm interesse financeiro em defender a existência de critérios de reconhecimento oficial que dificultem o surgimento de faculdades concorrentes, como as temidas faculdades de direito "particulares" (lucrativas). Os professores de direito, por sua vez, também têm interesse em elevar a qualidade dos profissionais de direito (pois é mais gratificante ensinar para estudantes melhores) e (exceto pela ressalva na nota 28) em conservar o sistema de regulamentações que exige que os interessados em exercer a profissão frequentem uma faculdade de direito por um determinado, e longo, período de tempo. É difícil encontrar professores de direito, sejam eles radicais ou libertários, que ataquem as restrições cartelizadoras da profissão jurídica.

O papel dos juízes no estímulo e na preservação dessas restrições não deve ser subestimado. Para Brand (ver nota 19), a profissão jurídica na Inglaterra surgiu como reação à crescente profissionalização do judiciário. O conhecimento do direito e a experiência no exercício deste tornaram-se qualificações reconhecidas para o cargo de juiz, e os litigantes achavam cada vez mais difícil defender-se sem a ajuda de pessoas dotadas de semelhante conhecimento e experiência. (Não é surpresa, portanto, a ausência de profissionais do direito na Atenas antiga, onde, como veremos no Capítulo 14, não havia juízes profissionais.) O outro lado dessa moeda é que os advogados profissionais facilitam enormemente a tarefa dos juízes profissionais. O interesse dos juízes pela qualidade dos advogados torna-os receptivos à confirmação de regulamentações que a elevem. A cartelização faz isso, como vimos. E os juízes não são meros simpatizantes passivos dos esforços profissionais pela cartelização. Eles desempenham um papel ativo na formulação e administração de padrões de conduta profissional, bem como de critérios de licenciamento e, portanto, de ingresso na profissão. Nós, juízes, quando fazemos cumprir, com rigor, sanções contra a conduta antiprofissional por parte de advogados que se apresentam perante nós, estamos protegendo o consumidor de serviços jurídicos; mas também estamos elevando o preço desses serviços e restringindo o ingresso na profissão por tendermos a excluir os profissionais menos capazes.

---

28. Uma ressalva é necessária. A redução da duração do curso para, digamos, dois anos poderia torná-lo barato demais, aumentando-se enormemente a quantidade de novos estudantes, que poderia superar a de desistências no terceiro ano.

Comparação entre a corporação de ofício e a profissão

Já é possível enxergar analogias ideológicas e compreender as bases materiais comuns entre a corporação de ofício medieval e a moderna profissão jurídica, tal como se nos apresenta na aurora da transformação do mercado de serviços jurídicos que se iniciou por volta de 1960. Em ambas as formas de organização do mercado, a cartelização é favorecida pela criação de uma comunidade ideológica que resiste respeitosamente à transformação de sua produção em "mercadoria" – isto é, resiste aos valores comerciais da concorrência, da inovação, da soberania do consumidor e da busca proposital do lucro. Os profissionais dizem-se "donos de um conhecimento esotérico e de um ofício desinteressado"[29].

"O encanador ainda empreende seu trabalho principalmente visando o lucro. Desempenha, portanto, um trabalho manual e não uma profissão."[30] É possível ouvir o eco da qualidade como argumento pelas restrições à concorrência. No lugar da individualidade e da rivalidade, entra uma ética da cooperação e da solidariedade. "Uma profissão é uma fraternidade; quase uma casta, se se pudesse purificar o mundo de suas implicações odiosas. Uma atividade profissional é algo tão preciso, tão cativante, tão rico em deveres e responsabilidades, que conquista completamente o engajamento de seus devotos. As vidas social e pessoal de um profissional e de sua família tendem, assim, a organizar-se em torno de um núcleo profissional. Logo se desenvolve uma forte consciência de classe."[31] Apesar de Flexner tratar com desconsideração o mero "trabalho manual", uma mística própria da artesanalidade é essencial a essa consciência de classe. Brandeis gostava de gabar-se de que os juízes, ao contrário de outros funcionários públicos que presidem estruturas burocráticas semelhantes às de grandes empresas privadas, realizam pessoalmente seu trabalho; e Henry Hart afirmava (de uma forma que, em retrospectiva, perece de uma inocência impressionante) que "a redação de votos e sentenças é, entre os trabalhos de um juiz, aquele que mais toma tempo; e para cuja execução o juiz menos pode contar com o auxílio de assistentes"[32]. Hart não sabia, ou então não queria dizer, que, já em 1959, a maioria dos votos da Suprema Corte era redigida por assistentes. Hoje, em qualquer escalão do judiciário americano, um voto ou

---

29. Marie Haug, "The Sociological Approach to Self-Regulation", em *Regulating the Professions*, nota 9 acima, p. 61, 63.
30. Abraham Flexner, "Is Social Work a Profession?" 1 *School and Society* 901, 905 (1915). Ver também Louis D. Brandeis, *Business – A Profession* 2 (1914).
31. Flexner, nota 30 acima, p. 904.
32. Hart, nota 30 acima, p. 91.

uma sentença redigidos pelo próprio juiz são coisa rara. O fato de os serviços jurídicos serem serviços pessoais, não produtos, e portanto resistentes à automação, tornou plausível a ideia de que o trabalho artesanal, perfeitamente manifestado na "confecção" de um voto ou uma sentença de juiz, é o critério mesmo da excelência profissional. Alguns serviços particulares, é verdade, tornaram-se altamente padronizados. Mas as artes continuam sendo um reduto (embora cercado por todos os lados) do trabalho manual; e, para seus praticantes, o direito é uma arte. Portanto, a constatação de que novatos com apenas três anos de instrução profissional e nenhuma experiência realizam grande parte do trabalho mais importante dos juízes de forma relativamente satisfatória, ou, pelo menos, não gritantemente imprópria, ainda é algo capaz de abalar a autoestima dos profissionais. É mais ou menos como se um cirurgião neurologista delegasse a realização de todas as operações delicadas a enfermeiros, assistentes e calouros de medicina, e os pacientes não fossem prejudicados por isso. É claro que apenas os juízes que permitirem que seus estagiários ditem suas decisões estarão delegando *toda* a realização da "operação". Além disso, o trabalho do juiz não se resume a apresentar votos e redigir pareceres; ele também tem de conduzir audiências, estudar os autos e se reunir com os advogados, entre outras coisas. Ainda assim, a redação dos votos e das sentenças dos juízes parece tão essencial à concepção de "engenho" jurídico que as revelações sobre quanto os juízes dos tribunais recursais, entre os quais os da Suprema Corte dos Estados Unidos, delegam essa função a assistentes[33] continuam abalando os alicerces da autoestima da profissão.

O direito é uma arte, mas também um mistério. A ênfase na educação formal atrai aprendizes dotados de grande agilidade intelectual, cujos esforços investigativos e analíticos intelectualizam a atividade profissional, tornando-a cada vez mais incompreensível aos leigos. Isso nos traz à mente as relações entre o clero e o laicato na Igreja medieval. Como muitos clérigos, os profissionais se dedicam a "ciências sem valor, para aumentar seu prestígio junto aos ignorantes", inclusive com "uma afetação de mistério em todos os escritos e todas as conversas relacionadas a sua profissão; uma afetação de conhecimento imperscrutável, exceto para os iniciados em sua ciência; um ar de total confiança nas próprias técnicas e habilidades; e um comportamento

---

33. Ver, por exemplo, Jeffrey Rosen, "The Next Justice", *New Republic*, 12 de abril de 1993, p. 21; Paul M. Barrett, "If There Is Blood in an Opinion, We Know Who Wrote It", *Wall Street Journal*, 4 de outubro de 1993, p. A1.

solene, desdenhoso e que procura expressar uma enorme autossuficiência"[34].

A homogeneidade da educação para a profissão gera um grau de consenso em questões profissionais que leva seus praticantes a acreditarem-se possuidores de um canal de comunicação com a verdade. A complexidade das doutrinas do direito, a obscuridade do jargão e a reificação da "lei" são, em parte, fatores endógenos à organização da profissão e não fatores exógenos aos quais a profissão tenha se adaptado por meio da determinação de critérios rigorosos e uniformes de seleção. Indivíduos com o mesmo treinamento e as mesmas experiências tendem a ver as coisas da mesma forma, mas também tendem a crer que concordam entre si não por serem parecidos uns com os outros, mas por possuírem o treinamento e as técnicas necessários à transposição das aparências, em direção a uma realidade uniforme que existe fora deles e guia suas investigações. Quando fanáticos religiosos conseguem, pela perseguição dos divergentes, impor a uniformidade do credo, não enxergam o consenso como resultado da perseguição. Deduzem que a fé deles é a verdadeira fé. Quanto mais heterogêneo é o treinamento e o arcabouço teórico dos profissionais do direito, menos estes tendem ao consenso em questões jurídicas importantes e, consequentemente, a iludirem-se de que as decisões judiciais sofrem, por assim dizer, coerção de uma realidade externa a elas. Assim, com a efetiva heterogeneização dessa profissão nas últimas décadas, "a lei" perdeu prestígio como objeto de crença.

Isso não quer dizer que os praticantes de uma profissão homogênea ou os fanáticos religiosos sejam "irracionais" por sucumbirem em determinado grau, quiçá muito elevado, ao autoengano. As pessoas tendem a acreditar no que acreditam mais por lhes ser útil acreditar nessas coisas, do que por elas serem verdadeiras. Pode ser perigoso fundar as ações em crenças falsas; mas de que vale uma consciência equivocada, não do ponto de vista da moral, mas do da maximização racional da utilidade, se ela não levar o indivíduo a modificar a direção de suas ações, para que aumentem sua utilidade? Por que um próspero e respeitado integrante de uma restrita profissão se atormentaria com dúvidas sobre a utilidade social de suas ações ou a integridade dos fundamentos de suas crenças? A tendência natural do ser humano a ter-se em alta conta deve ser distinguida do "avestruzismo", às vezes chamado de pre-

---

34. Jeffrey Lionel Berlant, *Profession and Monopoly: A Study of Medicine in the United States and Great Britain*, p. 89 (1975), citando John Gregory, um professor escocês de medicina, no século XVIII.

venção de dissonância cognitiva, por meio do qual uma pessoa envolvida em uma situação desfavorável, em vez de tomar providências (que se mostrem ao seu alcance) para melhorá-la, convence-se de que a situação na verdade é favorável. Isso é diferente da ilusão inofensiva – inofensiva para aquele que se ilude – de que o comportamento e as crenças que trazem felicidade para um indivíduo são coerentes com a verdade e o bem-estar social.

A organização da profissão não é o único fator determinante do pensamento jurídico. Antes de existir uma profissão jurídica formalmente organizada, Platão já acreditava na objetividade do direito; e muito antes de a estrutura dessa profissão começar a desfazer-se, havia pessoas que duvidavam da objetividade do direito, como Holmes e os realistas, embora os profissionais do direito tenham demonstrado uma capacidade extraordinária de domesticar, cooptar e, quando necessário, ignorar seus críticos. Felix Frankfurter, o portador autorizado da tocha de Holmes, fez de seu herói um defensor de fatores importantes para a autonomia e a autoestima da profissão, mas irrelevantes para o pensamento de Holmes propriamente dito, tais como a rigorosa observância de preciosismos de competência e direito processual e a eficácia dos procedimentos judiciais para produzir resultados substantivamente justos. Outras características da escola processual (*"legal process" school*), da qual Frankfurter foi o pioneiro, são, contudo, genuinamente Holmesianas. Estas incluem um devido respeito pela jurisprudência e a ênfase na comparação das competências institucionais como princípio norteador para restringir, com critério, o poder dos juízes.

A ala radical dos profissionais de direito encara com desdém a crença do advogado tradicional na objetividade de suas investigações. Mesmo assim, a desregulamentação da indústria dos serviços jurídicos não é uma prioridade na plataforma deles. Duncan Kennedy, que defendeu a seleção de professores e alunos nas faculdades de direito por meio de sorteio, bem como um revezamento entre advogados e zeladores nos empregos de direito inspirado na Revolução Cultural Chinesa, aceita a "exclusão forçada de muitos aspirantes à carreira jurídica"[35]. Para Kennedy, a injustiça não está no fato de as pessoas só poderem comprar ser-

---

35. Kennedy, *Legal Education and the Reproduction of Hierarchy: A Polemic against the System*, p. 53 (1983). Outro "criticista", Richard Abel, é, a bem da verdade, extremamente crítico em relação às restrições à concorrência e à entrada na indústria dos serviços jurídicos. Abel, nota 19 acima. Mas o livro de Mark Kelman, *A Guide to Critical Legal Studies* (1987), a coisa mais parecida que temos com um tratado de estudos jurídicos críticos, não faz referência, no índice remissivo, aos termos "profissão jurídica" ou "profissão", nem tampouco a Richard Abel.

viços jurídicos de vendedores licenciados, mas no fato de que as licenças não são dadas às pessoas certas. O interesse próprio não é a única causa desse escorregão na crítica radical à profissão jurídica. Há também uma nostalgia pela ideologia comunitária da corporação de ofício ou do cartel de profissionais, uma ideologia que sobrepõe a solidariedade e a cooperação ao individualismo e à concorrência.

A teoria jurídica da profissão cartelizada

Olhando em retrospectiva, o ano de 1960 pode ser identificado como o apogeu do cartel dos profissionais do direito norte-americanos e, consequentemente, da teoria do direito como ideologia de corporação de ofício. Foi, por assim dizer, o ano em que Karl Llewellyn, outrora um realista jurídico, levantou a bandeira branca, ao publicar um livro no qual celebrava efusivamente a inefável "arte" (*craft*) (palavra obsessivamente utilizada no livro) de julgar recursos[36]. Todas as restrições pelas quais a Ordem dos Advogados lutara estavam em vigor e o número de advogados que haviam entrado no quintal antes de a cerca ser levantada – isto é, aqueles que haviam se tornado advogados antes de a educação formal prolongada virar um pré-requisito para a admissão na profissão – diminuía irreversivelmente. Os possíveis sistemas rivais de regulamentação, como o processo administrativo e a arbitragem, contra os quais o judiciário e os profissionais do direito outrora lutaram, já estavam sob o total controle dos advogados e não representavam mais nenhuma ameaça. Alguns dos sintomas da estipulação não concorrencial de preços e outros tipos de conduta monopolística nos anos de ouro do cartel eram a prevalência dos preços "por serviço" (a cobrança por hora de trabalho só se tornou comum e, finalmente, preponderante depois de 1960)[37]; o culto do trabalho meticuloso e demorado (representando a exclusão do fator preço das disputas concorrenciais); as filas por vagas nos cursos de direito e na Ordem dos Advogados em lu-

---

36. *The Common Law Tradition: Deciding Appeals* (1960). Ver Anthony T. Kronman, *The Lost Lawyer: Failing Ideals of the Legal Profession*, pp. 211-25 (1993), para um resumo favorável do livro de Llewellyn.

37. William G. Ross, "The Ethics of Hourly Billing by Attorneys", 44 *Rutgers Law Review* 1, 11 (1991). Sobre a fixação de preços pelos advogados, ver Richard J. Arnould, "Pricing Professional Services: A Case Study of the Legal Service Industry", 38 *Southern Economic Journal* 495 (1972). Atualmente, a cobrança por hora de trabalho está ameaçada, pois a intensa concorrência força os advogados a oferecerem formas de cobrança mais competitivas e atraentes, incluindo-se taxas fixas e com preço-teto, descontos, taxas personalizadas e limites orçamentários. Margot Slade, "Billable Hours, a Centerpiece of American Law, Is Fading", *New York Times*, 22 de outubro de 1993, p. A1.

gares mais procurados, como a Califórnia e a Flórida; e, por fim, a discriminação, por parte dos escritórios de advocacia mais importantes, contra judeus[38], mulheres e outros tipos "não cavalheirescos" que, por carecerem dos valores e da aparência de cavalheiros, poderiam estar menos dispostos a cooperar com os esforços para evitar a competição, e cuja presença, além disso, poderia reduzir a renda não pecuniária dos membros desses escritórios, por exigirem destes relações pessoais indesejadas[39]. A obrigação "ética" dos advogados de dedicarem determinada parcela de seu tempo ao trabalho "pro bono" (sem remuneração) – uma obrigação que não tem equivalente em mercados competitivos e está em declínio desde que a profissão jurídica se tornou mais competitiva – restringe a oferta de serviços jurídicos no mercado, enquanto alavanca a demanda. Pois quanto mais assistência jurídica tiverem os indigentes, mais seus adversários (em geral, promotores públicos, proprietários de imóveis, financeiras e empresas que vendem a prazo) terão de contratar serviços jurídicos.

A situação da profissão em 1960 ajuda a explicar não apenas a exagerada comemoração do ofício jurídico tradicional por Henry Hart, mas também, embora de maneira menos óbvia, o intrigante desconforto da elite da profissão com a decisão de *Brown vs. Board of Education*[40]. Do ponto de vista da ideologia da profissão, o problema com o caso *Brown* possui quatro aspectos:

1. A premissa menor da decisão – que a segregação (taxar os negros de inferiores, privá-los de uma educação de qualidade, negar-lhes relações pessoais valiosas com os brancos, ou as três coisas juntas) causava dano aos negros e que essa estigmatização e essas exclusões eram o objetivo original e permanente da segregação – era óbvia e assim o fora desde os primórdios da prática. Isso era embaraçoso por dois motivos. Em primeiro lugar, se uma forma tão concreta, propositual e insidiosa de

---

38. Embora já estivesse em declínio em 1960, esta era uma velha preocupação. Stevens, nota 19 acima, p. 181 n. 14, registra preocupações manifestadas em 1929 em relação ao ingresso de "garotos judeus russos" na profissão. Wigmore defendeu "a exigência de dois anos de faculdade" como "medida humanitária para reduzir, doravante, a enorme e indiscriminada massa de semi-inteligências que ingressa na profissão de advogado". John H. Wigmore, "Should the Standard of Admission to the Bar Be Based on Two Years or More of College-Grade Education? It Should", 4 *American Law School Review* 30, 31 (1915).

39. Para analogias na medicina, ver Reuben A. Kessel, *Essays in Applied Price Theory*, caps. 1-3, 9 (R. H. Coase e Merton H. Miller [orgs.], 1980).

40. Ver, por exemplo, Herbert Wechsler, "Toward Neutral Principles of Constitutional Law", 73 *Harvard Law Review* 1, 31-35 (1959). O artigo de Wechsler foi publicado em forma de livro como *Principles, Politics, and Fundamental Law* (1961), mas minhas referências bibliográficas serão ao artigo.

discriminação existira por tanto tempo, por que a Suprema Corte levara tanto tempo para invalidá-la? Por quê, sobretudo, esta confirmara a segregação em 1897, na decisão do caso *Plessy*, a qual foi, com efeito, reformada pela do caso *Brown*?[41] Nem a decisão de *Brown* em si, nem os comentários dos profissionais consternados tocavam nesse ponto. Em segundo lugar, uma decisão judicial baseada em uma justificativa óbvia para os leigos é desinteressante para os profissionais, e até mesmo um pouco ameaçadora. Não há nada no voto do juiz-presidente Warren que o caracterize como produto da mente de um grande jurista. Falta-lhe sutileza, elegância e eloquência. De fato, a decisão, provavelmente escrita pelo próprio Warren e não por um assistente, não é um produto da mente de um grande jurista. Muitas manobras de advogado haviam ocorrido nos bastidores, e a fórmula de remédio judicial anunciada na segunda decisão do caso *Brown*, "com a maior rapidez possível", era uma bela de uma artimanha jurídica[42]. Mas o voto vencedor da Suprema Corte na mais importante decisão judicial do século foi simplesmente banal.

2. Mais óbvia que o efeito da segregação nas escolas públicas sobre os negros (posto que esta era apenas uma das formas de discriminação sofridas pelos negros e separá-la das demais era algo difícil de se fazer) era a intenção por trás dela: manter os negros em uma posição subordinada. Teria sido estranho para uma corte, particularmente uma corte federal dominada por nortistas, dizer aos legisladores sulistas: "Por trás das justificativas que vocês apresentam para a segregação, enxergamos seus verdadeiros motivos, que são mal-intencionados."

3. Se a premissa menor da decisão era óbvia demais para se mostrar satisfatória, a premissa maior era difícil demais. Não estava claro, para dizer o mínimo, se aqueles que conceberam ou ratificaram a Décima Quarta Emenda pretendiam que a cláusula de igual proteção das leis prevenisse a segregação no ensino público. Para que se pudesse decidir se suas intenções deveriam ser levadas em conta (ou mesmo para saber quais eram essas intenções, pois poderiam ter tido intenções gerais, como a promoção da igualdade racial, no entanto incoerentes com suas intenções específicas, como a de conservar a posição social subordinada

---

41. *Plessy vs. Ferguson*, 163 U.S. 537 (1896).
42. *Brown vs. Board of Education*, 349 U.S. 294 (1955). Ver Richard Kluger, *Simple Justice: The History of Brown vs. Board of Education and Black America's Struggle for Social Justice* (1976); Philip Elman e Norman Silber, "The Solicitor General's Office, Justice Frankfurter, and Civil Rights Litigation, 1946-1960: An Oral History", 100 *Harvard Law Review* 817 (1987); Mark Tushnet, "What Really Happened in *Brown vs. Board of Education*", 91 *Columbia Law Review* 1867 (1991).

dos negros), seria necessária uma hermenêutica que os profissionais do direito não possuíam em 1954 e nem possuem hoje. Portanto, o debate sobre a validade de *Brown vs. Board of Education* como interpretação constitucional continua[43]. Permanece a suspeita de que a Suprema Corte declarou a ilegalidade da segregação nas escolas públicas por considerá-la uma prática errada e não por ter repentinamente acordado para o fato de que essa prática fora declarada ilegal quase um século antes, em uma emenda constitucional.

4. Independentemente de suas motivações ou de seu conteúdo jurídico, o caso *Brown* tinha inúmeras consequências políticas, pois jogava a Suprema Corte no meio de uma luta de poder entre os estados do Sul e os do Norte; e, nesse sentido, pode ser visto como uma reprise de *Dred Scott*. A relutância da Suprema Corte em enfrentar o que pareceu ser o problema central – a intenção dos legisladores sulistas de impor a segregação – e sua lentidão para ordenar a observância de suas determinações são outros dos aspectos políticos da decisão. (Sua própria insistência em não parecer política pode ter intenções políticas.) A perspectiva artesanal é determinadamente antipolítica, pois toma o direito por ele mesmo (como no caso da arte pela arte) e não pela política. Dito de outro modo, quanto mais distantes os juízes se mantiverem das polêmicas políticas, maior será a semelhança entre a investigação judicial e a busca científica da verdade. O profissional sente-se feliz quando é visto como um tipo de artista ou cientista, ou até mesmo como um tipo de cientista social ou "engenheiro social", mas não quando é visto como um político. Contenta-se até mesmo em ser visto como um artesão, trocando quaisquer intenções de originalidade, percepção e ousadia, pelo reconhecimento social de sua habilidade incontestável em um domínio limitado da gestão da sociedade. Poder-se-ia supor que esses pontos negativos do caso *Brown* seriam vistos meramente como o preço a se pagar pelos benefícios sociais de invalidar uma instituição injusta. Mas correr riscos em troca de ganhos para a sociedade é algo que não faz parte da ideologia das profissões. Os riscos cabem à profissão e os ganhos, à sociedade em geral. Os advogados, como todo mundo, tendem a pôr seu próprio bem-estar e o da profissão acima dos interesses que eles compartilham com o resto da população.

---

43. Ver, por exemplo, Lino A. Graglia, "'Interpreting' the Constitution: Posner on Bork", 44 *Stanford Law Review* 1019, 1037-43 (1992); Bernard H. Siegan, *The Supreme Court's Constitution: An Inquiry into Judicial Review and Its Impact on Society*, pp. 93-107 (1987).

A crise da profissão

Esta era a situação da profissão jurídica nos Estados Unidos em 1960, às vésperas da revolução. Hoje tudo está mudado; completamente mudado[44]. Embora a profissão não se tenha aberto completamente, um crescente acúmulo de mudanças no direito e sobretudo na economia transformou-a em algo mais parecido com um mercado competitivo. A transformação não é tão profunda quanto aquela que nos levou das corporações de tecelões medievais às indústrias têxteis de produção em massa – não levou ao fim, nem muito menos à proletarização, da profissão jurídica[45]. Mas há paralelos suficientes para tornar a analogia interessante.

Embora seja parte de um movimento maior, apropriadamente descrito como industrialização dos serviços[46], a transformação da profissão é a consequência imediata de um crescimento repentino da demanda por serviços jurídicos. As causas desse crescimento não são bem conhecidas, embora seja possível identificar alguns fatores que podem tê-lo influenciado, como a criação de novos direitos, índices de criminalidade muito mais altos, requisitos de legitimidade muito mais flexíveis, remédios judiciais mais generosos (inclusive critérios mais flexíveis para ações coletivas) como parte de uma tendência geral em favor dos de-

---

44. A título de documentação, os trabalhos mais recentes são Kronman, nota 36 acima, pp. 274-314, e Sharyn L. Roach Anleu, "The Legal Profession in the United States and Australia: Deprofessionalization or Reorganization?" 19 *Work and Occupations* 184 (1992); também Abel, 19 acima; Marc Galanter e Thomas Palay, *Tournament of Lawyers: The Transformation of the Big Law Firm* (1991); Robert A. Rothman, "Deprofessionalization: The Case of Law in America", 11 *Work and Occupations* 183 (1984); Richard H. Sander e E. Douglass Williams, "Why Are There So Many Lawyers? Perspectives on a Turbulent Market", 14 *Journal of Law and Social Inquiry* 431 (1989); Robert L. Nelson, *Partners with Power: The Social Transformation of the Large Law Firm* (1988). Os advogados, é claro, já alardeiam a "crise" há muito tempo. Rayman L. Solomon, "Five Crises or One: The Concept of Legal Professionalism, 1925-1960", em *Lawyers' Ideals/Lawyers Practices: Transformations in the American Legal Profession*, p. 144 (Robert L. Nelson, David M. Trubek e Rayman L. Solomon [orgs.], 1992). Mas o lobo finalmente bate à porta.

45. Anleu, nota 44 acima, observa, com sensatez, que a especialização, as grandes empresas, a publicidade e outras tendências da profissão jurídica não precisam resultar na "desprofissionalização", no sentido de perda de autonomia e *status*, embora tenda a alterar a distribuição das gratificações dentro da profissão.

46. Theodore Levitt, "The Industrialization of Service", *Harvard Business Review*, setembro/outubro de 1976, p. 63. Levit ressalta que o setor de serviços construiu-se segundo o modelo da relação tradicional entre um servo e seu mestre. A ideia do advogado como um servo de alto nível dos ricos é clássica e está ilustrada na descrição do advogado Tulkinghorn, por Dickens, em *Casa de hóspedes*. A ideia de que o direito americano passa por um processo de "industrialização", com consequências tanto para a teoria quanto para a prática jurídicas, é registrada em J. M. Balkin, "What Is Postmodern Constitutionalism?" 90 *Michigan Law Review* 1996, 1983-1986 (1992).

mandantes e contra os réus no direito civil, bem como a crescente oferta subsidiada de advogados para réus indigentes em ações penais e para demandantes indigentes em ações civis. As manifestações mais visíveis desse surto de demanda por serviços jurídicos são a explosão do número de litígios e, concomitantemente, o rápido crescimento do número de advogados[47]. Apesar da crença popular de que os advogados criam sua própria demanda, a imensa expansão dos direitos e das regulamentações legais nas últimas décadas não pode ser consequência de um aumento da quantidade de advogados iniciantes. Quando a profissão jurídica se expande, isso se dá muito menos pela entrada de pessoas maduras e influentes do que pelo aumento da quantidade de estudantes de direito, que, gradualmente, penetram na área profissional.

A acomodação da nova demanda por serviços jurídicos assumiu várias formas, todas as quais envolvem a expansão da oferta desses serviços. Mas esta não era uma reação inevitável. A demanda expandida poderia ter sido acomodada, mesmo que não exatamente atendida, através do racionamento por preço. Este teria forçado as pessoas a buscar outros métodos de resolução de disputas – políticos, arbitrais, informais e até internos (uma fusão de empresas cuja relação recíproca seja a de cliente e fornecedor fará com que as disputas entre fornecedor e cliente deixem de ser jurídicas para se tornarem problemas de relações internas, resolvidos por meio de ordens de supervisores). Em vez disso, a oferta de serviços jurídicos expandiu-se através do aumento do número de fornecedores e da concorrência entre estes, bem como de inovações técnicas e organizacionais que aumentaram a produtividade dos serviços jurídicos. A primeira dessas reações pode ser exemplificada pela criação de novas faculdades de direito, a expansão das existentes e a redução do índice de estudantes reprovados nos exames seletivos dessas faculdades; eventos que, juntos, possibilitaram um enorme aumento na quantidade de profissionais, que cresceu de 213 mil advogados e juízes (principalmente advogados, é claro), em 1960, para 772 mil, em 1991[48]. A força motriz dessa expansão da oferta foi a competição, entre os escritórios de advocacia, pela contratação de mais advogados para atender à nova demanda por serviços jurídicos. A concorrência elevou o salário dos advogados e atraiu mais estudantes para as faculdades de direito.

---

47. Para material documental, ver Sherwin Rosen, "The Market for Lawyers", 35 *Journal of Law and Economics* 215 (1992).
48. Richard A. Posner, *The Federal Courts: Crisis and Reform*, p. 80 (1985); U.S. Bureau of the Census, *Historical Statistics of the United States: Colonial Times to 1970*, pt. 1, p. 140 (Ed. do bicentenário, 1975) (ser. D233-682); U.S. Bureau of the Census, *Statistical Abstract of the United States*, p. 392 (112.ª ed., 1992) (tab. 629).

Graças, por sua vez, ao surto de demanda por vagas nas faculdades de direito, estas puderam se expandir (e novas faculdades foram criadas) e selecionar mais cautelosamente os candidatos, já que estes passaram a ser mais numerosos e qualificados, o que aumentou a porcentagem de estudantes que efetivamente se formavam e se tornavam advogados.

A segunda forma de reação à crescente demanda por serviços jurídicos, a saber, a intensificação da concorrência dentro da profissão, é, em parte, resultado de uma série de decisões da Suprema Corte, que invalidavam, de uma forma ou de outra, muitas das tradicionais restrições à concorrência entre os advogados[49]. A imunidade judicial das profissões eruditas em relação ao direito antitruste é coisa do passado, assim como o tabelamento de preços pelas associações de advogados. A maioria das restrições à veiculacão de publicidade por advogados – não apenas a veiculação de anúncios na mídia, mas também a oferta de serviços jurídicos a demandantes em potencial – foi invalidada, como o foram muitas das barreiras ao deslocamento de advogados para outros estados que não aqueles onde originalmente se registraram.

As inovações técnicas e organizacionais aumentaram a solidez da concorrência no mercado de serviços jurídicos, mas parte da importância destas para a transformação da profissão independe disso. O surgimento do prático profissional provou que grande parte do trabalho tradicional dos advogados pode ser realizada por não advogados. Além disso, tornou a produção de serviços jurídicos uma atividade menos homogênea. Com o uso de computadores para a preparação e o arquivamento de documentos e para a pesquisa jurídica, bem como o de máquinas de fac-símile, entre outros equipamentos de comunicação, aumentou o montante de capital necessário para se abrir um escritório de advocacia (tradicionalmente baixo), assim como o tamanho mínimo que um escritório precisa ter para ser eficiente; o que, consequentemente, contribuiu para o espantoso crescimento do tamanho médio dessas empresas, muitas das quais chegam a empregar mais de mil advogados[50]. Outro fator desse crescimento foi a presença cada vez maior

---

49. *Bates vs. State Bar*, 433 U.S. 350 (1977); *Supreme Court of New Hampshire vs. Piper*, 470 U.S. 274 (1985); *Zauderer vs. Office of Disciplinary Counsel*, 471 U.S. 626 (1985); *Shapero vs. Kentucky Bar Association*, 486 U.S. 466 (1988); *Supreme Court of Virginia vs. Friedman*, 487 U.S. 59 (1988); *Peel vs. Attorney Registration and Disciplinary Commission*, 496 U.S. 91 (1990); mas ver *Ohralik vs. Ohio State Bar Association*, 436 U.S. 447 (1978).

50. A crescente sofisticação dos computadores pessoais e a queda dos preços dos produtos eletrônicos em geral podem limitar esse crescimento do tamanho mínimo que uma empresa precisa ter para ser eficiente. Caso houvesse abruptas deseconomias de escala, um aumento na demanda por serviços jurídicos tenderia a causar um aumento da quantidade de escritórios de advocacia e não do tamanho destes.

dos litígios no *mix* de serviços dos escritórios de advocacia, uma mudança que se deve, em parte, ao fato de muitos clientes corporativos terem passado a empregar seus próprios advogados para tratar dos assuntos jurídicos não litigiosos. A quantidade de litígios e o trabalho gerado por estes são inerentemente imprevisíveis. Portanto, se a empresa for maior, conseguirá lidar melhor com a carga de trabalho.

Os velhos seguidores do direito antitruste podem supor que um aumento do tamanho médio das empresas conduzirá ao monopólio ou ao oligopólio. Mas esta não foi a experiência da indústria dos serviços jurídicos. O crescente tamanho dos escritórios de advocacia facilitou sua expansão em direção a diferentes mercados geográficos e à prestação de novos serviços, aumentando-se a concorrência. (Pode-se fazer uma analogia com os bancos: em um setor bancário não regulamentado formado por dez bancos, provavelmente haveria mais concorrência que no setor bancário americano, regulamentado e formado por 14 mil bancos.) Com o crescimento dos problemas jurídicos das empresas, um maior número delas passa a achar lucrativa a criação de grandes departamentos jurídicos internos. Estes não apenas representam mais concorrência para os escritórios de advocacia, como também dão aos clientes corporativos um poder maior de negociação com eles (podem jogar um contra o outro, abrir concorrências e assim por diante), estimulando ainda mais a competição entre os escritórios. Não é de surpreender que, entre 1970 e 1985, o preço dos serviços jurídicos tenha caído (em termos reais, isto é, com correção monetária) e não subido, como supõem tanto as pessoas em geral quanto os profissionais[51]. A proporção cada vez maior entre a renda dos advogados associados e a dos sócios de um escritório é coerente com a hipótese da concorrência crescente: a redução do poder de monopsônio elevou os custos com folha de pagamento dos escritórios de advocacia.

À medida que crescem os escritórios de advocacia, crescem rapidamente as oportunidades de especialização profissional (para uma divisão de trabalho mais completa). Mencionei, há pouco, o prático profissional. Grandes empresas de advocacia também contratam gerentes profissionais, professores de direito, contadores, economistas, técnicos de informática, entre outros especialistas, para realizar tarefas outrora realizadas pelos advogados. Os advogados se especializam em campos bem específicos ou em técnicas particulares do direito, aprendem a trabalhar em grandes grupos de trabalho e envolvem-se em atividades caracterís-

---

51. Sander e Williams, nota 44 acima, p. 451.

ticas de um mercado competitivo, como o *marketing*, ou de grandes empresas, como a supervisão. A concorrência também os faz trabalhar mais duro e reduz a estabilidade de emprego. Tornam-se mais comuns os casos de reestruturação e reagrupamento nas empresas; de demissão de advogados associados e até de sócios; e de maior variação de salário dentro das empresas.

Essas mudanças têm consequências psicológicas. O trabalho mais árduo, mesmo quando bem remunerado, a crescente instabilidade no emprego e o inevitável "clima" burocrático do departamento jurídico de uma grande empresa, tudo isso reduz a satisfação com o trabalho. Muitos advogados, com evidente sinceridade, queixam-se de não mais apreciar a prática da advocacia como apreciavam antes. Muitos afirmam que, se soubessem no que se transformaria essa prática, não teriam feito faculdade de direito. O caráter cada vez mais competitivo do mercado de serviços jurídicos faz com que os advogados se sintam como comerciantes, não como os orgulhosos profissionais de outrora, e elevam a cargos de liderança na profissão pessoas cujos talentos, como, por exemplo, o talento para o *marketing* ("*rainmaking*"), são de competitividade nos negócios e não pertencem a nenhuma profissão. Foram-se os tempos felizes da artesanalidade e da estabilidade empregatícia da corporação de ofício.

Podemos encontrar traços das mudanças no trabalho dos profissionais do direito em dois documentos característicos da profissão, o recurso e a decisão do recurso. Ambos os tipos de peça costumavam ser redigidos por um profissional do direito, fosse um advogado experiente ou um juiz, que neles trabalhava essencialmente sozinho, embora assessorado por outras pessoas. O autor do recurso ou da decisão deste era não apenas, desnecessário dizer, um profissional experiente, como também um experiente redator de peças jurídicas. O ofício de escrever peças retórico-jurídicas, como petições, votos e sentenças, era essencial a sua autoimagem profissional. Hoje não mais. Nos grandes escritórios de advocacia, órgãos estatais, entre outros empreendimentos jurídicos influentes, a redação de petições é hoje delegada aos advogados menos experientes. É verdade que estes trabalham sob supervisão, e a responsabilidade deles é por redigir uma primeira versão, e não a versão final. Mas o redator da primeira versão geralmente detém um grande controle sobre o produto final. O ofício do advogado veterano em relação à redação de petições passou a ser o de um supervisor habilidoso em trazer à tona e aperfeiçoar o melhor trabalho de seus iniciantes.

Como parte da pesquisa para o meu livro *Cardozo: A Study in Reputation* (1990), eu li as petições dirigidas ao tribunal de Cardozo (o Tribunal Recursal de Nova York) nos vinte casos, decididos principalmente na década de 1920, que eu planejava analisar no livro. Embora Cardozo, em suas sentenças, desse pouca importância às petições, impressionei-me com a individualidade destas; com seu rigor e sua meticulosa precisão gramatical e tipográfica. Os autores não eram gênios do direito (com a possível exceção de Robert Jackson, que redigiu uma das petições), mas eram artesãos do direito. Intriguei-me com o contraste em relação à uniformidade massificada, a insipidez, a impessoalidade e a superficialidade apressada evidentes na grande maioria das "boas" petições apresentadas ao Tribunal Regional Federal da 7.ª Região, na década de 1980.

No caso da redação de votos e sentenças, ocorreu uma evolução análoga, mas não idêntica. O papel principal de um juiz recursal, o de decidir o caso, continua praticamente ileso; mas, quanto ao segundo, o de redator de peças jurídicas, o juiz o substituiu pelo de supervisor. Graças a essa divisão de trabalho, que remete à transformação que levou da corporação de ofício à produção industrial, o judiciário pode dar cabo de um número incrivelmente maior de casos sem diminuição sensível (talvez nenhuma diminuição) na qualidade média dos processos. Essa divisão representa uma eficiente adaptação à maior demanda pelo grupo de serviços jurídicos que gira em torno das decisões judiciais. Mas não devemos esperar dos juízes-revisores as pérolas retóricas de Holmes, Hand, Cardozo e Jackson ou os contundentes ensaios de teoria política ou social de John Marshall e de Brandeis. Há engenho no ato de supervisionar; e um dia talvez a profissão acabe reconhecendo um novo tipo de mestre juiz, que faz aflorar, de um grupo de assessores, um produto extraordinário, em vez de tecer cuidadosamente seus próprios votos e suas próprias sentenças. Mas isso é diferente do engenho artesanal dos juízes de outrora.

Embora a qualidade média das decisões judiciais possa não ter diminuído em consequência da atribuição da função de redigi-las a estagiários, a *variação* de qualidade diminuiu. Os estagiários de direito – que, em sua maioria, são indivíduos recém-formados em direito, com referências acadêmicas extraordinárias, mas sem experiência em direito ou em qualquer outra profissão – são mais homogêneos que os juízes. A tendência à uniformidade da produção, também característica das petições redigidas pelos grandes escritórios de advocacia, encontra equivalência na evolução em direção à fabricação em massa de produtos industriais. Apesar da ênfase dada pelas corporações de ofício medievais à uniformidade, trabalhos feitos à mão tendem menos à uniformidade de qualidade que os produtos fabricados por máquinas, pois a produção mecânica facilita a padronização e o controle de qualidade. Estagiários de direito não são máquinas, mas a divisão do trabalho no judiciário, como em qualquer outra área, possibilita um tipo semelhante de padronização; pois atenua as diferenças entre os juízes. O estúdio Bachrach não se compara a Van Gogh e nem mesmo a Brady (e Brennan não se compara a Brandeis); porém, comparada aos métodos artesanais que a precederam, a fotografia moderna fornece uma qualidade mais uniforme nos retratos.

Não suponha, contudo, que a crescente uniformização da produção jurídica signifique uma crescente uniformidade dos salários dos profissionais. Uma profissão jurídica competitiva oferece oportunidades de lucro empresarial que a cartelização não oferece, assim como o advento da produção em massa ofereceu oportunidades de lucro que tornaram insignificantes os ganhos de monopólio dos produtores das corporações de ofício. De fato, uma das causas da fragilidade dos cartéis, inclusive dos cartéis de profissionais, é que alguns produtores são capazes de ganhar mais dinheiro como integrantes de uma indústria competitiva. Quando as restrições legais impossibilitaram a criação de escritórios de advocacia em âmbito nacional, os advogados dotados de talento para a organização de grandes empreendimentos e a penetração em novos mercados foram impedidos de lucrar com esse talento. Logo, o fato de alguns advogados, mesmo no atual ambiente da profissão, mais competitivo, ainda ganharem salários extremamente altos, não prova, como acredita Derek Bok, que a concorrência não está funcionando[52]. Bok também desconsidera a relação entre risco e remuneração. Ele afirma que os sócios de um escritório de advocacia são capazes de manter seus altos salários, mesmo quando o negócio está afundando, despedindo os sócios menos produtivos[53]. Se for assim, isso faz desses altos salários, em parte, uma ilusão; visto que, mais dia menos dia, um desses sócios pode se ver na posição de menos produtivo e ser despedido.

O ocaso da teoria do direito

Ao discutir o caso *Brown vs. Board of Education*, ofereci um panorama geral do mundo do pensamento jurídico, tal como se encontrava às vésperas da revolução industrial, descrita acima. A personificação desse

---

52. Bok, *The Cost of Talent: How Executives and Professionals Are Paid and How It Affects America*, cap. 7 (1993).

53. Id., p. 146. Para outras análises críticas, ver a resenha de Andrew Hacker, "Unjust Desserts?". *New York Review of Books*, 3 de março de 1994, p. 20.

mundo é o artigo de Wechsler sobre os princípios neutros. As insuficiências analíticas do artigo, que é um dos mais citados na história do direito[54], foram documentadas por outros[55]; portanto, não nos deteremos nelas aqui. É seu caráter representativo que me interessa; posto que representa o equivalente jurídico da artesanalidade.

Sua forma é a de uma declaração pessoal. "Começarei por afirmar que não tenho a menor dúvida quanto à legitimidade do controle de constitucionalidade pelo judiciário [o controle da constitucionalidade de ações federais e estaduais do legislativo ou do executivo]."[56] Esta seria uma maneira curiosa de começar um artigo científico ou sociológico, pois pressupõe que o estado psicológico interior do autor, as dúvidas ou certezas deste, possuem uma importância que independe do raciocínio ou das provas com que este sustenta suas posições. Quando o engenho (*craft*) é um mistério, a identidade de seu portador transmite informações valiosas. No artigo, Wechsler se apresenta como dono da cadeira de direito constitucional em uma das principais faculdades de direito do país, a de Columbia, e explica que o artigo foi retirado da Conferência em Memória de Oliver Wendell Holmes, proferida anualmente na Faculdade de Direito de Harvard, então a mais respeitada faculdade de direito do mundo. O título da série de palestras homenageava o mais ilustre jurista do mundo anglo-americano, ele próprio formado naquela faculdade, onde lecionou por um breve período de tempo, tendo seu nome há muito identificado com o daquela instituição. No primeiro parágrafo, Wechsler observa que o conferencista do ano anterior fora Learned Hand, o maior juiz da história dos tribunais recursais federais. O artigo de Wechsler é o artigo de capa do Volume 73 da *Harvard Law Review*, a mais importante revista jurídica do país. O texto é, portanto, mais (ou menos) que um esforço de análise acadêmica. Representa a *performance* autoconsciente de um mestre-artesão da corporação de ofício dos juristas.

Não é de surpreender que o tom de Wechsler seja de condescendência. A concepção da Suprema Corte como "um foro sempre aberto para

54. O artigo foi publicado em 1959. Desde 1960 até o final de 1992, fora citado incríveis 1.102 vezes em artigos de direito. Esse número foi retirado do *Índice de Citações de Ciências Sociais* (*Social Sciences Citation Index* [SSCI]) para os anos de 1960 a 1986, bem como do banco de dados LEXIS de artigos de direito para os anos restantes; pois o SSCI registra seus dados com alguns anos de atraso. Segundo um estudo feito a partir de um banco de dados um pouco diferente, o artigo de Wechsler era, em 1985, o segundo artigo de direito mais citado na história. Fred R. Shapiro, "The Most-Cited Law Review Articles", 73 *California Law Review* 1540, 1549 (1985) (tab. 1).

55. Ver, por exemplo, Gary Peller, "Neutral Principles in the 1950's", 21 *Journal of Law Reform* 561 (1988).

56. Wechsler, nota 40 acima, p. 2.

a discussão de todos os agravos que busquem sustentação na Constituição", uma concepção a princípio plausível, é ridicularizada como a visão "dos ignorantes". Estes ignoram a necessidade de uma "rigorosa insistência no preenchimento de requisitos de competência e direito processual" (insistência esta que é "fundamental no pensamento e no trabalho do Sr. juiz Brandeis), de modo que não é preciso dizer mais nada em justificativa disso[57]. Para os mais maliciosos, a insistência de Brandeis nesses preciosismos técnicos bem poderia representar a intenção de impedir a Suprema Corte de chegar a questões substantivas às quais a maioria dos juízes tenderia a responder de maneira pouco agradável para o autor, um homem cujas ideias sobre o direito substantivo eram peremptórias. Mas a ideia de que Brandeis pode não ter sido um profissional totalmente isento, de que pode ter sido, na realidade, influenciado por considerações político-estratégicas, é proibida. Seria como atribuir anseios por lucro a um respeitado membro de uma corporação de ofício medieval.

Logo se torna claro que um dos mais importantes deveres dos juízes é resistir à atração da justiça do senso comum e dos homens leigos. Até um leigo deve ser capaz de entender que os juízes não têm carta branca para escrever no papel suas preferências pessoais e políticas, chamando-as de Constituição. Mas Wechsler quer identificar casos nos quais a intuição leiga falhe, por estes envolverem violações palpáveis, ou ao menos plausíveis, da Constituição; e a respeito dos quais, mesmo assim, os juízes se recusem, ou ao menos *devam* se recusar, a fazer qualquer coisa: violações da garantia da forma republicana de governo; prática de curral eleitoral e desproporcionalidade representativa, no legislativo em geral; leis que proíbem o casamento inter-racial; leis que proíbem os negros de votarem nas eleições primárias do Partido Republicano ou do Partido Democrata; e leis que proíbem os negros de frequentarem as mesmas escolas públicas que os brancos (e vice-versa). A objeção de Wechsler a que os juízes retifiquem qualquer uma dessas aparentes negações do princípio de igual proteção das leis consiste na impossibilidade de encontrar um princípio geral adequado que se aplique a elas. Para Wechsler, um princípio geral é adequado se tratar coerentemente não apenas o caso em questão, mas qualquer caso hipotético ou real situado dentro de seu alcance semântico. Pode-se ver, nessa proposta, a técnica de sala de aula das faculdades de direito (em que as tentativas dos estudantes de formular princípios jurídicos são desafiadas pelos professores através da apresentação de casos hipotéticos que testam o alcance des-

---

57. Id., p. 6.

ses princípios) ser elevada à condição de requisito metodológico para os julgamentos de causas constitucionais. "Acabei desenvolvendo a ideia dos princípios neutros como um instrumento pedagógico capaz de forçar os estudantes a submeterem a um tipo de critério de avaliação mais investigativo suas próprias reações imediatas de aprovação ou desaprovação dos resultados de uma decisão específica."[58]

A utilização de casos hipotéticos para testar e limitar o alcance de uma teoria ou de um princípio é mais que uma técnica pedagógica. Não possui, porém, o poder normativo que Wechsler acredita que ela possui, pois, com a exceção de uma, todas as violações da Constituição que, segundo ele, *não* poderiam ser corrigidas pela Suprema Corte sem prejuízo da neutralidade acabaram sendo corrigidas por aquela corte e nem por isso o mundo acabou[59].

Poder-se-ia supor que a questão central no caso *Brown vs. Board of Education* não era o alcance de um princípio abstrato qualquer de liberdade de associação, mas se a segregação racial em prédios públicos no Sul tinha o objetivo ou a tendência de manter os negros em sua posição tradicional de subordinação. Esta era uma questão de fato, cuja resposta seria óbvia, embora enunciá-la provavelmente viesse a ser imprudente da parte da Suprema Corte, conforme observei. Pode ser por isso que a Suprema Corte se concentrou não nos objetivos ou nas consequências políticas da segregação nas escolas públicas, mas sim em suas consequências para o desempenho educacional e o bem-estar psicológico dos negros. Wechsler não se interessa pelos propósitos ou efeitos da segregação, exceto quando especula, em linguagem tipicamente jurídica, sobre os possíveis efeitos deletérios da integração, isto é, as únicas consequências pelas quais demonstra algum interesse são as consequências especulativamente negativas da posição que ele questiona. Wechsler aprova enfaticamente o princípio de que os propósitos dos legisladores são irrelevantes para a validade das leis que eles produzem. Para o autor, a pergunta constitucional deveria ser reestruturada para a seguinte. Existe um princípio de liberdade de associação que permita aos negros queixarem-se por serem mantidos de fora das escolas dos brancos, mas proíba os brancos de queixarem-se por ter de ir à escola com os negros?

---

58. Citado por Norman Silber e Geoffrey Miller, "Toward 'Neutral Principles' in the Law: Selections from the Oral History of Herbert Wechsler", 93 *Columbus Law Review* 854, 925 (1993).
59. A Suprema Corte ainda se recusa a fazer cumprir a garantia da forma republicana de governo, mas há uma séria questão sobre o que significa essa garantia e sobre se algum estado já chegou a violá-la. Ver Capítulo 9.

Esta é *uma* maneira de ver o caso. Porém, para mim, a única razão que levou Wechsler a vê-la como a *única* maneira é a maior afinidade dela (se comparada à investigação factual) com o tipo de retórica característica dos juristas, com seu apreço por conceitos abstratos ("liberdade de associação"), argumentos retirados da lógica e casos hipotéticos[60]. Para evitar o risco de comprometer suas pretensões de autonomia profissional, os membros de uma profissão preferem não entrar em áreas nas quais não controlem todas as ferramentas de investigação. Querem fazer com competência aquilo que sabem fazer, ainda que prestassem maior contribuição à sociedade se desempenhassem com menos competência uma tarefa mais importante, como a de promover a justiça social. Implicitamente, colocam o bem-estar da profissão acima do bem-estar da comunidade; sob a justificativa de estarem guardando seu prestígio para o dia em que este for necessário para salvar o país. (Esperamos há mais de dois séculos pela chegada desse dia.) Pode-se fazer uma analogia com os médicos medievais, que privilegiavam o prognóstico para poderem recusar pacientes aparentemente condenados à morte, concentrando-se naqueles com probabilidade de recuperação, com ou sem o auxílio médico.

Àquilo que os juristas fazem quando exercem suas faculdades de afirmação e justificação, chamo *retórica* e não *argumentação*; já que grande parte do que se escreve em direito possui a forma, mas não a substância, do rigor intelectual[61]. Quanto ao conceito fundamental de "princípios neutros", o artigo de Wechsler não o explica, não o define adequadamente, não indica sua proveniência nem o defende. Aparentemente,

---

60. O método casuístico "privilegia a manipulação verbal e alimenta uma tendência a buscar a coerência interna do sistema, em detrimento da relação externa deste com o mundo real, bem como de seu impacto sobre as pessoas e os acontecimentos". Erwin N. Griswold, "Intellect and Spirit", 81 *Harvard Law Review* 292, 299 (1967).

61. Opor a retórica à lógica e à ciência dessa maneira é algo que pode parecer decididamente antipragmático. Para justificativas e ressalvas, ver Capítulo 24.

A respeito de outra amostra acadêmica da escola processual, o artigo de Gerald Gunther, "In Search of Judicial Quality on a Changing Court: The Case of Justice Powell", 24 *Stanford Law Review* 1001 (1972), Mark Tushnet observa: "Suas frases são gramaticalmente corretas e parecem dizer algo, mas acabam se revelando desprovidas de conteúdo. O tom e a maneira como se apresentam, de fato, *diz* alguma coisa, embora decerto não aquilo que Gunther pretendia conscientemente. O artigo é escrito sobretudo para os entendidos, os quais, segundo se presume, compartilham de uma determinada visão do mundo e das leis que devem regulá-lo. Gunther, implicitamente, afirma que podemos relevar as complicações de se escolher um certo grau de generalização ao descrever-se uma situação ou caracterizarem-se interesses, bem como as de selecionar-se que grau de unificação um princípio deve fornecer, pois todos nós sabemos o benefício que os juízes representam. Ele bem pode estar certo ao dizer isso, desde que se defina 'todos nós' de alguma maneira." Tushnet, *Red, White, and Blue: A Critical Analysis of Constitutional Law*, p. 184 (1988).

tudo o que ele quer dizer é que as decisões devem "seguir um princípio", e tudo o que isso parece significar é que os juízes não devem fundar suas decisões em justificativas que exijam deles o ingresso no bagunçado mundo da realidade empírica (questionando, por exemplo, os propósitos e as consequências da segregação nas escolas públicas). Da mesma forma, uma decisão semelhante tomada por um parlamento deve seguir um determinado princípio. O termo pode adequar-se aos poderes e às tradições da instituição que toma a decisão em questão, embora Wechsler proíba o judiciário de questionar a real competência de um parlamento, ou seja, define esferas de competência em um vazio empírico. Wechsler pode ter pensado que a decisão do caso *Brown* possuía um caráter redistributivo (tirando a riqueza dos brancos para dar aos negros) e que decisões de redistribuição, mesmo que justas, cabem ao legislativo e não ao judiciário.

Wechsler não consegue expor sistematicamente essas questões, pois seu método de argumentação preferido é a proposição de perguntas retóricas (60 delas, ao todo, em um artigo de 35 páginas). A pergunta retórica é o equivalente literário da confissão forçada, pois obriga o leitor a concordar. As perguntas retóricas em cascata impõem ao leitor uma escolha predeterminada: concordar com Wechsler ou juntar-se aos idiotas que "enxergam no direito apenas seu elemento ordenador" ou, ainda pior (utilizando-se uma imagem que parece quase obscena), àqueles que acreditam "que o judiciário é livre para funcionar como um órgão poderoso e desnudo"[62].

A pergunta retórica não é a única técnica de retórica fartamente empregada por Wechsler. No artigo, o autor não deixa de mencionar os famosos casos que defendeu na Suprema Corte e não se cansa de repisar as profundas simpatias liberais que tornam tão doloroso, para ele, expor as impropriedades da jurisprudência racial da Suprema Corte[63] – isso é tudo que seu senso de engenho permite. Favorecido pela ocasião e pelo cenário em que foi publicado, o artigo exemplifica perfeitamente o recurso do "apelo ético", da retórica clássica, com que o orador aumenta o poder persuasivo de seu discurso, ao convencer os ouvintes de que ele é o tipo de pessoa em quem se pode acreditar incondicionalmente. Ademais, há uma irritante modéstia, que é o clássico recurso dos juristas

---

62. Wechsler, nota 40 acima, p. 11, 12.
63. Como disse Wechsler, "De fato, um dos elementos de eficácia retórica na peça é justamente eu ter conseguido persuadir as pessoas de que, mesmo eu tendo gostado das decisões [dos casos raciais], ainda achava importante questionar os fundamentos delas." Silber e Miller, nota 58 acima, p. 926.

para evitar dizer as coisas diretamente. Wechsler nunca diz, de fato, que a decisão do caso *Brown* foi efetivamente equivocada, mas apenas que ninguém fora capaz, até então, de apresentar um raciocínio persuasivo para esta, nem mesmo ele.

À semelhança de um artista ou artesão, o advogado, professor ou juiz tradicional não produzia nem um argumento ou uma prova reproduzível, ou então verificável, nem uma peça padronizada cujo valor pudesse ser prontamente determinado no mercado dos serviços jurídicos ou dos trabalhos acadêmicos. Concebia um produto essencialmente literário, no qual exibia seu domínio das habilidades retóricas que são o fruto característico do talento, do treinamento e da experiência do jurista. Holmes não poderia estar mais longe da verdade quando definiu o direito como vocação de pensadores e não de poetas[64]. Grande parte da fama de Holmes e das demais celebridades da história da profissão jurídica anglo-americana, inclusive Herbert Wechsler, deve-se à força de sua retórica[65].

Peguei no pé de Wechsler não por malícia ou inveja, mas porque, como Henry Hart, ele é um dos maiores expoentes da escola "processual"[66], a resposta de Harvard ao realismo jurídico – uma síntese de Langdell e Holmes. Wechsler não é, de modo algum, um interpretacionista estrito; e, ouso dizer, ele não gostaria de ser chamado de formalista. Mesmo assim, pouca coisa de substancial separa os Harts e os Wechslers dos Langdells e dos Beales. O vocabulário é diferente, mais moderno; as pedras de toque são a racionalidade e a competência institucional, em vez dos textos jurídicos consagrados e dos conceitos jurídicos fundamentais. No fundo, porém, percebe-se a mesma convicção velada de que as relações entre os conceitos jurídicos são justamente o alvo da análise jurídica, a mesma dependência inconfessa em relação à homogeneidade de perspectivas e valores como a verdadeira força motriz do

---

64. Oliver Wendell Holmes, Jr., "The Profession of Law" (1986), em *The Essential Holmes, Jr.*, p. 218 (Richard A. Posner [org.], 1992).

65. Defendo essa afirmação em *Cardozo: A Study in Reputation*, pp. 133-4 (1990), e em *Law and Literature*, pp. 281-9. O papel do engodo e do pedantismo na obtenção do sucesso profissional não é exclusividade do direito. De que outro modo pode-se explicar o prestígio e a lucratividade da medicina durante os vários séculos anteriores aos avanços científicos que finalmente tornaram concretos os benefícios esperados do tratamento médico? Ver Brown, nota 8 acima; Freidson, nota 8 acima, p. 16. Não pretendo afirmar que mesmo a ciência moderna esteja completamente livre da retórica. Ver Capítulo 24.

66. Para descrições dessa escola, ver Neil Duxbury, "Faith in Reason: The Process Tradition in American Jurisprudence", 15 *Cardozo Law Review* 601 (1993); William N. Eskridge, Jr. e Philip P. Frickey, "An Historical and Critical Introduction to 'The Legal Process'" (inédito, faculdades de direito de Georgetown e Minnesotta, 26 de janeiro de 1994).

consenso, a mesma confortável ilusão de rigor analítico, a mesma insinuação de que o juiz, inclusive o da Suprema Corte, é um tipo de professor fracassado de direito, a mesma indiferença diante do mundo empírico e a mesma antipatia à novidade no campo jurídico, pois um caso genuinamente novo não se submete a precedentes, nem às prescrições das normas jurídicas convencionais. No lugar da hostilidade automática e irrefletida de uma geração mais antiga de juristas convencionais às leis e ao processo governamental, a geração processual instaurou uma crença irrefletida e verdadeiramente ingênua na probidade e na sabedoria dos legisladores e governantes. Como antes, as ficções jurídicas floresceram, mas os lugares-comuns sobre federalismo e competência institucional substituíram os clichês sobre a liberdade de celebrar contratos[67].

Será que estou errado em farejar um certo Langdellismo requentado no seguinte trecho de uma obra de outro eminente adepto da "teoria processual do direito"?

> Em uma sociedade tão complexa e tão pragmática como a nossa, a unidade nunca se materializa, nem é necessário que se materialize. Na verdade, não há possibilidade de acordo sobre os critérios para a unidade absoluta, pois o que é contradição para um indivíduo é síntese de alto grau para outro. Dentro de um contexto determinado, porém, pode haver um sentimento de contradição suficiente para gerar transtorno na sociedade. Um dos magníficos papéis de nossos tribunais constitucionais é detectar tais contradições e afirmar a capacidade da sociedade para harmonizar seus objetivos (...). Um órgão [governamental] não é uma ilha, mas sim um dos diversos cômodos da esplêndida mansão do direito. A própria subordinação desse órgão à competência do judiciário tem como objetivo afirmar a premissa de que cada órgão deve entrar em harmonia com a totalidade da lei.[68]

O autor reconhece que nossa sociedade é pragmática, excluindo-se a possibilidade de uma concepção de direito totalmente unificada, o sonho dos formalistas jurássicos. Mas o sonho não se desfaz facilmente. Nossos juízes têm o "magnífico" papel de "afirmar a capacidade da sociedade para harmonizar seus objetivos". O próprio direito é uma "esplêndida mansão", uma "totalidade", de cujas partes os juízes podem fazer aparecer a "harmonia". Isso é a música das esferas, não o discurso do pragmatismo.

---

67. Para críticas análogas à escola processual, mormente a "endogamia" dos teóricos dessa escola e sua consequente cegueira intelectual, ver Akhil Reed Amar, "Law Story", 102 *Harvard Law Review* 688, 702-10, 719 (1989).

68. Louis L. Jaffe, *Judicial Control of Administrative Action*, pp. 589-90 (1965).

Uma divertida ironia da escola processual é que a crença de Henry Hart na racionalidade e eficácia do direito parece ter-se originado em sua experiência como advogado no órgão estatal que impôs o controle de preços durante a Segunda Guerra Mundial[69]. Hoje sabemos que esse controle era totalmente desrespeitado e que, embora a inflação tenha sido controlada, o custo disso pode ter sido uma redução aguda e desnecessária (porque uma política monetária rígida teria evitado igualmente a inflação) do número de empregos e da produção. "O controle de preços prejudicou os esforços de guerra e piorou a situação de muitos lares."[70]

Não é fácil imaginar um artigo com a *autoridade* arrogante do de Wechsler, escrito hoje. A fé condescendente no vigor do raciocínio jurídico perdeu seu prestígio, e a Faculdade de Direito de Harvard, enfraquecida por conflitos políticos internos impensáveis na década de 1950, perdeu sua primazia incontestada. A *Harvard Law Review*, com seus epiciclos de ação afirmativa, está a caminho de se tornar alvo de ridicularização, e as preleções Holmes perderam muito de seu prestígio. Além disso, não há mais ninguém entre os profissionais do direito que possua a importância alcançada por Wechsler com sua participação nos julgamentos de Nuremberg, os casos que defendeu perante a Suprema Corte, sua participação como coautor do mais famoso compêndio de jurisprudência da história do direito (o livro dos tribunais federais, de Hart e Wechsler), a autoria do Código Penal Modelo e a direção do Instituto de Direito Americano (*American Law Institute*), antes de esta instituição perder o prestígio. É claro que os gigantes nem sempre são visíveis para seus contemporâneos; pois falta-lhes a perspectiva necessária. Porém, à medida que aumenta o número de profissionais do direito e a profissão se torna mais especializada, diversificada e comercial, fica mais difícil imaginar uma carreira, uma confiança e uma consciência de autoridade e autossuficiência como a de Wechsler; elementos capazes de tornar um profissional do direito apto a subir no pedestal retórico de onde Wechsler declamou o texto sobre os princípios neutros.

A missão da teoria do direito era mostrar que direito é mais que política e retórica. Escrevendo em uma época em que a maioria dos juristas inteligentes não mais acreditava que a letra da Constituição fornecia

---

69. Eskridge e Frickey, nota 66 acima, p. 57, n. 120.
70. Paul Evans, "The Effects of General Price Controls in the United States during World War II", 90 *Journal of Political Economy* 944, 965 (1982). Ver também Geoffrey Mills e Hugh Rockoff, "Compliance with Price Controls in the United States and the United Kingdom during World War II", 47 *Journal of Economic History* 197 (1987).

um algoritmo para a decisão de todos os casos (ou enxergava essa crença ou alegação como questão de conveniência), Wechsler vislumbrou nos "princípios neutros" uma alternativa ao interpretacionismo estrito como meio de garantir a liberdade do direito em relação à política e à opinião pública. A homogeneidade da comunidade profissional de elite à qual Wechsler se dirige garante um público predisposto a concordar com um de seus líderes. Não apenas o mensageiro era bem-vindo, mas também a mensagem. Portanto, o artigo não foi, de início, examinado criticamente, ainda que suas falhas analíticas sejam muito grandes e estejam muito na superfície do texto e que, conforme argumentei, nele a análise se subordine à retórica – um pensamento frequentemente adotado (como sabedoria profissional convencional, circunscrita aos domínios da corporação de ofício), mas que nunca foi tão bem expresso.

Houve, entre os estudiosos, alguns que discordaram da tese de Wechsler; sobretudo[71], como era de esperar, entre os professores da Faculdade de Direito de Yale, os herdeiros de realismo jurídico. Mas o título do texto em que o ex-decano Charles E. Clark discorda de Wechsler sugere que este detinha o controle retórico do debate. O título é "A Plea for the Unprincipled Decision"[72] [Em defesa das decisões desprovidas de princípio fundador], um título que não estimularia muitos profissionais a ler o texto. Louis Pollak fisgou a isca de Wechsler e concebeu uma sentença alternativa em defesa do resultado do caso *Brown*[73]. Para não ter de examinar as consequências da segregação nas escolas públicas, Pollak recorreu à degradante estratégia do jurista de inverter o ônus da prova – exigiu que os distritos escolares provassem que a segregação *não* era estigmatizante e descobriu, depois, que estes não haviam cumprido com sua responsabilidade. Mas é claro que não cumpriram, pois nem sabiam que *tinham* essa responsabilidade. A mais eloquente defesa acadêmica do caso *Brown* foi a de Charles Black, para quem o desafio de quem redige uma sentença consiste em "desenvolver meios de permitir aos juízes que utilizem seu conhecimento". Entretanto, não apontou quais seriam esses meios e acabou recorrendo a formalismos como o de afirmar que a Décima Quarta Emenda fazia dos negros "cidadãos" de seu estado e que "é difícil, para mim, imaginar em que sen-

---

71. Mas não apenas. Diversos membros da "escola processual" escreveram em favor de *Brown* (ver Eskridge e Frickey, nota 66 acima, pp. 103-7), embora muitos desses escritos precedam o artigo de Wechsler, e o texto de Hart e Sacks, *Legal Process*, a bíblia do movimento, não mencionasse *Brown*. Eskridge e Frickey, nota 66 acima, p. 102.
72. 49 *Virginia Law Review* 660 (1963).
73. Louis H. Pollak, "Racial Discrimination and Judicial Integrity: A Reply to Professor Wechsler", 108 *University of Pennsylvania Law Review* 1, 24-30 (1959).

tido prático um homem pode ser 'cidadão' sem que seus concidadãos, vez ou outra, tenham de estabelecer relações com ele"[74].

As críticas ao artigo de Wechsler que a nova perspectiva criada pela dissolução da ideologia jurídica tradicional tornou possíveis, aparentemente passam ao largo de seu argumento fundamental – do qual nenhuma pessoa em sã consciência pode discordar (com o devido respeito ao juiz Clark) – de que as sentenças judiciais devem ter um princípio fundador. Não obstante, essa própria insistência indica um tipo de pensamento característico das corporações de ofício. Conforme mostraram as audiências para a nomeação de Robert Bork para a Suprema Corte, os americanos esperam dos juízes duas coisas: querem resultados específicos (como a pena de morte e a descriminalização do aborto) e querem juízes que interpretem a lei, em vez de criá-la. Mas as duas coisas são incompatíveis. Os juízes, ainda assim, encontram bastante facilidade em satisfazer às demandas do povo, dando a este os resultados desejados, cobertos de uma retórica de deferência passiva "à lei" (incluindo aquela que os juízes podem ter inventado na semana anterior). Isso empresta um tom de hipocrisia a muitos votos e muitas sentenças, além de tornar ilógico seu conteúdo, transgredindo as normas da corporação de ofício ou da profissão (intimamente relacionadas àquelas), as quais estabelecem padrões elevados de moral pessoal e perícia no trabalho. A adesão incondicional a essas normas, e não, como pensava Wechsler, o contrário, é que compromete o apoio do povo à independência dos juízes.

Creio que, conforme os profissionais do direito se abram a pontos de vista e a referenciais diferentes; conforme os práticos profissionais sejam autorizados (acredito e espero que um dia venham a ser) a formar seus próprios empreendimentos jurídicos e competir com os advogados "de verdade"[75]; conforme banqueiros, contadores, estatísticos, economistas, engenheiros de informática e consultores administrativos desempenhem um papel cada vez maior na formulação e aplicação da lei; conforme os escritórios de advocacia cresçam, diversifiquem seus negócios e se internacionalizem cada vez mais; conforme a educação jurídica torne-se mais opcional e, consequentemente, mais prática e sem firulas; conforme o judiciário se amplie e se especialize; e conforme o direito,

---

74. Charles L. Black, Jr., "The Lawfulness of the Segregation Decisions", 69 *Yale Law Journal* 421, 428-429 (1960).

75. Isso está começando a acontecer. Ver Jana Eisinger, "Nonlawyers Claim a Growing Swath of Legal Turf", *New York Times*, 16 de julho de 1993, p. B10. Há um movimento paralelo para permitir que as enfermeiras concorram com os médicos no fornecimento de certos tipos de tratamento médico.

como as demais esferas da vida social, torne-se mais e mais quantitativo e computadorizado, as preocupações tradicionalmente relacionadas à teoria do direito parecerão e serão cada vez mais irrelevantes. Uma certa categoria de indivíduos acabará parecendo tão irrelevante para a teoria e prática do direito quanto os canonistas menores da Idade Média, aos quais se assemelham. Estes são os indivíduos para quem o importante é policiar as fronteiras do direito (e acreditam que valha a pena questionar se o "direito" empregado nos julgamentos de Nuremberg era direito "de verdade"); para quem vale a pena enumerar os "dez critérios principais [que] podem ser importantes para avaliar a adequação de um dado tipo de razão substantiva a ser utilizada no direito", a saber, "(1) força justificatória intrínseca, (2) força justificatória convencional, (3) comensurabilidade com outras razões, (4) inteligibilidade e persuasividade, (5) possibilidade de transformação em regras estáveis, (6) capacidade de servir de orientação, (7) facilidade de interpretação, (8) possível arbitrariedade das 'condições extremas', (9) 'alcance' geral da razão e (10) adequação ao uso em julgamentos"[76]. O discurso hermético desses indivíduos condiz com uma profissão que busca justificar seus privilégios apontando para a extrema obscuridade de seu pensamento. Eu também creio que os acadêmicos do direito venham a abandonar a esperança, expressa por Rakowski, na possibilidade de a teoria do direito orientar completamente os juízes[77]. Como acontece com a maioria das filosofias, a do direito é, no máximo, capaz de nos preparar contra os argumentos filosóficos. É terapêutica, mas não curativa. Refiro-me ao tipo de teoria do direito cuja inspiração é a filosofia analítica. Quando se define a teoria do direito de forma mais abrangente, como teoria jurídica[78], as limitações da teoria convencional do direito tornam-se ainda mais patentes.

---

76. Robert S. Summers, "Judge Richard Posner's Jurisprudence", 89 *Michigan Law Review* 1302, 1333 n. 73 (1991).
77. Eric Rakowski, "Posner's Pragmatism", 104 *Harvard Law Review* 1681 (1991).
78. Como, por exemplo, em Gary Minda, "The Jurisprudential Movements of the 1980's", 50 *Ohio State Law Journal* 599 (1989), uma pesquisa bem útil.

capítulo 2

Os triunfos e reveses do estudo acadêmico do direito

No centro da teia de restrições que preservam o cartel de profissionais (que se enfraquece rapidamente) está a faculdade de direito, que também é o principal núcleo de produção de teorias e conhecimento jurídicos. Praticamente todas as escolas de direito hoje pertencem a universidades; e a universidade norte-americana, apesar de seus defeitos bem conhecidos, não possui similar no resto do mundo. Mas não devemos deixar que o orgulho em relação ao sistema universitário americano nos cegue para as falhas do ensino do direito. Muitas áreas de conhecimento dentro da universidade, sobretudo nas humanidades, mas não apenas aí, estão em declínio, estagnadas ou à deriva. A teologia (se olharmos bem para trás e compararmos a posição que ela ocupa hoje com aquela que ocupava no século XIII) não é um campo em ritmo de avanço. Nem o é a pedagogia; nem (e aqui começo a polemizar) a antropologia, a geografia, a literatura inglesa ou a arquitetura.

No direito, a situação é complexa. Quanto à qualidade do ensino, as faculdades de direito se garantem mais ou menos, embora a técnica de ensino mais singular e, a meu ver, mais valiosa, o método socrático, esteja ameaçada, em parte pela ação afirmativa. "Ação afirmativa", aqui, não significa apenas a substituição dos critérios convencionais de avaliação educacional por outros que tenham como benefício a diversidade de perspectivas e experiências. Significa considerar a posse de uma identidade racial, étnica ou sexual, ou ainda a orientação sexual, bem como qualquer outro tipo de fator não meritocrático, como um fator inerentemente favorável à decisão de admitir um estudante ou contratar um professor em uma faculdade. Assim definida, a ação afirmativa implica a admissão de estudantes menos qualificados, em média, que os demais membros, por pertencerem a alguma minoria. Esses estudantes estão mais sujeitos a se sentirem humilhados pelo "impertinente" método socrático. A realização e a correção de provas escritas são atividades mais privativas, e isso diminui as chances de humilhação pública.

O direito acadêmico às vésperas da revolução

As mudanças no ensino do direito são pequenas se comparadas ao que aconteceu, desde 1960, no estudo do direito[1]. No passado, os professores de direito costumavam fazer parte da universidade *e* da profissão. Nos primeiros anos depois de se formarem na faculdade, normalmente exercem algum ramo da prática do direito. Mesmo quando não exercem, viam a si mesmos, acima de tudo, como juristas responsáveis pelo treinamento da próxima geração de juristas e como indivíduos que, através de seus estudos (artigos em revistas especializadas, tratados, modelos de leis e compilações de jurisprudência) guiavam os juízes e advogados pelo caminho do raciocínio jurídico correto. A superioridade intelectual desses juristas acadêmicos, juntamente com sua maior disponibilidade de tempo para a pesquisa, a reflexão e a formulação de uma agenda profissional pessoal, habilitava-os a alcançar uma visão geral de um campo individual que jamais seria aprendida pelo advogado ou juiz imerso em um mar de casos particulares. Esses intelectos, com toda a sua profundidade e amplitude, estavam, contudo, a serviço da profissão no nível prático, aquele dos juízes e dos advogados.

O comportamento e a vestimenta do professor de direito eram profissionais e sofisticados (como seu salário) em comparação com a leve excentricidade com que o verdadeiro professor universitário proclama seu distanciamento do cotidiano. Os professores de direito se deslocavam com facilidade entre os mundos profissional e acadêmico. Um exemplo

---

1. Analisei algumas dessas mudanças, já em curso mais de uma décadas antes, em meu artigo "The Present Situation in Legal Scholarship", 90 *Yale University Journal* 1113 (1981). Ver também "The Decline of Law as an Autonomous Discipline, 1962-1987", 100 *Harvard Law Review* 761 (1987), o qual, revisado e ampliado, compõe o capítulo 14 de *Problemas de filosofia do direito*.

disso é a maneira como Herbert Wechsler pontua todo o seu artigo com referências aos casos que defendeu perante a Suprema Corte.

Ao identificar-se com a prática profissional, os professores se fortaleciam. A identificação lhes trazia segurança, equilíbrio e rumo. A missão do professor era produzir conhecimento útil aos advogados. Para tanto, era preciso que esse conhecimento viesse embrulhado em uma embalagem que o advogado pudesse utilizar e que sua fonte tivesse credibilidade. Essa fonte era a visão do professor de direito como um jurista maior. A embalagem era o artigo de revista acadêmica, o tratado, o modelo de lei, a compilação de jurisprudência ou o compêndio de jurisprudência para fins didáticos, que respeitavam a preocupação do advogado ou juiz com os casos sentenciados, bem como seu conservadorismo metodológico, sua crença arraigada (e autocontemplativa) na autonomia do direito como objeto de pensamento e prática, o alto valor que atribuía à tradição, às convenções e à estabilidade e, portanto, sua aversão a qualquer tipo de mudança, exceto a gradual. Esse direito acadêmico *útil* a que me refiro também implicava uma ampla harmonia política entre a academia, de um lado, e o judiciário, os advogados e a sociedade como um todo, de outro. As premissas doutrinais do direito são, em última análise, políticas. Logo, sem um mínimo de entendimento político entre os professores e os profissionais, nenhuma das partes dessa relação simbiótica respeitará a objetividade e o profissionalismo da outra.

Sempre houve uma certa tensão entre os professores e o judiciário. A relação entre os professores de direito que analisam as sentenças judiciais e os juízes que as proferem, a exemplo da relação entre os críticos literários e os escritores, bastante semelhante, tem um elemento inevitável de rivalidade. O juiz, como o escritor, quer ocultar sua técnica; quer fingir que a sentença derivou naturalmente, como que sem o dedo humano, de uma decisão anterior, ou da letra de uma lei ou da Constituição. O trabalho do professor, por sua vez, é desmascarar a técnica, é revelar (frequentemente reprovando) a falsificação dos fatos ou dos precedentes, a omissão de fatos e argumentos, os voos polemísticos ou retóricos no vazio; estes que são os métodos convencionais de criação dos juízes.

O professor tradicional de direito é, acima de tudo, um estudante das doutrinas jurídicas. Sua principal tarefa, em um sistema jurídico como o dos Estados Unidos, que gira em torno da jurisprudência, é ler as sentenças judiciais e tentar encontrar um padrão recorrente nos casos; ou, na impossibilidade de fazê-lo, impor um padrão próprio. Os doutrinaristas são os talmudistas do direito. Eles partem da massa disforme dos casos individuais. A teoria que orienta sua investigação é silenciosa, tácita e tradicional. Quando fabricam argumentos em prol de reformas, fazem-no a partir da tradição, usando fragmentos de análise ética ou política encontrados nos casos. A atividade acadêmica de criação de doutrinas é altamente interpretativa e retórica, não raro polêmica, por vezes histórica e jamais empírica ou científica. Ora, a casuística, de acordo com a famosa observação de Sócrates no *Górgias* de Platão, é questão de jeito; e os estudantes de direito mais brilhantes pegam esse jeito rapidamente. Quando organizadas por estudantes inteligentes, portanto, as revistas jurídicas tornam-se instituições muito competentes para a seleção, a correção, o aperfeiçoamento e até a concepção (em notas escritas por estudantes) de doutrinas acadêmicas. À medida que o estudo acadêmico do direito foi perdendo seu aspecto doutrinal, o mérito, do tipo que se mede pelas notas na faculdade de direito, perdeu importância como critério de seleção de editores para revistas acadêmicas (embora a recíproca também seja verdadeira, além do que outros fatores influenciam esse processo, como a ação afirmativa) e o número de periódicos de direito editados por faculdades aumentou.

Ninguém duvida de que a *prática* do direito seja uma profissão singular. Não é economia, psicologia nem filosofia, mas sim uma atividade profissional autônoma. Quanto mais o professor de direito se aferrar ao modelo profissional, mais o estudo acadêmico do direito se transformará em um departamento autônomo dos estudos acadêmicos, separando-se dos demais departamentos da universidade e passando a deter, assim, o monopólio garantido dos estudos jurídicos.

A desprofissionalização do estudo acadêmico do direito

A pesquisa acadêmica doutrinária encontra-se em relativo declínio há muitos anos[2]. Ela foi abandonada por muitos professores de direito, sobretudo os jovens e principalmente nas escolas de elite. Uma das causas disso é a demolição das normas e estruturas tradicionais, discutida no Capítulo 1. Mas gostaria de enfatizar aqui duas outras causas, que es-

---

2. Declínio cada vez mais criticado. Ver, por exemplo, Harry T. Edwards, "The Growing Disjunction between Legal Education and the Legal Profession", 91 *Michigan Law Review* 34 (1992); Edward L. Rubin, "On Beyond Truth: A Theory for Evaluating Legal Scholarship", 80 *California Law Review* 889 (1992); Paul D. Carrington, "Butterfly Effects: The Possibilities of Law Teaching in a Democracy", 41 *Duke Law Journal* 741, 800-805 (1992); Mary Ann Glendon, "What's Wrong with the Elite Law Schools", *Wall Street Journal*, 8 de junho de 1993, p. A14. (Analiso o artigo do juiz Edward mais adiante, neste capítulo.) Para provas estatísticas do declínio, ver William M. Landes e Richard A. Posner, "The Influence of Economics on Law: A Quantitative Study", 36 *Journal of Law and Economics* 385 (1993).

tão, entretanto, intimamente relacionadas a esta. A primeira delas é o surgimento de disciplinas que, ao desafiar os métodos e os resultados da pesquisa acadêmica doutrinária, foram minando a autonomia do direito acadêmico em relação aos outros campos de estudo. A segunda é o declínio do consenso político entre os profissionais.

Entre as disciplinas que desafiam o monopólio dos estudos jurídicos detido pelos doutrinaristas acadêmicos do direito, o lugar de honra pertence à economia, que fez grandes progressos nos últimos trinta anos e, aplicada ao direito, revolucionou o modo como os profissionais veem áreas tão diversas como o direito antitruste, os ilícitos civis (principalmente os acidentes), os contratos, o direito societário e o direito falimentar. No âmbito acadêmico, a economia também realizou incursões na maioria dos demais campos do direito, desde a adoção até o zoneamento. Além disso, as áreas intimamente relacionadas à economia, sobretudo a teoria financeira, a teoria da escolha pública (*public choice*) e a teoria dos jogos, também estão fazendo incursões no direito. A teoria financeira transformou o pensamento acadêmico sobre as grandes empresas, os seguros, a falência, o empréstimo com garantia e os fundos de investimentos. A teoria da escolha pública, por sua vez, está influenciando o modo como os juristas veem as leis e o direito constitucional. Por fim, a teoria dos jogos está influenciando o modo como se veem os direitos contratual, processual, falimentar e antitruste.

Outra disciplina que está sendo amplamente aplicada ao direito é a filosofia política e moral. Sobretudo quando definida de modo abrangente, para incluir, de um lado, a hermenêutica (o estudo da interpretação; mais precisamente, o estudo da *penetração* da interpretação como modo de conhecimento, o que implica a interpretação social e, em algumas versões, política, da realidade) e, de outro, a teoria política, a filosofia experimentou um renascimento. Entre as fases desse renascimento, estão a crescente receptividade dos intelectuais americanos à tradição filosófica continental; a continuação dessa tradição por Foulcault, Derrida, Gadamer e outros; o reconhecimento de afinidades entre essa tradição e nossa própria tradição pragmatista nacional; e a revitalização, conduzida por John Rawls, do interesse pelas teorias políticas kantiana e contratualista. A obra de Rawls faz uma ponte com o lado teórico da ciência política, em que estudiosos como John Elster, Stephen Holmes e Jeremy Waldron estudam o direito ou suas adjacências.

Algumas das principais ideias dos estudos jurídicos críticos vêm dos pensadores continentais, mas a influência destes sobre o direito não para por aí. O recente interesse pela interpretação jurídica foi estimulado, em parte, pela descoberta da hermenêutica pelos professores de direito. Além disso, o feminismo, que há trinta anos não existia como área acadêmica organizada, mas que hoje, em parte devido à influência dos interpretacionistas sociais continentais, floresce entre as ciências humanas, vem obtendo um espaço cada vez maior no meio acadêmico jurídico, sob a bandeira da teoria feminista do direito. O feminismo tem influenciado o pensamento jurídico acadêmico não apenas quanto aos direitos civis das mulheres, mas também quanto à natureza do raciocínio jurídico, e parece tendente a livrar os estudos jurídicos críticos das amarras da academia. Através dos esforços de Catharine MacKinnon e outras feministas (nem todas elas juristas – Andrea Dworkin, Carol Gilligan e Martha Nussbaum estão entre as feministas que, apesar de não serem juristas, influenciaram o pensamento jurídico), a teoria feminista do direito teve bastante impacto fora do mundo acadêmico. Por exemplo, conseguiu convencer os juízes a reconhecerem o assédio sexual como um delito (uma forma de discriminação sexual) e os parlamentos a reconhecerem o estupro marital como crime, tornando-se mais fácil provar que houve estupro.

Outra disciplina acadêmica nova moldada pela perspectiva de um grupo supostamente negligenciado pelas disciplinas convencionais é a dos estudos negros e étnicos. Ela também tem seu ramo acadêmico jurídico, conhecido como teoria crítica da raça, sobre o qual me debruçarei mais adiante neste capítulo e no Capítulo 18. Também falarei, nos capítulos 16 e 26, sobre os estudos jurídicos *gays* e lésbicos, que também vêm ganhando força.

A tradição continental exerceu ainda outro tipo de impacto sobre o pensamento jurídico acadêmico, ao transformar os departamentos de literatura em departamentos de teoria interpretativa, de onde professores ingleses como Stanley Fish e Walter Benn Michaels apareceram para competir com Ronald Dworkin, entre outros filósofos do direito, sobre questões de objetividade interpretativa. O interesse feminista pela literatura, assim como o de obsoletos "novos críticos" que haviam se tornado professores de direito, como James Boyd White, juntou-se à nova teoria literária para fazer da interação e do entrecruzamento do direito com a literatura mais um campo interdisciplinar dos estudos jurídicos (ver Capítulo 23). A antropologia jurídica recebeu novo alento a partir das obras de David Cohen, John Comaroff e William Ian Miller, entre outros; e a sociologia jurídica, a partir das obras de Richard Abel, Robert Ellickson, Kim Scheppele e outros. Além disso, os trabalhos de teoria da probabilidade, estatística e psicologia estão transformando o pensamento jurídico acadêmico sobre o direito probatório e o papel do júri.

Os doutrinaristas jurídicos estão perdendo o terreno para os analistas econômicos do direito, entre outros sociólogos do direito, e para os bayesianos, os filósofos do direito, os cientistas políticos, os estudiosos críticos do direito, os estudiosos feministas, *gays* e lésbicos do direito, os estudiosos da teoria crítica da raça e o pessoal da "teoria literária do direito", sendo que todos eles empregam ferramentas de disciplinas de fora do direito. (Há aqui um certo superdimensionamento, pois, por exemplo, os estudos jurídicos críticos e a teoria feminista do direito sobrepõem-se tanto um ao outro quanto à filosofia jurídica convencional.) Além disso, abriu-se um abismo político entre os doutrinaristas, de um lado, e os profissionais, o judiciário e a sociedade como um todo, de outro. Hoje, o corpo docente das principais faculdades de direito dos Estados Unidos está à esquerda dos juízes, sobretudo dos federais, e do povo em geral; e estão moderadamente à esquerda dos profissionais do direito[3].

Os presidentes Reagan e Bush nomearam uma quantidade desproporcional de juízes de recurso pertencentes ao grupo de direita que compõe uma parcela dos profissionais do direito. O resultado foi uma filtragem, através da qual os juristas conservadores foram para o judiciário. Isso empurrou a universidade mais para a esquerda e o judiciário mais para a direita. Esse resultado foi reforçado pela autosseleção de juristas de inclinação esquerdista para a carreira acadêmica. As gratificações financeiras do exercício comercial da profissão para os advogados de alto nível são enormes e, naturalmente, os estudantes de direito mais inclinados a esse exercício são aqueles com metas convencionais de carreira, que enfatizam o sucesso financeiro. As oportunidades de exercício do direito de maneira atraente e financeiramente compensadora em áreas como o direito constitucional, a pobreza e o direito ambiental são mínimas, exceto se o advogado for trabalhar do lado dos "bandidos"; e trabalhar no judiciário, em âmbito federal, na época de Reagan e Bush não era uma opção viável para indivíduos de inclinação liberal ou de esquerda. Isso agora vai mudar. Porém, por muitos anos, os juristas de esquerda não raro viram no ensino sua única alternativa. Assim, juntaram-se na universidade e terminaram por se ver em uma posição de an-

---

3. Isso sem considerar o salto à esquerda promovido pelos adeptos dos estudos jurídicos críticos, do feminismo e da teoria crítica da raça. Mas nenhum desses grupos compõe, até agora, uma grande fração do professorado jurídico; e o salto à esquerda que promoveram é, em parte, compensado pelo leve empurrão à direita dado pelos analistas econômicos do direito (em geral, mais conservadores que os outros membros do corpo docente das faculdades de direito) e, em parte, pelo pequeno grupo dos conservadores sociais entre os professores de direito.

tagonismo em relação aos juízes, sobretudo os federais. As revistas de direito carregam o cheiro de pólvora das salvas com que os professores de direito de hoje fuzilam os juízes da Suprema Corte.

O direito constitucional continua sendo o campo de maior prestígio no meio acadêmico. Ele atrai muitos dos mais competentes doutrinaristas, mas estes perderam seu principal público, os juízes. Passaram, portanto, a escrever uns para os outros. Os doutrinaristas que não compartilham das mesmas premissas políticas essenciais dos juízes cujo trabalho analisam, não produzem um trabalho intelectual que esses juízes, ou os advogados que buscam tocá-los com suas defesas, considerem útil, seja em um sentido crítico, seja em um sentido interpretativo. Os não doutrinaristas, por sua vez, com algumas exceções, sobretudo entre os analistas econômicos do direito e os feministas, não produzem um trabalho intelectual nem mesmo de interesse potencial para advogados e juízes. Mas este não é um problema crucial para os não doutrinaristas, pois, de qualquer modo, estes se identificam é com a universidade e não com os profissionais. Os doutrinaristas é que carregam um sentimento de exílio.

O abismo político tem uma significação especial para o moral da pesquisa acadêmica doutrinária, pois põe a nu a superficialidade epistêmica do empreendimento. As principais premissas de que parte um jurista são éticas, políticas ou ideológicas; e, em uma sociedade pluralista, isso cheira a problema para quem quer que insista na objetividade do direito. As doutrinas jurídicas encontram suas raízes em normas como a liberdade de celebrar contratos, a liberdade e a responsabilidade pessoais e a igualdade racial e sexual, normas que hoje são questionadas. Valendo-se de métodos respeitáveis de análise jurídica, o igualitarista, o libertário e o conservador social são capazes de chegar a conclusões opostas em todas as questões polêmicas do direito; pois valores como liberdade, responsabilidade e igualdade manifestam-se em todas as áreas do direito e não apenas no direito constitucional. É verdade que as pessoas, ao construírem um raciocínio, chegam à mesma conclusão a partir de premissas diferentes ou até mesmo opostas. Por exemplo, a feminista radical e o fundamentalista religioso concordam que a pornografia deveria ser proibida por lei; o libertário civil e o adventista do sétimo dia concordam que a cláusula do livre exercício da Primeira Emenda deve ser interpretada de modo abrangente. Estes não são, porém, exemplos do poder do raciocínio jurídico para levar ao acordo pessoas com pontos de vista diferentes, mas antes coincidências fortuitas ou compromissos políticos.

Mas esta não é a única fonte de desconforto para o doutrinarista. Este é um estudioso de textos, e os hermenêuticos expuseram a ingenuidade da interpretação jurídica (logo, não há mais consenso nem mesmo sobre a metodologia do raciocínio jurídico). Os economistas, por sua vez, desmoralizaram a visão dos doutrinaristas acerca do interesse público, enquanto as feministas e os estudiosos críticos do direito puseram a nu os vieses inconscientes que permeiam o estudo do direito. Os novos conhecimentos não apenas competem, mas se antagonizam com os antigos. Deixaram os doutrinaristas na defensiva. Os próprios textos que compõem o seu material de estudo e a fonte de seu conhecimento estão desgastados. Como a maioria esmagadora dos votos e das sentenças judiciais é hoje escrita por estagiários de direito, quase todos recém-formados em direito, a exegese do professor de direito sobre a última decisão da Suprema Corte pertence, cada vez mais, ao mesmo gênero que os comentários que ele tece sobre os trabalhos de seus alunos.

Cada vez mais, também, os estudiosos tradicionais do direito mostram-se incapazes de responder às questões mais urgentes do direito. Em tempos de transformações sociais aceleradas, as questões sistêmicas tornam-se mais interessantes e prementes que as doutrinais. Desde 1960, os Estados Unidos têm testemunhado um enorme aumento da quantidade de atividade jurídica. Por que isso ocorreu e qual foi o efeito? A quantidade de advogados existente atualmente é um obstáculo para o crescimento econômico? O salário deles é alto demais? As reformas que os juristas promoveram nos direitos falimentar e trabalhista, nas sentenças penais e nos direitos dos que pleiteiam direitos civis em juízo, dos réus de ações penais, dos menores de idade e dos loucos, aumentaram ou reduziram o bem-estar social? Será que essas reformas tiveram algum tipo de consequência?[4] O estudo dos votos e das sentenças judiciais é incapaz de responder a essas questões cruciais.

Tomemos a questão do possível "excesso" de advogados. Dois estudos feitos por economistas mostram que quanto mais advogados um país tiver, sendo iguais todas as outras variáveis, menor será sua taxa de crescimento econômico[5]. O país recordista é os Estados Unidos, mesmo no índice *per capita* (a população, obviamente, é um desses outros fatores que têm de ser constantes na comparação entre os países). Mas os estudos são superficiais, pois ignoram a contribuição dos advogados

---

4. Gerald N. Rosenberg, *The Hollow Hope: Can Courts Bring about Social Change?* (1991).
5. Kevin M. Murphy, Andrei Shleifer e Robert W. Vishny, "The Allocation of Talent: Implications for Growth", 106 *Quarterly Journal of Economics* 503 (1991); Samar K. Datta e Jeffrey B. Nugent, "Adversary Activities and Per Capita Income Growth", 14 *World Development* 1457 (1986).

à produção não mercadológica[6]. Esse tipo de produção é ignorado pelas habituais mensurações da atividade econômica, mas não por não ser "econômica", mas por ser difícil vincular valores monetários a ela. Por exemplo, a regulamentação da poluição é uma atividade com grande participação de advogados e juízes; e os principais resultados dela – ar puro e água limpa – não são incluídos nas estatísticas convencionais de produção econômica, como o PIB. A redução da brutalidade da polícia é outro exemplo de bem não mercadológico em cuja produção os advogados e os juízes desempenham importante papel. Além disso, um crescimento do acesso a remédios judiciais, conduzido pelos advogados, equivale a fornecer à população possibilidades potencialmente valiosas de invocar esses remédios em caso de necessidade. As opções de escolha distinguem-se de seu exercício. Indivíduos que, ao longo da vida, nunca cheguem a entrar com ações na justiça podem, mesmo assim, extrair valor da consciência de que, caso seus direitos sejam violados, poderão procurar um advogado e ir à justiça sem ter de esperar por anos e anos; assim como pessoas que nunca foram vítimas de incêndio extraem utilidade da posse de um seguro contra incêndios. É claro que, quanto maior a facilidade de entrar com uma ação na justiça, maior a ameaça de ser alvo de uma, o que representa um tipo de opção negativa ou tributação. E quem poderá dizer o resultado da subtração das duas opções? Por último, mas não menos importante, caso a produção econômica de um país fosse medida corretamente, quem garante que se viria a descobrir uma elevação ou redução dessa produção, provocada pelos advogados? Meu ponto é apenas que há muitas perguntas importantes sobre o direito a que os juristas tradicionais, mesmo quando são professores nas melhores faculdades de direito, não respondem e não podem responder; e acabam, em vez disso, submetendo-as aos especialistas de outras disciplinas. Estes, por sua vez, por não conhecerem suficientemente direito, podem não saber responder a essas perguntas também.

Os estudiosos interdisciplinares ressaltaram as *limitações* do saber profissional. O treinamento e a experiência em direito dão aos juristas um conjunto de ferramentas essencialmente casuísticas e uma percepção das doutrinas jurídicas, mas não as ferramentas de que necessitam

---

6. Para outras críticas, ver George L. Priest, "Lawyers, Liability, and Law Reform: Effects on American Economic Growth and Trade Competitiveness", 71 *Denver University Law Review* 115 (1993). A famosa bibliografia sobre o "excesso de advogados" é criticada em Marc Galanter, "News from Nowhere: The Debased Debate on Civil Justice", 71 *Denver University Law Review* 77 (1993).

para compreender as consequências sociais do direito. Talvez a casuística tenha sido alvo de demasiadas críticas[7]. Pelo menos no caso do direito, contudo, a casuística parece falhar justamente quando mais precisamos dela. A enorme quantidade de tinta empregada pelos acadêmicos no trato de questões sobre o aborto e os direitos dos *gays* parece ter sido, em grande medida, desperdiçada. A compreensão jurídica das questões de sexualidade e reprodução só avançou devido ao recente surgimento de novos campos *interdisciplinares* – o feminismo, a economia doméstica, os estudos *gays* e lésbicos e o estudo da sexualidade humana em sua relação com questões de direito e interesse público em geral.

É interessante comparar o direito acadêmico tradicional com as áreas clássicas das humanidades (como a literatura e a filosofia), de um lado, e com as ciências clássicas (como a física e a biologia), de outro. O professor de literatura ou o de filosofia é um estudioso de textos concebidos por algumas das mentes mais brilhantes da história[8], e um pouco dessa grandiosidade passa para o estudante. O professor de biologia ou física lança, sobre sua fonte bem menos inteligível de estudos, métodos matemáticos e experimentais extremamente poderosos. O professor de direito lança-se sobre textos (essencialmente, votos e sentenças judiciais, leis, além de normas e regulamentações diversas) escritos por juízes, estagiários de direito, políticos, lobistas e funcionários públicos. A esses textos, em geral e talvez cada vez mais, medíocres, ele aplica ferramentas analíticas nada poderosas, exceto quando as toma emprestadas de outra área. A força e o alcance do estudo acadêmico doutrinário do direito são inerentemente limitados.

Será que o abismo entre a universidade e a profissão está aumentando de forma perigosa?

O juiz Harry Edwards, do Tribunal Recursal do Distrito de Columbia Circuit, acredita que as faculdades de direito devem treinar advogados éticos e produzir estudos que sejam úteis aos advogados e juízes, enquanto os escritórios de advocacia devem exercer o direito com éti-

---

7. Conforme vigorosamente defendido em Albert R. Jonsen e Stephen Toulmin, *The Abuse of Casuistry: A History of Moral Reasoning* (1988), sobretudo pp. 16-9. Analiso o argumento deles no Capítulo 24.

8. É claro que, em ambas as áreas, muitos estudiosos restringem seus estudos a subdomínios radicalmente delimitados da teoria. Algumas áreas da filosofia moderna, como a lógica formal e a filosofia da mente, nem sequer são fortemente dependentes dos textos. Os teóricos e críticos literários, por sua vez, cada vez mais se interessam não pelos clássicos, mas, em vez disso, pela cultura popular, sobre a qual falaremos no Capítulo 23.

ca; porém, para ele, ambas as instituições deixaram de fazer essas coisas[9]. Principalmente nas faculdades de elite, mas não apenas nestas, os professores – sobretudo os mais novos – passaram a ver com desprezo, afirma Edwards, a advocacia e o julgamento de casos, bem como as formas de conhecimento jurídico que objetivam auxiliar essas práticas. Por não estarem interessados em formar advogados éticos, ou nem sequer em formar advogados, nem em produzir estudos importantes, esses professores dedicam seu tempo a usar teorias de outras áreas, como a economia e a filosofia, para divertir-se à custa do direito. "Vemos 'professores de direito' contratados apenas com o diploma de graduação, totalmente inexperientes e destreinados, que fazem da faculdade de direito um palanque de primeira linha de onde destilam seu desprezo pelos profissionais do direito."[10] O interesse dos escritórios de advocacia, cada vez mais, é ganhar dinheiro e não conservar padrões éticos rigorosos. Nisso são incentivados pela crescente indiferença das faculdades de direito à instilação desses padrões nos alunos. Quanto ao tipo de pesquisa acadêmica produzido pelos professores inovadores das faculdades de direito, esta tem, na opinião de Edwards, pouco valor. É difícil que os professores de direito consigam tratar de economia, filosofia ou crítica literária tão bem quanto o fazem os indivíduos treinados nessas disciplinas e que trabalham com elas em tempo integral.

Aqui há um paradoxo engraçado. O artigo do juiz Edwards não é sobre doutrinas jurídicas, muito embora, como juiz e ex-professor de direito, este seja, provavelmente, o único tipo de artigo que ele se considere competente para escrever ou cuja publicação ele acredite caber a uma revista especializada em direito de acordo com os rigorosos padrões por ele estabelecidos para a profissão. Seu artigo é sobre sociologia do ensino e da prática do direito. O autor se apoia fartamente em uma técnica tradicional da sociologia, a pesquisa, mas admite que a sua não produz "resultados estatísticos confiáveis"[11]. Isso, entretanto, é só metade da verdade. A pesquisa se restringiu aos ex-estagiários de Edwards e este não nos conta que porcentagem dos entrevistados respondeu às perguntas nem a quais perguntas exatamente tiveram de responder. Ao que tudo indica, as respostas não foram anônimas, embora o artigo não revele o nome dos entrevistados.

Logo, nem os doutrinaristas resistem a escrever, ocasionalmente, artigos não doutrinais. Ao fazer isso, caem na armadilha do amadorismo,

---

9. Edwards, nota 2 acima. O artigo de Edwards foi muito comentado. Ver *Symposium: Legal Education*, 91 *Michigan Law Review* 1921 (1993).
10. Edwards, nota 2 acima, p. 37.
11. Id., p. 42.

que Edwards corretamente denuncia. Mas esta é uma observação banal. Passarei a assuntos mais sérios. Edwards acerta mais o ponto no que concerne ao direito acadêmico do que no que concerne à prática do direito. Sobre esta, sua observação é bastante expressiva: "A enorme pressão no sentido de criar receita, descrita por tantos de meus ex-estagiários, é um fenômeno totalmente novo. Quando eu trabalhava em um escritório de advocacia, aproximadamente vinte anos atrás, não sentia tal pressão. Nem meus colegas sentiam. Gostávamos de nosso trabalho."[12] Essa "enorme pressão no sentido de criar receita" poderia muito bem ser descrita como pressão competitiva para trabalhar mais duramente. A advocacia tornou-se mais competitiva desde os tempos em que Edwards advogava. Naturalmente, tornou-se também menos divertida. Para muitos vendedores, os mercados competitivos não são nada divertidos. O efeito da concorrência é transformar a maior parte do superávit de produção em superávit do consumidor e, mais dia menos dia, expulsar do mercado os produtores menos eficientes.

As implicações disso para a ética do direito são complexas. É preciso distinguir entre dois tipos de obrigação ética. Uma delas é para com o cliente. Pode ser exemplificada pelas normas contra sobretaxação e conflitos de interesse e, acima de tudo, pela regra segundo a qual o advogado tem uma relação de confiança com seu cliente, o qual este deve tratar, portanto, como se fosse ele mesmo e não como trataria a outra parte de um contrato que não envolve relações de confiança. O outro tipo de obrigação ética é para com o juiz ou a comunidade. Pode ser ilustrado pelas regras contra o perjúrio induzido por suborno e contra a exploração abusiva da revelação obrigatória dos elementos de prova. A concorrência não prejudicará demais o primeiro tipo de obrigação. Prejudicar os clientes não é uma característica típica dos mercados competitivos. É verdade que, ao reduzir a lucratividade da advocacia, a competição reduzirá a penalidade representada pela expulsão da profissão por conduta antiética. A maior penalidade é simplesmente a perda dos proventos futuros, quando se é expulso, perda que será tanto maior, em média, quanto mais lucrativa for a profissão[13]. Mas este é um deta-

---

12. Id., p. 72.
13. Ver Gary S. Becker e George J. Stigler, "Law Enforcement, Malfeasance, and Compensation of Enforcers", 3 *Journal of Legal Studies* 1, 6-13 (1974). Becker e Stigler sugerem que se cobre, das pessoas que entrarem na profissão, uma taxa projetada de modo que o que elas ganhem ao longo da vida não exceda uma renda competitiva. Isso é feito automaticamente pelo mercado quando os altos gastos com educação, a baixa remuneração dos estágios ou a escassez de vagas entram em ação como forma de compensação pelas rendas de monopólio esperadas no final da carreira de um indivíduo.

lhe técnico. Em termos gerais, a concorrência deve melhorar a situação dos consumidores de serviços jurídicos. Pode, contudo, prejudicar significativamente o segundo tipo de obrigação ética. O cumprimento, por parte de um advogado, de suas obrigações éticas para com pessoas ou instituições que não sejam suas clientes prejudica seus clientes; e a concorrência implica a subordinação dos outros interesses aos interesses do consumidor. Mas Edwards não faz alusão ao fato de que os benefícios da concorrência mais intensa para os clientes compensam as perdas para os outros (ele ignora a perspectiva do consumidor). Como resultado disso, passa uma impressão erroneamente negativa da advocacia na atualidade.

O professor Kronman oferece uma perspectiva diferente sobre a questão. Para ele, com as recentes transformações na profissão, os advogados estão mais preocupados com a questão do dinheiro e isso prejudicou a criatividade deles ao prestar consultoria para seus clientes. "Em contrapartida, uma cultura que minimiza a importância do dinheiro, como o faziam muitos escritórios de advocacia há trinta anos, emprega seus esforços normativos não para defender o interesse pessoal, mas para se opor a este. Desse modo, fortalece-se o sentimento de solidariedade, ao contrário do que ocorre nos grandes escritórios de advocacia hoje, onde a cultura reinante é a oposta."[14] Kronman parece associar o que acredita ser o caráter cada vez mais ganancioso, e até mercenário, do exercício da advocacia, com a abertura de postos de trabalho, nos grandes escritórios de advocacia, para judeus, mulheres e pessoas provenientes das classes trabalhadoras[15]. Como vimos no Capítulo 1, é possível que haja uma proporção direta entre homogeneidade social e rejeição à concorrência de preços. Mas o desejo de intensificar essa homogeneidade para reduzir a concorrência de preços é um sintoma da mentalidade das corporações de ofício, e Kronman não demonstra que tal mentalidade tenda a trazer mais benefícios aos clientes ou à sociedade do que a cultura da concorrência. Ele chega a afirmar que a maior rotatividade de clientes, presumível em uma situação de concorrência, tornará mais difícil, para os advogados, chegar a conhecê-los suficientemente bem para prestar-lhes consultoria "de ponta", ou seja, do tipo que ajuda o cliente a enxergar melhor suas metas. Mas se esse tipo de consultoria for realmente considerado valioso, isso refreará a tendência à excessiva rotatividade dos clientes. Nem só de contratos à vista vivem

---

14. Anthony T. Kronman, *The Lost Lawyer: Failing Ideals of the Legal Profession*, p. 299 (1993).
15. Ver id., pp. 291-300.

os mercados competitivos. As empresas inseridas nesses mercados frequentemente mantêm relações duradouras com fornecedores e clientes. Fazem isso quando os benefícios de tais relações superam os custos. Por que seria diferente com o direito?

O juiz Edwards está mais bem fundamentado em suas críticas às faculdades de direito do que em suas críticas ao exercício da advocacia. Está certo em criticar os jovens atrevidos que destilam desprezo pelos acadêmicos convencionais do direito, isto é, os doutrinaristas. Também está correto ao observar que há um movimento de abandono da pesquisa acadêmica doutrinária nas faculdades de direito mais importantes, mas exagera tanto o grau quanto a importância desse movimento. Esse tipo de pesquisa continua sendo feita nas faculdades, até mesmo na forma de tratados (imediatamente, vem à mente o tratado sobre direito antitruste de Areeda, em vários volumes, o tratado sobre direito contratual de Farnsworth, em três volumes, e o tratado de Currie sobre a Lei do Ar Puro [*Clean Air Act*]). Alguns professores mais jovens dessas faculdades assinaram como coautores (notadamente, Kaplow, no tratado de Areeda) e muitos deles escrevem artigos sobre doutrina (como Meltzer e Sullivan, em Harvard, e Brilmayer, na Universidade de Nova York). Muitos renomados não doutrinaristas, como Sunstein, escrevem artigos doutrinais; e alguns desses artigos, como o de McConnel sobre liberdade de religião, estão tão permeados de ideias de fora do campo do direito, que chega a apagar-se a distinção entre os dois gêneros. O declínio da pesquisa acadêmica doutrinária é relativo, não absoluto; talvez nem relativo. Pode ser que esteja havendo apenas um deslocamento na produção de pesquisa acadêmica doutrinária, em direção às faculdades de direito de segundo e terceiro escalões. Isso é ruim? Edwards acha que sim, porque este é o único tipo de pesquisa acadêmica que ele considera útil ou passível de ser bem conduzida pelos professores de direito, e porque considera improvável que os professores de direito que viraram as costas a ela tenham algum interesse em instilar altos padrões de exercício ético da advocacia em seus alunos. Implicitamente, Edwards acredita que, no futuro, os líderes entre os profissionais do direito provavelmente serão escolhidos desproporcionalmente entre os formandos das faculdades de primeiro escalão, como ocorreu no passado. Assim, o fato de que a pesquisa acadêmica à moda antiga e a doutrinação segundo os costumes tradicionais da profissão persistem e até florescem em muitas faculdades de direito menos prestigiadas, não representa grande consolo para ele.

A cantilena de Edwards passa ao largo de muitas coisas, como do fato de que, desde sua época, surgiram mais e maiores faculdades de direito;

consequentemente, o corpo docente das faculdades de direito cresceu enormemente; e, além disso, a qualidade dos professores aumentou, na medida em que o direito, ao tornar-se uma profissão mais lucrativa, atraiu jovens mais aptos, alguns dos quais se tornaram professores de direito. É verdade que, durante esse período, o direito nos Estados Unidos ramificou-se e tornou-se mais complexo. Mas nenhuma área prática ou doutrinária foge à competência intelectual dos professores das faculdades menos prestigiadas, cada vez mais capacitados. O deslocamento da produção de estudos acadêmicos doutrinários para as mãos desses professores não pode ser considerado um desastre para a profissão.

Entre os artigos doutrinários, a porcentagem daqueles que são úteis aos profissionais provavelmente caiu. Pode ser que isso ocorra, em parte, porque os não doutrinaristas concentram-se mais em escrever que em lecionar, pois suas fontes de inspiração estão na própria comunidade acadêmica e não na profissional. Aquela enfatiza a expansão do conhecimento, esta, a preparação de advogados e juízes. Logo, para os não doutrinaristas, é publicar ou morrer. E eles obtiveram certo sucesso ao tentar impor essa regra a seus colegas doutrinaristas. Estes, que costumavam publicar trabalhos apenas quando tinham algo de útil a dizer aos profissionais, hoje são pressionados a fazê-lo para garantir o emprego e o reconhecimento acadêmico. Assim, publicam mais, e esse adicional não passa no teste da utilidade para os profissionais. A divergência política entre os professores de direito e os juízes, uma novidade, reduziu ainda mais a utilidade dos trabalhos acadêmicos para o exercício da profissão, embora os doutrinaristas tendam a ser menos politizados que os não doutrinaristas.

Quanto à ausência de um esforço no sentido de instilar uma ética profissional entre os estudantes das faculdades de primeiro time, ou de qualquer time que seja, poucas coisas são mais inúteis que tentar tornar as pessoas boas pregando para elas. "Aprendemos a nos portar como juristas, soldados, comerciantes ou coisa que o valha, desempenhando esses papéis. É a vida, não o vigário, que nos ensina como devemos nos portar."[16] Como nem todos os princípios éticos são intuitivos, o ensino da ética no direito desempenha uma função informacional. Mas Edwards teme pela falta de preceitos e exemplos inspiradores no ensino da ética jurídica nas faculdades de elite e não pela falta de conselhos de prudência.

---

16. Carta de Oliver Wendell Holmes a Frederick Pollock (2 de abril de 1926), em *Holmes-Pollock Letters: The Correspondence of Mr. Justice Holmes and Sir Frederick Pollock 1874-1932*, vol. 2, p. 178 (Mark DeWolfe Howe [org.], 1941).

Novamente há aqui uma ironia. Um curso estimulante de ética jurídica voltado aos estudantes das melhores faculdades de direito não deve limitar-se a uma análise meticulosa do código de ética profissional da Ordem dos Advogados dos Estados Unidos. Tem de retomar e aplicar ao direito a tradição filosófica ocidental de reflexão ética. Tem de desafiar o estudante com as questões éticas sobre o agir e o advogar humanos levantadas por Platão no *Górgias* e respondidas por Aristóteles em sua *Retórica*; com as análises do papel do jurista como homem de Estado e como amigo realizadas por estudiosos de teoria do direito como Charles Fried e Anthony Kronman; com a literatura filosófica sobre lealdade, compromisso, objetividade e honestidade; com a descrição profunda do papel e do caráter do jurista nas obras literárias de Dickens e Tolstói; com as críticas à concepção tradicional do papel do jurista realizadas pelos realistas jurídicos, bem como pelos estudiosos críticos e feministas do direito; e com o comportamento dos profissionais do direito em tempos de crise, como, por exemplo, na Alemanha nazista (ver Capítulo 4). Será que um doutrinarista acadêmico seria capaz de dar um curso assim?

A mais interessante questão levantada pelo artigo de Edwards é se a mudança de ênfase no estudo acadêmico do direito nas faculdades mais importantes, da prática para a teoria, provocou um declínio efetivo no valor social dessa pesquisa. Ele está convencido de que sim e apresenta como prova o fato de que ele e muitos dos ex-estagiários que responderam à sua pesquisa consideram a pesquisa acadêmica interdisciplinar inútil para os profissionais, até mesmo para os juízes, dos quais o juiz Edwards é distinto representante[17]. Dado assim sem maiores informações, esse veredicto é extraordinário. Tomemos alguns aspectos do desenvolvimento da pesquisa acadêmica de direito durante as últimas duas ou três décadas. Em geral, costuma-se acreditar que a aplicação da economia ao direito transformou o direito antitruste. Nesse caso, pode-se afirmar que tudo o que esta de fato fez foi dar aos juízes um vocabulário e um aparato conceitual que serviram de instrumento para defenderem as decisões às quais se inclinavam por sua posição política. Mesmo que a coisa se resumisse a isso, não teria sido insignificante de modo algum, pois servir de instrumento já é fazer muito. A teoria econômica do direito contribuiu bastante para o movimento de desregulamentação, que transformou o panorama jurídico em diversos campos do di-

---

17. Na mesma linha, ver Carrington, nota 2 acima, p. 802 ("dentre as atividades dos professores de direito, a teorização talvez seja aquela que menos tenda a interferir no curso dos acontecimentos").

reito, como o dos transportes, o das comunicações e o da regulamentação da própria profissão. É também um fator de peso na crescente receptividade dos juízes aos pedidos de proteção constitucional; influenciou as regulamentações ambientais e as provas da ocorrência de dano a atividade comercial; fortaleceu o movimento pela concessão de indenizações "hedônicas" em casos de dano pessoal, isto é, indenizações pela perda do prazer de viver; deu às esposas o argumento de que a situação profissional do marido é um bem de capital (humano) com o qual sua mulher contribuiu e no qual se deve reconhecer que ela tem participação; influenciou enormemente as provas de dano e as indenizações por perdas e danos nos casos envolvendo seguros; transformou a metodologia de cálculo da renda perdida, nos casos de responsabilidade civil; sugeriu novos tipos de provas em casos de discriminação no emprego (novamente, através da metodologia de cálculo da renda baseada na ideia de capital humano), ao mesmo tempo em que lançava dúvidas sobre as teorias da compensação por injustiças passadas; influenciou a concepção das diretrizes para o pronunciamento de sentenças judiciais em âmbito federal (um economista era membro da Comissão Americana de Sentenciamento Penal, que promulgava as diretrizes), o que, por sua vez, transformou as práticas dos juízes federais relativamente ao pronunciamento de sentenças; está fortalecendo a formação de um movimento pela reforma do Código de Falências e até influenciando a maneira como os juízes lidam com os litigantes indigentes. Edwards não discute nenhum desses exemplos[18].

O juiz também não discute as críticas dos teóricos probabilistas bayesianos e dos psicólogos cognitivos ao direito probatório, às instruções do juiz ao júri e aos tipos de ônus da prova[19]. Essas críticas são de interesse prático imediato e foram feitas por estudiosos tão entendidos nesses assuntos quanto os juízes e os advogados na ativa. Ele tampouco analisa o impacto da teoria feminista do direito sobre as leis que tratam do estupro e do assédio sexual, assim como sobre o debate a respeito da legalização da pornografia. (Ele nem menciona os estudos jurídicos feministas.) Edwards ignora o importante papel desempenhado pelos cientistas políticos nos litígios envolvendo proporcionalidade representativa; e passa ao largo da crescente literatura que, influenciada pela filoso-

---

18. A título de confirmação (por parte de um jurista acadêmico que não é, de forma alguma, um analista econômico do direito) da influência da economia sobre o ramo prático do direito, ver Robert W. Gordon, "Lawyers, Scholars and the 'Middle Ground'", 91 *Michigan Law Review* 2075, 2084-5 (1993).

19. Para um útil panorama desses estudos, ver Roger C. Park, "Evidence Scholarship, Old and New", 75 *Minnesota Law Review* 849 (1991).

fia e pela teoria literária, bem como pela teoria política, pela economia e pela teoria da escolha pública, versa sobre a interpretação das constituições e das leis, embora a interpretação seja a principal função do tribunal do qual o juiz Edwards faz parte. A ignorância altiva dos instruídos reflete-se no bordão: "Aquilo que eu não sei não existe." Na verdade, é assim que a maioria de nós pensa. Nós, juristas, sobretudo da geração do juiz Edwards e minha, que fomos treinados em uma época na qual a escola processual da teoria do direito estava em ascensão, consideramos confortável e até natural (o caminho mais fácil) acreditar que o direito seja uma disciplina autônoma e que todos os conhecimentos possíveis sobre o direito sejam, portanto, monopólio dos profissionais do direito; e que não se deve permitir que esse monopólio seja quebrado por intrusos de outras áreas ou, até pior, por profissionais do direito seduzidos por outras disciplinas. Mas o saber profissional é restrito. Esta é a deformidade típica da profissionalização. A maioria dos médicos concentra-se na aplicação de métodos ortodoxos de tratamento a uma lista estereotipada de situações de crise. Métodos preventivos de caráter não ortodoxo, como a dieta e os exercícios físicos, ou tratamentos não ortodoxos, como a acupuntura e a meditação, são ignorados ou depreciados; enquanto campos inteiros que, segundo uma concepção mais abrangente, pertencem à medicina, como o saneamento básico e a saúde dos dentes, são situados fora da medicina e tratados como esforços secundários[20]. Consequentemente, muitos dos avanços na área da saúde, assim como a maior parte das críticas aos profissionais da medicina, vieram de fora da profissão. Com o direito, acontece o mesmo. O ensino convencional do direito põe vendas nos olhos dos estudantes, de modo que estes possam trilhar, resolutos, um caminho de sucesso profissional incontáveis vezes trilhado; e gera modelos de pesquisa acadêmica que aceitam as bordas desse caminho como fronteiras do universo jurídico. Esse ensino interpreta de forma muito restrita "o direito", o qual, se bem interpretado, deve sustentar a proposição "de que a maioria dos professores de direito (...) está entre as poucas pessoas que ainda levam o direito a sério"[21].

Eu não sou um deslumbrado com a nova pesquisa acadêmica interdisciplinar do direito. Grande parte dela é de má qualidade, em parte porque um tipo de pesquisa acadêmica de tão difícil compreensão para a maioria dos estudantes de direito gera uma grande tensão no sistema

---

20. Diana Chapman Walsh, *Corporate Physicians: Between Medicine and Management*, pp. 117-9 (1987).
21. Gordon, nota 18 acima, p. 2104.

de publicação dos trabalhos acadêmicos, dominado por publicações organizadas por estudantes. Essa tensão impede que as revistas acadêmicas desempenhem a função que se espera delas, a de controle do acesso às informações. Porém, quando Samuel Johnson afirmava que um escritor é julgado pelo pior de sua obra, quando vivo, e pelo melhor, depois de morto, sua intenção não era mostrar gratidão pelas avaliações de seus contemporâneos. Devemos nos perguntar se o estudo acadêmico do direito sairia enriquecido ou empobrecido se (para citar apenas os juristas vivos, não pertencentes à nova geração, cuja principal ocupação acadêmica seja em uma faculdade de direito) estudiosos como Bruce Ackerman, William Baxter, Robert Bork, Guido Calabresi, Ronald Dworkin, Frank Easterbrook, Robert Ellickson, Richard Epstein, William Eskridge, Marc Galanter, Mary Ann Glendon, Robert Gordon, Thomas Grey, Henry Hansmann, Morton Horwitz, Thomas Jackson, Duncan Kennedy, Anthony Kronman, Sanford Levinson, Saul Levmore, Catharine MacKinnon, Henry Manne, Frank Michelman, William Ian Miller, Martha Minow, John Noonan, George Priest, Matthew Spitzer, Cass Sunstein, Roberto Unger, Robin West, G. Edward White, James Boyd White, entre outros tantos, tivessem se voltado completamente para outras áreas ou tivessem sido aprendizes de Corbin, Wigmore, Williston, Prosser ou Scott. Tenho graves discordâncias com muitos desses autores que listei. Mas não creio que os profissionais do direito estariam melhor sem eles e nem que seria possível forçá-los a trilhar o restrito caminho sugerido pelo juiz Edwards e por seus estagiários.

É certo que muito do que esses estudiosos interdisciplinares de primeiro escalão fazem não traz nenhuma contribuição ao trabalho de um juiz ou advogado. William Ian Miller escreve sobre a sociedade medieval islandesa (ver Capítulo 14). Kronman escreveu exaustivamente sobre Aristóteles e Max Weber; Noonan, sobre a doutrina católica; James Boyd White, sobre Jane Austen; e Grey, sobre a poesia de Wallace Stevens (Capítulo 23). Mas onde está escrito que todo o estudo acadêmico do direito estará a serviço dos profissionais do direito? Talvez o critério absoluto de todo o conhecimento acadêmico seja a utilidade, mas esta não precisa se aplicar a um público específico e nem mesmo à contemporaneidade. Em muitas áreas do conhecimento acadêmico, é comum os professores seguirem, em suas pesquisas, caminhos que não interessem a muitos de seus alunos. Falta ao juiz Edwards a concepção de pesquisa *básica*: um tipo de pesquisa que, justamente por não ter aplicação imediata (um mercado para seus frutos), é improvável que seja conduzida em outro ambiente que não a universidade. Uma abordagem nova do direito, como a econômica, pode levar uma geração ou mais para mudar a mentalidade dos profissionais (na verdade, levou muito menos tempo). Isso, contudo, não a torna inútil.

Sugeri que a nova pesquisa acadêmica de direito deve ser julgada por suas melhores contribuições e não pelas piores. Edwards poderia retrucar que o mais importante é a proporção entre elas; que, se a maior parte das contribuições for lixo, o preço das pérolas eventuais será alto demais. Mas há poucos conceitos mais traiçoeiros e problemáticos que o de "desperdício"[22]. De cada 6 mil ovos gerados por uma fêmea do salmão e fertilizados pelo macho, apenas dois salmões nascem e sobrevivem até a idade adulta[23]. Isso quer dizer que 5998 ovos são "desperdiçados"? Apenas se houver um método mais eficiente de perpetuar a espécie. A pesquisa acadêmica, como a reprodução dos salmões na natureza, é uma atividade de alto risco e baixa rentabilidade. As universidades americanas são as melhores do mundo, mas a vasta maioria de sua produção acadêmica é trivial, efêmera, desconhecida e esquecível. Mesmo no campo da física, quase 40% de todos os artigos especializados não são citados durante os primeiros quatro anos posteriores à publicação, o que provavelmente significa que jamais serão citados, já que a física é uma área muito dinâmica. Esse número sobe para 72% na engenharia, 75% nas ciências sociais e incríveis 98% nas artes e humanidades[24]. Não devemos nos deixar surpreender ou abater pelo fato de tão grande parcela da pesquisa acadêmica de direito não ter utilidade para ninguém. Este é o preço a se pagar por um corpo de estudos acadêmicos criativos cuja importância prática é maior do que o juiz Edwards admitiria e cujo valor, como teoria, seus critérios de avaliação da pesquisa acadêmica fundados no proveito (compreensivelmente, mas, mesmo assim, excessivamente restritos) impedem-no de reconhecer.

Quando afirmei não ser um deslumbrado, minha intenção não foi curvar-me polidamente ao cepticismo profissional generalizado diante da nova pesquisa acadêmica de direito, materializado no artigo de Edwards.

---

22. No próximo capítulo, veremos a ambiguidade da expressão "desperdício de tempo".
23. Robert Trivers, *Social Evolution*, p. 12 (1985).
24. Os números foram retirados de David P. Hamilton, "Research Papers: Who's Uncited Now?" 251 *Science* 25 (1991). O banco de dados de citações compõe-se de milhares de publicações especializadas catalogadas pelo Instituto de Informação Científica, o qual publica índices de citações para as artes e as ciências naturais, sociais e humanas. Entre as subdisciplinas, a taxa de não citação mais baixa é de 9,2% para as físicas atômica e molecular e a físico-química. A mais alta é a do teatro, de 99,9%. A literatura americana vem logo a seguir, com 99,8%. A história e a filosofia têm taxas de não citação surpreendentemente altas, de 95,5% e 92,1%, respectivamente. David Pendlebury, do referido instituto, gentilmente calculou, para mim, a taxa de não citação para o direito, que é de 57% para os artigos publicados em 1987.

As fileiras do direito acadêmico são artificialmente preservadas, e diria até engrossadas, pela exigência, vigente na maioria dos estados, de que os indivíduos desejosos de se tornarem advogados frequentem, por três anos, uma faculdade de direito oficialmente reconhecida. Essa exigência, por sua vez, cria uma demanda por professores de direito, que ministrarão cursos avançados para manter os estudantes ocupados durante esses três anos. O direito é uma profissão próspera. Os rígidos critérios de reconhecimento oficial dificultam o surgimento de novas faculdades de direito, pois as particulares (isto é, as lucrativas) muitas vezes não conseguem sequer obter o reconhecimento. Comparativamente com os outros departamentos de uma universidade, as faculdades de direito contam com um orçamento folgado, proveniente tanto das anuidades quanto das gordas doações de ex-alunos. Toda faculdade de direito conta com sua própria revista especializada, muitas vezes várias delas. Os professores de direito encontram facilmente os meios de publicar seus trabalhos, sobretudo porque os organizadores das revistas especializadas são estudantes, poucos dos quais possuem competência para avaliar uma produção acadêmica de tipo não doutrinário. As revistas especializadas publicam verdadeiras loucuras hoje em dia.

O problema era menos grave quando a maior parte da pesquisa acadêmica era doutrinária. Os métodos desse tipo de pesquisa acadêmica eram claros e a avaliação, portanto, era simples. A nova pesquisa acadêmica de direito retira de outras áreas suas ideias e seus métodos, mas não aceita ser avaliada pelos especialistas mais hábeis dessas outras áreas, os verdadeiramente profissionais. É isso que torna tão difícil, nesse campo, separar os especialistas dos novatos e dos charlatães. Os editores das revistas especializadas não são capazes de julgar esse tipo de conhecimento; nem tampouco os doutrinaristas acadêmicos, que, apesar de seu relativo declínio e da crise de confiança que atinge alguns deles, ainda representam a maior parte do corpo docente na maioria das faculdades.

A maioria dos professores de direito nos Estados Unidos, até mesmo os não doutrinaristas, possui um treinamento idêntico como advogado. Apenas a continuidade entre a prática da advocacia e o estudo acadêmico *tradicional* do direito fez deste um método defensável de preparação de professores de direito. Além disso, o trabalho dos não doutrinaristas não costuma ser aprofundado, pois faltam alunos de graduação que escrevam dissertações em áreas do interesse de seu professor. Embora, tecnicamente, sejam pós-graduandos, visto já terem se formado na faculdade, legalmente os estudantes de direito são ainda estudantes de graduação e não escrevem dissertações de mestrado.

Mas não sou um militante dos diplomas. A essência da educação universitária, em geral, não está nos cursos e exames, mas na preparação para uma carreira acadêmica propiciada pela experiência de escrever uma dissertação. Poucos professores de direito possuem essa experiência, mesmo entre os que se dedicam à nova pesquisa acadêmica de direito.

O problema da avaliação da nova pesquisa acadêmica de direito é agravado pelo fato de os métodos e objetivos nos vários campos da pesquisa acadêmica não doutrinária serem diferentes. Como comparar pesquisadores de campos diversos? Como julgar se as narrativas sobre discriminação escritas por um estudioso da teoria crítica da raça são superiores ou inferiores, como pesquisa acadêmica, ao modelo racional de discriminação concebido por um economista? Somente quando os pesquisadores de uma disciplina acadêmica concordam quanto aos critérios de excelência é que essa disciplina (estou considerando, aqui, todo o espectro da pesquisa acadêmica não doutrinária de direito como um único campo) poderá afirmar que sua produção é objetiva.

Mas não devemos lamentar o declínio da objetividade no direito acadêmico, assim como não devemos lamentar a crescente heterodoxia religiosa que se seguiu à abolição da Inquisição. A objetividade do direito acadêmico na década de 1950 foi resultado da homogeneidade de referenciais teóricos, de treinamento, de experiência e de perspectivas entre os juristas acadêmicos; bem como da falta de concorrência por parte de outras áreas. É claro que toda comunidade de pensadores precisa ser homogênea em certo grau. Só quem sabe as regras do xadrez reconhece os movimentos não permitidos. Mas a homogeneidade em excesso, ou do tipo errado, pode gerar uma objetividade frágil e estéril. Algumas verdades (nas quais acreditamos) carecem de credibilidade. Logo, deixam de ser verdades. Por outro lado, algumas verdades que gozam de credibilidade perante toda uma comunidade de investigadores interessados acabam se revelando falsas. A credibilidade concedida às falsas crenças deve refletir determinadas características da organização social do conhecimento. A comunidade acadêmica dos professores de direito costumava se organizar de tal modo que um conjunto de crenças relativas à autonomia do direito, aos critérios de avaliação das decisões judiciais, ao alcance e significado da Constituição e assim por diante, gozava de tão amplo consenso, a ponto de adquirir *status* de verdade inquestionável. A expansão da profissão jurídica, o aumento da diversidade entre seus membros, as turbulências políticas e o surgimento da concorrência de outras disciplinas, destruíram o consenso que sustentava a objetividade do direito. Perdeu-se um certo grau de profissionalismo, de segurança e de dedicação ao trabalho. Ganhou-se, entretanto, uma sofisticação intelectual e um alargamento do alcance do estudo acadêmico do direito, graças ao qual esta foi capaz de tocar e, potencialmente, enriquecer as áreas vizinhas. Muitos juristas competentes, seduzidos pelo canto de sereia da teoria, arruinaram sua carreira acadêmica. Mas alguns construíram carreiras inimagináveis em uma época em que ser um estudioso acadêmico do direito significava, de uma só vez, prestar um sólido serviço à profissão e contar com a complacência do ambiente acadêmico.

A ação afirmativa na contratação de professores nas faculdades de direito

Uma disciplina objetiva, por mais que desfile equivocadamente sob a bandeira da verdade, será vista como "forte" (principalmente por seus próprios integrantes). E quanto mais força se atribuir a um campo de estudos, mais fracas serão as razões para suspeitar que os membros qualificados de uma minoria qualquer estejam sendo excluídos por motivos escusos; ou para crer que a diversidade étnica, racial ou sexual tenda a trazer avanços a esse campo (um campo de estudos forte não precisa aperfeiçoar-se) ou que contratar o candidato aparentemente menos qualificado não prejudicará verdadeiramente a qualidade. O direito acadêmico não é mais um campo de estudos forte, no sentido de possuir critérios objetivos, embora talvez tenha-se tornado mais interessante. Logo, não é de surpreender que tenha sido dilacerado pela ação afirmativa.

Essas observações contextualizam a sugestão de Duncan Kennedy de que, ao contratar pessoal, as faculdades de direito devem dar tratamento preferencial às minorias para aumentar a qualidade do estudo acadêmico do direito[25]. Frequentemente, defende-se que a ação afirmativa na contratação de professores cria modelos de sucesso para os estudantes que compõem as minorias. Isso preservaria a ordem social e colocaria os estudantes em contato com pontos de vista e repertórios diferentes. O argumento de Kennedy, de que a ação afirmativa elevará a qualidade da pesquisa acadêmica, raramente é usado para defender esse movimento.

Antes de podermos avaliá-lo, contudo, precisamos abordar diversas questões preliminares. Uma delas é a da necessidade ou não de distin-

---

25. Kennedy, "A Cultural Pluralist Case for Affirmative Action in Legal Academia", 1990 *Duke Law Journal* 705, reeditado como capítulo 2 do livro de Kennedy, *Sexy Dressing Etc.* (1993). Minhas citações de páginas se referem ao artigo.

guir entre faculdades de direito públicas e privadas. Muito para além da diferença de *status* constitucional entre a ação pública e a ação privada, devemos nos preocupar mais (segundo critérios pragmáticos que concedam o devido respeito à história) com o assenso ou o estímulo à discriminação racial nas instituições públicas, por mais bem-intencionado que estes sejam. Portanto, limitar-me-ei a discutir a ação afirmativa nas faculdades de direito privadas.

Quais grupos raciais, étnicos ou de outro tipo deverão receber tratamento preferencial? Os asiáticos estão mal representados no corpo docente das faculdades de direito nos Estados Unidos e, ainda assim, sua renda média supera com folga a dos brancos americanos[26]. Será que, mesmo assim, eles têm direito a um empurrãozinho na hora de serem contratados como professores de uma faculdade de direito? Em caso afirmativo, o que dizer dos judeus? Estes, tanto quanto os hispânicos, são uma raça; e, além disso, possuem um histórico de discriminação muito maior – foram expulsos da própria Espanha em 1492. É claro que seria muito estranho se as faculdades de direito decidissem praticar discriminação em favor dos judeus, um dos grupos mais "sobrerrepresentados" no corpo docente das faculdades de direito. De fato, representam uma parcela tão grande do corpo docente das faculdades de direito de elite, que, se os integrantes das "principais minorias" às quais Kennedy se refere forem contratados em quantidades significativas, a representatividade dos judeus nessas faculdades cairá repentinamente. Justificando inconscientemente sua preocupação com a insensibilidade dos "machos brancos das classes dominantes", tais como ele próprio, Kennedy tece um comentário fadado a contrariar os judeus: "Costumamos pensar em assimilação como algo muito diferente de 'nascer em' uma cultura. Sempre restam dúvidas quanto à 'autenticidade' ou quanto à possibilidade de a pessoa assimilada não ser 'nem uma coisa, nem outra'" (p. 741)[27].

É preciso distinguir entre a exigência de que as faculdades de direito pratiquem a ação afirmativa e a concessão desse direito a elas. Embora

---

26. Thomas Sowell, "*Weber* and *Bakke* and the Presuppositions of 'Affirmative Action'", em *Discrimination, Affirmative Action, and Equal Opportunity*, p. 46 (W. E. Block e M. A. Walker [orgs.], 1982) (tab. 44); U.S. Bureau of the Census, *Current Population Reports*, ser. P-60, no. 174, p. 3 (1991) (tab. A). Obviamente, há uma grande diversidade dentro da comunidade asiática. Nem todos os grupos asiáticos, nos Estados Unidos, obtiveram o mesmo sucesso que os japoneses, chineses, vietnamitas e indianos. Outra minoria diversificada é a dos hispânicos. Esta inclui uma grande quantidade de indivíduos de linhagem espanhola ou portuguesa, que, apesar de quase não sofrerem discriminação, são incluídos em alguns programas de ação afirmativa.

27. O autor apagou o trecho sobre a assimilação cultural quando reeditou seu artigo em *Sexy Dressing Etc.*, nota 25 acima. Ver id., p. 66.

Kennedy negue estar falando da primeira, está claro que lhe agradaria muito ver *todas* as faculdades de direito aplicando o alto grau de ação afirmativa que ele considera desejável. Mas acreditar, seja com a intensidade que for, que uma reforma educacional seria uma ótima ideia, não implica recomendar sua adoção em todas as escolas do país. Se todas elas fizerem isso, perderemos o benefício da experiência controlada. Este é um importante fruto da diversidade, tão aprovada por Kennedy.

Outra distinção é entre a ação afirmativa na seleção dos alunos, na contratação de professores sem experiência profissional ou provenientes de outras universidades e na nomeação ao cargo de professor estável*. Por levantarem questões diferentes, esses casos têm de ser examinados separadamente. Mas depois têm de ser juntados, pois estão relacionados entre si. Quanto à seleção de novos alunos, é necessário distinguir dois graus de ação afirmativa. Um deles envolve abrir pequenas exceções em relação aos critérios habituais de seleção, baseados nas notas médias e na prova de aptidão para a faculdade de direito, em reconhecimento do fato de que esses métodos de avaliação não são capazes de prever com perfeição o desempenho futuro do candidato na faculdade ou na vida profissional. De um ponto de vista estritamente acadêmico, mesmo essas pequenas exceções são questionáveis, pois as notas da faculdade e o teste de aptidão raramente falham em prever as notas obtidas na faculdade de direito pelos estudantes que integram as minorias. Ainda mais questionáveis são as grandes exceções, em relação aos métodos seletivos normais, que seriam necessárias para que a quantidade de negros matriculados nas faculdades de direito fosse proporcional à porcentagem destes em relação à população dos Estados Unidos, à população em idade de frequentar a universidade, ou mesmo à população universitária[28]. Esse tipo de ação afirmativa causa uma tensão considerável nas faculdades de direito de elite, onde os negros selecionados com notas abaixo da média formam o grupo de mais baixo desempenho na turma. Porém, se uma faculdade de direito decide não reservar uma cota elevada de suas vagas para estudantes negros, considerará estranho reservar semelhante cota para professores negros. Do ponto de vista prático e político, os dois tipos de cota são carne e unha. Portanto, opor-se à adoção de altas cotas raciais na seleção de

---

* A *tenure*, ou "vitaliciedade", é a garantia de estabilidade no emprego, dada aos professores universitários mais aptos, após um período de teste durante o qual são avaliados pela faculdade. Sua principal função é garantir a liberdade de expressão acadêmica. (N. do T.)

28. Em 1989, os negros formavam 9,8% da população de estudantes universitários nos Estados Unidos. U.S. Bureau of the Census, *Statistical Abstract of the United States*, nota 26 acima, p. 158 (tab. 263).

alunos também significa opor-se à mesma coisa relativamente à contratação de professores.

A razão para distinguir entre, por um lado, a contratação de novos professores ou professores provenientes de outras universidades e, por outro, a concessão de estabilidade a esses professores, está em que, se uma faculdade afrouxa seus padrões de seleção na hora de contratar, as coisas tornam-se perigosas na hora das promoções. Este não é um problema grave no que concerne à seleção de novos alunos. Para a maioria dos estudantes, formar-se é o bastante; e a maioria dos estudantes matriculados na faculdade de direito como beneficiários de programas de ação afirmativa são capazes de se formar, ainda que não com as melhores notas da turma. Por outro lado, nem todo professor competente, mas sem estabilidade de emprego, pode esperar obtê-la. O cargo de professor com estabilidade de emprego é vitalício (literalmente, ficando abolida a aposentadoria compulsória por idade). Quais devem ser os padrões para a concessão de estabilidade de emprego aos professores contratados através de uma ação afirmativa? Se forem os mesmos aplicados aos brancos do sexo masculino, uma quantidade desproporcional de negros será desfavorecida, o que será bastante esquisito. Será então que deve haver duas turmas de professores? Em caso afirmativo, a escolha de professores para a concessão da estabilidade, na turma da ação afirmativa, deve ser feita apenas por negros?

Deixando de lado essas perguntas, concentremo-nos na contratação de professores negros sem experiência profissional anterior e perguntemo-nos se Kennedy está certo ao afirmar que o afrouxamento dos padrões necessários à contratação de um número considerável de professores não fará baixar a qualidade do estudo acadêmico do direito, mas sim a elevará. A sugestão não é descabida. É verdade que considero ridícula sua invocação do "princípio democrático geral de que as pessoas devem ser representadas por instituições dotadas de poder sobre a vida delas" (p. 705), pois isso implica que todas as faculdades de direito deveriam ser instituições públicas para que as pessoas em geral, cuja vida é afetada pela lei e pelos juristas e, portanto, pelo ensino do direito, possuíssem representação nesse sistema de comando. Mas Kennedy está certo ao pensar que há grande espaço para melhorias no direito acadêmico. Isso, por sua vez, abre a possibilidade de que os padrões vigentes para a nomeação de professores, que enfatizam as notas tiradas na faculdade e a facilidade de comunicação oral, deixem de ser considerados imutáveis; e de que a diversidade de abordagens, a multiplicação das perspectivas e as transformações dos modos de pensar enraizados favoreçam o aperfeiçoamento do direito como campo de estudos. A teoria econômica do direito teve esse efeito, assim como o estudo acadêmico feminista do direito. Talvez o mesmo aconteça com a pesquisa acadêmica realizada pelas minorias.

Talvez. Mas há problemas. Um deles vem do fato de que a raça em si, ao contrário da economia e do feminismo, não configura uma abordagem, da mesma forma que o sexo não configura uma abordagem. Há uma proporção direta entre ser negro e possuir experiências típicas de vida, e isso pode gerar uma perspectiva característica. É essa experiência e essa perspectiva que Kennedy busca. Nem todos os negros, contudo, inserem-se na cultura negra. Alguns deles são completamente assimilados pela cultura branca, masculina e eurocêntrica dominante. Estes, sobretudo aqueles não interessados em escrever sobre questões raciais, não acrescentam o fator de diversidade buscado por Kennedy. E os professores que não compartilharem do desejo de Kennedy pela diversidade em detrimento das qualificações convencionais farão pressão para que a contratação por raça se concentre justamente nos negros culturalmente assimilados. Para que funcionasse, portanto, seu sistema necessitaria de uma definição cultural de negritude (e o mesmo se aplica aos hispânicos, indo-americanos e asiáticos), o que representaria discriminação para com os negros, hispânicos, indo-americanos e asiáticos inseridos na cultura dominante. Seria de esperar uma pressão semelhante pela aplicação de uma definição cultural do feminino e, portanto, pela contratação unicamente de feministas radicais. Mas tal pressão não se materializou, pois há muitas candidatas qualificadas para o magistério do direito ao longo de todo o espectro de posições com relação ao feminismo. No caso dos negros, são poucos os que apresentam qualificação satisfatória. Logo, uma faculdade de direito que deseje afrouxar seus padrões de seleção apenas o suficiente para contratar um ou dois negros, pode acabar sofrendo uma grande pressão para contratar aqueles que sejam mais "genuinamente" negros. O resultado é a circunscrição da maioria dos professores negros de direito ao gueto da teoria crítica da raça.

A discriminação contra os negros culturalmente assimilados é um desagradável corolário da proposta de Kennedy. Mas não creio que ele renegaria esse corolário, uma vez que considera esses negros vítimas da falsa consciência. "As minorias que desejam as recompensas que temos a oferecer, nós as coagimos a 'serem como nós'" (p. 720). Não duvido da existência de pessoas que se tenham habituado, devido à tradição ou a um ambiente social homogêneo e opressor, a acreditar em coisas que vão contra o interesse delas. Mas Kennedy não está falando de mulheres camponesas de Bangladesh. Está falando de cidadãos americanos altamente instruídos. A ideia que estes têm das verdades que lhes são mais convenientes é mais clara que a de Kennedy.

Kennedy também não percebe o potencial que sua proposta tem para minar a autoestima dos professores universitários negros. Quanto maiores forem as cotas, mais professores as faculdades de direito terão de retirar das fileiras dos candidatos que se encaixem no perfil minoritário, o que fará cair a qualidade média dos professores acadêmicos negros. O que não se costuma observar com muita frequência é que cada aumento na cota de contratação de professores pertencentes a minorias provoca uma elevação na qualidade média do corpo docente não beneficiado por cotas. O número de vagas a serem preenchidas por estes professores é cada vez menor; e, mantidos os critérios de seleção por mérito, a qualidade média subirá. A queda da qualidade média do grupo de professores pertencentes a minorias coincidirá com a elevação da qualidade média do outro grupo. Isso aprofundará o abismo entre os dois grupos, o que, por sua vez, estimulará o sentimento de inadequação das minorias.

Será que vale a pena pagar um preço tão alto pelo aumento da qualidade da pesquisa acadêmica de direito? Kennedy não menciona uma única ideia que a teoria crítica da raça (o tipo de pesquisa produzida pelos estudiosos acadêmicos do direito autoconscientes, pertencentes às minorias e contrários à assimilação cultural) tenha gerado. Um longo artigo de Gary Peller sobre teoria crítica da raça aparece na mesma edição da *Duke Law Journal* que contém o artigo de Kennedy, e é igualmente evasivo[29]. Na verdade, a teoria crítica da raça produziu algumas ideias. Particularmente, seus adeptos lideram o movimento pela adoção de extensas regras contra o "discurso do ódio"[30] nas universidades. Mas talvez a produção de ideias não seja o *principal* negócio dessa área do conhecimento acadêmico jurídico. Sua técnica expositiva preferida é a "narrativa", um gênero literário e não analítico, que é bem representado pelo livro *The Alchemy of Race and Rights* [A alquimia de raça e direitos] de Patricia Williams, que examinarei no Capítulo 18. É um gênero respeitável, mas tende a revolucionar o estudo acadêmico do direito. A fé de Kennedy em que, se existissem mais professores de direito negros, estes produziriam uma pesquisa acadêmica "de arrepiar os cabelos" (p. 715) (mas seria ela

---

29. "Race Consciousness", 1990 *Duke Law Journal* 758.

30. Ver, por exemplo, Mari J. Matsuda et al., *Words That Wound: Critical Race Theory, Assaultive Speech, and the First Amendment* (1993). Para outras referências, sínteses e críticas, ver Charles W. Collier, "Cultural Critique and Legal Change", 43 *Florida Law Review* 463 (1991); Henry Louis Gates Jr., "Let Them Talk: Why Civil Liberties Pose No Threat to Civil Rights", *New Republic*, 20 e 27 de setembro de 1993, p. 37.

toda sobre a raça?) é uma fé falsa e sentimental. Reflete uma falta de realismo típica do pensamento de Kennedy e que também está presente em seu artigo na forma de fantasias como a de que "há milhões de pessoas que seriam capazes de realizar o trabalho de professor de direito com mais competência que aquelas que terminam por realizá-lo"; a de que as leis de direitos civis modernas foram uma criação dos advogados negros (e não destes, mas em conjunto com os advogados brancos, os juízes brancos e os legisladores brancos); a de que, "com categorias neutras e sem rosto, é possível obter-se quase tudo que um racista convicto pode desejar"; e, finalmente, a de que os cargos de magistério em faculdades de direito compõem "uma parte pequena, mas considerável, da riqueza dos Estados Unidos" (pp. 712, 717, 737).

Mas não pretendo discutir com Duncan Kennedy sobre qual de nós dois está mais conectado à realidade. O que eu desejo é a experimentação. Fico feliz que o mercado de aluguéis de Santa Mônica, Cambridge e Nova York seja regulamentado pelo governo. Fico feliz não pelos habitantes dessas cidades, mas pelo resto de nós, que podemos julgar, a partir desses experimentos naturais, se a regulamentação dos aluguéis tem os efeitos previstos pelos economistas ou aqueles previstos pela esquerda[31]. Para nós, acadêmicos, é bom que o socialismo tenha sido testado na União Soviética, no Leste Europeu, na Suécia, na Grã-Bretanha, em Israel, em Cuba ou em qualquer outro lugar, pois hoje sabemos que os incentivos são importantes, assim como a propriedade privada, a prosperidade e os preços. Se as principais faculdades de direito puserem em prática as cotas raciais para a contratação de professores defendidas por Kennedy, saberemos se a diversidade e a pluralidade de perspectivas que, segundo ele, virão como fruto dessas cotas, elevarão a qualidade do estudo acadêmico do direito em grau suficiente para compensar sua aparência repulsiva.

---

31. Os efeitos são aqueles previstos pelos economistas. Ver Capítulo 18.

capítulo 3

O que os juízes maximizam?

O juiz convencional

De Hobbes a Blackstone e de Dworkin aos analistas econômicos do direito, o papel real e o papel apropriado dos juízes (os incentivos e as restrições que encontram, o equilíbrio que devem procurar manter entre a interpretação das leis e a obediência a estas, bem como entre a criatividade e o respeito às regras; as condições de que depende sua excelência, suas fontes de sabedoria e a dupla dificuldade representada pela usurpação e pela passividade) sempre ocuparam lugar de destaque na narrativa da teoria do direito anglo-americana. Seja como defensor da liberdade, mestre do autodomínio, oráculo da lei ou analista econômico presciente, o herói dessa narrativa é... heroico; todos os refletores apontam para o titânico magistrado, o que condiz perfeitamente com a inflada autoimagem da profissão. Neste capítulo, tomo um caminho diferente e proponho uma teoria do comportamento dos juízes centrada no juiz "convencional", de tribunal recursal e com cargo vitalício, como, por exemplo, um juiz do Tribunal Recursal Federal ou da Suprema Corte*. A mudança de foco do juiz extraordinário para o convencional ilustra o interesse do pragmatista pelo mundo dos fatos, visto

---

* O sistema judiciário federal americano é formado pelos tribunais federais de primeira instância, que são os Tribunais Federais Distritais (*Federal District Courts*); pelos tribunais de

que a maioria dos juízes é, de fato, comum[1]. Não são, em sua maior parte, nem indivíduos sedentos de poder, como alguns políticos (apenas uma pequena minoria deles pretende-se visionária ou defensora de alguma causa)[2], nem paladinos da verdade, como muitos cientistas. Os métodos de seleção e recompensa, entre outras restrições institucionais que tornam a busca da verdade uma meta aceitável, embora não totalmente realista, atribuível aos cientistas, não caracterizam o ambiente profissional dos juízes[3].

Devido à existência de tantos juízes convencionais e também devido ao fato de o anti-intelectualismo, o igualitarismo democrático e a desconfiança em relação aos funcionários públicos serem sentimentos enraizados na alma do povo americano, há até mesmo um culto da convencionalidade judicial. Os juízes excepcionalmente competentes são vistos com desconfiança, por supostamente seguirem uma "agenda", isto é, por desejarem ser mais que meros barcos à deriva no mar de litígios ou árbitros impositores de regras. Alguns juízes têm agendas políticas, mas não há correlação entre ser excepcionalmente hábil e ter uma agenda política.

Sabemos que os idealizadores da Constituição procuraram projetar uma máquina estatal que pudesse ser operada por indivíduos moral e intelectualmente medíocres. A inclusão do cargo vitalício para os juízes federais nesse projeto sugere que esses idealizadores não acreditavam que pudéssemos contar sempre com um comportamento corajoso por parte dos juízes, muito embora alguns, é claro, tenham-se comportado assim, como aqueles que supervisionaram a dessegregação nas escolas públicas do Sul depois de *Brown vs. Board of Education*. Fatores como a política, as amizades pessoais, a ideologia e o mero acaso desempenham papel extremamente importante na nomeação dos juí-

---

segunda instância, que são os Tribunais Federais Regionais (*Federal Circuit Courts*); e por um tribunal superior, que é a Suprema Corte. Os Tribunais Federais Regionais são os tribunais recursais do sistema judiciário federal. (N. do T.)

1. Finalmente, estamos começando a ter uma ideia da realidade nua e crua da carreira de juiz. Além de *Problemas de filosofia do direito*, *passim*, ver Frank H. Easterbrook, "What's So Special about Judges?" 61 *University of Colorado Law Review* 773 (1990); Patricia M. Wald, "Some Real-Life Observations about Judging", 26 *Indiana Law Review* 173 (1992).

2. Daí a crítica de que a Suprema Corte, nos anos em que foi presidida pelo juiz Burger, carecia de "visão" ou de sentimento missionário. Isso é verdade para a maioria das cortes na maioria das vezes, mas não é necessariamente uma crítica positiva.

3. "A maioria dos juízes, mesmo os da Suprema Corte, foi arrancada de uma obscuridade intelectual merecida." Charles W. Collier, "The Use and Abuse of Humanistic Theory in Law: Reexamining the Assumptions of Interdisciplinary Legal Scholarship", 41 *Duke Law Journal* 191, 221 (1991). Assim como da obscuridade política, poder-se-ia acrescentar.

zes federais. Logo, não há por que tratarmos o judiciário como um repositório de santos, gênios e heróis, miraculosamente imunes às tentações do interesse pessoal. Ao tratar os juízes como pessoas comuns, minha abordagem os transforma em matéria adequada para a análise econômica, pois os economistas não possuem teorias satisfatórias sobre a genialidade. Felizmente para os analistas econômicos, a lei não se faz cumprir pelas mãos de grandes juízes, mas pelas mãos da massa de juízes comuns, embora eu também pretenda analisar brevemente os juízes extraordinários.

Concentro-me nos juízes dos tribunais recursais federais, não apenas por eu ser um deles e, consequentemente, conhecer melhor esse grupo[4], mas também porque os esforços de extinção de todo e qualquer incentivo profissional progrediram mais com eles. O Artigo III da Constituição impõe tantos obstáculos à destituição de um juiz, que praticamente a única coisa capaz de removê-lo é o envolvimento em atividades criminosas. Um juiz federal pode ser preguiçoso, carecer de um temperamento adequado à profissão, tratar mal seus assistentes, ralhar injustificadamente com os advogados que apareçam diante dele, ser repreendido por lapsos morais, beirar a senilidade ou mesmo manifestá-la claramente, ter as sentenças revogadas repetidas vezes devido a erros jurídicos elementares, reter para considerações posteriores casos que poderiam perfeitamente ser decididos em dias ou semanas, deixar vazar informações confidenciais para a imprensa, seguir uma agenda claramente política, entre outras condutas que causariam a demissão até mesmo de funcionários públicos e professores universitários com estabilidade, e ainda assim permanecer no cargo. Além disso seu salário não pode diminuir e nem o de um bom juiz pode ser elevado. Todos os juízes do mesmo escalão recebem o mesmo salário. Desse modo, retiram-se tanto as premiações quanto os puxões de orelha. A ausência de premiações também vem do fato de os juízes serem proibidos de aceitar propina dos litigantes, de embolsar custas processuais, entre outras taxas cobradas dos litigantes, e de receberem *royalties* pela citação de seus votos e suas sentenças. Eles ganham um salário fixo e ponto final.

Bem, há um pequeno prêmio. Os juízes nomeados para a Suprema Corte geralmente são juízes dos tribunais recursais federais. De fato, atualmente, todos eles – com exceção de Rehnquist e O'Connor – são

---

4. Com isso, não pretendo sugerir que os juízes tenham acesso privilegiado à função de utilidade deles. Uma função de utilidade não é um conceito psicológico ou fenomenológico, mas um dispositivo de geração de hipóteses. Duvido que *algum* juiz experimente subjetivamente sua função da maneira descrita no modelo deste capítulo. Eu próprio não experimento.

ex-juízes dos tribunais recursais federais. Embora a probabilidade de nomeação seja baixa para qualquer juiz ou juíza em particular, mesmo que ele ou ela esteja entre os relativamente poucos que são cotados para tal promoção, esta figura na mente de alguns juízes. Mas o impacto de uma única sentença judicial sobre as perspectivas de tal promoção é geralmente muito baixo. Algumas sentenças não têm impacto algum. Quanto às demais, o impacto de quase todas elas é imprevisível, já que podem ofender ou contentar um igual número de pessoas influentes.

Os juízes federais também são dissuadidos de buscar o aumento de suas possibilidades de promoção fora do judiciário, pela estrutura de remuneração da profissão, que é altamente progressiva[5]. A aposentadoria (o salário definitivo, vitalício, com correção monetária anual) é extremamente generosa, mas não se tem direito a ela antes dos 65 anos de idade. Logo, quem desiste mais cedo abre mão de um grande benefício futuro. A gorda aposentadoria é importante para levar os juízes de idade avançada a se aposentarem. Ao que parece, o Artigo III proíbe a aposentadoria compulsória para os juízes sob sua proteção. Isso torna difícil forçar os juízes a se aposentarem, mesmo por justa causa. O trabalho de estímulo tem de vir todo da remuneração pela aposentadoria.

A estrutura de remuneração e estabilidade dos juízes federais distritais é a mesma dos juízes dos tribunais recursais federais, exceto pelo salário, que é um pouco menor. Além disso, as possibilidades de promoção são maiores[6], embora as promoções sejam, em sua maior parte, para os tribunais recursais. O mais importante para mantê-los sob controle é o fato de que um juiz do Tribunal Federal Distrital preside com relativa constância a julgamentos e outros procedimentos realizados em sessão pública, nos quais se exige dele que tome decisões e converse com advogados e jurados. Se não mostrar competência, isso logo cai no conhecimento de todos e sua reputação fica ruim na comunidade jurídica. Os juízes dos tribunais recursais, por outro lado, são quase totalmente

---

5. Sobre o efeito da remuneração progressiva sobre a rotatividade dos cargos públicos, ver Richard A. Ippolito, "Why Federal Workers Don't Quit", 22 *Journal of Human Resources* 281 (1987).

6. Mark A. Cohen, em seu artigo "The Motives of Judges: Empirical Evidence from Antitrust Sentencing", 12 *International Review of Law and Economics* 13 (1992), apresenta algumas provas empíricas de que o desejo de ser promovido afeta o comportamento dos juízes federais distritais. Outro artigo de Cohen fornece provas empíricas adicionais em apoio a uma função de utilidade dos juízes federais distritais que contenha justificativas como o desejo de tomar decisões, a aversão a cargas excessivas de trabalho e o desejo de ser promovido ao Tribunal Recursal Federal. Cohen, "Explaining Judicial Behavior or What's 'Unconstitutional' about the Sentencing Commission?" 7 *Journal of Law, Economics, and Organization* 183 (1991).

imunes a avaliações diretas de seu trabalho. Nunca têm de tomar decisões em sessão pública nem sequer abrir a boca. Desde que escolham estagiários de direito competentes, conseguirão, independentemente de seu próprio empenho ou de sua própria habilidade, apresentar votos e sentenças profissionalmente adequados – e os votos e as sentenças são praticamente a única coisa que produzem; e, portanto, os únicos referenciais disponíveis aos profissionais do direito, ou ao resto do mundo, para julgá-los. O imunidade inigualável dos juízes dos tribunais recursais federais à prestação de contas torna seu comportamento um verdadeiro desafio para a análise econômica do direito e, de forma mais geral, às pretensões universalistas da teoria econômica do comportamento humano[7].

A analogia com a atividade sem fins lucrativos

Pode parecer que o ponto de partida natural para a análise do comportamento dos juízes federais seja o comportamento dos outros burocratas do Estado, tema sobre o qual há uma crescente bibliografia na ciência política e na economia. Para mim, entretanto, o burocrata convencional não representa a analogia mais fértil em relação ao juiz (nomeado). Este possui maiores garantias de estabilidade, além de imunidade quase total ao controle da parte de superiores e do legislativo. Uma analogia mais promissora é com as organizações sem fins lucrativos, comumente empregada quando a produção de uma organização é

---

[7]. Para tentativas prévias de análise do comportamento dos juízes em função da maximização, ver, além dos dois textos de Cohen citados na nota 6, Robert D. Cooter, "The Objectives of Private and Public Judges", 41 *Public Choice* 107 (1983); Jeffrey N. Gordon, "Corporations, Markets, and Courts", 91 *Columbia Law Review* 1931, 1967-1971 (1991); Richard S. Higgins e Paul H. Rubin, "Judicial Discretion", 9 *Journal of Legal Studies* 129 (1980); Bruce H. Kobayashi e John R. Lott, Jr., "Judicial Reputation and the Efficiency of the Common Law" (inédito, Faculdade de Direito da Universidade George Mason, 1993); Thomas J. Miceli e Metin M. Cosgel, "Reputation and Judicial Decision-Making", 23 *Journal of Economic Behavior and Organization* 31 (1994); Erin O'Hara, "Implicit Collusion or Social Constraint: Toward a Game Theoretic Analysis of Stare Decisis" (inédito, Departamento de Estudos Jurídicos e Departamento de Economia da Universidade de Clemson, s.d.); e Eric Rasmusen, "Judicial Legitimacy as a Repeated Game" (Universidade de Indiana, Apostila 93-017, julho de 1992). Kobayashi e Lott observam que um juiz desejoso de aumentar o número de citações de suas decisões veria nisso um incentivo para desrespeitar a jurisprudência, substituindo as decisões antecedentes por suas próprias decisões, mesmo que estas fossem *ineficientes*; pois, sendo iguais todas as outras variáveis, decisões ineficientes tendem a gerar mais litígios e, portanto, mais oportunidades de citação das decisões do juiz. Um juiz assim, porém, pertence antes à categoria prometeica que à convencional, na qual me concentro. Deixo de lado, ainda, a questão de se um verdadeiro Prometeu teria a propensão de ser um maximizador de citações.

imperceptível aos compradores[8]. Se, para ajudar as pessoas que passam fome na Somália, fizermos um contrato com um distribuidor de alimentos para fornecer uma quantidade X de soja a essas pessoas, será muito difícil determinarmos se o distribuidor fez isso. Este será um pouco mais propenso a fazê-lo se o proibirmos de embolsar a renda residual (depois de pagar todas as despesas – uma grande brecha na lei, como veremos logo adiante) da distribuição; ou, em outras palavras, o lucro. Pois, nesse caso, o benefício que o desrespeito ao contrato lhe trará vê-se reduzido.

A fórmula do empreendimento sem fins lucrativos não resolve o problema do agente desleal, apenas o atenua. O fornecedor sem fins lucrativos tem menos estímulos para ser eficiente do que teria um fornecedor maximizador de lucros, pois, para aquele, a economia de custos não retorna em forma de lucro. É de esperar, portanto, que haja mais indolência em um empreendimento sem fins lucrativos e mais transformação de lucros em salário e outros benefícios empregatícios. Estas são consequências normais da restrição dos lucros monetários[9]. Mas por que *nem todos* os lucros acabam transformados em salários ou mordomias? Em primeiro lugar, embora seja mais difícil pôr a nu as mordomias que os salários extravagantes, a utilidade conferida por uma mordomia (uma sala de escritório ampla, por exemplo) pode ser, para além de um ponto talvez rapidamente atingido, uma pequena fração de seu custo. Em segundo lugar, as pessoas não farão doações a organizações sem fins lucrativos cujos empregados tenham fama de usufruir de salários astronômicos e excesso de mordomias. Em terceiro lugar, uma forma de empreendimento que restrinja a obtenção de lucros pode atrair, como empregados, pessoas menos preocupadas com dinheiro que aquelas empregadas por empresas com fins lucrativos. Essas pessoas podem ser mais avessas a riscos e, logo, mais propensas a abrir mão de uma renda melhor em troca de mais estabilidade; ou, ainda, sua função de utilidade pode ser dominada por fontes não pecuniárias de utilidade. Em ambos os casos, dadas as suas preferências (ou sua "personalidade"), essas pes-

---

8. Henry B. Hansmann, "The Role of Nonprofit Enterprise", 89 *Yale Law Journal* 835 (1980); ver também Hansmann, "Ownership of the Firm", 4 *Journal of Law, Economics, and Organization* 267 (1988).

9. Esta é, de há muito, uma observação elementar na bibliografia sobre a regulamentação das companhias de serviços públicos. Ver, por exemplo, Armen A. Alchian e Reuben A. Kessel, "Competition, Monopoly, and the Pursuit of Money", em *Aspects of Labor Economics*, p. 157 (National Bureau of Economic Research, 1962); *Economic Analysis of Law*, p. 350, 653. A "indolência" entende-se melhor como ócio – ou seja, uma mordomia – que como algo diferente das mordomias. Esta é a abordagem que adotarei.

soas não são tão propensas a buscar extrair de sua situação cada centavo de vantagem. Não dou muito peso a esse ponto, em vista das provas empíricas em contrário[10].

O paralelo entre o empreendimento sem fins lucrativos e os tribunais é patente. Se o povo tentasse contratar os serviços judiciais de uma organização com fins lucrativos, acharia difícil avaliar em que medida essa organização estaria promovendo a "justiça". É verdade que a arbitragem privada é um tanto comum. Mas um árbitro, ou qualquer outro juiz privado, é contratado pelas partes de um litígio para resolver esse litígio e não para realizar todos os serviços próprios de um juiz. Entre esses serviços, está a legislação através da redação de votos e sentenças que interpretam leis, princípios do *common law*, normas, regulamentações e dispositivos constitucionais; o fornecimento de um serviço de apoio à resolução de disputas para pessoas que não consigam chegar a um acordo quanto à escolha de um árbitro imparcial; a interposição de um elemento imparcial entre o Estado e o cidadão, e o cumprimento de decisões arbitrais, o que faz do juiz público um arrimo do juiz privado. A produção de um árbitro ou de outro tipo de juiz privado é algo mais facilmente observável que a de um sistema judicial público "completo", mais complexo, invisível em grande medida, ou no mínimo imensurável[11]. Graças, portanto, ao efeito estimulante de se condicionar a compensação do juiz privado à satisfação de uma demanda de mercado, pode-se evitar, a um custo aceitável, a indolência associada ao serviço equivalente desempenhado por uma organização sem fins lucrativos; de modo que, em algumas áreas da resolução de disputas, a arbitragem privada pode de fato concorrer com a pública, mesmo sendo esta última subsidiada[12]. A coexistência de organizações com e sem fins lucrativos é comum também em outros setores, apesar dos benefícios fiscais de que desfrutam as atividades sem fins lucrativos[13].

Como é impossível avaliar a produção da totalidade dos serviços do judiciário, a sociedade racional reluta em comprar esses serviços de uma

---

10. Resumido em Edwin G. West, "Nonprofit Organizations: Revised Theory and New Evidence", 63 *Public Choice* 165, 168-169 (1989).

11. Bem, não inteiramente. Quando um juiz não redige pareceres para justificar suas decisões (os árbitros de disputas comerciais, conforme a teoria prevê, não o fazem, embora os árbitros de disputas trabalhistas o façam), torna-se mais difícil avaliar seu trabalho. Um ponto relacionado a este é que, segundo se entende, os árbitros sugerem sentenças; e, conforme observarei sucintamente, é mais difícil avaliar sentenças sugeridas que sentenças "normativas".

12. Sobre a economia da arbitragem e do exercício privado da função judicial em geral, ver William M. Landes e Richard A. Posner, "Adjudication as a Private Good", 8 *Journal of Legal Studies* 235 (1979); Cooter, nota 7 acima.

13. Burton A. Weisbrod, *The Nonprofit Economy*, cap. 8 (1988).

empresa com fins lucrativos, a qual seria tentada a realizar mal o serviço, para economizar nos custos e auferir grandes lucros. A sociedade também é incapaz de delegar facilmente aos poderes legislativo e executivo a função de avaliação, pois estes também não são agentes facilmente monitoráveis. O Departamento de Justiça *poderia* avaliar o desempenho dos juízes segundo critérios imparciais, mas também seria incentivado a empregar critérios políticos; e, se demitisse ou rebaixasse juízes supostamente por motivo de incompetência, a sociedade acharia difícil avaliar essa avaliação.

A contratação de empresas judiciais *competitivas* também não é a solução, isso sem falar na dificuldade de preservar a coerência das decisões jurídicas. A concorrência não funciona bem quando os clientes são incapazes de determinar, mesmo por alto, a qualidade da produção oferecida pelas empresas em concorrência; e quando a exigência de mandado de busca e apreensão, entre outras garantias, é impraticável. Na impossibilidade de contar com o mercado ou com incentivos compensatórios, a sociedade proíbe os juízes de lucrar com sua atividade, não apenas por meio de propinas, custas processuais, multas e outros tipos de rendas geradas pelo processo judicial; mas também de presidir o julgamento de um caso em que uma das partes seja um parente seu ou uma empresa da qual possua ações. Assim, à medida que cresce o poder discricionário do judiciário, as regras de conflito de interesses tornam-se mais estritas, porque, quanto mais os juízes exercem um poder discricionário, mais difícil se torna a determinação da qualidade de sua produção.

Como o judiciário estabeleceu-se como um sistema sem fins lucrativos, é de esperar que os juízes, em geral, não trabalhem tão arduamente quanto os advogados da mesma faixa etária e com habilidades semelhantes. Acredito que isso seja verdade, pelo menos para os juízes dos tribunais recursais[14]. Foi principalmente através da contratação de pessoal que se acomodou o enorme aumento do número de processos nas últimas décadas, embora os juízes de hoje na verdade trabalhem mais que os de trinta ou quarenta anos atrás. Acertadamente, impõem-se restrições à prática do "segundo emprego" por parte dos juízes. Assim, estes não conseguem transformar facilmente seu ócio em renda monetária, o que aumentaria o valor desse ócio e levaria alguns deles a trabalhar menos em sua função judicial.

---

14. Compare-se isso com a constatação de que os deputados e senadores que já anunciaram sua aposentadoria votam menos em seu último mandato – a pena por negligência é menor. John R. Lott, Jr., "Political Cheating", 52 *Public Choice* 169, 179-182 (1987).

A indolência também pode ser evitada através de uma cuidadosa seleção dos candidatos a juiz. Sobretudo se uma das variáveis do comportamento for o hábito, uma pessoa conhecida por trabalhar arduamente em seu emprego atual pode ser uma boa aposta para continuar trabalhando assim, mesmo quando os incentivos para fazê-lo forem suprimidos. De fato, a seleção de candidatos à nomeação para juiz é complexa (assim como, e por uma razão semelhante, a busca por um noivo prolonga-se mais, quanto mais difícil for a obtenção do divórcio) e a maioria dos juízes, por serem nomeados em uma idade mais avançada, já teve muitos anos para fixar seus hábitos de trabalho. Esta pode ser uma das razões pelas quais raramente se nomeiam, para juiz federal, pessoas com menos de 40 anos de idade. Embora a garantia de estabilidade acadêmica normalmente seja conferida em uma idade menos avançada, o salário do professor universitário não é fixo e nem se restringem efetivamente seus ganhos com outras atividades. Além disso, no caso dele, há mais de um empregador (as universidades). Logo, o incentivo para trabalhar arduamente continua existindo.

Organizações sem fins lucrativos não são obrigadas a pagar o mesmo salário a todos os empregados do mesmo nível hierárquico. O judiciário federal também não é. As secretárias e os outros funcionários podem receber aumentos e bonificações por bom desempenho e há até um prêmio anual em dinheiro (o *Edward J. Devitt Distinguished Service to Justice Award*, de 15 mil dólares) para os juízes federais, embora apenas um juiz o receba. Exceto por esse prêmio, porém, todos os juízes federais do mesmo escalão (e, com a exceção dos juízes da Suprema Corte, todos os juízes federais de carreira pertencem a um de apenas dois escalões: juiz do Tribunal Distrital Federal e juiz do Tribunal Regional Federal) recebem a mesma remuneração, independentemente de sua produtividade e reputação; e até mesmo de seu tempo de serviço[15]. A diferença entre o tratamento recebido pelos juízes e aquele recebido pelos demais funcionários reflete o fato de que os primeiros têm muito mais poder discricionário. Isso, no fim das contas, é o que torna sua produção tão difícil de avaliar. O reconhecimento de diferenças de qualidade ou valor nessa produção ressuscitaria o próprio problema que fez surgir a organização do judiciário segundo o modelo sem fins lucrativos. Suponhamos que um juiz que elevasse em 1% sua produtividade em número de casos resolvidos recebesse 5 mil dólares a mais por

---

15. Exceto pelo fato de que, quanto mais velho for um juiz, maior o valor esperado de sua aposentadoria. Esta é uma importante exceção à uniformidade do salário dos juízes, mas é um fator sobre o qual cada juiz, individualmente, não detém nenhum controle.

ano. Esse incentivo monetário o faria reduzir em 1% o tempo gasto com cada caso, de modo que pudesse decidir 1% mais casos no mesmo intervalo de tempo. Pois, assim, pressupondo-se que ele não trabalhe com mais intensidade (por que o faria?), a bonificação de 5 mil dólares representaria um lucro puro, viabilizado pela dificuldade dos "compradores" para avaliar a qualidade do serviço oferecido. Presumo que o juiz tenha incentivos não monetários para realizar seu trabalho. De outro modo, por que esperaria pela bonificação para reduzir a quantidade desse trabalho? Mas esses incentivos (doravante examinados) são compatíveis com a redução da quantidade de trabalho realizado pelo juiz em cada caso, não acompanhada por nenhuma redução em sua carga de trabalho total.

A função de utilidade dos juízes

Eu disse que, em minha opinião, os juízes dos tribunais recursais federais não trabalham tão arduamente quanto os advogados particulares. A maioria deles, entretanto, trabalha bastante; não raro numa idade em que seus colegas do setor privado já se aposentaram e vivem em Scottsdale ou La Jolla. Eles devem derivar utilidade do trabalho de juiz e não do mero *status* de sua função, do qual poderiam desfrutar sem fazer muito esforço, ou até sem fazer nada, como quando atingem a idade de aposentar-se. Em suma, a função de utilidade deles deve conter algo além do ócio e do salário. Consideremos algumas possibilidades.

Popularidade. Para Robert Cooter, os juízes "buscam prestígio" entre "os advogados e litigantes que apresentam seus casos diante deles"[16]. Fazem isso, segundo Cooter, "ao ignorarem [os] efeitos [de suas decisões] sobre outras partes que não as do litígio". O que ele chama de prestígio, entretanto, soa mais como popularidade. Mas isso não tem importância. Cooter está correto ao afirmar que muitos juízes dos tribunais recursais federais, embora não dependam, de forma alguma, da boa vontade dos advogados da ativa (ao contrário de seus colegas eleitos do judiciário estadual), preocupam-se com sua popularidade junto a estes; sobretudo se, como costuma ocorrer, muitos de seus amigos forem advogados. As pessoas gostam de ser tidas em boa estima. Poucos juízes, contudo, importam-se com sua popularidade junto aos litigantes. Também pudera, já que praticamente toda decisão gera um vencedor satisfeito e um perdedor descontente. (Os advogados são mais filosóficos no que concerne à derrota.) O desejo de popularidade do juiz

---

16. Cooter, nota 7 acima, p. 129.

pode manifestar-se mediante a relutância em impor sanções ou até mesmo em tecer críticas aos advogados cujo desempenho fique abaixo dos padrões profissionais aceitáveis, mas acho que de nenhuma outra forma.

Prestígio. Em um sentido distinto da popularidade, por um lado, e da deferência (manifestações externas de respeito, que discutiremos mais adiante), por outro lado, o prestígio é, inquestionavelmente, um elemento da função de utilidade do juiz. A sede de prestígio manifesta-se essencialmente pela oposição a qualquer aumento maior do número de juízes, ao menos os de primeiro escalão, bem como à atribuição do título de "juiz" a funcionários judiciários de baixo escalão, como os *magistrates* e os *bankruptcy referees** (agora chamados "*magistrate judges*" ["juízes magistrados"] e "*bankruptcy judges*" ["juízes de falência"], para o assombro de muitos juízes federais de carreira). Juízes normalmente infensos a atribuir motivos vis a seus colegas de categoria, insistiram incisivamente em que um aumento significativo do número de juízes abalaria o prestígio da função e aumentaria assim as dificuldades de recrutamento[17]. Os juízes, porém, são bastante propensos a delegar o cumprimento de seus deveres a outros funcionários, como os estagiários de direito, um tipo de delegação que não diminui seu prestígio. Porém, além de se opor ao aumento do número de juízes e à desvalorização do título de juiz, há poucas coisas que cada juiz, tomado individualmente, pode fazer para aumentar seu prestígio, do qual, ademais, cobre-se todo o judiciário. Além disso, fatores relacionados ao "problema dos caronas" tornam improvável que algum juiz se esforce arduamente para aumentar o prestígio de todos.

Interesse público. Incluir na função de utilidade do juiz o desejo de promover o interesse público e, ao mesmo tempo, tratar os juízes como pessoas "comuns", seria algo incoerente. Embora as preferências dos juízes certamente sejam afetadas por visões acerca do interesse público (assim como as dos eleitores, um assunto que abordaremos logo adiante), presumo que isso aconteça somente na medida em que as decisões que expressem tais visões aumentem a utilidade do juiz.

Reforma de sentenças. Os juízes não gostam de ter suas sentenças reformadas (falo por experiência própria). Essa aversão, porém, não goza

---

* Os *magistrates* são juízes auxiliares nomeados pelo tribunal para um período de oito anos, renováveis. Encarregam-se da gestão processual, mas não julgam (exceto com a anuência das partes e em determinados tipos de causas cíveis). Os *bankruptcy referees* exercem papel análogo em situações de falência. Os *special masters* são nomeados pelos tribunais para supervisionar o cumprimento de uma ordem judicial específica, em geral (mas não exclusivamente) em situações de violação dos direitos civis pelo Estado; alternativamente, são nomeados pela Suprema Corte para decidir causas sobre as quais ela tem competência originária. Neste último caso, a Corte aprecia a decisão do *special master* como faria um tribunal recursal. (N. do T. e do E.)

17. Gordon Bermant et al., *Imposing a Moratorium on the Number of Federal Judges: Analysis of Arguments and Implications* (Federal Judicial Center, 1993).

de muita importância na função de utilidade do juiz. Ela inexiste no caso dos juízes da Suprema Corte e é praticamente irrelevante no caso dos juízes dos tribunais recursais, já que a reforma de sentenças de juízes desses tribunais pela Suprema Corte tornou-se coisa rara[18] e reflete, na maioria das vezes, diferenças de filosofia e de visão jurídica do interesse público entre os juízes e não erros ou incompetência da parte dos juízes dos tribunais recursais[19]. Os índices de reforma de sentenças aparentemente não afetam as chances de promoção dos juízes federais distritais[20].

Reputação. Conforme implicado em minha referência às críticas, um dos elementos potencialmente importantes na função de utilidade do juiz é a reputação, tanto perante os outros juízes, sobretudo do mesmo tribunal e, portanto, colegas (e aqui reputação e popularidade se fundem), quanto perante os profissionais do direito como um todo. A reputação é uma função do esforço; porém, para um juiz dotado de habilidades medianas, somente de um nível mínimo de esforço. Os esforços que ultrapassarem esse mínimo não tornarão grandioso o juiz comum, da mesma forma que o trabalho árduo não transformará um professor de matemática em um gênio do cálculo; e, além disso, podem tornar o juiz impopular entre seus colegas e reduzir, assim, sua utilidade. Os empregadores gostam de um Stakhanovite; mas seus colegas de trabalho não. Além disso, um juiz viciado em trabalho tende a aumentar, e não a diminuir, a carga de trabalho de seus colegas, ao tecer comentários sobre cada pequeno detalhe de seus votos e suas sentenças, bem como a redigir, com muita frequência, votos concorrentes e divergentes.

---

18. Não porque a Suprema Corte esteja confirmando uma porcentagem maior de decisões, mas porque, devido ao crescimento do volume de casos nos tribunais inferiores, aliado a uma capacidade de trabalho relativamente fixa da Suprema Corte, esta passou a aceitar, para reexame, uma fração cada vez menor de sentenças dos tribunais inferiores. Dos mais de mil votos vencedores que redigi para o Tribunal Regional Federal da 7.ª Região, apenas dez foram avocados pela Suprema Corte (que confirmou algumas das decisões). Acredito que esta seja uma porcentagem representativa.
Algumas das decisões da Suprema Corte são reformadas pelo legislativo. Sobre isso, ver William N. Eskridge, Jr., "Overriding Supreme Court Statutory Interpretation Decisions", 101 *Yale Law Journal* 331 (1991). Mas os juízes tendem a ver essas reformas como produto de divergências políticas ou de diferenças de visão acerca do interesse público e não como críticas responsáveis ao trabalho deles.

19. O fato excepcional de que a Suprema Corte não reformara nenhuma das 400 decisões redigidas ou acompanhadas pelo juiz Robert Bork, quando de sua nomeação para aquela Corte, foi considerado irrelevante em um relatório autorizado e adotado pelo Senador Biden, Presidente do Comitê Judiciário do Senado. "Response Prepared to White House Analysis of Judge Bork's Record: Statement of Committee Consultants", reimpresso em 9 *Cardozo Law Review* 219, 238-42 (1987).

20. Higgins e Rubin, nota 7 acima.

Assim, a preocupação com a reputação não explica por que os juízes nem sempre se aposentam na primeira oportunidade, o que seria o caminho mais sábio do ponto de vista financeiro. Alguns o fazem, mas muitos não. Falo, contudo, do juiz comum. Para um juiz excepcional, como veremos, a reputação pode ser um objetivo preponderante e estar fortemente relacionada ao esforço.

Votação. Os componentes da função de utilidade do juiz analisados até aqui são, creio eu, menos importantes para o típico juiz do Tribunal Recursal Federal que aquele de que pretendo tratar agora, o qual pode ser mais bem compreendido por analogia com a votação nas eleições políticas[21]. Embora o voto não seja obrigatório nos Estados Unidos, uma enorme quantidade de pessoas vota em eleições nas quais a probabilidade de seu voto afetar o resultado final é praticamente nula. Isso sugere que votar é, para muitos, uma valiosa atividade de consumo. Bem, os juízes estão sempre emitindo votos. Um juiz do Tribunal Recursal Federal emite centenas de votos por ano. Embora seus votos frequentemente sejam "desperdiçados", porque o caso seria decidido da mesma forma sem eles (seu voto não é o vencedor), possuem, ainda assim, mais impacto que os votos dos eleitores comuns. O voto de um juiz, às vezes, decide o resultado de um caso. Esse resultado geralmente é importante para ao menos algumas pessoas. Em alguns casos dos tribunais recursais e em muitos casos da Suprema Corte, é importante para muitas pessoas – até milhões delas. Portanto, se o voto nas eleições é uma fonte de utilidade, não devemos nos surpreender se o voto em processos judiciais também for.

Outra explicação para o voto em eleições é que as pessoas votam por senso de dever e que uma atividade movida por esse tipo de estímulo difere da atividade normal de consumo[22]. Certamente, muitas pessoas votam por dever. Mas o mero fator do consumo também é importante, talvez, acima de tudo, para os juízes. O cargo de juiz continua bastante cobiçado e a maioria dos juízes aprecia o próprio trabalho; não são meros escravos da consciência.

---

21. A analogia é empregada com outra finalidade (para explicar, com o auxílio do teorema da impossibilidade de Kenneth Arrow, a dificuldade de um juiz para manter a coerência entre suas decisões) em Frank H. Easterbrook, "Ways of Criticizing the Court", 95 *Harvard Law Review* 802 (1982).

22. Amartya Sen, "Rational Fools: A Critique of the Behavioural Foundations of Economic Theory", em Sen, *Choice, Welfare and Measurement*, p. 84, 97 (1982). Em outro trabalho, entretanto, Sen, mais ou menos na mesma linha da presente análise, descreve o voto como um desejo do indivíduo de registrar sua verdadeira preferência. Sen, *Collective Choice and Social Welfare*, pp. 195-6 (1970). As duas explicações para o voto – a do dever e a do consumo – são mescladas em William H. Riker e Peter C. Ordeschook, "A Theory of the Calculus of Voting", 62 *American Political Science Review* 25, 28 (1968).

O voto parece originar, ainda, uma outra fonte de utilidade para os juízes: a deferência que estes recebem dos advogados e da sociedade como um todo[23]. Assim como aquela dispensada às pessoas ricas, essa deferência é do mais raso tipo – assim que seu beneficiário perde o que possuía (o cargo, no caso do juiz; o dinheiro, no caso da pessoa rica), a deferência cessa de existir[24]. As pessoas mais perceptivas veem isso, o que não anula, entretanto, o prazer de ser tratado de maneira respeitosa. A afetação de modéstia (a postura do tipo "Sou uma pessoa como qualquer outra") típica da maioria dos juízes americanos tem a pretensão de ser admirada e não de ser levada a sério. Os juízes são tratados com deferência porque têm poder, e este reside no voto deles. Seu poder não é muito grande (os juízes da Suprema Corte são uma importante exceção e os pequenos atos de tirania dos juízes de primeira instância são bem conhecidos), nem o é a deferência que recebem (com as mesmas exceções). Mas a quantidade de deferência que efetivamente recebem vem do fato de serem, como os ricos, mais poderosos que a maioria das pessoas; e não por serem admirados, como os atletas, apresentadores de TV, heróis de guerra, santos e cientistas. A maioria dos juízes é esquecida quando deixa o cargo.

O poder dos juízes já foi tema de análises econômicas comportamentais[25], mas não como fonte de deferência ou como adornamento do ato de votar, como o interpreto aqui; e sim como fonte de satisfação ou até de euforia, semelhante ao que sentem os criativos. Os artistas criam obras de arte que transformam a percepção. Os juízes tomam decisões que transformam as práticas sociais ou comerciais. Os artistas imprimem sua visão estética à sociedade e os juízes, sua visão política. Fazem isso principalmente através da força de jurisprudência de suas decisões, já que uma decisão isolada dificilmente causa grande impacto.

Há uma equivalência entre a perda de poder que ocorre quando um juiz segue a jurisprudência em vez de inovar e aquela que ocorre quan-

---

23. A exemplo de outros vendedores de serviços, os advogados são, ao contrário dos juízes, doadores de reverência e não receptores. Desconfio que a porcentagem de advogados da ativa que outrora trabalharam com vendas é maior que a de juízes que já desempenharam essa mesma função.

24. Bem, não completamente. Os juízes aposentados (mesmo aqueles que renunciam para seguir carreira de advogado) geralmente conservam o título de "juiz", o qual lhes garante alguma deferência, mesmo na ausência do cargo.

25. Para um exemplo digno de nota, ver Rafael Gely e Pablo T. Spiller, "A Rational Choice Theory of Supreme Court Statutory Decisions with Applications to the *State Farm* and *Grove City* Cases", 6 *Journal of Law, Economics, and Organization* 263 (1990); e também Eugenia Froedge Toma, "Congressional Influence and the Supreme Court: The Budget as a Signaling Device", 20 *Journal of Legal Studies* 131 (1991).

do, recusando-se a seguir a jurisprudência, ele enfraquece a própria prática do acolhimento da jurisprudência nas decisões judiciais e reduz a probabilidade de seus sucessores seguirem a decisão dele[26]. É verdade que há uma séria questão relacionada ao "problema dos caronas". É improvável que o fato de um juiz desconsiderar a jurisprudência prejudique seriamente a referida prática. O problema pode ser mantido sob controle pelo tribunal de primeira instância competente. Este pode reformar as decisões dos tribunais inferiores que demonstrem insuficiente respeito pela jurisprudência. Os membros desses tribunais serão poucos e se importarão, portanto, com o impacto de seu próprio comportamento com respeito à jurisprudência sobre a prática do respeito a esta nas decisões judiciais de sua jurisdição[27]. Se desconsiderarem a jurisprudência, serão criticados. Isso, para qualquer juiz zeloso de sua reputação, representa um custo; ainda que esse custo possa perfeitamente ser compensado pelo ganho que esse juiz terá com o direcionamento do interesse público ao rumo por ele desejado. Os sucessores dele, entretanto, não serão criticados, ou serão menos criticados, por desconsiderar a jurisprudência; seja porque, no caso deles, esse ato será defensável como um método de correção ou punição do mal comportamento de seus predecessores, seja porque contarão com um "precedente" para não seguir a jurisprudência! Uma vez que a crítica impõe um custo à pessoa criticada, o efeito redutor que o desrespeito à jurisprudência pelos juízes predecessores terá sobre a crítica aos sucessores destes que desafiem a jurisprudência, elevará a probabilidade de que os próprios precedentes abertos por aqueles juízes sejam desrespeitados. Os predecessores, portanto, incorrerão em uma perda futura caso não sigam a jurisprudência. Se tiverem consciência disso, sentir-se-ão mais incentivados a evitar esse comportamento.

Mas esta é uma questão secundária quando a ênfase está no juiz comum. Este não está interessado em moldar o futuro e, portanto, não precisa se preocupar em saber quando é que sua fidelidade à jurisprudência lhe renderá um grau de poder sobre o futuro – na forma de uma

---

26. Lewis A. Kornhauser, "Modeling Collegial Courts I: Path Dependence", 12 *International Review of Law and Economics* 169 (1992); Kornhauser, "Modeling Collegial Courts II: Legal Doctrine", 8 *Journal of Law, Economics, and Organization* 441 (1992); Rasmusen, nota 7 acima; Edward P. Schwartz, "Policy, Precedent, and Power: A Positive Theory of Supreme Court Decision-Making", 8 *Journal of Law, Economics, and Organization* 219 (1992); *Economic Analysis of Law*, pp. 534-6, 541-2.

27. *Economic Analysis of Law*, p. 542; Ramusen, nota 7 acima. Se isso estiver correto, devem-se comparar as supremas cortes dos diferentes estados (que diferem quanto ao tamanho), para mostrar que, quanto menor o tribunal, menor a frequência com que este reformará suas decisões anteriores.

maior probabilidade de os juízes seguirem os precedentes por ele criados – que seja exatamente equivalente à quantidade de poder que ele perderá ao deixar que a jurisprudência prevaleça sobre suas próprias preferências.

Para a meia dúzia de juízes que ainda redige seus próprios votos e suas próprias sentenças e para alguns que não o fazem, há ainda a utilidade de ver seus trabalhos publicados, a qual se assemelha àquela obtida por um escritor ou um professor universitário. Há ainda o prazer inerente ao ato de escrever, para aqueles que gostam de escrever. Mas essas coisas não são relevantes para a maioria dos juízes de hoje. Estes contentam-se em ceder a redação de seus votos e suas sentenças a estagiários de direito sedentos de trabalho, por acreditarem (em confirmação de minha análise) que a essência da função do juiz é a decisão, isto é, a definição do voto ou da sentença e não a sistematização dos argumentos que a fundamentam. Graças a essa disposição dos juízes para delegar seus deveres a funcionários judiciários, tais como os estagiários de direito, o judiciário federal pôde elevar enormemente sua produção, mediante apenas um pequeno aumento da carga de trabalho dos juízes. Este é um bom exemplo do papel que a preferência pelo ócio desempenha na função de utilidade do juiz.

Explicando o comportamento dos juízes

Mesmo quando votam em eleições cujo resultado lhes foge ao controle, as pessoas não votam aleatoriamente. A utilidade não está no ato de votar, mas no ato de votar em alguém ou algo; e tem relação com a utilidade que as pessoas derivam do ato de expressar sua opinião sobre algum assunto, mesmo que isso não vá mudar nada. Mas os juízes, diferentemente das pessoas comuns, derivam poder de sua atividade, bem como o puro valor de consumo do voto; e o poder não se torna menos forte quando é exercido aleatoriamente. De fato, o poder arbitrário é um dos mais temidos poderes, e, talvez por isso, um dos mais fortes. Logo, é de esperar que os juízes votem com *menos* responsabilidade que o eleitor. É claro que, se a maioria dos juízes votasse ou sentenciasse aleatoriamente, mais cedo ou mais tarde acabaríamos nos vendo livres de todos eles. Mas um juiz, tomado individualmente, não põe seu cargo em risco se votar aleatoriamente. Mesmo assim, isso é raro. Por quê? Conforme ressaltei, tanto para os juízes, quanto para as pessoas comuns, o voto tem um valor de consumo que independe de seu valor como instrumento de exercício de poder (o qual, conforme observei, é insignificante para o cidadão comum, o qual, mesmo assim, vota).

Esse valor de consumo depende da realização de uma escolha livre daquilo em que se vota.

Além disso, o custo do voto não-aleatório para os juízes que julgam em órgão colegiado (como os juízes dos tribunais recursais) é baixo. Mesmo numa turma de três juízes, contanto que ao menos um dos juízes, ou até um estagiário de um destes, tenha uma opinião forte sobre o resultado apropriado do caso, os demais juízes, não estando extremamente interessados no caso, podem simplesmente acompanhar o voto do juiz "de opinião forte". Este não será um comportamento aleatório e até beneficiará o ócio; já que, se ambos os juízes indiferentes apresentarem voto concorrente em relação ao do juiz de opinião forte, pode ser que este redija um voto veementemente divergente. Este, ou os colocará em uma situação vexatória, ou tornará necessário que reexaminem o voto vencedor, em resposta aos argumentos apresentados. Note-se que, quando um dos juízes indiferentes decide acompanhar o de opinião forte, o outro juiz indiferente tende a acompanhá-lo também, pois, de outro modo, será forçado a redigir voto divergente, dado o tabu (relativamente novo e, confesso, um tanto misterioso) contra o ato de discordar sem apresentar nenhuma razão.

Quanto maior a turma de juízes, mais barato é divergir, pois mais provável será que haja mais de um voto divergente; apenas um deles precisa redigir um voto e os demais podem acompanhá-lo. Logo, corrigindo-se as diferenças de dificuldade entre os casos, deve-se esperar que o voto divergente seja mais frequente em turmas de cinco, sete ou nove juízes, que em turmas de três.

O voto "maria vai com as outras" é apenas um dos exemplos da influência da busca do ócio sobre o comportamento dos juízes. Outro exemplo (uma vez que, para nossos propósitos, o ócio seja apropriadamente definido como uma aversão a qualquer tipo de "briga", bem como ao trabalho muito árduo) é a insistência dos juízes em dizer que "a lei" é que determina as decisões deles. Isso pode ser chamado de teoria do poder sem responsabilidades.

Um terceiro exemplo do funcionamento da preferência pelo ócio é a norma de igualdade na distribuição dos casos entre os juízes do Tribunal Recursal. Os juízes do mesmo tribunal conhecem do mesmo número de causas e geralmente são designados para redigir o mesmo número de decisões, embora, no que diz respeito a este último ponto, a Suprema Corte seja mais flexível que os tribunais recursais. Se um juiz tentar conhecer de um número de causas maior que a parcela que lhe cabe ou ser designado para redigir mais decisões que o equivalente a sua parcela proporcional, causará indignação e rejeição.

Um quarto exemplo é a distinção entre "decisão" e "dito incidental", sendo que este último é qualquer elemento do voto do juiz que não seja essencial ao resultado final. Ao contrário das decisões, os ditos incidentais não têm força de obrigatoriedade nas decisões subsequentes. Há diversas formas de justificar esse princípio e a busca do ócio não está entre elas. Como o dito incidental não tem força de obrigatoriedade, um juiz pode acompanhar um voto alheio que contenha muitos elementos dos quais discorde, sem com isso comprometer seus votos futuros. Em troca, outros juízes acompanharão seus votos, mesmo que contenham muitos elementos dos quais discordem. Essa atitude de "deixe estar", viabilizada pela diferença de imperatividade entre a decisão e o dito incidental, reduz a quantidade de esforço que os juízes precisam investir, seja em seu próprio voto (para responder a objeções de outros juízes a seus ditos incidentais), seja naqueles de seus colegas (para livrar os votos destes de quaisquer ditos incidentais incabíveis).

Consideremos ainda a diversidade dos subterfúgios – em sua maioria inventados pelos juízes – usados para fugir das questões apresentadas por apelantes e apelados: há falta de interesse do autor na ação; é necessária a opinião de um "perito"; a ação contém uma questão política que não pode ser resolvida judicialmente; falta legitimidade ao demandante ou então este entrou com o recurso com um dia de atraso, ou não exauriu todas as possibilidades de solucionar o problema por outros meios administrativos e judiciais. Graças a esses subterfúgios, os juízes podem reduzir sua carga de trabalho, bem como evitar o incômodo de ter de lidar com questões difíceis, com possíveis implicações políticas. Os benefícios relativos à carga de trabalho provavelmente são os menos importantes. Analisar todos os recursos para identificar os poucos que podem ser recusados sem o conhecimento do mérito já é, por si só, uma tarefa que demanda tempo. (Mas é claro que, sem essa seleção, a quantidade de casos poderia aumentar enormemente. Imagine se cada litigante em potencial tivesse o direito de exigir do tribunal a opinião de um perito!) E a maior rapidez com que o juiz realiza seu trabalho, possibilitada pela redução do número de casos em que há revisão dos méritos do processo, faz diminuir a fila de processos nos tribunais (as quais representam um custo do uso destes) e aumentar, assim, a demanda pelos serviços judiciais, da mesma forma como a construção de uma nova estrada, ao reduzir os engarrafamentos, provoca um aumento do tráfego.

Minha abordagem pode ajudar a explicar por que os juízes adotam a doutrina do *stare decisis*, mas não rigidamente. Se o fizessem, muitas vezes seu voto não seria, na prática, um voto; pois votar implica discricionariedade. Se não há escolha autoconsciente, não há prazer em escolher. Talvez por isso muitos juízes distritais tenham considerado inconstitucionais as diretrizes federais para o pronunciamento de sentenças judiciais[28]. Acreditavam que as diretrizes transformariam o pronunciamento de sentenças penais – uma área na qual o poder discricionário dos juízes distritais era quase ilimitado – em um processo de cálculo mecânico, mas trabalhoso.

Entretanto, se revisassem inteiramente todos os casos, os juízes, ao menos os escrupulosos, teriam de trabalhar mais. Decidir um caso escrupulosamente sem estudar as decisões antecedentes seria como redigir um artigo sério e profundo sem fazer nenhum tipo de pesquisa acerca daquilo que já se escreveu sobre o assunto. Os juízes também perderiam a oportunidade de atribuir aos outros (isto é, aos juízes anteriores) a culpa por uma decisão impopular, para se protegerem de críticas e ataques. E talvez mais causas fossem levadas a juízo, por haver uma incerteza maior acerca dos direitos e deveres legais num sistema que não fosse estabilizado pela norma do *stare decisis*. Os dois últimos pontos (mais desconforto e mais incerteza) talvez sejam mais importantes que o primeiro (mais trabalho dedicado a cada caso), já que, para seguir a jurisprudência, é preciso pesquisar.

O voto "maria vai com as outras" e a postura do "deixe estar", típica dos juízes que acompanham o voto de outros, são práticas relacionadas ao comércio de votos ("troca de favores") e ao mesmo tempo distintas deste, já que beneficiam o ócio e não a maximização do poder. Talvez por isso o comércio de votos por parte dos juízes seja uma atitude condenada (por privar os litigantes e a comunidade do julgamento imparcial do juiz sobre o caso) e, de fato, rara; enquanto as demais práticas, bastante comuns, são aceitas ou ignoradas. Os legisladores têm uma função de utilidade diferente da dos juízes, em parte por terem de enfrentar a reeleição. O poder, para eles, é mais importante que para os juízes, por isso praticam a troca de favores[29]. Aqui está uma razão econômica para supor que os juízes não sejam apenas legisladores de toga. Essa análise, entretanto, implica que o comércio de votos pode ser comum entre os juízes eleitos.

Tanto o voto "maria vai com as outras" quanto a postura do "deixe estar" podem ser entendidos como mecanismos de aumento da produ-

---

28. Cohen, "Explaining Judicial Behavior or What's Unconstitutional about the Sentencing Commission?", nota 6 acima.
29. Barry A. Weingast, "The Political Institutions of Representative Government: Legislatures", 145 *Journal of Institutional and Theoretical Economics* 693 (1989).

tividade dos juízes; pois, por implicarem economia de tempo, dão aos juízes a capacidade de decidir mais casos no mesmo intervalo de tempo, bem como de transformar parte de seu tempo de trabalho em tempo ocioso. Políticas como a prestação flexível de deferência à jurisprudência e a recusa em decidir casos prematuros também apresentam justificativas fundadas no interesse público[30]. Uma das tarefas a serem realizadas por futuros estudos é a de descobrir como o interesse pessoal pode influenciar outras práticas dos juízes.

O juiz como espectador e como jogador

Temos de examinar, ainda, o que leva um juiz a dar seu voto a uma das partes, em vez de à outra; a apoiar, em seu voto, uma determinada interpretação de uma lei ou doutrina jurídica em detrimento de outra; ou a adotar uma determinada filosofia judicial (como, por exemplo, "conservador", "liberal", "ativista" ou "moderado") em vez de outra. A tradicional objeção ao voto secreto (de que estimula o voto irresponsável) levou a melhor no caso do voto dos juízes. Este é aberto[31], embora, às vezes, um juiz vá dizer a seus amigos que acompanhou um voto com o qual não concordava, por considerar que a questão não era suficientemente importante para justificar a elaboração de um voto divergente. O caráter público do voto dos juízes facilita a crítica; e é de esperar que esta tenha um efeito maior sobre o comportamento deles quando estímulos normalmente mais poderosos, como o dinheiro, não estão em jogo. Não obstante, a maioria dos juízes é praticamente insensível a críticas que não aquelas vindas de outros juízes. Acreditam, por conveniência, que a maior parte daquelas críticas é movida por discordâncias políticas, inveja, autopromoção ou ignorância (consciente ou não) das circunstâncias que envolvem o trabalho dos juízes. Além disso, apenas as decisões judiciais da Suprema Corte costumam figurar no debate público. Apenas uma fração mínima dos milhares de votos redigidos pelos juízes do Tribunal Recursal e tornados públicos anualmente sofre algum tipo de análise crítica que possa causar impacto sobre seu futuro.

As escolhas que um juiz enfrenta quando tem de apresentar seu voto em um caso (escolhas que um indivíduo não pode fazer com o intuito

---

30. Ver, por exemplo, William M. Landes e Richard A. Posner, "The Economics of Anticipatory Adjudication", 23 *Journal of Legal Studies* 683 (1994).

31. A regra não é universal: na maioria dos sistemas de *civil law* (como os do Japão e da Europa continental), a maioria dos tribunais não publica os votos divergentes nem dá publicidade aos votos dos juízes.

de aumentar sua renda, seu ócio, sua fama ou qualquer outro tipo de utilidade) são comuns em outros setores da vida. São as escolhas que fazemos, por exemplo, quando assistimos a peças de teatro ou filmes. Torneios esportivos são um caso à parte, devido à tendenciosidade em favor, geralmente, do time "da casa", a qual enfraquece a analogia com os juízes. Essa tendenciosidade, no entanto, desempenha um papel importante nos julgamentos feitos pela justiça estadual e pode ajudar a explicar não só a jurisdição do judiciário federal sobre causas cujas partes são cidadãos de estados diferentes, mas também a jurisdição exclusiva do judiciário federal sobre causas em que o cidadão de um estado está em conflito com contribuintes federais.

O público de uma peça de teatro ou de um filme caracteriza-se pelo distanciamento, pois não desempenha um papel tangível em nenhum tipo de luta travada no palco ou na tela. Não obstante, esse público é induzido a "escolher" um dos lados. Geralmente a escolha é manipulada pelo autor. Este "manda", por assim dizer, que nos aliemos ao herói, contra o vilão. Porém, em obras dramáticas de profunda ambiguidade, as quais, justamente por isso, costumam ser populares entre os intelectuais (como *Hamlet*, *Medida por Medida* ou *Pigmalião*), a escolha oferecida ao espectador é verdadeira. O autor, ou não solucionou, em sua própria mente, a tensão central da situação dramatizada, ou então não foi capaz (ou não teve a intenção) de comunicá-la claramente ao espectador. O interesse que essas tensões não resolvidas despertam explica a popularidade das reinterpretações de obras literárias, como a sugestão de William Blake de que o verdadeiro herói do *Paraíso perdido* é Satanás. O espectador, ou, neste exemplo, o leitor (mas uma *performance* "ao vivo" guarda uma analogia mais próxima com a atuação do juiz, embora hoje muitos recursos sejam abertos sem nenhum tipo de apresentação oral ou audiência; à semelhança de uma peça teatral declamada, mas não representada), deve analisar as provas e tomar uma decisão. A posição do juiz é semelhante[32]. Se os espectadores enxergam valor de consumo em tais escolhas, não é de surpreender que os juízes também enxerguem.

Para fazer escolhas quanto ao sentido de uma peça ou de um filme, os espectadores recorrem a suas experiências pessoais e a qualquer co-

---

32. A analogia entre o juiz e o leitor de literatura ou o espectador é desenvolvida, embora com outro objetivo, em Martha C. Nussbaum, "Equity and Mercy", 22 *Philosophy and Public Affairs* 83 (1993). Sobre o caráter dramatúrgico dos julgamentos, ver Miller S. Ball, "The Play's the Thing: An Unscientific Reflection on Courts under the Rubric of Theater", 28 *Stanford Law Review* 81 (1975); e, sobre o caráter forense das peças de teatro, ver Kathy Eden, *Poetic and Legal Fiction in the Aristotelian Tradition*, pp. 176-83 (1986).

nhecimento especializado obtido a partir do estudo ou da análise de material semelhante, não raro discutindo suas reações com amigos que tenham conhecimento semelhante. O juiz, por sua vez, ao realizar sua função de espectador, recorre não apenas às próprias experiências pessoais e políticas, como também a um saber cultural especializado: seu conhecimento e sua experiência relativamente ao "direito". Se for um juiz recursal, também consultará os colegas antes de decidir-se.

Obviamente, poucos processos judiciais possuem a ambiguidade de um *Hamlet*. Muitos casos envolvem quebra-cabeças que podem ser solucionados com as ferramentas técnicas da análise jurídica. Nesses casos, o juiz é como o leitor de um romance policial. O júri, como investigador dos fatos, desempenha uma função semelhante. Sua condição de espectador difere daquela que ressalto aqui, a do juiz recursal, que deve decidir não onde está a verdade, mas qual das partes tem mais razão. Em ambos os casos, contudo, a escolha é neutra, como a do público de uma peça de teatro, pois não afeta a renda do juiz ou do júri. Além disso, quanto menos informação o tribunal tiver, mais "dramático" terá de ser o julgamento se se quiser manter o "público" atento. Não é de surpreender que os julgamentos anglo-americanos, historicamente dominados pelos júris, sejam mais dramáticos que os europeus, dominados pelos juízes profissionais.

As analogias do processo de tomada de decisões dos juízes com o ato de votar e com a condição do espectador são semelhantes (embora, como veremos, não sejam idênticas). Em uma plateia numerosa, a contribuição de um único espectador para o volume total das palmas em decibéis é pouco maior que a contribuição de um eleitor para o resultado da eleição. Ademais, o eleitor é espectador de uma disputa entre candidatos[33], da mesma forma que os leitores ou o público de *Antígona* são espectadores de uma disputa entre Antígona e Creonte. Não é de surpreender que o número de votantes aumente com a maior publicidade e proximidade das eleições (embora não ao ponto de um único voto decidir o resultado)[34], assim como o público de uma peça muito divulgada e sensacionalista tende a ser maior que o de uma outra, menos divulgada e menos sensacionalista.

---

33. Geoffrey Brennan e Loren Lomasky, "The Impartial Spectator Goes to Washington: Toward a Smithian Theory of Electoral Behavior", 1 *Economics and Philosophy* 189 (1985).
34. John H. Aldrich, "Rational Choice and Turnout", 37 *American Journal of Political Science* 246, 266-8 (1993); Gary W. Cox e Michael C. Munger, "Closeness, Expenditures, and Turnout in the 1982 U.S. House Elections", 83 *American Political Science Review* 217 (1989).

Por que a analogia do espectador com o juiz costuma ser subestimada?³⁵ Uma das razões é o excesso de zelo de que se reveste, em geral, o debate público sobre os juízes. A analogia parece dar a estes um ar de frivolidade. Mas a dedicação séria do leitor ou do espectador à análise de obras de arte não é uma atividade frívola. Tampouco é o "jogar" (por oposição ao trabalhar) incompatível com a observância de regras. Um jogador de xadrez extrairia menos (e não mais) prazer do jogo, caso violasse as regras deste; e o mesmo aconteceria com o espectador de teatro que se recusasse a envolver-se com os personagens porque estes não são pessoas de verdade; e, igualmente, com o juiz que violasse as regras do jogo judicial. Os fãs de esportes, de teatro, de cinema ou de ópera não raro desenvolvem um certo nível de conhecimento sobre essas áreas e isso lhes permite extrair mais prazer de sua atividade. Em outras palavras, eles aprendem as regras gerais do jogo ao qual assistem e reagem de acordo com estas. Os juízes fazem o mesmo. A diferença é que, no caso do jogo judicial, há mais incerteza e controvérsia em torno das regras.

Uma segunda razão que levou a analogia entre juiz e espectador a ser subestimada é que a maior parte das análises do comportamento dos juízes é realizada por estudiosos acadêmicos do direito. O estudioso acadêmico é um espectador também, mas não do pequeno enredo que o juiz testemunha (o julgamento ou outra disputa que este tenha de resolver), mas sim do voto ou da sentença do juiz. O acadêmico geralmente não ouve a sustentação oral, nem sequer lê os autos dos processos sobre os quais escreve ou ensina. Logo, tende, naturalmente, a atribuir maior importância ao voto ou à sentença – a seu raciocínio, sua retórica e assim por diante – do que à decisão em si. Estes são, no entanto, fatores secundários para a maioria dos juízes. Para os juízes, como para Hamlet, o que importa é a ação³⁶. Quando a carga de trabalho dos juízes aumentou, a primeira coisa que delegaram a outros foi a redação de votos de sentenças. Mesmo hoje, porém, seria considerado um escândalo se os juízes delegassem a terceiros o trabalho de escutar as testemunhas ou as sustentações orais; e, no entanto, é crescente a delegação dessas funções a *magistrates* e aos *special masters**.

35. Não *completamente* subestimada. Ver Yosal Rogat, "The Judge as Spectator", 31 *University of Chicago Law Review* 213 (1964). Em seu artigo, Rogat critica o juiz Holmes por excesso de desprendimento, por ter adotado uma posição radical de observador, em vez de participante, da vida (como seus amigos Henry Adams e Henry James) – em suma, por ter sido um espectador insuficientemente sensível.

36. Cf. Joseph Bensman e Robert Lilienfeld, *Craft and Consciousness: Occupational Technique and the Development of World Images*, pp. 19-22 (1973).

* Ver N. do T., p. 126. (N. do T.)

A analogia com o espectador pode nos ajudar a enxergar como os resultados das decisões judiciais refletem *tanto* o envolvimento das preferências dos juízes *quanto* a qualidade das petições e dos argumentos em determinados casos. Também pode nos ajudar a compreender como as sabatinas tornam os legisladores capazes de avaliar as preferências de um candidato a juiz quanto ao interesse público, já que tais preferências tendem a orientar, ou ao menos influenciar, as decisões de um juiz. Também podemos esperar que os "ideólogos" sejam nomeados para o cargo de juiz em idade menos avançada, em média, que os outros candidatos. Em primeiro lugar, porque pode ser difícil determinar a trajetória dos pontos de vista de um não-ideólogo, exceto por inferência a partir de seu comportamento ao longo de um extenso período de sua carreira. Em segundo lugar, porque, na medida em que a previsibilidade é inerente aos ideólogos, há menos preocupação com o fato de que um ideólogo, se for nomeado quando ainda jovem, poderá ter muito tempo para mudar seus pontos de vista[37].

Muitos candidatos apelam sobretudo, embora não exclusivamente, aos interesses pessoais do eleitor[38]. Do juiz, ao contrário, como do espectador de teatro, exige-se que apresente um voto isento. É fácil enxergar por que o voto do espectador tende a ser isento, já que este, por ser impotente, não tem nada a ganhar recusando-se a jogar o jogo como espectador. O juiz, no entanto, tem um certo poder. Supondo-se que as regras de conflito de interesses sejam eficazes em isolar suas decisões de quaisquer consequências que estas possam ter sobre sua própria riqueza e a de sua família, ainda assim pode-se imaginar uma série de considerações inadequadas que possivelmente entrariam na função de utilidade dele: desapreço pessoal por um advogado ou litigante; gratidão para com aqueles que o nomearam; desejo de ser promovido; irritação com algum juiz ou subordinado, ou até um desejo de prejudicá-lo; propósito de vender seus votos ou suas sentenças; indisposição para discordar daqueles por quem guarda respeito ou estima; temor quanto à própria segurança; relutância em ofender a esposa ou os amigos íntimos; e solidariedade de raça ou classe. Estes são fatores comuns nas decisões da vida cotidiana. Por que não estariam presentes nas decisões dos juízes? A não ser que atribuamos a estes uma função de utilidade diferente daquela adotada pelas pessoas comuns.

---

37. Cf. John R. Lott, Jr., e W. Robert Reed, "Shirking and Sorting in a Political Market with Finite-Lived Politicians", 61 *Public Choice* 75, 87-8, 91 n. 26 (1989).

38. Brennan e Lomasky, nota 33 acima, enfatizam o fator de isenção no voto em eleições políticas. (Comparar com a discussão sobre democracia deliberativa, na Introdução.) Os autores seguem a *Teoria dos sentimentos morais*, de Adam Smith, ao defender que a ocorrência de atos isentos é mais provável quando o custo destes para o agente é baixo.

De fato, esses fatores influenciam as decisões dos juízes, mas com menos frequência do que pensam os desconfiados. Isso ocorre não porque a função de utilidade dos juízes seja diferente daquela das outras pessoas, mas porque, se cedessem às tentações listadas, a utilidade que derivam do ato de julgar se veria mais reduzida que aumentada. Esta é a mesma razão pela qual as pessoas não trapaceiam no jogo, mesmo quando sabem que não serão pegas trapaceando. O prazer de julgar está intimamente ligado ao cumprimento de certas regras autorrestritivas que definem o "jogo" judicial. Para um juiz, é fonte de satisfação votar *a favor* do litigante antipático, *a favor* do advogado que não se porta com o devido respeito perante a corte, ou *a favor* da parte que representa uma classe social diferente da sua. É ao fazer tais coisas que ele sabe que está desempenhando o papel de juiz e não algum outro papel; e os juízes, em geral, são pessoas que querem ser juízes. Isso bate com a indisposição da maioria dos juízes com o trabalho em excesso. Trabalhar tanto quanto um advogado particular não é uma das regras do jogo dos juízes, não apenas porque estes são em geral mais velhos que a maioria dos advogados, mas também porque se veem menos como tarefeiros e mais como sentinelas (mais ou menos como os bombeiros) que devem manter a mente tranquila para o exercício adequado do juízo. Jogar segundo as regras também combina com o fato de os juízes frequentemente votarem de acordo com suas preferências acerca do interesse público e suas convicções pessoais. Pois, em nosso sistema político, a linha entre a lei e o interesse público, entre o jogo judicial e o jogo legislativo, é obscura. Muitas vezes, é impossível decidir um caso a partir das fontes jurídicas convencionais. Em muitos casos, o juiz precisa julgar a lei, embora o faça com menos liberdade que aquela concedida aos legisladores "de verdade"[39].

A abordagem geral deste capítulo aparentemente invalida a teoria de que o *common law* e as outras áreas nas quais os juízes são fonte de direito trazem, em termos gerais, um aumento da eficiência do judiciário[40]. Isso porque essa abordagem parece desacreditar a capacidade e a diposição dos juízes para conceber e impor uma visão tão singular e ambiciosa, além de aparentemente distante das concepções convencionais sobre as regras do jogo judicial[41]. Mas a consciência da função le-

---

39. A função legisladora do juiz é (conforme defendo no Capítulo 23) um dos motivos pelos quais não se permite que este empregue métodos aleatórios (como o "cara ou coroa") para decidir seus casos, mesmo aqueles cuja solução seja efetivamente impossível desde o ponto de vista "jurídico".
40. Ver, por exemplo, *Economic Analysis of Law*, parte 2.
41. Ver, entretanto, Kobayashi e Lott, nota 7 acima.

gislativa do judiciário pode dissolver essa tensão. Quando surge um caso efetivamente novo, as regras do jogo judicial exigem que o juiz atue como legislador e, portanto, decida segundo seus valores, embora essas mesmas regras não exijam que ele reconheça estar fazendo isso. Podem até proibi-lo de reconhecer. A eficiência – não necessariamente com esse nome – representa um valor social importante. É, portanto, interiorizada pela maioria dos juízes e talvez seja o único valor social que estes podem promover eficazmente, dada a limitação de seus poderes corretivos e o pluralismo de valores de nossa sociedade. Portanto, quando os juízes são chamados a desempenhar uma função legislativa, a eficiência deve influenciar sua decisão. A decisão de um caso realmente novo abre um precedente que orientará o julgamento dos casos futuros, e as regras do jogo judicial exigem que os juízes sigam a jurisprudência (embora não devam deixar-se escravizar por esta) em vez de decidir do zero cada caso futuro. Mesmo que os casos subsequentes não tragam nenhuma marca do raciocínio econômico, sua decisão será eficiente se, nos casos precedentes que a influenciaram, os juízes, desempenhando a função de legisladores, tiverem baseado sua decisão em um desejo de aumentar a eficiência. Logo, o direito pode ser eficiente, ainda que a preocupação com a eficiência apresente-se em apenas uma pequena fração dos casos.

Gostaria de falar um pouco mais sobre a analogia entre julgar casos e participar de jogos. As regras nem sempre são limitações enfadonhas. Elas podem ser constitutivas. É difícil escrever um soneto, pois as regras que regem sua composição são rígidas. Sem estas, porém, não haveria sonetos, o que representaria uma perda tanto para o leitor quanto para o poeta. O mesmo acontece com os jogos[42], como o xadrez, por exemplo. Se o jogador de xadrez decidisse permitir que seus bispos realizas-

---

42. Para análises pertinentes, ver Bernard Suits, "What is a Game?", 34 *Philosophy of Science* 148 (1967); Arthur Allen Leff, "Law and", 87 *Yale Law Journal* 989, 998-1003 (1978); J. Huizinga, *Homo Ludens: A Study of the Play-Element in Culture*, caps. 1, 4 (1950); Thomas Morawetz, "The Concept of a Practice", 24 *Philosophical Studies* 209 (1973); Morawetz, "The Epistemology of Judging: Wittgenstein and Deliberative Practices", em *Wittgenstein and Legal Theory*, p. 3 (Dennis M. Patterson [org.], 1992). O conceito de jogo que emprego aqui não tem relação com aquele utilizado na teoria dos jogos, o qual se concentra sobre o comportamento estratégico. Para os objetivos aqui buscados, a paciência é um bom exemplo de jogo; porém, para a teoria dos jogos, não é exatamente um jogo, já que não envolve interação entre jogadores. Minha análise do ato de julgar como um jogo tem relação com a ênfase de H. L. A. Hart na perspectiva interna, em seu livro *The Concept of Law* (1961) [trad. bras. *O conceito de direito*, São Paulo, WMF Martins Fontes, 2009]. Ao ver as regras desde dentro, o jogador se considera preso a estas, ao contrário do que acontece com o não jogador. Para Morawetz, a noção de "prática" é melhor que a de "jogo" para descrever o ato de julgar. Para os meus propósitos, entretanto, tal refinamento é desnecessário.

sem os mesmos movimentos que sua rainha ou que algumas peças pudessem ser movimentadas para fora do tabuleiro, não estaria mais jogando xadrez. É verdade que as pessoas, às vezes, trapaceiam quando estão jogando, se acham que podem se safar. Mas isso acontece porque o prazer do jogo não é o único argumento na função de utilidade delas. Uma pessoa pode trapacear no tênis por ver a vitória como uma vantagem; porém, se refletisse mais, perceberia que seu prazer com o jogo em si diminuíra e que este fora trocado por outra fonte de utilidade. O jogo judicial possui regras que os juristas aprendem na faculdade de direito e, depois, na prática da profissão ou no ensino. Tanto a autosseleção quanto a cuidadosa triagem dos candidatos a juiz ajudam a garantir que a maioria dos advogados que se tornem juízes federais sejam apreciadores desse jogo em particular. Estes, portanto, tendem a seguir, mais ou menos, as regras que limitam as considerações nas quais se fundam suas decisões. Isso equivale exatamente ao argumento de Wittgenstein de que as regras têm força porque são aceitas, em vez de serem aceitas porque têm força. Não há nada *na* regra que nos obrigue a segui-la. A decisão de obedecer vem de fora, seja da coesão, da socialização ou do fato de a regra ser um elemento constitutivo de alguma atividade prazerosa[43].

As regras do ato de julgar a que me refiro não são aquelas do direito material, às quais a comunidade está submetida, mas com as quais os juízes, na capacidade de membros do judiciário, guardam uma relação diferente como provedores e aplicadores da lei. As regras a que me refiro são as regras institucionalizadas do ato de julgar, às quais apenas os juízes se submetem. Como disse, elas não são claras ou homogêneas de modo algum. Alguns juízes seguem regras "ativistas", outros (uma grande quantidade), regras "restritivas", por serem estas mais compatíveis com a autoimagem dos profissionais do direito. Além disso, os juízes, como os outros jogadores, às vezes mudam ou quebram as regras, em prol de outros valores. Essas violações, na verdade, são comuns, devido às dificuldades do processo de detecção e punição dos infratores da lei. Não obstante, a maioria das decisões judiciais caracteriza-se, de fato, por "seguir as regras". A analogia com os jogos ajuda a demonstrar que esse fato é coerente com a maximização da utilidade e, portanto, não pressupõe nenhuma conduta heroica de abnegação por parte dos juízes.

Outro ponto é que, nos jogos e na arte, as pessoas encontram um refúgio temporário das realidades ameaçadoras da vida cotidiana; transformando imaginativamente realidades como o ódio, a doença, o cri-

---

43. Cf. Sabina Lovibond, *Realism and Imagination in Ethics*, pp. 55-7 (1983).

me, a traição, a guerra, a pobreza, a perda e a desesperança. Esse refúgio e essa transformação também caracterizam, em muitos aspectos, o jogo judicial. A matéria-prima do processo são as duras realidades da vida, mas o jogo judicial transforma essas realidades em disputas em torno de direitos e deveres legais, acusações e provas, pressuposições e réplicas, jurisdição e competências. Isso traz conforto, já que, por exemplo, poupa o juiz que determina uma pena de morte da angústia de ver-se como um assassino. Porém, para usufruir desse conforto, o juiz deve seguir as regras do jogo judicial, pois estas são essenciais a esse jogo.

É graças ao fato de os juízes seguirem as regras do jogo judicial que o legislativo é capaz de controlar o comportamento deles, embora não perfeitamente, substituindo critérios por regras (refiro-me às regras jurídicas, e não às regras do jogo judicial). Os critérios autorizam o juiz a deixar que suas ideias sobre o interesse público o influenciem na decisão de um caso. As regras o proíbem de fazê-lo. Como a própria obediência às regras estabelecidas pelo legislativo é uma regra do jogo judicial, o legislativo pode esperar um grau bastante satisfatório de respeito a suas regras, mesmo na ausência de sanções contra o descumprimento destas.

Os juízes eleitos também jogam o jogo judicial, e os legisladores jogam um jogo semelhante: o do estadista ou servidor público. Porém, ao contrário do que acontece com os juízes federais com cargo vitalício, a obediência às regras do jogo representa, para esses jogadores, custos mais altos (e os benefícios obtidos não são maiores) e isso os leva a romper mais frequentemente com elas. Mas nem sempre isso acontece, motivo pelo qual muitas das decisões dos juízes não eleitos – a maior parte delas, na verdade – caracterizam-se pelo respeito às regras, e pelo qual também grande parte das leis demonstram um apreço pela coisa pública; não necessariamente porque os eleitores possuam esse apreço, mas porque a satisfação que os legisladores derivam do ato de defender o interesse público pode superar os custos quando estes são pequenos.

Uma questão importante é até que ponto a disposição dos juízes para jogar aquilo que chamo de jogo judicial é uma função da ideologia profissional analisada no Capítulo 1. O ensino e a prática tradicionais do direito, de fato, tendem a excluir da profissão (ou ao menos dos círculos desta de onde vêm os indivíduos nomeados para juiz) pessoas radicalmente incomodadas com os papéis judiciários tradicionais, incluindo-se o de juiz. À medida que as restrições que definem a profissão jurídica caem por terra e o direito se transforma em uma espécie de ciência do interesse público, chegará um ponto em que nem a triagem nem a autosseleção garantirão o cumprimento das regras do jogo judicial pela maioria dos juízes? Sugerirei uma resposta parcial a esta pergunta mais adiante.

Há ainda uma outra aplicação do conceito de jogo. Em diversas partes deste livro, critico a retórica dos estudiosos do direito. Em outras, emprego essa mesma retórica. Ora, nada há de incoerente nisso. O jogo da argumentação é diferente do jogo da crítica à argumentação, assim como o jogo judicial é diferente do jogo da crítica aos juízes; e, em um contexto mais geral, o jogo da teoria é diferente daquele da prática. Isso não quer dizer que esses jogos estejam separados por muros de concreto. Minhas críticas à retórica acadêmica me tornaram mais consciente do uso dessa retórica em meus próprios escritos acadêmicos. Para Stanley Fish, é impossível que minha teoria pragmática do direito influencie minha prática como juiz. O pragmatismo é um método puramente descritivo, motivo pelo qual eu estaria incorrendo no "erro de pensar que a descrição de uma prática tem algum valor concreto em outro tipo de jogo que não o descritivo"[44]. Nada indica, entretanto, que Fish tenha posto à prova essa afirmação mediante a leitura de meus votos judiciais.

Um modelo formal muito simples da função de utilidade dos juízes

As implicações da análise realizada neste capítulo para os problemas concretos da administração do sistema judiciário podem ser elucidadas por um modelo formal simples. O modelo também pode ajudar na distinção entre a questão de se o comportamento dos juízes é coerente com a noção de racionalidade, o que espero ter conseguido demonstrar, e a questão, mais complicada, de se esse comportamento *é* racional. O fato de os juízes, mesmo tendo cargo vitalício, trabalharem *em alguma medida*, não pode ser considerado uma demonstração satisfatória da aplicabilidade da teoria da escolha racional aos juízes.

Consideremos a seguinte função de utilidade judicial, na qual o esforço é representado pela variável tempo[45]:

---

44. "Almost Pragmatism: Richard Posner's Jurisprudence", 57 *University of Chicago Law Review* 1447, 1469 (1990). O autor apresenta o argumento em diversos contextos. Ver, por exemplo, Fish, *There's No Such Thing as Free Speech* (1994); Fish, "Comments from outside Economics", em *The Consequences of Economic Rhetoric*, p. 21 (Arjo Klamer, Donald N. McCloskey e Robert M. Solow [orgs.], 1988).

45. Em um modelo mais rico, considerar-se-ia a energia ou intensidade como uma outra variável de escolha, como em Gary S. Becker, *A Treatise on the Family*, pp. 64-79 (ed. ampliada, 1991). Voltarei a esse ponto.

$$U = U(t_j, t_l, I, R, O). \qquad (1)$$

A variável t_j corresponde ao número de horas diárias que o juiz dedica ao desempenho de sua função, t_l é o tempo que ele dedica ao ócio[46] (definido aqui como todas as atividades que não a de julgar, de modo que $t_j + t_l = 24$), I é a renda pecuniária, inicialmente limitada ao salário de juiz, R é a reputação e O representa as outras fontes de utilidade para o juiz, além do voto ou da sentença propriamente ditos (ganhar popularidade e prestígio, bem como evitar a reforma de suas sentenças). Pode-se presumir R, O e sobretudo I como invariáveis em relação a t_j, acima de um patamar baixo (um juiz que se recusasse a sequer trabalhar seria exonerado e afastado do cargo, caso este em que $I = 0$); e consideremos que a média dos juízes está bastante acima desse patamar. A partir dessas pressuposições, o juiz distribuirá seu tempo entre o ócio e o desempenho de sua função, de modo que a última hora dedicada a esta função lhe renda a mesma utilidade que a última hora dedicada ao ócio; já que, de outro modo, poderia aumentar sua utilidade total mediante a redistribuição de tempo da atividade menos valiosa para a mais valiosa.

Nessa primeira versão do modelo de utilidade judicial, considera-se nulo o efeito da renda pecuniária sobre a utilidade do desempenho da função de julgar e a do ócio. Os economistas geralmente esperam que um aumento na renda anual leve a um aumento da utilidade do ócio em comparação com a do trabalho, devido ao caráter decrescente da utilidade marginal do dinheiro[47]. Essa expectativa depende, contudo, da pressuposição de que o trabalho não gera nenhuma utilidade além daquela proveniente da renda que produz. Se houver renda não pecuniária proveniente do trabalho, como ocorre com o ócio, nada garante que um aumento da renda venha a causar uma redistribuição do tempo, do trabalho para o ócio. De fato, um trabalho prazeroso como o de juiz poderia ser considerado uma forma de ócio[48]. Faz-se necessária uma análise mais discriminativa do efeito da renda sobre o ócio.

---

46. O ócio não precisa ocorrer fora do trabalho, por assim dizer. O desperdício de tempo no ambiente de trabalho é uma forma de ócio em meu modelo.

47. A ressalva implícita em "anual" é importante. Um aumento da renda por hora de trabalho elevaria o custo do ócio, pois aumentaria a quantidade de dinheiro perdida com a substituição do trabalho pelo ócio. Assim, o consequente estímulo para trabalhar mais poderia compensar (até mesmo com folga) o desestímulo decorrente do caráter decrescente da utilidade marginal da renda. Essa ressalva se torna relevante se considerarmos a renda obtida pelos juízes com o "segundo emprego", a qual, ao contrário de sua renda principal, varia com o tempo que dediquem a produzi-la.

48. Outro exemplo de "consumo produtivo" seria o almoço de negócios. Gary S. Becker, "A Theory of the Allocation of Time", 75 *Economic Journal* 493, 504 (1965). A análi-

O aumento da renda afetará o ócio de duas maneiras, que podem servir de contrapeso uma à outra. A primeira é pela redução do tempo dedicado à produção familiar. Lembremo-nos de que o ócio, no modelo, inclui todas as atividades que não a de julgar. Um aumento na renda viabilizará a compra de eletrodomésticos (que representarão economia de tempo), bem como a contratação de uma ou mais pessoas para ajudar no trabalho doméstico. Isso liberará tempo para outras atividades, não apenas atividades prazerosas realizadas durante o ócio, como também a de julgar, esta própria uma fonte de utilidade em meu modelo. Em segundo lugar, uma renda mais alta aumenta a utilidade gerada pelas atividades prazerosas realizadas durante o ócio, como a de viajar, por possibilitar a compra de versões mais sofisticadas dessas atividades. Viajar aos mares do Sul é mais divertido que sentar-se em uma cadeira de balanço na varanda de casa. É claro que o aumento da *qualidade* do ócio não se traduz necessariamente em aumento do *tempo* dedicado ao ócio. Outra opção seria a substituição de férias baratas por férias caras, ambas com a mesma duração[49]. Provavelmente, porém, as pessoas que tiverem mais dinheiro para gastar com atividades realizadas durante o ócio aumentarão tanto a quantidade de tempo dedicada a essas atividades quanto a qualidade destas.

No caso de uma pessoa que, por já ter uma renda elevada, tenha sido capaz de livrar-se da maioria das tarefas do lar, é de esperar que o efeito predominante da elevação da renda seja o aumento da demanda por tempo de ócio. Presumo, portanto, que o aumento do salário de juiz tende a reduzir a quantidade de trabalho realizada pelos juízes já atuantes. A ressalva "juízes já atuantes" é importante. Ao aumentar o campo de seleção e, particularmente, por atrair pessoas que valorizam mais a renda e, portanto, o trabalho, em comparação com o ócio, o aumento do salário de juiz pode possibilitar o recrutamento de uma classe de juízes mais trabalhadores. Além disso, por reduzir a quantidade de demissões voluntárias, sobretudo dos juízes com melhores oportunidades no setor privado (provavelmente os melhores juízes, em geral), o salário mais alto pode produzir um judiciário mais experiente e qualificado.

---

se econômica dos sabores e dissabores do trabalho remonta a Adam Smith e sua discussão sobre o pagamento adicional que tornaria compensador o trabalho perigoso ou sujo. Um exemplo na literatura moderna é B. K. Atrostic, "The Demand for Leisure and Nonpecuniary Job Characteristics", 72 *American Economic Review* 428 (1982), e F. Thomas Juster e Frank P. Stafford, "The Allocation of Time: Empirical Findings, Behavioral Models, and Problems of Measurement", 29 *Journal of Economic Literature* 471, 495-6 (1991).

49. Cf. John D. Owen, *The Price of Leisure: An Economic Analysis of the Demand for Leisure Time*, p. 22 (1969).

Mas o possível custo da economia de esforços não pode ser ignorado – embora, nesse caso, devamos ter em mente que tempo e esforço não são sinônimos. Se a energia é limitada e o ócio exige menor quantidade dela que o desempenho da função de juiz, uma redistribuição do tempo, da atividade de julgar para aquelas realizadas durante o ócio, pode, no fim das contas, aumentar a quantidade de energia dedicada pelo juiz ao desempenho de sua função de julgar e, logo, elevar a qualidade de sua produção. Esta é a interpretação econômica da máxima com a qual Brandeis explicou por que tirava um mês de férias todo verão: "Consigo realizar o trabalho de doze meses em onze, mas não em doze."

Permitamos, agora, que o juiz obtenha alguma renda com outras atividades. As oportunidades para a obtenção dessa renda veem-se reduzidas por muitas restrições[50]. Os juízes não podem mais aceitar pagamento por seus discursos e artigos, e a renda que obtêm lecionando não pode passar de uma modesta porcentagem (aproximadamente 15%) de seu salário de juiz. A renda com direitos autorais de livros não sofre restrições. É de esperar, portanto, que os juízes profiram menos discursos e escrevam mais livros.

Para visualizar o efeito da imposição de um teto à renda extra do juiz, podemos recorrer a um modelo que divide sua renda total em uma componente fixa e outra variável, sendo que esta última representa a renda obtida fora de seu emprego principal. Com isso, e ignorando-se os elementos da função de utilidade do juiz (além da renda) que não sejam significativamente afetados por alterações na quantidade de tempo investido na atividade de julgar, pode-se reescrever a função de utilidade do juiz:

$$U = U(I_f, I_v(t_v), t_j, t_l). \qquad (2)$$

I tem agora uma componente fixa e outra variável. A primeira corresponde ao seu salário de juiz. A segunda é a renda extra e depende do tempo dedicado por ele às outras atividades profissionais (t_v). Assim, $I = I_f + I_v(t_v)$, onde $t_j + t_l + t_v = 24$. Para decidir quanto tempo dedicará à atividade de julgar, o juiz racional levará em conta o impacto negativo não apenas sobre seu ócio, mas também sobre sua renda extrajudicial.

---

50. O Título VI da Lei de Reforma Ética (*Ethics Reform Act*) de 1989, 5 U.S.C. app. 7 §§ 501-5, vigente a partir de 1.º de janeiro de 1991. Ver também as Regulamentações da Conferência Judicial dos Estados Unidos (*Judicial Conference of the United States*), sob o Título VI da Lei de Reforma Ética de 1989, sobre a Renda Obtida Externamente, os Honorários e o Emprego Externo.

O impacto será menor, quanto mais escassas forem as oportunidades lícitas do juiz para obter essa renda. Logo, podemos esperar que a imposição de restrições ao desempenho de atividades rentáveis extrajudiciais pelos juízes tenha aumentado tanto o esforço dos juízes já atuantes no desempenho de sua função judicial quanto seu ócio, já que a oportunidade de trabalhar em outras atividades eleva o custo do ócio. A previsão relativa ao ócio tem mais fundamento. A renda com atividades extrajudiciais no instante $t + 1$ pode ser uma função positiva do esforço despendido no desempenho da função de juiz no instante t; logo, a limitação das oportunidades de obtenção de renda com atividades extrajudiciais pode reduzir o retorno do referido esforço e, como resultado, a quantidade deste. Ademais, os juízes que desempenham atividades rentáveis extrajudiciais podem trabalhar até mais do que trabalhariam normalmente, para evitar a impopularidade perante os colegas que se dedicam exclusivamente ao trabalho de juiz. Caso isso ocorra, quanto menos atividades extrajudiciais desempenharem, devido às limitações impostas à renda obtida com tais atividades, menos arduamente trabalharão como juízes, embora esse efeito possa ser contrabalançado pelo maior tempo que terão para o desempenho da função judicial, bem como para o ócio.

Embora minha análise preveja que a imposição de limitações à renda com atividades extrajudiciais, combinada ao aumento do salário dos juízes[51], aumentou o consumo de ócio por parte dos juízes, é difícil testar empiricamente essa previsão, a menos que o aumento do ócio tenha surgido às expensas tanto do trabalho judicial quanto do extrajudicial. Nesse caso, podemos esperar um aumento das filas de processos nos tribunais, impossível de se explicar por qualquer outro fator.

Assim como antes, uma avaliação completa da limitação das oportunidades dos juízes de obter renda externa deve levar em conta os efeitos disso sobre a seleção e a retenção dos juízes, bem como sobre a receita tributária, no sentido de reduzi-la. Se, para que se diminuam seu efeitos sobre a seleção e retenção, essas limitações forem acompanhadas por um aumento do salário dos juízes, pode não haver redução efetiva da receita tributária. Mas haverá um aumento real dos gastos públicos, para bancar o aumento dos salários.

Outro ponto a ressaltar é que o aumento de salário dos juízes provavelmente teria reduzido a busca por trabalho extrajudicial, mesmo que

---

51. As restrições ao trabalho extrajudicial vieram acompanhadas de um aumento significativo do salário dos juízes (nominalmente, 25%, e efetivamente, 40%), também a partir de 1.º de janeiro de 1991.

não se tivesse imposto nenhuma limitação à renda com esse tipo de atividade; pois, pressupondo-se o caráter decrescente da utilidade marginal da renda, o aumento reduziu a quantidade de utilidade proporcionada pelas atividades remuneradas.

Consideremos mais atentamente a seleção dos juízes. Um indivíduo aceitará o cargo de juiz se sua expectativa de utilidade efetiva derivada do emprego for positiva, ou seja, se essa utilidade superar aquela que ele obtém com seu emprego atual (com a prática da advocacia, presumamos), mais o custo de tornar-se juiz (que não aquele representado pela perda da renda obtida com a prática da advocacia), por exemplo, o incômodo, a chateação e a perda de privacidade que advêm do preenchimento de formulários detalhados e da sujeição a uma rigorosa investigação pelo FBI e, possivelmente, a um intenso interrogatório por parte do Comitê Judiciário do Senado, sempre com um certo risco de embaraço ou até rejeição. Formalmente, então, a condição para a aceitação do cargo de juiz é que

$$U_J(t_j, t_l, I_j, R_J, P_J) - U_L(t_L, I_L) - C > 0, \qquad (3)$$

onde U_J é a utilidade do cargo de juiz, I_j é o salário de juiz, P_J é o prestígio do cargo de juiz, U_L é a utilidade da prática do direito, t_L é o tempo que um advogado dedica a seu trabalho e C é o custo de tornar-se um juiz. Os outros termos, ou são os mesmos de antes, ou são autoexplicativos. Pressupõe-se que os advogados não tenham tempo de ócio (de modo mais realista, l_J deve ser visto como o acréscimo de ócio proporcionado pela obtenção do cargo de juiz). Os outros elementos da função de utilidade do juiz (isto é, as componentes de O diferentes do prestígio) foram desprezadas por não serem úteis, neste caso, à análise da seleção dos juízes. As condições de utilidade deveriam ser traduzidas em valores presentes para poderem ser comparadas a C. Omito, entretanto, esse detalhe.

Alguns pontos são óbvios. Quanto maior for o custo de tornar-se um juiz e quanto menor for o salário de juiz em comparação com o de advogado, menor será a probabilidade de um advogado aceitar um cargo de juiz. Logo, o fato de todos os juízes do mesmo escalão receberem o mesmo salário independentemente de onde vivam, quando se sabe que o custo de vida e o salário dos advogados variam imensamente pelo país afora, aumenta, comparativamente, a amplitude do grupo de seleção nas áreas de custo de vida mais baixo. A expectativa, portanto, é de que, nessas áreas, os juízes sejam mais aptos, em comparação com os advogados atuantes, do que em áreas de alto custo de vida. Além disso, quanto mais um advogado valorizar o ócio, o prestígio e a função de juiz, em comparação com a de advogado, mais provável será que aceite o cargo de juiz.

Um ponto mais sutil é que se, para ampliar o grupo de seleção, tomarem-se medidas para aumentar o prestígio do cargo de juiz através da restrição do aumento do número de juízes, a quantidade de ócio de que um juiz consegue desfrutar sem pôr em perigo sua reputação será menor e, consequentemente, no balanço final, a amplitude do grupo de seleção pode não aumentar. Essa amplitude será maior, quanto maior for a expectativa de utilidade de tornar-se um juiz. Para nossos propósitos, essa expectativa de utilidade é uma função positiva do prestígio do cargo de juiz e da quantidade de tempo de ócio de que um juiz desfruta. Ambos os fatores são afetados pelo número de juízes, mas em sentidos opostos. Um aumento do número de juízes aumenta o ócio destes, pois reduz sua carga média de trabalho, mas reduz também seu prestígio. Se esses fatores se anularem perfeitamente, a amplitude do grupo de seleção não aumentará, mas a composição desse grupo se alterará. Ele passará a se compor de juízes que valorizam menos o prestígio e mais o ócio. O resultado final será uma redução na disposição dos juízes para trabalhar. Essa análise é importante do ponto de vista do interesse público, em vista das atuais reivindicações pela imposição de restrições ao número de juízes federais, e pode ser testada empiricamente, pois prevê que, sendo iguais todas as outras variáveis, o aumento do número de juízes não provoca um crescimento proporcional da produção destes.

Embora meu foco seja no juiz comum, já existiram, obviamente, juízes que se destacaram. Isso é coerente com o modelo? Não é de esperar que haja grandes diferenças de qualidade entre empregados que trabalhem para um mesmo empregador, com o mesmo salário. Esse salário seria ou alto demais para os empregados menos qualificados, ou baixo demais para os mais qualificados (ou ambas as coisas, é claro); e, no segundo caso, os mais qualificados deixariam o emprego, exceto se não houvesse outro empregador que precisasse de suas habilidades. Uma das possibilidades é que o salário de juiz tenha sido estipulado em um patamar que seja compensador para o juiz extraordinário, mas que seja alto demais para o juiz comum. Logo, a expectativa é de que haja um excedente de candidatos comuns em relação ao número de vagas para juiz – e de fato há filas para o cargo de juiz federal[52]. Outra possibilida-

---

52. A baixíssima rotatividade dos juízes federais poderia parecer uma prova a mais de que seu salário é alto demais para seu nível de qualificação. No entanto, pode ser apenas um reflexo do caráter altamente progressivo da remuneração dos juízes federais.

de, entretanto, é que, embora o salário seja o mesmo, tanto para o juiz comum quanto para o extraordinário, a renda total (U) é tão grande quanto, ou até maior, para o segundo, porque R_J, na função de utilidade judicial deste, tem um valor maior que a mesma variável na função de utilidade judicial do juiz comum. (O juiz mais talentoso tende mais a obter uma reputação melhor.) O R_J maior no termo de desigualdade mais à esquerda (3) pode neutralizar o I_L do próximo termo e, neste caso, U_J superaria U_L pela mesma margem que no caso do juiz comum.

Quase na mesma linha, já se afirmou que um aumento no salário dos juízes pode, na verdade, reduzir a qualidade do judiciário, por enfraquecer um dos efeitos provocados pelo baixo salário dos juízes, a saber, o de espantar os candidatos que não enxerguem altos ganhos não pecuniários na possibilidade de desenvolver uma reputação de juiz superior[53]. Além disso, o aumento do salário de juiz, ao aumentar a cobiça pelo benefício da nomeação para esse cargo, poderia tornar a seleção de juízes um processo mais político que meritório. Estes são, contudo, apenas efeitos parciais. O aumento do salário de juiz também facilitará a atração de candidatos com boa remuneração, como advogados particulares, professores de direito, entre outras atividades relacionadas ao direito, e esses juristas são provavelmente os candidatos mais qualificados.

Se os juízes não prestam a devida atenção à jurisprudência, isso pode parecer um forte argumento pelo baixo salário de juiz. Tal salário será atraente para os amantes do ócio, e o respeito à jurisprudência é, como vimos, um método de minimização de esforços na hora de o juiz decidir um caso. Ao mesmo tempo, o salário baixo, por provocar a autosseleção dos candidatos que enxerguem ganhos não pecuniários na atividade de juiz (os quais não se limitam necessariamente ao ócio), pode fazer entrar no judiciário mais pessoas desejosas de criar novas leis em vez de simplesmente aplicar as já existentes. Se, como parece provável, um salário baixo vai atrair ambos os tipos de juiz (amantes do ócio e polemistas, cordeiros e lobos), o resultado pode ser a aceleração das transformações jurídicas, conforme discuto adiante.

Devemos esperar diferenças comportamentais sistemáticas entre os juízes comuns e os juízes extraordinários? Suspeito que a função que relaciona o trabalho do juiz a suas habilidades tem forma de U. Juízes muito fracos têm de trabalhar arduamente para alcançar o patamar acima do qual o prestígio de juiz não varia muito com a produção. Os juízes fortes, por sua vez, têm motivos para trabalhar arduamente, porque

---

53. Paul E. Greenberg e James A. Haley, "The Role of the Compensation Structure in Enhancing Judicial Quality", 15 *Journal of Legal Studies* 417 (1986).

o trabalho duro, ao que tudo indica, faz com que a habilidade aumente em progressão geométrica em vez de aritmética.

Pode parecer que os juízes fortes tendam menos a seguir a jurisprudência que os juízes fracos, por não quererem sentir-se amarrados pelas decisões dos juízes anteriores que, em geral, eram mais fracos que eles. Mas isso não está claro, e essa falta de clareza não ocorre apenas porque esses juízes fortes querem que os precedentes criados por *eles* sejam seguidos. Se o abandono ou o enfraquecimento do *stare decisis* aumentou a carga de trabalho dos juízes (o que, como vimos, é plausível, mas não certo), mais juízes serão nomeados, e a influência de cada um destes diminuirá[54]. Além disso, devemos nos lembrar da constatação de que os juízes, tanto os fracos quanto os fortes, gostam de jogar o "jogo" judicial. Esse jogo tem certas regras, uma das quais (no sistema jurídico anglo-americano) é que os juízes devem dar à jurisprudência um peso bastante grande, embora não absoluto. Dois dos mais fortes juízes da história dos Estados Unidos, Oliver Wendell Holmes e Learned Hand, respeitavam a jurisprudência.

Mas note que, quanto mais, e com quanto mais afinco, os juízes comuns se comprometem (por qualquer razão) a seguir a jurisprudência, menos incentivado o juiz extraordinário pode se sentir para fazê-lo. Suas inobservâncias da jurisprudência tenderão mais a ser seguidas, aumentando-se assim sua influência. Além disso, será menos provável que prejudiquem a prática da decisão segundo a jurisprudência e, portanto, que reduzam o efeito jurisprudencial de suas decisões. Prefiro dizer que os incentivos desse juiz para seguir a jurisprudência "podem ser" mais fracos e não que "serão", porque o juiz comum será menos propenso a acompanhar um voto que não siga a jurisprudência existente, quanto mais comprometido estiver com o respeito a esta. Não obstante, essa análise pode fornecer uma resposta parcial à questão que levantei anteriormente, sobre se o declínio da ideologia tradicional dos profissionais do direito pode levar ao aumento das violações às regras do jogo judicial. Uma situação em que a maioria dos juízes, mas não todos, respeitem essas regras pode fazer com que alguns juízes se sintam mais incentivados a violá-las. Os intrépidos juízes da época de Earl Warren desrespeitavam a jurisprudência com uma frequência incomum, mas com uma certa convicção de que seus colegas e sucessores tradicionalistas seguiriam a nova e radical jurisprudência em vez de tentarem fazer o relógio andar para trás[55].

---

54. O'Hara, nota 7 acima, p. 14.
55. Sobre essa "bola de neve jurisprudencial", ver meu livro *The Federal Courts: Crisis and Reform*, p. 217 (1985).

A desigualdade (3) pode ser empregada na previsão de diferenças de comportamento entre os juízes do Tribunal Recursal e os da Suprema Corte. Uma vez que I_J, $U_J(t_j)$ e sobretudo P_J são significativamente maiores para os primeiros que para os segundos, é de esperar, e de fato observa-se, que as "campanhas" para a nomeação ao cargo de juiz da Suprema Corte são mais frequentes e intensas e que é raro alguém recusar uma indicação. Ademais, os juízes da Suprema Corte são menos propensos que os juízes dos tribunais inferiores a renunciar para seguir outra carreira (mesmo que descontemos as diferenças de idade) ou a aposentarem-se o mais cedo possível. Embora encontrem melhores oportunidades no setor privado que os juízes dos tribunais inferiores (isto é, sua variável I_L é maior), sua perda de poder decisório e prestígio será maior. E, como $U_J(t_j)$ (a utilidade do tempo dedicado à função de julgar) é maior para os juízes da Suprema Corte que para os juízes dos tribunais inferiores (um voto qualquer, na Suprema Corte, tem mais impacto que um voto qualquer nos tribunais recursais, e os juízes da Suprema Corte decidem de que causas conhecerão, em vez de terem que conhecer de todos os recursos de sua jurisdição, como fazem os juízes do Tribunal Recursal), enquanto $U_J(t_l)$ (a utilidade do tempo dedicado ao ócio) é provavelmente igual, a expectativa é de que os juízes da Suprema Corte dediquem mais tempo ao trabalho do que os juízes do Tribunal Recursal. (Isso, porém, ocorre apenas de forma geral e está sujeito a outras ressalvas importantes, analisadas adiante.) A analogia é com a maior propensão dos eleitores a votar em eleições mais disputadas, para altos cargos, como o de Presidente da República, do que em eleições mais desiguais, para cargos secundários.

Uma vez que o número de juízes da Suprema Corte supera o número de juízes que compõem a maioria das turmas dos tribunais inferiores (nos tribunais recursais federais, por exemplo, a maioria esmagadora dos casos é conhecida e decidida por turmas de apenas três juízes), aparentemente é menor a probabilidade de um juiz da Suprema Corte dar o voto de minerva e, portanto, fazer alguma diferença para o resultado de um caso. Porém, dado o caráter mais controvertido dos casos da Suprema Corte, a quantidade destes que é decidida por um único voto é muito maior que nos tribunais recursais, onde os votos divergentes são raros.

A estimativa de que os juízes da Suprema Corte trabalhem mais que os outros juízes só é válida se descontarmos as diferenças de idade e volume de trabalho entre eles e os outros juízes. Em geral, os juízes da Suprema Corte são mais velhos que os do Tribunal Recursal Federal (isso implica que têm menos energia para trabalhar) e o volume de trabalho deles (talvez por causa disso mesmo) é menor, devido, principalmente, ao fato de poderem escolher as causas que irão julgar, o que lhes permite limitar sua carga de trabalho. Se presumirmos que a idade mais avançada e o volume de trabalho menor são fatores que se anulam mutuamente (o típico juiz da Suprema Corte trabalha menos horas, mas estas se dividem entre um número menor de casos), chegaremos facilmente à conclusão de que o típico juiz da Suprema Corte trabalha mais em cada um de seus casos que o típico juiz do Tribunal Recursal. Se, contudo, conforme parece provável, o esforço despendido pelo juiz tiver um efeito redutor sobre a satisfação obtida do ato de votar, uma redução no volume de trabalho reduzirá o esforço total do juiz em vez de apenas redistribuí-lo entre um número menor de casos. Nesse caso, a expectativa é que os juízes da Suprema Corte trabalhem menos arduamente que seus colegas do Tribunal Recursal, mesmo proporcionalmente ao número de casos. Se, como acredito, o típico juiz da Suprema Corte trabalha menos, isso implica que a utilidade marginal decrescente do esforço do juiz é compensada pela maior utilidade média advinda do maior poder que a Suprema Corte detém e da maior seletividade que impõe aos casos em comparação com os tribunais recursais.

É preciso ressaltar ainda outra diferença quanto ao volume de trabalho. Os casos decididos pela Suprema Corte tendem a ser mais delicados e controvertidos que aqueles (até os mesmos) decididos pelos tribunais inferiores. É de esperar, portanto, que, para reduzir a presença do elemento de discórdia em seu trabalho, os juízes dessa Corte adotem doutrinas que evitem a necessidade de decisão, como a falta de interesse, o envolvimento de uma questão política que não pode ser resolvida judicialmente, a ausência de um caso ou uma controvérsia reais; e que empreguem o poder de escolha advindo da discricionariedade jurisdicional que possuem, para evitar uma série de casos difíceis e controvertidos. Tornar a vida mais fácil para si mesmos não é, obviamente, o único propósito que estimula os juízes da Suprema Corte e os demais. Mas é um dos propósitos. Assim, procurei mostrar, neste capítulo, como a economia, com o auxílio de campos do conhecimento com os quais a maioria dos economistas está habituada, como a literatura e a filosofia, pode nos ajudar a alcançar uma compreensão mais exata deste e de outros fatores profundamente humanos do ofício de julgar.

capítulo 4
A profissão em crise: Alemanha e Inglaterra

A pressão que uma crise nacional exerce sobre os ideais e o comportamento dos profissionais do direito há muito fascina os estudantes de teoria do direito. Dois livros, um deles sobre os juízes e advogados no Terceiro *Reich* e o outro sobre a detenção sem julgamento na Inglaterra em tempo de guerra, debruçam-se sobre o assunto e, ao fazê-lo, provocam reflexões perturbadoras sobre os aspectos morais de uma teoria pragmática do direito.

Os juízes nazistas

Nenhuma outra comunidade de profissionais do direito enfrentou o desafio enfrentado pelos profissionais do direito alemães da época de Hitler. A avaliação convencional de como esses profissionais reagiram é a seguinte: Antes e depois desse período, e mesmo, até certo ponto, durante ele, a justiça alemã preservou sua retidão e eficiência. Certamente que Hitler subverteu as normas da legalidade; mas o fez passando por cima dos tribunais normais e estabelecendo instituições nazistas (como a *SS*, a *Gestapo* e o Tribunal do Povo, no qual foram julgados os conspiradores de 20 de julho de 1944) para exterminar seus inimigos políticos e implementar suas políticas de racismo e eugenia. Dentro de seu universo restrito, em grande parte (embora não totalmente) incontaminado pela ideologia nazista e pelos funcionários a serviço do nazismo, os juízes e advogados comuns conduziam os assuntos jurídicos corriqueiros de maneira corriqueira, por vezes até oferecendo resistência ao governo, ainda que passiva. Se esses juízes não resistiram mais, se, não raro, até fizeram cumprir as leis nazistas sem questioná-las, não o fizeram apenas por temerem por suas vidas, mas também por terem sido educados na rigorosa tradição positivista do pensamento jurídico alemão: O conteúdo do direito esgota-se nos decretos das autoridades devidamente constituídas. O juiz não pode modificar esses decretos, muito menos anulá-los, recorrendo aos princípios do direito natural[1].

Esta é a história contada pela comunidade jurídica alemã durante o pós-guerra. Embora tenha sido questionada e, por algum tempo, tenha sido tema de uma literatura crítica na Alemanha[2], ainda é amplamente aceita nos Estados Unidos. Mas é enfaticamente desafiada por um jurista alemão que escreve um terrível relato de corrupção moral e degradação profissional[3]. A história contada por Müller inicia-se, surpreendentemente, pouco depois da criação do Império Alemão, em 1871, e continua, ainda mais surpreendentemente, por mais um quarto de século depois da morte de Hitler; e tem muito pouco a ver com o positivismo jurídico. Começa com Bismarck, que preencheu o judiciário alemão com estatistas ultraconservadores cujo mote era, "Aquilo que o exército faz em nossas fronteiras nossas decisões devem fazer dentro delas!"(p. 9). Esses estatistas ainda dominavam o judiciário quando a República de Weimar decidiu manter no emprego todos os juízes imperiais e garantir-lhes estabilidade de emprego. Estes provaram ser uma força subversiva, adaptando e distorcendo as leis, de modo que esta recaiu com força total sobre os esquerdistas, enquanto deixava impunes direitistas muito mais perigosos. Para o ato de traição praticado por Hitler ao participar do Putsch de Munique, em 1923, a sentença mínima prevista

---

1. Sobre a diferença entre direito positivo e direito natural, ver *The Problems of Jurisprudence*, cap. 7. Nos círculos acadêmicos norte-americanos, a afirmação de que o positivismo preparou o caminho para o nazismo é associada principalmente a Lon Fuller. Ver seu artigo "Positivism and Fidelity to Law – A Reply to Professor Hart", 71 *Harvard Law Review* 630, 657-661 (1958).

2. Para referências exaustivas, ver Markus Dirk Dubber, "Judicial Positivism and Hitler's Injustice", 93 *Columbia Law Review* 1807, 1811 n. 17 (1993). São ilustrativos os ensaios em *Rechtsgeschichte im Nationalsozialismus: Beiträge zur Geschichte einer Disziplin* (Michael Stolleis e Dieter Simon [orgs.], 1989) ("História do direito nacional-socialista: Contribuições para a história de uma disciplina").

3. Ingo Müller, *Hitler's Justice: The Courts of the Third Reich* (traduzido para o inglês por Deborah Lucas Schneider, 1990), editado pela primeira vez em 1987, na Alemanha.

em lei era de cinco anos de prisão. Além disso, como Hitler já estava em liberdade condicional por outro delito, essa sentença não poderia ser suspensa nem parcialmente. A lei determinava, ainda, que os delinquentes estrangeiros fossem deportados, e Hitler ainda era cidadão austríaco. Não obstante, a corte sentenciou apenas seis meses de prisão, a serem cumpridos em um luxuoso castelo. A deportação foi recusada, porque, "no caso de um homem como Hitler, de ideais e sentimentos tão alemães, a opinião desta corte é que os desígnios e propósitos da lei não se aplicam" (p. 16).

Embora, segundo as leis alemãs, fosse um delito difamar publicamente a forma de governo constitucionalmente estabelecida (isto é, a República de Weimar), a Suprema Corte da Alemanha permitiu o uso do termo "república judia", sob a justificativa de que "pode denotar a nova ordem jurídica e social da Alemanha, em grande medida criada pelos judeus alemães e estrangeiros", bem como "a influência desproporcional que, na opinião de muitos cidadãos, um certo número de judeus, pequeno relativamente à população total, de fato detém" (p. 18). Não obstante, um trabalhador que empunhasse uma placa com o dizer "Trabalhadores, rompam seus grilhões!", seria preso por incitação do ódio de classe. Müller dá outros exemplos da tendeciosidade gritante dos juízes alemães durante a República de Weimar, à luz da qual não é de surpreender que Hitler não tenha visto necessidade de fazer grandes mudanças no judiciário quando tomou o poder.

Os judeus e os poucos socialdemocratas do judiciário, obviamente, perderam seu cargo, e os judeus também foram gradualmente expulsos da prática da advocacia, juntamente com figuras de caráter duvidoso, como a advogada não judia que continuava atendendo a um médico que salvara sua vida, muito embora houvesse "tomado conhecimento de que o Dr. M. era um membro da raça do judeus" (p. 66). Em 1938, os advogados judeus remanescentes foram reclassificados como "consultores jurídicos judeus" e proibidos de prestar consultoria, a não ser aos judeus. "Para o alemão, o guardião alemão da lei! Para o judeu, o consultor judeu! Os alemães podem agora voltar a se orgulhar do título de advogado!" (p. 62). A terça parte dos professores de direito alemães, composta por judeus, foi despedida e substituída por pessoas mais jovens. Estes, que ainda produziam na década de 1960, constituíam um poderoso grupo de apologistas do comportamento dos profissionais do direito da época de Hitler. Mesmo assim, não foi um desses jovens, mas sim um professor de direito que detinha sua cadeira desde 1919, que, em 1933, conclamou os colegas a "celebrar o Führer como um iluminado e um herói, que está retirando a alma alemã das trevas e conduzindo-a até a luz, mostrando a ela o caminho seguro para Valhalla, para Deus Pai na verdadeira terra natal alemã, deixando o exemplo dessa vida gótica para seus próprios irmãos, oferecendo-lhes ajuda para ajudarem a si mesmos, para que todos os alemães possam tornar-se irmãos perante Deus Pai" (70).

Livre dos judeus e dos democratas, o judiciário pôs-se, entusiasticamente, a serviço dos nazistas. O julgamento pelo incêndio do *Reichstag*, conduzido perante a Suprema Corte da Alemanha, no outono de 1933, foi um sinal. Dos cinco réus, quatro foram absolvidos, embora o promotor público tivesse requisitado a absolvição de apenas três, aparentemente por temor das possíveis reações internacionais à justiça alemã. A Corte condenou o quinto réu à morte, fundada numa lei promulgada após o incêndio; e descartou a suspeita de que os incendiários eram os próprios nazistas: "Os princípios éticos que o partido [Nacional-Socialista] impõe a si mesmo excluem a possibilidade mesma dos crimes e atos a este atribuídos por agitadores inescrupulosos" (p. 33).

Através da flexibilidade de interpretação, nazificavam-se as leis herdadas do antigo regime e amplificava-se o efeito das próprias leis nazistas. Como observou um juiz, "Eliminar os últimos traços do inimigo em nosso território é, sem dúvida, parte do processo de restauração da honra alemã. Os juízes alemães podem participar dessa tarefa através da interpretação generosa do código penal" (p. 52). Confirmando a condenação de membros do proscrito Partido Social-Democrata, uma decisão proferida em 1934 pressupunha, sem exigir prova, a veracidade do fato de que "o objetivo das atividades dos socialdemocratas foragidos no exterior é preparar a violenta dissolução da Constituição, a qual se encontra protegida pelo novo governo com o apoio de toda a população" (p. 54). A constituição a que a corte se referia era a de Weimar, muito embora o "novo governo", o de Hitler, longe de garantir a Constituição, ocupasse-se em subvertê-la.

Na maior parte das vezes, não eram os fanáticos nazistas, mas a própria comunidade conservadora, que criava a nova teoria do direito (na verdade, como veremos, as raízes desta antecedem Hitler). No novo contexto, como explicavam os profissionais mais respeitados, os juízes deveriam "emitir juízos de valor coerentes com a ordem jurídica nacional-socialista e com os desígnios das lideranças políticas; as pessoas poderiam ser punidas por um ato que, mesmo não estando previsto expressamente em nenhuma lei, merecesse "punição segundo o princípio fundamental de uma lei penal e da salutar opinião popular"; a antiga máxima "não há pena sem prévia cominação legal" era substituída pela máxima "não há crime sem pena". Quanto ao direito penal, sua "principal função é exterminar" (pp. 73-6). A iniciativa das leis raciais de Nuremberg foi de Hitler, mas o judiciário garantiu o cumprimento destas com prazer, em sentenças repletas de referências furiosas a coisas como "a impertinência dos judeus, seu desprezo pelas leis alemãs, sua libidinagem e sua falta de escrúpulos" (p. 104).

> Num exemplo monstruoso de descaro, em novembro de 1937, um judeu, plenamente consciente da firme determinação do povo alemão de, mantendo a pureza de seu sangue, garantir para sempre seu futuro, e plenamente consciente das severas penas amplamente conhecidas (...) aplicáveis aos corruptores da raça, conversou, na rua, com uma garota imediata e claramente reconhecível como de sangue alemão e fez dela sua concubina (id.).

Apesar da observação "imediata e claramente reconhecível como de sangue alemão", um judeu poderia ser culpado independentemente de todos os cuidados que tomasse para determinar se sua parceira sexual era judia. Tampouco era necessário que a "linhagem" alemã estivesse efetivamente ameaçada. Um homem judeu foi preso pelo "delito de olhar para o outro lado da rua, para Ilse S., de 15 anos ('de sangue alemão'), 'se não importunamente, ao menos de modo a chamar a atenção'" (p. 111). Outro homem judeu, que pode ter-se excitado sexualmente ao ser massageado por uma mulher alemã, embora esta não tenha notado sinal algum de excitação, foi condenado a dois anos de prisão através de um voto assinado por um juiz que continuou no cargo até 1975. No voto, o judeu era descrito como "um ser humano inferior. O delito, nesse caso, foi cometido aproximadamente três anos após a promulgação das leis de Nuremberg. O fato de o acusado ter ousado, naquele dia, abusar da testemunha como objeto de seu desejo sexual, representa um exemplo extraordinário de impertinência de sua parte" (p. 103).

Novos tribunais foram criados pelo governo nacional-socialista, como os tribunais especiais, os tribunais de saúde hereditária e o Tribunal do Povo, para dividir o trabalho sujo com os tribunais normais; e acabaram apropriando-se de grande parte da jurisdição penal destes. Mas essa delegação de autoridade não diminui a cumplicidade dos profissionais do direito com o regime nazista, pois os novos tribunais compunham-se de juízes comuns. Roland Freisler, o famoso presidente do Tribunal do Povo, não era uma ovelha negra da profissão, mas "um especialista muito citado pelos professores de direito" (p. 152).

As coisas já estavam bastante ruins antes da Segunda Guerra Mundial. Porém, depois que a guerra começou, e mesmo antes de as coisas começarem a ficar complicadas para a Alemanha, a situação ficou muito pior. O tratamento dado pelos tribunais alemães aos judeus e poloneses na Polônia ocupada era particularmente abominável. Os julgamentos eram realizados na Alemanha, mesmo se o réu não falasse alemão. Os judeus e os poloneses eram proibidos de depor sob juramento. Seu depoimento era considerado inerentemente suspeito. Uma jovem polonesa foi condenada à morte porque recebeu de presente um casaco de pele roubado da coleção de inverno das forças armadas, embora ela não soubesse que o casaco era roubado nem tivesse razão alguma para saber. Outra polonesa foi condenada à morte por ter obstruído, provavelmente sem querer, a passagem de uma alemã, em uma briga de rua iniciada por alemães. A alemã não sofreu ferimento algum. A corte considerou "inconvincente a afirmação [da polonesa] de que não percebeu se tratar de uma alemã, pois a ré deveria ter percebido que a conduta autoconfiante da Sra. Baschek era 'clara e indubitavelmente a de um alemão'" (p. 162)[4].

Mas a justiça também tratava bastante mal os alemães. Um alemão que, enquanto salvava corajosamente os objetos do interior de um prédio em chamas, tomou para si um frasco de perfume e um salsichão, foi condenado à morte junto com um colega que roubara duas barras de sabão. Muitos soldados alemães foram executados por deserção, mesmo após a rendição incondicional da Alemanha aos aliados – um curioso eco da máxima de Kant de que uma sociedade tem a obrigação moral de aplicar uma pena de morte, mesmo que, por essa sociedade estar prestes a se desintegrar, a pena não sirva a nenhuma função repressora. Müller estima que, ao final do período nazista, os tribunais alemães tinham condenado à morte 80 mil pessoas e que 80% das sentenças tenham sido executadas.

A pesquisa de Müller revelou apenas um juiz que se recusou a servir ao regime. Este era o Dr. Lothar Kreyssig, um juiz do Tribunal Regional. Em uma série de atos de insubordinação, esse homem virtuoso (um devoto do luteranismo) acabou determinando em juízo que uma série de hospitais parasse de enviar pacientes para o extermínio em campos de concentração como parte do programa de eutanásia nazista; além do que tentou fazer com que um líder do Partido Nazista fosse processado criminalmente por participar do programa. Quando o ministro da Justiça do *Reich* ordenou que Kreyssig retirasse a determinação, este se recusou e pediu sua aposentadoria antecipada. Não apenas seu pedido foi atendido, como Kreyssig recebeu aposentadoria integral, e isso em 1942. Ele viveu sem ser incomodado até o fim da Guerra.

---

4. É curioso que os juízes tenham aceito tão facilmente o estereótipo do alemão arrogante.

Com o fim da guerra e a ocupação da Alemanha, os aliados tentaram limpar o judiciário para dar espaço a juízes e professores de direito, judeus ou não, levados ao exílio pelos nazistas. Mas a comunidade jurídica alemã lutou essa batalha com unhas e dentes e acabou vencendo. Os exilados nomeados para o cargo de juiz ou professor logo após a guerra foram despedidos poucos anos depois, quando a recém-instituída República Federal da Alemanha promulgou uma lei que garantia a restituição, no cargo, de funcionários públicos (inclusive os juízes) do Terceiro *Reich*, exceto por uns poucos que haviam ocupado postos "políticos". (A medida lembra a decisão da República de Weimar de conservar no cargo os membros do judiciário imperial.) Estes, incluindo-se alguns que foram condenados no "julgamento dos juízes"[5], de Nuremberg, receberam aposentadorias generosas. Por exemplo, Franz Schlegelberger, subsecretário do Ministério da Justiça e, por um certo tempo, ministro em exercício durante o período nazista, um homem profundamente envolvido nos vários extermínios realizados pelos nazistas e condenado à prisão perpétua em Nuremberg (mas solto em 1951), recebeu uma aposentadoria mensal de 2.894 marcos alemães (sete vezes o salário mensal médio de um trabalhador especializado), mais 160 mil marcos alemães de aposentadoria retroativa, muito embora Hitler já lhe tivesse dado 100 mil marcos do *Reich*, quando de sua aposentadoria em 1942[6].

Algumas das nomeações do pós-guerra caracterizavam-se por uma inquestionável falta de bom senso. Um juiz do período de Hitler "foi nomeado para presidir um conselho em Hamburgo, incumbido de conhecer das causas das vítimas de guerra que buscavam indenização por perdas e danos. Ali, o juiz julgou ações tocadas pelos sobreviventes de seus próprios julgamentos anteriores, bem como pelos parentes daqueles que havia condenado à morte" (p. 215). O juiz que, como mencionei anteriormente, ainda estava no cargo em 1975, proferiu, nesse mesmo ano, uma decisão proibindo uma integrante do Partido Comunista de lecionar, sob a justificativa de que esta sabia "que o governo federal considera as metas desse partido político opostas à Constituição" (p. 218), da mesma forma que o judeu conhecia a política racial do governo de Hitler, materializada nas leis de Nuremberg. Em sua decisão, o juiz foi acompanhado por um colega que fora alto oficial de polícia da

---

5. Sobre o qual ver Telford Taylor, "The Nuremberg War Crimes Trials", *International Conciliation*, abril de 1949, pp. 241, 286-92.
6. Para mais informações sobre Schlegelberger, ver Ted Harrison, "Political Police and Lawyers in Hitler's Germany", 10 *German History* 226, 226-228 (1992).

SS, nos territórios ocupados, durante a Segunda Guerra Mundial. Nenhum dos juízes cujas terríveis decisões tomadas durante o período nazista são citadas por Müller perdeu seu emprego depois da guerra.

Como parte de sua política de controle da população, o regime nazista aumentara a abrangência da definição de relações homossexuais ilegais e tornara as penas mais severas. Uma lei aprovada depois da guerra proibia os juízes de fazer cumprir leis nazistas que aumentaram a pena para crimes preexistentes, mas permitia a execução de leis novas promulgadas durante o período nazista, contanto que não houvessem sido fundadas em princípios nacional-socialistas. Para contornar essas restrições, os juízes alemães do pós-guerra, primeiramente, classificaram a emenda nazista da lei do homossexualismo como uma nova lei e não como uma lei que punia com mais rigor um crime preexistente; e depois declararam que a nova lei encontrava "justificativa em fundamentos objetivos, não podendo, portanto, ser considerada parte da doutrina nacional-socialista" (p. 228), muito embora a repressão ao homossexualismo tivesse sido um projeto particular de Himmler, bem como um dos elementos fundamentais da política nazista de controle da população.

Quando, porém, os réus eram nazistas, em vez de homossexuais ou esquerdistas, todo o arsenal da casuística jurídica punha-se à disposição deles, como numa reprise da experiência de Weimar. Assim, um homem que fora chefe da *Gestapo* em Danzig durante a guerra, além de ter matado pessoalmente quatro prisioneiros ingleses, foi absolvido da acusação de cumplicidade em homicídio, porque, "quanto à execução desses quatro oficiais em Danzig, o executor foi o ex-*führer* e chanceler do *Reich*, Adolf Hitler". A corte, continuando, aplicou a doutrina da indulgência para com Hitler (!) e afirmou que "é impossível imputar a Hitler, com certeza suficiente, nem premeditação, ainda que limitada, nem intenção maligna" (p. 251). Logo, o chefe da *Gestapo* era apenas um cúmplice de homicídio não premeditado e foi condenado a dois anos de prisão.

Todas as tentativas de reabertura de casos do período nazista foram igualmente rejeitadas, já que "todos os governos, mesmo os totalitários, têm o direito de defender seus próprios interesses. Não se pode reprovar o fato de que, em tempos de crise, um governo recorra a medidas extraordinárias" (p. 288). (Isso equivale a dizer que um ladrão de banco tem o direito de se defender da polícia.) Segundo Müller, "nenhum tribunal da Alemanha ocidental jamais teve a coragem de qualificar um única decisão nazista como 'caduca'", nem mesmo a decisão do Tribunal do Povo, que condenava os conspiradores do 20 de julho, embora "Hitler tivesse anunciado publicamente a iminente execução deles, mesmo antes que o veredito fosse proferido" (pp. 285-7). Por outro lado, um tribunal da Alemanha ocidental declarou a nulidade de um julgamento de nazistas após a guerra, devido a irregularidades processuais.

A lei de reparações da Alemanha Ocidental, aplicável a pessoas que sofreram "por sua oposição ao nacional-socialismo, ou por causa de sua raça, religião ou ideologia", foi interpretada de modo estrito. Isso deixou os ciganos de fora porque, "apesar da ocorrência de considerações de ordem racial, as medidas tomadas não se basearam na raça como tal, mas sim nas características antissociais dos ciganos". Entretanto, a posição dos nazistas era que, "como regra geral, na Europa, apenas os judeus e os ciganos [possuem] sangue estrangeiro", e Himmler instruíra a *SS* e a polícia no sentido de que já era hora "de lidar com a questão dos ciganos em sua relação com a natureza da raça" (pp. 263-4).

Como Müller explica, no entanto, aquilo que, para ele, foi um século de desrespeito às normas da legalidade e da justiça pelo judiciário alemão? Tendo ressaltado a recusa dos juízes a se confinarem a um literalismo estrito, o autor naturalmente não endossa a desgastada afirmação de que a educação jurídica e a cultura alemãs eram demasiadamente positivistas. Seu livro refuta a afirmação, outrora popular entre os estudiosos de teoria do direito nos Estados Unidos (sobretudo nos círculos católicos), de que o positivismo jurídico, ao rejeitar as limitações do direito natural sobre a criação e a aplicação das leis, foi um dos fatores que levaram à ascensão do totalitarismo[7]. Müller chega a observar que a "fixação com o Estado, característica de uma grande parte do judiciário", facilitou a adaptação dos juízes às circunstâncias do Terceiro *Reich* (p. 297). A principal explicação apresentada por ele, porém, é simplesmente que os juízes que Hitler herdou da República de Weimar compunham um grupo altamente nacionalista e ultraconservador, profundamente ofendido pelas condições do antigo regime e abertamente simpatizante dos objetivos e métodos do regime nazista. Juntamente com os juízes e professores de direito nomeados na época de Hitler, esse grupo deu continuidade a certos hábitos de pensamento nazistas após a guerra; e, além disso, desejava encobrir as faltas cometidas pelo judiciário durante o período nazista.

Até agora deixei que *Hitler's Justice* [A justiça de Hitler] falasse por si. Mas há duas grandes perguntas que precisam ser feitas sobre o livro.

---

7. Edward A. Purcell, Jr., *The Crisis of Democratic Theory: Scientific Naturalism and the Problem of Value*, pp. 164-71 (1973).

A primeira é se este traça um perfil correto e equilibrado do cenário jurídico e judicial antes, durante e após o período nazista. A segunda é se fornece uma explicação convincente para esse cenário.

Não tenho razões para duvidar do rigor do livro, embora Markus Dubber, mais versado que eu na ciência jurídica e na jurisprudência alemãs, acredite que Müller tenha exagerado a continuidade desta ao longo do período que o livro abrange[8]. A questão do equilíbrio é mais geral[9]. Em *Hitler's Justice* citam-se casos, mas não se compõe um sistema. Citam-se e analisam-se muitas decisões. Estas, no entanto, foram escolhidas entre milhares de outras, e isso leva o leitor a imaginar em que medida representam uma amostragem válida. Müller observa que, durante o período nazista, a maior parte dos recursos criminais não era apresentada por réus, mas por promotores públicos, que reclamavam de absolvições equivocadas ou de sentenças demasiado complacentes. Não se deveria então elogiar os autores dessas decisões proferidas nos tribunais inferiores (invariavelmente reformadas)?

Até eu sei de uma decisão benevolente proferida por uma corte alemã durante o período nazista[10]. A decisão, confirmada em segunda instância e não analisada por Müller, afirmava que uma mulher parcialmente judia que, para satisfazer à família, participava das festas judaicas de Ano Novo, não possuía vínculos suficientes com a comunidade judaica para que se pudesse classificá-la como judia conforme as leis de Nuremberg[11]. Será que esta foi a única decisão desse tipo em doze anos? Müller também desconsidera a possibilidade de, ocasionalmente, os juízes terem proferido sentenças de prisão mais severas para proteger os réus, cuja perspectiva era serem conduzidos pela *Gestapo* a um campo de concentração após o cumprimento de sua sentença de prisão[12]. A análise que Müller faz da República de Weimar e da era moderna é limitada; e as decisões vergonhosas que ele cita, proferidas durante os dois períodos, podem ser decisões isoladas – embora ele não seja o primeiro autor a observar que os juízes subverteram o regime de

---

8. Dubber, nota 2 acima, pp. 1816-22.
9. Id., pp. 1814-5. Ver também Walter Otto Weyrauch, "Limits of Perception: Reader Response to *Hitler's Justice*", 40 *American Journal of Comparative Law* 237, 243-8 (1992), e Marc Linder, *The Supreme Labor Court in Nazi Germany: A Jurisprudential Analysis* (1987). Para Linder, ao menos o Supremo Tribunal do Trabalho atinha-se às normas tradicionais de legalidade, mesmo quando isso significava opor-se às políticas trabalhistas nazistas. Ver, por exemplo, id., pp. 61-3, 184-5.
10. Harrison, nota 6 acima, p. 227, menciona outra.
11. Ver *Law and Literature*, pp. 172-3. Os meio-judeus não praticantes não eram classificados como judeus.
12. Weyrauch, nota 9 acima, p. 244, fornece sustentação para essa hipótese.

Weimar[13]. Além disso, apesar do tratamento benevolente concedido ao juiz Kreyssig, nós, americanos, acostumados ao conforto e à segurança, somos incapazes de conceber a coragem física e moral que um alemão tinha de ter para desafiar o regime de Hitler, sobretudo após o início da guerra[14]. O autor, porém, fundado em suas impressões, defendeu que o judiciário alemão já estava corrompido há um século ou mais. Portanto, cabe agora uma réplica aos defensores deste. Porém, não vejo interessados.

A explicação de Müller para essa corrupção é mais convincente que a visão convencional, que a atribui ao caráter positivista do ensino do direito e da tradição jurídica na Alemanha. Sem dúvida, os juízes alemães do período estudado por Müller, como os de qualquer período (o que vale para nossos juízes de hoje), incorriam em preciosismos de casuística, interpretacionismo estrito, negação da responsabilidade pessoal, entre outras armadilhas do positivismo jurídico. Faziam-no, entretanto, por oportunismo, para dar a suas decisões a aparência de legalidade e aplacar eventuais arroubos de consciência. Não agiam impulsionados por um reflexo condicionado induzido pela educação que receberam. Não sofreram lavagem cerebral por parte dos professores de direito. Na verdade, rejeitavam sistematicamente o positivismo e o faziam com uma franqueza que deixaria arrepiados nossos ativistas, realistas, utilitaristas e pragmatistas judiciais. (Eu sou um desses pragmatistas e estou arrepiado.) O pensamento "abstrato" era denunciado em prol do método "teleológico", "que estimulava os juízes a identificar um determinado sentido e objetivo ideológicos por trás de uma dada lei, para depois aplicá-los à determinação" do sentido dessa lei (pp. 80-1); ou do método holístico, segundo o qual, conforme explicavam os líderes da profissão, os casos devem ser decididos "não com base na investigação analítica de seus elementos, mas apenas como totalidades, concretamente, através da identificação de sua essência" (p. 73). "Os tribunais aos quais o Terceiro *Reich* atribuiu a responsabilidade de aplicar a justiça serão capazes de cumprir essa tarefa (...) somente se não permanecerem pre-

---

13. Ver Judith Shklar, *Legalism: Laws, Morals, and Political Trials*, p. 72 (1964).
14. Weyrauch, nota 9 acima, pp. 247-8, enfatiza esse ponto ao descrever um incidente de resistência passiva da parte de um professor de direito alemão. Não devemos culpar os juízes por não serem corajosos, mas também não devemos nos esquecer do triste fato de que, para os juízes alemães, a lei mais importante era a da autopreservação. Nem devemos nos esquecer dos exemplos de coragem dos juízes colombianos ameaçados pelos cartéis de tráfico de drogas, dos juízes italianos ameaçados pela máfia e até dos juízes americanos do Sul, que fizeram cumprir decretos de dessegregação na trilha do caso *Brown vs. Board of Education*. A coragem dos juízes existe, mas não se fez visível na Alemanha.

sos à letra da lei; se penetrarem, em vez disso, no coração da lei com suas interpretações e fizerem sua parte para garantir o cumprimento das metas de formulação do direito" (p. 220). Com juízes tão prestativos, os nazistas foram poupados do trabalho de reescrever as leis a partir do zero.

Um professor de direito afirmou que "uma conduta é ilegal quando sua tendência geral quanto à avaliação da jurisprudência causa mais danos que benefícios ao Estado e seus membros". Outro excluiu a possibilidade de erro no diagnóstico das condições que justificavam a esterilização involuntária (um procedimento que trazia um risco de morte igual a 5%), afirmando que, "para os membros da família, a perda é obviamente grande, mas a raça humana perde tantos de seus integrantes devido a erros, que um a mais ou a menos não tem importância (p. 76, 121). A abordagem adotada por esses juristas no que diz respeito à ponderação do valor de direitos em conflito faz lembrar decisões como as de *Lochner* e *Buch vs. Bell* ("Três gerações de imbecis bastam")[15].

As raízes, como sempre, eram anteriores a Hitler. É particularmente digna de nota uma decisão do supremo tribunal penal que, em 1927, no apogeu do realismo jurídico americano, ampliava a defesa da ideia de necessidade justamente em um caso de aborto[16]. Um médico, convencido de que sua paciente, uma mulher grávida depressiva, poderia se suicidar se fosse obrigada a ter o bebê, realizou um aborto nela e foi processado. A lei aplicável reconhecia a defesa da necessidade, mas provavelmente exigia mais provas de perigo real que as apresentadas, e definitivamente não permitia que a defesa fosse realizada por uma pessoa que não estivesse diretamente ameaçada, como era o caso do médico. Não obstante, a causa chamava a atenção. A corte, então, criou uma defesa fundamentada no estado de necessidade (não prevista em lei) e absolveu o médico. O voto vencedor, e até os estudos acadêmicos sobre este, oferecia justificativas expressas na mesma linguagem estatista e ponderadora de interesses que caracterizaria os votos dos juízes do Terceiro *Reich*. Um especialista, por exemplo, afirmava que a questão principal era se, à luz de fontes de obrigação legal (pouco convencionais) como "as tendências da época", "esse tipo geral de conduta é mais benéfico que prejudicial aos interesses do Estado"[17].

---

15. 274 U.S. 200, 207 (1927).
16. Ver a análise do caso e de suas consequências em David Cohen, "The Development of the Modern Doctrine of Necessity: A Comparative Critique", 4 *Rechtshistorisches Journal* 215, 225-8 (1985).
17. Citado em id., p. 227, de um artigo de 1929, de Eberhard Schmidt.

É tentador inverter as coisas e atribuir uma parcela dos erros do judiciário no período de Hitler ao realismo jurídico e ao pragmatismo. Pois essas abordagens, por causa de seu ceticismo e relativismo[18], parecem carecer de limites morais firmes e de um compromisso inflexível com o estado de direito. Ademais, devido ao seu caráter instrumentalista, parecem prestar-se a que se trate as pessoas como peões em um tabuleiro de xadrez social. Mas o "peão" é um símbolo; e a preocupação do pragmatista com as consequências das coisas não deveria levá-lo a considerar as consequências de se tratarem as pessoas como peões? A identificação empática com outros seres humanos não é, portanto, algo tão pragmático quanto o ceticismo moral? O utilitarismo não insiste que o bem-estar de *todo o mundo* deve ser computado no cálculo social, mesmo o bem-estar dos criminosos e dos animais? De qualquer modo, parece improvável que os "ismos" tenham algo a ver com a conduta dos juízes alemães. Os juízes encontravam-se no meio de fortes correntes emocionais e políticas, as quais provavelmente tinham pouco a ver com teorias jurídicas.

É natural indagar se há, no próprio sistema jurídico dos Estados Unidos, características do tipo de comportamento perigoso descrito no livro de Müller. A preservação, e até o crescimento da aplicação da pena de morte no sistema americano, além de outras penas extraordinariamente severas (muitas destas por crimes intrinsecamente menores, obscuros, arcaicos ou sem vítimas); a adoção da prisão preventiva, que faz com que alguns réus de processos penais permaneçam anos na prisão aguardando julgamento; e a enorme população carcerária americana, qua acaba de passar da marca de um milhão – tudo isso faz dos Estados Unidos uma das nações civilizadas mais penais. Esta é uma situação perturbadora – talvez justificável, além de distante da justiça nazista, mas, mesmo assim, problemática.

"Distante da justiça nazista..." Claro. Mas não devemos supor que a margem de superioridade intelectual de nossos juízes em relação a nossos líderes políticos seja superior àquela que os juízes alemães do Terceiro *Reich* tinham sobre seu líder. Nunca houve um Hitler nos Estados Unidos, portanto nunca houve, nesse país, um judiciário complacente com um Hitler. Mas tivemos escravidão, segregação, leis penais contra a miscigenação ("desonra à raça"), anticomunismo radical e a prisão de dezenas de milhares de nipo-americanos inocentes durante a Segunda Guerra Mundial. A maioria dos juízes americanos consentiu

---

18. Mesmo quando feitas as devidas ressalvas a essas qualidades. Ver minha Introdução.

com essas coisas sem protestar[19]. Os juízes alemães não eram, certamente, piores que os líderes políticos alemães. Eram alemães comuns, pertencentes à classe média instruída, assim como a maioria dos juízes americanos é composta por cidadãos comuns da classe média instruída.

Duas das impressões mais firmes que o livro *Hitler's Justice* transmite são a de que a retórica jurídica possui uma flexibilidade extraordinária, graças à qual um juiz inteligente é capaz de encontrar uma vestimenta discursiva apropriada a praticamente qualquer decisão, por mais desumana que seja; e a de que os juízes alemães se identificavam intensamente com o regime nazista. Esses dois fatores representam um perigo para nós. Possuímos os mesmos recursos retóricos que os juízes alemães possuíam. Também temos alguns juízes, felizmente não muitos, que claramente sentem prazer em impor penas cruéis a pequenos traficantes de drogas. Ao engajarem-se, dessa forma, na "guerra contra as drogas", esses juízes podem fazer o leitor de *Hitler's Justice* se lembrar dos juízes alemães, os quais se definiam como soldados do fronte de batalha interno.

No final das contas, talvez o cultivo de plantas de cânhamo, a "manipulação" dos mercados financeiros, a venda de revistas pornográficas, o suborno de funcionários públicos estrangeiros, o suicídio assistido de pacientes terminais e a violação de regulamentações obscuras relativas ao financiamento de campanhas políticas acabem não parecendo ser objetos de punição mais plausíveis que a "desonra à raça". O livro de Müller pode nos ajudar a ver que, se por um lado os juízes não devem ser militantes fervorosos de movimentos populares, por outro lado não devem se deixar mergulhar tão profundamente em uma cultura profissional, a ponto de se cegarem para as consequências que suas decisões podem trazer para as pessoas; e que, além disso, devem tomar cuidado para não adotar visões totalizantes que, como o benthamismo de Grandgrind em *Hard Times*, reduzam os seres humanos individuais a números ou objetos – e não com o objetivo inofensivo de facilitar a análise acadêmica. O livro de Müller não traz sugestões de como evitar esses perigos, mas pode nos ajudar a compreender por que a maioria de nossos juízes trata os réus de processos penais, mesmo depois de condenados, com uma sofisticada forma de cortesia; e por que a justiça penal busca fazer da pena de morte, mesmo a dos mais monstruosos assassinos, um procedimento digno e até misericordioso. Os juízes alemães possuíam uma mentalidade de tipo "nós contra eles". Não viam os de-

---

19. Ver, por exemplo, Mark Tushnet, "The American Law of Slavery, 1810-1860: A Study in the Persistence of Legal Autonomy", 10 *Law and Society Review* 119 (1975).

linquentes como integrantes desviados da comunidade, mas como "inimigos internos", o equivalente de uma quinta coluna ou de uma contaminação. Excluir um indivíduo da comunidade (como no caso da escravidão ou do genocídio), seja esta a nacional ou a humana, significa transformá-lo em um proscrito, que não merece consideração alguma. Portanto, para que se possa destratar uma pessoa, ou outra criatura qualquer, mantendo-se a consciência limpa, essa pessoa ou criatura precisa ser, primeiro, excluída da comunidade dos bons. Assim, uma sociedade que deseje permitir o infanticídio pode decidir que uma criança não se torna um ser humano senão após uma determinada idade[20].

Ademais, segundo a análise de Raul Hilberg sobre a psicologia dos alemães que participaram da implementação da Solução Final, a crença na sub-humanidade dos judeus era apenas uma das crenças através das quais os alemães racionalizavam sua participação no projeto nazista. Desempenhava, portanto, um papel modesto nessa racionalização. Entre as outras crenças, estava a de que cumpriam seu dever (aqui o positivismo enfim se faz presente); que não obtinham nenhum benefício pessoal com isso; que não tinham, pessoalmente, nada contra os judeus; que sua eventual recusa em participar não teria feito nenhuma diferença; que lamentavam o que estavam fazendo; que este era o destino; que respeitavam certos limites (por exemplo, transportariam judeus, mas não participariam do extermínio propriamente dito; matariam judeus estrangeiros, mas não judeus alemães; ou matariam judeus não batizados, mas não os batizados)[21]. Além de a capacidade de racionalização ser ilimitada, não há técnica confiável de expansão da comunidade ou das afinidades humanas; tampouco faria sentido tentar expandir indefinidamente as fronteiras da comunidade. A solução para a xenofobia não pode estar na imaginação, já que esta é capaz de amplificar tanto os medos quanto as afinidades; e a expansão da comunidade relevante pode desagradar aos membros da comunidade mais restrita, como quando os defensores dos direitos dos animais impedem a realização de experiências científicas que podem ajudar os seres humanos. Mesmo assim, uma das mais extraordinárias características do regime nazista era a restrição das comunidades nacional e humana através da exclusão de grupos previamente considerados integrantes de ambas. Devemos nos manter conscientes ao menos *disso*. Os opositores do aborto alegam que nós não ouvimos o aviso, e podem observar que o Tri-

---

20. Ver *Sex and Reason*, p. 289.
21. Raul Hilberg, *The Destruction of the European Jews*, vol. 3, pp. 993-1029 (ed. rev., 1985).

bunal Constitucional da Alemanha, mais consciente dos perigos envolvidos na exclusão de membros da comunidade, recusou-se a reconhecer um direito geral de aborto – ao que os defensores do direito de aborto poderiam responder que as atitudes do tribunal alemão são o produto de uma determinada experiência nacional e que há mais motivos para proteger os judeus que para proteger fetos. Conforme o debate vai se concentrando em questões mais específicas, as implicações inquietantes de *Hitler's Justice* se reduzem. Permanecem, no entanto, visíveis a distância, como um lembrete sinistro da precariedade da civilização e da fragilidade de uma cultura jurídica.

Detenção sem julgamento na Inglaterra durante a guerra

Sugeri que a diferença de caráter entre os juízes americanos e os do Terceiro *Reich* representa a diferença entre os Estados Unidos e o Terceiro *Reich* e não a diferença entre os juízes anglo-americanos e os juízes alemães. Em defesa disso, bem como para possibilitar uma análise adicional das críticas ao pragmatismo jurídico apresentadas no livro de Müller, debruço-me sobre o estudo do programa britânico de detenção sem julgamento durante a Segunda Guerra Mundial, realizado por Brian Simpson, historiador inglês do direito[22].

O veículo jurídico para o programa foi uma regulamentação (Regulamentação 18B) promulgada pelo Gabinete em conformidade com o orçamento emergencial de defesa aprovado pelo parlamento uma semana antes de a Alemanha invadir a Polônia. Uma regulamentação semelhante estivera em vigência na Primeira Guerra Mundial, quando o ministro do Interior argumentara com sucesso contra a diferenciação rigorosa entre estrangeiros alemães e cidadãos naturalizados britânicos nascidos na Alemanha; entre cidadãos naturalizados britânicos nascidos na Alemanha e cidadãos britânicos nativos de ascendência alemã; e, por fim, entre cidadãos britânicos de origem alemã e cidadãos britânicos de qualquer origem que tivessem "relações hostis" (p. 13) – todos eles eram perigosos e estavam sujeitos à detenção sem julgamento. Sobre essa estratégia eminentemente pragmática, Simpson comenta: "Nenhum indivíduo seriamente comprometido com o estado de direito pode aceitar [esse] argumento. A função do direito é apenas traçar linhas seguras de demarcação entre o que é meu e o que é seu, entre a culpa e a inocência e entre cidadãos e não cidadãos" (pp. 13-4).

---

22. A. W. Brian Simpson, *In the Highest Degree Odious: Detention without Trial in Wartime Britain* (1992).

A regulamentação 18B autorizava o ministro do Interior a prender qualquer indivíduo, caso houvesse "motivos suficientes para crer" que este fosse "de origem hostil ou [mantivesse] relações hostis, ou [houvesse] se dedicado a atos prejudiciais à segurança pública ou à defesa do reino, bem como à preparação ou instigação de tais atos"[23]. O indivíduo detido tinha o direito de apresentar suas objeções perante uma comissão consultiva nomeada pelo Ministério do Interior. O presidente da comissão deveria "informar o objetor das justificativas em que a ordem [de detenção, ou alguma restrição mais leve, como a prisão domiciliar ou o confinamento em algum lugar determinado] se fundou e fornecer-lhe as informações que, no entender do presidente, sejam suficientes para que o objetor possa apresentar sua defesa". Após ouvir a defesa, a comissão consultiva deveria aconselhar o ministro do Interior a dar continuidade à ordem de detenção ou a suspendê-la. Não se especificava nenhum direito à revisão do processo administrativo por um segundo grau de jurisdição.

De um total de 1.847 ordens de detenção executadas, 1.145 foram contra "cidadãos inquestionavelmente britânicos" (p. 223) – e não contra estrangeiros, pessoas nascidas em países com os quais a Inglaterra estava em guerra e pessoas de nacionalidade incerta. A grande maioria das ordens foi emitida em maio, junho e julho de 1940, quando a situação da Inglaterra na guerra estava em seu ponto mais desfavorável. O ápice foi no mês de junho, durante o qual foram emitidas 826 ordens, embora nem todas tenham sido executadas. O nome das pessoas a serem detidas era fornecido ao Ministério do Interior pelo Serviço de Segurança, mais comumente conhecido (atualmente) como "MI5", por ter sido um braço da inteligência militar. A recomendação do Serviço de Segurança era apreciada (embora não raro mecanicamente) pelo ministro do Interior e, se aprovada, a pessoa era imediatamente detida e presa, sem mandado. Se um detento registrasse queixa, ser-lhe-ia concedida uma audiência perante uma das comissões consultivas, embora frequentemente só depois de muitos meses. Ele poderia buscar o aconselhamento de um advogado, mas este não poderia comparecer à audiência. As comissões consultivas eram compostas por distintos cidadãos privados e seu presidente era um advogado. A audiência frequentemente levava o ministro do Interior a recomendar a libertação do prisioneiro. O Serviço Secreto, embora muitas vezes se opusesse à recomendação, geralmente a respeitava. A maioria dos prisioneiros era libertada após alguns meses; pouquíssimos ficaram presos até o fim da

---

23. A regulamentação é reproduzida em id., pp. 424-5.

guerra. Alguns levaram seu caso à justiça, principalmente através de *habeas corpus*, mas todos malograram.

Dentre os detentos, o maior grupo era o dos membros e ex-membros do Sindicato dos Fascistas Britânicos, liderado por *Sir* Oswald Mosley (este e a esposa estavam entre os detidos), bem como de outras associações pró-nazistas ou fascistas. Também entre os detidos estavam um parlamentar, um almirante aposentado e um par do reino. Para o Serviço Secreto, as pessoas que deveriam ser detidas representavam uma quinta coluna em potencial, que destruiria a vontade de lutar dos britânicos e, no caso de uma invasão alemã, auxiliaria o exército alemão. Hoje está claro que o Serviço Secreto superestimou o perigo das atividades subversivas na Inglaterra. Os subversivos em potencial eram poucos e, em sua grande maioria, excêntricos inofensivos, como o veterinário que, depois de solto, escreveu uma autobiografia intitulada *Out of Step: Events in the Two Lives of an Anti-Jewish Camel Doctor* [Descompasso: Acontecimentos nas duas vidas de um médico de camelos antissemita]. Mesmo os líderes e membros mais importantes do Sindicato dos Fascistas eram, com poucas exceções, fiéis ao seu país, embora fossem propensos a admirar a Alemanha e criticar a Inglaterra por ter entrado na guerra do lado da França e da Polônia. A atitude equivocada do Serviço Secreto logo tornou-se evidente inclusive quanto a esse ponto; e a não revogação da Regulamentação 18B após o verão de 1940 foi, em grande medida, um prêmio de consolação para o Partido Trabalhista, um arqui-inimigo do Sindicato dos Fascistas. Churchill foi, desde o início, cético quanto à existência de uma quinta coluna na Inglaterra. Foi ele quem, mais tarde, durante a guerra, descreveu a detenção sem julgamento como "execrável em todos os sentidos" e como "fundamento de todo regime totalitário, seja nazista, seja comunista" (p. 391).

Para uma nação de 47 milhões de pessoas engajadas em uma luta desesperada pela sobrevivência, as detenções foram pouco numerosas e, em geral, breves. Ademais, o superdimensionamento do perigo subversivo é compreensível, pois, na época, acreditava-se piamente que a queda da maioria dos inimigos da Alemanha, um por um, devia-se ao "inimigo interno". De fato, os próprios alemães – que, como vimos na primeira parte deste capítulo, estavam preocupados com seu próprio "inimigo interno" – atribuíram sua derrota repentina, no outono de 1918, a conspirações desse tipo. O termo "quinta coluna" originara-se na recém-terminada Guerra Civil espanhola, e Franco a considerou um dos fatores que possibilitaram sua vitória. Em circunstâncias muito mais graves que aquelas enfrentadas pelos Estados Unidos depois de Pearl Harbor, os ingleses reagiram ao perigo do "inimigo interno" com muito mais moderação que aquela demonstrada pelo governo americano quando decidiu aprisionar os cidadãos americanos de origem japonesa residentes na Costa Oeste[24].

Simpson era criança durante a Segunda Guerra Mundial, mas já tinha idade suficiente para guardar em sua memória os acontecimentos da época. Portanto, o vigor com que, depois de adulto, ele critica o programa de detenção adotado pela Inglaterra na época da guerra demonstra uma grande objetividade de sua parte. Suas críticas são realmente contundentes; e se concentram em três instituições envolvidas no programa: o Serviço de Segurança, o Ministério do Interior e o Judiciário. A chave de sua análise do Serviço Secreto está na afirmação de que "órgãos de inteligência atraem pessoas excêntricas e suspeitas" (p. 92)[25], ao menos em tempos de paz. O Serviço de Segurança se estagnara no período entre as duas guerras mundiais. Logo, quando a Segunda Guerra começou, o órgão não estava equipado com pessoal qualificado para desempenhar as muitas tarefas que lhe foram atribuídas, incluindo-se a imposição da Regulamentação 18B. Encontrava-se "engajado na perseguição de fantasmas" (p. 92). Afinal, "aqueles que acreditam que o inimigo está entre nós", como era naturalmente o caso do Serviço Secreto, "têm a mente imunizada contra qualquer tipo de prova; a ausência de provas evidencia a extrema perícia do inimigo" (p. 108). Além disso, "os mecanismos que resguardam [os serviços secretos] da necessidade de prestar contas à sociedade, contribuem para a diminuição da confiabilidade destes" (pp. 410-11).

Para Simpson, o Ministério do Interior tem menos culpa no cartório. (O Serviço Secreto não era parte do ministério; aparentemente reportava-se diretamente ao Gabinete.) "Em geral, parece que os funcionários do Ministério do Interior mantinham-se genuinamente dentro da legalidade, embora houvesse uma disposição para forçar a barra e transgredir as regras nos momentos em que isso parecesse servir ao interesse público" (p. 415). A maior crítica de Simpson é que os servidores públicos do Ministério do Interior eram incrivelmente hostis à transparência do Estado e ao controle judicial de constitucionalidade. Mas Simpson critica também as prisões repentinas, realizadas pela Seção Es-

---

24. Esta e outras supressões das liberdades civis nos Estados Unidos em tempo de guerra são analisadas em J. Gregory Sidak, "War, Liberty, and Enemy Aliens", 67 *New York University Law Review* 1402 (1992).

25. Como Harold Kurtz, posteriormente "incumbido de registrar as últimas palavras dos criminosos nazistas incompetentemente enforcados pelo carrasco americano, uma incumbência que decerto não enobrecia seu vício de beber".

pecial da Scotland Yard, que integra o Ministério do Interior, bem como as condições das prisões onde se mantinham os detentos (também administradas pelo Ministério do Interior). "Por suas consequências sociais imediatas, uma prisão era como um ataque cardíaco, ou como uma visita da *Gestapo*" (p. 87). Não havia um dispositivo que obrigasse o governo a informar aos parentes que a pessoa fora presa, ou onde estava detida. Embora essas pessoas, por não terem sido acusadas nem condenadas por nenhum crime, supostamente devessem ser tratadas com consideração, na verdade eram tratadas como detentos comuns, ao menos durante o período das prisões em massa. Por vezes se separavam as mães de seus filhos pequenos. Além disso, nem sempre se atendiam adequadamente as necessidades médicas dos detentos. Simpson atribui "o aparente caráter desumano" das detenções à insensibilidade dos funcionários do Ministério do Interior: "Grande parte das ações que o Ministério do Interior tomou, ou ainda toma, é intrinsecamente muito desagradável (...). É preciso um certo grau de objetividade para lidar com essas questões (...). Servidores públicos lidam com arquivos e não com pessoas" (p. 415).

Os profissionais do direito são descritos de forma bastante desfavorável por Simpson. "Os juízes não fizeram praticamente nada pelos detentos, fosse para assegurar a liberdade destes, para preservar-lhes os direitos previstos na regulamentação, para perscrutar a legalidade das ações do Ministério do Interior, ou para garantir compensações quando as coisas davam errado. Como categoria profissional, os profissionais do direito também não fizeram nada. Conforme pude averiguar, não era fácil sequer persuadir um advogado a representar um detento" (pp. 418-9). A postura judicial era essencialmente a de que, desde que o Ministério do Interior tivesse agido com base em uma suspeita razoável de que o detento se encaixava em um dos critérios da regulamentação, sua detenção era legal. Como, entretanto, os juízes não exigiam que o Ministério do Interior lhes enviasse as provas nas quais se fundavam suas suspeitas, não podiam avaliar se estas eram razoáveis. Ficavam, portanto, impotentes para dar ao processo uma revisão digna do nome. Os arquivos eram secretos, mas os juízes poderiam tê-los examinado *in camera*, porém não o fizeram. Bradavam "a tradicional conversa fiada judicial sobre a liberdade do sujeito" (p. 364), mas aceitavam de bom grado "a declaração [de que existiam fundamentos razoáveis para a ordem de prisão] como definitiva, desde que não surgissem irregularidades formais" (p. 328). Um juiz chegou a divergir da negação de um *habeas corpus*, dizendo que "os juízes não podem ser tratados como 'camundongos chiando embaixo de uma cadeira do Ministério do Interior'" (p. 328), mas apagou de seu voto essa frase memorável. De todo modo, "sua preocupação não era tanto com as liberdades civis, mas com o *status* do juiz" (p. 329). "A única coisa capaz de impelir os juízes a agirem era a falta de respeito explícita para com sua posição (...). Os juízes estavam dispostos a agir como camundongos, desde que fossem tratados como leões" (p. 331).

Não tenho repertório para contestar as críticas específicas de Simpson, mas acho que seu veredito geral acerca do programa de detenção é severo demais, além de nada pragmático. A severidade está evidente nas passagens que citei, mas surge com ainda mais clareza nas apreciações sumárias espalhadas pelo livro. Para Simpson, o papel reservado à lei no estado de coisas resultante da Regulamentação 18B era o de "instrumento através do qual o estado de direito seria abolido e substituído pela discricionariedade do executivo, a ser exercida secretamente por cavalheiros em defesa do interesse público" (p. 44). "O regime jurídico vigente na Inglaterra durante a guerra era o de um Estado totalitário" (p. 46). "Em nome da liberdade, a Inglaterra havia se transformado, em poucas semanas, em um Estado totalitário" (p. 190). "Durante a guerra, a Inglaterra não era, de forma alguma, um Estado democrático" (p. 282).

Há muitas razões para a severidade das considerações de Simpson. Uma delas é um uso pouco crítico dos termos "democracia" e "totalitário". Para Simpson, está implícito que estas são as únicas formas de governo possíveis. Assim, qualquer forma de governo que não for uma das duas será a outra; e, sobretudo, qualquer Estado que não coincidir com uma determinada concepção de Estado democrático será totalitário. Essa classificação binária ofusca importantes distinções. A ação da Inglaterra de suspender o *habeas corpus* por um breve período durante a guerra não se iguala à completa extinção da liberdade, da legalidade e da democracia pela Alemanha nazista e pela União Soviética, tanto na guerra quanto na paz. Não devemos esquecer que o eleitorado britânico tirou do poder Churchill e o Partido Conservador antes do fim da guerra, um desfecho impensável em um Estado totalitário. Os Estados Unidos não deixaram de ser uma democracia em 1942, mesmo tendo prendido milhares de cidadãos injustificadamente.

Afirmar que a democracia foi suprimida quando se permite a detenção sem julgamento é não perceber a tensão entre legalidade e democracia, a que me referi na Introdução. Conforme reconhece Simpson, não houve pressão popular pela revogação da Regulamentação 18B, mesmo quando a situação emergencial já havia passado. Os fascistas e seus simpatizantes eram extremamente impopulares, o que não é nenhuma surpresa, e o povo inglês estava *contente* de vê-los detidos. Essa regulamentação "antidemocrática" não ia de encontro à vontade popular, mas sim a atendia. É verdade que mesmo medidas populares de repressão dos politicamente impopulares podem abalar a democracia. A democracia plebiscitária, mesmo a ateniense (a qual, manifestamente, carecia de proteção legal aos direitos civis), não é a melhor forma de democracia. Mas é um certo exagero chamar um regime de *totalitário* pura e simplesmente por este não *restringir* adequadamente as preferências democráticas. A democracia liberal é um meio, não um fim; e um dos fins a que esta serve como meio é a sobrevivência da nação em face de um país totalitário em missão de conquista[26]. Uma democracia liberal não é mais totalitária por suprimir algumas liberdades civis em tempos de guerra, do que por nomear, em vez de eleger, os membros de suas forças armadas.

Outro fator que influencia a avaliação negativa de Simpson acerca das detenções sem julgamento é uma indisposição para aceitar as pessoas e as instituições como elas são. É fato, e um fato bastante compreensível, que um serviço de inteligência atrai pessoas excêntricas e pouco confiáveis em tempo de paz e, portanto, não está preparado para as agruras da guerra. São também fatos, e novamente bastante compreensíveis, que os servidores públicos ficam descontentes com interferências políticas e judiciais em seu trabalho, que os policiais e agentes carcerários são pessoas menos delicadas que os professores e que seu próprio trabalho os transforma em pessoas menos sensíveis. Como disse Hamlet, "a mão que é pouco usada tem o tato mais fino". Outro fato é que os juízes zelam por seu *status* e relutam em fiscalizar o executivo em questões de segurança nacional. O judiciário norte-americano, tão celebrado por sua independência, confirmou o deslocamento dos japoneses, confirmou a constitucionalidade da Lei Smith até o momento em que esta começou a dar para trás, e concebeu doutrinas engenhosas para minimizar a intervenção dos juízes nas ações militares e na política externa. As pessoas são o que são; estão sujeitas a falhas e à incompetência profissional. Não é de esperar, portanto, que a administração de um programa de detenção sem julgamento em tempo de guerra venha a ser um exemplo de eficiência e retidão. A questão é se o programa, dados os inevitáveis abusos de poder, vale a pena em termos gerais. Em caso positivo, vale apontar os abusos, mas estes não condenam o programa.

---

26. Comparar com a advertência do juiz Jackson, em seu voto divergente no caso *Terminiello vs. Cidade de Chicago*, 337 U.S. 1, 37 (1949), quanto ao perigo de transformar a Declaração de Direitos em um pacto suicida.

A falta de um referencial de comparação é outro fator intimamente relacionado aos demais como fonte da reprovação de Simpson à reação de seu país diante da situação emergencial nacional. As liberdades civis dos tempos de paz são um luxo que as nações em guerra por sobrevivência consideram-se, não sem razão, incapazes de sustentar. Mesmo que rejeitemos (o que é aconselhável) a absurda concepção de razão de Estado dos juízes alemães, a pergunta realista que o libertário dos direitos civis deve fazer não é se a Inglaterra suprimiu as liberdades civis com mais força do que parecia necessário na época, ou do que parece necessário hoje, quando olhamos em retrospectiva; mas se foi mais comedida que outras nações seriam, ou foram, em circunstâncias semelhantes. Até onde sou capaz de julgar, a resposta é que foi, sim, mais comedida[27] – que os Estados Unidos, por exemplo, que se encontravam bem menos ameaçados. Obviamente, o emprego de critérios relativos implica riscos, pois é antipragmático pressupor a impossibilidade de aperfeiçoamento das práticas já existentes. A gestão da Regulamentação 18B causou muito desconforto e, ao menos em retrospecto, parece não ter contribuído significativamente para a sobrevivência da Inglaterra nem encurtado a guerra. Devemos procurar tirar dessa experiência lições capazes de ajudar a Inglaterra e os Estados Unidos a lidarem mais eficazmente com o problema da segurança interna em tempo de guerra, na próxima vez que o problema surgir. A única lição que Simpson tira, porém, é que a Inglaterra não deveria ter destruído "cerca de 99% dos registros públicos sobre a detenção sem julgamento, prática esta que é de uso comum" (p. 422), tampouco deveria, meio século depois, recusar o acesso à maior parte dos registros remanescentes. É claro que o autor está certo, mas essas afirmações dão ao livro um final anticlimático. Será que o maior pecado do governo britânico, no que concerne ao programa de detenção sem julgamento, foi tornar mais difícil para os pesquisadores acadêmicos a tarefa de escrever a história do programa?

Não estou certo sobre quais desses pontos seriam rejeitados por Simpson, já que seu livro é bastante ambíguo acerca da Regulamentação 18B. Ele menciona o temor do governo "de que o horror das trincheiras produzira um estado de coisas (simbolizado pela celebrada moção 'pelo rei e pela pátria', debatida e aprovada na *Oxford Union Society*) que tornara extremamente difícil para o governo sequer conduzir a guerra" (p. 46). O autor reconhece a "crença generalizada" – embora, mais uma vez, equivocada – "de que a derrota da Noruega foi cau-

---

27. Simpson chega a observar isso (p. 413), mas logo muda de assunto.

sada por traidores como Quisling" (pp. 98-9). Também reconhece que o Sindicato dos Fascistas Britânicos "era a favor da Alemanha, abalava o moral da nação e poderia aprontar alguma" (p. 167), e que "uma quinta coluna britânica, isto é, um grupo de indivíduos que, com algum grau de organização, ajudava o inimigo, de fato existia" (p. 171). Embora considere "bastante estranha, para uma democracia liberal (...), a aceitação [pela Câmara dos Comuns] da detenção de um de seus próprios membros em condições totalmente secretas", Simpson admite que aqueles "eram tempos de desespero" (p. 282). Ademais, "o senso comum também sugere que as detenções realizadas conforme a Regulamentação 18B podem ter, em alguns casos, impedido indivíduos simpatizantes da Alemanha de tentar realizar atos de espionagem ou sabotagem e contribuído para o controle do IRA, ou para prevenir o vazamento de informações sobre a campanha da Normandia" (p. 412). A Regulamentação 18B pode até "ter salvado alguns indivíduos da violência e da condenação a longos períodos de prisão ou até mesmo à morte", já que representava uma maneira relativamente tolerante de lidar com pessoas odiadas e tidas como perigosas (p. 422)[28]. Os juízes, por sua vez, "podem ter agido corretamente ao conceder o conflito [entre eles e o Ministério do Interior] em função do *status*: não tanto o *status* pessoal deles, mas o da instituição à qual pertenciam".

O mais importante é que o Gabinete havia sido orientado, em maio de 1940, no sentido de que, mesmo que a França fosse derrotada, a Inglaterra poderia lutar, "desde que os ingleses mantivessem a confiança (...). Consequentemente, recomendava-se também o combate severo à quinta coluna" (p. 185). Esse "tipo específico de necessidade política, de demonstrar uma determinação implacável a continuar combatendo a Alemanha a qualquer custo (...)" (p. 412), é, dentre as justificativas da Regulamentação 18B, a mais forte. Àqueles que "veem a detenção sem julgamento pura e simplesmente como algo errado em princípio (...), talvez valha lembrar que qualquer objeção absoluta a essa prática torna-se problemática, a menos que também exclua a prisão preventiva de acusados de crimes e a prisão de deficientes mentais, ou ao menos explique por que estas práticas são justificáveis" (p. 413). Embora, para Simpson, ninguém que respeite o estado de direito possa aceitar o tipo de reinterpretação do direito tradicional provocado pela Regulamentação 18B, ele acaba depositando sobre o "ceticismo pragmático" (id.) suas dúvidas a respeito da necessidade da regulamentação.

---

28. Mais ou menos como as sentenças de prisão na Alemanha, que salvavam algumas pessoas da *Gestapo*, pelo menos por um tempo.

A ambiguidade de Simpson estimula os leitores a fazerem seu próprio juízo. Se, como ele sugere, a prova dos noves é o pragmatismo, meu juízo é que o governo britânico estava certo (*ex ante*, não *ex post* – *ex post*, o programa foi certamente um erro) ao promulgar e fazer cumprir a Regulamentação 18B, e que os erros, as injustiças e os sofrimentos resultantes eram simplesmente inevitáveis, em vista da natureza do programa, bem como dos recursos humanos e institucionais disponíveis para sua administração. Em algum nível de generalidade, não há dúvida de que as justificativas pragmáticas para a Regulamentação 18B e as justificativas pragmáticas para a jurisprudência nazista coincidam, conforme o uso indiscriminado que Simpson faz da palavra "totalitário" nos convida a pensar. Mas esse nível é alto demais. O pragmatismo exige um envolvimento mais próximo com os fatos; e estes justificam o programa britânico, enquanto condenam o alemão.

# PARTE DOIS
Teoria constitucional

capítulo 5
O raciocínio jurídico de cima para baixo e de baixo para cima

Nos cinco capítulos desta parte do livro, examino alguns dos mais brilhantes estudiosos contemporâneos de teoria constitucional. A preocupação comum desses teóricos, e também da maioria dos teóricos constitucionais de hoje, é com a legitimidade de um conjunto relativamente pequeno de decisões famosas da Suprema Corte, a respeito de direitos do indivíduo. A teoria constitucional não precisa necessariamente ter um foco tão restrito e tão inexoravelmente normativo, ainda que ignoremos o fato de que a Constituição faz muito mais que conferir direitos; ela também define a esfera de competência de cada um dos poderes do Estado. Seria bom se os estudiosos da Constituição prestassem mais atenção aos aspectos positivos de seu objeto de estudo, sobretudo às causas e consequências dos direitos, deveres e poderes constitucionais, bem como da estrutura da Constituição[1]. Mas não é disso que se trata aqui. Minha intenção é, tomando suas teorias constitucionais em si mesmas, mostrar que estas não são mais satisfatórias que a de Her-

1. Richard A. Posner, "The Constitution as an Economic Document", 56 *George Washington Law Review* 4 (1987). Para um bom exemplo da literatura positiva sobre constitucionalismo, ver Donald J. Boudreaux e A. C. Pritchard, "Rewriting the Constitution: An Economic Analysis of the Constitutional Amendment Process", 62 *Fordham Law Review* 111 (1993), analisado no Capítulo 7.

bert Wechsler, examinada no Capítulo 1. Entre as razões disso, estão a inadequação do raciocínio jurídico convencional, que permeia as teorias constitucionais, mesmo as mais anticonvencionais, bem como dos métodos da filosofia analítica, aos quais o raciocínio jurídico convencional se assemelha; a falta de preparo dos teóricos constitucionais; e, relacionada a ambos os pontos, a falta de percepção dos fatos que caracteriza tão marcantemente a pesquisa acadêmica do direito em geral. Por mais politicamente avançados que sejam esses teóricos, a mão invisível do cartel da profissão continua pesando fortemente sobre o pensamento deles.

Dois estilos de raciocínio jurídico

O estilo dominante nas teorias constitucionais modernas é aquilo que chamo de raciocínio "de cima para baixo". Utilizarei, como exemplo, os argumentos de Ronald Dworkin pelo direito de aborto[2]; para depois, então, confrontá-los com o raciocínio "de baixo para cima" e rejeitar ambos os tipos, em favor da abordagem pragmática.

No raciocínio de cima para baixo, o juiz, ou outro analista jurídico, inventa ou adota uma teoria sobre algum campo do direito, quiçá sobre o direito em geral, e a utiliza para organizar, criticar, aceitar, rejeitar ou distinguir os casos decididos, bem como para inventar justificativas para estes; ou, ainda, para ampliar seu alcance e fazer com que se encaixem na teoria, gerando-se assim, em cada novo caso que surja, um resultado coerente com a teoria e com os casos por esta revestidos de autoridade. A teoria não precisa – talvez nunca possa – ser extraída "do" direito, e certamente não precisa ser articulada em jargão jurídico.

No raciocínio de baixo para cima, que inclui conhecidas técnicas do jurista, como o "raciocínio por analogia" e a interpretação conforme o "sentido ordinário", o indivíduo parte da letra de uma lei ou outra promulgação, ou então de um caso ou conjunto de casos, mas não vai muito longe. Não há intersecção entre os dois tipos de raciocínio.

---

2. Dworkin, "Unenumerated Rights: Whether and How *Roe* Should Be Overruled", 59 *University of Chicago Law Review* 381 (1992); Dworkin, *Life's Dominion: An Argument about Abortion, Euthanasia, and Individual Freedom*, caps. 1-6 (1993) [trad. bras. *Domínio da vida: aborto, eutanásia e liberdades individuais*, São Paulo, WMF Martins Fontes, 2003]. Hoje sabemos (sobretudo depois que o juiz White, um dos juízes que apresentaram voto divergente no caso *Roe*, foi substituído, na Suprema Corte, pelo juiz Ginsburg) que a decisão de *Roe vs. Wade*, na medida em que sustenta que a Constituição proíbe as mulheres adultas de fazerem aborto no início da gravidez, não será reformada no futuro próximo. *Planned Parenthood vs. Casey*, 112 S. Ct. 2791 (1992). Mas isso não afeta as questões teóricas levantadas pela análise de Dworkin.

Costumo ser associado a diversas teorias do primeiro tipo. Uma delas, essencialmente positiva (descritiva), afirma que a melhor maneira de compreender o *common law* é a partir de uma pressuposição de tipo "como se", segundo a qual os juízes procuram maximizar a riqueza da sociedade. Outra, essencialmente normativa, afirma que os juízes devem interpretar as leis antitruste de modo que as adapte aos ditames da maximização da riqueza. O pioneiro no desenvolvimento desta teoria foi Robert Bork, desafeto de Ronald Dworkin[3]. Bork chama sua teoria de "maximização do bem-estar do consumidor"[4], o que não passa de um eufemismo para maximização da riqueza. O autor divide os casos de direito antitruste que passaram pela Suprema Corte em uma tradição regida pelos princípios da maximização da riqueza e uma tendência que desvia dessa tradição; e defende o combate a essa tendência[5].

O próprio Dworkin é comumente associado a uma teoria do direito constitucional que trata esse direito como expressão de princípios liberais, o que para o autor implica, por sua vez, princípios igualitários. Richard Epstein defende uma visão do direito constitucional semelhante a essa, em termos gerais, mas não mede seu liberalismo pelo igualitarismo, e sim pela liberdade econômica. A teoria do direito constitucional de John Hart Ely, por sua vez, é diferente, mas igualmente ambiciosa, já que junta todos os elementos, em prol da causa da promoção dos valores da democracia representativa. Há também uma outra teoria, de Bruce Ackerman, e ainda outra, do próprio Bork. Mas esta está mais para uma antiteoria. (As teorias constitucionais de Bork, Ackerman e Ely são tema de capítulos posteriores.) Entre os teóricos de gerações mais antigas e adeptos do raciocínio de cima para baixo, um dos mais famosos é Christopher Columbus Langdell, para quem os casos mais importantes são, para quem souber compreendê-los, vias de acesso aos conceitos do direito puro[6]. Antes de Langdell, por sua vez, pode-se citar Hobbes.

---

3. Ver os seguintes artigos de Dworkin: "Reagan's Justice", *New York Review of Books*, 8 de novembro de 1984, p. 27; "The Bork Nomination", *New York Review of Books*, 13 de agosto de 1987, p. 3, reeditado em 9 *Cardozo Law Review* 101 (1987); "From Bork to Kennedy", *New York Review of Books*, 17 de dezembro de 1987, p. 36; "Bork's Jurisprudence", 57 *University of Chicago Law Review* 657 (1990).
4. Robert H. Bork, *The Antitrust Paradox: A Policy at War with Itself* 7 (1978).
5. Bork, "The Rule of Reason and the Per Se Concept: Price Fixing and Market Division (Part I)", 74 *Yale Law Journal* 775 (1965); Bork, "The Rule of Reason and the Per Se Concept: Price Fixing and Market Division (Part II)", 75 *Yale Law Journal* 373 (1966).
6. Cf. Thomas C. Grey, "Langdell's Orthodoxy", 45 *University of Pittsburgh Law Review* 1, 16-20 (1983).

Não obstante, o raciocínio de baixo para cima é mais comum e, até mesmo, mais venerado[7]. Faz parte dessa tradição o refrão, incansavelmente repetido nos votos dos juízes, segundo o qual, ao interpretar uma lei, o juiz deve começar transcrevendo as palavras desta. E todos nós, juristas, lembramo-nos de nosso primeiro dia na faculdade de direito, quando levamos para casa a tarefa de ler, para cada uma das disciplinas, não um resumo ou uma abordagem teórica de cada área, mas um caso – um caso, ademais, que deveria se situar a meio caminho do desenvolvimento histórico ou lógico de cada área e não no início deste. Aqueles que, como eu, forem juízes do Tribunal Recursal, também se lembrarão de seu primeiro dia de trabalho, quando receberam uma pilha de recursos de áreas sobre as quais nada sabiam, e foram informados de que, em alguns dias, ouviriam a sustentação oral para depois darem o voto preliminar.

Alguns juristas questionam se o raciocínio de baixo para cima significa grande coisa. Dworkin acha que não. Em sua vasta obra, o autor revela pouco interesse pelo texto da Constituição, ou pela estrutura desta (isto é, por como suas diversas partes – artigos, seções, cláusulas e emendas – funcionam em conjunto), pela coerência e pelos detalhes das complexas leis que analisa, como o Título VII da Lei dos Direitos Civis (*Civil Rights Act*) de 1964, ou por qualquer corpo mais amplo de jurisprudência. Seu universo jurídico implícito consiste de uns poucos princípios gerais retirados de uns poucos casos, não raro abstratos. A uma Constituição de "princípios", ele opõe uma "detalhada" e não deixa dúvidas de que prefere a primeira. Chega a afirmar que deseja e que nós temos "um Estado não de homens e mulheres, ou mesmo regido pelo direito, mas um Estado regido por princípios", princípios concebidos pela Suprema Corte em nome da Constituição[8].

De minha parte, não vejo o direito dessa forma. Concordo, no entanto, que o raciocínio de baixo para cima não vale grande coisa. Não é possível "começar" de um conjunto de casos, de uma lei ou de uma cláusula da Constituição. Ler os autos de um processo ou ler uma lei, uma norma ou uma cláusula constitucional é um ato que pressupõe um vasto aparato linguístico, cultural e conceitual. E mais: Não existem votos nos quais se leia, por exemplo, "Na página 532 do Título 29 do Código Americano, aparece a seguinte frase (...)." O voto, invariavelmente, fornece o nome da lei ("A Lei Sherman estipula que [...]", ou "A ERISA estipula que [...]") e o leitor é imediatamente levado a rea-

---

7. A obra clássica é Edward H. Levi, *An Introduction to Legal Reasoning* (1949). [Trad. bras. *Uma introdução ao raciocínio jurídico*, São Paulo, Martins Fontes, 2005.]
8. *Life's Dominion*, nota 2 acima, p. 124.

gir de uma determinada maneira. E se, como é comum, o caso ou a lei, ou outra promulgação, não demonstrar clareza, e talvez mesmo que demonstre, o leitor, para extrair-lhe, ou, mais precisamente, para imputar-lhe o sentido, deve efetuar sua *interpretação*; e o ato de interpretar envolve tanto criação quanto descobrimento[9].

O significado da ideia de raciocinar "de" um caso a outro, cerne do raciocínio jurídico de baixo para cima, também é obscuro. Soa como indução, método que, de Hume a Popper, causou sérios problemas para os filósofos. Grande parte do chamado raciocínio por analogia no direito é, na verdade, uma forma indireta de raciocínio lógico. Os casos são usados como fonte de fatos e ideias interessantes e, portanto, como matéria-prima para a criação de teorias que possam ser aplicadas, por dedução, a novos casos. Mas não (espera-se) como matéria-prima *exclusiva* para a criação dessas teorias. Isso excluiria, injustificadamente, áreas inteiras de conhecimento.

O raciocínio por analogia também possui uma função empírica. Se o caso A é consagrado em nossa teoria, e então apresentamos um caso B e a teoria implica que o resultado de B deve ser diferente do de A, é melhor estarmos certos de que os dois resultados são coerentes; caso contrário, a teoria está com problemas. Assim, os casos englobados por uma teoria servem para testar a continuidade da validade desta. Mas é preciso que exista uma teoria. Não podemos simplesmente ir de um caso a outro indiscriminadamente. Não podemos dizer: Não tenho nenhuma teoria sobre a privacidade, sobre o devido processo legal ou sobre qualquer outra coisa; porém, dado o caso *Griswold*, segue-se *Roe*. É preciso saber dizer o que há em *Griswold* que determina *Roe*. *Griswold* não nos diz o quão abrangente ou restrita deve ser nossa interpretação de *Griswold*[10].

Direitos não enumerados na Constituição, com ênfase no aborto

Não há, na letra da Constituição, um direito de aborto ou um direito de privacidade. Estes são direitos constitucionais não enumerados. Seu alcance e sua legitimidade são a linha de frente da controvérsia constitucional e mudam de figura quando abordados de baixo para cima e não de cima para baixo.

Se adotássemos o raciocínio de cima para baixo, procederíamos como Dworkin, Epstein, Ely e muitos outros. A partir de diversas fontes, como a

---

9. Ver *Problemas de filosofia de direito*, caps. 9-10; e Capítulo 19 do presente livro.
10. Para uma análise mais completa do raciocínio por analogia, ver o Capítulo 24.

letra, a história e os fundamentos da Constituição (sem dar preferência à letra, pois as pessoas sofisticadas em matéria de interpretação sabem que a letra não possui preponderância, de forma alguma), as decisões que interpretam a Constituição, bem como diversos valores e pensamentos políticos, morais e institucionais, criaríamos uma teoria abrangente dos direitos a serem reconhecidos pela Constituição. Armados dessa teoria, selecionaríamos uma tradição principal de casos, descartando os casos secundários, ou relegando-os a segundo plano. Então, decidiríamos os novos casos de uma forma que fosse coerente, tanto com a teoria, quanto com a jurisprudência (adequadamente filtrada).

Se eu tentasse empreender um projeto assim, o resultado seria mais próximo do obtido por Dworkin do que imaginariam aqueles que não estão familiarizados com toda a minha obra acadêmica. Embora, em comparação com Dworkin, eu dê mais valor à liberdade econômica e menos à igualdade, além do que estaria mais inclinado que ele a dar aos estados e aos outros poderes que não o judiciário bastante espaço de experimentação, as diferenças entre nós, na prática, poderiam ser pequenas; sobretudo no que concerne aos direitos individuais, como a liberdade de expressão, a liberdade religiosa e a liberdade sexual e reprodutiva. De fato, como afirma Dworkin, o direito de usar contraceptivos e o direito de queimar a bandeira dos Estados Unidos (desde que a bandeira pertença ao sujeito da ação), defendido por muitos acadêmicos e juízes, como o juiz Scalia, para quem a decisão de *Roe vs. Wade* foi incorreta, seriam vistos no mesmo plano no que se refere à distinção entre direitos enumerados e não enumerados[11]. Pois essa distinção não tem relevância para uma teoria constitucional abrangente. Tal teoria pode usar a letra da lei como um ponto de partida, mas vai além e acaba pondo de lado as distinções textuais, porque direitos constitucionais específicos, como o de queimar a bandeira ou o de usar contraceptivos, vêm da teoria e não (diretamente) do texto.

A situação é diferente quando a abordagem é de baixo para cima. Pois, nesse caso, o jurista começará folheando a Constituição e não encontrará nada que pareça estar relacionado à contracepção, ao sexo, à reprodução ou à família. Não encontrará nenhuma menção à bandeira, tampouco, mas encontrará referência à liberdade de expressão; e é fácil passar, por analogia, do discurso literal à queima de bandeiras, como no seguinte diálogo íntimo ao estilo socrático:

---

11. Para a Suprema Corte, as leis que proíbem a queima da bandeira violam a Primeira Emenda. *Texas vs. Johnson*, 491 U.S. 397 (1989); *Estados Unidos vs. Eichman*, 496 U.S. 310 (1990).

– Não vejo nada aqui sobre bandeiras, nem sobre o uso do fogo. O discurso é um ato verbal. Queimar bandeiras não é um ato verbal.
– Bem, para começar, todo discurso é oral? A linguagem dos surdos-mudos é discurso. Será que isso não prova que o discurso é mais que palavras? Que inclui gestos? E a comunicação dos semáforos? Aliás, semáforos *são* bandeiras.
– A linguagem dos surdos-mudos e os semáforos são, em relação à linguagem oral, métodos alternativos de codificação das palavras; assim como o código Morse e a própria escrita. O fogo não é.
– Mas e a série de fogueiras usadas, no *Agamenon*, de Ésquilo, para sinalizar a queda de Troia a Clitemnestra, que estava a centenas de milhas de distância?
– Isso não é *exatamente* discurso, pois as fogueiras, embora comuniquem uma mensagem simples, não codificam nenhum tipo de linguagem específica.
– Mas a comunicação de uma mensagem não é a essência do discurso protegido pela Constituição?
– Sim.
– Logo, as fogueiras sinalizadoras não serão um tipo de discurso protegido pela Constituição (desde que não prejudiquem a segurança etc.)?
– Suponho que sim.
– A queima da bandeira, quando usada como parte de um protesto ou de uma demonstração e não como um método para livrar-se de um pedaço de pano desgastado ou para incitar um tumulto (literal), não comunica uma mensagem?
– Talvez. Mas é diferente, pois envolve destruição de propriedade.
– As pessoas têm direito a destruir aquilo que é de propriedade delas, não têm? E a queima de uma bandeira para fins de demonstração nem chega a ser um ato grave de destruição. Na verdade, não passa de consumo – é como destruir uma floresta para produzir o *New York Times* de domingo.

Este não é um método válido de "prova", embora seja irresistível para a maioria dos juristas, por habilitá-los a tirar conclusões sem ter de ler muito mais que aquilo que está nos livros de direito. O método mostra que, em um determinado sentido, a ideia de "discurso" engloba a queima da bandeira; assim como, em um determinado sentido, essa ideia engloba o direito de associação e o direito de não expressar apoio a uma causa à qual se é contrário[12]; mas não apresenta motivo algum

---

12. Ver *NAACP vs. Alabama*, 357 U.S. 449, 460 (1958); *West Virginia State Board of Education vs. Barnette*, 319 U.S. 624, 633 (1943).

para se preferir este sentido a um outro, menos abrangente. É preciso ir além e considerar as diferenças, e não apenas as semelhanças, entre a queima de uma bandeira e o envolvimento em outras formas de comunicação já consideradas em juízo como protegidas pela Constituição ou que certamente o seriam. É preciso, na verdade, adotar uma teoria da liberdade de expressão, para depois aplicá-la a cada caso que se apresente. O desenvolvimento de uma teoria assim era o projeto de Bork em um artigo que ele depois renegou em parte[13].

Porém, mesmo que o raciocínio de baixo para cima não seja raciocínio, mas, no máximo, um estágio preparatório do raciocínio, e mesmo que todo raciocínio jurídico digno do nome envolva inevitavelmente a criação de teorias que sirvam de paradigma para as decisões, ainda temos de considerar o alcance adequado dessas teorias. Devem elas abarcar áreas inteiras do direito, como o direito constitucional federal ou o *common law*? Devem elas, quiçá, abarcar todo o direito? Ou podem se limitar a fatias menores da experiência jurídica, tais como cláusulas determinadas da Constituição, ou certas leis ou conjuntos de leis relacionadas? Podem elas ser delimitadas dessa forma, mesmo que o resultado seja um conjunto de teorias incoerentes entre si, de modo que cláusulas diferentes de uma lei ou da Constituição apontem para direções diferentes?

A resposta de Dworkin às últimas duas perguntas é "não". Uma interpretação de cláusulas individuais que não seja coerente em princípio com as demais cláusulas não é válida. Uma teoria do direito constitucional deve abarcar a totalidade da Constituição ou, ao menos, da Declaração de Direitos mais a Décima Quarta Emenda; deve, para tanto, ser coerente e holística. "A Suprema Corte tem o dever de chegar a uma concepção de liberdades protegidas, a uma definição de quais liberdades devem ser preservadas, que seja defensável tanto como um princípio político quanto como um elemento coerente com a forma geral de governo estabelecida pela Constituição"[14]. A crítica fundamental de Dworkin a Bork é que falta a este uma filosofia constitucional[15]. Po-

---

13. Robert H. Bork, "Neutral Principles and Some First Amendment Problems", 47 *Indiana Law Journal* 1 (1971). Ver "Nomination of Robert H. Bork to Be Associate Justice of the Supreme Court of the United States: Hearings before the Senate Committee on the Judiciary", 100th Cong., 1st sess., pt. 1, pp. 268-71 (1989).

14. Dworkin, "Reagan's Justice", nota 3 acima, p. 30. Ou então "o sistema dos direitos [constitucionais] deve ser interpretado, na medida do possível, como expressão de uma visão coerente de justiça". Dworkin, *Law's Empire*, p. 368 (1986). Com a ressalva "na medida do possível", Dworkin abre espaço a algumas contemporizações pragmáticas. Ver, por exemplo, id., pp. 380-1.

15. "Meu interesse aponta para (...) outra questão: não a questão de se Bork possui uma filosofia constitucional convincente ou plausível, mas se sequer possui uma filosofia constitucional." Dworkin, "The Bork Nomination", nota 3 acima, p. 3. "[Sua] filosofia constitucio-

rém, como Dworkin bem sabe, Bork tem uma teoria da liberdade de expressão, bem como uma teoria do direito antitruste, dignas de atenção[16]; e são teorias fundadas, em grande medida, no raciocínio de cima para baixo. Bork não vai de caso em caso. Obtém um princípio geral e então o aplica aos casos, descartando muitos destes. Mas essas teorias se atêm a disposições legais específicas; faltam-lhes a generalidade e a ambição política e moral que Dworkin preza. A única teoria *geral* de Bork para o direito constitucional é, como veremos no Capítulo 9, a de que não há teorias gerais do direito constitucional.

A questão do alcance adequado de uma teoria constitucional está ligada a uma outra, bastante discutida: ao interpretarem a Constituição guiando-se pelas intenções de seus autores, com que nível de generalidade os juízes devem considerar essas intenções? Se investigarmos a intenção por trás da cláusula de igual proteção das leis, descobriremos que esta era tanto a de beneficiar os negros de algum modo quanto a de promover um ideal de igualdade que pode ser incoerente com a intenção mais específica dos autores, a qual consistia em dar aos negros o direito à igualdade civil, mas não à igualdade social com os brancos. A intenção que escolhermos honrar determinará, por exemplo, se a Suprema Corte estava correta ao proibir a segregação racial nas escolas públicas. Esta é, no entanto, uma questão sobre o nível de generalidade das intenções que subjazem uma única cláusula. Ir além disso, passando-se às intenções concernentes à Constituição como um todo, uma pilha de documentos escritos em diferentes épocas e que tratam de vários temas distintos, e supor que é possível extrair desses documentos uma única intenção ou temática unificadora, é entrar no reino do faz de conta. Não pretendo, com isso, reprovar a abordagem holística, mas apenas distingui-la de uma outra que dependa das intenções dos autores da Constituição, interpretadas quer de forma abrangente, quer de forma mais restrita. Aos olhos de muitos profissionais do direito, porém, o fato de a abordagem holística não se prender por essas intenções representa um considerável demérito.

A questão do raciocínio constitucional holístico *versus* o raciocínio constitucional cláusula por cláusula não é meramente estética ou meto-

---

nal é vazia: não meramente pobre ou sem atrativos, mas sim inexistente (...). Ele acredita que não tem obrigação de tratar a Constituição como uma estrutura integrada de princípios morais e políticos (...). Ele não chega a ter uma teoria, nem mesmo uma teoria conservadora do direito. A única coisa que orienta suas decisões é o dogma direitista." Id., p. 10.

16. Assim começa o artigo de Bork sobre a liberdade de expressão: "Um dos aspectos mais persistentes e perturbadores do direito constitucional é a carência de uma teoria." Bork, nota 13 acima, p. 1.

dológica. Apesar de seu empenho em fundamentar *Roe vs. Wade* em uma cláusula específica da Constituição, Dworkin não pode confiar muito na possibilidade de os direitos particularmente prezados por ele serem gerados por teorias restritas a cláusulas individuais, como a cláusula do devido processo legal, que é a morada original do caso *Roe*. A interpretação substantiva dessa cláusula desagrada imensamente os modernos, tanto liberais quanto conservadores, devido à sua relação com o caso de Dred Scott[17], com *Lochner*, entre outros casos que envolvem a liberdade de celebrar contratos; e também por seu caráter indefinido, por estar tão enterrada na Quinta Emenda (o que nos faz pensar se pode ser tão importante assim, embora, é verdade, apareça com mais clareza na Décima Quarta Emenda) e por harmonizar-se tão mal com os direitos de notificação e de audiência, que representam o conteúdo processual da cláusula. Se precisarmos ir de cláusula em cláusula para erigir nossa teoria constitucional (na verdade, teoria*s*, segundo essa abordagem), estaremos concedendo – deve crer Dworkin – demasiada munição retórica aos inimigos da liberdade sexual.

Seria a Nona Emenda capaz de resolver a tensão entre a abordagem cláusula a cláusula e a abordagem holística? Afinal, ela é parte do texto; e afirma: "A enumeração de certos direitos na Constituição não poderá ser interpretada como negação ou coibição de outros direitos inerentes ao povo." Poderia isso servir de justificativa para que os juízes reconheçam novos direitos, tanto contra o governo federal quanto contra os estados? A extensa bibliografia sobre essa questão[18] não tem tido muito impacto, porque, com raras exceções, nem os adeptos do raciocínio cláusula a cláusula nem os adeptos do raciocínio holístico, contentam-se com a Nona Emenda como fonte de fundamentação das decisões judiciais. A emenda não define nenhum dos direitos inerentes nem especifica uma metodologia para defini-los. A única coisa que a emenda dá aos juízes (se é que dá) é carta branca[19]. Nem os juízes nem os críticos e defensores acadêmicos destes desejam que o controle judicial de constitucionalidade funcione *declaradamente* livre de todo critério externo. Mesmo o "devido processo legal" e a "igual proteção das leis" parecem diretivas, em comparação com a Nona Emenda – ou então com

17. *Scott vs. Sandford*, 60 U.S. (19 How.) 393 (1857).
18. Ver, por exemplo, *The Rights Retained by the People: The History and Meaning of the Ninth Amendment* (2 vols., Randy E. Barnett [org.], 1989).
19. Ou então apenas rejeita a inferência de que a não especificação dos demais direitos, por parte dos autores da Declaração de Direitos, significa que esses direitos foram postos sob o controle do governo federal. Raoul Berger, "The Ninth Amendment", 66 *Cornell Law Review* 1 (1980).

"privilégios e imunidades", outro órfão constitucional. Assim, além de não haver fundamentos suficientes para os direitos constitucionais na letra da Carta Magna, também há fundamentos em excesso.

Roe vs. Wade é o judeu errante do direito constitucional. O caso iniciou seu trajeto na cláusula do devido processo legal, mas isso o transformou em um caso de devido processo legal substantivo. Daí em diante, choveu canivetes. Laurence Tribe primeiramente o situou na cláusula do estabelecimento de religião da Primeira Emenda, depois voltou atrás[20]. O bastão então foi pego por Dworkin, que se apoiou na combinação da cláusula do livre exercício com a do estabelecimento de religião[21]. As feministas, como veremos, tentaram espremer o caso *Roe vs. Wade* para fazê-lo caber na cláusula de igual proteção das leis. Outros tentaram colocá-lo no interior da Nona Emenda (obviamente; porém, se eu estiver certo, não há interior); e outros (inclusive Tribe), dentro da Décima Terceira Emenda, que proíbe a escravidão e os trabalhos forçados[22]. Espero pelo dia em que alguém situará o caso na cláusula de desapropriação, na cláusula da forma republicana de governo (e, a partir disso, um juiz intrépido poderia cogitar a totalidade da Declaração de Direitos e da Décima Quarta Emenda) ou na cláusula dos privilégios e das imunidades da Décima Quarta Emenda. Esta não é uma questão de quanto mais melhor, como sugere Dworkin; mas sim uma busca desesperada por bases textuais, e uma busca que falhou.

Considere-se a defesa do direito de aborto fundada na cláusula de igual proteção das leis[23]. Esse tipo de defesa inicia-se com a observação de que uma lei contra o aborto afeta mais as mulheres que os homens. Certamente. Mas uma diferença de tratamento não viola a cláusula de igual proteção das leis, desde que seja justificável; e esta diferença de

---

20. Laurence H. Tribe, *American Constitutional Law*, pp. 1349-50 e nn. 87-8 (2.ª ed., 1988).
21. *Life's Dominion*, nota 2 acima, p. 165. A cláusula do livre exercício impede o Estado de interferir na liberdade religiosa; enquanto a cláusula do estabelecimento de religião o proíbe de criar uma Igreja estabelecida, mas tem sido interpretada também de modo mais abrangente, como proibição de formas muito mais brandas de auxílio estatal a atividades religiosas.
22. Tribe, "The Abortion Funding Conundrum: Inalienable Rights, Affirmative Duties, and the Dilemma of Dependence", 99 *Harvard Law Review* 330, 337 (1985); Andrew Koppelman, "Forced Labor: A Thirteenth Amendment Defense of Abortion", 84 *Northwestern University Law Review* 480 (1990). Note o trocadilho no título do artigo de Koppelman. Para mais informações sobre a Décima Terceira Emenda, ver o próximo capítulo.
23. Ver, por exemplo, Catharine A. MacKinnon, "Reflections on Sex Equality under Law", 100 *Yale Law Journal* 1281, 1309-28 (1991); Sylvia A. Law, "Rethinking Sex and the Constitution", 132 *University of Pennsylvania Law Review* 955 (1984); Cass R. Sunstein, "Neutrality in Constitutional Law (with Special Reference to Pornography, Abortion, and Surrogacy)", 92 *Columbia Law Review* 1, 29-44 (1992).

tratamento, especificamente, parece, ao menos à primeira vista, justificar-se pelo fato de que a situação dos homens em relação à vida do feto difere daquela das mulheres, devido às características biológicas. A demonstração de que essa diferença não está substancialmente relacionada a nenhum interesse governamental relevante, sendo, portanto, inconstitucional de acordo com o critério vigente para o controle judicial de constitucionalidade nos casos de discriminação sexual fundados na Décima Quarta Emenda, exige a avaliação do valor social ou moral da vida do feto. Mas esta é uma questão intratável, ou ao menos uma questão que os defensores de *Roe vs. Wade* relutam em assumir.

Estes buscam vetar esse tipo de investigação, seja fazendo recair sobre o Estado um ônus de justificação exagerado (uma estratégia arbitrária), seja afirmando que, independentemente das justificativas que *possam* ser oferecidas para as leis de proibição do aborto, o apoio a tais leis vem, *na verdade*, de pessoas interessadas em subjugar as mulheres; e propósitos insidiosos podem condenar uma lei. Na realidade, propósitos insidiosos só podem condenar leis secundárias, como uma que imponha um imposto sobre o voto ou exija que os candidatos a eleitores façam um teste para comprovar que são alfabetizados. Os juízes não privarão a comunidade de seus direitos essenciais só porque alguns dos defensores dessas leis (leis de criminalização do estupro, por exemplo) as defendem por motivos escusos. Ademais, o apoio às leis antiaborto não vem de misóginos ou homens "machistas" (Don Juan defenderia o aborto irrestrito, pois este reduziria o custo do sexo), mas de homens e, sobretudo, de mulheres que, independentemente de serem católicos (muitos, é claro, *são* católicos), acreditam que o aborto seja um sacrilégio[24]. Esta não é uma crença sexista, discriminatória, ou insidiosa; embora esteja diretamente relacionada com uma crença no papel tradicional da mulher, um papel que as feministas, muito bem apoiadas em evidências históricas, consideram de subordinação. É verdade que, para muitos defensores do aborto (quiçá para a maioria ou até a totalidade destes), a oposição ao aborto vem em conjunto com a oposição a uma gama mais ampla de práticas e valores – isso se chama feminismo[25]. Para muitos deles, porém, o aborto irrestrito é o próprio símbolo do feminismo. Deveria a justiça escolher um lado nessa luta de símbolos?

Por trás dos símbolos, das ideologias e até das crenças religiosas, podem ocultar-se interesses concretos. O debate em torno do aborto e da liberdade sexual e reprodutiva das mulheres em geral é, em parte, um

---

24. Kristin Luker, *Abortion and the Politics of Motherhood*, p. 186 (1984).
25. Ver id., pp. 158-75, 214-5.

debate entre mulheres que têm algo a perder e mulheres que têm algo a ganhar com essa liberdade[26]. Quanto mais autonomia reprodutiva e liberdade sexual as mulheres possuem, menos interesse os homens terão em casar-se, pois a asseguração da paternidade é um dos principais benefícios do casamento para um homem. Os homens, em geral, não querem cuidar dos filhos de outros homens. As mulheres que prefiram especializar-se na administração do lar em vez de entrar no mercado de trabalho são, portanto, prejudicadas pela liberdade sexual, enquanto as mulheres que prefiram a segunda opção beneficiam-se por qualquer fator que lhes dê mais controle sobre a própria reprodução, embora também paguem o preço da redução de oportunidades de casamento. Há então um conflito de interesses entre essas duas categorias de mulheres, do tipo cuja resolução costuma ficar para o poder legislativo, como depositário de força política por excelência. Esse tipo de conflito interno dos grupos a serem protegidos pela lei ajuda-nos a distinguir a questão da igualdade sexual daquela da igualdade racial, já que poucos negros beneficiam-se da negação da plena igualdade aos negros (se é que algum se beneficia), embora eu tenha observado, no Capítulo 2, que a ação afirmativa na contratação de professores nas faculdades de direito pode lesar os negros culturalmente assimilados.

Dworkin segue um caminho diferente daquele seguido pelas feministas. Para ele, a visão da santidade da vida é uma visão religiosa, ainda que o indivíduo que a defenda seja ateu; e, segundo afirma, é impossível o Estado obrigar as pessoas a agirem conforme uma visão religiosa, em detrimento de outras, sem com isso violar a cláusula do livre exercício. Dworkin percebe que algumas mulheres que realizam o aborto (a maioria delas, eu diria) não o fazem por se crerem possuidoras de um direito sagrado de perseguir seus objetivos de vida sem o estorvo de uma criança indesejada ou de um dever sagrado de impedir uma criança indesejada de vir ao mundo, mas por valorizarem seus próprios interesses mais que aqueles da criança que ainda não nasceu. O egoísmo é aceitável, mas não é sagrado[27]. Não obstante, para Dworkin, a negação do direito de praticar o aborto às mulheres que escolham realizá-lo por razões que "não possam ser atribuídas nem mesmo a visões subliminares da santidade da vida" forçaria o Estado a "oficializar uma posição essencialmente religiosa, em detrimento de outras", e isso vai contra a cláusula do estabelecimento de religião[28].

---

26. Cf. id., p. 217.
27. "A visão de mundo pró-aborto não se funda na existência divina." Id., p. 188.
28. *Life's Dominion*, nota 2 acima, p. 165.

A ideia de que a opinião de alguém sobre a "sacralidade" ou "santidade" da vida (inclusive a contrária) é inerentemente religiosa deriva de uma confusão entre os usos figurativo e literal dos termos religiosos. Uma pessoa que diz "Nossa Senhora!" não é necessariamente devota do cristianismo. Quem quer que adote um conceito de religião tão abrangente quanto o de Dworkin deve estar disposto a reconhecer uma religião do livre-mercado (a liberdade econômica *é* uma religião, no sentido de Dworkin, para tipos como Murray Rothbard, Milton e David Friedman, Friedrich Hayek e Ayn Rand), uma religião dos direitos dos animais, do ambientalismo, da arte e assim por diante. Dworkin poderia então invocar a cláusula do livre exercício em defesa de todas as mães desejosas de praticar o aborto, bastando citar a proposição de Nietzsche e Emerson, segundo a qual a autoafirmação é um dever moral tão sério que merece o *status* de uma obrigação religiosa. Um decreto que proibisse um esteta de alterar o exterior de sua casa histórica seria uma violação da liberdade religiosa; o imposto de renda progressivo, um sacrilégio, e a proteção de espécies em extinção, o estabelecimento de uma religião.

Dworkin tenta distinguir esses casos através de um teste que procura determinar se uma crença é religiosa em seu "conteúdo". Para aplicar o teste a uma determinada crença, "pergunta-se se esta é suficientemente semelhante, em seu conteúdo, a crenças claramente religiosas"[29]. O significado real de "religião", entretanto, é a crença em um ser sobrenatural, ou seres sobrenaturais. Uma vez abandonado esse princípio, o conteúdo da crença religiosa torna-se infinitamente variado. No contexto desse sentido abrangente, não é apenas a conduta pessoal que frequentemente adquire uma conotação religiosa, mas também a arte, os animais, a nação e o meio ambiente. Pois, uma vez removido o elemento teístico, os únicos elementos que distinguem as crenças religiosas das não religiosas são seus fundamentos e sua intensidade. A crença de uma mulher na liberdade de colocar seus interesses na frente dos de sua futura criança tem menos de religião que a crença – desde que profunda e inabalável – em que a arte constitui uma ordem eterna de beleza e sentido mais valiosa que uma vida humana individual, ou que a crença inabalável no utilitarismo, no humanismo secular, no marxismo ou no darwinismo social. Em todos esses exemplos, a crença toma a forma de um firme compromisso com alguma força ou algum conceito metafísico essencial e não pode ser derrubada com argumentos e provas. Em

---

29. Id, p. 155; ver também id., pp. 163-5.

alguns casos, a decisão de praticar o aborto tem essa característica. Uma mulher pode considerar um sacrilégio dar à luz uma criança que nasceria com graves deformações, ou da qual não conseguiria tomar conta adequadamente. Mas Dworkin não sugere que o direito de aborto se restrinja a casos assim, além do que estes são minoria. A justificativa mais comumente apresentada pelas mulheres que praticaram o aborto é a preocupação "sobre quanto sua vida [a vida da mãe] mudaria depois de ter um bebê"[30].

A lei define religião de forma muito mais restrita do que o faz Dworkin. A Receita Federal norte-americana não concederá isenção fiscal às organizações religiosas de uma nova religião, a menos que esta seja... organizada; isto é, a não ser que tenha pelo menos traços de uma estrutura sectarista convencional[31]. E a Suprema Corte não aceitará que uma pessoa que faça objeção de consciência por motivos não teístas invoque a dispensa do serviço militar para aqueles cuja religião os proíbe de servir, a menos que o sistema de crenças éticas desse indivíduo desempenhe em sua vida o mesmo papel que as crenças religiosas convencionais desempenham na vida dos religiosos convencionais[32]. Não há nenhuma religião organizada em torno do direito de aborto, e poucas mulheres praticam o aborto com base em um sistema ético abrangente.

Pouquíssimos integrantes de nossa sociedade acreditam que as crenças religiosas, por mais fervorosamente que sejam defendidas, justifiquem a violação das leis penais ordinárias. Dworkin só faz do aborto uma questão que gira em torno das diversas opiniões dos americanos acerca da santidade da vida, em vez de uma questão de homicídio, porque não admitiria que os estados definissem o feto como pessoa e, consequentemente, o aborto como homicídio. (Se o fizesse, não conseguiria distinguir aborto de homicídio.) Não obstante, os estados podem decidir o que é propriedade e – no caso de prisioneiros, por exemplo – o que é liberdade, no que diz respeito à cláusula do devido processo legal. Por que, então, não podem definir o que é uma pessoa? Não pode um estado decidir que morte significa morte cerebral em vez de um coração que para de bater? Ademais, se pode decidir quando a vida termina, por que não pode decidir quando esta começa? Uma lei do estado de Illinois faz do aborto um crime de homicídio e permite aos familia-

---

30. Aida Torres e Jacqueline Darroch Forrest, "Why Do Women Have Abortions?" 20 *Family Planning Perspectives* 169, 170 (1988) (tab. 1).
31. Ver 26 U.S.C. § 501(c)(3); Terry L. Slye, "Rendering unto Caesar: Defining 'Religion' for Purposes of Administering Religion-Based Tax Exemptions", 6 *Harvard Journal of Law and Public Policy* 219, 259-61 (1983).
32. *United States vs. Seeger*, 380 U.S. 163 (1965).

res da vítima mover ação civil de perdas e danos (*wrongful death*) contra os que deram causa à morte do feto[33]. A cláusula de supremacia da Constituição impede a aplicação dessa lei a atos de aborto eximidos de culpabilidade por *Roe vs. Wade*, porém, com essa ressalva (que, em todo caso, não pode ser usada para defender *Roe vs. Wade*), não se pode duvidar de sua constitucionalidade. Essa lei mostra que os estados já começaram a se envolver na atividade de determinar o que é a vida humana. Estes podem, portanto, classificar o feto como um ser humano. Assim, a questão é saber qual é a dimensão do interesse do estado em proteger esse ser humano recém-reconhecido dos diversos perigos que o ameaçam. Dworkin concede aos estados o direito de proibir o aborto depois que o feto tiver se tornado viável[34]. Não explica, porém, por que os estados devem ser proibidos de situar um pouco mais perto do momento da concepção o ponto no qual o feto se transforma em um ser humano portador de seus plenos direitos.

A tentativa de Dworkin de fundar o direito de aborto nas cláusulas da Primeira Emenda que dizem respeito à religião não gera apenas objeções pontuais, mas também compromete a abordagem holística do autor. Não há, efetivamente, incoerência, já que sua interpretação dessas cláusulas funda-se em valores derivados de suas reflexões sobre outras cláusulas da Constituição, o que, por sua vez, coincide com a insistência dele na integridade do documento como um todo. Sua posição, contudo, seria mais clara e provavelmente mais convincente, caso ele se contentasse em derivar o direito de aborto de sua teoria geral do direito constitucional, na qual as cláusulas se fundem, perdendo sua distinção, e a questão do direito de aborto passa a ser o lugar desse direito na teoria liberal do Estado. Em *Griswold*, o primeiro dos casos que envolvem a liberdade sexual, de fato esse caminho começou a ser trilhado. O juiz Douglas, embora do jeito desleixado de sempre, tentou extrair um princípio geral (ou pelo menos generalizável) de um conjunto de cláusulas aparentemente não aparentadas da Constituição. Mas nenhum juiz tentou levar adiante o empreendimento.

Os argumentos contrários à abordagem holística são bem conhecidos. O principal destes é que essa abordagem dá poder demais aos juízes. Se pensarmos em todas essas teorias constitucionais competindo entre si (a de Epstein, que revogaria o *New Deal*; a de Ackerman e Suns-

---

33. *Homicide of an Unborn Child*, 720 ILCS 5/9-1.2; Fetal Death – Cause of Action, 740 ILCS 180/2.2.
34. *Life's Dominion*, nota 2 acima, pp. 114-5. Essa "viabilidade" se refere ao estágio da gravidez após o qual o feto, teoricamente, conseguiria sobreviver fora do útero.

tein, que o constitucionalizaria; a de Michelman, que constitucionalizaria o Estado de bem-estar social; a de Mark Tushnet, que transformaria a Constituição em um documento de garantia do socialismo; a de Ely, que ressuscitaria Earl Warren; além de algumas outras, que conformariam o direito constitucional ao direito natural em sua versão tomista), veremos a amplitude do leque de escolha que a abordagem possibilita e a instabilidade que prenuncia no que concerne à doutrina constitucional. É inútil dizer que Epstein está errado, ou que Michelman ou Santo Tomás estão errados. Argumentos contrários são incapazes de derrubar essas teorias, ou até mesmo de atingi-las seriamente, aos olhos daqueles inclinados a defendê-las por seu temperamento, seus sentimentos ou sua experiência pessoal. Se os únicos limites às deliberações constitucionais forem os bons argumentos, o problema será a enorme quantidade destes, vindos de todos os lados, no que concerne às questões mais controversas.

A controvérsia é importante. O indivíduo indiferente quanto ao resultado de uma contenda ponderará todos os argumentos e dará a vitória à parte que os tiver mais fortes, mesmo que a parte mais fraca também tenha bons argumentos. O indivíduo que, ao contrário, esteja muito comprometido emocionalmente com um lado ou outro, estará agindo não apenas artificialmente, mas imprudentemente, se abandonar esse compromisso com base em uma leve preponderância (ou mesmo não tão leve) de argumentos em contrário. Nossos compromissos mais profundos, nós não os honramos com tão pouco afinco. Logo, uma questão pode permanecer indeterminada na prática, mesmo nos casos em que um observador imparcial não viesse a enxergar nem mesmo um equilíbrio entre os argumentos pró e contra[35].

Uma teoria abrangente do direito constitucional contrariará uma infinidade de compromissos profundos, sem, no entanto, conseguir defender-se com argumentos definitivos. É por isso que a situação com respeito à teoria constitucional é de indeterminação prática e leva o jurista cauteloso de volta à abordagem de tipo cláusula a cláusula. É muito mais fácil imputar um propósito a uma determinada cláusula e depois usar esse propósito para gerar e circunscrever o sentido da cláusula (o que é tudo o que eu quis dizer ao falar das "teorias" de Bork sobre a liberdade de expressão e o direito antitruste), do que imputar um propósito à Constituição como um todo e defender essa imputação convincentemente. O problema da abordagem modesta é que ela gera

---

35. Ver *The Problems of Jurisprudence*, pp. 124-5.

grandes vácuos de proteção constitucional. À medida que o século XVIII se distancia e o texto original se transforma em um conjunto de camadas de emendas, sobrepostas durante dois séculos, não apenas a visão de seus autores se obscurece, mas a própria identidade deles. Percorrendo-se um caminho de cláusula em cláusula, então, pode-se acabar obtendo um documento que responda apenas a questões que ninguém mais pergunta. Os americanos gostam de pensar que a Constituição os protege até mesmo de monstruosidades políticas que não se encaixam direito em uma cláusula ou outra. Esta é a atração prática de uma abordagem que faz da Constituição um tecido que se regenera automaticamente quando perfurado ou rasgado. Em 1791, uma abordagem desse tipo bem poderia ser inútil; pois, na época, a abordagem modesta de cima para baixo, a abordagem ambiciosa de cima para baixo e a abordagem de baixo para cima poderiam ter coincidido; hoje não mais. Sua divergência se aprofunda a cada ano, e a abordagem ambiciosa de cima para baixo torna-se mais atraente. Não são apenas os modismos acadêmicos que tornaram a teorização sobre a Constituição uma atividade maior, hoje, que há um século.

Porém, ainda não ressaltei o aspecto mais interessante da análise de Dworkin sobre a questão dos direitos relativos ao aborto: sua confiança no caráter *analítico* da questão. Para ele, "o direito à autonomia reprodutiva segue-se de toda interpretação competente da cláusula do devido processo legal e das decisões da Suprema Corte que a aplicam"[36]. Uma destas, obviamente, é a própria decisão de *Roe vs. Wade*. Dworkin não quer dizer, contudo, que o direito à autonomia reprodutiva segue-se de *Roe vs. Wade* e da decisão do caso *Casey*, a qual reafirmou o argumento central de *Roe vs. Wade*; mas, sim, que *Roe* e *Casey* seguem-se de qualquer interpretação competente da cláusula do devido processo legal e das primeiras decisões da Suprema Corte fundadas nessa cláusula. Isso é o mesmo que dizer que os milhares de advogados – muitos deles especialistas renomados e juízes da Suprema Corte dos Estados Unidos – para quem os casos de aborto *não* se seguem de uma interpretação competente da cláusula do devido processo legal e da jurisprudência desta são incompetentes, talvez mesmo tolos. Para Dworkin, as posições intransigentes defendidas pelos movimentos "pró-escolha" e "pró-vida" são produto de "confusão intelectual"[37]. O autor se propõe então a sanar, em seu livro, a confusão entre a condição de pessoa do feto e a sacralidade da vida humana. A controvérsia em torno do aborto funda-se em um *equívoco*.

36. *Life's Dominion*, nota 2 acima, p. 160.
37. Id., pp. 10-1.

A ideia de que até os desacordos políticos e ideológicos mais passionais advêm de meros equívocos analíticos é o credo de uma certa categoria de filósofos analíticos da qual Dworkin é um bom exemplo; e ajuda a explicar aquilo que, à primeira vista, parece incongruente: que muitos desses analistas, apesar de sua grande fé na razão, exasperem-se diante de seus oponentes e se tornem abertamente agressivos. Um indivíduo para quem discórdia é erro tenderá a considerar seus oponentes irracionais e, consequentemente, desesperadores; da mesma forma como ele se desesperaria com alguém que insistisse que $2 + 2 = 5$.

Se o pessoal antiaborto esteve meramente equivocado todos esses anos, é curioso que ninguém tenha sido capaz de colocá-lo no caminho certo antes de Dworkin escrever seu livro. Concordo com Dworkin quando este diz que alguns dos argumentos pró-aborto, inclusive teológicos, são contraditórios ou então falhos[38]. Vale, portanto, apontá-los. Mas nenhuma das armas do arsenal do filósofo analítico ou do especialista em raciocínio jurídico conseguirá, ou deveria conseguir, demover uma pessoa para quem o feto é um ser humano e o abortista, um assassino. Assim como outras crenças fundamentais, estas vivem abaixo da razão. Nem por isso valem menos. O melhor estudo que conheço sobre as posturas públicas diante do aborto identifica uma série de fatores que influenciam essas posturas, incluindo-se a figura do líder carismático, a propaganda e as experiências pessoais. O debate intelectual não está entre esses fatores[39].

Outras defesas analíticas do direito de aborto

John Rawls, como Dworkin, discorda da ideia de que a controvérsia sobre o aborto transcende a análise. Para Rawls, o direito constitucional de uma mulher a realizar um aborto durante os primeiros três meses de gravidez está necessariamente subentendido na versão mais abstrata do liberalismo, à qual chama liberalismo político e que, segundo ele, deveria contar com o assentimento de qualquer indivíduo racional que integre a sociedade. O liberalimo político subtrai-se de todas as doutrinas abrangentes de como devemos viver – do utilitarismo, do catolicismo, do protestantismo evangélico, do marxismo, do islamismo e até do liberalismo de Mill. Consiste no conjunto mínimo de princípios po-

---

38. *Sex and Reason*, pp. 272-90. *Life's Dominion*, nota 2 acima, pp. 35-50, contém uma excelente análise das tensões e da ambiguidade presentes na condenação religiosa do aborto.
39. Hyman Rodman, Betty Sarvis e Joy Walker Bonar, *The Abortion Question*, cap. 8 (1987); cf. Luker, nota 24 acima, pp. 225-6.

líticos com os quais os adeptos de todas as doutrinas abrangentes aceitáveis ("aceitável", por exemplo, admitindo-se o inevitável pluralismo das doutrinas abrangentes em nossa sociedade, hoje) podem ser levados a concordar. Esses princípios, para Rawls, conduzem fatalmente à constitucionalidade do direito ao aborto. Rawls sugere que consideremos a questão constitucional "em função destes três importantes valores políticos: o devido respeito à vida humana, a reprodução ordenada da sociedade política ao longo do tempo, incluindo-se, de alguma forma, a família, e finalmente a igualdade das mulheres como cidadãs". Sem maiores argumentos, ele declara então que "qualquer equilíbrio razoável desses três valores dará à mulher um direito adequadamente reconhecido" de realizar um aborto no primeiro trimestre de gestação, porque, "nesse primeiro estágio da gestação, o valor político da igualdade das mulheres é preponderante e este requer, para ter substância e força, o direito ao aborto"[40]. Rawls considera o respeito pela vida humana um valor político legítimo, mas que carece de força quando o feto é pequeno demais para ter, ele próprio, muita força. A proposição segundo a qual a igualdade sexual careceria de substância e força sem um direito ao aborto também é tomada como pressuposto em vez de defendida. A menos que as mulheres sejam irracionais ou que uma gravidez e uma concepção indesejadas sejam muito menos dispendiosas para as mulheres do que afirmam os defensores do direito de aborto, o principal efeito da proibição do aborto – supondo-se, irrealisticamente, que se possa fazer cumprir tal proibição – seria o de tornar as mulheres mais cuidadosas com respeito ao sexo, ou seja, menos dispostas a fazer sexo quando não quisessem engravidar, mais seletivas na escolha do parceiro sexual e dos momentos de fazer sexo, além de mais aplicadas no que concerne ao aprendizado teórico e prático de técnicas eficazes de contracepção; e não o de mantê-las fora do mercado de trabalho, reduzir suas oportunidades educacionais, depreciar seu salário, desestimulá-las a votar ou diminuir a importância e a força da igualdade sexual. Se considera isso incorreto, Rawls deveria fornecer alguma prova. Não quero dizer que ele devesse ter escrito um capítulo sobre o aborto para seu livro *Political Liberalism*. Mas não deveria ter sugerido que a questão da inconstitucionalidade das leis que proíbem o aborto poderia ser fundada em um raciocínio-relâmpago, a partir de uns poucos princípios básicos inquestionáveis.

---

40. Rawls, *Political Liberalism*, p. 243 n. 32 (1993). Ele não afirma que os três valores políticos que analisa são os únicos valores políticos de peso na questão do aborto. Porém, "os outros valores políticos, se computados, provavelmente não afetariam essa conclusão [de que as mulheres possuem um direito constitucional ao aborto no início da gestação]". Id.

Todos nós temos fraquezas derivadas de nossas próprias forças. Não é nenhuma surpresa que pessoas dotadas de um intelecto poderoso tendam a ter uma fé exagerada no poder do intelecto para resolver os problemas da sociedade. Essa deformidade de perspectiva é a mesma que leva os intelectuais a descrever a democracia como uma forma de debate intelectual, ou a pôr a liberdade de pensamento e debate acima da liberdade econômica. Um bom exemplo disso é uma outra defesa do direito de aborto, a de David Strauss. À afirmação de que aborto é homicídio, Strauss replica que o *status* moral do feto é tão incerto, que não pode ser utilizado para justificar a subordinação das mulheres, o que ele acredita ser o efeito da proibição do aborto. O *status* moral do feto é radicalmente incerto, em parte porque "teorias morais abstratas têm dificuldade de lidar com o *status* da vida do feto (...). A razão da dificuldade das teorias morais em relação a essa questão é que ninguém sabe ao certo como pensar sobre ela de forma sistemática" e, consequentemente, "temos poucas razões a oferecer para persuadir-nos uns aos outros"[41]. Como implicação disso, não podemos considerar uma regra social ou jurídica como bem fundamentada, exceto se pudermos dar boas razões para sua existência. A igualdade entre os sexos é, portanto, um trunfo, já que Strauss acredita ser capaz de justificá-la, mas não de justificar valores concorrentes, como a vida do feto. Logo, os adversários do aborto são postos em xeque-mate. Só que a carência de fundamentação é uma característica de muitas de nossas mais arraigadas regras. O *status* moral da vida do feto é apenas uma dentre uma série de questões-limite sobre as quais a razão não nos fala claramente; questões sobre quem deve ser considerado um membro da comunidade e, consequentemente, uma pessoa cujo bem-estar deve ser levado em conta. Essa questão surge no caso dos estrangeiros, dos animais, dos indivíduos altamente deformados ou retardados, dos assassinos, das árvores, das crianças, dos judeus em uma sociedade cristã, dos cristãos em uma sociedade judaica, dos escravos e dos fetos de oito meses de idade, assim como daqueles de três meses ou menos. A ideia de que uma sociedade deva hesitar em fazer juízos de valor sobre essas questões porque as pessoas divergem sobre elas e nenhum dos lados é capaz de oferecer boas razões para persuadir o outro superdimensiona o papel que o raciocínio desempenha, ou deveria desempenhar, na ordem da sociedade. Nós raciocinamos a partir de nossas crenças fundamentais e não para estabelecê-las. O infanticídio e a escravidão não são proibidos em nossa

---

41. David A. Strauss, "Abortion, Toleration, and Moral Uncertainty", 1992 *Supreme Court Review* 1, 10.

sociedade porque os argumentos contrários a essas práticas são mais fortes que os favoráveis, mas porque essas práticas nos revoltam. Se alguém resolvesse apresentar argumentos em favor delas, não lhe daríamos ouvido. O argumento de Strauss implica que, na época em que uma minoria representativa da nação era a favor da escravidão dos negros, teria sido errado privar os proprietários de escravos de seus direitos de propriedade, uma vez que "teorias morais abstratas têm dificuldade de lidar com o *status*" das pessoas não reconhecidas como integrantes da comunidade.

Francis Kamm morde a isca e afirma que, ainda que o feto seja uma pessoa, o aborto se justifica, e não apenas em casos extremos, como estupro ou incesto, deformação profunda do feto ou risco de vida para a mãe. Kamm reluta, entretanto, em reconhecer que o feto é não apenas uma "pessoa", mas uma "criança", pois isso nos tornaria "mais relutantes em matá-lo por motivos meramente biológicos ou sentimentais"[42]. Sem dúvida. As razões fundamentais que temos para não matar crianças são, de fato, biológicas e sentimentais; e fornecem bases mais sólidas para uma moral civilizada que a reflexão filosófica, a qual, sabidamente, encontra dificuldades para traçar distinções morais entre computadores, macacos falantes e seres humanos retardados.

Nas linhas anteriores, critiquei os argumentos favoráveis ao direito de aborto. Não quero, porém, deixar a impressão de que acredito que os argumentos contrários sejam mais fortes. É que a maior parte do poder de fogo dos estudiosos acadêmicos está do lado pró-aborto. Não porque este lado seja inerentemente o mais forte, mas porque o direito de aborto atende aos interesses materiais das mulheres altamente instruídas, e a classe dos estudiosos acadêmicos compõe-se ou dessas mulheres, ou de seus maridos, amigos e colegas de profissão.

A abordagem pragmática

Embora eu me sinta inclinado a rejeitar como imprudente, demasiado ambiciosa e controvertida, além de, no fim das contas, excessivamente indefinida, a tarefa de tecer uma teoria abrangente do direito constitucional, uma teoria "imodesta", do tipo de cima para baixo e projetada para orientar os juízes em todas as cláusulas da Constituição e das emendas a esta, não tenho objeções a que os juízes as flexibilizem (mesmo em situações questionáveis, como a da cláusula do devido pro-

---

42. F. M. Kamm, *Creation and Abortion: A Study in Moral and Legal Philosophy*, p. 6 (1992). As razões às quais ela se refere são, naturalmente, aquelas dos adversários do aborto.

cesso legal) quando houver algum caso prático premente ou uma necessidade extrema de intervenção. Esta era a abordagem de Holmes e, posteriormente, a de Cardozo, Frankfurter e da segunda fase de Harlan. Holmes afirmou (embora apenas em caráter privado) que toda lei que não lhe causasse ânsia de "vômito" era constitucional[43]. Se seguirmos essa abordagem, deveremos ter cuidado para não nomear juízes de estômago demasiadamente fraco. É claro que Holmes não estava falando literalmente; nem eu. O ponto é apenas que nossos valores mais arraigados (os "inevitáveis" de Holmes)[44] vivem abaixo do pensamento e fundamentam nossas ações, mesmo quando não somos capazes de dar a esses valores nenhuma justificativa convincente, talvez nem mesmo racional. Isso vale até para as ações dos juízes. Um juiz sente-se aliviado ao saber que não precisa ratificar uma lei (ou outro ato oficial) que, para ele, seja terrivelmente injusta, ainda que as fontes jurídicas convencionais não sejam capazes de condená-la constitucionalmente. Quando isso ocorre, ele preserva para sua consciência aquele papel que gostaríamos que os juízes alemães tivessem desempenhado durante o Terceiro *Reich*.

É fácil, para os profissionais do direito e para intelectuais de todo tipo, ridicularizar uma abordagem tão pragmática como esta (a qual, a propósito, transcende tanto o raciocínio de cima para baixo quanto o de baixo para cima, ao prover fundamentos instintivos, em vez de analíticos, para as ações dos juízes. Podem ridicularizá-la por sua indefinição, sua subjetividade, seu relativismo, sua falta de fundamentos e seu caráter antidemocrático, indesculpável *ab ovo* ou *a priori*. Mas as outras opções são impalatáveis (para continuar usando a metáfora digestiva); e talvez aquilo que bastou para Holmes deva bastar para nós. Ademais, a abordagem não precisa ser tão indefinida e instintiva quanto dei a entender. Certamente pode ser articulada (nesse sentido, a metáfora digestiva não serve); Holmes foi o juiz mais eloquente da história dos Estados Unidos. Um juiz responsável não se contentará com uma simples enunciação de valores. Não ignorará as objeções nem deixará de

---

43. Carta a Harold Laski (23 de outubro de 1926), em *Holmes-Laski Letters: The Correspondence of Mr. Justice Holmes and Harold J. Laski 1916-1935*, vol. 2, p. 888 (Mark DeWolfe Howe [org.], 1953). O "teste do vômito" dá um novo sentido à piada segundo a qual, para um realista jurídico, a melhor maneira de prever uma decisão judicial é descobrir o que o juiz tomou no café da manhã.

44. Em outra carta a Harold Laski (11 de janeiro de 1929), Holmes escrevera: "Quando digo que uma coisa é verdade, quero dizer apenas que é inevitável que eu acredite nela. Mas não tenho fundamentos para presumir que meus inevitáveis sejam inevitáveis cósmicos." *Holmes-Laski Letters*, nota 43 acima, vol. 2, p. 1124.

testar a coerência de seus valores, explorando casos hipotéticos dentro do campo semântico de sua afirmação. Também procurará informar-se mediante uma investigação empírica mais inquisitiva que aquela de costume nos votos judiciais. A prudência determina que, antes de reagirmos vigorosamente a uma coisa, procuremos obter a ideia mais clara possível do que essa coisa é.

O caso *Griswold*, por exemplo, em parte devido ao excelente recurso redigido pelos advogados da clínica de controle de natalidade (um dos quais era Thomas Emerson, professor da Faculdade de Direito de Yale), representava uma oportunidade (desperdiçada pela Suprema Corte) de reunir informações em favor de um precedente profissionalmente mais respeitável que aquele estabelecido com o voto vencedor de Douglas e aqueles que o acompanharam. O recurso ressalta alguns fatos intrigantes, confirmados por pesquisas posteriores[45]. Um deles é que, no final do século XIX, houve uma onda de aprovação de leis que proibiam o uso de contraceptivos. Todas elas, porém, foram posteriormente revogadas, exceto em dois estados: Connecticut e Massachusetts. Nesses estados, a revogação foi tentada repetidas vezes, mas foi obstruída pelo forte *lobby* da Igreja Católica, através da população, majoritariamente católica. As únicas tentativas de fazer cumprir a lei de Connecticut, contudo, direcionavam-se (e obtinham êxito total) contra as clínicas de controle de natalidade, cuja clientela compunha-se principalmente de pessoas pobres e pouco instruídas. As mulheres de classe média prefeririam aconselhar-se com seu ginecologista sobre o uso de métodos e instrumentos de contracepção. Assim, as clínicas foram fechadas (e, obviamente, o aborto era ilegal na época), o que intensificou os dilemas sexuais e reprodutivos das mulheres pobres. As mulheres de classe média, ao contrário, tinham acesso irrestrito aos contraceptivos e, provavelmente, também ao aborto seguro (embora ilegal) se aqueles falhassem – porém, em seu caso, a probabilidade de que falhassem era menor.

Como não fazia distinção entre pessoas casadas e não casadas, a lei lançava um obstáculo ao casamento (sobretudo entre pessoas pobres e pertencentes à classe operária), e o fazia arbitrariamente. A lei, que se fundara nas preocupações dos protestantes (na verdade, dos anticatólicos; típica ironia da história) com a fornicação, o adultério, a prostituição e a suposta imoralidade dos imigrantes e das classes baixas em geral; pode ter, no entanto, desestimulado o matrimônio e fomentado a imoralidade entre os pobres. O motivo da sobrevivência da lei era a crença

---

45. Resumidos nos capítulos 7 e 12 de *Sex and Reason*.

– que, em 1965, limitava-se basicamente aos católicos, mas não era, de modo algum, compartilhada por todos eles – de que é pecado impedir a função reprodutiva da relação sexual; ao que se somava a inércia do legislativo, que dificultava a revogação de leis apoiadas por uma minoria poderosa, ainda que esta não fosse suficientemente forte para reaprovar a lei.

A lei dos contraceptivos de Connecticut, fundada no sectarismo, inconsistentemente aplicada, em descompasso com a opinião pública dominante do país, enfim, uma relíquia sustentada pela inércia do legislativo, era motivo de vergonha nacional; como o seria uma lei que proibisse o casamento de pessoas divorciadas; ou que limitasse o número de filhos que duas pessoas casadas podem ter; ou que exigisse a esterilização de pessoas com defeitos genéticos; ou que negasse às mães solteiras a custódia de seu filho; ou que proibisse os homossexuais de exercer a medicina; ou que proibisse o aborto, mesmo quando necessário para poupar a mãe de uma doença que a tornaria paralítica ou inválida; ou que determinasse que se tatuassem os portadores do vírus da aids; ou, para aproximarmo-nos do próprio caso *Griswold* – uma lei que exigisse que as pessoas casadas tivessem um número mínimo de filhos, a menos que provassem ser estéreis. Ter juízes dispostos a, em nome da Constituição, derrubar leis desse tipo não é a pior coisa do mundo. As sequelas do caso *Griswold* demonstram que os riscos dessa abordagem também são enormes, mas menores, creio eu, que aqueles vinculados à abordagem global, que Dworkin defende tão tenaz e elegantemente.

Para Dworkin, somente sua abordagem é capaz de impedir que a doutrina constitucional mude toda vez que a composição da Suprema Corte mudar. Essa crença, outro exemplo da falácia intelectualista, superestima tanto a possibilidade de teorizar com clareza no alto patamar de abstração requerido pela abordagem holística, quanto a fidelidade dos juízes – sobretudo os da Suprema Corte, cujas decisões não são passíveis de recurso – às doutrinas (por oposição às decisões restritas) de seus predecessores. Apenas a força maior é capaz de impedir os juízes de dar asas a seus valores políticos e pessoais quando isso é o que eles querem fazer. Pode ser que não queiram, se estiverem profundamente imbuídos das antigas virtudes formalistas do *stare decisis* e do interpretacionismo estrito. Porém, obviamente, Dworkin não deseja isso; tanto que aprova os casos *Brown*, *Griswold* e *Roe*. Enfim, quer apresentar inovação como ortodoxia.

Em favor da abordagem que sugeri, devo alertar o leitor de que a decisão do juiz precede a teoria articulada (porque prevalece o dever de resolver a disputa imediata); que poucos juízes estão aptos a criar ou, até mesmo, a avaliar teorias políticas abrangentes; que os juízes americanos, em geral, não são nomeados com base no mérito intelectual; e que o instinto pode ser um orientador de ações mais eficaz que a análise. Pode parecer que estou incorrendo em um paradoxo ao propor uma abordagem que aceite os valores pessoais como fatores agentes no ato de julgar e exija apenas que estes sejam amarrados a dados empíricos. Mas os valores pessoais, embora sofram a influência da personalidade e da criação, não são independentes das experiências do indivíduo em sua idade adulta. A pesquisa (dos fatos e não apenas daquilo que os juízes disseram no passado) pode substituir a experiência, ampliar e corrigir as fontes factuais que orientam as reações que o indivíduo tem com base em sua personalidade e suas opiniões, fazendo o juiz enxergar, assim, os aspectos reais de uma lei contrária à contracepção, ao aborto ou à sodomia. A maioria dos juízes lida melhor com fatos que com teorias; e, obviamente, é isso que os adeptos do raciocínio de baixo para cima afirmam em defesa de sua abordagem. Mas esse tipo de raciocínio apenas *finge* ser um raciocínio.

A menos que abandonemos tais fingimentos, talvez tenhamos de excluir Holmes do panteão dos juristas, muito embora ele seja não apenas o maior juiz e estudioso na história do direito americano, mas também a mente *filosófica* mais brilhante da história judicial. O mais famoso de seus votos é o voto divergente no caso *Lochner*, o qual, segundo os critérios convencionais de raciocínio jurídico, é um fiasco – um exemplo da tendência incorrigível "a substituir análises por epigramas: em vez de aproveitar *Lochner* como uma oportunidade para mostrar o verdadeiro significado da cláusula do devido processo legal, Holmes se contentou em proferir a presunçosa afirmação de que a cláusula não 'promulga como lei a "estática social" do Sr. Herbert Spencer'"[46]. Conforme observei em outra parte, concordo que o voto divergente de Holmes em *Lochner* não é um "bom voto. É apenas o melhor dos últimos cem anos."[47] Há algo de radicalmente incompleto nos critérios convencionais: eles falham em perceber a essência vital do crescimento e das ideias do direito. Devemos superar Holmes, não nos tornando mais legalistas e menos eloquentes e, sim, mais empíricos.

Se Holmes foi a mente filosófica mais brilhante na história do judiciário, poder-se-ia pensar nele como o candidato mais provável a conce-

---

46. David P. Currie, *The Constitution in the Supreme Court: The Secondary Century: 1888-1986*, p. 82 (1990). Ver id., pp. 81-2, 130. Esse tipo de crítica equivale a criticar Shakespeare por não respeitar as unidades clássicas de tempo e lugar. Além disso, qual é, afinal, o "verdadeiro significado" da cláusula do devido processo legal? Essa pergunta faz algum sentido?

47. *Law and Literature*, p. 285.

ber o tipo de teoria de cima para baixo e abrangente que Dworkin quer aplicar às questões de interpretação constitucional. A inclinação filosófica de Holmes não se expressou através da tentativa de criar uma teoria geral do direito constitucional; uma constituição de "princípios", por oposição a uma de "detalhes", na terminologia de Dworkin. Manifestou-se no hábito de Holmes de aplicar a diferentes questões constitucionais uma curiosa mistura de pragmatismo, darwinismo social, positivismo lógico, existencialismo, vitalismo, entre outros "ismos" que compõem seu legado filosófico, que é rico, mas, de maneira nenhuma, unívoco[48]. A sensibilidade para o caráter darwiniano da luta por supremacia no judiciário entre os grupos de interesse, juntamente com uma hostilidade ao direito natural, tornava Holmes avesso a invalidar leis sob a alegação de irem contra a liberdade de celebrar contratos, considerada como um princípio absoluto do direito natural; muito embora a "natureza" da qual derivava a concepção de liberdade de celebrar contratos fosse, ela própria, a lei da floresta (econômica) do darwinismo (social), natureza *de verdade*. O positivismo de Holmes fazia-o duvidar de que houvesse uma coisa chamada "o *common law*", dotada de uma existência independente das decisões de cada uma das cortes estaduais. Seu apreço pragmatista pela experimentação o levava a ver com bons olhos o federalismo, a filosofia do governo nacional limitado, enquanto a desconfiança pragmatista em relação às verdades definitivas fazia com que relutasse em apoiar o governo na suplantação do mercado (metáfora sua) de ideias e opiniões. Em seus votos mais notáveis, Holmes não raciocina a partir de textos jurídicos revestidos de autoridade, apoiando-se ou não em uma teoria jurídica geral. Esses textos, juntamente com valores moldados por uma grande experiência de vida e um vasto repertório de leitura não jurídico, eram usados como fontes para um estilo de decidir mais intuitivo que analítico.

Ao apoiar-se (quase nunca de forma explícita, mas ainda assim inconfundivelmente) em doutrinas filosóficas para dar substância a muitas de suas visões constitucionais, será que Holmes desrespeitava a censura de Rawls contra a fundamentação de juízos políticos, inclusive por parte dos juízes, em doutrinas gerais, por oposição àquele sutil contorno (que Rawls chama de liberalismo político) que habita a intersecção de todas as doutrinas gerais aceitáveis presentes na sociedade? Para Rawls, a Suprema Corte, ao buscar seus fundamentos, deve restringir-se ao

---

48. Ver Introdução, em *The Essential Holmes: Selections from the Letters, Speeches, Judicial Opinions, and Other Writings of Oliver Wendell Holmes, Jr.*, pp. ix, xvii-xx (Richard A. Posner [org.], 1992).

que ele chama de "razões públicas": as razões intrínsecas ao liberalismo político[49].

> Os juízes [da Suprema Corte] não podem, naturalmente, invocar sua própria moral pessoal, nem os ideais e as virtudes da moral em geral. Devem considerar tudo isso irrelevante. Igualmente, não podem invocar visões filosóficas e religiosas, nem as próprias nem as de outras pessoas. Tampouco podem citar valores políticos livremente. Em vez disso, devem recorrer aos valores políticos que integrem o entendimento mais aceitável das concepções públicas e de seus valores políticos de justiça e razão pública. Acreditam de boa fé, como exige o dever da civilidade, que estes sejam valores com os quais se pode esperar, com relativa certeza, que todos os cidadãos sensíveis e racionais concordem.[50]

Como não "se pode esperar" que "todos os cidadãos" subscrevam os diversos aspectos da filosofia de Holmes, a passagem citada implica que Holmes transgrediu os limites, ao fundar nestes suas visões judiciais; não apenas Holmes, mas todos os grandes juízes da história dos Estados Unidos. Isso não pode estar certo. Naturalmente, um juiz não deve valer-se da liberdade advinda de seu cargo, para tentar, em larga escala, impor à nação, em nome da Constituição, as visões de São Tomás de Aquino acerca do direito natural, ou então as de Herbert Spencer, ou ainda a filosofia utilitarista de Bentham, ou mesmo a de Mill. A tolerância e o comedimento são virtudes importantes no ato de julgar. Mas as visões filosóficas, religiosas, econômicas e políticas de um juiz devem orientá-lo nos casos situados naquelas áreas indeterminadas nas quais ele possui poder discricionário para tomar decisões. Afinal, de que outro modo se decidirão esses casos? Os valores subscritos por todos os indivíduos sensíveis e racionais de nossa sociedade são delicados demais para resolver os casos difíceis. Não se deve exagerar o perigo de tirania por parte dos juízes. A heterogeneidade de nossa sociedade, refletida na composição do judiciário, impede-os de transformar em lei doutrinas gerais. Os juízes do Tribunal Recursal julgam em órgão colegiado, logo, em casos complicados, o voto vencedor geralmente representa um acordo entre doutrinas gerais.

O empenho de Rawls no sentido de estabelecer limites para o discurso político (inclusive dos juízes) é antipragmático. Se um juiz só puder raciocinar a partir do limitado conjunto de premissas provavelmente compartilhado por *todas* as pessoas razoáveis dos Estados Unidos, a cria-

---

49. Rawls, nota 40 acima, pp. 231-40.
50. Id., p. 236.

tividade judicial será um paradoxismo. Holmes deve mais a Mill e Darwin por sua respeitada concepção de liberdade de expressão como um mercado aberto de ideias, que aos valores possível ou efetivamente compartilhados por todos os americanos razoáveis. Os grandes juízes enriqueceram o pensamento político e a prática da política, justamente ao introduzir, na concepção do interesse público, valores controversos, seja de cunho igualitarista, populista ou libertário. Marshall, Holmes, Brandeis e Black, para citar apenas alguns dos mais importantes juízes norte-americanos, são figuras importantes na história do liberalismo político americano porque se valeram de seu posto de juiz para impingir ao direito uma visão pessoal.

capítulo 6

Possuímos uma teoria constitucional?

Democracia e desconfiança

Na época de sua publicação, o livro de John Ely¹ parecia apenas mais um de uma enxurrada de livros e artigos sobre direito constitucional escritos por liberais nostálgicos dos dias em que o juiz-presidente Warren (a quem o livro é dedicado) conduzia um grupo de juízes que compartilhavam dos mesmos ideais na reconstrução desse direito. Confesso que, por não ser um liberal nesse sentido, li o livro menos atentamente do que deveria². Relido mais de uma década depois, a obra se apresenta como um trabalho de mérito extraordinário; mas também como um exemplo dos profundos problemas da teoria constitucional, sobretudo quando lida em conjunto com outras obras da área.

O livro de Ely é mais conhecido por sua proposta de um princípio unificador para a compreensão e o aprofundamento do programa da Corte presidida pelo juiz Warren; é outro exemplo de teoria constitucional de cima para baixo. Mas este é o projeto dos últimos três capítulos do livro. Os três primeiros formam uma dissertação independente,

---

1. John Hart Ely, *Democracy and Distrust: A Theory of Judicial Review* (1980). [Trad. bras. *Democracia e desconfiança: uma teoria do controle judicial de constitucionalidade*, São Paulo, WMF Martins Fontes, no prelo.]

2. Consequentemente, deixei de dar a Ely os créditos apropriados por algumas das críticas ao ativismo e ao comedimento dos juízes, por mim tecidas no Capítulo 7 de *The Federal Courts: Crisis and Reform* (1985) e no Capítulo 7 de *Problemas de filosofia do direito*.

cujo objetivo é proclamar a necessidade de amarrar o direito constitucional – no sentido do corpo de princípios efetivamente aplicados pelos juízes – à letra e à história da Constituição, contra aqueles que fariam do direito constitucional um instrumento de imposição dos "valores fundamentais" descobertos pelos juízes em seus exercícios de filosofia moral[3]; porém, ao mesmo tempo, derrubar a abordagem interpretativa conhecida pelos nomes de "interpretacionismo estrito", "textualismo" e "originalismo", mas que Ely chama de "interpretacionismo intraclausular". O poder discricionário concedido aos juízes pela abordagem dos "valores fundamentais" é grande demais, enquanto aquele concedido pelo "interpretacionismo intraclausular" é pequeno demais. O caminho do meio está em um interpretacionismo moderado.

O livro de Ely me ajudou a perceber, embora contra suas próprias intenções, que não há caminho do meio. Em vez disso, há os dois caminhos errados que, segundo ele, os juízes podem trilhar (obviamente há vários outros também). A abordagem dos "valores fundamentais" erra por excesso de disposição para fazer juízos políticos. O "interpretacionismo intraclausular", por sua vez, peca pela insuficiência de disposição para fazer esse tipo de juízo. Como resultado, injustiças substantivas são ratificadas, quando não celebradas, em nome do Estado de Direito. Pelo primeiro erro, pode-se acusar os juízes de não respeitarem a lei. Pelo segundo, de não terem coração. Pelo primeiro erro, pode-se acusar os juízes de elitismo, postura antidemocrática e arrogância (por contraporem seu julgamento ao dos representantes do povo). Pelo segundo, pode-se acusá-los de cederem muito facilmente ao populismo e de serem demasiado insensíveis ao perigo representado pela tirania da maioria, demasiado crédulos e devotos em relação à ideologia da democracia, além de excessivamente frios e servis, quase ao ponto da covardia. O problema de chamar "interpretacionismo" ao método de contornar esses extremismos é que isso subentende que exista uma técnica objetiva, como a criptografia, a tradução (ver Capítulo 23), ou a leitura de raios-x em busca de sinais de infecção pulmonar; e que, se os juízes adotassem essa técnica, isso os imunizaria contra ambos os extremismos. Se existe uma técnica assim, que eleve a "interpretação" constitucional acima da quiromancia e da interpretação de sonhos, ainda não foi descoberta.

---

3. A "escola dos valores fundamentais" é o alvo das melhores investidas de Ely. "A Constituição pode acompanhar a bandeira, mas será mesmo que ela deve acompanhar a *New York Review of Books*?" (p. 58). "Podemos afirmar mil vezes a certeza de que as assembleias legislativas não são totalmente democráticas, mas isso não tornará os tribunais mais democráticos que elas" (p. 67). "A noção de que os legítimos valores do povo podem ser seguramente discernidos por uma elite não democrática é por vezes definida na bibliografia política como 'o princípio do Führer'" (p. 68).

Não por Ely, pelo menos. A segunda metade do livro traz sua proposta de uma abordagem interpretativa moderada do direito constitucional. O autor realiza, ou ao menos tenta realizar, uma busca por valores cuja presença "na" Constituição possa ser afirmada com um certo grau de certeza e que os juízes estejam aptos, pela natureza de seu cargo, a promover. Assim, a partir da leitura do texto da Constituição, à luz daquilo que seus autores disseram sobre este nos *Federalist Papers* e alhures, Ely afirma que o objetivo essencial do documento e também das principais emendas, desde a Declaração de Direitos até hoje, é criar um sistema de governo no qual os representantes eleitos realizem, com sinceridade e competência, o trabalho de representar os interesses de todo o povo. O sistema representativo de governo pressupõe dois valores, ambos procedimentais, em um sentido amplo: a participação de todos os adultos capacitados na eleição dos funcionários públicos e a justa representação de todos por parte desses funcionários. As decisões judiciais que promovem esses valores são legais, porque são coerentes com o espírito do documento interpretado; e não podem ser criticados como antidemocráticos, porque os valores que promovem são democráticos.

Portanto, Ely fez mais que encontrar na Constituição os próprios valores cujo rigoroso emprego pela Suprema Corte, no auge da era Warren, fez cair sobre ela acusações de elitismo – qualquer defensor da era Warren é capaz de fazer isso, exercendo sua imaginação a partir da flexibilidade de interpretação possibilitada por um documento antigo como esse. O truque de Ely consiste em afirmar que a Corte, longe de agir de modo elitista, com ou sem a permissão, por assim dizer, dos autores da Constituição, estava democratizando os Estados Unidos através da promoção dos princípios democráticos da participação e da representação. A participação era promovida, por exemplo, pelas decisões judiciais que exigiam a proporcionalidade, na base do "um homem, um voto", bem como por aquelas que proibiam o imposto sobre o voto, que limitavam o poder de discriminação dos estados em relação aos não residentes (que não possuem direitos políticos no estado) e que protegiam a liberdade de expressão e associação políticas. A representação, por sua vez, era promovida pela identificação de minorias cujos interesses provavelmente não seriam considerados com simpatia por representantes retirados essencialmente da maioria, bem como pela proibição de que o governo fizesse recair sobre essas minorias responsabilidades desiguais sem apresentar justificativas convincentes e não insidiosas para fazê-lo. A discriminação contra estrangeiros ilustra ambas as formas de erro democrático contra as quais se dirige o programa de Ely. Os estrangeiros não têm direito de votar; e os legisladores, todos eles cidadãos, carecem do tipo de convivência direta com estrangeiros (exceto pelas empregadas domésticas e babás) que os faria simpatizar com os problemas e as necessidades destes.

Ely faz um excelente trabalho de associação das cláusulas da Constituição (incluindo-se as emendas) aos valores da participação e da representação. Observa, por exemplo, que o direito constitucional de ir e vir, que, para a Suprema Corte, estava implícito na cláusula dos privilégios e das imunidades do Artigo IV e na cláusula de igual proteção das leis da Décima Quarta Emenda (um direito de, por exemplo, mudar para outro estado sem ter de residir lá por um período mínimo de tempo antes de poder receber benefícios sociais), tem a função de acrescentar a categoria "deslocamento" à categoria "expressão" como modo de participação no processo político. Ely ressalta que a cláusula de comércio possui um aspecto "negativo" ou "latente", que limita o poder de um estado para transferir os custos governamentais aos residentes de outros estados por meio de impostos sobre mercadorias escassas produzidas dentro do estado, mas consumidas principalmente fora dele. Analogamente, a cláusula do livre exercício foi usada principalmente para proteger seitas impopulares e marginalizadas, como a das testemunhas de Jeová. E a proteção que a Declaração de Direitos estende aos réus de ações penais garante uma forma de representação para os integrantes das classes sociais marginalizadas, desprezadas e incompreendidas por excelência, das quais provém a maioria dos criminosos. Às vezes, é verdade, a análise de Ely é circular. A cláusula de comércio negativa, por exemplo, é uma interpretação livre (inadequada, para alguns) do texto da cláusula de comércio. Logo, não se pode usar *este* texto como prova de que a abordagem de Ely é intrínseca à Constituição. Por outro lado, uma série de dispositivos constitucionais, como a cláusula de igual proteção das leis, a cláusula dos privilégios e das imunidades do Artigo IV[4], as emendas sobre os direitos do eleitor e a cláusula da forma republicana de governo, encaixam-se perfeitamente em seu modelo. É claro que ele trata como um todo integrado um conjunto de documentos escritos em três séculos diferentes; e, é claro, seu projeto se vê prejudicado pelo fato de não encontrarmos, em nenhuma das camadas desse grande bolo, um direito de votar *tout court*. Mas essas objeções não são decisivas, apenas reafirmam a incerteza radical da interpretação constitucional.

---

4. Há outra cláusula de privilégios e imunidades, com cujo sentido ninguém é capaz de atinar, na Décima Quarta Emenda. Ver Capítulo 9.

O corpo de direito constitucional gerado pela abordagem de Ely guarda, como o objetivo do livro faz prever, uma semelhança, em linhas gerais, com a teoria do direito constitucional da era Warren. Há, no entanto, diferenças interessantes, das quais nem todas são meras extrapolações daquela teoria para se adaptar aos problemas dos anos 1970:

1. As mulheres, que são maioria eleitoral, não recebem atenção especial na Constituição. Entretanto, são inconstitucionais as leis que pratiquem discriminação contra as mulheres e que foram promulgadas antes de elas ganharem o direito de voto. Se essas leis, no entanto, forem novamente aprovadas depois de terem sido consideradas inconstitucionais, ficam valendo.

2. A ação afirmativa não representa um problema, posto que é uma questão de brancos praticando discriminação contra si mesmos. Obviamente, os brancos são satisfatoriamente sensíveis aos problemas daqueles seus iguais que porventura sejam prejudicados pelas políticas favoráveis aos negros.

3. Não há direito constitucional de privacidade. As decisões sobre "privacidade" (na realidade, decisões sobre a liberdade sexual e reprodutiva das mulheres), que culminam em *Roe vs. Wade*, não têm relação com "uma abordagem do controle judicial de constitucionalidade que se oriente pela participação e busque reafirmar a representação" (p. 87). Não há, tampouco, nenhum outro fundamento "interpretacionista" para essas decisões. Estas são produto de uma teoria do direito fundada nos "direitos fundamentais" e nada mais.

4. A discriminação contra os homossexuais, aparentemente em tensão com o item 3, é suspeita, pois é improvável que os legisladores simpatizem com os problemas e as preocupações deles. Se, entretanto, os juízes estiverem convencidos de que as leis contra o comportamento homossexual fundam-se em uma "objeção moral sincera ao ato (ou qualquer outro motivo que transcenda o simples desejo de lesar as partes envolvidas)" (p. 256 n. 92), devem então confirmar essas leis, sem prender-se a nenhuma alegação de que os homossexuais têm direito à liberdade sexual; já que, para Ely, ninguém possui um direito constitucional à liberdade sexual. Até os estrangeiros têm mais direito à boa vontade dos juízes que os homossexuais, já que não têm direito de votar.

5. A inconstitucionalidade da pena de morte é altamente defensável, porque os assassinos provenientes das classes abastadas e instruídas, das quais também provêm nossos representantes, juízes, entre outros altos funcionários do governo, nunca são executados.

A lista acima obviamente não esgota o conteúdo do direito constitucional, de acordo com o autor. Ely reconhece que algumas cláusulas da

Constituição garantem direitos substantivos inteiramente dissociados da participação e da representação, e naturalmente aprova as decisões e doutrinas, comuns durante as eras Warren e Burger, que enfatizavam a participação e a representação, tais como a proporcionalidade representativa, o imposto sobre o voto e as decisões relativas à liberdade de expressão política. As proposições que compõem a lista são, entretanto, o produto *característico* de sua teoria.

Mas quão persuasiva é essa teoria, mesmo tomada em si mesma e, logo, aceitando-se seu caráter interpretativo? É verdade que os problemas do governo representativo estavam entre as preocupações tanto dos autores da Constituição original, quanto dos da maioria das emendas. Também é verdade que dois dos problemas que atingem essa forma de governo são a falta de participação e de efetiva representação. No entanto, para começo de conversa, esses dois problemas são, na verdade, um só. Se algumas pessoas não se encontram efetivamente representadas por não lhes ser permitido votar ou porque seus candidatos estão presos por defenderem os interesses delas; ou se elas não estão proporcionalmente representadas porque seu voto tem menos peso nas eleições que o voto de outras pessoas; ou se não estão representadas adequadamente porque seus representantes oficiais não entendem as necessidades delas ou não se importam com estas, porque essas pessoas são de um grupo social totalmente diferente daquele de seus representantes (são estrangeiras, negras ou homossexuais, por exemplo); então, em todos esses casos, há uma falha de representação.

Mas a falha também está presente em muitos outros casos, os quais Ely não analisa. O domínio da política por grupos de interesse frequentemente faz com que um grupo compacto seja capaz de usar o processo político para transferir para si a riqueza de um grupo maior, porém mais difuso (consumidores e contribuintes, por exemplo), cujos membros são, na prática, incapazes de se proteger dessa exploração. Um grupo majoritário grande e amorfo pode encontrar-se à mercê justamente do tipo de grupo de interesse cuja proteção, segundo Ely, é o propósito fundamental da Constituição. Assim, o fato de as mulheres serem maioria eleitoral não garante que o processo político venha a refletir as preferências delas. Igualmente, o fato de os negros serem minoria não garante que o processo político não venha a refletir as preferências destes. Outro ponto relacionado a isso é a ignorância geral do eleitorado acerca dos efeitos das políticas públicas. Além disso, os representantes políticos não são agentes perfeitos de seus eleitores. Eles têm seus próprios interesses, egoístas ou não, e seria mera sorte se as pressões dos interesses pessoais e as pressões dos interesses de grupo se equilibrassem mutuamente, fazendo com que o voto dos representantes políticos se pautasse pelo interesse público. Exceto nos estados onde são permitidos referendos ou iniciativas populares, os americanos votam em candidatos e não em propostas políticas (isso significa, na melhor das hipóteses, que eles estão votando em projetos políticos). É fácil demonstrar que, em decorrência disso, pode-se acabar adotando políticas que não reflitam a preferência da maioria dos eleitores.

Muitos dos problemas de representação política, está acima da capacidade dos juízes resolvê-los. Se esses problemas, contudo, permanecem sem solução, não está claro, de forma alguma, se as iniciativas judiciais recomendadas por Ely aperfeiçoarão o funcionamento do governo representativo; nem, muito menos, que aquelas às quais ele se opõe *não* aperfeiçoarão esse funcionamento. Como exemplo do primeiro ponto, consideremos a ação afirmativa. Esqueçamos que há cidades onde os negros são maioria eleitoral. Presumamos que, apesar da "culpa dos brancos", os legisladores brancos não ignorem os custos da ação afirmativa para os brancos. Não se segue daí que a ação afirmativa passe no teste de representatividade de Ely. O objetivo dos programas de ação afirmativa é fornecer ajuda a minorias tradicionalmente desfavorecidas. A ajuda pode vir na forma de vantagens desproporcionais ao tempo de serviço, de pontos adicionais em uma prova de concurso público, ou de uma diminuição da média necessária para a admissão em uma escola de prestígio. Quem sai prejudicado por essas medidas discriminatórias? O branco *desfavorecido*, isto é, aquele que não sabe se será readmitido em caso de demissão temporária, ou que é o último a ser contratado ou a ser aceito em uma escola. Seria realista presumir que a condição social *deste* sujeito seja prioridade na mente dos legisladores e educadores de classe média alta que apoiam a ação afirmativa? E podemos excluir a possibilidade de coalisões entre negros e brancos para beneficiar alguns negros às expensas de alguns brancos, por razões de interesse político alheias à justiça social?

E *Griswold vs. Conecticut*? Será que esse caso, como crê Ely, não tinha mesmo nada a ver com a questão da representação política? Não era este um caso de poder de um grupo de interesse, formado pela Igreja Católica e seus devotos, para impedir uma reforma na lei, que teria beneficiado sobretudo as mulheres de classe baixa e de classe média baixa (grupo difuso e de pouca expressão política, do qual nem todas as integrantes possuem idade para votar), cujo acesso aos serviços de planejamento familiar foi barrado pela lei de Connecticut? Ao analisar a questão das leis que praticam discriminação contra as mulheres, promulgadas antes de estas conquistarem o direito de votar e ainda não revogadas, Ely revela-se consciente do fator de inércia no processo político; mas foi por inércia que o estado de Connecticut deixou de revogar sua arcaica proibição dos contraceptivos.

Considere-se a questão da proporcionalidade representativa nos estados. À primeira vista, parece não haver afronta maior aos princípios do governo representativo que a concessão de maior peso aos votos dos indivíduos de uma determinada parte do estado, por não se terem ajustado corretamente as fronteiras dos distritos eleitorais de forma que se distribua a população eleitoral mais ou menos igualmente entre os distritos. A reflexão mais profunda, contudo, mostrará que as pessoas raramente possuem o mesmo poder de voto, mesmo quando os distritos legislativos têm populações eleitorais iguais. Há mais senadores *per capita* em Delaware que em Nova York. Logo, o eleitor de Delaware tem mais poder que o de Nova York nas eleições de senadores nos Estados Unidos. Isso constitui uma falha de proporcionalidade representativa, protegida pela Constituição. Por outro lado, eu moro em um distrito congressional onde os republicanos não possuem poder para eleger representantes, simplesmente porque o número de republicanos no distrito é pequeno demais para estimular o Partido Republicano a apresentar um candidato com chances de eleger-se. Ademais, o voto é apenas um dos elementos do poder político. Alguns dos outros são dinheiro, educação, faixa etária, pertencimento ou acesso considerável a um grupo protegido pela Constituição, como a imprensa, e o pertencimento a um grupo de interesse politicamente forte. O poder político distribui-se de tantas formas alheias à má distribuição da representação política nas assembleias legislativas estaduais, que se torna difícil saber se a proporcionalidade representativa terá algum impacto sistemático sobre as políticas públicas. Não é de surpreender que haja discordância, entre os cientistas políticos, sobre se esse impacto *realmente* existiu[5]. Ely ignora essa questão empírica.

As falhas que esses exemplos expõem são intrínsecas ao argumento do autor (o caráter injusto da proporcionalidade representativa no Senado norte-americano sugere que a teoria democrática materializada na

---

5. Os estudos realizados na década de 1980 são comentados em David C. Safell, "Reapportionment and Public Policy: State Legislator's Perspectives", em *Representation and Redistricting Issues*, pp. 203, 204-10 (Bernard Grofman *et al.* [orgs.], 1982). Safell ressalta as discordâncias entre os profissionais e se alinha com os "anticéticos". Desde a publicação de seu ensaio, porém, a literatura cética foi ampliada com Larry M. Schwab, *The Impact of Congressional Reapportionment and Redistricting*, pp. 196-200 (1988), e William H. Riker, "Democracy and Representation: A Reconciliation of *Ball v. James* and *Reynolds v. Sims*" 1 *Supreme Court Economic Review* 39, 41-55 (1982).

Constituição é diferente daquela que Ely imporia aos estados em nome dessa mesma Constituição) e, ao mesmo tempo, revelam uma falta de noção dos fatos (por exemplo, na análise que faz de *Griswold*). Também são fraquezas no nível da teoria. Praticamente o único cientista político citado é Robert Dahl, cuja produção mais importante data da década de 1950. Ele não cita nada da bibliografia sobre os efeitos da proporcionalidade representativa ou outras decisões constitucionais, nem da bibliografia de ciência política ou de economia sobre os grupos de interesse, nem daquela da escolha pública, embora todas estas já existissem quando o livro foi escrito[6]. Ely chega a citar Gordon Allport e outros psicólogos que tratam da natureza do preconceito, para apoiar sua afirmação de que podemos ser incapazes de tomar as dores das pessoas de outras raças, religiões, classes sociais ou orientações sexuais, mas nem os psicólogos nem Ely apresentam provas de que esse tipo de problema seja comum no cenário político. Independentemente de suas muitas outras falhas, os políticos são especialistas em determinar os interesses de seus eleitores.

Então, o livro não é nenhuma obra-prima de sociologia. Mas e daí? O negócio de Ely é a interpretação, certo? É preciso entender de sociologia para *interpretar* a Constituição? Ely chama sua abordagem de interpretativa, mas ela o é apenas na medida em que está vinculada a um documento. A Constituição criou uma forma representativa de governo. Para Ely, os juízes, corrigindo alguns defeitos da representação, podem tornar o governo ainda mais representativo do que é hoje. A profusão quase vergonhosa de cláusulas constitucionais vagas dá aos juízes amplos poderes para conduzir esse programa. Estes, de fato, podem fazer *qualquer* coisa – abolir a pena de morte, forçar os estados a permitir o casamento homossexual e a estender o direito de voto aos cidadãos não residentes no estado e até aos estrangeiros; tudo em nome da temática constitucional da participação e da representação. Podem até, conforme já sugeri (embora Ely guarde reservas quanto a esse ponto), incluir as ações de privacidade sexual nesse mesmo esquema, ao menos algumas destas (e não apenas aquelas movidas por homossexuais).

Se isso é interpretação, então o que exatamente é o "não interpretativismo" ou a teoria do direito baseada nos "direitos fundamentais"?

---

6. Ver, por exemplo, além dos estudos citados em Safell, nota 5 acima, David B. Truman, *The Governmental Process: Political Interests and Public Opinion* (2.ª ed., 1971); James M. Buchanan e Gordon Tullock, *The Calculus of Consent: Logical Foundations of Constitutional Democracy* (1962); Mancur Olson, Jr., *The Logic of Collective Action: Public Goods and the Theory of Groups* (1965); George J. Stigler, *The Citizen and the State: Essays on Regulation* (1975).

Basta um gancho com o texto da Constituição para que se possa chamar a coisa de interpretação (mas a liberdade também pode desempenhar esse papel da representação). Daí para a frente, o céu é o limite. É verdade que, se o ponto de partida for a liberdade, o de chegada será o argumento de que os juízes são elitistas. No campo da representação, o céu está mais aberto. Porém, para aproveitá-lo melhor, é preciso usar mais sociologia do que Ely emprega em *Democracy and Distrust* [*Democracia e desconfiança*]. Pode parecer que Ely tenha dado um tratamento mais refinado a esse ponto, pois, apesar das citações de Dahl e Allport, uma das razões que o levam a preferir a temática da representação à da liberdade é que, para ele, os advogados e os juízes estão mais capacitados para lidar com questões processuais que para lidar com questões substanciais. Isso estaria correto se Ely se restringisse aos julgamentos. Mas seu tema é a função das instituições políticas. O conhecimento que os advogados e os juízes têm de administração política nesse nível não é maior que aquele que têm dos valores fundamentais da sociedade. Os efeitos da proporcionalidade representativa, a dinâmica política da ação afirmativa, as condições necessárias a uma política eficaz em prol das minorias, a importância dos conflitos de interesse no interior de um grupo, a força da inércia no processo político; essas e outras questões essenciais para a interpretação e avaliação de uma teoria do direito voltada à participação e à representação, pertencem ao campo da sociologia. Não são questões "processuais", em vez de "substanciais", em nenhum sentido jurídico prático.

Quando se usa o termo "interpretação" no sentido de decodificação, as únicas coisas necessárias são o texto e o código. Quando, porém, o sentido é o de criação de novos sentidos, é preciso mais instrumentos – mais do que aqueles que um jurista traz em seu cinto de utilidades.

Por que a teoria constitucional é tão fraca

No final das contas, Ely não convence, embora sua ambição e sua confiança impressionem. Conforme indiquei, as razões desse fracasso (magnífico) têm a ver, em última instância, com a natureza do direito constitucional e do estudo acadêmico do direito e não com qualquer falha de inteligência da parte de Ely. A Constituição é um documento antigo, concebido por homens que, a despeito do grande zelo cívico que se tem por sua imagem, não eram clarividentes. Ademais, dois séculos de emendas tornaram as águas ainda mais turvas. Sobre um documento consequentemente inescrutável com respeito à maioria dos problemas modernos, depositaram-se, então, centenas de milhares de páginas de interpretação judicial, grande parte das quais é desprovida de coerência interna. A soma de todo esse palavrório não constitui uma diretriz, mas uma fonte de estudos. Os empreendimentos interpretativos futuros, portanto, seja da parte de Ely ou de seus adversários à esquerda ou à direita, estão fadados a ilustrar a interpretação como criação e não como limite. É impossível escolher entre essas interpretações segundo critérios semânticos ou conceituais. Deve-se escolher a interpretação que pareça a melhor em um sentido que inclua, mas também transcenda, as considerações de fidelidade a um texto ou uma tradição. A questão interpretativa é, em última instância, política, econômica ou social; e a sociologia tem mais a contribuir com ela que o direito.

Isso ocorre ao menos quando se trata o direito de forma provinciana, como costuma ocorrer até nas melhores faculdades de direito norte-americanas. É absurdo considerar o direito constitucional como um único campo de especialização e presumir que um John Ely seja capaz de falar com profundidade sobre o tratamento concedido pela sociedade aos estrangeiros e aos filhos de mães solteiras, aos homossexuais e às mulheres, bem como aos ativistas políticos, dissidentes religiosos e assassinos condenados à pena de morte. O direito acadêmico também se restringe às cláusulas constitucionais, mas à sua própria maneira. Uma vez que apenas uma pequenina cláusula da Constituição, a cláusula de igual proteção das leis da Décima Quarta Emenda, serve de fundamento para as contestações e os litígios envolvendo os programas estatais dirigidos a estrangeiros, os filhos de pais não casados, os membros das minorias raciais, os réus indigentes de ações penais, os veteranos de guerra e as mulheres, é natural que se pense que uma única pessoa seja capaz de avaliar todos esses programas, juntamente com as leis e as políticas que atingem os fetos, os homossexuais e outros, cujos direitos ou reivindicações de direitos defendem-se através de causas levadas a juízo com base na cláusula vizinha, aquela do devido processo legal. É natural, mas está errado, pois os programas são heterogêneos e suas consequências sociais, complexas.

Os juristas do direito constitucional têm pouco conhecimento de seu objeto de estudo propriamente dito, um complexo de fenômenos políticos, sociais e econômicos. Conhecem apenas os casos. Uma dieta composta exclusivamente por votos da Suprema Corte é receita de má nutrição intelectual.

Considere-se o artigo de David Strauss sobre a decisão do caso *DeShaney* pela Suprema Corte[7]. Um assistente social empregado por um

---

7. *DeShaney vs. Winnebago County Department of Social Services*, 489 U.S. 189 (1989). O artigo é "Due Process, Government Inaction, and Private Wrongs", 1989 *Supreme Court*

órgão público abstivera-se de retirar do pai a custódia de uma criança chamada Joshua DeShaney, apesar de haver sinais inquestionáveis de maus-tratos. O pai bateu em Joshua até deixá-lo em um estado vegetativo. A mãe então entrou com uma ação judicial contra o órgão público, buscando indenização por perdas e danos. A Suprema Corte decidiu que o Estado, ao deixar de proteger Joshua de seu pai, não violou a cláusula do devido processo legal da Décima Quarta Emenda. O Estado nada fizera a Joshua DeShaney, apenas deixara de protegê-lo da violência doméstica. A liberdade protegida pela Décima Quarta Emenda, segundo a Corte, é negativa (o direito de não ser importunado pelo Estado) e não positiva (o direito aos serviços públicos). Strauss critica a decisão da Suprema Corte, mas relega a uma nota de rodapé a discussão de um dos principais argumentos daquela Corte, justamente aquele de caráter prático: permitir que a omissão do Estado seja objeto de ação judicial poria os assistentes sociais na corda bamba. Estes seriam processados não apenas quando negassem aos pais seus direitos como pais (um elemento constituinte da liberdade protegida pela Décima Quarta Emenda), caso a criança fosse retirada da custódia deles desnecessariamente, mas também quando deixassem de privar os pais de sua liberdade, caso a criança devesse ter sido retirada da custódia deles. Em sua nota de rodapé, Strauss afirma: "Que mal faz à sociedade que os funcionários públicos tenham de enfrentar esse dilema?" E se, contrariamente a sua afirmação, isso fizer mal à sociedade, "a maneira adequada de tratar o dilema consiste em elaborar doutrinas substantivas e de imunidade capazes de gerar os incentivos certos"[8]. O autor não diz nada sobre o conteúdo dessas doutrinas. Também se ignora por que a solução do dilema não pode ser deixada a cargo dos estados. Strauss não menciona que os estados preveem indenizações por perdas e danos para pessoas lesadas por negligência de assistentes sociais responsáveis por casos que envolvem crianças[9]; nem considera a possibilidade de que, em uma época de orçamentos públicos apertados, como a nossa, o aumento do número de ações judiciais contra os órgãos de serviço social pode causar cortes nos benefícios.

Ora, acontece que a Faculdade de Direito da Universidade de Chicago, onde Strauss leciona, está apenas um quarteirão a leste da Faculdade de Administração de Serviço Social daquela mesma universidade, a melhor faculdade de serviço social dos Estados Unidos. Uma caminha-

---

Review 53. Tenho um interesse pelo caso *DeShaney*, tanto como juiz quanto como acadêmico. Redigi a decisão do Tribunal Recursal, a qual foi confirmada pela Suprema Corte. Ver 812 F.2d 298 (7th Cir., 1989).

8. Strauss, nota 7 acima, p. 80 n. 63.

9. Ver *Liability in Child Welfare and Protection Work: Risk Management Strategies* (Marcia Sprague e Robert M. Horowitz [orgs.]), sobretudo cap. 1, 2 e 6.

da de dois minutos poria Strauss em contato com especialistas com quem poderia investigar as consequências práticas de uma decisão inversa no caso *DeShaney*[10]. Um quarteirão a leste da faculdade de direito está a Faculdade de Estudos de Gestão Social, onde Strauss poderia ter consultado especialistas em administração e fazenda pública, com o objetivo de avaliar as consequências da utilização do judiciário federal para impor, em nome dos direitos civis, padrões de conduta apropriados aos funcionários públicos envolvidos em serviços de resgate, no sentido mais amplo da palavra. Pois, se os assistentes sociais têm um dever constitucional de proteger as crianças dos pais, devem ter um dever constitucional de resgatar pessoas que caem de pontes, bem como as que sofrem acidentes de trânsito ou ataques cardíacos. Nesse caso, o judiciário federal se envolverá na administração dos departamentos de polícia e de bombeiros, assim como dos órgãos de serviço social. Será que isso é bom? Para um pragmatista, a resposta a essa pergunta não é irrelevante para a avaliação da integridade da decisão do caso *DeShaney*, pois o caso não é que a decisão correta seja óbvia a partir do texto da Décima Quarta Emenda. A resposta depende da capacidade intelectual de Strauss, já que este teria de aprofundar-se em uma área do direito constitucional moderno, no final das contas, meramente marginal. Teria as asas cortadas e seria rebaixado, na hierarquia social do direito acadêmico, de especialista na Constituição a especialista em bem-estar social.

Strauss poderia retorquir que os juízes (eu, por exemplo) deveriam ter realizado as pesquisas factuais necessárias, antes de dar perda de causa a Joshua DeShaney; que nós, juízes, quando falamos das consequências de colocar os assistentes sociais na corda bamba, também estamos meramente especulando com metáforas. Isso é verdade. Mas os juízes não têm permissão para aconselhar-se com estudiosos acadêmicos, em particular, sobre casos pendentes; nem possuem o tempo e os recursos necessários à realização de pesquisas empíricas sérias, embora Brandeis tenha tentado fazê-lo em alguns de seus votos divergentes[11]. O conhe-

---

10. Um exemplo de análise da responsabilidade civil dos assistentes sociais em casos que envolvem crianças, desde uma perspectiva do serviço social, que demonstra sensibilidade ao problema da corda bamba, é Rudolph Alexander, Jr., "The Legal Liability of Social Workers after *DeShaney*", 38 *Social Work* 64, 68 (1993). Ver também James Strickland, "Risk Reduction Techniques for Child Welfare Protective Programs: 'Putting in Stop Bells and Whistles'", em *Liability in Child Welfare and Protection Work*, nota 9 acima, pp. 105, 106; cf. Jim Strickland e Stuart Reynolds, "The New Untouchables: Risk Management of Child Abuse in Child Care", *Exchange*, abril de 1989, pp. 51-2.

11. Sem obter sucesso aparente, a julgar por seu ambicioso voto divergente no caso de monopólio da produção de gelo, *New State Ice Co. vs. Liebmann*, 285 U.S. 262, 280 (1932). Ver *Economic Analysis of Law*, pp. 626-8.

cimento dos juízes sobre os fatos que constituem um caso ou que são relevantes para sua resolução baseia-se nas petições e nos autos, bem como nas fontes jurídicas publicadas. Em qualquer sistema sensato de divisão de responsabilidades entre os profissionais do direito de diferentes ramos, a tarefa de conduzir investigações empíricas detalhadas dos pressupostos das doutrinas jurídicas deve ser atribuída às faculdades de direito. Muitos estudiosos do direito constitucional concebem sua função como a de segundos juízes e redigem, à guisa de artigos, votos alternativos para os casos da Suprema Corte.

No estado vegetativo em que ele se encontrava, um ganho de causa não teria feito muita diferença para Joshua DeShaney. Dada a existência de remédios judiciais previstos no direito civil contra assistentes infantis e os órgãos públicos que os empregam, o efeito repressivo adicional de um remédio judicial federal pode ser pequeno, e o benefício social produzido por esse efeito pode perfeitamente ser anulado pelo problema da corda bamba ou pelo corte de benefícios sociais em resposta à expansão da responsabilidade civil. Além disso, como a mãe de Joshua provavelmente não tem condições de arcar com os custos de internação do filho, o estado, independentemente de ganhar a causa, pode acabar pagando pela catástrofe. Talvez apenas os honorários do advogado estivessem realmente em jogo (quem pleiteia direitos civis em juízo e vence tem, normalmente, o direito de ser reembolsado pelo réu pelos gastos com os honorários do advogado). Mas Strauss talvez não esteja preocupado com as implicações práticas do caso *DeShaney*. Pode estar apenas reagindo contra a concepção de Estado limitado (um Estado obrigado por lei a proteger apenas as liberdades negativas e não as positivas) que permeia a interpretação dada pela Corte à cláusula do devido processo legal no caso *DeShaney*. Como um defensor do Estado agente, Strauss gostaria de enxergar alguma confirmação simbólica do dever do Estado de se mostrar presente até nos assuntos familiares. Mas a defesa de uma justificação simbólica para a posição do demandante, assim como a empírica, exigiria ferramentas diferentes daquelas que um estudioso convencional da Constituição domina, por mais capacitado que seja.

À primeira vista, o artigo de Amar e Widawsky sobre *DeShaney* escapa a essas críticas[12]. Enquanto Strauss, no estilo analítico abstrato de Dworkin, Rawls e Ely, buscara mostrar que a tentativa de distinção dos juízes entre liberdade positiva e negativa não resiste a um exame mais detido, Amar e Widawsky conduzem o que parece ser um argumento

---

12. Akhil Reed Amar e Daniel Widawsky, "Child Abuse as Slavery: A Thirteenth Amendment Response to *DeShaney*", 105 *Harvard Law Review* 1359 (1992).

consistente e bem documentado, segundo o qual a falha do estado de Wisconsin em proteger Joshua DeShaney do pai violava a Décima Terceira Emenda[13], a qual prevê: "Não haverá, nos Estados Unidos ou em qualquer lugar sujeito a sua jurisdição, nem escravidão nem trabalhos forçados, salvo como punição de um crime pelo qual o réu tenha sido devidamente condenado." Das "palavras arrebatadoras e do pano de fundo" da emenda, Amar e Widawsky extraem a seguinte definição de "escravidão": "uma relação de poder marcada pelo domínio, pela humilhação e pela subserviência, na qual os seres humanos são tratados como bens móveis e não como pessoas"[14]. A custódia normal dos pais, embora se possa dizer que envolva uma relação de poder e domínio, não é escravidão, porque não envolve humilhação nem subserviência. O filho, ainda que não seja livre, é tratado como pessoa e não como objeto. Porém, quando aquele que tem a custódia da criança abusa desta, fornece os elementos que faltavam para configurar-se a escravidão. Os autores não sustentam que Joshua DeShaney era escravo do Estado, mas que era escravo de seu pai. Diferentemente, porém, da cláusula do devido processo legal da Décima Quarta Emenda, a Décima Terceira Emenda não proíbe a ação apenas por parte do Estado. Os proprietários de escravos, alvo principal da emenda, eram cidadãos privados e não agentes estatais.

As objeções à surpreendente tese de Amar e Widawsky são abundantes. Para começar, os autores confundem um ente com seus atributos. Sem dúvida, estão certos ao afirmar que o caráter brutal, humilhante e desumano da escravidão negra foi uma das razões da adoção da Décima Terceira Emenda[15]. Mas daí não se segue que toda relação brutal, humilhante e desumana seja uma forma de escravidão; assim como do fato de todo juiz ser sábio não se segue que todos os homens sábios sejam juízes. A escravidão negra nos Estados Unidos era apenas uma das formas de escravidão, e a Décima Terceira Emenda também proíbe as demais. Quando, porém, falamos de "escravos do salário", quando dizemos que um marido "escravizou" a esposa e quando chamamos um

---

13. Embora os advogados de DeShaney não tenham usado a Décima Terceira Emenda, talvez por temerem que os juízes vissem uma argumentação desse tipo como irresponsável e, portanto, penalizável, bem poderiam tê-lo feito. O artigo de Amar e Widawsky provavelmente é do tipo que o juiz Edwards desconsideraria, por achar inútil (Capítulo 2). E não apenas o juiz Edwards. Ver, por exemplo, J. M. Balkin, "What is Postmodern Constitutionalism?" 90 *Michigan Law Review* 1966 (1992).

14. Amar e Widawsky, nota 12 acima, p. 1365.

15. Outra razão era que, conforme Lincoln percebera antes da Guerra Civil, na prática a nação não conseguiria manter sua unidade se a escravidão fosse permitida em alguns estados e em outros não.

executivo de "escravo" do trabalho ou descrevemos a prostituição como "escravidão branca" (originalmente, o título oficial da Lei Mann era "Lei do Tráfico de Escravos Brancos"), temos consciência de estar usando a palavra "escravidão" no sentido metafórico e não literalmente. Na verdade, queremos dizer que essas relações ou práticas não são escravidão[16], mas têm algo em comum com esta. Tratar metaforicamente os termos da Constituição – como fazer um trocadilho com a palavra "trabalho" para encaixar o direito de aborto na Décima Terceira Emenda (Capítulo 5) – é abolir todo exame textual da interpretação constitucional. Este é um resultado paradoxal de uma leitura da Décima Terceira Emenda que se pretende fiel, e mostra que até a teorização de cláusula em cláusula pode facilmente perder o rumo.

É verdade que, ao mudar o foco da causa de *DeShaney* da Décima Quarta para a Décima Terceira Emenda, Amar e Widawsky evitam a implicação mais geral da análise de Strauss: que todos nós temos um direito, executável em âmbito federal, a algum nível de assistência social estatal realizada com competência (policiamento decente, corpo de bombeiros, serviço de ambulância, prevenção do abuso infantil e assim por diante). Não tem como extrair da Décima Terceira Emenda um direito de um indivíduo a ser resgatado de seu carro depois de cair dentro de um lago. Mas isso nem chega a ser um consolo para o conservador constitucional. Este ficará aterrorizado ao descobrir que Amar e Widawsky dão uma interpretação tão flexível a "escravidão", que, para eles, a Décima Terceira Emenda "pode servir de fundamento a ações judiciais por parte de esposas agredidas fisicamente e não protegidas pelo estado"[17].

Além disso, mesmo que Joshua DeShaney, no contexto da emenda, fosse considerado escravo do pai, não se segue daí que, ao deixar de protegê-lo de seu pai, o estado violou a emenda. Não que o Estado aprovasse a conduta do pai, já que até o processou por isso. Retorquir que, "mesmo sabendo da situação de Joshua, o estado virou as costas à escravidão *de facto* dentro de sua jurisdição e violou a emenda; como se os juízes tivessem simplesmente ignorado mandados de *habeas* [*corpus*] expedidos em defesa de Joshua"[18], é usar a linguagem da ficção jurídica. "O estado" não sabia de nada. Um assistente social empregado pelo estado absteve-se, estúpida, mas não maliciosamente, de retirar do pai a custódia de DeShaney. Logo, Wisconsin é um estado escravagista?

---

16. Ver a discussão sobre metáfora no Capítulo 24.
17. Amar e Widawsky, nota 12 acima, p. 1385 n. 112.
18. Id., p. 1381.

Um leitor que simpatize mais que eu com o artigo de Amar e Widawsky poderia convencer-se de que a difícil situação de DeShaney assemelhava-se à escravidão, e até de que a história e a letra da Décima Terceira Emenda autorizam uma leitura flexível, que tratasse sua situação como de escravidão concreta e desse *até* o direito à mãe de obter, em âmbito federal, indenização monetária do Estado. Porém, ainda assim, faltaria um elo. Dizer que a emenda pode ser lida de uma perspectiva abrangente como a de Amar e Widawsky não é o mesmo que dizer que deve. O elo faltante é a razão para se preferir a analogia da escravidão às outras opções. O caso *DeShaney* poderia perfeitamente ser comparado ao de um assaltante que espanca sua vítima na presença de um policial, o qual, por não ter recebido treinamento adequado, não consegue impedir o crime. Este seria um caso perfeito de falha culpável do Estado em impedir a violência privada. Ninguém tentaria ligá-lo à Décima Terceira Emenda. A situação de DeShaney parece-se mais com a da vítima de assalto ou com a de um escravo de uma plantação de algodão, no Mississippi, em 1850? Para escolher entre essas analogias, é preciso levar em conta uma série de fatores ignorados por Amar e Widawsky, sobretudo as questões empíricas que levantei a partir do artigo de Strauss.

Amar já foi elogiado por oferecer uma alternativa mais viável ao advogado (pois dá a devida consideração ao "texto, à história e à estrutura" da Constituição), em comparação com o tratamento dado por Dworkin às cláusulas constitucionais como "princípios morais abstratos"[19]. Assim, Amar é o Bork de um liberal; um originalista de esquerda[20]. Mas será que todo esse negócio de método constitucional não é apenas simulação? Não deveria Dworkin ser elogiado pela franqueza de sua postura, por não ficar sempre fingindo ser um leitor mais competente ou um espião mais competente, cujos valores pessoais e cuja filosofia política nada têm a ver com suas interpretações?

Strauss, assim como Amar e Widawsky, merecem mais uma crítica: desconsideram o pleno efeito de suas propostas. Os teóricos constitucionais de esquerda querem que a Suprema Corte reconheça uma série de novos direitos constitucionais, como o de ser protegido da violência privada. O método interpretativo de Amar e Widawsky transformaria a Constituição em um festival de novos direitos. Para defender com res-

---

19. Jeffrey Rosen, "Jeffrey Rosen Replies", em "Life's Dominion: An Exchange", *New Republic*, 6 de setembro de 1993, pp. 44-5; ver também Rosen, "A Womb with a View", *New Republic*, 14 de junho de 1993, p. 35.

20. Admito que esta não é uma caracterização adequada do trabalho de Amar como um todo.

ponsabilidade um programa de multiplicação dos direitos constitucionais, o proponente teria de considerar qual seria seu impacto conjunto (seja sobre o volume de trabalho do judiciário, sobre a legitimidade política da Suprema Corte, ou sobre a distribuição de poder entre as diferentes áreas do governo) se *todos* os direitos que ele quer ver reconhecidos de fato o fossem. Consideremos uma abordagem que determinasse um resultado diferente para o caso *DeShaney* e para uma série de outras decisões constitucionais "conservadoras". Uma estimativa do efeito conjunto dessa abordagem mostraria facilmente que ela está equivocada e que, caso a adotassem, os juízes estariam assumindo responsabilidades demais. Os teóricos constitucionais liberais ignoram essa possibilidade. Presumem, implicitamente, que o custo social adicional da expansão indefinida das incumbências do judiciário é nulo. Não têm noção de prioridades, pois não passam de analistas superficiais, como os próprios juízes.

Vale ressaltar, por último, o caráter *tardio* do tipo de teorização constitucional de que são exemplos Strauss, a dupla Amar-Widawsky e também Dworkin, no caso do aborto. As questões constitucionais circulam por anos nas instâncias inferiores antes de chegar à Suprema Corte. Mas o interesse dos estudiosos acadêmicos quase sempre só se desperta depois que a questão não apenas chega à Suprema Corte, mas é decidida por esta. Os estudiosos do direito constitucional são tão deslumbrados com a Suprema Corte (o que significa dizer com o poder, já que poucos desses estudiosos têm em alta conta a qualidade dos juízes que a compõem), que frequentemente demoram demais para escrever, e perdem a chance de causar impacto sobre o direito constitucional. Quando chegam ao campo de batalha, a batalha já terminou.

A multidão, neste momento, é tola, posto que age irrefletidamente[1].

capítulo 7
Positivismo jurídico sem direito positivo

Anos atrás, Bruce Ackerman apresentou a tese surpreendente (inacreditável, para os profissionais do direito) de que a agitação constitucional da década de 1930 (a invalidação, pela Suprema Corte, de programas cruciais do *New Deal*, o plano de "aparelhamento da Suprema Corte" [*Court-packing plan*] de Roosevelt e a "mudança de lado salvadora"*, que pressagiava a aposentadoria dos juízes mais antigos da Suprema Corte e sua substituição por juízes favoráveis ao *New Deal*) caracterizava-se como uma emenda jurídica à Constituição. No primeiro volume de uma planejada trilogia, Ackerman desenvolve e defende a tese, embutindo-a em uma perspectiva mais ampla de legitimidade constitucional, a qual pretendo examinar[2].

Primeiramente, Ackerman descreve as abordagens antagônicas que ele deseja superar. Uma destas, à qual chama "monismo", enxerga como tarefa da teorização sobre a Constituição a conciliação da autoridade de

---

1. Edmund Burke, "Speech on the Reform of Representation of the Commons in Parliament", em *The Philosophy of Edmund Burke: A Selection from His Speeches and Writings*, p. 211 (Louis I. Bredvold e Ralph G. Ross [orgs.], 1960).

* Referência ao episódio histórico conhecido como "*the switch in time that saved nine*", em que o juiz da Suprema Corte Owen J. Roberts mudou o posicionamento de seu voto no caso *West Coast Hotel Co. vs. Parrish*, para desafiar o plano de "aparelhamento da Suprema Corte", que propunha, entre outras coisas, o aumento do número de juízes desta Corte para mais de nove. (N. do T.)

2. *We the People*, vol. 1: *Foundations* (1991).

juízes não eleitos e vitalícios para invalidar leis, com o compromisso dos Estados Unidos com a democracia acima de tudo. A solução monista habitual é a presunção da validade das leis. Entretanto, um dos principais monistas, John Ely, para tentar eliminar a tensão inerente ao controle de constitucionalidade das leis, afirma, como vimos, que os direitos constitucionais foram concebidos para tornar a democracia melhor, por removerem, por exemplo, os obstáculos ao sufrágio universal e ao livre debate. Para uma segunda abordagem, que Ackerman chama de "fundacionalismo dos direitos", a tarefa da teorização sobre a Constituição é identificar princípios que justifiquem o impedimento da escolha democrática. Ronald Dworkin, um eminente fundacionalista dos direitos, tenta, à moda monista, eliminar a tensão com a democracia, ao afirmar que "a concepção norte-americana de democracia consiste em qualquer forma de governo que a Constituição estabeleça, em conformidade com a melhor interpretação desse documento"[3]. Uma vez que a Constituição autoriza implicitamente o controle judicial de constitucionalidade das leis, esse controle não pode ser antidemocrático – nada que a Constituição permita pode sê-lo. Isso põe um belo de um ponto final na conversa e nos desautoriza a dizer não apenas que Atenas era mais (ou menos) democrática que os Estados Unidos de hoje, mas também que os Estados Unidos seriam mais democráticos se os juízes fossem menos propensos do que são a invalidar leis.

A solução de Ackerman, à qual chama "dualismo", postula dois tipos de atividade política, uma superior e uma inferior. Para os monistas e também para ele, a democracia é prioridade. A diferença é que, para os monistas, a democracia é uma coisa e, para Ackerman, duas. A formulação superior do direito ocorre em períodos de autoconsciência revolucionária, como, segundo ele, o período fundador, o da Guerra Civil, o da Reconstrução e o do *New Deal*. Essa formulação é a expressão de uma vontade popular profunda, ampla, genuína e inimpugnavelmente legítima em um momento em que as pessoas pensam e agem como *cidadãos* privados. A forma inferior de atividade política ocorre em tempos normais, quando as pessoas pensam e agem como cidadãos *privados* – são as trocas de favores e as intrigas da política cotidiana[4]. Quando os juízes usam princípios adotados em períodos de autoconsciência

---

3. Ronald Dworkin, "Unenumerated Rights: Whether and How *Roe* Should Be Overruled", 59 *University of Chicago Law Review* 381, 385 (1992).
4. A analogia com a distinção de Thomas Kuhn entre ciência "revolucionária" e ciência "normal" é mencionada em Frank Michelman, "Law's Republic", 97 *Yale Law Journal* 1493, 1522-1523 (1988).

revolucionária para invalidar as leis produzidas pela política cotidiana, não estão sendo antidemocráticos; estão sendo fiéis a uma concepção de democracia mais profunda que a democracia representativa mundana, em respeito a uma vontade popular testada e refinada no auge do debate público e da reflexão séria.

A partir dos *Federalist Papers*, Ackerman sustenta que os pais fundadores acreditavam tanto na diferença entre política revolucionária e política normal quanto no fato de que praticavam o primeiro tipo. O autor defende a possibilidade de uma política caracterizada pelo genuíno apreço pela coisa pública (e a encontra nos períodos revolucionários da história dos Estados Unidos, e precisa encontrar, para que sua tese convença), contra os teóricos da escolha pública, para quem o problema do carona e a dificuldade de combinarem-se as preferências por meio do voto impedem a política democrática de expressar uma vontade popular genuína e consciente. Para Ackerman, o fato de a vontade popular autêntica que surge em períodos de consciência revolucionária estar materializada em um documento que obedece às formalidades recomendadas para uma legítima lei escrita, não passa de um detalhe. Algumas emendas perfeitamente normais, como aquelas que criaram e revogaram a Lei Seca, são, para ele, apenas "superleis", de alcance meramente literal[5]; enquanto outras emendas, ilegítimas ou mesmo invisíveis, têm força transformadora porque são manifestações de um tipo superior de formulação do direito.

Tanto a Constituição original quanto as emendas da época da Reconstrução foram adotadas de forma inconstante, até ilegal (os termos de referência da assembleia constituinte de 1787 excediam os do Congresso Continental, e os estados do Sul foram conclamados a ratificar as emendas da Reconstrução como condição para terem de volta sua representação no Congresso), o que faz dessas emendas, nas palavras de Ackerman, apenas "simulacros de emendas" (p. 51). Portanto, de nada importa que a terceira grande revolução constitucional, aquela da década de 1930, não tenha produzido nenhum texto anexável à Constituição na forma de emenda, exceto a revogação da Lei Seca. A única coisa

---

5. Cf. Donald J. Boudreaux e A. C. Pritchard, "Rewriting the Constitution: An Economic Analysis of the Constitutional Amendment Process", 62 *Fordham Law Review* 111 (1993). Boudreaux e Pritchard afirmam que as emendas constitucionais devem ser compreendidas como uma espécie de legislação de grupos de interesse, mais provavelmente buscada quando um grupo de interesse, prevendo oposição futura à política de sua preferência, deseja materializá-la em uma lei difícil de revogar. Se houver oposição contemporânea, essa estratégia provavelmente será inviável. Ver também W. Mark Crain e Robert D. Tollison, "Constitutional Change in an Interest-Group Perspective", 8 *Journal of Legal Studies* 165 (1979).

que importa é que, ao invalidar as leis do *New Deal*, a Suprema Corte forçou o povo americano a pensar seriamente sobre que tipo de estrutura constitucional desejava. O resultado disso foi que a folgada reeleição de Roosevelt em 1936 representava uma expressão genuína da vontade popular – a vontade de ser governado por um Estado inflado. Ackerman insiste na igualdade dessas revoluções constitucionais. "A Reconstrução Republicana da União foi um ato de criação constitucional tão profundo quanto a própria fundação da nação", enquanto, no *New Deal*, a Suprema Corte "começou a erigir novas bases constitucionais para o Estado nacional ativista" (pp. 46, 49).

O perigoso Reagan tentou precipitar uma quarta revolução constitucional, ao nomear Robert Bork para a Suprema Corte, um sujeito "com poder de fogo suficiente para redigir textos judiciais capazes de moldar o direito tão profundamente quanto o fizeram os grandes votos do *New Deal*" (p. 52). A tentativa malogrou, a exemplo de outras semelhantes, como o populismo de William Jennings Bryan e o anticomunismo estúpido de Joseph McCarthy. Bork, "originalista" que era, teria tentado reinstaurar a Constituição dos pais fundadores, reinstauração esta que seria revolucionária porque invalidaria a segunda Constituição e a terceira[6].

Para Ackerman, entre os períodos de agitação revolucionária, a Suprema Corte desempenha, e deve desempenhar, apenas um papel de preservação da estrutura criada no período revolucionário precedente. A tarefa requer uma grande habilidade de interpretação, pois o que se deverá interpretar não é um texto, mas uma revolução que pode não ter legado documento algum, ao menos não na forma de emenda constitucional. Além disso, o juiz moderno (o juiz da era do *New Deal*, que é a nossa, já que não houve revolução constitucional bem-sucedida desde o *New Deal*) deve interpretar três revoluções e não apenas uma, porque a segunda e a terceira não invalidaram totalmente a primeira. Esse desafio de interpretação é "o problema da síntese multigeracional" (p. 88).

Através de sua análise da função do juiz, Ackerman é capaz de defender *Lochner vs. Nova York* da tradicional acusação de usurpação. A decisão do caso, embora tenha ido muito além daquilo que os pais fundadores entendiam por poder nacional, refletia a consciência da Suprema Corte de que a Guerra Civil e a Reconstrução criaram uma nova Constituição, na qual os estados não mais possuíam plena autonomia para cercear a liberdade. Não podiam mais defender a escravidão; isso estava

---

6. Ackerman não atenta para o fato de que o juiz Scalia tem, fundamentalmente, as mesmas crenças de Bork, além de poder de fogo adequado para materializá-las em votos transformadores.

bem claro. Porém, além disso (conforme a interpretação que Ackerman dá à decisão do caso *Lochner*), não mais se poderiam permitir aquelas interferências menores, mas ainda assim significativas, no direito de propriedade e na liberdade de celebrar contratos, exercidas por leis paternalistas, como aquelas que fixavam os salários ou as horas de trabalho.

Duas decisões servem de exemplo à interpretação de Ackerman da Constituição do *New Deal*. A decisão de *Brown vs. Board of Education*, para ele, depende da importância maior que o *New Deal* passou a atribuir ao ensino público, enquanto a de *Griswold vs. Connecticut* transformava o direito de celebrar contratos e o direito de propriedade, que tiveram grande importância na primeira Constituição e na segunda, em um direito de privacidade, compatível com o novo equilíbrio entre poder estatal e liberdade pessoal criado pela terceira Constituição, a do *New Deal*.

Pode-se questionar a adequação, tanto normativa quanto positiva, da inventiva análise de Ackerman. Para começar, ele não explica por que devemos conferir legitimidade à agitação revolucionária. Suponhamos que, em um período futuro de crise econômica, semelhante àquele que produziu o *New Deal*, um demagogo ao estilo de Hitler eleja-se presidente e convença o Congresso a promulgar leis ostensivamente inconstitucionais que acabem com as liberdades civis essenciais. Os juízes então, cumprindo com o seu dever, invalidam as tais leis, mas o demagogo se reelege na crista de uma onda de indignação pública com a atitude obstrucionista dos juízes e, em poucos anos, consegue aparelhar o judiciário com juízes que compartilham de suas visões e confirmam suas leis. Para Ackerman, essa cadeia de eventos criaria uma revolução constitucional que a geração seguinte de juízes estaria *legalmente* obrigada a preservar (mesmo que isso implicasse o desrespeito à Constituição, a qual não teria chegado a receber emendas), até que uma nova revolução constitucional irrompesse. Por que alguém desejaria estimular os juízes a comportar-se assim, dizendo a eles que, de outro modo, estariam agindo ilegalmente? Ackerman não responde a essa pergunta, mas está suficientemente consciente da preocupação que leva à sua formulação, a ponto de propor uma emenda à Constituição para proibir qualquer emenda que revogue a Declaração de Direitos. Deseja, em suma, "entrincheirar" a Declaração de Direitos contra um futuro Hitler. Com essa proposta, Ackerman foge às implicações de sua abordagem, ao mesmo tempo em que a contradiz, pois esquece-se de seu argumento essencial de que uma emenda, para ter força de obrigatoriedade sobre os juízes, não precisa se conformar ao procedimento de realização de emendas constitucionalmente recomendado. Tudo o que o entrincheiramento conseguirá fazer é impedir emendas formais. No entanto, segundo o próprio Ackerman, as emendas mais importantes são informais e é muito difícil saber que tipo de discurso seria capaz de invalidá-las. O entrincheiramento pressupõe a supremacia jurídica das emendas formais, o que Ackerman nega.

O positivismo jurídico, como vimos no Capítulo 4, é bastante polêmico. Ackerman, por sua vez, propõe que se estenda o manto da legitimidade sobre algo muito mais questionável: o positivismo jurídico desacompanhado do direito positivo. "Tanto durante a Reconstrução quanto durante o *New Deal*, a Suprema Corte reconhecia que o povo se pronunciara, muito embora seus líderes políticos se recusassem a obedecer às tecnicalidades legais que regulamentam a redação de emendas constitucionais." (p. 195). Ackerman vê com bons olhos, e não apenas como uma atitude prudente, essa iniciativa da Suprema Corte. Não defende, porém, sua posição. Deveria, ao menos, ter perguntado *por que* os líderes políticos da nação não empregavam o processo de emenda. Porque levaria tempo demais? Porque, se propusessem uma emenda, esta não seria promulgada? Será que isso não é razão para duvidarmos de que "o povo" tenha realmente se pronunciado?

A Constituição original é um documento minucioso, e os *Federalist Papers* explicavam o sentido das diversas cláusulas e expunham detalhadamente a teoria política por trás destas. Os antifederalistas também expuseram em detalhes suas objeções. As pessoas que elegiam delegações para as convenções estaduais de ratificação tinham, portanto, o benefício do pleno debate. Ninguém pode duvidar da importância das questões debatidas. Logo, se descontarmos a natureza restrita do sufrágio no século XVIII (mulheres, escravos e pessoas sem propriedades não podiam votar), a Constituição original pode perfeitamente ser considerada como uma expressão refletida da opinião pública bem-informada; ao contrário dos dois "momentos constitucionais" (como Ackerman os chama) posteriores. À primeira vista, as emendas da Reconstrução não parecem revolucionar o relacionamento entre a união e os estados. Seu impulso principal é abolir o sistema de castas dos estados do Sul. As emendas, cujo objetivo era proteger a liberdade dos negros contra a opressão pelos estados do Sul, eram tão vagas que os juízes mais briguentos conseguiam, sem cair no ridículo, transfromá-las em proteções à liberdade econômica, contra as regulamentações estaduais[7]. Mas Ackerman não demonstra que esse desvio realizava a vontade popular expressa nas emendas.

---

7. Vimos um exemplo extremo da flexibilidade potencial das emendas da Reconstrução, no Capítulo 6, onde discutimos a proposta de Amar e Widawsky de usar a Décima Terceira Emenda contra o abuso infantil.

Embora os programas do *New Deal* contassem com grande apoio popular, havia uma forte aversão pública (expressa na exitosa oposição ao plano de aparelhamento do judiciário de Roosevelt) a que se forçasse a Suprema Corte a confirmar esses programas. O apoio popular ao *New Deal*, além do mais, não era fruto de reflexão sobre os fatos. Ackerman deveria levar isso em conta. Era, em grande parte, movido pela crença de que o *New Deal* tiraria o país da Grande Depressão, crença essa que representava um equívoco[8]. Muitos dos programas do *New Deal* visavam à elevação de preços e salários. Consequentemente, através da redução dos programas de crescimento econômico e geração de empregos, atrasaram a recuperação econômica. Essa recuperação também foi prejudicada (ao que tudo indica) pelo espírito incansável de experimentação e de hostilidade à iniciativa privada, característico da presidência de Roosevelt no período anterior à Segunda Guerra Mundial. Ademais, muitos dos programas do *New Deal*, independentemente de seus motivos e de sua relevância ou irrelevância macroeconômica, eram prejudiciais do ponto de vista microeconômico, pois impossibilitavam uma distribuição eficiente de recursos. São exemplos a separação entre as atividades dos bancos de investimento e as atividades dos bancos comerciais, o desmembramento das grandes companhias de serviço público, a perseguição às grandes cadeias de lojas, a criação de preços mínimos para os produtos agropecuários e de restrições de plantio, a regulamentação das rotas e tarifas rodoviárias e aéreas, a crescente regulamentação do setor de telecomunicações, o estímulo à sindicalização[9] e talvez até o seguro federal de depósitos.

Talvez o país não fosse capaz de se sair melhor, dadas as circunstâncias. Porém, desde a Lei de Procedimentos Administrativos e a Lei Taft-Hartley até hoje, o judiciário federal teve de dedicar grande parte de suas atividades a corrigir os excessos do *New Deal*. Ackerman consi-

---

8. Ver, por exemplo, Robert Aaron Gordon, *Economic Instability and Growth: The American Record*, p. 72 (1974); Herbert Stein, *Presidential Economics: The Making of Economic Policy from Roosevelt to Reagan*, pp. 62-3 (1984); Ellis W. Hawley, *The New Deal and the Problem of Monopoly: A Study in Economic Ambivalence* (1966), sobretudo caps. 7, 14 e 20; Stanley Lebergott, *The Americans: An Economic Record*, cap. 35 (1984); Bradford A. Lee, "The New Deal Reconsidered", *Wilson Quarterly*, primavera de 1982, p. 62. Para uma visão mais favorável do impacto das políticas macroeconômicas do *New Deal*, ver Peter Temin, *Lessons from the Great Depression: The Lionel Robbins Lectures for 1989*, pp. 96-100 (1989); mas até Temin culpa as políticas governamentais pela profunda recessão de 1937. Id., pp. 121-2.

9. Mesmo aqueles que, em princípio, têm a sindicalização em alta conta, criticam o projeto e as consequências reais da Lei Wagner. Ver, por exemplo, Mark Barenberg, "The Political Economy of the Wagner Act: Power, Symbol, and Workplace Cooperation", 106 *Harvard Law Review* 1379, 1489-1496 (1993).

dera o *New Deal* um esforço coerente de criação de um Estado de bem-estar social através da eliminação das restrições do livre-mercado. Na realidade, foi um conjunto de reações partidárias, *ad hoc* e oportunistas a uma crise econômica assustadora e mal compreendida, bem como à pressão implacável de certos grupos de interesse. Não é fácil distinguir, no meio dessa mixórdia, um compromisso regular com a justiça social. As políticas fiscais do *New Deal* reduziram a renda líquida dos muito ricos *e* dos muito pobres. A distribuição de renda, portanto, praticamente não sofreu transformação[10].

Tudo o que isso prova, contudo, é que a vontade popular pode enganar-se. O fato de que esta *é* a vontade popular poderia bastar para legitimizar tais ações. Mas é preciso apresentar um *argumento* pelo caráter normativo da democracia. Ackerman não apresenta nenhum e encontraria dificuldades para conceber algum, uma vez que, para ele, o judiciário deve sentir-se livre para passar por cima das preferências democráticas contemporâneas, com base em uma onda de comoção popular ocorrida há mais de meio século. Sem dúvida, quanto mais sinceros e prolongados forem os debates que conduzem à promulgação de uma lei democrática, mais provável será que esta seja a autêntica expressão da opinião popular (e o que mais poderia significar a preferência democrática?). Mas não se segue daí que os juízes devam ajoelhar-se diante das fortes correntes de opinião pública *antes* que estas se manifestem no direito positivo e possam valer-se da interpretação que fazem dessas correntes para limitar o poder de servidores públicos democraticamente eleitos.

A própria fé de Ackerman na "democracia deliberativa" é claramente restrita. É seu temor de que a deliberação não represente garantia contra o erro ou até a crueldade que o leva a sugerir que se protejam certos direitos fundamentais da possibilidade de serem removidos da Constituição. Logo, as bases de seu populismo não podem ser epistemológicas, ou seja, não podem estar na ideia de que, dadas as condições ideais para a formação de uma opinião pública instruída e ponderada, essa opinião é o mais próximo que podemos chegar da verdade. Embora seja um especialista em teoria liberal[11], Ackerman não busca derivar desta seu populismo. As bases de seu populismo são o próprio populismo (os "Estados Unidos são um país dualista", onde "o povo é a fonte dos direitos" [p. 15]) e a própria visão dos autores da Constituição original. É

---

10. Mark H. Leff, *The Limits of Symbolic Reform: The New Deal and Taxation, 1933-1939*, pp. 3-7 (1984). Ackerman não analisa nenhum desses pontos. Mantém-se tão distante dos fatos quanto Strauss ou Amar.

11. Ver seu livro *Social Justice in the Liberal State* (1980).

estranho que ele siga essa linha, pois ela é antidualista: dá aos autores da Constituição original o controle sobre o futuro.

Se, por um lado, a teoria de Ackerman exige muito pouco dos juízes (os quais não precisam exercer a consciência), por outro, exige demais. Cabe a eles determinar o "sentido" de "momentos" históricos amorfos. Talvez o formidável jargão "síntese multigeracional" acabe por se revelar adequado como ideia da distância entre o que Ackerman quer que os juízes façam e o que estes são capazes de fazer. Já é bastante difícil interpretar textos à luz dos acontecimentos históricos, mesmo sem ter de interpretar toda a história política dos Estados Unidos antes de poder decidir um caso.

Outra objeção ao dualismo é que algumas sutilezas são mais sutis que outras. Algumas ilicitudes, como as que acompanharam a adoção da Constituição original e as emendas da Reconstrução, ocorreram na trilha de grandes e turbulentas guerras internas; e o que se adotou, em ambos os casos, foi um texto. O *New Deal*, por sua vez, não foi produto de nenhuma guerra e não gerou um texto constitucional. Gerou uma legislação federal coletivista e um judiciário liberal que empreendeu uma reformulação do direito constitucional.

Ackerman pode alegar, em resposta, estar descrevendo, e não aplaudindo, o regime constitucional americano; que sua análise é positiva e não normativa. Na medida em que pretende tornar inalienáveis certos direitos, até mesmo contra a vontade de maiorias esmagadoras, está óbvio que quer ir além do dualismo. Não obstante, descreve como "utópico" o projeto de transcender o dualismo. O dualismo, por sua vez, não é uma utopia e talvez seja a melhor forma de descrever a estrutura da Constituição, bem como a prática por trás desta, na qual os juízes se tornam intérpretes de momentos revolucionários.

Duvido. As mesmas forças que moldam o pensamento dos estadistas (nome que damos aos políticos cujos esforços causam grandes e duradouras transformações nas políticas públicas) também moldam o dos juízes. O impulso nacionalista que levou a União ao triunfo na Guerra Civil fez chegarem à Suprema Corte juízes para quem uma economia nacional forte e livre de regulamentações locais provincianas, como a lei da jornada de trabalho invalidada no caso *Lochner*, era mais importante que a igualdade racial. A linguagem flexível da Décima Quarta Emenda era interpretada de acordo com essa visão. Da mesma forma, a combinação de ideias "liberais" que produziu o *New Deal* fez surgirem juízes que, naturalmente, mudaram o foco do direito constitucional para o fomento a essas ideias. Os juízes, nessas diversas etapas da história, não estavam interpretando revoluções. Eles *eram* os revolucionários (ou ao menos alguns destes). O que determina o lugar deles na história não é sua fidelidade à revolução, mas o sucesso desta, motivo pelo qual Holmes (um adversário da segunda revolução e precursor da terceira), Jackson, Stone e Warren são heróis; enquanto Taney, Brown e Peckham são vilões.

Nos *Slaughter-House Cases*[12], decididos apenas cinco anos após a promulgação da Décima Quarta Emenda, rejeitou-se o argumento de que a emenda protegia os empresários contra regulamentações estaduais que interferissem na liberdade de celebrar contratos. A Suprema Corte decidiu que as emendas da Reconstrução alteraram o equilíbrio das relações entre o governo federal e os estados apenas no campo racial. Para Ackerman, a decisão "[deu] ensejo a uma das duas abordagens fundamentais da síntese [multigeracional] que definiram a teoria do direito republicana no período intermediário [isto é, o segundo]. Isso envolve a *particularização* dos princípios constitucionais proclamados em um segundo momento, a fim de reduzir seu impacto sobre os princípios mais antigos, do primeiro momento" (p. 95; itálico no original). Os juízes da época da Reconstrução conheciam a (primeira) Constituição através dos livros de direito. Esses livros haviam erigido uma estrutura conceitual, de princípios abrangentes. Mas os juízes "[entraram] em contato com o sentido dos textos da Reconstrução de uma forma muito diferente: vivenciando pessoalmente os grandes acontecimentos políticos de sua época". Naturalmente, portanto, "para eles, a Reconstrução era a culminação de algo concreto e específico, a luta contra a escravidão" (pp. 96-7). Somente na geração posterior, com "a perda da experiência direta e a ascensão da dialética jurídica" (p. 97), é que os juízes elevaram as emendas da Reconstrução ao nível dos princípios gerais capazes de gerar decisões como a de *Lochner*, entre outros casos semelhantes.

A "experiência direta" pode parecer um critério interpretativo melhor que a "dialética jurídica". Mas o desprezo pela questão racial é uma prova mais contundente de que os juízes da época de *Lochner* não estavam engajados em nada que se possa descrever como interpretação. Na trilha da infame observação (retirada do voto vencedor de *Plessy vs. Ferguson*) de que a segregação só seria um estigma para os negros se estes a considerassem como tal[13], Ackerman afirma que a decisão revela, tão claramente quanto *Lochner*, a marca da liberdade de pensamento. Mas a lei confirmada em *Plessy* proibia os negros de celebrarem, com as

---

12. 83 U.S. 36 (1873).
13. 163 U.S. 537, 551 (1896).

empresas ferroviárias, contratos de comum acordo. Ackerman não explica como um juiz *honesto* poderia conceber, simultaneamente, que as emendas da Reconstrução proibissem a interferência na liberdade de celebrar contratos dos brancos e permitissem essa interferência no caso dos negros. Os juízes da época de *Plessy* e *Lochner* não estavam interpretando as emendas da Reconstrução. Estavam invertendo-as.

Tampouco se pode dizer que *Brown* e *Griswold* tenham sido sínteses da "Constituição" do *New Deal* com as constituições anteriores. É verdade que, no caso *Brown*, a Corte, ao caracterizar o caso *Plessy*, enfatizou que a questão do ensino público era mais importante em 1954 que em 1868, quando da adoção da Décima Quarta Emenda; ou que em 1896, quando da decisão do caso *Plessy*. Mas os motivos dessa enfatização nada tinham a ver com o *New Deal*. Eram motivos retóricos: explicar por que a Suprema Corte não precisa se ater à história legislativa da Décima Quarta Emenda, uma história que indicava que, para os autores ou defensores da emenda, esta não exigia que os negros frequentassem as mesmas escolas que os brancos[14]; e justificar a reforma de uma decisão em cima da qual o Sul erigira suas instituições públicas. Uma das provas da função retórica do argumento do crescimento do ensino público é que, nos anos que se seguiram ao caso *Brown*, em uma série de sentenças proferidas *per curiam* (não assinadas), que não ofereciam nenhuma justificativa, como se fossem obviamente determinadas pelo caso *Brown*, a Suprema Corte invalidou uma série de leis segregacionistas que nada tinham a ver com o ensino público; que envolviam a segregação nas praias e em campos de golfe, parques, entre outros lugares públicos[15].

A menção do ensino público feita pela Corte poderia não ter tido nada a ver com o *New Deal*. Embora, na década de 1950, o ensino público estivesse mais desenvolvido que no final do século XIX, naquela época este já tinha importância suficiente para que a Corte, no caso *Plessy*, utilizasse a licitude da segregação nas escolas públicas, concedida pelo advogado de Plessy, como justificativa para a segregação nos transportes públicos[16]. Ademais, o *New Deal* em nada contribuiu para o cres-

---

14. Em uma monografia inédita, Michael W. McConnel desafia essa leitura da história legislativa. McConnel, "Originalism and the Desegregation Decisions" (inédito, Faculdade de Direito da Universidade de Chicago, 1993). Na época do caso *Brown*, entretanto, esta era a interpretação convencional.

15. Ver, por exemplo, *Prefeito e Câmara Municipal da Cidade de Baltimore vs. Dawson*, 350 U.S. 877 (1955); *Holmes vs. Cidade de Atlanta*, 350 U.S. 879 (1955); *Gayle vs. Browder*, 352 U.S. 903 (1956); *New Orleans Parks Improvement Association vs. Detiege*, 358 U.S. 54 (1958); *State Athletic Commission vs. Dorsey*, 359 U.S. 533 (1959).

16. 163 U.S., fls. 544-5, 551.

cimento do ensino público. Tanto o número total de matrículas em escolas quanto a frequência das escolas públicas sofreram queda entre 1932 e 1940[17]. Quando "Roosevelt e seus companheiros reuniram a mixórdia de programas que ficou conhecida como o *New Deal*, seu objetivo primordial, ao desenvolverem programas educacionais, não era as escolas. Viam a "questão dos jovens" como um dos problemas mais graves que acometiam a nação, mas concebiam-na em função do desemprego dos jovens; e, por desconfiarem das pessoas que associavam à 'comunidade educacional', tendiam a evitar o sistema de ensino formal"[18]. Ackerman erra o alvo quando afirma que "com o *New Deal*, as escolas públicas ganhavam um novo significado simbólico. Não eram mais uma anomalia, mas sim o paradigma de uma nova promessa de ativismo estatal" (p. 148). Já fazia muito tempo desde que as escolas públicas foram consideradas uma anomalia, e Roosevelt não as considerava paradigma de nada.

Certamente, o *New Deal* era mais que o conjunto de leis às quais deu origem. Também significava a concessão de poder, em âmbito nacional, a certos grupos "excluídos", como os católicos, judeus, trabalhadores, intelectuais e sulistas. Tinha uma componente igualitária, e uma das manifestações desta foi a nomeação, para a Suprema Corte, de homens como Douglas e Frankfurter, cujas visões raciais eram de esquerda. A visão desses juízes e a consciência inflada do racismo gerada por Hitler e a Segunda Guerra Mundial prepararam o terreno para o caso *Brown*. Mas o ponto de vista – mais produtivo – de que a decisão é uma interpretação do *New Deal* ou das emendas da Reconstrução à luz do *New Deal*, não é o adotado. Ackerman é um filho da Faculdade de Direito de Yale: sente nostalgia pelo *New Deal*, bem como um desdém de realista jurídico por formalidades como o processo de criação de emendas previsto na Constituição.

Quanto ao caso *Griswold*, é preciso forçar bastante a barra para vinculá-lo ao *New Deal*. As leis que proibiam os contraceptivos foram pro-

---

17. U.S. Bureau of the Census, *Historical Statistics of the United States: Colonial Times to 1957*, p. 207 (1960) (ser. H 223-233); Joel Spring, *The American School 1642-1990: Varieties of Historical Interpretation of the Foundations and Development of American Education*, pp. 277-280 (2.ª ed., 1990); David Tyack, Robert Lowe e Elisabeth Hansot, *Public Schools in Hard Times: The Great Depression and Recent Years*, cap. 3 (1984) ("A New Deal in Education?"). Alguns programas do *New Deal*, como o Corpo de Conservação Civil e o Serviço Nacional da Juventude, enfatizavam o aprendizado prático. Havia também programas especiais de alfabetização de adultos. Mas o ensino público não recebia atenção, e havia uma tensão nas relações entre o governo de Roosevelt e a comunidade educacional.

18. Lawrence A. Cremin, *American Education: The Metropolitan Experience 1876-1980*, p. 311 (1988).

mulgadas no final do século XIX como parte do movimento puritano (uma expressão da era vitoriana). Em 1965, quando da decisão de *Griswold*, essas leis só não tinham sido revogadas em dois estados. A onda de revogações refletia o declínio da moralidade sexual vitoriana e o surgimento do movimento de controle de natalidade. Ambas essas correntes eram anteriores ao *New Deal*. A lei de Connecticut era injusta, já que só era usada para punir as clínicas de controle de natalidade, cuja clientela constituía-se principalmente de mulheres pobres e pertencentes às classes trabalhadoras. Mas a Suprema Corte não mencionou esse aspecto dela. Tampouco Ackerman o menciona. Ele busca outro caminho para relacioná-la ao *New Deal*: afirma que, quanto mais inflado é o Estado, mais premente é a necessidade de que o judiciário, através do reconhecimento de novos direitos, proteja os indivíduos de sua opressão. A "segunda Constituição" previa sólidos direitos de propriedade e de celebração de contratos, que automaticamente protegiam a privacidade das pessoas contra a interferência dos estados. O *New Deal* acabara com esses direitos e, ao fazê-lo, tornou o direito de privacidade mais importante do que era antes.

Se, porém, o crescimento do Estado leva ao poder grupos outrora impotentes, a necessidade desses grupos por proteção judicial pode ser menor e não maior. Foi na época dos linchamentos e de Jim Crow que os negros mais precisaram de proteção judicial, mas não a tiveram – seu abandono pelo judiciário foi proclamado com característica franqueza por Holmes, em um voto que decidia, dois anos antes de *Lochner*, que o judiciário federal não concederia remédio judicial aos negros do Sul por ter-lhes sido negado o direito de votar[19]. De qualquer modo, o problema passa longe do caso *Griswold*. A lei derrubada naquele caso não era uma manifestação do Estado inflado, mas uma herança da época do Estado mínimo. É verdade que, se a "segunda Constituição" *realmente* tivesse protegido a liberdade de celebrar contratos, um casal não teria precisado invocar um direito constitucional de privacidade para poder comprar contraceptivos; sua liberdade constitucional de celebrar contratos já teria bastado para dar-lhes o direito de comprar qualquer coisa que estivesse à venda. Mas ninguém, durante a "República do meio", pensara no fato de que as leis que proibiam o uso de contraceptivos iam de encontro à liberdade de celebrar contratos, protegida pela Constituição. Considerava-se que tais leis, que se multiplicaram nos anos dourados das doutrinas constitucionais influenciadas pelos princípios

---

19. *Gilles vs. Harris*, 189 U.S. 475 (1903).

do livre mercado, situavam-se perfeitamente dentro dos domínios do poder regulamentador dos estados.

Não quero, porém, superdimensionar meu grau de desacordo em relação a Ackerman. Concordo que devemos interpretar a Constituição à luz da totalidade de nossa experiência, incluindo-se as dramáticas turbulências da Guerra Civil, da Reconstrução, do *New Deal* e da Segunda Guerra Mundial. Também concordo que uma emenda é capaz de alterar uma cláusula sem mudar a letra desta (consequentemente, a Suprema Corte talvez estivesse certa, em *Bolling vs. Sharpe*[20], ao decidir que a cláusula de igual proteção das leis da Décima Quarta Emenda ampliara o conceito de devido processo legal da Quinta Emenda, fazendo com que esta passasse a proibir a segregação nas escolas públicas do distrito de Colúmbia). A ideia foi defendida por autores tão diversos quanto T. S. Eliot, para quem "aquilo que acontece quando da criação de uma nova obra de arte é algo que sucede simultaneamente a todas as obras de arte que a precediam"[21], e Ronald Dworkin, que descreve o direito através da metáfora de um romance coletivo, no qual cada capítulo tanto restringe os capítulos posteriores quanto tem seu sentido alterado por estes[22]. Concordo, ainda, que os juízes são profunda e inevitavelmente influenciados por correntes de opinião pública fortes e abrangentes. Essas ideias são familiares, mas a tese de Ackerman as dramatiza.

Entretanto, a própria tese é equivocada e até perigosa. Equivocada porque a história do direito constitucional desde 1868 não pode ser explicada como o esforço dos juízes por interpretar e preservar momentos de consciência revolucionária. Perigosa por incitar os juízes a tratar a vontade popular como uma espécie de lei superior que os autoriza a desrespeitar os conceitos usuais de legalidade. É o que faziam os juízes de Hitler, como vimos no Capítulo 4. Estes detectavam, com acerto, uma mudança de rumo na opinião pública (até a eclosão da guerra, Hitler era extremamente popular na Alemanha e, em verdade, conservou grande parte de sua popularidade até a queda) e então impunham a nova perspectiva sem o mínimo de respeito pelos preciosismos jurídicos. Vale lembrar que aquilo que Ackerman considera uma emenda – informal, mas legítima – à Constituição, efetuada pelo *New Deal*, ocorre na mesma época.

---

20. 347 U.S. 497 (1954); ver *The Problems of Jurisprudence*, pp. 144-6.
21. "Tradition and the Individual Talent", em Eliot, *Selected Essays*, p. 3, 5 (nova ed., 1950).
22. Dworkin, *Law's Empire*, pp. 228-50 (1986).

capítulo 8

O que sou? Uma planta de vaso?

Venho açoitando os liberais há muitos capítulos. Mas não fiz isso para abrir caminho para a teoria constitucional conservadora. Neste capítulo e no próximo, as chibatadas se dirigem à abordagem conservadora mais influente da Constituição. A raiz dessa abordagem é a crença (que não se restringe, de modo algum, aos conservadores) de que os juízes norte-americanos de hoje são agressivos demais, excessivamente "ativistas" e demasiadamente inclinados a substituir as preferências políticas das facções eleitas do governo por suas próprias preferências políticas. Pode ser, mas muitos daqueles que reclamam do ativismo judicial são adeptos de uma visão do direito excessivamente restrita. Uma boa causa não salva um argumento ruim.

A teoria jurídica que parte de uma rejeição do ativismo judicial é, às vezes, chamada de "interpretacionismo estrito". Se aplicada ao direito constitucional, costuma-se chamá-la de "originalismo" ou "textualismo"; e, em seu sentido mais amplo, "formalismo". Seus defensores vivos mais conhecidos são Robert Bork e Antonin Scalia. Examinarei as posições de Bork no próximo capítulo. Para este aqui, escolhi um texto forte e polêmico, do cientista político Walter Berns[1]. Por caracterizar-se

---

1. "Government by Lawyers & Judges", *Commentary*, junho de 1987, p. 17.

como uma versão menos elaborada e sofisticada da posição de Bork, o artigo revela as fraquezas desta com absoluta clareza[2].

"Questões acerca do bem público", afirma Berns, "só [podem] ser decididas legitimamente com o consentimento dos governados." Os juízes não têm voz legítima em tais questões. A função destes é tratar de questões de direitos privados, isto é, "decidir se um direito existe (na Constituição ou em uma lei qualquer) e, em caso afirmativo, em que consiste. Sua investigação deve terminar nesse ponto." O juiz não pode usar de "discricionariedade e ponderação de consequências" para chegar a suas decisões nem pode criar novos direitos (p. 17). Só na medida em que estabelece "princípios de governo fundamentais e claramente articulados" (p. 19) é que a Constituição é fonte de direitos executáveis judicialmente. Os juízes não devem ser criativos nem "criar políticas" (p. 20). Em suma, existe uma esfera política, na qual o povo governa, e uma esfera dos direitos imutáveis. Cabe aos juízes administrar esta última, mas não criá-la nem alterá-la. A primeira é a esfera do poder discricionário e a segunda, a da aplicação. Os legisladores fazem as leis e os juízes as encontram e aplicam.

O judiciário norte-americano, seja o estadual, seja o federal, jamais se comportou de acordo com esse ideal. Nem poderia fazê-lo, por motivos inerentes à natureza do direito e das instituições jurídicas, às limitações do conhecimento humano e ao caráter de um sistema político.

"Questões acerca do bem público" e "questões de direitos privados" são separáveis quando se lida com direitos consolidados e bem definidos. Mas a sociedade, sobretudo em períodos de transformação, não cessa de levar ao judiciário questões sobre o alcance dos direitos consolidados, e estas não podem ser respondidas sem levar em conta o interesse público. Um indivíduo que tenha resgatado alguém seria capaz de exigir recompensa com base no direito contratual se não conhecesse esse direito? O efeito disso sobre o número de resgates tampouco é irrelevante para respondermos a essa questão. Um herdeiro que assassine o testador deve ter o direito à herança de sua vítima? Os benefícios públicos resultantes do desencorajamento dos assassinos são um aspecto

---

2. O artigo no qual este capítulo se baseia foi publicado na *New Republic*, no dia do início da sabatina para a nomeação de Bork à Suprema Corte, e considerado por alguns como uma expressão velada de oposição à nomeação. Nada poderia estar mais distante de minhas intenções. O artigo foi escrito e remetido por correio à *New Republic* antes de o juiz Powell anunciar seu pedido de exoneração do cargo, abrindo-se a vaga que Bork foi nomeado para preencher. A data de publicação do artigo foi mera coincidência. Embora eu tenha minhas diferenças com Bork, minha opinião, tanto na época como hoje, é que ele deveria ter sido confirmado no cargo e teria sido um juiz extraordinário.

importante. A quase totalidade do chamado direito privado, como o direito de propriedade, o direito contratual e o direito da responsabilidade civil, serve de instrumento ao fim público de obtenção das vantagens sociais dos mercados livres. Como o direito privado, por sua vez, integra, em sua maior parte, o *common law* (isto é, direito cuja fonte são os juízes e não os legisladores ou os autores das constituições), desde o início já se confiou aos juízes a tarefa de conceber políticas públicas. Podem-se adquirir, sobre as águas, o petróleo e o gás, direitos desvinculados da posse? Uma resposta sensata terá de levar em conta as consequências para a distribuição eficiente de recursos, consideração esta que é da esfera das políticas públicas. Se uma locomotiva liberar faíscas que gerem um incêndio nas plantações de um fazendeiro, a empresa ferroviária terá violado o direito de propriedade do fazendeiro? Ou será que o direito de passagem da empresa ferroviária inclui, implicitamente, o direito de emitir faíscas? Se a empresa ferroviária tiver esse direito, deverá ele ser condicionado a que a empresa tome as devidas precauções para minimizar o perigo de incêndio? Se, em vez disso, o fazendeiro tiver o direito de se ver livre de faíscas, deve esse direito ter como condição que ele tome as devidas precauções? Essas perguntas também não podem ser respondidas satisfatoriamente sem levar em conta as consequências sociais das outras respostas possíveis. Não obstante, é ao judiciário que costuma ser delegada a obrigação de responder-lhes. O direito privado é inseparável das noções acerca do bem público, sobretudo para nós, liberais clássicos, para quem a sociedade é o somatório de seus membros e não algo situado à parte destes e dotado de interesses próprios.

Quando uma assembleia constituinte, um parlamento ou uma corte, cria uma norma jurídica, o faz necessariamente sem o conhecimento total das circunstâncias nas quais a norma pode ser invocada no futuro. Quando surge uma circunstância imprevista (pode ser o advento dos veículos automotores ou da vigilância eletrônica, ou uma mudança de atitude perante a religião, a raça ou a propriedade sexual), o juiz a quem se apresente a necessidade de aplicar a norma deve decidir, à luz de informações indisponíveis àqueles que a promulgaram, qual é o sentido dela no novo contexto. De um ponto de vista realista, o que se está exigindo é a criação de uma nova norma; um ato de legislar, em suma. Isso implica uma decisão criativa, o que envolve o uso do poder discricionário e a ponderação de consequências; embora, estritamente falando, em comparação com as decisões tomadas por um parlamento de verdade, esta seja mais restrita. Uma corte que decida que a proteção aos direitos autorais se aplica, por extensão, à colorização de filmes antigos em preto e branco, estará tomando uma decisão criativa, pois as leis de direitos autorais não mencionam a colorização. Seu ato não será injurídico ou abusivo só por fundar-se numa ponderação de consequências e no exercício do poder discricionário. Uma corte que decida (como fez a Suprema Corte em uma de suas decisões contemporâneas menos controversas)[3] que a proibição da Quarta Emenda a ações injustificáveis de busca e apreensão aplica-se à interceptação da linha telefônica, embora esta não represente invasão de domicílio nem, portanto, violação do direito de propriedade, estará criando um novo direito e, logo, agindo politicamente. Em uma situação que os autores da Constituição não previram ou não conceberam, a simples declamação de um juízo deles acerca do interesse público torna-se impossível.

A Constituição não diz que o governo federal possui imunidade soberana (o tradicional direito dos governos de não serem processados sem seu próprio consentimento). Não obstante, a Suprema Corte decidiu que o governo federal possui essa imunidade[4]. É abusivo esse enxerto? A Lei Federal das Ações por Responsabilidade Civil [*Federal Tort Claims Act*], que revoga a imunidade soberana, de modo que permita aos cidadãos processarem o governo federal, não estabelece nenhuma exceção no caso de militares feridos por negligência de seus superiores. Mesmo assim, a Suprema Corte decidiu que não era intenção da lei fornecer remédio judicial aos soldados[5]. A decisão pode estar certa ou errada, mas não estará errada só por ser criativa. A Décima Primeira Emenda proíbe o cidadão de um estado de processar "outro" estado em instância federal sem o consentimento do estado-réu. Isso significa que podemos processar nosso próprio estado, em instância federal, sem o consentimento deste? Isto é o que a letra da lei implica. A Suprema Corte, porém, concluindo que a intenção da emenda era preservar a imunidade soberana dos estados em geral, respondeu "não" à pergunta[6]. Para a Suprema Corte, a decisão era consequência necessária do sistema federal criado pela Constituição. Mais uma vez, a Corte pode ter acertado ou errado, mas não terá errado somente por ter sido criativa.

Como alternativa à ideia nada realista de juízes que aplicam as normas jurídicas, mas nunca as criam, Walter Berns apresenta a ideia nada realista de um parlamento popular que age apenas "com o consentimento dos governados" (p. 17). (O fato de tanto a direita quanto a esquer-

---

3. *Kantz vs. Estados Unidos*, 389 U.S. 347 (1967).
4. *Estados Unidos vs. Lee*, 106 U.S. 196 (1882).
5. *Feres vs. Estados Unidos*, 134 U.S. 1 (1890).
6. *Hans vs. Louisianna*, 134 U.S. 1 (1890).

da invocarem a "democracia" com igual facilidade talvez sugira um certo esvaziamento do sentido da palavra.) Minha experiência pessoal é que muitos dos candidatos políticos em quem votei não foram eleitos e aqueles que se elegeram em seu lugar puseram-se a votar a favor de inúmeras leis que eu não desejava ver aprovadas. Dada a eficácia dos grupos de interesse em influenciar o processo político, grande parte dessas leis provavelmente não teve o consentimento de uma maioria de cidadãos. Politicamente, sinto-me mais governado que governante, e essa é uma das razões que me tornam mais simpatizante do estado mínimo que da democracia popular. Ao considerarmos a possibilidade de reduzir aquilo que se entende por proteções constitucionais às diminutas dimensões implicadas por uma interpretação literal da Constituição, devemos ter o cuidado de guardar uma visão realista, e não idealizada, do legislativo e do executivo, os quais seriam ainda mais poderosos do que são hoje se essas proteções fossem reduzidas.

Aqueles que assumem a tarefa de idealizar uma Constituição deparam-se com uma difícil escolha, se quiserem fazer dela uma carta de liberdades e não apenas um conjunto de regras fundacionais. Podem redigir cláusulas específicas e, dessa forma, condenar seu trabalho à rápida obsolescência, ou podem redigir cláusulas generalistas e, desse modo, fornecer considerável poder discricionário aos intérpretes revestidos de autoridade, que, no sistema americano, são os juízes. A Constituição dos Estados Unidos é uma mescla de cláusulas específicas e gerais. Muitas das cláusulas específicas resistiram às provas do tempo ou receberam emendas sem muito estardalhaço. Isso é verdade sobretudo no que concerne às regras que estebelecem a estrutura e os procedimentos do Congresso. Contudo, a maioria das cláusulas específicas que criavam direitos saiu-se mal. Algumas se revelaram vergonhosamente anacrônicas – por exemplo, o direito de julgamento por júri em um tribunal federal quando o valor da causa exceder 20 dólares, conferido pela Sétima Emenda. Outros, além de anacrônicos, se tornaram perigosos, como o direito de portar armas. Alguns até perderam o sentido, como a cláusula do direito a apresentar-se perante um júri de pronúncia. O júri de pronúncia é hoje um instrumento de investigação da promotoria pública e não mais uma proteção para o suspeito de crime, como esperavam os autores da Declaração de Direitos. Se esta fosse inteiramente constituída de cláusulas específicas, não mais apresentaria grandes limitações à conduta dos servidores públicos.

Muitas das cláusulas da Constituição, porém, são redigidas de forma generalista. Isso gera flexibilidade diante de mudanças imprevistas, mas também abre espaço a outras interpretações, e essa possibilidade representa um embaraço para uma teoria da legitimidade judicial para a qual os juízes não têm direito de exercer nenhum poder discricionário. A escolha entre interpretações semanticamente plausíveis de um texto em circunstâncias muito diferentes daquelas contempladas por seus autores exige o exercício do poder discricionário e a ponderação de consequências. A leitura não é uma forma de dedução. O entendimento requer a ponderação de consequências. Se eu digo, "Nem que a vaca tussa", um dos motivos que levarão os ouvintes a "decodificar" o sentido da frase de forma figurada é que vacas não tossem. O princípio mais geral, que se aplica tanto à Constituição quanto a uma elocução verbal, é que, se uma das interpretações possíveis de uma afirmação ambígua implicar consequências absurdas ou terríveis, esta é uma boa razão para rejeitá-la.

Até mesmo a decisão de interpretar a Constituição de modo estrito e "restringir", desse modo, o poder interpretativo dos juízes, não está diretamente implicada pelo texto. A Constituição não diz, "Interprete-me de modo abrangente", ou "Interprete-me de modo estrito". A decisão de fazer uma dessas duas coisas deve ser tomada como uma questão de teoria política e dependerá de fatores como a visão que se tem das fontes de legitimidade judicial e da competência comparada do judiciário e do legislativo no tratamento de determinados tipos de questão.

A Sexta Emenda estabelece que, "em todos os processos penais, o acusado terá o direito (...) de ser defendido por um advogado". Em sentido estrito, isso significa apenas que o réu não pode ser proibido de contratar um advogado. Se não puder pagar por um advogado, azar o dele. Em sentido abrangente, a emenda garante até mesmo ao indigente o direito a um advogado. Deixa de ser um mero direito negativo de não ser proibido de contratar um advogado e transforma-se em um direito positivo do indivíduo a exigir o auxílio financeiro do Estado em sua defesa caso não tenha condições de pagar por ela. Ambas as interpretações são compatíveis com a semântica da cláusula, mas a primeira capta melhor a intenção específica dos autores. Quando a Sexta Emenda foi escrita, o direito inglês proibia o réu de uma ação penal de ser defendido por um advogado, exceto se o caso envolvesse questões jurídicas obscuras. Os autores da Constituição queriam pôr fim à proibição. Em um plano mais geral, porém, desejavam proteger os réus de processos penais para que não fossem mandados à prisão sob falsos pretextos. Quando a emenda foi redigida, o Estado não tinha condições de arcar com os custos de defesa dos réus indigentes de processos penais, ou ao menos pensava-se que não tinha. Além disso, os processos penais eram rápidos e simples. Não parecia inteiramente ridículo, portanto, esperar que um leigo fosse capaz de se defender competentemente de uma acusação de crime, por conta própria, se não tivesse dinheiro para contratar um advogado. Hoje, a situação é diferente. Não apenas a sociedade tem condições de fornecer um advogado às pessoas pobres acusadas de crimes, como também o direito penal e o processual são tão complicados, hoje em dia, que um réu sem advogado normalmente se encontrará em grande desvantagem.

Não sei se, para Berns, a Suprema Corte estava usurpando poder do legislativo quando decidiu que uma pessoa pobre tem direito a um advogado à custa do Estado[7]. Berns deixa bastante claro, porém, que considera um erro a decisão da Suprema Corte de invalidar a segregação racial nas escolas públicas. Interpretando as palavras da Décima Quarta Emenda da maneira mais estrita possível, para minimizar o poder discricionário dos juízes, e ressaltando a ausência de provas de que seus autores desejassem eliminar a segregação, Berns afirma que a "igual proteção das leis" significa apenas a aplicação indiscriminada de todas as leis promulgadas, mesmo que elas próprias fossem discriminatórias. Quanto à proposição de que "escolas separadas são intrinsecamente desiguais", esta não passa de "uma absurdidade lógica" (p. 20).

No entender de Berns, contudo, a promulgação da cláusula de igual proteção das leis era um gesto banal de concessão de igualdade política com os brancos aos escravos, recentemente libertos (entre outros negros do Sul, cuja condição na época era semelhante à de servos), já que a cláusula, a seu ver, só proíbe que os agentes do poder executivo lhes neguem essa igualdade. O Estado não pode deixar de dar proteção policial ao negro (exceto por lei?), mas pode proibi-lo de se sentar ao lado de um branco em um ônibus. Esta é uma leitura possível da Décima Quarta Emenda, mas não inevitável, a menos que os juízes devam interpretar a Constituição sempre como um instrumento que lhes nega o exercício do julgamento.

Nenhum profissional competente crê nisso. Todos aqueles que estão profissionalmente envolvidos com o direito sabem que – nas palavras de Holmes – legislam "intersticialmente". Isso significa dizer que, como os legisladores, os juízes também legislam, apenas o fazem com mais cautela, menos velocidade, mais princípios e menos partidarismo. Quando tentam negar esse truísmo, os adeptos do interpretacionismo estrito caem em contradição. Bern afirma, de uma só vez, que os juízes só podem aplicar "princípios claramente articulados" (p. 19) e que podem

---

7. *Gideon vs. Wainwright*, 372 U.S. 335 (1963).

invalidar leis inconstitucionais. O poder para invalidar leis não está "articulado" na Constituição, mas apenas implícito. Para Berns, é equivocada a interpretação adotada pelos juízes, de que a Primeira Emenda protege o emprego de linguagem chula em jornais de escola. No entanto, as palavras "liberdade de expressão e de imprensa" não parecem excluir a linguagem chula em jornais de escola. Bern afirma ter concluído isso por dedução a partir do princípio de que, para encaixar-se na Primeira Emenda, a expressão tem de estar relacionada ao governo representativo. De onde, porém, ele tirou esse princípio? Não está na Constituição.

A Primeira Emenda também proíbe o Congresso de fazer leis "relativas[s] ao estabelecimento de religião". Para Bern, isso não significa que o Congresso "deva ser neutro em relação à religião e à ausência desta" (p. 22). Mas as palavras continuarão tendo esse sentido. Com base em quê, então, ele decide que se deve dar outro significado a elas? Com base na afirmação de Tocqueville sobre a importância da religião em uma sociedade democrática. Em suma, o fundamento correto de decisão é, a seu ver, consequência da escolha pela democracia. Entretanto, segundo a visão do interpretacionismo estrito, cuja apologia é o principal objetivo de seu artigo, a ponderação de consequências não é uma atividade adequada para as cortes. Bern lamenta que a atual Suprema Corte não dê ouvidos à opinião de Tocqueville "acerca da importância da mulher (...), cuja castidade, quando menina, é protegida não apenas pela religião, mas por uma educação que limite sua 'imaginação'" (p. 21). Um juiz que levasse em conta tais opiniões incorreria em um pensamento radicalmente consequencialista.

Os ativistas judiciais de esquerda podem ser imprudentes e estar equivocados ao tentarem erigir em direito constitucional suas metas políticas. De nada vale, porém, fingir que aquilo que estão fazendo não é interpretação, mas "desconstrução"; ou que não é direito, mas política, só porque envolve o exercício do poder discricionário, assim como uma preocupação com as consequências, e porque chega a conclusões não previstas há duzentos anos. Pode ser direito de má qualidade, por não estar devidamente ancorado na letra da Constituição, na estrutura desta, em sua história, no consenso acerca do significado de suas cláusulas ou em outras fontes legítimas de direito constitucional; ou ainda por ser irresponsável quanto a suas consequências ou por simplificar demasiadamente as questões morais e políticas. Mas não é só por violarem os princípios do interpretacionismo estrito que essas interpretações se transformam em direito de má qualidade ou deixam de ser direito.

capítulo 9

Bork e Beethoven

A revista *Commentary*, conforme vimos de modo breve no capítulo anterior, distingue-se pela lucidez e franqueza de seus artigos, bem como pela defesa convicta de uma filosofia "neoconservadora", construída em torno da relação entre os temas dos valores sociais e culturais conservadores, o anticomunismo agressivo e a oposição ferrenha aos programas igualitários promovidos pelos liberais do Partido Democrata e pelos militantes universitários. A publicação não veicula, por vontade própria, artigos que não sigam essa linha. Mesmo assim, a edição de fevereiro de 1990 traz dois artigos que defendem posições opostas em relação ao originalismo, no sentido de fidelidade interpretativa a um texto, tal como os autores o compreendiam. A tensão entre os artigos é encoberta pelo fato de que um destes é sobre Robert Bork, enquanto o outro fala de execução musical, e pelo fato de ambos defenderem o credo do neoconservadorismo. Não obstante, há um grande e revelador antagonismo entre eles.

Em "Bork Revisited", de Terry Eastland[1], diretor de relações públicas do Departamento de Justiça durante a era Reagan, discutem-se três livros sobre o fiasco da nomeação de Bork, inclusive um do próprio Bork[2]. O objetivo principal de Eastland é mostrar que realmente ocor-

---

1. *Commentary*, fevereiro de 1990, p. 39.
2. Robert H. Bork, *The Tempting of America: The Political Seduction of the Law* (1990).

reu uma campanha imoral e sem precedentes da esquerda contra a confirmação de Bork, e que o Departamento de Justiça não deve ser culpado pela derrota de Bork, pois a condução do processo de confirmação ficara a cargo do pessoal da Casa Branca. Este último ponto, ainda que seja relevante para o amor-próprio de Eastland, não é de interesse geral, mesmo porque Bork teria sido derrotado (isso fica claro em retrospecto), ainda que sua campanha tivesse sido conduzida com mais habilidade, coisa que o Departamento de Justiça poderia ter feito ou não. De fato, Bork foi alvo de uma campanha difamatória e alarmista orquestrada pela esquerda, mas Eastland equivoca-se ao enxergar nisso uma novidade. Batalhas políticas violentas em torno de nomeações para a Suprema Corte ocorrem desde a aurora da história constitucional dos Estados Unidos[3]. Esta deveria ser uma informação importante para um originalista e, portanto, para Eastland, que elogia o livro de Bork até não poder mais; livro esse cujo projeto é a defesa do originalismo, o qual, conforme descreve Eastland, consiste no "resgate da visão do direito constitucional outrora dominante, segundo a qual o judiciário deve aplicar a Constituição de acordo com os princípios vislumbrados pelos ratificadores do documento"[4].

Seria de esperar que, em "Cutting Beethoven Down to Size", Samuel Lipman[5], crítico de música da revista *Commentary*, reforçasse a abordagem originalista. Pois o artigo trata do movimento da *performance* autêntica, que está para a interpretação musical como o originalismo está para a interpretação jurídica. O movimento envolve "a exigência do uso de instrumentos de época (instrumentos que se assemelhem o máximo possível àqueles para os quais a música foi escrita em sua época)"; "o respeito à partitura original ou ao que restou desta, purificada de todos os erros acidentais de transmissão e publicação, bem como de todas as modificações editoriais posteriores"; e "emprego dos estilos de execução da época – a total observância das indicações explícitas do compositor e o esforço incansável por resgatar tudo aquilo que se puder conhecer dos métodos não escritos, consuetudinários e pressupostos de decifração e execução da partitura escrita" (p. 53). Assim, "nas *performances* autênticas, os estilos buscados, incluindo-se os detalhes relativos à execução rítmica, às técnicas instrumentais e ao afinamento, são aqueles da época do compositor; a forma exata em que um compositor

---

3. James E. Gauch, "The Intended Role of the Senate in Supreme Court Appointments", 56 *University of Chicago Law Review* 337, 365 (1989).

4. Eastland, nota 1 acima, p. 43.

5. *Commentary*, fevereiro de 1990, p. 53.

teria escutado suas obras quando foram executadas pela primeira vez, no tempo de sua composição ou pouco depois, pelos músicos mais habilidosos e representativos de então" (p. 54).

Isso lembra muito o originalismo de Bork. O negócio é que Lipman *odeia* o movimento da *performance* autêntica. "Se, por um lado, a nova abordagem se baseia na pesquisa acadêmica para resgatar uma realidade material perdida de instrumentos fisicamente existentes, textos escritos e estilos definíveis, as melhores interpretações realizadas durante todo o século passado e parte deste enfatizaram a sensibilidade espiritual: a projeção empática da mente e do talento dos músicos no espírito criativo dos grandes compositores" (p. 54)[6]. O maior desafeto de Lipman é o regente inglês Roger Norrington, cujas *performances* das sinfonias de Beethoven

> são sufocantes, a música não respira. Como não respira, essa música, cuja essência está na paixão, não transmite paixão alguma (...). As *performances* são, em suma, religiosamente ruins, e o que é ruim nelas é precisamente o resultado da materialização de todas as absurdas pretensões músico-intelectuais do movimento da *performance* autêntica (...). Não adianta (...) citar as indicações metronômicas de Beethoven como justificativa para esses crimes musicais. Qualquer músico que tenha experiência com a execução de músicas de compositores vivos sabe que, de todas as técnicas de direção usadas por estes, as indicações metronômicas são as menos viáveis, coerentes e confiáveis. (pp. 56-7)

Entre os motivos da falta de confiabilidade das indicações metronômicas do compositor, "estão o tempo decorrido desde a época em que a obra foi composta, a inexperiência em relação às exigências da *performance*, o frequente desdém pelo próprio fenômeno da *performance* e, acima de tudo, o conhecimento preexistente e completo do conteúdo e da estrutura da música, um conhecimento que não se espera de nenhum público – e apenas de poucos intérpretes" (p. 57)[7].

---

6. Não é só Lipman que pensa assim. "O jovem estudante, de início inclinado a sempre 'respeitar a notação impressa' e a manter-se alerta para o perigo de cair em devaneios aparentemente sem sentido e injustificados ou de abandonar as regras formais de interpretação, logo descobre que o que os bons professores, assim como a maioria dos compositores (sobretudo os compositores do passado), esperam dele é uma reação estimulante e inspiradora às ideias impressas." Desmond Shawe-Taylor, "Keeping to the Score", *Times Literary Supplement*, 5 de novembro de 1993, p. 6.

7. As restrições de Lipman à regularidade metronômica rigorosa na execução da música de Beethoven também são defendidas por George Barth, *The Pianist as Orator: Beethoven and the Transformation of Keyboard Style*, pp. 1-2, 161-2 (1992).

Uma característica marcante do ensaio de Lipman e que o redime perante a ortodoxia da revista *Commentary* é a vinculação do movimento da *performance* autêntica não ao conservadorismo cultural, como seria de esperar, mas, em vez disso, ao radicalismo cultural, ao relativismo estético e às obsessões igualitárias dos intelectuais. Norrington, "em seu ataque obstinado aos alicerces da grandeza de Beethoven", integra "o empenho pós-moderno em humilhar os artistas, pensadores e valores outrora cultivados" (p. 56).

Não quero que pensem que eu aprovo as críticas de Lipman ao movimento da *performance* autêntica. A avaliação desse movimento levanta muitas questões complicadas[8]. Tampouco considero que, se uma pessoa é originalista em um certo domínio interpretativo, tem de sê-lo em todos os outros[9]. Além disso, se tanto a abordagem originalista quanto a não originalista têm algum mérito, as duas podem perfeitamente coexistir, não havendo necessidade de se escolher uma delas. Por outro lado, quando os juízes não conseguem chegar a um acordo sobre como interpretar as leis e a Constituição, o direito pode se tornar imprevisível. O que defendo é que o originalismo não é o método inevitável nem o método natural de interpretação de um determinado corpo de textos. Não é nem mesmo o método interpretativo que um conservador deva, por natureza, defender.

Em *The Tempting of America* [A tentação da América], defende-se a posição segundo a qual "tudo o que importa" para um juiz, ao interpretar-se a Carta Magna, "é como as palavras empregadas na Constituição teriam sido compreendidas na época [da promulgação]" (p. 144). No entanto, em vez de apresentar motivos convincentes para a adoção do originalismo pela sociedade como única metodologia interpretativa nos casos constitucionais, Bork quase parece desejar que a questão seja situada fora dos limites do debate racional. De que outro modo pode-se explicar a simbologia religiosa que permeia todo o livro? A começar pelo título do livro: qualquer dúvida de que a referência seja *à* tentação é dissipada pelo título do primeiro capítulo, "Creation and Fall", cujas palavras iniciais

---

8. Para uma ótima análise, ver Peter Kivy, *The Fine Art of Repetition: Essays in the Philosophy of Music*, cap. 6 (1993). Michael Krausz, em um ensaio fascinante sobre interpretação musical, no qual os advogados conseguirão enxergar inúmeros paralelos com a literatura sobre a interpretação da Constituição e das leis, observa a tensão entre "o princípio de fidelidade à partitura" e "o princípio da coerência estética" como paradigmas interpretativos, e ressalta, com sensatez, que "não há um critério superior capaz de estabelecer definitivamente a superioridade do literalismo ou da coerência estética". Krausz, "Rightness and Reasons in Musical Interpretation", em *The Interpretation of Music: Philosophical Essays*, pp. 75, 79-80 (Michael Krausz [org.], 1993).

9. Ver *Law and Literature*, pp. 209-68.

são "A Constituição mal vigorava quando o primeiro juiz da Suprema Corte lançou seu olhar cobiçoso sobre a maçã que acabaria por provocar a queda" (p. 19). (Este deve ter sido o pecado constitucional original.) Bork defende a ideia de que a Constituição é "nossa religião civil" e não se cansa de repetir que o originalismo é a "ortodoxia" (pp. 6, 153) dessa religião. Naturalmente, então, os adversários de Bork são culpados de "heresia", um termo que ele explica com citações do apologista católico Hilaire Belloc (pp. 4, 11). Toda heresia, por ser heresia, "é crucial (...) que se a erradique". Logo, "não se deve indicar ou nomear [para a Suprema Corte] ninguém que não demonstre tanto o entendimento da filosofia da compreensão original quanto a devoção a esta" (pp. 9, 11). Bork exorta à Suprema Corte, "'Vai, e de agora em diante não peques mais'", e invoca em seu auxílio, além de Belloc, o cardeal Newman e São Thomas More. Em uma manobra surpreendente, compara *a si mesmo* com os hereges: "Se, por um lado, a filosofia do julgar politicamente é uma heresia no sistema de governo americano, por outro lado, é a ortodoxia das faculdades de direito e da cultura liberal-esquerdista. Seria bom lembrar que, nos velhos tempos, ninguém queimava os infiéis, mas sim os hereges" (pp. 159, 343, 352, 354)[10].

O chamado à guerra santa não serve de argumento em favor do originalismo. O dogmatismo e a militância de Bork animarão seus seguidores e seduzirão alguns céticos, mas não convencerão os imparciais. É preciso uma justificativa melhor que a devoção para fazer uma pessoa se curvar ao originalismo. O próprio Bork é quem nos adverte quanto ao perigo dos "absolutismos" e dos "princípios abstratos", critica a fundamentação do direito constitucional na "história e na tradição" e afirma, como implicação de sua interessante análise das raízes históricas do originalismo, que a heresia não originalista pode ser parte da Constituição, tal como esta era originalmente entendida (pp. 19-27, 119, 353). Ao que parece, não houve um Éden. Terry Eastland provavelmente equivocou-se ao descrever o originalismo como a visão "outrora dominante" acerca da interpretação constitucional.

Para Bork, o originalismo é necessário para impor restrições ao exercício do poder discricionário pelos juízes. Essas restrições, por sua vez, são necessárias para impedir os poucos juízes federais não eleitos de tirar as rédeas do poder das mãos dos representantes eleitos do povo. Mas, se o fim é a democracia, o originalismo é um estranho meio. Bork

---

10. Não exatamente ninguém: durante as Cruzadas, a Inquisição, entre outros períodos de zelotipia cristã, muitos judeus, turcos, árabes e outros infiéis foram mortos por motivos religiosos, frequentemente na fogueira.

observa que, no início do *New Deal*, a Suprema Corte interpretou que a cláusula de comércio do Artigo I da Constituição impunha limites aos poderes regulamentadores do governo federal. De acordo com o originalismo, a Corte errou. Ao errar, porém, transferiu poder aos representantes eleitos do povo.

Além disso, a democracia não é o fim, ao menos não o fim puro. O princípio democrático (na realidade, Bork quer dizer populista) encontra-se diluído no sistema de governo americano. As políticas são conduzidas por agentes do povo e não pelo próprio povo – justamente para que a vontade do povo seja amortecida, civilizada, orientada e intermediada por profissionais e especialistas, além de amadurecida pelo debate. Nem mesmo os políticos eleitos têm carta branca. Seu poder é circunscrito pela Constituição (a qual, certamente, também representa as preferências populares, mas de uma pequena parcela de uma diminuta população, que viveu dois séculos atrás). Como diria Dworkin, a questão levantada pela escolha entre um judiciário originalista, um ativista ou um pragmatista, não é de democracia ou não democracia, mas de que *tipo* de democracia desejamos.

A julgar por seu livro, o próprio Bork não é um admirador do governo popular. E por que deveria ser? Sua indicação para a Suprema Corte foi rejeitada pelo Senado dos Estados Unidos, o qual, apesar de todas as suas falhas, bem documentadas no livro de Bork, é um corpo legislativo de qualidade acima da média, embora não seja tão representativo quanto outros corpos semelhantes (nada de "um homem, um voto"). Além disso, a rejeição aconteceu devido a uma campanha de base, que ele dedica um quarto do livro a denunciar. Na primeira página do livro, alerta-se contra "as tentações da política" e lamenta-se que "a política, invariavelmente, busca dominar" as profissões e as disciplinas acadêmicas, "que outrora tinham vida e estrutura próprias". Mais adiante, Bork denuncia o populismo, embora sua definição implícita de democracia seja o próprio populismo – a conformação do interesse público às preferências populares, cujo desrespeito esporádico por parte dos juízes, em nome da Constituição, tanto o incomoda. Não explica, porém, como o aumento do poder dos parlamentos, através da diminuição do poder dos juízes para limitar aquele do legislativo, pode ser o antídoto para a tão deplorada superpolitização da vida dos norte-americanos, ou como se pode separar a política da democracia.

Para tornar ainda mais incoerente sua celebração da democracia, Bork afirma que o originalismo é necessário à própria existência da Suprema Corte, instituição eminentemente antidemocrática; e teme que a erradicação do originalismo signifique "a destruição de uma instituição grandiosa e essencial", a Suprema Corte (p. 2; ver também p. 349). Para Bork, entretanto, a Suprema Corte praticamente só causou dor de cabeça em seus dois séculos de existência. O autor observa que outros países ocidentais, onde não há nenhum tribunal que corresponda à Suprema Corte dos Estados Unidos, possuem, em linhas gerais, o mesmo conjunto de liberdades de que os americanos gozam. Sugere, com isso, que poderíamos passar muito bem sem um tribunal constitucional.

De qualquer modo, não há provas de que a autoridade da Suprema Corte dependa da fidelidade ao originalismo. Bork sabe disso, pois afirma (em grande tensão com sua observação sobre a destrutibilidade da instituição) que "a Corte é praticamente invulnerável"; "pode fazer o que quiser e é quase impossível impedi-la, desde que sua decisão encontre apoio de uma quantidade considerável de eleitores" (p. 77). Esta é um observação sensata. A sobrevivência da Suprema Corte depende da aceitação política de suas decisões e não da fidelidade a uma filosofia esotérica de interpretação. A Corte jamais foi regularmente originalista e, ainda assim, sobreviveu. Talvez os juízes saibam mais sobre sobrevivência que seu críticos. Nós, tipos econômicos, acreditamos que as pessoas em geral sabem mais sobre como proteger seus próprios interesses que palpiteiros de plantão.

Segundo Bork, se o único critério de avaliação das decisões da Suprema Corte for sua legitimidade política, qualquer pessoa que pense que a Corte está errada do ponto de vista político "está moralmente autorizada a desrespeitar suas decisões sempre que for capaz e a dissolvê-la, se possível, para substituir seus integrantes por outros, cujas decisões lhe agradem" (p. 265). A isso, acrescenta o agouro: "O indivíduo que prefira decisões a processos não terá por que dizer que a Suprema Corte é mais legítima que qualquer outra instituição capaz dotada de poder. Se a Corte não concordar com ele, por que não levar o caso a algum outro grupo, digamos o Estado-Maior das Forças Armadas, este, inclusive, dotado de melhores meios de impor suas decisões? Não há resposta" (p. 265).

Na verdade, há muitas respostas e uma delas é que Bork apresenta uma falsa polaridade: uma corte comprometida com o originalismo *versus* uma corte que é um "órgão poderoso e desnudo" (p. 146)[11]; obediência cega *versus* rebeldia. Essas polarizações sugerem – o que é improvável – que o *único* método justificativo de que uma corte pode se valer, o único método de canalizar o poder discricionário dos juízes, distinguin-

---

11. Lembre-se do emprego da frase por Wechsler, em seu artigo sobre princípios imparciais (Capítulo 1).

do-os assim dos legisladores, é o originalismo. Qualquer outro método (um que enfatize a justiça natural, a justiça íntegra, o bem-estar social ou os princípios imparciais, mas não necessariamente originalista) está descartado *a priori*. "O juiz que não olha para a Constituição histórica olha para dentro de si mesmo e para nenhum outro lugar" (p. 242).

Além disso, pode-se questionar se o fato de o Estado-Maior das Forças Armadas não tentar um golpe de Estado depende, minimamente que seja, da fidelidade da Suprema Corte ao originalismo. Se julgarmos pelas provas reunidas por Bork, a Corte, desde o início, desviou-se repetidas vezes do caminho originalista. Não obstante, os chefes do Estado-Maior das Forças Armadas (ou seus predecessores) jamais tentaram tomar o governo. Nem parece que tentarão. Os meios de que dispõe o Estado-Maior das Forças Armadas para impor suas decisões não são superiores àqueles de que dispõe a Suprema Corte para fazer valer as suas. Se o Estado-Maior ordenasse um golpe do exército, sua ordem não seria obedecida. Para Bork, a Suprema Corte emitiu uma ordem análoga; "tomou o poder" do legislativo e do executivo, e a ordem *foi* obedecida. Com isso sugere, acertadamente, que, exceto em tempos de guerra, a Suprema Corte é mais poderosa que o Estado-Maior das Forças Armadas.

A referência de Bork ao Estado-Maior revela apenas que o apreço dele pelo militarismo é tão grande quanto sua estima pela simbologia religiosa. Agrada-lhe sobretudo a metáfora leninista do "alto comando" ou "topo" (pp. 3, 338). Termos militares e religiosos são parte natural da linguagem ("guerra", "golpe de estado", "anátema" etc.). É a *densidade* desses sistemas simbólicos no livro de Bork que lhe confere o tom militante e dogmático, bem como grande parte de sua força polêmica.

Embora Bork ridicularize os estudiosos que buscam na filosofia moral as bases para uma doutrina constitucional, pode-se perceber, a esta altura, que ele próprio é seguidor de um filósofo moral, de nome Hobbes; o qual também via, como única fonte de legitimidade política, um contrato entre pessoas há muito falecidas. Embora esta fosse uma ideia progressista em uma época na qual os reis diziam-se governantes por direito divino, é incompleta como teoria da legitimidade da Suprema Corte na contemporaneidade. Há outras razões para se obedecer a uma decisão judicial além da capacidade da Corte de exibir, como o proprietário de um terrier campeão, um impecável *pedigree* que trace toda uma árvore genealógica, remontando-se a um distante ancestral do século XVIII.

Como teoria da legitimidade política, a ideia da Constituição como um contrato com força de obrigatoriedade não chega a estar errada, mas é incompleta. Um contrato implica uma relação de confiança que deve ser protegida, e também exime as pessoas de terem de reexaminar periodicamente as condições de seu relacionamento mútuo. Esses valores independem de se as partes contratuais originais ainda vivem. Mas um contrato de longo prazo acabará exigindo, se não modificação formal (que, no caso da Constituição, só se pode dar através do processo de acréscimo de emendas), ao menos flexibilidade de interpretação para lidar adequadamente com as transformações da sociedade. Modificação e interpretação são fatores recíprocos. Quanto mais difícil for a modificação formal do instrumento, mais premente será a flexibilidade de interpretação. Bork tem consciência dos obstáculos práticos à inclusão de emendas na Constituição, mas não está disposto a deduzir, a partir daí, que a flexibilidade de interpretação é necessária para evitar que a Constituição se torne obsoleta.

Bork dá grande importância ao argumento de que a hipocrisia é a homenagem que o vício presta à virtude. A retórica dominante dos juízes, mesmo dos ativistas, é a originalista, pois o originalismo é o modo de justificação ortodoxo dos profissionais do direito. O juiz é o oráculo pelo qual o direito se pronuncia. Essa postura pode refletir um desconforto em relação à legitimidade (aceitação pública, para usar um termo menos grandioso) das decisões não originalistas, ou pode ser apenas que os juízes, como a maioria das outras pessoas, queiram passar adiante a responsabilidade pelas decisões difíceis e impopulares. Passar o bastão aos autores da Constituição, há muito falecidos, é uma atitude extremamente cômoda. Porém, embora os juízes não sejam imunes à tendência, de resto perfeitamente humana, a fugir da responsabilidade por ações que causem transtorno, a importância desse fato é uma outra questão. É bastante paradoxal sugerir que as falsas razões que os juízes insinceros apresentam para suas ações são a única maneira legítima de justificar a ação dos juízes.

Se o juiz ativista ou aquele que se guia por resultados preocupa-se com os fundamentos de suas decisões, o originalista (ao menos a julgar por aquilo que se afirma em *The Tempting of America*) preocupa-se com as consequências das decisões originalistas. Não é para menos. Uma teoria da interpretação constitucional que ignore as consequências é tão insatisfatória quanto uma que ignore a importância política da construção de uma ponte entre a sentença proferida pelo juiz contemporâneo e algum documento revestido de autoridade, redigido no passado. É difícil convencer um norte-americano a ignorar as consequências práticas de uma teoria política, ao avaliá-la. Bork não está preparado para isso; e não cansa de tentar tranquilizar o leitor, afirmando que o originalismo não produz resultados aberrantes, ao mesmo tempo em que condena os juízes que "se guiam por resultados". O argumento da hipocrisia pode se virar contra o originalismo: Bork não é um praticante do originalismo.

Segundo a doutrina da incorporação, a Décima Quarta Emenda transforma algumas das cláusulas da Declaração de Direitos, ou toda elas, em restrições aos governos estaduais. Sobre a validade dessa doutrina, Bork só diz que "Não cabe aqui tentar resolver a controvérsia da aplicação da Declaração de Direitos aos estados" (p. 93). Ora, por que não? A questão é crucial para a determinação do alcance da Constituição hoje, e Bork não exibe, em outras ocasiões, nenhum acanhamento em discutir questões polêmicas. Sua insegurança é tanto mais surpreendente porque a rejeição da doutrina da incorporação é uma consequência lógica clara de sua análise das únicas cláusulas da Décima Quarta Emenda que supostamente incorporariam a Declaração de Direitos. A cláusula do devido processo legal da Décima Quarta Emenda foi usada pela Suprema Corte como o veículo para a incorporação. Bork, no entanto, é enfático ao dizer que tudo o que essa cláusula exige é que os estados procedam de forma justa ao aplicarem suas leis substantivas. Não está correto, assim, que a Corte a utilize para exigir dos estados que respeitem a liberdade de expressão, o livre exercício da religião ou qualquer uma das outras liberdades substantivas da Declaração de Direitos. No que concerne às liberdades processuais, uma vez que a cláusula do devido processo legal da Quinta Emenda, considerando-se que esta seja uma cláusula puramente processual, é apenas uma das cláusulas processuais da Declaração de Direitos, é bastante improvável que, segundo uma interpretação originalista, ela sirva de esteio, quando transposta para a Décima Quarta Emenda, a todas as outras liberdades da Declaração de Direitos.

A outra cláusula da Décima Quarta Emenda que pode servir como veículo para a incorporação da Declaração de Direitos, contra os estados, é a cláusula dos privilégios e das imunidades, que garante aos cidadãos dos estados os privilégios e as imunidades da cidadania norte-americana. Para Bork, no entanto, essa cláusula é "letra morta", um "cadáver", porque seu sentido é, para ele, indeterminável (pp. 166, 180). Mesmo para um originalista, obrigado a respeitar a mão morta do passado, um cadáver não é um veículo possível de imposição da Declaração de Direitos aos estados. Bork tampouco sugere que a cláusula possa ser empregada com esse propósito[12]. Uma das objeções que ele pode fazer à

---

12. Nisso, ele está certo. David P. Currie, *The Constitution in the Supreme Court: The First Hundred Years, 1789-1888*, pp. 344-51 (1985); ver também pp. 181-2 do livro de Bork.

derivação da doutrina da incorporação a partir da cláusula dos privilégios e das imunidades é que isso tornaria supérflua a cláusula do devido processo legal da Décima Quarta Emenda, pois, desse modo, a cláusula dos privilégios e das imunidades incorporaria, juntamente com todo o restante da Declaração de Direitos, a cláusula do devido processo legal da Quinta Emenda, a qual é idêntica à cláusula do devido processo legal da Décima Quarta Emenda, exceto por não se referir aos estados.

Bork não está disposto a seguir a lógica de sua análise até a conclusão inevitável de que a doutrina da incorporação é absolutamente ilegítima. Pelo contrário, na maior parte do livro, toma-a como pressuposto, como algo que ele não deseja questionar. Bork sabe que sua visão originalista seria imediatamente rejeitada se uma de suas consequências fosse a inaplicabilidade da Declaração de Direitos aos estados. Sua postura é pragmática e não originalista.

Nenhuma teoria constitucional que sugira que a decisão de *Brown vs. Board of Education* tenha sido incorreta receberá a devida atenção nos dias de hoje, embora, segundo uma aplicação coerente do originalismo, a decisão do caso tenha sido, de fato, incorreta[13]. À primeira vista, porém, a cláusula de igual proteção das leis não garante a igualdade jurídica, mas apenas a igual proteção de quaisquer leis que venham a existir; e o contexto no qual surgiu foi o da recusa das autoridades, nos estados do Sul, a proteger os escravos libertos da violência privada da Ku Klux Klan. Para Walter Berns, a letra e o contexto, combinados, sugerem que tudo o que a cláusula proíbe é o fornecimento seletivo de proteção jurídica segundo a raça: um estado não pode transformar os negros em proscritos, recusando-se a fazer cumprir as leis penais e civis quando as vítimas de um crime ou ilícito civil forem negras. Para um originalista coerente, este deve ser o alcance da cláusula. Bork acrescenta que os autores e os ratificadores da Décima Quarta Emenda não tinham como meta a igualdade social entre as raças e não teriam se importado com a possibilidade de a não realização dessa meta causar danos psicológicos aos negros. Além disso, opõe-se ao ato de extrair de uma cláusula constitucional "um conceito cujo conteúdo passaria por transformações tão drásticas ao longo do tempo que viriam a tornar ilegais coisas que os ratificadores não pretendiam, de modo algum, proibir" (p. 214).

---

13. Conforme reconhecido pelo admirador e companheiro originalista de Bork, Lino A. Graglia, no artigo "'Interpreting' the Constitution: Posner on Bork", 44 *Stanford Law Review* 1019, 1037-43 (1992), assim como por Walter Berns, como vimos no Capítulo 8, e por Bernard H. Siegan, *The Supreme Court's Constitution: An Inquiry into Judicial Review and Its Impact on Society*, pp. 93-107 (1987). Graglia e Siegan foram impedidos de se tornar juízes federais, por sua visão do caso *Brown*.

Mesmo depois de construir uma argumentação irrefutável (segundo suas próprias regras) contra *Brown*, Bork esquiva-se (p. 82):

> Em 1954, quando da decisão do caso *Brown*, já estava claro, havia algum tempo, que a segregação raramente gerava igualdade, se é que gerava. Independentemente de qualquer questão psicológica [uma questão irrelevante, segundo a interpretação que Bork dá à Décima Quarta Emenda], as instalações físicas oferecidas aos negros não eram tão boas quanto aquelas que se ofereciam ao brancos. Isso ficara demonstrado a partir de uma longa série de casos. A Suprema Corte teve de enfrentar uma situação na qual o judiciário teria de lidar, indefinidamente, com litígios envolvendo escolas de nível primário e secundário, faculdades, sanitários, campos de golfe, piscinas, bebedouros e toda a infindável variedade de instalações segregadas. Do contrário, seria preciso abandonar a doutrina fundada na ideia de "separados, mas iguais". Além da sobrecarga que causariam no judiciário, os litígios infindáveis jamais gerariam a igualdade prometida na Constituição. De um ponto de vista realista, portanto, a Corte tinha duas opções: abandonar a luta pela igualdade e permitir a segregação ou promover a igualdade através da proibição da segregação.

A Suprema Corte optou, então, pela igualdade, no que recebe a aprovação de Bork. Ao falar de "igualdade", Bork se coloca do lado dos mocinhos. Mas o trecho citado mostra que ele só favorece a dessegregação por acreditar que esta é a única maneira de poupar o judiciário do incômodo, provavelmente inútil, de fiscalizar as escolas (e outras instalações) onde há segregação, para certificar-se de que haja igualdade espacial. A medição da igualdade de espaço, mesmo compreendida de modo que abarque, além da integração racial, todos os elementos envolvidos na prestação de um serviço público, é mais fácil que muitas coisas que o judiciário faz. Desempenhar essa tarefa teria sido mais fácil que impedir os estados do Sul de contornarem o decreto do caso *Brown* através da multiplicidade de mecanismos criativos que empregavam para tal fim. A igualdade de espaço nas escolas poderia ser medida através dos gastos com cada aluno, do salário dos professores, da proporção entre professores e alunos, do tamanho da escola dividido pelo número de alunos, entre outras medidas de investimento ou esforço. Além disso, no contexto do caso Brown, o problema da viabilidade da fiscalização de um regime de escolas igualitário, mas segregado, representa um argumento mesquinho, que só serve para fazer peso. Imagine quanto soaria mal um voto que fizesse a decisão girar em torno da dificuldade de medir a igualdade de espaço, juntamente com uma indiferença diante do impacto psicológico da segregação. A justificativa de

Bork em favor de *Brown* também é incoerente com suas críticas à decisão que impôs aos estados a obrigatoriedade de o policial ler os direitos do cidadão no ato de sua prisão[14], uma decisão explicitamente fundada nos custos administrativos do cumprimento da proibição da confissão sob coerção, implícita na Carta Magna. Bork não diz por que esses custos deveriam ser decisivos no direito racial, mas ilegítimos no direito penal.

Outra prova do caráter relutante da defesa que Bork faz de *Brown* é o fato de ele relacionar a decisão a políticas públicas "liberais" e "igualitárias" (pp. 92-3), pois Bork não se considera um liberal nem um igualitarista. Para ele, liberal é o homem de esquerda moderno, defensor do estado de bem-estar social, e igualitarista é alguém que acredite na igualdade de resultados e não de oportunidades. Bork desconsidera, assim, a tradição mais antiga do liberalismo, aquela dos liberais clássicos, que acreditavam no estado mínimo e teriam reprovado os esforços dos estados do Sul para usar o direito como instrumento de sustentação de um sistema de castas. Essa tradição oferece ao caso *Brown* uma justificativa que não exige a adesão aos princípios igualitários censurados por Bork. Essa justificativa, entretanto, não é um opção para Bork; pois, se o libertário ou liberal clássico não é um igualitarista, também não é um conservador social. Os elementos que definem o conservadorismo social – ideias e posturas religiosas, nostalgia, desconfiança em relação ao poder do intelecto e medo de mudanças – estão ausentes do liberalismo clássico. O neoconservadorismo da revista *Commentary* é uma das vertentes do conservadorismo social; outra vertente está no ataque de James Fitzjames Stephen a Mill, tema do próximo capítulo. O espírito do conservadorismo social anima todo o livro de Bork e materializa-se em observações como a de que "nenhuma das atividades que a sociedade considera imorais deixa de ter vítimas" (p. 123). Esta é a filosofia de *A liberdade* com um sinal de menos anteposto.

Brown não é a única imagem sagrada que Bork se recusa a profanar. Para ele, a obscura cláusula constitucional da "garantia" (que garante a forma republicana de governo para todos os estados), a qual normalmente não se considera passível de uso em juízo, pode ser empregada para corrigir problemas extremos de proporcionalidade representativa injusta no legislativo. Tal sugestão confunde republicano com democrático e contradiz a afirmação do próprio Bork, segundo a qual essa cláusula deixa os estados livres para experimentar diferentes formas de go-

---

14. *Miranda vs. Arizona*, 384 U.S. 436 (1966).

verno, com a única condição de os governos estaduais não se tornarem "aristocráticos ou monárquicos" (p. 87, com citação de Madison). Bork sugere que a cláusula também pode ser usada para exigir que os estados "evitem deturpações óbvias e absurdas de suas próprias leis" (p. 86 n.). Essa sugestão, se acatada, faria dos juízes federais os árbitros finais das leis estaduais, e isso permitiria um grau de ativismo judicial que faria Earl Warren morrer de vergonha.

Bork apresenta, em claro tom de aprovação, a sugestão de que, "se alguém tentasse fazer cumprir uma lei velha e esquecida por muitos anos, tal lei deveria ser declarada nula por motivo de desuso" (p. 96). A referência é à lei que proibia os anticoncepcionais, invalidada em *Griswold vs. Connecticut*, mas a lógica do "desuso" aplica-se igualmente à lei contra a sodomia, que há muito não era usada, mas que foi confirmada em *Bowers vs. Hardwick*, um caso cuja decisão Bork aprova veementemente. Além disso, Bork não nos diz em que parte da Constituição devemos procurar pela cláusula do desuso.

Bork dá a entender que há uma força residual, escondida em alguma cláusula não especificada, capaz de invalidar leis "terríveis" (p. 97)[15]; e acredita que os juízes têm poder para criar "zona[s] de segurança" em torno dos direitos constitucionais, "proibindo o governo de fazer algo que, em si, não é proibido, mas que provavelmente levará à violação de um direito previsto na Constituição" (p. 97). Em outras palavras, os direitos explicitados na Constituição criam penumbras de proteção constitucional adicional. Bork, entretanto, faz troça do conceito de penumbra utilizado pelo juiz Douglas no caso *Griswold*, além de afirmar que um juiz "jamais deve criar novos direitos constitucionais" (p. 147), ainda que por extensão, a partir de direitos preexistentes.

Bork parece até mesmo acreditar (esta é a mais incrível de suas traições ao originalismo) que "qualquer contestação de uma distinção legislativa [deve] ter um fundamento racional" e, portanto, que "todas as distinções legais entre pessoas [devem] ser razoáveis"; ou permanecerão condenadas pela cláusula de igual proteção das leis (p. 330). Esta é a abordagem do juiz Stevens e difere daquela que se tornou (com o perdão da palavra) a abordagem ortodoxa, pois descarta qualquer referência aos direitos fundamentais. Bork odeia a abordagem na qual os juízes decidem quais direitos são fundamentais (por exemplo, o direito do indiví-

---

15. Embora não consiga encontrar nenhum fundamento constitucional para a decisão de *Skinner vs. Oklahoma*, 316 U.S. 535 (1942), a qual invalidava uma lei que autorizava a esterilização de pessoas culpadas de furto, mas não daquelas culpadas por apropriação indébita, com base na noção pouco rigorosa de transmissão hereditária de determinadas tendências criminosas.

duo de não ser discriminado por motivos sexuais por ser filho ilegítimo ou por ser estrangeiro, bem como o direito de acesso à justiça) e quais não são (por exemplo, o direito à educação), e dão àqueles mais proteção que a estes. Gosta, no entanto, da abordagem de Stevens. "A teoria do juiz Stevens, se concretizada, provavelmente não causaria nenhuma mudança efetiva na aplicação da cláusula de igual proteção das leis, mas concentraria a atenção dos juízes na razoabilidade das distinções e não em um processo de simples inclusão ou exclusão de grupos segundo critérios que só podem ser subjetivos e arbitrários" (p. 330). Em outras palavras, apesar de todas as suas investidas contra a teoria do direito baseada nos direitos fundamentais, Bork parece aceitar a maior parte das formulações jurídicas fundadas na igual proteção das leis, epítome desse tipo de teoria do direito[16]. Opõe-se apenas à subjetividade do diálogo sobre os direitos fundamentais, em comparação com a (suposta) objetividade de um padrão de razoabilidade. Jamais discute os fundamentos originalistas da abordagem do juiz Stevens, se é que estes existem.

Os cães originalistas (ao menos este aqui), ao que parece, ladram muito mais do que mordem. O originalismo pode, de fato, ser completamente elástico; pois, exceto pelos exemplos que dei, é aparentemente aceitável, do ponto de vista originalista, a defesa de uma lei que proíba a desfiguração da bandeira dos Estados Unidos, a partir do argumento de que "ninguém jura fidelidade ao selo presidencial nem o saúda quando o vê" (p. 128). O originalismo não é um método analítico, mas uma retórica, que pode ser usada em apoio a qualquer decisão que um juiz queira apresentar. Os libertários conservadores que Bork critica (Richard Epstein e Bernard Siegan) são originalistas. Bork não discorda deles quanto ao método, mas sim quanto a suas decisões. A decisão de *Dred Scott*, que, para Bork, é a fonte primordial do ativismo judicial de hoje, está permeada da retórica originalista[17].

É preciso, obviamente, distinguir entre originalismo de boa e de má qualidade. Conforme observa Bork, a ideia principal da decisão de *Dred*

---

16. Embora, em outras partes do livro, ele namore a ideia de que a cláusula de igual proteção das leis só proíbe a discriminação racial ou étnica; pois "a Constituição não proíbe a criação de leis baseadas no preconceito *per se*" e "como o juiz poderá saber se uma determinada minoria foi derrotada no parlamento por motivo de 'preconceito' e não por questões de moral, prudência ou qualquer outra razão legítima?" (p. 60). Se é nisso que Bork acredita, então não pode aceitar a visão do juiz Stevens acerca da igual proteção das leis.

17. Por exemplo: "Presumimos que ninguém considere que eventuais mudanças na opinião pública em relação a esta malfadada raça, nas nações civilizadas da Europa ou neste país, deva induzir a corte a dar às palavras da Constituição uma interpretação mais liberal que aquela que se pretendeu atribuir a elas quando o documento foi forjado e adotado." *Scott vs. Sandford*, 60 U.S. (19 How.) 393, 426 (1856).

Scott – a inconstitucionalidade do Compromisso de Missouri – representava uma audaciosa aplicação do conceito de devido processo legal substantivo[18]. E, embora não esteja preparado para rejeitar a possibilidade de a cláusula do devido processo legal da Décima Quarta Emenda incorporar a Declaração de Direitos, Bork é inflexível na rejeição da possibilidade de essa cláusula, seja na Quinta Emenda, seja na Décima Quarta, autorizar a criação de novos direitos em nome do devido processo legal substantivo. Ainda assim, há no originalismo ruim de *Scott vs. Sandford* uma lição que o bom originalista talvez queira ponderar. Os juízes mais ativistas, tanto da direita quanto da esquerda, e tanto Taney quanto Black, estão entre aqueles mais inclinados à retórica do originalismo; visto ser esta um magnífico disfarce, que permite ao juiz fazer de tudo e, ainda assim, apresentar-se como o agente passivo dos santos pais fundadores (não discuta comigo, discuta com Eles).

Observei anteriormente, apontando propositadamente o paradoxo da ideia, que o originalismo de Bork talvez peque por não ser originalista o bastante[19]. Como homem público, que, como tal, precisava apaziguar a crítica e convencer os céticos na sabatina pela qual passaria, Bork talvez fosse incapaz de levar o originalismo até suas raias lógicas; e talvez as exigências da redação de um livro popular impossibilitem o pleno rigor intelectual. Para encontrar um originalismo puro, coerente e rigoroso, temos de procurar em outro lugar. Porém, as impurezas do originalismo de Bork não enfraquecem seu livro; antes o fortalecem. Em suas concessões à funcionalidade e à opinião pública, bem como em outras observações espalhadas pelo livro, é possível encontrar matéria-prima para a confecção de uma alternativa ao originalismo. Chamemos essa alternativa de pragmatismo, não no sentido burlesco, de decidir um caso hoje sem pensar no de amanhã, mas no sentido pelo qual o compreendo, de defender a primazia das consequências, tanto no campo da interpretação quanto nas outras esferas da razão prática; a continuidade entre o discurso jurídico e o moral; e uma atitude crítica, em vez de crédula, perante a história e a tradição.

Eis, então, Bork, o pragmático (hesitante):

1. "Resultados particularmente estranhos, na ausência de prova em contrário, provavelmente não estavam nas intenções [dos autores da Constituição]" (p. 165). Felizmente, podem-se evitar tais resultados

---

18. Ver 60 U.S. (19 How.), fl. 450; Currie, nota 12 acima, pp. 263-73.

19. Um de seus aliados originalistas também observou isso: "Pode-se culpar Bork por nem sempre seguir suas próprias recomendações e por tecer uma definição do originalismo que dá aos juízes um excessivo poder discricionário." Graglia, nota 13 acima, p. 1044.

através da flexibilidade interpretativa: "Os princípios constitucionais se afirmam mediante majestosas generalidades que, sabemos, não podem ser interpretadas de modo tão abrangente quanto a letra pode sugerir." (p. 147).

2. "Não se reconhecerá a legitimidade do direito se este não estiver organicamente relacionado ao 'universo mais amplo do discurso moral que ajuda a moldar o comportamento humano'" (p. 354). Aqui surge um problema interpretativo, pois Bork duvida "da existência de 'fatos' morais" (p. 121) e, mesmo assim, na página seguinte, denuncia o "relativismo moral" e, mais adiante, nega enfaticamente ser um "cético radical em matéria de moral" (p. 259). Além disso, acredita que "o ultraje moral é justificativa suficiente para a criação de leis proibitórias" (p. 124). É como se considerasse que as preferências irrefletidas do povo possuem grande peso moral, enquanto as visões morais dos juízes são meras preferências irrefletidas, sem peso moral (ver pp. 125, 257, 259). Provavelmente, o que ele quer dizer é que não há consenso moral suficiente na sociedade americana para que os juízes possam justificar, por meio de princípios morais sólidos, a invalidação, em nome da Carta Magna, de leis que reflitam alguma teoria moral temporariamente influente entre as facções políticas governantes. Inevitavelmente, os juízes estariam impondo à sociedade suas próprias e, possivelmente, idiossincráticas preferências morais.

3. A obediência ao passado tem suas armadilhas: "Nem todas as tradições são admiráveis" (p. 235). "A história não nos obriga a nada, e a tradição serve para que nos lembremos da sabedoria e da loucura do passado e não para que nos acorrentemos a esta ou àquela (...). Nossa história e nossa tradição, como as de qualquer país, apresentam exemplos não apenas de respeito a princípios morais elevados, mas também de profunda imoralidade." (p. 119) Na mesma página, porém, Bork observa, em tom de aprovação, que, "uma vez que a sodomia é proibida há séculos, o juiz White afirmou [em *Bowers vs. Hardwick*] que o argumento de que tal conduta está 'profundamente enraizada na história e na tradição da nação' era 'na melhor das hipóteses, uma brincadeira de mau gosto'". A discussão inteira é uma brincadeira de mau gosto, em um sentido involuntário. A sodomia homossexual já era amplamente praticada nas mais antigas sociedades que deixaram registros e, provavelmente, desde que nós deixamos de ser macacos, e antes disso. Nesse sentido, o qual, obviamente, não é aquele pretendido por White, a sodomia está profundamente enraizada na história e na tradição de todas as nações. Embora, em geral, ela seja reprovada, os esforços para erradicá-la foram esporádicos. O veredito da história e da tradição, por-

tanto, é ambíguo e, de qualquer modo, não deve ser tratado como um critério preponderante, justamente pelas razões taxativamente afirmadas por Bork. Não obstante, a sugestão de que possíveis esforços de erradicação do homossexualismo poderiam levantar questões constitucionais parece ser considerada, pelo próprio Bork, como pelo juiz White, a *reductio ad absurdum* do ativismo judicial, pois, para ele, a pretensão dos homossexuais de serem deixados em paz não se sustenta em fundamentos morais mais fortes que a dos cleptomaníacos (p. 204).

O originalista volta-se para trás, mas frequentemente olha de rabo de olho para as consequências. O pragmático, por sua vez, põe em primeiro plano as consequências de suas decisões. O juiz pragmático não nega que, ao interpretar a Constituição, desempenha um papel interpretativo, posto que não é um juiz sem lei. Não viola a Constituição e seu juramento para distribuir uma justiça míope entre as partes do litígio, pois tem consciência das consequências sistêmicas do desrespeito à lei por parte dos juízes. Como o condutor ideal de Samuel Lipman, entretanto, o juiz pragmático crê que a interpretação constitucional envolve a projeção empática da mente e do talento do juiz na alma criativa dos autores da Constituição, em vez de a obediência servil a cada indicação metronômica destes. Segundo essa abordagem flexível e pioneira da interpretação, que chamo de pragmática, as consequências sociais das interpretações alternativas não raro são decisivas; por outro lado, para o originalista coerente (se este existisse), estas seriam sempre irrelevantes.

Por falar nas consequências das decisões judiciais, creio que Bork interpretou erroneamente a lição de sua derrota no Senado. Atribui esta às maquinações da "nova classe" – a "classe do conhecimento" ou a "classe intelectual" dos acadêmicos e jornalistas liberais de esquerda (pp. 337, 339). É verdade que esse grupo de pessoas existe, que a coletividade de seus membros possui grande influência nas universidades e nos meios de comunicação de massa dos Estados Unidos, tendo desempenhado seu papel na derrota de Bork. Mas não penso que esse papel tenha sido decisivo. O fator decisivo, à parte os fatos de que Reagan estava de mãos atadas por causa do escândalo Irã-Contras e o Senado era controlado pelos democratas, foi que um grande número de americanos (não digo a maioria, mas minorias passionais e organizadas podem ser muito poderosas em um sistema de governo representativo; diversos senadores democratas deviam o cargo aos eleitores negros, embora fossem conservadores nas demais áreas) não deseja ver a Constituição interpretada da forma estrita que Bork a interpreta. Para essas pessoas, não se deve permitir que os estados proíbam o aborto (Bork afirma que *Roe vs. Wade* é "o maior símbolo da usurpação das prerrogativas democráticas pelos juízes neste século [e] deveria ser invalidado" [p. 116]), nem que executem judicialmente acordos antirraciais (invalidados em *Shelley vs. Kraemer*[20], cuja decisão, para Bork, foi incorreta). Essas pessoas não acham que o governo federal deva ter a liberdade de praticar a discriminação racial (para Bork, a decisão de *Bolling vs. Sharpe* [ver Capítulo 6] também foi equivocada); não acham que os estados devam ter a liberdade de promulgar leis "selvagens" nem que os juízes devam praticar a "abstenção moral", como quer Bork (p. 259); têm dúvidas quanto a se as minorias cujos direitos não estão expressamente protegidos na Constituição devem ficar à mercê da maioria; não estão preocupadas com o fato de que "nenhum juiz da Suprema Corte renuncia ao poder de passar por cima das maiorias democráticas nos casos sobre os quais a Constituição guarda silêncio" (p. 240) (para Bork, não há nenhum originalista genuíno entre os atuais membros da Suprema Corte e, pelo menos se considerarmos só o que se diz no livro, em sua opinião *jamais* houve); não acham que, sob a presidência do juiz Rehnquist, bem como de seus predecessores, "a sedução política do direito continua a todo vapor" (p. 240); e não acham que se devam fechar as portas à criatividade dos juízes, impedindo-se a criação de novos direitos, que é a intenção de Bork quando diz à Suprema Corte para não pecar "mais". Essas pessoas consideram as decisões mais importantes que a teoria e não gostam das decisões que, a julgar por seu livro e por seus escritos anteriores, Bork provavelmente apresentaria.

Esses cidadãos a que me referi podem ser imaturos em matéria de moral e política para pensarem assim. Também pode ser que tenham – e acho que, de fato, têm – uma ideia incompleta das consequências de algumas das decisões criticadas por Bork. A concepção de direito das pessoas leigas pode ser até mesmo incoerente, porque elas costumam acreditar tanto que as decisões dos juízes devem ser ditadas pelo direito positivo, em vez de por princípios morais, quanto que essas decisões devem gerar resultados conformes a tais princípios; de modo que, de um lado, concordam tanto com Bork quanto com seu arqui-inimigo, Ronald Dworkin, e, de outro lado, discordam de ambos. Em último lugar, não é certo que a maioria dos norte-americanos concordem especificamente com as visões do interesse público aqui descritas.

Mas tudo isso é detalhe. Em uma democracia representativa, o fato de muitas pessoas (não necessariamente a maioria) não gostarem das prováveis consequências da filosofia de um juiz, é justificativa aceitável e,

---

20. 334 U.S. 1 (1948). Ele acrescenta que aplicar o princípio do caso *Shelley* de forma neutra "seria tanto revolucionário como absurdo" (p. 153).

em todo caso, inevitável para que os representantes do povo se recusem a nomeá-lo, ainda que a antipatia do povo pelo juiz não esteja fundada em uma grande teoria judicial. O povo tem o direito de perguntar como o originalismo os beneficiaria e não encontrará respostas em *The Tempting of America*. Se, para usar as palavras de Samuel Lipman mais uma vez, o originalismo soa mal (apesar de seus escrúpulos de autenticidade histórica, ou justamente por causa deles), por que o povo *deveria* escutá-lo?

PARTE TRÊS

Variedade e ideologia na teoria jurídica

capítulo 10

O primeiro dos neoconservadores

A variedade de teorias jurídicas existentes e seu caráter ideológico são o tema desta parte do livro. Dedico minha atenção principalmente às teorias jurídicas esquerdistas, mas meu ponto de partida será a outra extremidade do espectro político, onde se situa uma figura injustamente desconsiderada, mas que bem pode ser descrita como a versão original de Walter Berns e Robert Bork. *Sir* James Fitzjames Stephen, nascido em 1829 e falecido em 1894, foi, simultânea ou sucessivamente, *barrister*, ensaísta prolífico, moralista, pensador político, autor de influentes tratados de direito penal, alto funcionário do Ministério das Colônias e juiz do Supremo Tribunal. Também era irmão de Leslie Stephen e, portanto, tio de Virginia Woolf. Seu irmão escreveu-lhe uma magnífica biografia, publicada um ano após sua morte, a qual consegue o impossível: é, ao mesmo tempo, crédula e crítica, pessoal e imparcial[1]. A obra mais conhecida de Fitzjames Stephen é o livro *Liberty, Equality, Fraternity* [Liberdade, igualdade, fraternidade] (1873), uma ataque à teoria política normativa de John Stuart Mill (tal como exposta em *A liberdade* [1859] e em outras obras), acrescido do esboço de uma teoria alternativa. Esse livro será o centro de minha análise neste capítulo[2].

1. Leslie Stephen, *The Life of Sir James Fitzjames Stephen* (1895). Há uma boa biografia recente: K. J. M. Smith, *James Fitzjames Stephen: Portrait of a Victorian Rationalist* (1988).
2. Em 1874, foi publicada uma segunda edição de *Liberty, Equality, Fraternity*. O livro só voltou a ser editado em 1967, depois de estar esgotado por muito tempo. A edição de 1967

Liberty, Equality, Fraternity é uma obra que reflete magnificamente sua época, um registro vivo e revelador do imperialismo britânico em seu apogeu, assim como viriam a ser, uma geração depois, o romance *Prester John*, de John Buchan, e a poesia de Kipling. O livro foi escrito logo após o fim do mandato de Stephen como membro do Conselho da Índia, o corpo administrativo que governava a joia do Império Britânico, e exibe uma arrogante confiança imperial, que bem pode ser descrita como romana. A prova do crime é a defesa que Stephen faz de Pôncio Pilatos, da qual cito um pequeno trecho: "Caso (...) se diga que Pilatos deveria ter respeitado o princípio da liberdade religiosa tal como proposto pelo Sr. Mill, a resposta é que, se o fizesse, correria o risco de provocar rebeliões em toda a província (...). Se isso parece cruel, devo novamente apelar para a experiência com a Índia" (p. 115). Quem quer que pense que o homem é um animal imperialista, que os Estados Unidos são imperialistas ou que os economistas, pelo menos alguns destes, são imperialistas porque buscam estender seu controle sobre outras áreas (como o direito, a história e a sociologia) aprenderá, com o livro de Stephen, o que é o verdadeiro imperialismo: é a pura vontade de governar outros povos, enraizada na total confiança na superioridade de sua própria civilização. "É impossível estabelecer qualquer princípio legislativo, a menos que se esteja preparado para dizer: eu estou certo, você está errado e sua visão há de dar lugar à minha de forma serena, gradual e pacífica; mas um de nós deve governar, enquanto o outro deve obedecer, e eu vou governar" (p. 90). O incrível sucesso da Inglaterra – o qual Stephen testemunhou diretamente e para o qual até contribuíra – em governar a Índia com um punhado de soldados e servidores públicos explica, em grande medida, o tom autoritário e o caráter confiante de *Liberty, Equality, Fraternity*.

De estilo enfático, conciso e aforístico, a magnífica prosa de Stephen pertence à tradição inglesa do discurso claro e da tolerância zero. "Para deter o poder de punir, um grupo tem de ser maioria, e maioria esmagadora" (p. 159). "Conflitos são inevitáveis e sempre existirão, a menos que as pessoas se grudem como moluscos a suas visões ou apontem desnorteadas para todos os lados, como cata-ventos" (p. 111). "O regime parlamentarista é simplesmente uma forma branda e disfarçada de coerção. Para impor a força, concordamos em contar cabeças em vez de

---

(organizada, com introdução e notas, por R. J. White e publicada pela *Cambridge University Press*) acabou por se esgotar também, mas foi reimpressa em 1992 pela *University of Chicago Press*; e, em 1993, o *Liberty Fund* publicou uma edição organizada por Stuart D. Warner. Minhas referências seguem a paginação da edição da *Chicago*.

decapitá-las, mas o princípio é o mesmo (...). A minoria cede não por ter-se convencido de que está errada, mas por ter-se convencido de que é minoria" (p. 70). "A diferença entre uma sociedade bruta e uma sociedade civilizada não está em que, nesta, o uso da força é (ou deve ser) conduzido com mais cuidado que naquela. O presidente Lincoln, para alcançar seus objetivos, valia-se de um grau de força que teria esmagado, como cascas de ovo, Carlos Magno e seus paladinos e pares" (p. 71). "Como resultado da guerra [intelectual], a opinião mais fraca – o sentimento menos vigoroso e arraigado – tem suas raízes arrancadas por completo e a superfície onde cresceu é cauterizada com ferro quente; enquanto a prisão, a estaca e a espada apenas a derrubam e a deixam crescer novamente em circunstâncias mais adequadas" (p. 121).

Para os santarrões da retórica, só o discurso convincente e edificante é digno de louvor. Mas nós, descendentes genuínos de Protágoras (ver Capítulo 24), somos capazes de admirar e aplaudir a astúcia, a energia e a confiança de Stephen, mesmo em seus momentos mais esnobes e míopes: "Outra questão, a qual não posso mais que mencionar aqui em breves palavras, é se o enorme desenvolvimento da igualdade nos Estados Unidos, o rápido surgimento de uma multidão de pessoas medíocres, autocomplacentes e superficiais, é um feito digno de ser venerado pelo resto do mundo" (p. 220).

Se os juristas norte-americanos, incluindo-se os professores de direito e os juízes, fossem mais intelectualizados, reconheceriam prontamente esta radiante figura intelectual como um seu ancestral. De fato, Stephen é, mais do que parece, uma personalidade importante na história do pensamento jurídico americano, devido à influência que exerceu sobre Holmes. Refiro-me não ao impacto de sua teoria do direito penal sobre Holmes[3], embora este tenha sido aparentemente considerável, mas às qualidades estilísticas e intelectuais exibidas, com notável clareza, em *Liberty, Equality, Fraternity*. Uma destas é o estilo da escrita de Stephen, sempre direto, incisivo, astuto, radiante e sóbrio, tão diferente do estilo norte-americano, em qualquer época que seja, mas tão semelhante ao de Holmes. Os bostonianos da época e da classe social de Holmes tinham seus traços culturais espelhados nos ingleses. Holmes visitou a Inglaterra diversas vezes até a velhice e foi lá que conheceu Stephen, inclusive pessoalmente[4]. Imagino que Holmes tenha usa-

---

3. Sobre isso, ver Mark DeWolfe Howe, *Justice Oliver Wendell Holmes: The Proving Years, 1870-1882*, pp. 213, 227, 267-8 (1963). Smith, nota 1 acima, pp. 63-5, ressalta as diferenças entre a abordagem do direito penal na obra dos dois autores.

4. Porém, "jamais se desenvolveu uma amizade" entre os dois (Smith, nota 1 acima, p. 63), como aconteceu entre Holmes e Leslie Stephen.

do, como modelo para seu estilo, a prosa dos melhores escritores ingleses de seu tempo[5]. Stephen não apenas era um notório membro daquela classe, mas um companheiro de profissão jurídica e um conhecido. Além disso, tinha idade suficiente para ser o mentor de Holmes. Contava doze anos a mais que Holmes e tinha 44 quando da publicação de *Liberty, Equality, Fraternity*, enquanto Holmes apenas recentemente começara sua atividade intelectual escrita. Holmes também pode ter adquirido de Stephen certas tendências características de ambos os autores, como a intransigência moral, embora o mais provável é que tenha apenas encontrado em Stephen a confirmação de um homem de prestígio para suas próprias tendências. O Deus de Stephen

> é um Legislador infinitamente sábio e poderoso, cuja natureza é, para o homem, reconhecidamente insondável, mas que criou o mundo, tal como é, para uma raça perene de pessoas prudentes, firmes e fortes; que, não sendo tolas nem covardes, não sentem qualquer tipo de amor por quem o é; ademais, caracterizam-se por saber o que querem e estão determinadas a valer-se de todos os meios lícitos para obtê-lo. Essa convicção, que se parece com uma religião, está profundamente arraigada na parcela sólida e imutável da nação inglesa. Esta representa uma bigorna, que já exauriu muitos martelos e ainda vai exaurir muitos mais, malgrado os visionários e os humanitários. (p. 252)

A crença de que o mundo se governa pela força está intimamente relacionada a essa intransigência e, apesar da preocupação de Stephen com a religião, é a ideia dominante de seu livro, assim como da teoria do direito de Holmes.

O livro de Stephen (e aqui se apresenta uma trilha que Holmes não seguiu) é uma poderosa defesa da ideia segundo a qual uma das tarefas do direito – embora deva ser empregada com muita cautela, dadas as limitações do direito (Stephen se refere ao direito penal como "o mecanismo mais rudimentar que a sociedade pode usar para qualquer propósito que seja" [p. 151]) – é desenvolver moralmente as pessoas e não apenas protegê-las contra danos concretos. O debate sobre o alcance apropriado do direito penal continuou, conforme se vê na famosa discussão entre H. L. A. Hart e Patrick Devlin, em que este se alinhou com Stephen[6], mas com muito menos eloquência. Não apenas Devlin repe-

---

5. Na biblioteca da Faculdade de Direito de Harvard, há uma cópia de um curto depoimento dado por Holmes no rádio, em celebração por seu aniversário de noventa anos. Ao escutá-lo, surpreendi-me com o fato de que o sotaque de Holmes, para os ouvidos atuais, é britânico.

6. Hart, *Law, Liberty and Morality* (1963); Devlin, *The Enforcement of Morals* (1965).

te Stephen, mas Hart repete Holmes; colocando-se, assim, Holmes e Stephen em lados opostos do debate, apesar de todos os seus pontos em comum. Particularmente em "The Path of the Law", Holmes exortava o direito a se libertar da moral, visto que sua fé no ateísmo era tão forte quanto a de Stephen no cristianismo, embora este, como veremos, fosse um cristão bastante peculiar. Para ambos, a força era o árbitro supremo, mas só Stephen considerava um código moral fundado na fé cristã parte indispensável de um sistema de valores sociais projetado para manter as pessoas na linha e a sociedade, coesa.

Mas a importância maior de *Liberty, Equality, Fraternity* reside no audacioso ataque a Mill, que transformou o livro em um clássico (rechaçado) do pensamento conservador[7]. Para compreender e avaliar a crítica de Stephen, é preciso determinar o lugar de Mill na história do liberalismo clássico. Um dos fundamentos do liberalismo clássico é o princípio utilitarista de Jeremy Bentham, do qual deriva, com alguns princípios auxiliares, a abordagem de livre-mercado associada a libertários como Milton Friedman. Mas o princípio de Bentham tem muitas facetas. Mill enfatizava o aspecto do respeito à multiplicidade das preferências humanas (o bordão de Bentham de que cada um é um e ninguém é mais que um). Este é o mais importante elemento igualitário do utilitarismo (outro, segundo alguns utilitaristas atuais, é a utilidade marginal decrescente da renda) e conduz diretamente à fé no governo popular. Porém, embora devesse muito a Bentham, Mill não erigiu o edifício do liberalismo clássico sobre a pedra angular da democracia, mas sim sobre a da liberdade. A liberdade como princípio, cujo trunfo em relação à democracia está na fixação de severas restrições ao alcance do governo, afirma que as pessoas devem ser livres para fazer o que quiserem, pensar o que quiserem, dizer o que lhes aprouver, louvar a quem quiserem louvar ou não louvar a ninguém, bem como para conceber e seguir o projeto de vida que quiserem, desde que (e esta é uma condição enormemente restritiva e vaga) não façam nada que interfira excessivamente na liberdade dos outros de fazerem o mesmo. O princípio libertário[8] está no cerne da filosofia política de Mill, mas não a esgota, mesmo que ignoremos sua simpatia esporádica por elementos do socialismo. Para Mill, há prazeres superiores (intelectuais, artísticos, altruís-

---

7. Não totalmente rechaçado. Russel Kirk, na introdução a uma edição de *A liberdade*, publicada em 1955, anuncia *Liberty, Equality, Fraternity* como a refutação definitiva de Mill.
8. Devemos, porém, distinguir cautelosamente esse libertarianismo milliano do libertarianismo dogmático e radical, fundado em noções metafísicas da liberdade humana, associado aos seguidores de Ayn Rand e a alguns seguidores de Hayek e Von Mises, bem como a "anarcocapitalistas" como Murray Rothbard.

tas) e inferiores; através da educação, da proteção aos direitos de propriedade e à liberdade econômica como caminhos para a prosperidade e do estímulo à responsabilidade cívica através do desempenho de papéis como o de eleitor e o de jurado, a sociedade pode transformar as preferências inferiores das pessoas em preferências superiores, e deve fazê-lo. À medida que a parte mais baixa da sociedade se elevar através da substituição dos prazeres inferiores pelos superiores entre os membros de uma parcela cada vez maior da população, as pessoas se tornarão mais iguais entre si, no bom sentido. Entre os prazeres mais elevados (para fortalecer a tendência igualitária), está a preocupação benevolente com o bem-estar dos outros. Portanto: liberdade, igualdade e fraternidade (embora tenha sido indecoroso da parte de Stephen aplicar o bordão da Revolução Francesa a Mill e seus seguidores).

Nós, millianos de hoje, estamos sujeitos a ser classificados como conservadores, em vez de liberais, por não sermos fortemente igualitaristas (não tanto quanto o era Mill, considerando-se o cenário político atual), além de nos opormos a diversas características do Estado de bem-estar social, cujos defensores, embora devam ser chamados de socialistas ou coletivistas, conseguiram se apropriar do termo "liberal"* e continuam sendo qualificados por este, mesmo quando defendem restrições à liberdade de expressão em nome da igualdade sexual ou racial. Os verdadeiros conservadores não são os millianos, mas sim os conservadores sociais, os conservadores religiosos e os neoconservadores, como Irvin Kristol, Allan Bloom, William Bennett, William Buckley, Walter Berns, Russel Kirk e Robert Bork. Para estes, como para Platão e Leo Strauss, o Estado não deve se contentar em proteger a propriedade, os direitos individuais, o acesso à educação e a participação na vida pública, tudo isso para fomentar a prosperidade material, assim como um clima de liberdade de investigação e debate, de diversidade e experimentação (inclusive experimentação na vida pessoal) e de benevolência moderada. O Estado deve inculcar a virtude nos cidadãos, promover a devoção, punir a imoralidade e desencorajar o hedonismo. É entre os que acreditam que o Estado tem uma missão moral (que o Estado deve saber a diferença entre certo e errado, devendo impor sua visão do certo) que se situa o Stephen de *Liberty, Equality, Fraternity*.

Referi-me a seu livro como um audacioso ataque ao liberalismo clássico. Mas o adjetivo mais exato seria obstinado. Depois de separar os elementos liberdade, igualdade e fraternidade (altruísmo, caridade e senti-

---

* *Liberal*, em inglês (e aqui traduzido por "liberal"), no contexto dos Estados Unidos, é um termo associado à esquerda. (N. do T.)

mento de companheirismo), que compõem o liberalismo clássico, Stephen substitui cada um destes por seu antípoda. A liberdade (para ele, uma "negação"), ele a substitui pelo poder e pela restrição e observa que "o poder precede a liberdade", a qual, "pela própria natureza das coisas, depende do poder (...). Apenas sob a proteção de um governo poderoso, bem organizado e inteligente pode existir alguma liberdade." (p. 166) A igualdade, Stephen a substitui pela desigualdade natural, tanto física quanto intelectual, dos seres humanos (por exemplo, aquilo que ele acredita ser a desigualdade natural entre homem e mulher). A fraternidade, por sua vez, ele a substitui pela inimizade: "Se, ao longo da vida, eu encontrar algum homem ou grupo de homens que trate como inimigo a mim, aos meus ou àqueles com quem me importo, hei de tratá-lo como inimigo, com a mais absoluta indiferença à questão de se somos capazes ou não de encontrar algum parentesco entre nós, seja através de Adão ou de algum símio primata" (p. 240). Por fim, o humanismo, como paradigma geral do governo justo, Stephen o substitui pela tirania da força, da opinião pública e do fogo do inferno.

Isso faz de Stephen a versão inglesa do Grande Inquisidor de Dostoiévski? Tanto o capítulo "O Grande Inquisidor", de *Os irmãos Karamázov*, quanto *Liberty, Equality, Fraternity*, nos põem na presença – com uma instantaneidade impressionante, porque sem os véus habituais – da autêntica tradição autoritária. Para nós, entretanto, a crítica de Stephen é mais interessante, porque ele era um inglês e estava mergulhado no pensamento liberal de Bentham e de Mill, ambos os quais admirava imensamente. Critica, portanto, com conhecimento de causa. Inadvertidamente, essa crítica mostra o quão tênue é a linha que separa o liberal do antiliberal.

A querela entre Mill e Stephen, no fundo, gira em torno da noção de natureza humana. Dentre todos os seus predecessores no campo do pensamento político inglês, era Hobbes a quem Stephen mais admirava. Para Mill, o debate melhora as pessoas. Mas não para Stephen. "Imagine a quantidade existente de seres humanos egoístas, voluptuosos, fúteis, absolutamente medíocres, presos à mais estreita e trivial das rotinas. Agora imagine o quanto o livre debate, mesmo o mais livre de todos, está distante de conseguir melhorá-los. Na prática, a única maneira possível de agir sobre eles é através da coerção e do controle" (p. 72). (Stephen não é nenhum fã da "democracia deliberativa".) Assim como o Grande Inquisidor (e também como Nietzsche, outro grande antiliberal do século XIX), Stephen acreditava que as pessoas, em geral, são como crianças ou animais domésticos (escravos naturais, portanto) e que a religião é importante não por representar a verdade, mas por ser uma rédea eficaz. "A experiência mostra que quase todos os homens precisam, vez ou outra, tanto das esporas da esperança quanto das rédeas do medo; e que a esperança e o medo religiosos são esporas e rédeas eficazes, embora algumas pessoas sejam por demais arredias e resistentes para se preocuparem com ambas as coisas" (p. 98). Para Stephen, a situação das crianças ("um estado de submissão, dependência e obediência a ordens cujo conteúdo é geralmente compreendido de modo absolutamente imperfeito pelas pessoas que as recebem") é um modelo adequado daquela "união de amor, reverência e submissão" que representa "uma concepção muito melhor das condições fundamentais da existência e prosperidade perenes das nações" que "o bordão liberdade, igualdade e fraternidade" (p. 193).

A ideia de religião como rédea pressupõe uma forma específica de doutrina religiosa. O Grande Inquisidor rejeitava Cristo; Stephen também. "Nenhuma nação sã jamais fingiu nem jamais fingirá atribuir ao Sermão da Montanha qualquer sentido que não seja coerente com a defesa armada da independência, da honra e dos interesses nacionais, custe o que custar. Se o Sermão da Montanha realmente significar a proibição disso, então deve ser desconsiderado" (p. 261). Mesmo para os fiéis cristãos, o Sermão da Montanha é "um exagero patético em matéria de deveres" (p. 259). Mas a questão da crença religiosa não chega exatamente a se impor a Stephen, pois sua visão da religião é instrumental. A religião, para ele, é um complemento da polícia. Deus, tal como Stephen o concebe, inspira temor e não amor; é como um juiz humano, porém mais poderoso e infalível.

Citei aqui o maravilhoso trecho em que Stephen descreve a guerra intelectual como algo mais destrutivo que a opressão. Este é um aspecto de sua inclinação geral a enxergar a força em todos os lugares. "Por mais que disfarcemos, é a força que, de um modo ou de outro, determina as relações entre os seres humanos" (p. 209). A lei, é claro, "não passa de força regulamentada" (p. 200); e "a persuasão, de fato, é um tipo de força", já que "consiste em mostrar a uma pessoa as consequências de suas ações" (p. 129). (Ao enfatizar a continuidade entre poder e persuasão, Stephen deixava entrever a teoria da liberdade de expressão que Holmes articularia muitos anos depois.)[9] Para Stephen, o progres-

---

9. *Abrams vs. Estados Unidos*, 250 U.S. 616, 630 (1919) (voto divergente); *Gitlow vs. Nova York*, 268 U.S. 652, 673 (1925) (voto divergente). A linguagem de Holmes em *Gitlow* é particularmente expressiva: "Se, a longo prazo, as crenças expressas na ditadura do proletariado estiverem destinadas a ser aceitas pelas forças dominantes da comunidade, o único significado da liberdade de expressão será proporcionar-lhes a oportunidade de seguir seu caminho." (Seja lá o que isso signifique, mais parece um fatalismo decoroso.)

so não diminui a importância do papel da força na sociedade, apenas muda sua forma. "A primeira impressão, ao compararmos [a Escócia medieval com a moderna], é que o século XIV inteiro viu-se sujeito à lei da força, enquanto, no século XIX, a força sumiu completamente do cenário escocês" (p. 203). Na verdade, porém, acontece o contrário: a força do Estado é maior na Escócia moderna – tanto que "a resistência premeditada às leis da nação para mero benefício próprio é hoje uma impossibilidade, algo que ninguém sequer pensa em fazer" (p. 204). "Dizer que a lei da força foi abandonada porque a força agora é uniforme, inconteste e vantajosa, é o mesmo que dizer que o dia e a noite são, agora, instituições tão bem estabelecidas que o Sol e a Lua se tornaram supérfluos" (p. 206).

A ênfase na força – em vez de no consentimento, na tradição, na inércia ou no mútuo benefício – como cimento da sociedade, pressupunha, para Stephen, uma desigualdade natural e radical entre as pessoas. É preciso haver uma elite que segure o chicote e, portanto, uma divisão entre senhores e escravos. Nosso autor é enfático quanto à inevitabilidade dessa divisão. O mais interessante, porém, é sua afirmação (de tom estranhamente marxista e que, posteriormente, foi muito ressaltada por Weber) de que a liberdade burguesa ao estilo de Mill amplia, em vez de atenuar, as consequências da desigualdade (pp. 207-8):

> No passado, se um escravo fosse negligente, seria sem dúvida mutilado, eliminado ou açoitado por seu senhor. Este, porém, teria de ter em conta que, ao fazê-lo, estaria causando dano à sua propriedade (...). Hoje, se um criado se comporta inadequadamente, pode ser mandado embora num piscar de olhos; e contratar outro em seu lugar é tão fácil quanto chamar um táxi. Recusar à pessoa despedida uma carta de recomendação é, muito provavelmente, o mesmo que sentenciá-la a meses de sofrimento, bem como a um rebaixamento definitivo na hierarquia social. Tais punições se infligem sem possibilidade de contestação e sem a menor perturbação da serena superfície da vida cotidiana.

"É bem verdade que logramos partir o poder político em pedaços muito pequenos, os quais não cessamos de esmigalhar com nossos cânticos triunfais" (p. 207), mas o único resultado disso "é que o homem que conseguir juntar o maior monte com esses pedaços governará os demais" (p. 211). "Em uma democracia pura, os governantes serão os manipuladores e os amigos destes; mas a igualdade entre eles e os eleitores não será maior que a igualdade entre os soldados e ministros de Estado e os súditos de uma monarquia" (p. 211).

Stephen, concordando com seu amigo Henry Maine, reconhecia que o elemento regulador das relações humanas, que antes era o estado ou a condição da pessoa, passara a ser o contrato. Isso, no entanto, apenas exacerbara a desigualdade (p. 209):

> Suponhamos, a título de exemplo, que os homens e as mulheres se tornassem tão iguais quanto o direito fosse capaz de os tornar, e que a opinião pública seguisse o direito. Suponhamos que o casamento se tornasse uma mera parceria, que, como qualquer outra, pudesse desfazer-se; que as mulheres tivessem de ganhar a vida, exatamente como os homens; que qualquer noção de devida proteção ao sexo oposto fosse extinta; que os modos dos homens em relação às mulheres se tornassem idênticos aos modos dos homens em relação aos outros homens; e que as cordiais concessões à reconhecida fraqueza alheia, bem como a obrigação de fazer pelas mulheres milhares de coisas que seria insultuoso fazer por um homem, atitudes que herdamos de uma outra ordem de ideias, fossem totalmente destruídas. Qual seria o resultado? As mulheres se tornariam escravas dos homens, suas trabalhadoras braçais; seriam forçadas a sentir a própria fraqueza e a aceitar as consequências desta até o fim. Há uma relação recíproca entre submissão e proteção. Se uma é extinta, a outra se perde e então a força voltará mil vezes mais severa pelo direito contratual do que o era pelo direito pessoal.

Aquilo que Stephen mais temia – a igualdade jurídica e, em grande medida, prática, entre homens e mulheres – acabou acontecendo, sem que as mulheres se tornassem "escravas dos homens, suas trabalhadoras braçais". No concernente a isso e à sua execração dos Estados Unidos, a história invalidou as visões políticas de Stephen; e ainda em outro aspecto: No cerne dessas visões, está a certeza de que o direito tem de se fundar na moral; que esta, por sua vez, deve se fundar na religião; que o Estado, não se unindo à religião, aceita tacitamente a visão cética e antirreligiosa, e, portanto, que o Estado deve se voltar para as religiões e escolher aquela cujo código moral deseja inculcar, defendendo essa religião e ignorando as outras. Não obstante, desde os tempos de Stephen e sobretudo desde a Segunda Guerra Mundial, os europeus, embora continue havendo as religiões oficiais, praticamente perderam sua religiosidade, sem com isso perderem sua moralidade; enquanto nos Estados Unidos, a despeito da rígida separação entre Igreja e Estado, o povo permaneceu ardentemente religioso, sem com isso ultrapassar os padrões morais dos europeus[10].

---

10. Sobre a religiosidade dos europeus, em comparação com a dos norte-americanos, ver *Gallup Report* n.º 236, maio de 1985, p. 50; Richard A. Posner, "The Law and Economics Movement", 77 *American Economic Review* 1, 9-12 (edição "Papers and Proceedings", maio de 1987); *Sex and Reason*, p. 161.

A visão de comunidade política de Mill é mais realista, além de mais edificante (uma combinação tão feliz quanto rara), apesar de "débil", como achava Stephen. Porém, ainda que erre o alvo principal, *Liberty, Equality, Fraternity* contém ideias importantes, que fazem do livro mais que um mero retrato de sua época e um *tour de force* retórico. Como Adam Smith, Stephen estava certo em ver com ceticismo a ideia de fraternidade e, portanto, em duvidar de que ele (ou qualquer outra pessoa) poderia chegar a "importar-[se] com multidões de homens com quem nada [tinha] em comum" (p. 240). Também estava certo ao perceber o espírito de cada um por si que caracteriza um sistema de livre-mercado (e com isso deu a deixa para os atuais comunitaristas). Além disso, embora não tenha transformado as mulheres em escravas e trabalhadoras braçais, a igualdade teve efeitos colaterais: a facilitação do divórcio é uma das causas da feminização da pobreza nos Estados Unidos[11].

Stephen, rompendo com Bentham e com Mill, também estava certo ao observar que as considerações sobre a repressão não esgotam o propósito geral do direito penal; pois este representa, entre outras coisas, "uma afirmação enfática do princípio segundo o qual o sentimento de ódio e o desejo de vingança (...) são importantes componentes da natureza humana, que, em tais casos, devem ser regularmente saciados na esfera pública e de forma legal" (p. 152). É por isso que "uma considerável quantidade de atos, cuja especificação é desnecessária, são tratados como crimes apenas por serem considerados absurdamente imorais" (p. 154)[12].

Estava certo, ainda, em enfatizar os limites práticos do direito penal como mecanismo regulador. "Antes de poder ser tratado como crime, um ato deve ser passível de ser singularmente definido e especificamente provado. Além disso, também deve ter uma natureza tal que valha a pena reprimi-lo, sob risco de infligir graves danos, diretos e indiretos, àqueles que o pratiquem" (p. 151). Embora fosse cético em relação à liberdade, Stephen acreditava que

---

11. Lenore J. Weitzman, *The Divorce Revolution: The Unexpected Social and Economic Consequences for Women and Children in America*, p. xiv (1985); H. Elizabeth Peters, "Marriage and Divorce: Informational Constraints and Private Contracting", 76 *American Economic Review* 437, 449 (1986) (tab. 6).

12. Para R. J. White, Stephen estaria se referindo à sodomia e outros "atos não naturais" (p. 154 n. 13). Não é necessário concordar com a afirmação de Stephen de que esses atos devem ser criminalizados, para reconhecer a justeza de sua observação como descrição dos sentimentos que moldam o direito penal.

há uma esfera, não menos real por ser impossível definir seus limites, na qual o direito e a opinião pública são intrusos, provavelmente mais maléficos que benéficos. Tentar regulamentar os assuntos internos de uma família, as relações de amor ou amizade, entre muitas outras coisas do mesmo tipo, pelo direito ou pela coerção da opinião pública, é como tentar tirar um cílio do olho usando-se um alicate. Este pode arrancar o olho, mas nunca conseguirá tirar o cílio (p. 162).

"Uma lei que entre em competição direta com uma paixão ardente e impetuosa, que não seja considerada maléfica por quem a sente e que não prejudique diretamente os outros, geralmente causará mais danos que benefícios; e esta talvez seja a razão principal da impossibilidade de legislar diretamente contra a voluptuosidade, exceto quando esta assume formas por todos consideradas monstruosas e terríveis." (p. 152)
Essas passagens podem nos fazer pensar de que lado Stephen realmente estava no debate sobre se o direito deveria tentar regular a moral ou apenas prevenir contra danos concretos. Será possível haver harmonia entre autoritaristas inteligentes e libertários inteligentes, na maioria das questões práticas? A resposta pode ser "sim", quando o ponto de partida em comum for Bentham. Pois não nos esqueçamos do lado duro de Bentham[13]: a defesa da tortura, a admiração pela Câmara Estrelada, a proposta de aprisionamento dos mendigos, a fé na vigilância e na doutrinação e o menosprezo aos direitos; tudo isso revela um traço de autoritarismo, uma inclinação pela reforma de cima para baixo, além de um entusiasmo pela força e pela fraude como métodos de controle e aperfeiçoamento social. O Benthamismo não se reduz ao autoritarismo, mas podemos ver (por exemplo, na concepção fortemente instrumental que Stephen tem da religião) o desenvolvimento lógico dessa componente no pensamento de Bentham. Assim, *Liberty, Equality, Fraternity* é um documento do utilitarismo, tanto quanto do conservadorismo. Vale lembrar, ainda, que, apesar de toda a sua severidade, Bentham acreditava que a dor infligida aos criminosos pela pena era um mal que só se justificava se evitasse a imposição de uma dor maior aos outros. É improvável que um utilitarista como Stephen, conhecedor do direito penal por experiência direta, passasse ao largo das limitações práticas deste como instrumento de controle social e maximização da utilidade. Como vimos, ele não passava. Não devemos descuidar de seus traços pragmáticos, da tendência a estigmatizar os pensadores criativos e dos muitos pontos em comum entre ele e Mill[14].

---

13. Ver "Blackstone and Bentham", em meu livro *The Economics of Justice*, pp. 13, 33-47 (1981).
14. Ver também Smith, nota 1 acima, pp. 170-2.

capítulo 11
A história do pensamento jurídico norte-americano segundo a esquerda

Morton Horwitz, historiador do direito e um dos fundadores do movimento dos estudos jurídicos críticos, tornou-se reconhecido no meio acadêmico por ter escrito uma história do pensamento jurídico norte-americano anterior à Guerra Civil[1]. Seu foco é a evolução do *common law* (o corpo de doutrinas originalmente inglesas cuja fonte são os juízes e que lidam com os acidentes, a propriedade, os contratos e os instrumentos comerciais) nos Estados Unidos. Segundo Horwitz, após a Independência, os juízes norte-americanos mais audazes e inovadores apropriaram-se de doutrinas concebidas para uma economia pós-feudal, agrária e estática, readaptando-as de modo que facilitem (na verdade, subsidiem) a industrialização e o crescimento econômico. O processo de transformação completou-se em 1850. Depois disso, os juízes procuraram disfarçar, mistificar e legitimar a desigualdade na distribuição de renda e riqueza, que acompanhara o processo de industrialização da economia do país[2], o qual, por sua vez, os próprios juízes haviam fomentado ao abandonarem seus inconsequentes métodos de decisão voltados

---

[1]. Morton J. Horwitz, *The Transformation of American Law, 1780-1860* (1977, reimpresso em 1992).
[2]. Às vésperas da Guerra Civil, "o direito se tornara um mero ratificador das formas de desigualdade produzidas pelo sistema de mercado". Id., p. 210.

para resultados, em favor de um formalismo jurídico, "uma concepção científica, objetiva, profissional e despolitizada do direito"[3].

A tese de Horwitz, plausível, cativante, marxiana (se não marxista) e exposta com clareza, foi, não obstante, alvo de muitas críticas. Em primeiro lugar, apontou-se que as provas apresentadas são utilizadas de uma forma descuidada, seletiva e até tendenciosa[4]. Além disso, que Horwitz romantiza o direito do século XVIII e, ao fazê-lo, exagera o caráter explorador do direito do século XIX[5]. Também ignora a eficiência como fonte de justificativas para as doutrinas jurídicas e interpreta equivocadamente o conceito de subsídio[6], o qual, para fazer sentido, exige um certo critério, pois é inútil descrever toda transformação jurídica como a concessão de um "subsídio" a seus beneficiários; e, se a intenção dos juízes era engambelar o povo, por que se empenharam tanto, nas grandes decisões "redistributivas", em fundar sua doutrina jurídica nos benefícios econômicos de interesse público, em vez de apenas seguir com o habitual discurso hermético sobre direitos, justiça e precedentes?[7] Por que esses juízes não sucumbiram às vantagens retóricas do formalismo jurídico muito antes de 1850? O formalismo, para se inventar, não esperou pelo desenvolvimento de uma classe de profissionais do direito definida, organizada e intelectualizada, como supõe Horwitz. Pode-se remontar sua origem a Cícero ou, mais recentemente, aos *Federalist Papers* e aos votos de John Marshall.

---

3. Id., p. 266. "A principal condição social necessária ao florescimento do formalismo jurídico em uma sociedade é que os grupos de poder dessa sociedade tenham grande interesse em disfarçar e abolir a inevitável função política e distributiva do direito." Id.

4. A. W. B. Simpson, "The Horwitz Thesis and the History of Contracts", 46 *University of Chicago Law Review* 533 (1979); R. Randall Bridwell, "Theme v. Reality in American Legal History: A Commentary on Horwitz, *The Transformation of American Law, 1780-1960*, and on the Common Law in America", 53 *Indiana Law Journal* 449 (1977).

5. Ver, por exemplo, Simpson, nota 4 acima, pp. 600-1.

6. Stephen F. Williams, "Transforming American Law: Doubtful Economics Makes Doubtful History", 25 *UCLA Law Review* 1187 (1978); Herbert Hovenkamp, "The Economics of Legal History", 67 *Minnesota Law Review* 643, 670-689 (1983); Gary T. Schwartz, "Tort Law and the Economy in Nineteenth-Century America: A Reinterpretation", 90 *Yale Law Journal* 1717 (1981), principalmente pp. 1772-4; *Economic Analysis of Law*, pp. 256-60.

7. Considere-se o seguinte trecho do famoso voto do juiz-presidente da Suprema Corte do Estado de Massachusetts, Lemuel Shaw, no caso *Farwell vs. Boston & Worcester R.R.*, 45 Mass. (4 Met.) 49, 58 (1842): "No tratamento dos direitos e das obrigações que surgem de relações específicas, cabe aos tribunais de justiça levar em conta considerações de interesse público e conveniência geral, bem como derivar, destas, regras que, aplicadas na prática, promovam a segurança de todas as partes envolvidas da melhor maneira possível." Horwitz, nota 1 acima, p. 209, qualifica o caso *Farwell* como um "marco" da revolução do livre-mercado no direito norte-americano. Sobre o excesso de considerações acerca do interesse público nos votos de Shaw, bem como o caráter não formalista destes, ver Leonard W. Levy, *The Law of the Commonwealth and Chief Justice Shaw* (1957), principalmente cap. 2.

Essas críticas não demoliram o livro de Horwitz, que se mantém como uma síntese formidável das fontes históricas e uma visão sólida, ainda que parcial, da evolução do pensamento jurídico norte-americano. São, no entanto, críticas importantes, às quais seria de esperar que Horwitz reagisse, examinando sua tese. Em vez disso, depois de muitos anos, o autor escreveu um livro no qual retoma a história em 1870, uma década depois do ponto no qual a deixara no final do livro anterior, e continua até 1960, como se os dois livros só se distinguissem pela cronologia[8], quando se distinguem por muito mais[9].

Embora não haja, no segundo livro, nenhuma referência direta às críticas recebidas pelo primeiro, o pensamento do autor pode não ter saído ileso. No prefácio ao segundo livro, transparecem suas reservas quanto à possibilidade de dar explicações causais objetivas e definidas dos fenômenos históricos. O primeiro livro, ao contrário, é um ensaio de determinismo econômico. Nele, Horwitz afirmava que os interesses de classe, de origem econômica e cada vez mais disfarçados pela retórica formalista, fizeram da doutrina jurídica do século XIX uma ferramenta feita sob medida para redistribuir riqueza do setor agrário para o de negócios, dos ociosos para os ativos, dos fracos para os fortes, dos trabalhadores para os capitalistas. O segundo livro apresenta os interesses de classe e a exploração como causas esporádicas das transformações jurídicas e dá igual ênfase – como fatores causais das transformações jurídicas – às transformações politicamente neutras no ambiente econômico, como o surgimento de novas formas de propriedade (a propriedade intelectual, por exemplo), aos fatores emotivos ou psicológicos (incluindo-se, curiosamente, o amor e suas vicissitudes) e às transformações na *Weltanschauung*, incluindo-se, misteriosamente, o desenvolvimento da teoria quântica. Igual ênfase, entretanto, não quer dizer grande ênfase. A diminuição da fé de Horwitz nas explicações marxianas não se vê completamente compensada por seu interesse recém-adquirido pelas explicações freudianas e psicológicas. O que vemos é uma hesitação diante de qualquer explicação causal da história.

O primeiro livro analisa as principais doutrinas de um período relativamente definido da história jurídica dos Estados Unidos: da Independência à Guerra Civil. Segundo Horwitz, este foi o período da recepção do *common law* pelos juízes americanos, da transformação deste em

---

8. *The Transformation of American Law, 1870-1960: The Crisis of Legal Orthodoxy* (1992).

9. Conforme se observa também na resenha de G. Edward White sobre o segundo livro, 91 *Michigan Law Review* 1315 (1993).

favor dos interesses do comércio e da coroação dessa transformação pela adoção do estilo formalista pelo judiciário. A abordagem do livro é ampla (embora não completa) porque, embora se restrinja ao *common law*, o direito norte-americano naquela época *era*, em sua maior parte, *common law*; e o período é genuinamente "histórico" porque terminou há mais de um século. No segundo livro a análise começa *in medias res* (décadas tendo se passado desde o início do reinado do formalismo) e termina em 1960, com o que nem traz a narrativa até o presente nem a isola em um passado histórico, o que seria uma ruptura natural.

Em certos aspectos, é verdade, o ano de 1960 pode ser considerado um divisor de águas na história jurídica dos Estados Unidos. Assim o tratei nos capítulos 1 e 2. O ano marcou, aproximadamente, o início do breve, mas memorável, apogeu da "Corte presidida pelo juiz Warren", do enorme aumento do número de litígios em âmbito federal, que continua até hoje, bem como de profundas mudanças na profissão. Mas esses eventos não representam uma transição no direito norte-americano, tal como Horwitz entende. O livro não diz quase nada sobre as transformações doutrinais e institucionais de longo alcance ocorridas no direito norte-americano durante o tumultuado século supostamente examinado em suas páginas, tais como a vasta expansão da responsabilidade civil; a revolução processual provocada pelas Regras Federais de Processo Civil; o nascimento de novas áreas do direito, como o direito antitruste, o direito do trabalho, a regulamentação dos órgãos executivos que prestam serviços públicos, o direito tributário, o direito dos valores mobiliários e o direito do trabalho; a crescente preocupação com as liberdade civis, bem como a extraordinária expansão dos direitos civis e dos litígios nessa área; a crescente especialização dos profissionais do direito; os pontos de interseção entre o poder dos juízes federais e o dos juízes estaduais; o surgimento dos grandes escritórios de advocacia nacionais e até internacionais; o aprendizado em sala de aula como principal meio de ingresso na profissão, em detrimento da antiga relação entre mestre e aprendiz; o surgimento da figura do estagiário de direito como auxiliar do juiz; e a codificação do direito comercial. O direito americano, para Horwitz, consiste em um punhado de entidades conceituais confusas ou tendenciosas, como "propriedade", "causalidade", "pessoa jurídica" e "poder de polícia". Aperfeiçoado pelos reacionários e seus apologistas, principalmente no último quarto do século XIX, o precário edifício formalista que Horwitz chama de "pensamento jurídico clássico" foi, primeiramente, abalado pelas transformações sociais e econômicas. Posteriormente, foi desmascarado pelos realistas jurídicos, entre outros pensadores jurídicos progressistas, psicologicamente dispostos à rebeldia. Oliver Wendell Holmes, por ter contribuído tanto para a criação do edifício quanto para o ataque a este, é a peça-chave da transição (transmutada por um relacionamento amoroso). Por fim, os realistas acabaram vitimados pelos conceitos que eles próprios criaram, como o de "autocontenção judicial". Na década de 1950, os progressistas reacionários já tinham se transformado em reacionários. Estou satirizando um pouco o livro, mas só um pouco.

Enquanto o primeiro livro concentra-se nas doutrinas jurídicas mais importantes da época analisada, o segundo, alçado a um nível mais alto de abstração, debruça-se sobre a teoria do direito, mais especificamente no debate entre formalistas e realistas. Como, no entanto, esse debate esmoreceu na década de 1940, o alcance do livro, tanto cronológico quanto temático, é mais curto do que o título dá a entender. Grande parte do livro é dedicada ao realismo jurídico. Este, mesmo concebido da maneira abrangente segundo a qual Horwitz o concebe, não passa de um dos fios da intrincada tapeçaria que é a história jurídica dos Estados Unidos, e apenas uns poucos professores de direito o considerarão crucial. Em todo caso, o livro versa essencialmente sobre aquilo que os professores disseram (ou juízes, quando escrevem fora do exercício de sua função, isto é, como professores). As doutrinas dos juízes ocupam o segundo plano, enquanto o funcionamento do direito não ocupa plano algum. Em vez de conceber o "direito" como uma forma de controle social diferente da ética, por um lado, e da política, por outro; como as pessoas ou organizações que compõem o sistema jurídico; ou, pura e simplesmente, como o corpo de regras jurídicas (sendo que esta última é a concepção de direito implícita no primeiro livro); Horwitz acaba pensando o direito em um quarto sentido: como o discurso dos professores de direito e dos juristas. O verdadeiro tema do livro é "o pensamento jurídico americano como campo de estudos coeso e separado da história da Constituição" (p. 273).

Não é minha intenção dar uma ideia exagerada da ruptura entre os dois livros de Horwitz. No primeiro, realistas endiabrados como Lemuel Shaw transformam-se, depois de 1850, em formalistas sóbrios. No segundo, garotos endiabrados como Jerome Frank e Karl Llewellyn atazanam a vida destes, até se transformarem, eles mesmos, em formalistas sóbrios. Ainda assim, os dois livros são bem diferentes; e quero, primeiramente, descobrir se as críticas principais do primeiro aplicam-se ao segundo. Cabe aos especialistas avaliar se Horwitz ainda é, mais uma vez, descuidado com as fontes históricas. Tenho, entretanto, um comentário a fazer sobre essa questão, a partir de sua análise do contrato na visão Holmes. Horwitz aponta "três frases" do mais famoso ensaio de

Holmes, "tão influentes quanto qualquer outra escrita [por Holmes]" (p. 38). São estas, "É sempre possível sugerir uma condição em um contrato. Mas por que o fazemos? Ora, por causa de uma certa crença com respeito às práticas da comunidade ou de uma classe, uma certa opinião concernente ao interesse público ou, em suma, uma determinada atitude, de nossa parte, relativamente a uma questão impossível de ser medida quantitativamente com exatidão e, portanto, incapaz de fundamentar conclusões lógicas exatas."[10] A afirmação de que essas frases são tão influentes quanto *quaisquer* outras das frases de Holmes, o autor de "The life of the law has not been logic: it has been experience" e "The Fourteenth Amendment does not enact Mr. Herbert Spencer's Social Statics", é inconsequente, sobretudo na boca de alguém que se diz cético quanto a atribuições de causalidade. Mas é com a precisão de outra afirmação que estou preocupado. Segundo Horwitz, essas três frases marcam um "movimento revolucionário", que caracteriza uma "mudança de paradigma". Esta estabelece, no lugar de uma teoria do contrato fundada na vontade das partes, uma teoria do contrato como imposição de "uma determinada política às partes, a despeito de qualquer possível intenção" (p. 38). No entanto, a frase que precede as três citadas por Horwitz revela que Holmes não estava tratando do papel da intenção no direito contratual. A frase é a seguinte: "É possível dar uma forma lógica a qualquer conclusão." As frases que se seguem ilustram essa afirmação com o exemplo da "sugestão" de uma condição em um contrato, isto é, do uso da dedução para derivar a condição, quando, na verdade, acredita Holmes, a decisão de interpolar condições em um contrato reflete um julgamento baseado em alguma política pública. Esta, no entanto, poderia ser uma política de execução de contratos em conformidade com a intenção das partes, na medida em que seja possível discerni-la, e, nos casos em que não for possível determinar essa intenção, em conformidade com uma inferência daquilo que as partes teriam acordado se tivessem negociado o ponto em disputa. Isso é bastante claro no que concerne à condição contratual mais importante – que o dever que uma das partes tem de cumprir o contrato está condicionado ao razoável cumprimento, pela outra parte, do lado do acordo que cabe a *esta*.

É verdade que, em outro ponto do ensaio, Holmes ressalta que o direito não parte do pressuposto de que um contrato seja um encontro literal de duas mentes. Os juízes não são capazes de entrar na mente das

---

10. "The Path of the Law", 10 *Harvard Law Review*, p. 466.

pessoas. Agem, portanto, a partir de sinais externos. Com isso não se nega, porém, que a função social dos contratos e do direito contratual seja facilitar os acordos (preenchendo-se, por vezes, uma brecha no contrato expressamente elaborado pelas partes, da forma como a corte acredita que as partes tê-la-iam preenchido caso tivessem pensado na questão quando fizeram o contrato), em vez de dizer às pessoas como devem conduzir sua vida. Isso não representa nem mesmo uma mudança no pensamento de Holmes. Muitos anos antes, este afirmara que a decisão sobre qual etapa do cumprimento de um contrato deve ser considerada como condição prévia para obrigar a outra parte, só pode ser tomada "tendo-se como referência os hábitos da comunidade e a conveniência (...). Nenhuma teoria geral é capaz de dar a resposta (...). Os fundamentos da decisão são puramente práticos e não podem ser retirados da gramática nem da lógica. Descobrir-se-á que a referência a considerações práticas perpassa todo o tema [das condições]"[11].

É verdade que há uma diferença entre procurar determinar, a qualquer custo, a intenção *destas* partes *neste* contrato e procurar desenvolver regras de direito contratual que, na maioria dos casos comuns, venham a minimizar os custos da celebração e execução de contratos. A primeira abordagem tem um ar kantiano ou de direito natural, enquanto a segunda cheira a utilitarismo ou economia. Um juiz que escolha a primeira abordagem pode recusar-se a fazer cumprir um contrato verbal, desconsiderando completamente as provas das intenções das partes, por acreditar que a exigência de um documento escrito reduziria, na maioria dos casos comuns, a probabilidade de que se faça uma avaliação errada das intenções inerentes ao contrato. O triunfo da segunda abordagem (a qual, de fato, é mais compatível com o pensamento de Holmes, embora não se expresse na passagem citada) pode ser considerado uma importante transformação na doutrina jurídica. Não representa, contudo, nenhuma transformação no pensamento de Holmes. O próximo passo nessa evolução poderia ser uma abordagem que buscasse a obtenção de resultados consideravelmente desejáveis, em vez de a facilitação do processo de transação voluntária – que buscasse, em suma, transcender a liberdade de celebrar contratos. Este é um passo que Holmes nunca deu, embora Horwitz diga o contrário.

Como prova da influência "avassaladora" das três frases, Horwitz apresenta dois artigos do esquecido Clarence Ashley. Horwitz diz que

---

11. *The Common Law*, pp. 337-8. As considerações práticas às quais Holmes se refere nessa passagem dizem respeito ao papel facilitador dos contratos e do direito contratual nas transações de mercado.

esses artigos atacam a liberdade de celebrar contratos e apresenta, entre outras, a seguinte citação, em defesa dessa afirmação: "Não parece haver nenhuma diferença (...) entre responsabilidade civil e responsabilidade contratual" (p. 39)[12]. É preciso ter com as elipses de Horwitz[13]. As palavras faltantes entre "diferença" e "entre" são "nesse caso". A ideia de Ashley é apenas que, uma vez tendo ambas as partes concordado expressamente em se verem obrigadas por um contrato, a lei determina as consequências jurídicas. "O direito da responsabilidade civil vincula a certas ações uma obrigação, a saber, a de pagar indenização por perdas e danos. O direito contratual, por sua vez, vincula a certas ações, diferentes daquelas, uma obrigação: o contrato." Isso é genuinamente holmesiano, mas não é revolucionário.

A segunda grande crítica ao primeiro livro – que a ignorância de Horwitz em matéria de economia o leva a atribuir objetivos redistributivos a conceitos que podem ter sido, com igual probabilidade, fundamentados em considerações de eficiência – é menos aplicável ao segundo, porque neste o autor se mostra menos interessado em explicações econômicas para as transformações intelectuais. Essas explicações, porém, surgem ocasionalmente, sobretudo quando o assunto é as grandes empresas. Horwitz subscreve, complacentemente, a tese de que os executivos (ele usa a palavra repetidas vezes) e diretores "oligárquicos" exploram os acionistas e os consumidores, bem como a de que os estados competem entre si, buscando oferecer princípios de direito societário que facilitem essa exploração. Essa competição, qualificada de "infame 'corrida para baixo'" (p. 84), é tema de uma vasta bibliografia acadêmica, aparentemente ignorada por Horwitz[14]. Seu mais grave erro econômico está em supor que a utilização de um critério de fixação de tarifas para empresas de serviços públicos baseado no custo de reprodução, e não no custo histórico, crie monopólios inesperados. A fixação de preços competitivos baseia-se nos custos correntes e não nos custos irrecuperáveis (*sunk costs*); de modo que, se uma empresa de serviços públicos planeja substituir sua fábrica, o custo que deve refletir em suas tari-

---

12. Citando Clarence D. Ashley, "Mutual Assent in Contract", 3 *Columbia Law Review* 71, 78 (1903).

13. Para um exemplo semelhante, no primeiro livro, ver Simpson, nota 4 acima, p. 591.

14. Ver, por exemplo, Ralph K. Winter, Jr., "State Law, Shareholder Protection, and the Theory of the Corporation", 6 *Journal of Legal Studies* 251 (1977); Roberta Romano, "Law as a Product: Some Pieces of the Incorporation Puzzle", 1 *Journal of Law, Economics, and Organization* 225 (1985); Romano, "The State Competition Debate in Corporate Law", 8 *Cardozo Law Review* 709 (1987); Lucian Arye Bebchuk, "Federalism and the Corporation: The Desirable Limits on State Competition in Corporate Law", 105 *Harvard Law Review* 1435 (1992).

fas é o de reposição, pressupondo-se que o processo de fixação de tarifas busque estimular a fixação de preços competitivos. O erro, em si, é secundário. No entanto, ilustra algo importante: as pessoas que não entendem de economia exageram o caráter monopolítico e exploratório dos mercados não regulados. Um sentimento de que o capitalismo é um enorme jogo de fraudes e que o principal objetivo da iniciativa privada é calotear os trabalhadores, os consumidores, entre outras pessoas vulneráveis, permeia todo o livro e inspira, por exemplo, o aplauso incondicional de Horwitz a qualquer tipo de ataque progressista à iniciativa privada. Esse sentimento, no entanto, raramente se materializa em uma afirmação invalidável sobre as consequências econômicas de uma doutrina jurídica.

A tese principal do livro é que, em todas as gerações, desde, pelos menos, 1850, os juristas de mentalidade convencional, adeptos de uma metodologia conservadora e que compõem o *establishment* jurídico, criaram um sistema de conceitos jurídicos rígido, lógico, autossuficiente e convenientemente profissional ou "científico", a partir do qual decisões específicas podem-se derivar por dedução, poupando-se o jurista de um inconveniente encontro com a realidade complexa. Embora esses conceitos sejam, na verdade, justificações superficiais repletas de contradições internas, posto que gerados por anseios políticos e psicológicos intelectualmente incoerentes, as contradições não são percebidas logo de início. Com o tempo, porém, as transformações sociais acabam corroendo a frágil estrutura conceitual, abrindo caminho para que surjam alguns poucos pensadores ousados, que desvelam as contradições fundamentais e precipitam, assim, "uma crise de legitimidade", temporariamente resolvida quando os antigos conceitualistas fazem as pazes com os insurgentes e um novo conjunto de conceitualismos é concebido. Passado certo tempo, contudo, as contradições fundamentais reaparecem e irrompe uma nova crise de legitimidade. "Cada geração continua a se esconder desesperadamente atrás de universalismos anti-históricos e abstratos, para negar as próprias escolhas políticas e morais até para si mesma" (p. 272). Em contraposição ao universalismo anti-histórico e abstrato da "liberdade de celebrar contratos", de que se valiam os juízes conservadores da virada do século para invalidar restrições à livre iniciativa (como em *Lochner*), os progressistas adotaram a "autocontenção judicial", a qual os impediu, mais tarde, de apoiar a decisão do caso *Brown*. Assim, o grande jurista progressista Learned Hand, já idoso, denunciava o caso *Brown* como uma afronta à autocontenção (assim como, conforme vimos no Capítulo 1, Herbert Wechsler, outro progressista). Os progressistas que celebraram o poder discricionário do governo quando este foi exercido pelo Conselho Nacional de Relações de Trabalho durante o *New Deal* tiveram de passar pela situação vexatória de vê-lo celebrado com igual vigor pelos conselhos macartistas, após a Segunda Guerra Mundial; enquanto os progressistas que optaram pela ponderação do valor de direitos em conflito como antídoto para os jogos formalistas de classificação, ficaram chocados ao descobrir que a metáfora da ponderação prestava-se perfeitamente à justificação de restrições à liberdade de expressão. Para Horwitz, a única maneira de quebrar o círculo vicioso das abstrações infrutíferas e reificadas é reconhecer que o direito é um instrumento da política e não uma estrutura conceitual autoperfectível e autônoma. A decisão do caso *Lochner* estava errada porque um limite máximo para a jornada de trabalho é uma coisa boa; e a do caso *Brown* estava certa porque a segregação nas escolas públicas é uma coisa ruim.

Se, porém, cada geração – de esquerda ou direita – sucumbe ao canto de sereia da abstração, ao mesmo tempo é difícil delinear um sinal político definido para esse vício, que está mais para uma deficiência cognitiva ou psicológica. É, portanto, na esfera do cognitivo e do psicológico, e não na do político e do científico-social, que devemos buscar indícios do pensamento "crítico", o pensamento de Holmes e dos progressistas, dos realistas jurídicos e, na atualidade, aquele dos adeptos dos estudos jurídicos críticos, mencionados de passagem, na conclusão, como herdeiros dos realistas. Horwitz, no entanto, vacila entre a visão do historiador antiquado, segundo a qual as ideias caem de maduras (Holmes abandona a liberdade de celebrar contratos, conforme Horwitz equivocadamente supõe que ele tenha abandonado, porque seus olhos se abriram), e a visão de que as pessoas subscrevem determinadas ideias por causa de alguma idiossincrasia psicológica pessoal. Na longa nota de rodapé com que fecha o capítulo sobre Holmes (pp. 142-3 n.), Horwitz nos conta que, depois de haver terminado a redação do capítulo, no qual atribui a suposta transformação intelectual de Holmes à "ruptura fundamental [do pragmatismo] com as categorias de pensamento teológicas e doutrinais" (p. 142), descobriu as cartas de Holmes a *Lady* Castletown, com quem este havia (ou não havia) tido um caso, na década de 1890[15]. Havia *algo* entre eles, disso não resta dúvida. Holmes escreveu uma série de cartas de amor apaixonadas a ela, muitas destas enquanto escrevia "The Path of the Law". Com base nessas cartas, Horwitz afirma, na nota de rodapé: "Ora, devemos nos perguntar se, e em

---

15. Ver G. Edward White, *Justice Oliver Wendell Holmes: Law and the Inner Self*, pp. 230-52 (1993), para uma discussão detalhada, embora especulativa, do relacionamento deles.

que medida, deu-se ali a descoberta de algum amor profundo, outrora não correspondido, que provocou em Holmes aquilo a que Freud chamava sentimento 'oceânico', induzindo-o a transcender suas categorias de pensamento prévias."

Horwitz elege Jerome Frank e Karl Llewellyn os fundadores do realismo jurídico. No livro de Frank, *Law and the Modern Mind* [O direito e o pensamento moderno] (escrito, conta-se, "no meio da própria psicanálise [de Frank]"), diagnostica-se o formalismo como produto de um desenvolvimento retardado, de um "anseio infantil" por um "pai-juiz infalível" (citado na p. 177). Frank caracteriza Holmes como "jurista plenamente adulto", por ter superado esse anseio e, desse modo, "se livrado da necessidade de um pai rígido" (p. 178). Quanto a Llewellyn, que se autoproclamava um rebelde, estranho e inconformado, Horwitz nos remete a seus três casamentos e ao seu alcoolismo como provas de que ele era "uma alma conflituada" (p. 186). Acrescenta, ainda, que Llewellyn e Frank "parecem ter alimentado reciprocamente a volatilidade emocional, o exibicionismo e a rebeldia que os caracterizava" (p. 187).

Horwitz está correto em perceber uma eterna tensão entre a concepção do direito como um conjunto de conceitos objetivos, autônomos e politicamente neutros, dos quais se podem derivar, pelos métodos da lógica, decisões de casos específicos, e a concepção do direito como um instrumento prático de governo, a ser avaliado por suas consequências. Mas equivoca-se ao pensar que a primeira dessas concepções é propriedade de um partido ou de uma escola. Quando Jerome Frank, alguns anos depois de escrever *Law and the Modern Mind*, tornou-se juiz do tribunal recursal federal, sua rebeldia se esgotou. As decisões dele distinguiam-se das de seus colegas sobretudo por serem recheadas de citações de casos. Llewellyn acabou redigindo o Código Comercial Uniforme e celebrando os juízes dos tribunais recursais estaduais. Entre outros realistas jurídicos famosos, Thurman Arnold, depois de ridicularizar as leis antitruste, tornou-se um enérgico arrasa-trustes e, tempos depois, fundou um escritório de advocacia em Washington. William Douglas, por sua vez, até se cansar de exercer o cargo de juiz da Suprema Corte, redigiu votos bastante convencionais. Frank, Llewellyn e Arnold tornaram-se figuras convencionais, juntamente com Learned Hand, Felix Frankfurter, Henry Hart, Herbert Wechsler e outros, que, no passado, tinham-se irritado com o formalismo. Apenas Douglas conservou sua rebeldia de rapaz durão.

Da mesma forma, a primeira geração de criticistas, herdeiros autoproclamados dos realistas jurídicos, também está sendo cooptada pelo *establishment* jurídico. Muitos dos antigos criticistas estão confortavelmente instalados em empregos estáveis nas principais faculdades de direito. Um deles é decano de uma dessas faculdades (Paul Brest, em Stanford). Mesmo em plena juventude, os realistas, e sobretudo os criticistas, tinham, na realidade, apenas trocado um esquema de abstrações reificadas (propriedade e contrato) por outro (igualdade, emancipação, socialismo e democracia), igualmente irrefletido. Uma dessas abstrações, que Horwitz entoa com um gosto evidente, é que toda ação privada é uma delegação de poder público a indivíduos particulares[16]; logo, estes são, na prática, funcionários públicos, de modo que a instituição de um imposto de renda geral não passa de um corte na folha de pagamento do governo (pp. 163-4). Quando como batatas fritas, na verdade estou comendo as batatas fritas do Estado, com a permissão deste, uma vez que é o Estado que criou, reconhe e protege meu direito de propriedade sobre as batatas. Esta é uma resposta válida a alguém que postule um conceito metafísico de privatividade. Mas a ideia de que tudo é *realmente* público é tão metafísica e antipragmática quanto a ideia de que exista *realmente* uma esfera de ação puramente privada. Nem mesmo a precedência do estado sobre a propriedade e os contratos é verdadeira[17].

Horwitz não entende que a tensão entre formalismo e realismo é criativa. Essa incapacidade de compreensão está ligada a sua hostilidade à ciência, que também o leva a rechaçar o ramo do realismo jurídico que buscava (sem sucesso, é claro) aplicar ao direito os métodos da sociologia. Para ele, a importância do realismo está em seu "relativismo cognitivo", isto é, seu ceticismo diante das estruturas de pensamento estabelecidas. Horwitz elogia Jerome Frank por ter "maus modos" e "mau gosto", qualidades vistas como contribuições à "política cultural" (p. 177). As imagens de destruição encantam; "desintegração" é uma de suas palavras favoritas. A sede de abstração, generalização e sistematização das doutrinas jurídicas na segunda metade do século XIX "plantou definitivamente as sementes de sua própria destruição", porque "simplesmente expôs contradições que as antigas estruturas compartimentalizadas haviam conseguido conter com sucesso" (p. 15). A palavra "simplesmente" sugere que Horwitz não compreende a função da abstração, da generalização e da sistematização na revelação de anoma-

---

16. Uma invenção de Robert Hale, o realista jurídico favorito dos "criticistas". Ver Robert L. Hale, "Coercion and Distribution in a Supposedly Non-Coercive State", 38 *Political Science Quarterly* 470 (1923); e também Neil Duxbury, "Robert Hale and the Economy of Legal Force", 53 *Modern Law Review* 421, 439-44 (1990).

17. Ver meu livro *The Economics of Justice*, pt. 2 (1981), em que examino as doutrinas e instituições jurídicas das sociedades pré-políticas.

lias e na preparação do palco para novas revoluções intelectuais. Para ele, a ciência é platônica e, portanto, está aliada à religião. De nada vale, para Horwitz, a imagem falibilista de ciência apresentada por Karl Popper, cujas afinidades com o pragmatismo deveriam dar-lhe motivos para louvá-la. De nada vale, tampouco, o reconhecimento pragmático de que as regras, no sentido normativo e não no descritivo, são elementos úteis até para um sistema jurídico justo (de que não são *apenas* instrumentos de mistificação e opressão). Horwitz, embora se apresente como pragmatista (p. 271), não tem interesse em nada tão prático quanto um sistema jurídico. Está interessado, sim, naquilo que os intelectuais do direito dizem sobre o sistema jurídico.

O autor também não fala sobre o papel desempenhado pelos desajustes pessoais graves ou pelos choques psicológicos repentinos nos movimentos de revolta contra o formalismo. A especulação que faz acerca do efeito do possível romance com Lady Castletown sobre a extraordinária mudança de posição anunciada em "The Path of the Law" afunda diante da ausência dessa mudança. Há diferenças de ênfase entre *The Common Law* e "The Path of the Law", mas estas têm a ver principalmente com o fato de que os dois trabalhos têm alcances distintos e foram escritos em épocas diferentes. Além disso, a perspectiva de um estudioso acadêmico difere daquela de um juiz. Segundo Horwitz, só em 1894 Holmes percebe que "o direito é um produto da luta de classes. Entre o Estado e o indivíduo, não há nada" (p. 130). No entanto, duas *décadas* antes, Holmes afirmara que

> a luta pela vida (...) não para, na escala ascendente, com os macacos, mas é igualmente a lei da existência humana (...). E isso é verdade tanto para as leis, quanto para qualquer outra forma de ação corporativa. Tudo o que se pode esperar dos avanços modernos é que a legislação modifique-se fácil e rapidamente, embora não tão rapidamente, de acordo com o poder supremo *de facto* na comunidade (...). Os interesses mais poderosos devem refletir-se, tanto quanto possível, na legislação; a qual, como qualquer outra ferramenta humana ou animal, deve tender, no longo prazo, a ajudar os mais aptos a sobreviverem.[18]

A coerência do pensamento de Holmes é mais notável que seus rodeios.

Porém, mesmo que eu esteja errado sobre essa coerência, ainda assim os psicologismos de Horwitz são inaceitáveis, dado seu amadorismo ir-

---

18. Holmes, "The Gas-Stokers' Strike", 7 *American Law Review* 582, 583 (1873).

responsável. Se existe algum conjunto de estudos de psicologia, de literatura de ficção ou de biografia, seja no campo psicológico ou não, capaz de prever que um caso de amor de meia-idade levará uma pessoa a jogar fora todo o seu sistema de pensamento, Horwitz tem de citá-lo. A ideia não é, de modo algum, intuitiva, e o autor não fornece ao leitor detalhes suficientes para torná-la plausível como interpretação de uma relação específica entre as pessoas envolvidas. Quanto a Frank e Llewellyn, garanto que seriam um prato cheio para um psiquiatra. Seus problemas psiquiátricos, no entanto, aparentemente não têm nada a ver com nenhum fator envolvido no relacionamento de Holmes com Lady Castletown. Qual é, então, o mínimo denominador comum psicológico que explica a convergência (como diria Horwitz) do pensamento desses três autores? Além disso, se tomássemos uma amostra mais ampla do movimento progressista-realista, duvido que encontrássemos nela uma parcela de esquisitões maior que aquela que encontraríamos em qualquer amostra aleatória de seres humanos. As maiores generalizações psicológicas de Horwitz – tais como: "o ideal de neutralidade é uma forma de negação: À medida que o nível de conflito na sociedade foi produzindo cada vez mais angústia, a vontade de acreditar em um oásis idealizado de neutralidade aumentou proporcionalmente" (p. 20) – são meras afirmações. Não só a linguagem de *Law and the Modern Mind* é freudiana, mas também a temática. Pelo que se sabe, Frank tomou ambas emprestadas de seu psicanalista. Não é preciso, contudo, ter um problema psicológico para defender uma teoria psicológica.

Horwitz faria melhor se buscasse explicar os padrões de pensamento jurídico que encontra na estrutura da profissão jurídica, que são algo diferente tanto da classe social dos clientes dos profissionais que a compõem quanto da psique desses profissionais. O suposto direito de um grupo de profissionais ao monopólio de um serviço, como o tratamento de doenças ou a gerência das leis, ganha força se se convence o público de que esses profissionais controlam um sistema de técnicas difíceis, especializadas e singulares. No caso do direito, estas consistem em operações de lógica e classificação, desempenhadas com a ajuda de conceitos que se querem capazes de gerar resultados exatos e objetivos. É difícil, para um profissional, virar o nariz às regras e práticas que são a fonte da autoestima e da força social de sua classe profissional. Daí que realistas como Frank e Llewellyn tenham sucumbido ao formalismo; daí que Fred Rodell, realista inflexível, tenha sido marginalizado. Daí, também, como vimos no Capítulo 1, o desconforto da elite profissional com a decisão do caso *Brown*.

Mesmo uma pessoa como Horwitz não consegue escapar da tentação do formalismo. A inseparabilidade do público e do privado é, para ele, um dogma, tanto quanto o é a separabilidade dessas duas esferas para os liberais clássicos. Ele parece incapaz, ademais, de vislumbrar uma alternativa ao formalismo jurídico[19], e essa falta de criatividade o prende em uma armadilha formalista. Para Horwitz, a totalidade do direito divide-se em formalismo e política, sendo que esta é vista como a arena do poder e da luta desorganizada. O espírito da "justiça popular" paira sobre o livro: livremo-nos dos juízes e dos advogados, deixemos que o populacho governe, julgue e puna. Mas não é isso um tipo de formalismo? Sabemos que os realistas, como reação a *Lochner*, conceberam, como um tipo de teste ideológico, a escolha democrática, expressa através da aprovação de determinadas leis, além da especialização, consolidada no processo administrativo. A crença irrefletida na sabedoria dos especialistas ou do "povo" anda de par com a crença irrefletida na sabedoria dos profissionais do direito, pois exime a pessoa da responsabilidade de tomar decisões em questões complicadas que envolvam o interesse público, justamente aquilo que o formalismo faz. Um dos motivos para duvidar de que a hostilidade ao lochnerismo signifique, necessariamente, hostilidade ao formalismo, é que o voto vencedor em *Lochner* não é formalista. No voto, busca-se um ponto de equilíbrio entre o interesse dos trabalhadores e empregadores na possibilidade de celebrar contratos de comum acordo e o interesse do estado na proteção da saúde pública. Considera-se que o primeiro desses interesses tem mais peso nas circunstâncias que envolvem o caso e registram-se, de passagem, os inúmeros casos nos quais a Corte decidiu que o ponto de equilíbrio pendia para o outro lado. Ao tratar o pensamento jurídico norte-americano como sinônimo do pensamento jurídico acadêmico, Horwitz exagera o caráter formalista das decisões judiciais. Antes de a Suprema Corte começar a se tornar conservadora na década de 1970, os juízes raramente fizeram da lógica um fetiche tão grande quanto os professores de direito fizeram; não tiveram o mesmo incentivo que estes para fazê-lo.

O populismo é apenas uma das interpretações da alternativa preferida de Horwitz ao formalismo jurídico. Outra é o esquerdismo. Quiçá as escolhas políticas e morais importantes sejam não as do povo, mas aquelas dos juízes. O erro estaria, então, nos critérios de seleção dos juízes e no acanhamento induzido pelo formalismo, que impede os bons

---

19. Cass R. Sunstein, "Where Politics Ends", *New Republic*, 3 de agosto de 1992, p. 38.

juízes de expressarem seus valores políticos e morais abertamente em suas decisões. A terceira possibilidade – que os juízes fariam melhor se aplicassem, no desempenho de suas tarefas, a liberdade de pensamento, a curiosidade, o fôlego intelectual, a criatividade, a disposição de mudar de opinião à luz de novas experiências, além da seriedade e da originalidade teórica e empírica que caracterizam os melhores cientistas sociais e naturais – não ocorreu a Horwitz.

Subordinado ao tema principal do livro (tediosamente irrelevante, na verdade), há um outro tema, mais bem documentado, menos conjectural e mais intimamente relacionado ao primeiro livro. Esse tema é a história da luta pela adaptação de teorias jurídicas a novas condições sociais e econômicas. Quando surge uma nova instituição, como a empresa, por exemplo, esta deve ser encaixada em categorias de análise jurídica preexistentes, através de um processo de analogia, alargamento ou redefinição. O processo de ajuste, ao alterar as categorias, pode alterar a interpretação de outras instituições. À primeira vista, pareceria natural a analogia de uma empresa com uma sociedade, com os acionistas como sócios. Mas conceder aos acionistas direitos de sócios, quando na verdade não passam, nem querem passar (nas grandes empresas, pelo menos), de investidores passivos, iria contra os propósitos dessa forma institucional. Uma empresa não é um experimento democrático ou solidário, mas um dispositivo de levantamento de capital. Aos poucos, os juízes perceberam isso e começaram a tratar a empresa como uma "entidade natural", à semelhança de um indivíduo. Comparada à analogia da sociedade, essa abordagem era mais condizente com a função econômica da empresa moderna. A empresa, entretanto, não é uma entidade natural. É uma entidade artificiosa, reconhecida e protegida pelo Estado. Este lhe garante muitos dos mesmos direitos dos indivíduos, mas o faz com propósitos instrumentais.

À medida que as pessoas começaram a compreender que a empresa, longe de ser uma entidade "natural" e portadora de direitos, recebera tais direitos por motivos instrumentais, começou a ocorrer-lhes que talvez até os *indivíduos* tivessem recebido do Estado seus direitos, particularmente os de propriedade, em vez de já terem nascido com estes. Nesse sentido, o empenho em dar à empresa um *status* jurídico seguro poderia abalar a crença, generalizada no século XIX, de que o direito de propriedade era um direito "natural", isto é, pré-político, no qual o Estado não pode interferir sem apresentar justificativas contundentes. Mas por que alguém deveria se importar em saber se os direitos são "naturais"? Esta é uma questão um tanto enigmática. Os direitos podem ser pré-políticos – ou até naturais, em algum sentido literal – e, ainda assim, alteráveis. Para ilustrar o sentido dos direitos, Holmes gostava de observar que os cães lutam por seu pedaço de osso. Ao situar suas raízes na natureza, não pretendia dar aos direitos motivo de lisonja. Da mesma forma, alguns direitos podem ser profundamente artificiosos e, ainda assim, demasiado preciosos ou simplesmente arraigados demais na cultura, para que se possa interferir neles. Para muitas pessoas, no entanto, a "natureza" tem força de lei, ao menos retoricamente. Os juízes reacionários, cientes de que uma concepção realista da empresa era a porta de entrada para o caminho que leva ao meu exemplo das batatas fritas, resistiam às ideias "modernas" acerca dessa instituição. Os pré-realistas jurídicos, por sua vez, abraçavam essas ideias pelos mesmos motivos. Este é o tipo de história que Horwitz sabe contar bem.

Não há nada que seja certo ou errado antes de assim o pensarmos[1].

capítulo 12

Pragmático ou utópico?

O princípio animador, perceptivelmente pragmático, do livro de Martha Minow[2] sobre o direito em suas relações com as pessoas tradicionalmente desfavorecidas, principalmente os deficientes físicos e mentais, mas também as mulheres e as minorias raciais, é a atitude de desconfiança diante de qualquer classificação; e sobretudo o tipo de classificação que traça uma rígida distinção entre "nós", os "normais", ou o critério de referência (na verdade, na maioria das vezes, apenas a média, a maioria ou a classe política, social e economicamente dominante), e alguma outra classe, aparentemente subnormal, anormal ou marginal de acordo com esse critério de referência. Branco e não branco, homem e mulher, deficientes e não deficientes físicos, normal e retardado, perfeito e aleijado, saudável e doente, são e louco, maioria e minoria, normal e transviado, até mesmo adulto e criança; essas dicotomias, por mais úteis que sejam à organização do caos formado por nossas percepções, circunscrevem-nas, limitando-as; e, ao limitá-las, pretendem justificar a insensibilidade e até a opressão no tratamento de pessoas diferentes do membro convencional da sociedade e desprovidas, parcial ou totalmente, de poder político ou econômico.

Essas dicotomias têm esse efeito em parte por parecerem diferenciações naturais, intrínsecas e inevitáveis, em vez de – como de fato são –

1. Hamlet para Rosencrantz, em *Hamlet*, Ato II, cena ii, ll. 251-252.
2. *Making All the Difference: Inclusion, Exclusion, and American Law* (1990).

construções sociais concebidas por conveniência, por praticidade ou até para facilitar a exploração. Obviamente, há diferenças tanto reais ("naturais", ou melhor, biológicas) quanto meramente sociais entre brancos e negros, homens e mulheres, adultos e crianças, pessoas saudáveis e pessoas doentes, bem como entre indivíduos inteligentes e indivíduos retardados. Mas a importância social dessas diferenças biológicas é determinada pela sociedade e não pela natureza. A deficiência física tem significados diferentes em uma sociedade onde existam escadas e em outra, onde estas não existam. Analogamente, a concessão de direitos e deveres legais segundo diferenças biológicas é um ato social e não um imperativo da natureza. É, portanto, contestável e modificável, embora não facilmente. A dificuldade se dá, em parte, porque aquilo que é familiar parece natural e aquilo que é natural parece imutável; de modo que não podemos ceder à complacência. Isso, por sua vez, só é possível se adquirirmos autocrítica e multiplicarmos nossos ceticismos, bem como nossas perspectivas e empatias.

Tudo isso é verdadeiro e importante. Além disso, ainda sofre tanta resistência, que vale a pena reafirmar. Esta é uma lição que vale a pena ser ressaltada, especialmente, aos juristas, pois o raciocínio jurídico é um reduto de classificações dicotômicas que simplificam a realidade e confundem uma opinião pública local, transitória e às vezes desinformada, com a realidade de caráter mais duradouro e até mesmo metafísico. É, contudo, uma lição mais de advertência que de interpretação, quer seja expressa na versão dos filósofos pragmáticos norte-americanos, quer naquela das feministas, para quem não basta que o direito trate as mulheres como se fossem homens, recusando-se, portanto, como a Suprema Corte já recusou, a considerar a gravidez como uma deficiência, pela qual um empregador que ofereça um plano de saúde a seus empregados deve pagar[3]. Ambas as versões são apresentadas no livro de Minow.

Na concepção popular, o pragmático é um fazedor, um solucionador de problemas. Mas o *filósofo* pragmatista é um demolidor de entes metafísicos e ocultos em geral, de fundamentos filosóficos, como o de realidade e idealidade, bem como de conceitos essencialistas, como o conceito de natural. As teóricas do feminismo, aproveitando a deixa, em parte, desses filósofos, apresentam-se como demolidoras das ideias tradicionais sobre o papel adequado da mulher, não raro consideradas naturais e imutáveis por seus defensores. O grande desafio é pôr algo no lugar das insossas dicotomias que Minow, empunhando as armas do pensamento pragmático e do feminista, derruba com eficácia. O livro,

---

3. *General Electric Co. vs. Gilbert*, 429 U.S. 125 (1976).

porém, não está à altura desse desafio, pois sua abordagem é do tipo "por um lado... por outro lado". Por um lado, obrigar um filho de imigrantes a falar inglês desde seu primeiro dia de aula em um colégio público constitui exemplo de uma norma irrefletida de domínio da língua inglesa. Por outro lado, a educação bilíngue pode impedir a criança estrangeira de desenvolver a proficiência linguística, que, afinal de contas, é essencial em uma nação de língua inglesa. Por um lado, segregar as crianças surdas através da criação de turmas especiais implica classificá-las e, portanto, rotulá-las de anormais. Por outro lado, ignorar sua "diferença" e colocá-las nas mesmas turmas das crianças dotadas de audição normal, dificulta, ou até impossibilita, seu processo de apredizado. Por um lado, a ação afirmativa estigmatiza de incapazes as minorias. Por outro lado, uma postura "racialmente neutra" por parte do Estado pode deixá-las em posição de desvantagem na sociedade. As diferenças no tratamento dado pela sociedade a estrangeiros e nativos, surdos e não surdos e brancos e não brancos, não estão gravadas no livro da natureza. Mas a tentativa de erradicá-las pode prejudicar o grupo em desvantagem, em vez de ajudá-lo, ou então pode impor custos inaceitáveis.

O que fazer então? Minow reluta em dizê-lo. Limita-se, de modo geral, a apontar dilemas, apresentar problemas e conclamar os leitores a deixarem de lado seus preconceitos, transcender dicotomias estéreis e raciocinar em conjunto com ela. A hesitação dela em tomar partido em questões sociais difíceis é compreensível. Apesar de dar ao livro um ar de indecisão, é melhor que fazer escolhas imprudentes com base em fatos incongruentes. A cautela jurídica de Minow ("inata", sinto-me tentado a dizer) revigora-se a partir da consciência que a autora tem dos altos e baixos da história das reformas sociais. O movimento pelos tribunais de menores, embora pretendesse poupar as crianças da crueldade e da humilhação das penas impostas aos adultos, colocando seu destino nas mãos de especialistas, na verdade apenas negou-lhes seus direitos processuais. A fixação de um salário mínimo e de uma jornada de trabalho máxima para as mulheres, bem como a proibição de que executassem trabalhos perigosos, pode ter tido como intenção proteger a saúde e o bem-estar delas, e sem dúvida o fez em certa medida. Mas também reduziu suas oportunidades de emprego e fomentou a visão de que o lugar apropriado da mulher é em casa ou em empregos tradicionalmente femininos, como o de professora ou enfermeira.

Minow faz algumas propostas concretas, mas os resultados dessas incursões na esfera prática não são nada animadores. Sobre as crianças surdas, por exemplo, a autora sugere, com a maior seriedade, que essas crianças sejam colocadas na mesma turma que as normais, devendo a aula ser ministrada em linguagem de sinais. A proposta se encaixa perfeitamente no universo conceitual dela, visto que, invertendo nossa tendência "natural" a tomar por norma os não surdos, faz dos surdos a norma. No entanto, pelo menos na forma sucinta em que o livro a apresenta, a proposta não é convincente; não passa de um artifício. Antes de se poder ministrar a aula em linguagem de sinais, seria preciso ensinar as crianças tanto a compreender quanto a comunicar-se através dessa linguagem. Um longo curso seria necessário. Isso implicaria uma redução do tempo gasto com temas de maior utilidade para as crianças e despertaria a indignação dos pais diante daquilo que muitos destes considerariam uma experimentação irresponsável com a educação de seus filhos. Minow não informa ao leitor se, uma vez tendo as crianças aprendido a linguagem de sinais, as aulas seriam ministradas em linguagem de sinais em todas as turmas nas quais uma criança surda estivesse matriculada, em algumas destas ou em apenas uma; nem por quanto tempo o programa de ensino seria mantido. Além disso, haveria também um ensino semelhante de braile, de como operar uma cadeira de rodas e da dialética dos negros dos bairros pobres do centro?

O interesse de um pragmatista está nas consequências das propostas de reforma, e uma delas é o custo financeiro. Minow não examina os custos do tratamento do excepcional como normal por parte de uma escola nem do tratamento da gravidez ou da participação ativa na criação dos filhos como a condição normal de um trabalhador, à qual o mercado de trabalho deve se adaptar, mediante generosas licenças de maternidade e paternidade, horários flexíveis e creche "gratuita". Essas adaptações são dispendiosas. Portanto, é importante, sobretudo para uma pragmatista como Minow, que é também uma igualitarista, considerar quem pagará por elas, coisa que a autora não faz. Quem pagará será, essencialmente, os trabalhadores. O salário destes diminuirá, porque o custo do trabalhador aumentará se os empregadores tiverem de pagar pelas licenças de maternidade e paternidade, pela creche e pela flexibilidade de horário. Os consumidores, a quem os empregadores repassarão uma parcela dos custos adicionais sob a forma de preços mais altos, também sofrerão, e os pobres mais que os ricos. Um aumento dos preços é como uma elevação da carga tributária sobre o consumo, a qual, exceto quando restrita aos bens de luxo, prejudica aqueles com renda menor. Uma redução dos salários tem consequências distributivas semelhantes e será sentida com maior intensidade pelas donas de casa casadas com trabalhadores assalariados, bem como pelas mulheres sem filhos, casadas ou solteiras, pois esses grupos não usufruirão dos benefícios de gravidez e maternidade que os empregadores serão obrigados a fornecer⁴. O livro praticamente não leva em conta a perspectiva daqueles que não têm filhos, bem como a das esposas, dos contribuintes e dos consumidores. A capacidade de empatia de Minow é deficiente.

A autora revela eloquência quanto ao dilema do bebê que nasce com uma grave deficiência física ou mental. Os entusiastas do "direito à vida" querem salvar o bebê, custe o que custar, independentemente da qualidade de vida que a criança poderá ter caso sobreviva. Os entusiastas da "qualidade de vida", por sua vez, querem deixar o bebê morrer, já que é improvável que este seja capaz de levar uma vida humana normal. Minow alinha-se com os defensores do direito à vida e relega a uma nota de rodapé a consequente tensão disso com o direito ao aborto, que ela também apoia. Mas a verdadeira esperança dela está na possibilidade de transcender o dilema do bebê deficiente, deixando todo mundo feliz. Seguindo essa linha, a autora apresenta o caso (verídico) de uma criança nascida com síndrome de Down, uma criança que, no passado, teria sido classificada, cruel e equivocadamente, como um "idiota mongoloide". Uma das características frequentemente apresentadas pelos portadores dessa síndrome é um grave defeito no coração, hoje remediável mediante cirurgia. No caso analisado por Minow, os pais da criança recusaram-se a autorizar a cirurgia. Para eles, era melhor que a criança não vivesse. Um casal que prestava serviços voluntários na instituição onde a criança morava enquanto seu futuro era decidido, desenvolveu uma grande afeição por ela e resolveu brigar com os pais na justiça pela guarda da criança. Tornaram-se, então, na prática, seus pais; pois aos pais naturais só foi concedido o direito a visitas esporádicas. A cirurgia foi feita e a criança, hoje adolescente, está bem. Esse desfecho à la Cinderela⁵ é suficiente para convencer Minow de que a sociedade é capaz de resolver o dilema da diferença sem ter de tomar partido de nenhum dos lados. Mas este é um caso fácil: os pais, na prática, abandonaram a criança, e o estado, acertadamente, transferiu os direi-

---

4. O efeito da regulamentação estatal das relações de trabalho sobre os trabalhadores é analisado mais profundamente no próximo capítulo.

5. O qual, entretanto, Minow exagera. As perspectivas de uma criança com síndrome de Down não são animadoras. Dentre as crianças com anomalias congênitas no coração, como aquela do exemplo de Minow, apenas metade sobrevive até os 30 anos de idade. Patricia A. Baird e Adele D. Sadovnick, "Life Expectancy in Down Syndrome", 110 *Journal of Pediatrics* 849 (1987); Richard K. Eyman, Thomas L. Call e James F. White, "Life Expectancy of Persons with Down Syndrome", 95 *American Journal of Mental Retardation* 603, 610 (1991). Quanto àquelas que efetivamente conseguem chegar à idade adulta, há uma grande probabilidade de que sejam acometidas pelo mal de Alzheimer depois dos trinta ou dos quarenta. Marlis Tolksdorf e H.-R. Wiedemann, "Clinical Aspects of Down's Syndrome from Infancy to Adult Life", em *Trisomy 21: An International Symposium* 3, 23-28 (G. R. Burgio et al. [orgs.], 1981). Minow não cita a bibliografia médica sobre a síndrome de Down.

tos de paternidade e maternidade a um casal otimista quanto ao futuro dela. Minow faz com que um caso fácil pareça difícil, para que os casos difíceis pareçam solucionáveis.

Aqueles que acreditam que a "realidade" é construída e não dada, tendem a esquecer que nem toda construção social é arbitrária. Esta é uma tendência que se evidencia no livro de Minow, às vezes de forma cômica, como quando ela se espanta com o casal que realizou um funeral completo para o camundongo de estimação de seu filho, enquanto, ao mesmo tempo, espalhava ratoeiras pela casa para capturar os colegas selvagens do ratinho. Também deve tê-la deixado perplexa o fato de a nação ter lamentado a morte de Lincoln, mas não a de seu assassino. Minow cita, em tom de aprovação, a afirmação de um sociólogo, para quem "os grupos sociais criam os desvios de conduta, ao criarem regras cuja violação constitui desvio de conduta" (p. 174), como se o assassino fosse um subproduto do direito penal, o que, de certo modo, é verdade, mas não num sentido prático. A autora menciona "os idosos que sofrem daquilo que se costuma chamar de senilidade" (p. 127), como se a senilidade não passasse de um epíteto. Descreve também os retardados mentais como pessoas meramente "atrasadas em seu progresso no caminho de desenvolvimento trilhado por todo ser humano" (p. 134), como se, com tempo e paciência, cada um de nós pudesse se tornar um Einstein. Em outros trechos, no entanto, Minow afirma a existência de diferenças reais de capacidade mental[6].

Deveria parecer ainda mais óbvia a existência de diferenças reais de capacidade física. Para Minow, contudo, as pessoas fisicamente normais o são apenas "temporariamente" (em certo sentido, isso é verdade, já que um dia acabarão morrendo e provavelmente se tornarão deficientes bem antes disso); e, além disso, ela toma ao pé da letra – precipitadamente, a meu ver – a resposta dada por uma pessoa gravemente paralítica à pergunta sobre qual a primeira coisa que faria se pudesse sair da cadeira de rodas: "Voltar a ela imediatamente" (p. 155)[7]. A autora gosta de fábulas, mas se esqueceu daquela sobre a raposa sem rabo, uma fábula cuja moral, hoje em dia, é chamada de dissonância cognitiva. Minow busca tanto minimizar as diferenças entre os indivíduos normais e os deficientes físicos, para que aqueles não tratem estes com desprezo,

---

6. Portadores de síndrome de Down não conseguem se igualar às pessoas normais, eles pioram com a idade, conforme observado na nota anterior.

7. Cf. Felicity Barringer, "Pride in a Soundless World: Deaf Oppose a Hearing Aid", *New York Times*, 16 de maio de 1993, p. 1, onde se atribui aos "principais defensores dos direitos dos surdos" a visão de que é "uma brutalidade" inserir um implante intra-auricular em uma criança surda, "apenas para subtrair-lhe seu direito nato ao silêncio".

quanto maximizar a simpatia dos indivíduos normais pelos deficientes (o que exige, no entanto, que aqueles mantenham viva a percepção das diferenças reais que se constituem como uma grande desvantagem para estes).

A rejeição da "visão de que os deficientes são desprovidos, e carecem, de algo que as pessoas normais possuem" (p. 155 n. 25) implica que devemos parar de gastar dinheiro com a cura de problemas como fenda palatina, lábio leporino, pé torto, lesões na coluna, nanismo, entre outras fontes de paralisia, uma vez que os indivíduos acometidos por esses fenômenos não estão afetados por nenhuma doença, são apenas diferentes. É improvável que Minow realmente pense assim. Isso, entretanto, revela que ela é pouco crítica em relação às próprias premissas. Há também algo de profundamente antipragmático no ato de estimular as pessoas a se contentarem com aquilo que têm ou são.

Seus fundamentos seriam mais sólidos se ela distinguisse entre duas situações: uma deficiência com a qual a pessoa nasce e que só pode ser curada muitos anos depois, quando atingida a maturidade; e uma deficiência que pode ser curada logo após seu surgimento, independentemente da fase da vida em que este se dê. (Os casos intermediários não representam um problema analiticamente diferente.) Na primeira situação (por exemplo, a de uma pessoa que nasceu cega e recupera a visão quando adulta), o indivíduo pode ter-se adaptado tanto à deficiência, que esta faça parte da identidade dele, de modo que a cura seria um tipo de morte. Mas é somente nessa situação incomum que faz sentido falar do deficiente como alguém meramente diferente.

Embora afirme que "as crianças podem, *tanto quanto os adultos*, participar do diálogo jurídico que se vale dos direitos para chamar a atenção da comunidade" (p. 308; grifo meu), Minow não pode estar falando sério, uma vez que reconhece, pouco antes, que o juiz talvez tenha de nomear não apenas um tutor legal, mas "vários representantes", para uma criança envolvida num litígio, de modo que "ofereça diferentes pontos de vista acerca dos interesses e direitos das crianças" (p. 306)[8]. As crianças não são capazes de se expressar claramente; é preciso que os adultos falem por elas. Isso é verdade. Mas falar dos "direitos" das crianças é tão equivocado quanto falar da participação destas no diálogo jurídico. A questão é quanto o direito deve proteger as crianças e por quais meios. A linguagem dos direitos pode ser, na verdade, prejudicial

---

8. A propensão do jurista a propor, com grande naturalidade, novas maneiras de tornar os processos jurídicos cada vez mais complexos, morosos e dispendiosos, bem ilustrada pela proposta dos vários tutores, é o tipo de coisa que faz o leigo arrepiar-se.

aos interesses das crianças. A preocupação de Minow é com a generalização do abuso sexual de crianças. No entanto, a insistência com que afirma os direitos das crianças, sua capacidade de escolha consciente e a igualdade delas em relação aos adultos, pode ser interpretada como sugestão de que a maioridade deveria ser drasticamente reduzida; e o efeito disso seria a descriminalização do abuso sexual infantil na maior parte dos casos. Em resposta a isso, Minow poderia afirmar que um indivíduo pode ser capaz de escolher conscientemente, mas ser indefeso, o que é verdade. Essa distinção, no entanto, é mais pertinente no caso do estupro infantil, o tipo de abuso mais comum.

Ao comentar a observação de Carol Gillingan de que as meninas e os meninos reagem de maneira diferente aos problemas éticos[9], Minow ao mesmo tempo afirma e nega que as mulheres sejam diferentes dos homens: "O estudo de Gilligan não prova a existência de diferenças inerentes, ou mesmo descritivas, entre homens e mulheres, ainda que proponha uma outra perspectiva, que se abre quando a pesquisadora inclui mulheres em seus estudos e constrói universos conceituais de análise a partir das declarações delas, em vez de julgá-las segundo universos conceituais erigidos em função dos homens" (p. 196 n. 84). Se aquilo que as mulheres dizem é reflexo de um aparato conceitual ou moral diferente daquele dos homens, então os homens são diferentes das mulheres. Outro exemplo de sua recaída no essencialismo é que, embora despreze a biologia como fonte de justificativa para políticas públicas, critica a expressão "mãe de aluguel", porque esta "esconde o fato de que se aplica à mãe biológica de fato", a mãe "de verdade" (p. 4 n. 5)[10].

Mas Minow é inteligente, honesta e esforçada. As falhas de seu livro – descuido de questões de custo e incidência (isto é, sobre quem paga), hesitação, autoengano, contradições derivadas de um desejo de ter duas coisas ao mesmo tempo, recaídas no pensamento essencialista e uma certa superficialidade disfarçada de sensatez – são mais sistêmicas que individuais. O sistema a que dizem respeito é o do direito acadêmico, o qual, como vimos ao discutirmos as obras de Ely, Strauss e Amar, no capítulo 6, não contém as respostas a questões sociais do tipo que desperta o interesse de Minow, nem os recursos necessários à produção de tais respostas.

9. Gilligan, *In a Different Voice: Psychological Theory and Women's Development* (1982).
10. A ambiguidade em torno do "natural" é comum no pensamento feminista. Nenhuma feminista aceitaria o argumento de que, sendo a expectativa de vida das mulheres hoje, em países ricos como os Estados Unidos, em média maior que a dos homens, deveria haver uma redistribuição dos recursos médicos, em benefício destes, para eliminar essa desigualdade "natural".

Minow não é uma jurista limitada. Possui vastos conhecimentos de filosofia, história, sociologia, entre outras áreas, e é versada no estudo acadêmico feminista. Não é, entretanto, uma especialista em retardamento mental, mercado de trabalho, deficientes físicos e finanças públicas. O envolvimento de Minow com o assunto efetivo de seu livro dá-se por intermédio de uma vasta bibliografia de segunda mão, na qual figuram historiadores, filósofos, professores de direito e outros estudiosos que, por sua vez, também não são especialistas em retardamento mental, mercados de trabalho, deficientes físicos ou finanças públicas. Os escritos da autora não se referem tanto aos problemas dos desfavorecidos, quanto aos autores que tratam desses problemas. Além disso, e este é um traço tristemente característico dos juristas norte-americanos, não demonstra interesse algum na experiência dos países estrangeiros com os mesmos problemas. A única exceção a isso é uma menção breve e laudatória às "respeitáveis atitudes diante do bilinguismo e até do multilinguismo em outros países" (p. 27 n. 22). Pergunte a um belga, um malaio, um canadense ou a um residente da ex-Iugoslávia, sobre as maravilhas de uma sociedade multilíngue. Faltam, no livro de Minow, dados e fatos essenciais sobre o tema tratado, tais como a quantidade existente de pessoas com graves deficiências físicas ou mentais, de que tipo são essas deficiências, quanto custa mitigá-las e sobre quem recairá esse custo. As abundantes citações de autores feministas e pós-modernistas, bem como de professores de direito e juízes, não preenchem essa lacuna. O livro não é uma análise do interesse público, mas um discurso sobre a análise do interesse público. Critica, com acerto, a abstração e as generalizações; mas é, em si mesmo, abstrato e generalizante.

O livro de Minow realça uma fraqueza não apenas do direito acadêmico, mas do pensamento social pragmático em geral. Na Introdução, afirmei que os pragmatistas tendem a ter uma atitude ambivalente em relação ao senso comum. Só não o desprezam porque, não raro, este carece de justificativas sistematizáveis, e a orientação para a prática os obriga a levá-lo a sério. Porém, justamente por terem consciência dessa carência de justificativas do senso comum, bem como da mutabilidade imprevisível deste, não o veneram e, na verdade, tendem até a questioná-lo. Quando o senso comum é visto com tanto ceticismo, que acaba por ser excluído do pragmatismo, este degringola em construtivismo social e até utopismo. O senso comum nos ensina que os deficientes são deficientes. Minow rejeita isso. Essa rejeição audaciosa é uma fonte de ideias criativas, mas também tem, como vimos, sua dose de ingenuidade e autoengano.

Embora ainda seja fraca, a voz do utopismo arrogante ganha cada vez mais força no coro cacofônico dos estudos jurídicos na contemporaneidade. Consideremos um artigo de Leonard Jaffee, astuciosamente intitulado "The Troubles with Law & Economics" [Problemas com a teoria econômica do direito][11]. O título é enganador porque, embora o artigo de fato contenha críticas à abordagem econômica do direito, estas são apenas um preâmbulo ao verdadeiro "objetivo" do artigo, que é a promoção do anarco-vegetarianismo. Para Jaffee, o capitalismo, simbolizado pela teoria econômica do direito, é a filosofia da ganância; enquanto o vegetarianismo é o antídoto para a ganância, cuja cura tornaria o Estado desnecessário.

É, de fato, provável que, se a raça humana se tornasse vegetariana, o custo total de sua alimentação, após os inevitáveis distúrbios de um período de transição, seria inferior ao verificado atualmente. Talvez os gastos com saúde também o fossem. Mas não se segue daí (este é um erro típico dos utopistas) que haveria menos ganância. Muitas coisas são hoje mais baratas do que antes (como o transporte, a comunicação, a luz e a audição de música, por exemplo) e nem por isso o índice de ganância diminuiu. Se o custo de um tipo de mercadoria ou serviço cai, isso libera recursos para a aquisição de outros produtos e serviços. A parcela do orçamento doméstico gasta com alimentação, por exemplo, é hoje inferior à metade daquela que se gastava no início do século XX[12]; muito embora a maioria de nós ainda seja onívora – e gananciosa. Há um argumento moral em favor do vegetarianismo, fundado na capacidade de sofrimento dos animais[13], mas Jaffee não o utiliza.

O utopista é um eterno desejador de sociedades mais simples. Jaffee faz a apologia dos índios americanos e dos pobres da China e acha que as finanças foram ruins para o caráter dos judeus alemães. É fortemente hostil à televisão, ao *fast food*, aos conservantes, à inseminação artificial, aos suplementos vitamínicos, aos pães não integrais e às mamadeiras. Na verdade, sua hostilidade estende-se ao Ocidente, visto como símbolo do progresso, da modernidade e da criada desta, a tecnologia. Para Jaffee, devemos nos adaptar ao meio ambiente em vez de transformá-lo para que sirva melhor a nossas necessidades, enquanto, ao mesmo tempo, as multiplicamos.

---

11. Leonard R. Jaffee, "The Troubles with Law & Economics", 20 *Hofstra Law Review* 777 (1992). Outro exemplo de estudo presunçosamente utopista é Robin West, "Law, Literature, and the Celebration of Authority", 83 *Northwestern University Law Review* 977 (1989).

12. Eva Jacobs e Stephanie Shipp, "How Family Spending Has Changed in the U.S.", *Monthly Labor Review*, março de 1990, pp. 20, 22 (tab. 2).

13. James Rachels, *Created from Animals: The Moral Implications of Darwinism*, pp. 211-2 (1990).

O autor critica até a invenção da roda e decerto rejeitaria o dito de Christopher Marlowe (em *The First Part of Tamburlaine the Great*) [A primeira parte de Tamburlaine, o Grande], um grande clichê da renascença: "A natureza (...) de fato nos ensina a todos que devemos ter aspirações." Jaffee afirma: "Voltemo-nos não à tradição europeia, mas à dos hunzas, dos georgianos tradicionais, dos índios andinos do Peru e do povo simples da China. A esses povos nada falta, visto que nada exigem."[14]

Todos sabemos quem são os georgianos, os peruanos e os chineses. Seria bom, no entanto, se Jaffee comentasse as guerras civis na Geórgia e no Peru e o rápido aburguesamento dos chineses. Mas quem são os hunzas? Jaffee poderia tê-los apresentado aos leitores, poucos dos quais, ouso dizer, ouviram falar deles. Os hunzas são habitantes de uma região montanhosa situada na região norte daquilo que hoje é o Paquistão[15]. Quando a região foi descoberta pelos ingleses, no final do século XIX, os hunzas viviam na miséria e sua dieta consistia basicamente de damascos. Porém, segundo os etnógrafos britânicos que os estudaram e que se encantaram com eles, eram um povo sereno, extraordinariamente saudável e livre da criminalidade e de problemas sociais; além disso, o tratamento dos homens e das mulheres era notavelmente igualitário[16]. A beleza da região e a vida bucólica de seu povo (tal como se apresentava aos etnógrafos e demais ocidentais) fizeram dela o modelo para a fictícia Xangri-lá. O idílio, contudo, não é perfeito. Os hunzas organizam-se segundo um sistema de castas e, antes da chegada dos ingleses, eram famosos como guerreiros, salteadores e comerciantes de escravos. Após a independência do Paquistão e sobretudo depois da construção de uma rodovia que ligava o Vale do Hunza ao resto do país, no final da década de 1970, a região começou a se modernizar. Instalações turísticas e comerciais começaram a surgir e, com a maior facilidade de acesso ao mundo externo, muitos hunzas encontraram empregos mais lucrativos fora da região. Acho que os hunzas que Jaffee deseja que imitemos não são *estes*.

A crítica mais comumente apresentada à política da nostalgia é que esta ignora os aspectos negativos dos bons e velhos tempos, como a po-

---

14. Jaffee, nota 11 acima, p. 912.
15. Hermann Kreutzmann, "Challenge and Response in the Karakoram: Socioeconomic Transformation in Hunza, Northern Areas, Pakistan", 13 *Mountain Research and Development* 19; Sabrina Michaud e Roland Michaud, "Trek to Lofty Hunza – and Beyond", 148 *National Geographic* 644 (1975); Timothy J. O'Leary, "Burusho Cultural Summary" (Human Relations Area Files, inédito, 1965); E. O. Lorimer, "The Burusho of Hunza", 12 *Antiquity* 5 (1938). A população do Hunza gira em torno de 30 mil habitantes.
16. Há semelhanças com a descrição da Islândia medieval dada por William Miller, analisada no Capítulo 14.

liomielite, a Inquisição, a Zona de Residência, o comércio de escravos, a peste bubônica, a exclusão dos negros e das mulheres de uma série de ocupações... a lista é interminável. Jaffee, procurando atenuar essa crítica, situa sua época de ouro *bem* mais no passado: não nos anos de 1950, nem no século XIX, nem mesmo na China medieval, na civilização bizantina ou na República de Roma, mas, conforme sua menção aos hunzas dá a entender, na Idade da Pedra[17]. Nem mesmo Heidegger quis ir até muito além de Sócrates. Ademais, os hunzas rapidamente abraçaram a modernidade, quando a oportunidade chegou até eles através da rodovia. Eram vegetarianos apenas porque não tinham condições de obter carne, pacíficos apenas porque os ingleses os tinham pacificado e igualitaristas apenas por serem pobres.

A ideia básica de Jaffee – a limitação das necessidades, e não o aumento da produção, como forma de lidar com a escassez – tem seu próprio atestado de origem, que remonta a Epicuro. Jaffee, portanto, tem bastante companhia. Infelizmente, porém, não sugere nenhum caminho a percorrer desde nossa situação até a Idade da Pedra. Sua imaginação vai longe demais. Há mais de cinco bilhões de pessoas no mundo, cuja felicidade e até sobrevivência dependem da tecnologia moderna, da divisão do trabalho, da existência de governos e até da ciência econômica.

Jaffee espera que a solução dos problemas sociais venha através da transformação do espírito humano e não das instituições[18]. Porta-se como um pregador, um profeta. O povo americano, pela leitura da primeira parte de seu artigo, deve abandonar o direito, a economia e o capitalismo de forma geral; enquanto, na segunda parte, deve encontrar inspiração para transformar sua vida (parar de comer carne, de se vacinar, de frequentar *fast foods* e de assistir à televisão). A pretensão de ser um chamado eficaz à ação é um dos traços menos realistas do artigo de Jaffee.

Apesar de Minow não ser como Jaffee, também não se prende muito ao mundo dos fatos. Jaffee foi até o fim de um caminho no qual Minow deu apenas alguns passos. A lição tirada da leitura dos dois textos (muito diferentes, mas relacionados) é a mesma. Não dá para ignorar anomalias físicas e mentais, simplesmente invertendo-se as categorias aceitas como normais, ou conceber políticas sociais inteligentes simplesmente demolindo-se fundamentos.

---

17. Isso não funciona de modo algum, porque os hunzas eram comerciantes de escravos e porque os povos pré-históricos não eram vegetarianos.

18. Cf. George Orwell, "Charles Dickens", em *Collected Essays, Journalism and Letters of George Orwell*, vol. 1, p. 413 (Sonia Orwell e Ian Angus [orgs.], 1968).

capítulo 13

Hegel e o emprego "sem garantias"

Apesar de ser figura das mais importantes, não só na filosofia em geral, como também na teoria do direito, Hegel, a exemplo de James Fitzjames Stephen (com quem, de resto, não guarda a mínima semelhança em nenhum outro aspecto), é muito pouco conhecido entre os estudiosos do direito norte-americano. Drucilla Cornell está entre a meia dúzia de estudiosos que procuram domesticá-lo para o pensamento jurídico americano[1]. É particularmente digno de nota, por demonstrar uma objetividade raramente encontrada na teoria do direito hegeliana, o esforço de Cornell por aplicar o pensamento de Hegel à importante doutrina do emprego "sem garantias", do *common law*[2]. Esse esforço é o tema deste capítulo. Como em outros capítulos, procuro eliminar o excesso de teoria, para abrir espaço à investigação empírica. A pergunta

---

1. Ver, por exemplo, o artigo "Institutionalization of Meaning, Recollective Imagination and the Potential for Transformative Legal Interpretation", 136 *University of Pennsylvania Law Review* 1135, 1178-93 (1988); e também Michel Rosenfeld, "Hegel and the Dialectics of Contract", 10 *Cardozo Law Review* 1199 (1989). Tanto o artigo de Rosenfeld, quanto o de Cornell, os quais analiso neste capítulo (ver nota 2), aparecem no ambicioso e longo *Hegel and Legal Theory Symposium*, 10 *Cardozo Law Review* 847 (1989).
2. Cornell, "Dialogic Reciprocity and the Critique of Employment at Will", 10 *Cardozo Law Review* 1575 (1989). A melhor introdução à controvérsia acerca do emprego "sem garantias" é Paul C. Weiler, *Governing the Workplace: The Future of Labor and Employment Law*, cap. 2 (1990), e a mais profunda e rigorosa análise econômica dessa instituição é Edward P. Lazear, "Employment-at-Will, Job Security, and Work Incentives", em *Employment, Unemployment and Labor Utilization* 39 (Robert A. Hart [org.], 1988).

que devemos fazer com relação ao emprego "sem garantias" não é se este se encaixa na teoria hegeliana, mas quais seriam as prováveis consequências de sua erradicação.

Emprego "sem garantias" significa uma relação empregatícia que pode ser rompida por qualquer uma das partes, empregado ou empregador, a qualquer momento e sem necessidade de justificativa. Cornell vale-se de diversos elementos do pensamento de Hegel para defender, principalmente em oposição a Richard Epstein[3], que esse tipo de relação de emprego deve ser proibido. Todo empregado, depois de passar por um breve período de experiência, teria o direito de manter seu emprego para o resto da vida, exceto se adversidades econômicas tornassem necessária sua demissão ou se um juiz ou árbitro imparcial decidisse que o empregador tem justa causa para demitir o empregado. Este é o tipo de estabilidade de emprego de que gozam os professores universitários com contrato permanente, os servidores públicos (inclusive os professores das escolas públicas) e os trabalhadores beneficiados por acordos coletivos. Cornell propõe, especificamente, a criação de leis que determinem as justificativas cabíveis para a demissão de um empregado, de modo que todas as demissões sejam por "causa racional". A lista de justificativas cabíveis, sobre a qual Cornell é surpreendentemente evasiva, deve ser especificada com precisão, antes que se possa ter certeza de que sua proposta não cercearia consideravelmente a liberdade de ação dos empregadores. Provavelmente cercearia; e, presumindo que o faria, sou contrário à ideia, por considerá-la ineficiente e retrógrada. De resto, por mais que se tente, duvido que seja possível arrancar de Hegel motivos convincentes para fundamentá-la.

Reconheço a força do argumento de Hegel, enfatizado por Cornell, de que o individualismo, com o qual Epstein fundava a componente ética de sua defesa do emprego sem garantias[4], é uma construção social

---

3. Richard A. Epstein, "In Defense of the Contract at Will", 51 *University of Chicago Law Review* 947 (1984). Epstein defende o emprego sem garantias, valendo-se de justificativas tanto econômicas quanto éticas. Outras defesas econômicas dessa instituição são Lazear, nota 2 acima; Mayer G. Freed e Daniel D. Polsby, "Just Cause for Termination Rules and Economic Efficiency", 38 *Emory Law Journal* 1097 (1989); e Gail L. Heriot, "The New Feudalism: The Unintended Destination of Contemporary Trends in Employment Law", 28 *Georgia Law Review* 167 (1993).

4. Epstein, nota 3 acima, pp. 951-5. Uso o verbo no pretérito porque o autor, desde então, desistiu de fundar suas visões de teoria do direito em uma filosofia dos direitos naturais e adotou uma abordagem utilitarista-econômica. Ver, por exemplo, seus artigos "A Last Word on Eminent Domain", 41 *University of Miami Law Review* 253, 256-8 (1986); "The Utilitarian Foundations of Natural Law", 12 *Harvard Journal of Law and Public Policy* 713 (1989); e "Holdouts, Externalities, and the Single Owner: One More Salute to Ronald Coase", 36 *Journal of Law and Economics* 553 (1993).

e não algo pré-social. Os indivíduos não possuem direitos "naturais" de celebrar contratos. O estado natural dos seres humanos não é de igualdade, mas de dependência em relação aos mais poderosos. A liberdade econômica, incluindo-se a liberdade de celebrar contratos, no sentido liberal clássico, é um dos luxos que a organização social permite. A longa expectativa de vida, as amplas liberdades e a grande quantidade de posses do norte-americano médio são uma conquista não desse indivíduo, mas da sociedade, isto é, de uma grande aglomeração de indivíduos, vivos e já mortos; assim como fruto da sorte quanto à geografia, ao clima e aos recursos naturais. Nesse sentido, Robert Hale e Morton Horwitz estão certos ao questionarem a distinção entre esfera pública e esfera privada. Se, de duas pessoas igualmente hábeis e esforçadas, uma viver em uma sociedade rica e a outra, em uma sociedade pobre, a primeira terá um padrão de vida mais alto; e essa diferença existirá graças aos esforços de outros membros da sociedade mais rica, vivos ou mortos, bem como a outros fatores alheios ao caráter, à capacidade e aos esforços dos dois indivíduos. O "direito" do indivíduo à propriedade em tal sociedade não é "natural", pois, ainda que ignoremos o papel da sorte, suas posses são resultado de interações sociais e não exclusivamente das habilidades e dos esforços dele. Até essas habilidades podem ser, total ou parcialmente, um produto social. Alinho-me então com Hegel e Cornell, contra Hobbes e Epstein (o antigo, de 1984), pois acredito que a liberdade de celebrar contratos, que é o princípio que amarra a instituição do emprego sem garantias, não pode ser defendida de modo convincente por referência à liberdade natural.

Essa concessão não é suficiente para convencer os adversários do emprego sem garantias. Derrubar um dos suportes da doutrina filosófica não significa demonstrar que a doutrina deva ser abandonada. Seria estranho (embora seja este o caráter do famoso "princípio da diferença" de Rawls) concluir que, devido ao fato de o bem-estar individual ser, em grande medida, um produto social, o Estado deve ter o poder de eliminar a diferença entre minha renda e aquela do cidadão médio de Bangladesh. Esta seria uma *reductio ad absurdum*, da mesma forma que o seria supor que o reconhecimento do caráter artificial da distinção entre ação privada e ação pública transforma toda propriedade privada – como o teclado com o qual digito estas palavras – em propriedade pública. O emprego sem garantias é um corolário da liberdade de celebrar contratos, a qual, por sua vez, conta com uma série de justificativas econômicas e sociais, embora a natureza não seja uma destas. Acontece que o emprego sem garantias é o termo lógico da jornada que começa com a escravidão e cujas paradas intermediárias são a servidão em geral, a servidão contratual, a servidão involuntária e as restrições das corporações de ofício. Isso deveria ser um ponto a seu favor. O próprio Hegel, conforme observa Cornell, teria considerado o emprego sem garantias uma ideia aceitável. Só o êxito pragmático dos livres mercados em "suprir as mercadorias"[5] já garante uma predisposição a favor destes, motivo pelo qual Cornell não fundamenta sua defesa na demonstração hegeliana de que os direitos são sociais e não naturais.

A autora sabe que não pode parar por aí. É, portanto, levada a enfatizar fortemente a crença de Hegel na posse de bens como um dos elementos de que depende um indivíduo para perceber-se como pessoa[6]. Literalmente interpretada (embora Cornell não a interprete literalmente), esta é uma ideia estranha e implausível. Uma coisa, porém, é verdadeira ou ao menos plausível: mal chegamos a ser pessoas se não formos capazes de intervir no mundo externo. Um indivíduo incapaz de produzir qualquer efeito sobre o ambiente que o cerca pode não ter consciência de si como pessoa, isto é, consciência de si como distinto de seu meio ambiente. Essas intervenções constituem a personalidade em seu sentido mais profundo, segundo o qual nossa percepção de nós mesmos como pessoas deriva, em parte, da memória que temos das experiências passadas; e, como nos ensina Proust, essas memórias se mantêm vivas através dos objetos e das atividades a elas associadas. É por isso que pode ser doloroso (para além da inconveniência) perder a casa e os objetos pessoais em um incêndio, mesmo que um seguro cubra tudo.

Empiricamente, pode acontecer, portanto, que uma pessoa desprovida de posses tenha uma consciência mais fraca de si mesma como pessoa individual, em comparação com uma outra que possua bastantes posses. Um dos propósitos da vida monástica não é fazer com que seus adeptos sintam-se parte de um organismo maior? Para Margaret Jane Radin, a análise hegeliana da propriedade sugere que a proteção legal aos objetos de valor sentimental deveria ir além da compensação financeira ou da substituição por bens equivalentes[7]. Esta pode parecer

---

5. Sobre isso, ver, por exemplo, Samuel Brittan, "How British is the British Sickness?", em Brittan, *The Role and Limits of Government: Essays in Political Economy*, p. 219 (1983); Alan Ryan, "Why Are There So Few Socialists", em Ryan, *Property and Political Theory*, p. 118 (1984); e a discussão do Capítulo 22 do presente livro.

6. A teoria da propriedade de Hegel é bem descrita no ensaio de Alan Ryan, "Hegel and Mastering the World", em Ryan, nota 5 acima, p. 194.

7. "Property and Personhood", 34 *Stanford Law Review* 957 (1982); ver também Radin, "Time, Possession and Alienation", 64 *Washington University Law Quarterly* 739, 741 (1986) ("o direito a um objeto que se possui fortalece-se à medida que, com o passar do tempo, o proprietário desenvolve uma relação íntima com o objeto"). Esta é também a teoria de Holmes para a propriedade. Ver "The Path of the Law", 10 *Harvard Law Review* 477.

uma curiosa sugestão, mas as leis que regem as situações de insolvência, de fato, protegem parcialmente a propriedade pessoal do insolvente; inclusive, em alguns estados, seus bens com valor sentimental. Radin também sugere que a teoria de Hegel fornece fundamentos para dar, aos inquilinos, o direito de renovarem o contrato indefinidamente, desde que se comportem[8]. Mas essa sugestão é bem mais problemática. Levada a seus limites lógicos, destruiria a instituição do inquilinato, por conceder ao inquilino um direito quase tão pleno quanto o de propriedade. É difícil enxergar de que maneira os interesses de pessoas que não têm condições de adquirir casa própria seriam beneficiados pela destruição do inquilinato. Aqueles que já são inquilinos seriam beneficiados, mas e quanto às pessoas que futuramente buscarão imóveis para alugar?

A versão de Cornell da teoria hegeliana da propriedade é menos literal que a de Radin. Nenhuma das duas, porém, aplica-se muito ao emprego sem garantias. O empregado "sem garantias" pode sair do emprego quando quiser e ir trabalhar para outrem. Pode também, é claro, ser despedido sem justa causa. Porém, entre as consequências de ser despedido, ao menos na sociedade americana, não está o tornar-se escravo de alguém. Dada a existência da seguridade social, não figura entre essas consequências nem mesmo o tornar-se uma pessoa pobre, no sentido de alguém totalmente destituído de propriedades – o tipo de consequência drástica que Fitzjames Stephen vinculava à perda de um emprego (ver Capítulo 10). Nos Estados Unidos, as pessoas pobres possuem bens o bastante para manter viva a percepção de si mesmas como pessoas. Sugerir o contrário é paternalismo.

Se, porém, forçar-se um pouco mais o sentido da ideia de que a percepção da personalidade constitui-se através de nossas posses e atividades habituais, é possível vislumbrar um argumento vagamente hegeliano em favor da estabilidade de emprego, semelhante àquele em favor dos direitos do inquilino. A pessoa que trabalhou no mesmo emprego por muito tempo, assim como o inquilino que morou no mesmo lugar por muito tempo, mesmo que mediante a sucessiva renovação anual do contrato, pode desenvolver um vínculo tal, que o rompimento torna-se doloroso. Nesse caso, entretanto, já estamos muito distantes da ideia de que as pessoas totalmente desprovidas de posses (o monge, o soldado do exército, o miserável) podem, em decorrência disso, ter um sentido falho do ego. O que dizemos nesse contexto é, pura e simples-

---

8. "Property and Personhood", nota 7 acima, pp. 991-6; ver também Radin, "Residential Rent Control", 15 *Philosophy and Public Affairs* 350, 362-8 (1986).

mente, que todo mundo acha ruim perder aquilo que se acostumou a ter. Assim, transformamos Hegel em um utilitarista superficial, que não pondera as consequências de longo prazo de suas propostas de maximização da riqueza.

O direito de propriedade, além disso, pressupõe o de alienação. Se possuo minha força de trabalho, devo ter o direito de alugá-la sob quaisquer condições que considere satisfatórias. Veremos que o empregado sem garantias tende a ser mais bem remunerado do que seria se tivesse carteira assinada ou algum tipo de contrato empregatício, incluindo-se a proteção da "causa racional" proposta por Cornell. Com o salário mais alto, esse empregado pode adquirir mais posses. Obrigá-lo a renunciar à combinação de salário e garantias de sua preferência e a aceitar um salário mais baixo em troca de mais garantias trabalhistas pode ser considerado um desprezo por sua condição de pessoa. Essa análise falharia, caso os empregados não *percebessem* sua condição de empregados sem garantias. Porém, sobretudo nos dias de hoje, com tantas e tão divulgadas demissões em massa realizadas por grandes empregadores, poucos empregados sem garantias acham que as têm. Ser demitido não é (ao menos não mais) um acontecimento tão improvável, a ponto de as pessoas terem dificuldades para pensar racionalmente sobre ele. Talvez seja necessário impor sanções mais pesadas aos empregadores que enganem seus empregados, fazendo-os pensar que têm garantias quando não têm. Mas isso seria muito diferente de proibir o emprego sem garantias.

A sugestão de que um indivíduo deve ser livre para alienar sua força de trabalho pode parecer incoerente com o fato de ser proibido às pessoas venderem-se como escravas. A proibição da autoescravização está ligada a noções essenciais de dignidade da pessoa humana. Há, contudo, uma outra consideração, pragmática; a saber, que a maioria de nós é incapaz de pensar em alguma razão que levaria uma pessoa sã, na próspera sociedade norte-americana, a assinar um contrato para tornar-se escrava. Por melhor que fosse a remuneração paga por sua liberdade, essa pessoa não obteria nenhum benefício de sua condição de escravidão, exceto se fosse altamente altruísta para com seus familiares (ou quem quer que fosse) *e* estes estivessem verdadeiramente desesperados ou não demonstrassem reciprocidade em relação à preocupação dela – pois, se o demonstrassem, sofreriam ao vê-la escravizada, e isso comprometeria seu gesto altruísta. Ademais, se forem tão indiferentes para com o bem-estar dessa pessoa a ponto de não se incomodarem em vê-la escravizada, é improvável que ela sinta tanto altruísmo em relação a eles, a ponto de sacrificar-se tanto. O pressuposto inesperado é que o sacrifício tende a ser mais racional, quanto menos gratidão for demonstrada pela pessoa por quem se o faz.

Mas não se deve dar muito peso aos argumentos utilitaristas favoráveis e contrários à autoescravização. Nossa reação diante da escravidão é fortemente influenciada tanto pela cultura quanto pela linguagem. Provavelmente não diremos que um prisioneiro que preferia a escravidão à morte, nos tempos antigos, estaria abrindo mão de sua condição de pessoa humana; e, nos dias de hoje, quando uma pessoa faz, na esfera pública, coisas bastante semelhantes à escravidão, mas, segundo se considera, por uma boa razão (alistar-se no exército, tornar-se um padre católico ou até, por ter roubado um banco, tornar-se "escravo" do Estado, talvez para o resto da vida), não dizemos que essa pessoa abriu mão de sua condição essencial de pessoa humana. Escravidão tornou-se o nome das formas de servidão involuntária que abominamos, e a definição destas deve-se, quase exclusivamente, à história da escravidão negra nos Estados Unidos. A palavra não significa a ojeriza a todas as formas de servidão involuntária. Ademais, nada disso tem a ver com o emprego sem garantias, o qual, em relação à escravidão, situa-se do outro lado do espectro dos contratos de trabalho.

Cornell enfatiza a importância da simetria recíproca nas relações pessoais: "A imagem seria a de duas pessoas olhando-se nos olhos, cada uma ciente de que a outra a olha de volta. Ambas estão no mesmo plano."[9] Esta não é uma descrição ruim – do regime de liberdade de celebrar contratos. Empregador e empregado reúnem-se como indivíduos livres e podem estabelecer o acordo que desejarem; o qual, presume-se, será vantajoso para ambas as partes, podendo ou não envolver garantias empregatícias, conforme as partes prefiram. Se, talvez devido a uma lei, o empregado pudesse ditar as condições, este e o empregador não estariam no mesmo plano e isso violaria a simetria recíproca.

Cornell, porém, entende a simetria recíproca de um modo diferente; a saber, como algo que dá a cada um de nós o direito de exigir, de alguém que se proponha nos causar dano (atirando em nós, por exemplo), que tenha e nos dê uma razão premente para fazê-lo. Levado ao limite lógico, este é um princípio impraticável. Todos nós, diariamente, somos prejudicados pelas ações de desconhecidos e prejudicamos desconhecidos através de nossas ações, na melhor das hipóteses pela simples concorrência no mercado econômico ou em qualquer outro mercado. Seria absurdo dar a cada indivíduo prejudicado (o namorado abandonado, o escritor cujo livro recebe uma crítica desfavorável, o

---

9. Cornell, nota 2 acima, p. 1587.

consumidor que se depara com um aumento no preço das anchovas, o perdedor de uma partida de tênis) o direito de notificação e de audiência. É verdade que a perda do emprego pode ser um golpe mais forte. Representa, no entanto, um risco previsto; e quem quer que deseje se proteger contra ele, e esteja disposto a pagar para tanto, pode negociar um contrato de trabalho; ou, de um ponto de vista mais realista (já que a exigência de um contrato pode representar, para o empregador, que o candidato tende a ser um trabalhador inadequado), pode ingressar na área do mercado de trabalho na qual os empregos já vêm com esse tipo de proteção.

Façamos uma pequena pausa para analisar as condições dessa área. A verdade é que, nos Estados Unidos, milhões de trabalhadores têm estabilidade de emprego. Será que a experiência dessas pessoas sugere que a universalização dessa prática melhoraria as relações humanas? Será que o trabalhador sindicalizado tem uma percepção maior de sua personalidade que o não sindicalizado? Terá o servidor público uma percepção maior da sua personalidade que uma pessoa que trabalha no setor privado, sem estabilidade de emprego? Terão os professores da rede pública uma percepção maior da personalidade que seus colegas da rede privada? Mesmo que haja algum sentido na noção hegeliana de que a propriedade é parte da personalidade ou na noção de que as pessoas devem se relacionar em simetria recíproca, está muito pouco claro se a proposta de Cornell, caso adotada, faria com que essas noções se concretizassem mais do que já se concretizam. O certo é que a liberdade de celebrar contratos, parte importante da noção de liberdade de Hegel, seria cerceada.

Outra objeção a que se conceda ao empregado o direito de exigir uma justificativa para sua demissão é que este implica, logicamente, o direito do empregador de exigir do empregado uma justificativa para seu eventual pedido de demissão. O raciocínio pode parecer exagerado, mas, na Holanda, nenhuma das partes de uma relação empregatícia pode romper a relação sem justa causa, e os trabalhadores podem ir para a prisão se o tentarem[10]. Para ilustrar a semelhança entre o princípio da justa causa e a escravidão, não há exemplo melhor que este: o empregado incapaz de apresentar justa causa para abandonar o emprego pode ser obrigado a passar toda a sua vida em um emprego que odeia. Isso, obviamente, é improvável, já que os custos de monitoração dos esforços de um trabalhador insatisfeito seriam demasiado altos. Esta é uma

---

10. Donald L. Martin, "The Economics of Employment Termination Rights", 20 *Journal of Law and Economics* 187, 188-9 (1977).

das razões por que a escravidão foi abandonada. Não obstante, o que vale para um vale para outro. Cornell não nega que um empregado possa, às vezes, lesar o empregador, e lesá-lo gravemente, ao abandonar o emprego sem avisar ou sem apresentar justa causa. Para ela, os danos que uma demissão causará ao empregado são, em média, maiores que os danos que um pedido de demissão causará ao empregador. Isso, porém, não está claro, como veremos. Mesmo que ela esteja certa, isso não seria justificativa suficiente para negar ao empregador um remédio judicial nos casos em que de fato for prejudicado pelo pedido de demissão de um empregado importante.

A autora apresenta pelo menos um bom argumento contra o emprego sem garantias (ou ao menos contra um argumento apresentado em favor do emprego sem garantias), e seria indigno objetar que esse argumento não tem nada a ver com Hegel. A defesa econômica do emprego sem garantias apoia-se no fato de que, em uma relação de trabalho, normalmente ocorre um monopólio bilateral[11] (isso estava implícito em minha menção ao pedido de demissão de um empregado importante). O empregado desenvolve habilidades especializadas para o trabalho específico que desempenha para seu empregador. Consequentemente, ele seria menos produtivo se trabalhasse para outro empregador. Ciente disso, seu atual empregador pode conseguir ameaçá-lo, explícita ou implicitamente, de demissão, caso ele exija desse empregador um salário equivalente ao produto marginal que representa para ele. Porém, justamente por ser mais produtivo que seu eventual substituto, esse empregado pode ameaçar o empregador com um pedido de demissão se este não lhe pagar integralmente por sua produtividade marginal. É um jogo de gato e rato, e o resultado provável é o empate, situação na qual ambas as partes ficam protegidas, ao menos até certo ponto, do abuso da outra.

Há uma outra opção, no entanto. Suponhamos que o valor de um trabalhador aumente se este desenvolver habilidades especializadas para esse empregador. Se o empregador arcar com todos os custos do desenvolvimento dessas habilidades, o trabalhador não poderá queixar-se, caso aquele se recuse a pagar-lhe o produto marginal mais alto, possibilitado pelo investimento do próprio empregador em sua especialização. Ademais, na medida em que o trabalhador (ao ameaçar demitir-se) consiga obter qualquer parcela desse produto marginal mais alto, na forma de um salário maior, o empregador terá "levado a pior". Por outro lado, se o trabalhador pagar, por conta própria, pela aquisição des-

---

11. Epstein, nota 3 acima, pp. 973-6.

sas habilidades (talvez aceitando um salário inicial mais baixo), estará à mercê do empregador, que pode apropriar-se do investimento dele, recusando-se a pagar-lhe integralmente seu produto marginal. Se o empregado pedir demissão, perderá todo o seu investimento, visto que, por definição, as ditas habilidades não valem nada em outro emprego. A consideração dessas alternativas leva à estimativa de que os custos do desenvolvimento de capital humano específico (como são chamadas as habilidades especializadas para um determinado empregador) serão divididos entre trabalhador e empregador[12]. Desse modo, nenhuma das partes tem mais a perder que a outra com o eventual término da relação empregatícia. Consequentemente, há menos incentivos para blefes, entre outros tipos de ardis. Diminui, também, o índice de demissões voluntárias, mesmo não tendo nenhuma das partes acordado qualquer tipo de proteção contra a quebra do contrato por parte da outra.

Em todos esses casos, pressupõe-se que o trabalhador desenvolve habilidades especializadas. Porém, conforme Cornell corretamente observa, nem todo empregado tem essa sorte. Este é um bom argumento, mas incompleto. Quando o empregado não tem qualificações especiais, não possui nenhum trunfo diante do patrão. Mas este, por sua vez, também não possui nenhum trunfo perante o empregado. O salário deste será, no mínimo, o mesmo em qualquer outro emprego, já que suas habilidades são teoricamente flexíveis. Caso houvesse um enorme *superavit* de mão de obra, os salários dos trabalhadores não qualificados seriam muito baixos. Essa situação, entretanto, não melhoraria com a estabilidade de emprego.

Há outras razões para duvidarmos de que o emprego sem garantias seja uma forma de exploração. O empregador que estimula os empregados a se especializarem e depois tira vantagem da consequente imobilidade destes, recusando-se a remunerá-los adequadamente, descobrirá que precisa pagar salários mais altos para levar as pessoas a trabalhar para ele no futuro. (Semelhante preocupação com a reputação pode impedir os empregados qualificados de tirarem vantagem da vulnerabilidade de seu empregador mediante pedido de demissão repentino ou exigência de aumento de salário como condição para não abandonar o emprego.) O empregador também perceberá que seus empregados são altamente susceptíveis aos incitamentos dos sindicatos. Um dos curiosos subprodutos da regra universal da "causa racional" proposta por Cornell é que essa regra enfraqueceria os sindicatos, pois conce-

---

12. Gary S. Becker, *Human Capital: A Theoretical and Empirical Analysis, with Special Reference to Education*, pp. 40-9 (3.ª ed., 1993).

deria a todos os trabalhadores as proteções que hoje só são obtidas por meio da sindicalização e do consequente pagamento das contribuições sindicais. Eu pensava que Cornell, ex-sindicalista que é, apoiasse os sindicatos por motivos que iam além das cláusulas de estabilidade de emprego nos acordos coletivos de trabalho. Mas, como disse, ela é uma *ex*-sindicalista. Talvez tenha dado o sindicalismo como causa perdida.

Embora nem todo empregador, nos Estados Unidos, seja um maximizador de lucros eficaz (e um minimizador de custos, portanto), pode-se presumir que uma instituição de mercado tão duradoura e generalizada quanto o emprego sem garantias seja mais eficiente que o seria uma outra opção, imposta pelo governo. Não é difícil encontrar a razão dessa maior eficiência. A condução de litígios, mesmo perante árbitros, é dispendiosa. A esse custo direto dos direitos trabalhistas exigíveis judicialmente, deve-se acrescentar o custo indireto do enfraquecimento da disciplina no local de trabalho quando os trabalhadores só podem ser demitidos após um processo dispendioso e incerto. A soma desses custos não pode ser subestimada. Se eles não superassem os benefícios, por que os empregadores não ofereceriam voluntariamente a garantia da justa causa, como fazem com outros benefícios? Quanto aos empregadores que, de fato, oferecem essa garantia (órgãos estatais, empresas sindicalizadas e universidades), são eles os produtores mais eficientes do mercado? Será que os professores de direito entendem mais da administração eficiente da mão de obra que os homens de negócios? É curioso ouvir, de outro defensor da proibição do emprego sem garantias, que não há por que temermos a ineficiência, porque "no sistema britânico, por exemplo, tribunais industriais avaliam se um empregado foi demitido injustificadamente"[13]. O "sistema britânico" de regulamentação do mercado de trabalho não é um modelo mais promissor para a economia norte-americana que as práticas empregatícias do terceiro setor e do setor público americanos. De resto, se é provável que relações de cooperação entre trabalhadores e administradores tendam a elevar mais a produtividade do que o fariam relações de antagonismo[14], é improvável que a garantia de estabilidade de emprego aos trabalhadores seja um método eficiente de fomentar essa cooperação. Se o fosse, por que as empresas não o adotariam sem o empurrão do Estado?

13. Arthur S. Leonard, "A New Common Law of Employment Termination", 66 *North Carolina Law Review* 631, 677 (1988).
14. Para provas disso, ver Robert Buchele e Jens Christiansen, "Industrial Relations and Productivity Growth: A Comparative Perspective", 2 *International Contributions to Labour Studies* 77 (1992).

Não se pode desprezar a *incidência* dos custos do princípio da justa causa ou da causa racional. Os consumidores sairiam prejudicados na medida em que o empregador repassasse uma parcela desses custos a seus clientes na forma de preços mais altos. Os mais prejudicados, no entanto, seriam os trabalhadores. Ao estimar suas possibilidades financeiras, um empregador leva em conta não apenas os custos diretos com mão de obra, como também os indiretos (como as garantias sociais do empregado, os prêmios do seguro-desemprego e o prêmio do seguro contra acidentes de trabalho), dentre os quais o custo da estabilidade de emprego seria apenas mais um. Quanto mais altos os custos indiretos do empregado, mais baixo o salário que o empregador estará disposto a pagar[15]. Uma vez que a garantia da justa causa é, ela mesma, um benefício trabalhista (como o pagamento do aviso prévio e do seguro-desemprego), o trabalhador não sai totalmente em desvantagem. Se este, no entanto, preferisse esse tipo de proteção a um salário mais alto, o empregador a teria oferecido a ele. A garantia da justa causa pode obrigar os empregadores a conceder algo que, do ponto de vista da maioria dos empregados, representa um pacote de garantias inferior.

Se, devido a acordos coletivos com sindicatos, à imposição de um salário mínimo por lei, aos costumes, à inércia ou a outros fatores, os empregadores fossem impedidos de cobrar retroativamente o custo integral das garantias empregatícias sob a forma de salários menores ou menos benefícios (adicionais), o desemprego cresceria, pois o custo da mão de obra seria mais alto do que é hoje[16]. Os empregadores se veriam,

---

15. Isso é uma aplicação do Teorema de Coase, analisado no Capítulo 20.

16. Para provas empíricas de que as garantias empregatícias de fato elevam o número de desempregados (incluindo-se todos os trabalhadores sadios que não tenham emprego e não somente os trabalhadores sem emprego e que ainda estão procurando por um; definição que é de praxe adotar-se nas estatísticas de desemprego), ver Martin, nota 10 acima, pp. 199-201; Richard Layard e Stephen Nickell, "Unemployment in Britain", 53 *Economica* (n.s.) S121, S165 (1986); e Layard, Nickell e Richard Jackman, *Unemployment: Macroeconomic Performance and the Labour Market*, p. 508 (1991). As provas, no entanto, são fracas. Id., p. 508; Organisation for Economic Cooperation and Development, *Flexibility in the Labour Market: The Current Debate: A Technical Report*, p. 123. (Nada de surpreendente, em vista do Teorema de Coase.) Daniel S. Hamermesh, em uma sensata resenha da bibliografia sobre as leis de proteção ao emprego na Europa, conclui que estas "proporcionam, em uma economia industrializada, a possibilidade de escolha entre maior estabilidade de emprego (com uma jornada de trabalho, em média, menor) ou maior oscilação nos empregos (com uma jornada de trabalho, em média, maior). Além disso, na medida em que protegem apenas uma parcela dos trabalhadores, ajudam a gerar um mercado de trabalho desigual, composto por um setor declinante, no qual os empregos possuem garantias, e um setor em expansão, caracterizado por empregos sem garantias." Hamermesh, "The Demand for Workers and Hours and the Effects of Job Security Policies: Theory and Evidence", em *Employment, Unemployment and Labor Utilization*, nota 2 acima, p. 9, 29-30.

então, incentivados a contratar menos, automatizar mais e transferir as fábricas para países estrangeiros onde não haja tais garantias. Uma vez que, como vimos no Capítulo 3, a estabilidade de emprego faz com que as pessoas se esforcem menos no trabalho, o empregador pode, de fato, precisar de mais trabalhadores para realizar um serviço em um regime de justa causa; mas essa perspectiva aceleraria sua transição para a automatização da produção e a transferência de suas fábricas para países estrangeiros.

Alguns trabalhadores que, em um regime de emprego sem garantias, perderiam seu emprego, o conservarão; mas não muitos, provavelmente. Um empregador racional não demitirá injustificadamente um empregado. Embora a maioria das demissões seja realizada por supervisores de escalões mais baixos, que podem não representar perfeitamente os interesses da empresa, a demissão irracional de trabalhadores não parece ser uma prática generalizada, sobretudo em empresas com fins lucrativos[17], cujos erros são penalizados pelo mercado. (Pode ser esta a razão pela qual o emprego sem garantias é tão menos comum no setor estatal e no terceiro setor.) Em todo caso, esta não é uma das justificativas com que Cornell defende sua proposta.

Em um regime em que a estabilidade de emprego fosse universalmente obrigatória, um empregador racional procuraria mais antes de contratar um trabalhador[18], pois, caso este não demonstrasse um desempenho satisfatório, o custo de demiti-lo seria mais alto. Esse efeito seria atenuado, mas não eliminado, se o benefício da justa causa só fosse concedido após um período de experiência no emprego.

O impacto maior das leis de justa causa como fonte de aumento do desemprego recairia sobre os futuros candidatos a um emprego, entre outros trabalhadores marginais[19]. Nos Estados Unidos, a maior parte desses candidatos seria composta de mulheres, não brancos e deficientes, ou seja, justamente as pessoas que Cornell mais desejaria proteger em nome da simetria recíproca. Os empregadores se disporiam menos a assumir o risco de contratar trabalhadores problemáticos ou trabalhadores sem um currículo excepcional de empregos, pois, em um sistema assim, a dificuldade de corrigir erros de contratação seria maior que em

---

17. James E. DeFranco, "Modification of the Employee at Will Doctrine – Balancing Judicial Development of the Common Law with the Legislative Prerogative to Declare Public Policy", 30 *St. Louis University Law Journal* 65, 70-72 (1985).

18. Para provas disso, ver W. W. Daniel e Elisabeth Stilgoe, *The Impact of Employment Protection Laws* 78 (Policy Studies Institute, 1978).

19. Para dados empíricos que corroboram isso na Europa, ver, por exemplo, Franco Bernabè, "The Labour Market and Unemployment", em *The European Economy: Growth and Crisis* 159, 179, 185 (Andrea Boltho [org.], 1982).

um sistema de emprego sem garantias. Possivelmente prefeririam, então, pagar horas extras a seus funcionários atuais a contratar novos funcionários, e isso também aumentaria o desemprego[20]. Se, além disso, as leis trabalhistas não se aplicassem aos trabalhadores temporários e de meio período, como de fato costuma ocorrer na Europa, os empregadores tenderiam a substituir seus funcionários por funcionários desse tipo, criando-se uma classe de trabalhadores desprivilegiados[21].

Em suma, a adoção da proposta de Cornell pode fazer os Estados Unidos mergulharem mais fundo na "euroesclerose" – altos índices de desemprego a longo prazo, devido à regulamentação excessiva do mercado de trabalho[22]. Ou não. Não fingirei que todos os economistas aceitariam essa análise e nem mesmo que, se todos a aceitassem, isso provaria que está correta. Minha objeção à proposta dela não se funda em uma demonstração de erro, mas sim em uma de irresponsabilidade, porque, caso se a adotasse, o resultado bem poderia ser a imposição de enormes custos sociais (que recairiam principalmente sobre os próprios trabalhadores, os supostos beneficiários da ideia), os quais a autora não leva em conta. O que Cornell tenta fazer é substituir a análise de consequências pela teoria política, na pessoa de Hegel. Com isso, ilustra o desprezo dos fatos, tão característico dos juristas acadêmicos, até os mais hábeis.

---

20. Para dados empíricos que comprovam isso, ver Wolfgang Franz e Heinz König, "The Nature and Causes of Unemployment in the Federal Republic of Germany since the 1970s: An Empirical Investigation", 53 *Economica* (n.s.) S219, S243 (1986).

21. Para provas disso, mais uma vez na Europa, ver Samuel Bentolila e Giuseppe Bertola, "Firing Costs and Labour Demand: How Bad is Eurosclerosis?" 57 *Review of Economic Studies* 381, 395 (1990); Bernabè, nota 19 acima, p. 185; note-se, ademais, a observação de Hamermesh sobre a questão, na nota 16.

22. Ver, em geral, David Henderson, "The Europeanization of the U.S. Labor Market", *Public Interest*, outono de 1993, p. 66.

capítulo 14

A Islândia medieval pós-moderna

Se o juiz Harry Edwards[1] soubesse (talvez até saiba) que um professor de direito da universidade onde ele lecionava antes de tornar-se juiz (a de Michigan) devotava sua carreira ao estudo da Islândia medieval, pensaria ver assim confirmados seus mais terríveis temores acerca da tendência dominante no ensino do direito. Também não lhe confortaria saber que, antes de ir para a faculdade de direito, William Miller, em vez de historiador ou estudante de línguas germânicas, era professor de inglês; nem que, em seu mais recente livro sobre a Islândia[2], Miller namora o pós-modernismo e demonstra uma nostalgia das sociedades simples que pode fazer os leitores mais maliciosos lembrarem-se de Leonard Jaffee (ver Capítulo 12).

Bloodtaking and Peacemaking [Derramamento de Sangue e pacificação] trata das instituições sociais e políticas da Islândia medieval, com particular ênfase nos métodos de resolução de disputas vigentes naquela sociedade. Miller escreve para dois grupos. Um destes é formado por uns poucos especialistas no estudo da Islândia medieval e o outro, por estudiosos de história das sociedades, juristas acadêmicos, cientistas políticos, entre outros cientistas sociais interessados no tema da resolução de

1. Ver Capítulo 2.
2. William Ian Miller, *Bloodtaking and Peacemaking: Feud, Law, and Society in Saga Iceland* (1990).

disputas e do controle social em geral, incluindo-se as bases da sociedade. Para o segundo grupo, a relativa simplicidade – política, social e religiosa – da sociedade islandesa medieval empresta um caráter de fascínio às suas instituições sociais, pois estas são estudadas como em um experimento de laboratório. Como membro desse último grupo, não estou muito em posição de avaliar a qualidade de seus estudos. Mas uma comparação do livro com aquelas que, no meu entender, são as principais obras sobre os temas que ele discute, no campo dos estudos islandeses[3], sugere que seu livro não é, de modo algum, academicamente deficiente.

Miller discorre sobre a independência da Islândia (930-1262 d.C.), período que é descrito nas sagas e que representa a principal fonte de conhecimento sobre a Islândia medieval. Esta, sociedade agrária simples que era, carecia da suntuosidade e da hipertrofia das formas sociais, características da Idade Média. Lá não havia um rei nem uma nobreza, tampouco a cavalaria ou o amor cortês; também não havia torneios, guerras, exércitos, cidades e nem mesmo vilarejos. A arte, a arquitetura e a decoração eram as mais rudimentares. A Igreja Católica era tão fraca que teve de adotar uma política de coexistência pacífica com o paganismo. Obviamente, porém, é justamente a simplicidade da Islândia medieval, sobretudo a simplicidade política, que constitui seu fascínio. Embora não fosse uma sociedade totalmente desprovida de Estado, este era mais fraco que o mais fraco dos Estados de tipo "vigia noturno". As instituições governamentais formais restringiam-se a tribunais e a uma assembleia, que, como as atenienses, era composta de cidadãos comuns e não de profissionais. Na prática, havia jurados, mas não juízes. Também não havia possibilidade de apelação. O orador da assembleia era o único funcionário assalariado da Islândia. Praticamente não havia impostos e o salário do orador era pago com a arrecadação de um tributo sobre os casamentos. Ademais, o que é mais importante, não havia poder executivo, portanto não havia delegados, polícia, soldados nem promotores públicos. Todas as ações judiciais, inclusive as penais, eram conduzidas por indivíduos particulares. Mas a maior das inovações na arte de minimizar o Estado (afinal, diversas sociedades que, ainda assim, chamaríamos de estatizadas, inclusive a romana, as sociedades da Grécia Antiga e a Inglaterra anglo-saxônica, deixavam a con-

---

3. Jesse L. Byock, *Feud in the Icelandic Saga* (1982); Byock, *Medieval Iceland: Society, Sagas, and Power* (1988). Ver também Henry Ordover, "Exploring the Literary Function of Law and Litigation in *Njal's Saga*", 3 *Cardozo Studies in Law and Literature* 41 (1991). Outra prova do caráter extremamente profissional dos estudos de Miller sobre a sociedade islandesa é o seguinte trabalho. Theodore M. Andersson e William Ian Miller, *Law and Literature in Medieval Iceland: "Ljósvetninga saga" and "Valla-Ljóts saga"* (1989).

dução de ações penais a cargo de indivíduos particulares[4]) é que o cumprimento de todas as decisões judiciais também ficava a cargo de indivíduos particulares.

O julgamento não era o único método lícito de resolver contendas. A rixa também era legal, assim como (o que é menos surpreendente) a arbitragem particular, em que uma contenda deveria ser submetida à decisão de um ou mais homens escolhidos pelos contendores, a qual tinha força de obrigatoriedade. Como as pessoas recorriam à ajuda de parentes, tanto próximos quanto remotos, para a execução de decretos e a condução de rixas, as relações de parentesco eram muito mais complexas do que na sociedade moderna. Mas a ajuda dos parentes poderia não ser suficiente. Assim, os menos poderosos ofereciam seus serviços aos mais poderosos, os caciques, em troca de apoio e proteção. Aí estava o germe do sistema feudal. No entanto, não havia a elaboração dos deveres, da hierarquia, das cerimônias e das obrigações feudais. Ademais, o título de cacique podia ser vendido, uma intervenção mercadológica impensável em um sistema feudal.

Os islandeses eram grandes juristas amadores e suas leis eram tão complexas e engenhosas quanto era simples e monótona a maior parte do restante de sua cultura. Njal, o herói da saga mais conhecida, era um desses juristas amadores. O procedimento de investigação dos fatos era mais racional que aquele usado na maior parte dos sistemas jurídicos medievais. Quase não se recorria a métodos sobrenaturais. O sistema, entretanto, era surpreendentemente inflexível no que concerne aos remédios jurídicos. As únicas sanções infligidas pelos tribunais islandeses, que não aquelas aplicadas às infrações mais triviais (as quais eram punidas mediante uma multa fixa), eram a proscrição e o banimento simples. A proscrição fazia do indivíduo um proscrito no sentido literal: qualquer um poderia matá-lo impunemente. O banimento simples significava expulsão da Islândia por três anos. A inflexibilidade dos remédios jurídicos fazia da arbitragem uma segunda opção atraente em comparação com os julgamentos comuns, pois os árbitros podiam impor multas ou tomar aquilo que chamaríamos de decisões equitativas, adequadas às circunstâncias particulares de cada caso. Por sua vez, a recusa a cumprir a decisão de um árbitro era punível com a mesma pena dos delitos graves.

4. Ver, por exemplo, Douglas M. MacDowell, *The Law in Classical Athens*, pp. 237-40 (1978). Sobre a história da condução privada das ações penais na jurisprudência anglo-americana, ver Harold J. Krent, "Executive Control over Criminal Law Enforcement: Some Lessons from History", 38 *American University Law Review* 275, 290-5 (1989).

Esse sistema de governo incrivelmente descentralizado sobreviveu por mais de três séculos. Ninguém sabe ao certo quanta violência havia, mas a sociedade não era anárquica, embora a estrutura institucional descrita acima possa parecer uma receita para a anarquia. A Islândia das sagas também não degringolou em tirania, apesar da aparente fragilidade de suas instituições. Até as rixas eram regidas por normas (por exemplo, a de que o assassinato de um proscrito não deve ser vingado, ou seja, não deve ensejar uma rixa) que, a despeito da inexistência de sanções formais, eram obedecidas com alguma regularidade, ainda que não total.

Tudo isso Miller apresenta com muita clareza. É no nível da teoria que os problemas aparecem. O livro é, ao mesmo tempo, excessiva e insuficientemente teórico. É excessivamente teórico por assinalar dois corpos teóricos – ou, mais exatamente, dois campos de pesquisa – inúteis para a compreensão da Islândia medieval. Consequentemente, deparamo-nos com alguns maus exemplos de academicismo, uma certa repetição de obviedades e alguns exemplos de rendição supérflua às normas do politicamente correto, pelos quais a universidade onde o autor leciona é famosa[5]. Um desses campos de pesquisa é aquele sobre a história e, particularmente, a antropologia da resolução de disputas; uma bibliografia que, embora seja grande fonte de informações interessantes sobre sociedades que se assemelham à da Islândia medieval na fraqueza de suas instituições estatais, é, em sua maior parte, ateórica ou pré-teórica, arriscando-se ocasionalmente em generalizações interessantes, mas enfatizando de hábito as peculiaridades da sociedade particularmente analisada. (Os antropólogos, como os historiadores, têm um interesse legítimo nas particularidades daquela cultura específica que tanto se esforçaram para compreender.) O conhecimento geral não é o único tipo de conhecimento, ainda que não se concorde com a máxima de William Blake segundo a qual fazer generalizações é agir como um idiota. Mas é difícil dar utilidade ao conhecimento sem uma teoria que o organize, e Miller parece não saber o que fazer com os paralelismos antropológicos e históricos por ele encontrados.

O outro corpo teórico que Miller invoca é o pós-modernismo; e é preciso parar por um momento para refletir sobre o significado desse termo. No nível mais fundamental, ele significa uma desilusão diante da modernidade, concebida como o triunfo dos valores do Iluminismo.

---

5. Ver *Doe vs. University of Michigan*, 721 F. Supp. 852 (E. D. Mich. 1989), em que se invalida a norma relativa às formas de expressão motivadas pelo ódio, vigente naquela universidade.

Uma desilusão, porém, avessa à nostalgia dos valores pré-modernos, como os da religião e das castas. Para os críticos pós-modernos, um dos traços fundamentais do Iluminismo é a dicotomia entre o conhecedor (ou sujeito) e o conhecido (ou objeto): este último é o domínio estático da realidade física e até social (sendo a sociedade vista como aglomerado de seres humanos "racionais", que reagem mecanicamente aos estímulos do meio), enquanto o primeiro é o domínio do eu ativo e autônomo, que emprega o intelecto e a linguagem para compreender, comunicar-se e controlar; para o progresso intelectual e material, portanto. A física, a medicina, a economia, a engenharia e o direito são exemplos de campos erigidos sobre os pressupostos do pensamento iluminista; enquanto o liberalismo, com sua ênfase na autonomia do indivíduo, é a teoria política construída em cima desses pressupostos. O pós-modernismo questiona essa visão, rejeitando a dicotomia entre sujeito e objeto. A rejeição se dá em dois níveis, aos quais chamarei, imprecisamente, histórico e filosófico. O primeiro se funda na observação da cultura norte-americana contemporânea. O que quer que fosse verdade há cinquenta, cem ou duzentos anos, a realidade é que *esta* cultura – diz Balkin, em um artigo que já citei duas vezes neste livro – é pós-moderna, devido a transformações materiais que destruíram as condições necessárias à sociedade iluminista[6]. A título de exemplo, o autor afirma que a propaganda hoje (incluindo-se a propaganda política) manipula as preferências e as crenças, demolindo assim a autonomia do eu; e que a "industrialização" dos serviços jurídicos provocou uma fragmentação das incumbências jurídicas, incluindo-se a atribuição da função de redigir votos e sentenças aos estagiários de direito, fenômeno em decorrência do qual a decisão judicial não mais estabelece uma linha direta de comunicação entre o juiz e aquele que a lê.

O pós-modernismo filosófico – cujas raízes estão em Nietzsche e Wittgenstein e cujos principais representantes são Foucault e Derrida, na França, e Rorty e Fish, nos Estados Unidos – vale-se da lógica, da retórica, da investigação histórica e sociológica, entre outros métodos argumentativos e analíticos, para derrubar os princípios e pressupostos filosóficos do Iluminismo: a objetividade, a independência do observador e tudo o mais. O pós-modernismo filosófico rejeita tanto o caráter de "dado" do objeto quanto a liberdade do sujeito. Dependendo, portanto, da rejeição enfatizada, essa filosofia pode ser utopista ou conformista. Quando se enfatiza que a realidade social, e até a realidade física,

---

6. J. M. Balkin, "What Is Postmodern Constitutionalism?", 90 *Michigan Law Review* 1966 (1992).

é algo contingente e socialmente construído, a transformação radical do mundo e da sociedade é vista como possível e desejável. Muitas das manifestações do feminismo radical são desse tipo, assim como a visão sociointerpretativista da sexualidade. Mas, quando se enfatiza o eu como construção social etnocêntrica e rígida, a crítica social perde o sentido, pois pressupõe um ponto de vista externo que o pós-modernismo rejeita. Assim, há tanto o pós-modernismo politicamente radical quanto a crítica dos radicalistas políticos ao pós-modernismo como obstáculo à crítica social[7].

O pós-modernismo, naquele seu aspecto que chamo de histórico, apresenta semelhanças com a economia do comportamento não mercadológico, pois ambas as disciplinas estudam os efeitos das transformações materiais sobre o pensamento e veem com ceticismo as descrições idealizantes de práticas sociais, como a linguagem e a reputação[8]. Em seu aspecto filosófico, por sua vez, o pós-modernismo possui óbvias afinidades com o pragmatismo, do qual Rorty e Fish são distintos representantes (ver Capítulo 19). Ainda assim, eu não me descreveria como um pensador pós-modernista. O pós-modernismo é o exagero do pragmatismo. Os pós-modernistas não são apenas antimetafísicos (postura com a qual não há nada de errado), mas também antiteoréticos[9]; quase todos eles estão infectados pelo vírus do politicamente correto; e, além disso, embora haja exceções dignas de nota, expressam-se mediante uma linguagem feia e impenetrável[10], às vezes com a desculpa de que escrever com clareza é aceitar o mito iluminista da comunicação direta entre autor e leitor.

No campo do direito, o pós-modernismo significou, até hoje, pouco mais que o ato de ameaçar com a "desconstrução" os professores de direito de mentalidade convencional[11]; embora o artigo de Balkin e os escritos recentes de Pierre Schlag e Steven Winter prometam algo melhor. Aparentemente, a única coisa que William Miller herdou do pós-modernismo foi uma desagradável linguagem hermética (felizmente esporádica), o desejo de confundir o senso comum, a convicção de que o mundo é um lugar muito complicado e misterioso, resistente a todo es-

---

7. Sabina Lovibond, "Feminism and Postmodernism", 178 *New Left Review* 5 (1989). Tanto Rorty quanto Fish, este mais enfaticamente, estão do lado do conformismo.
8. Ver, por exemplo, Pierre Bourdieu, *Language and Symbolic Power*, pt. 1 (1991); Gary Taylor, *Reinventing Shakespeare: A Cultural History, from the Restoration to the Present* (1989).
9. Lembremo-nos da análise de Fish, no Capítulo 3.
10. Divertidamente analisada em Bert O. States, "Notes on the Poststructural Code", *American Scholar*; inverno de 1994, p. 111.
11. *Law and Literature*, p. 210 n. 3.

tudo comparativo que busque desvelar padrões recorrentes análogos àqueles encontrados na natureza pelas ciências naturais, bem como o medo de tecer juízos de valor. *Bloodtaking and Peacemaking* traz expressões – como "a negociabilidade das significações" (p. 3), "a filologia da residência" (p. 115), "a adoção era o constructo social que compreendia a circulação de crianças" (p. 123), o parentesco como "metáfora organizadora" (p. 154), "o modelo das trocas equilibradas, se é que podemos assim chamá-lo, funcionava como uma espécie de metáfora constitutiva" (p. 184), "o conceito de poder é de difícil definição, ao menos desde Foucault" (p. 245), "o poder, de fato, tinha uma forte componente discursiva" (p. 246) e "pode o 'privado', como categoria analítica, existir, senão em conjunção com o 'público' e por distinção em relação a este?" (p. 305) – que ilustram como as tendências pós-modernistas podem distanciar um autor da análise inteligível das instituições sociais, conduzindo-o a um estado de embriaguez terminológica.

Na última citação, Miller tenta salvar seus islandeses das garras dos libertários, que advogam a tutela privada do direito e enxergam um exemplo desta na sociedade descrita nas sagas[12]. Mas a ideia de que o termo "privado" não faz sentido em uma sociedade onde não haja um setor "público" é, salvo ulteriores explicações, um disparate travestido de paradoxo. O argumento libertário é, afinal de contas, simples, embora potencialmente equívoco: a história da Islândia mostra que uma sociedade é capaz de manter um mínimo de lei e ordem sem o monopólio público da força. A pergunta retórica de Miller não toca esse ponto. Mas talvez seu argumento seja que, na ausência de um governo coercitivo, o lugar deste será tomado por outras instituições coercivas, e estas (um tradicionalismo opressor, talvez, ou a tirania mesquinha dos chefes de família, ou ainda a intimidação das figuras eminentes da comunidade) podem, como acreditava John Stuart Mill, cercear a liberdade tanto quanto o faz o moderno Estado de bem-estar social. Será que os idosos eram menos dependentes antes do advento da seguridade social?

Outra passagem, uma vez contextualizada, ilustra bem a tendência de Miller a tomar um argumento simples e legítimo, às vezes até óbvio, e cobri-lo com as vestes do pós-modernismo: "Como o poder estava intimamente vinculado à reputação, particularmente à reputação da posse de poder (isto é, o poder, de fato, tinha uma forte componente discursiva), a perda deste era geralmente gradual e exigia tanto a lenta acu-

---

12. Na verdade, apenas um libertário: David Friedman, "Private Creation and Enforcement of Law: A Historical Case", 8 *Journal of Legal Studies* 399 (1979).

mulação de derrotas quanto a consequente reavaliação da posição do indivíduo em relação aos demais, por parte da comunidade" (p. 246). Esta é uma maneira obscura e exagerada de dizer que o poder político, por possuir uma força latente, frequentemente sobreviverá depois que a disposição ou a capacidade real de fazer uso da força tiver se extinguido, pois levará tempo até que o conhecimento dessa extinção se propague. Caso o Estado norte-americano decidisse secretamente que não mais faria uso da força para impor sua política externa, mesmo assim os Estados Unidos poderiam continuar exercendo poder sobre outros países ainda por muito tempo.

Quanto a alguns outros argumentos de Miller, o caso não é formulá-los com clareza, pois nem vale a pena formulá-los. O autor afirma, por exemplo, que "a lei jamais se abstém de empregar a violência, seja na Islândia antiga, seja nas sociedades industriais modernas" (p. 232). Isso é verdade, porque é sempre possível que se tenha de usar a força para fazer cumprir uma decisão judicial, e a força física exercida contra um organismo que lhe resiste é violência. Mas não se segue daí (como Miller parece crer) que, em uma comparação entre a Islândia antiga e nossa sociedade atual, não há nada o que escolher no campo da lei e da ordem. Em sua conclusão, preocupado em determinar se a sociedade islandesa era menos ou mais violenta que a nossa, Miller pergunta: A impressão de maior violência, em comparação com nossa sociedade, não seria devida ao

> (...) medo e à angústia que, imaginamos, sentiríamos diante da perspectiva da inexistência de um Estado para fazer cumprir a lei ou para nos proteger daqueles empenhados em impor suas próprias leis? Em outras palavras, não será que a cultura deles parece mais violenta apenas porque a responsabilidade pela realização efetiva de atos de violência era mais proporcionalmente distribuída do que é hoje, pois não havia agentes do Estado para quem delegar o trabalho sujo, ou que reclamassem o monopólio do trabalho sujo? (p. 304; ver também p. 256)

Essas perguntas sugerem que uma sociedade caracterizada por rixas de família apenas torna transparentes as condições de nossa própria sociedade. Nessa mesma linha, Miller observa que "as sagas não mostram que as pessoas viviam diante da perspectiva constante de violência, estupro e expropriação com a qual muitos habitantes das cidades norte-americanas têm de conviver diariamente" (p. 304), e que "os primeiros estágios de formação do Estado, creio, certamente tendiam a envolver a redistribuição, não dos ricos para os pobres, porém, mas destes para aqueles, dos fracos para os fortes" (p. 306). A própria descrição de Miller da Islândia medieval contradiz esse ataque à ideia de progresso. Muitos espectadores inocentes acabam morrendo nas rixas por ele descritas. Apesar da pobreza da sociedade, há muita desigualdade – há chefes e, na outra extremidade da hierarquia social, escravos. Se as instituições da Islândia medieval adaptavam-se admiravelmente às exigências da sobrevivência humana em um nicho ecológico peculiar, nem por isso nós, que vivemos em um ambiente diferente, deveríamos desejar imitá-las; não mais do que desejaríamos imitar a dieta de damascos dos hunzas. Se a intenção de Miller é apenas sublinhar a adaptação dos islandeses a seu meio ambiente, nada tenho contra isso. No entanto, sobretudo no capítulo de conclusão, o autor parece fazer algo diverso. Parece estar mais preocupado em reafirmar suas credenciais pós-modernistas; em proclamar sua inocuidade política, negando que em seu livro possa haver algo que traga auxílio e conforto aos libertários ou aos liberais de direita; e até em buscar a redenção da Islândia medieval aos olhos feministas, afirmando, ao estilo de Jaffee, que, naquela sociedade, o *status* da mulher era mais elevado que em outras partes da Europa medieval.

A insuficiência teórica do livro de Miller, por sua vez, está em que este deixa de explorar mais profundamente as características de uma sociedade da vingança, uma sociedade onde as pessoas mantêm a ganância e a violência dentro de certos limites, mas sem um aparato estatal de segurança. O mecanismo básico de limitação é a ameaça de retaliação por parte das possíveis vítimas de agressão. Para que, no entanto, essa ameaça possua credibilidade como fator de dissuasão, é preciso que a vítima tenha aliados. Do contrário, não haveria nenhum homicídio dissuassivo. Daí a importância não apenas do parentesco, mas também da retórica, como ressalta Miller. Mesmo um parente pode relutar em arriscar-se por nós. Logo, o indivíduo precisa ser capaz de fazer a caveira do agressor aos olhos dos parentes e demonstrar a importância da retaliação para a segurança futura do grupo de parentesco.

Em uma sociedade da vingança, o parentesco possui dupla importância (na verdade tripla, como veremos), pois engrossa não só as filas de transgressores em potencial, mas também o leque dos alvos potenciais do vingador. Se X mata Y, a família de Y pode decidir ir atrás do irmão de X, e não do próprio X – talvez o irmão não esteja tão protegido quanto X. Em outras palavras, a responsabilidade é coletiva, e isso estimula as pessoas a policiarem os próprios parentes, para evitar que a má conduta de um destes custe a elas, e não a ele, uma retaliação.

À semelhança de outros estudiosos das rixas de família, Miller enfatiza a importância do sentimento de honra. A vergonha, que é a reação à desonra, ajuda a superar o medo, e isso aumenta a probabilidade de que uma vítima venha a retaliar em caso de ataque ou abuso – se não retaliar, será presa fácil e o sistema de vingança não conseguirá manter a paz. Daí a importância de manter a memória das injúrias sofridas e a ligação do sentimento de honra com as noções de troca, equilíbrio e reciprocidade.

O problema de uma economia de ameaças é que ela provavelmente será instável, embora haja exemplos em contrário, como o equilíbrio das ameaças nucleares. A dissuasão raramente funciona com perfeição. Assim, haverá sempre alguns atos danosos e, portanto, retaliações; e cada ato de retaliação poderá ser percebido pelo agressor original, ou pelos parentes deste, como um ato de agressão, que exige retaliação contra o agressor-vingador. A rixa resultante pode ficar fora de controle, criando-se assim a demanda por um grupo protetor suficientemente poderoso para deter a bola de neve de retaliações. A concorrência pela formação de tais grupos – com o uso esporádico do parentesco ficcional para aumentar as famílias – pode resultar finalmente em um monopólio da força e, consequentemente, na formação de um Estado. Isso acabou acontecendo na Islândia. No entanto, o fato de isso ter levado três séculos para acontecer sugere que os islandeses deviam ter normas ou instituições que desempenhavam, no sistema de rixas de família, o mesmo papel que os blocos de grafite desempenham no interior de um reator nuclear: desacelerar a reação em cadeia.

Uma dessas instituições era o direito. Os julgamentos feitos segundo a lei não se cumpriam automaticamente. Logo, se o réu declarado culpado se recusasse a cumprir a pena, o demandante teria de conclamar seus parentes a que impusessem-na à força, quase como se tivesse decidido vingar-se diretamente pelo ato danoso que originara a ação judicial. Mas, conforme explica Miller, um julgamento feito segundo a lei poderia representar um motivo convincente para os parentes do demandante se unirem, e também para os possíveis aliados do réu se eximirem de ajudá-lo, o que isolaria o réu e justificaria retroativamente a decisão do querelante de apelar à justiça e não à força. Além disso, a bilateralidade do parentesco na Islândia (os islandeses reconheciam o parentesco tanto pela linhagem do pai quanto pela da mãe, enquanto muitas sociedades o reconhecem apenas pelo lado do pai e outras, pelo lado da mãe) aumentava a possibilidade de existência de parentes em ambos os lados de uma disputa. Vendo-se envolvidos na situação, esses parentes naturalmente buscariam o entendimento entre os querelantes.

Essas coisas não são tão exóticas quanto parecem. Para Holmes, na formação da ordem social, o direito é o estágio imediatamente posterior à vingança[13]. O sistema jurídico da Atenas antiga não era diferente daquele descrito por Miller. As ações judiciais, mesmo as que envolviam delitos graves, como homicídio e traição, eram instauradas e conduzidas por particulares (os "denunciadores") e julgadas perante painéis de cidadãos escolhidos a esmo. Não havia juízes profissionais, nem possibilidade de recurso. Também não havia advogados, embora os litigantes contratassem retores para que lhes redigissem discursos. Diferentemente do que ocorria na Islândia, o cumprimento das penas era imposto por agentes públicos; e os júris eram maiores. Havia outras diferenças, mas as semelhanças são impressionantes. Entre estas, vemos até o uso do banimento como forma de punição e a propensão de certas facções "rixentas" à litigiosidade. Miller sairia ganhando se tivesse consultado a farta literatura acadêmica sobre o sistema ateniense, incluindo-se o papel da oratória forense nesse sistema[14].

Entretanto, a sociedade da Grécia Antiga que mais se assemelha à Islândia não é Atenas, mas aquela descrita nas epopeias de Homero. (E o mesmo problema da separação entre realidade e ficção existe nas obras literárias.) Esta sociedade possui instituições estatais meramente rudimentares e exibe a mesma ênfase na vingança como princípio básico da ordem social, encontrada nas sagas. Há alguns anos, tentei descrever sistematicamente a ordem social encontrada nos poemas homéricos, à semelhança daquilo que Miller procura fazer com as sagas[15]. Mas minha abordagem é diferente da de Miller, pois emprego a teoria econômica para apreender as características fundamentais de um sistema de vingança[16]. Outros aplicaram a teoria econômica à própria Islândia medieval[17], bem como a outros regimes desprovidos de Estado, como as comunidades de mineiros que surgiram durante a corrida do ouro na Califórnia, para manter a ordem em um momento e em um lugar nos quais a autoridade do Estado praticamente inexistia[18].

13. *The Common Law*, lect. 1.
14. Ver, por exemplo, Robert J. Bonner e Gertrude Smith, *The Administration of Justice from homer to Aristotle*, vol. 2 (1938); outras obras citadas em *Law and Literature* 110 n. 57; além de Thomas C. Brickhouse e Nocholas D. Smith, *Socrates on Trial* (1989).
15. "The Homeric Version of the Minimal State", 90 *Ethics* 27 (1979), reimpresso em meu livro *The Economics of Justice*, p. 119 (1981).
16. Ver também "Retribution and Related Concepts of Punishment", reimpresso em *The Economics of Justice*, nota 15 acima; e Capítulo 1 de *Law and Literature* ("Revenge as Legal Prototype and Literary Genre").
17. Friedman, nota 12 acima; Thráin Eggertsson, *Economic Behavior and Institutions*, pp. 305-10 (1990).
18. Ver, por exemplo, Robert C. Ellickson, *Order without Law: How Neighbors Settle Disputes* (1991); Gary D. Libecap, *Contracting for Property Rights* (1989).

Os economistas dão valor aos incentivos e, portanto, à dissuasão. Miller reconhece o caráter crucial desses fatores no sistema social da Islândia das sagas. Embora tenha dificuldades para compreender a relação entre a honra e as rixas, logo reconhece que a chave está na dissuasão: "honra é a capacidade de fazer com que os outros acreditem que você será duro com eles da próxima vez" (p. 303). Miller capta a lógica econômica essencial de um sistema baseado na vingança, mas poderia ter escrito um livro menor e mais claro, rico em comparações entre a Islândia medieval e outras sociedades caracterizadas pela ausência ou rudimentariedade das instituições estatais. Bastava, para tanto, munir-se de um pouco de teoria econômica e (coisa intimamente relacionada) teoria dos jogos – o estudo sistemático das interações estratégicas, com ênfase especial nas ameaças de agressão e retaliação. A teoria dos jogos só aparece em uma única nota de rodapé, onde se cita o livro de Axelrod, em que este autor, a partir dos jogos de computador, observa que a estratégia mais eficiente para obter a cooperação em um sistema descentralizado é a do "olho por olho, dente por dente": se você não cooperar comigo, retribuirei, mas sempre na mesma moeda[19]. Miller, então, dispensa Axelrod: "sua análise das estratégias computacionais para o Dilema do Prisioneiro é muito sugestiva, mas não parece imediatamente aplicável às rixas islandesas, sem consideráveis ressalvas" (p. 374). Sem dizer por quê, acrescenta: "Não sou um estudioso da teoria dos jogos, portanto as observações que aqui faço bem podem ter respostas fáceis, que eu desconheça." A desculpa não serve. A teoria dos jogos é a ciência dos conflitos e da resolução destes. Qualquer pessoa que pretenda escrever sobre a resolução de conflitos tem a obrigação de examinar essa ciência, em busca de eventuais descobertas que lhe possam ser úteis. (Tratarei da teoria dos jogos no Capítulo 25, ao falar sobre a chantagem.)

A ciência econômica talvez seja capaz de explicar por que a sociedade islandesa, mesmo sem um Estado, manteve-se equilibrada pelo tempo que se manteve, mas apenas por esse tempo. A Islândia não tinha inimigos estrangeiros e não sofreu ameaças de invasão até que a Noruega começou a botar suas asas de fora, marcando o fim do período de independência. Até então, os benefícios de uma grande associação provedora de segurança eram menores do que geralmente são. Além disso, o país era muito pobre, e por isso era difícil aparecer uma pessoa capaz de sustentar uma legião de dependentes, ao estilo feudal, os quais, em tro-

---

19. Robert Axelrod, *The Evolution of Cooperation* (1984).

ca de alimentação e abrigo, poriam à disposição de seu senhor uma força armada. Sem esta, ele tinha pouco a oferecer à sociedade, em matéria de segurança. Pouco, mas, ainda assim, algo. A sociedade islandesa tinha seus chefes. Porém, as forças à disposição destes eram extremamente parcas (um punhado de parentes, dependentes e clientes, que folgavam do pastoreio no período da tarde), o que restringia o poder deles à execução de vinganças esporádicas. Nenhum desses chefes era capaz de oferecer a segurança que um rei ofereceria.

Uma comunidade precisa de um superávit econômico para sustentar especialistas em coerção. Entretanto, uma vez atingido o superávit, a sociedade sem Estado está com os dias contados. Eggertsson sugere que, às vésperas do fim do período de independência da Islândia, a Igreja finalmente conseguiu coletar impostos consideráveis; mas não foi capaz de evitar que a arrecadação fosse para os cofres dos principais chefes de clãs. Seis destes acumularam poder, a ponto de serem capazes de travar uma guerra civil de dimensões respeitáveis, o que de fato fizeram. A população, então, de bom grado, pediu proteção ao rei da Noruega e este foi o fim da independência da Islândia[20].

Bloodtaking and Peacemaking é interessante não apenas por seus próprios méritos, mas também como ilustração da transformação no campo dos estudos acadêmicos que descrevi no Capítulo 2. Durante um período de um ano após sua publicação, surge o livro de Ellickson sobre os acordos extrajudiciais, o livro de Grey sobre a poesia de Wallace Stevens, o estudo de Rosenberg sobre os efeitos de processos judiciais paradigmáticos e o estudo de Cohen sobre a regulamentação jurídica e moral da sexualidade na antiga Atenas[21]. Ellickson e Grey são professores de direito, enquanto Rosenberg é um cientista político e Cohen, chefe de um departamento de retórica. Todos esses livros foram publicados por renomadas editoras universitárias e, em geral, bem recebidos pela crítica; apesar de poder haver, a olhos mais escrupulosos, em cada caso, um desencontro entre as credenciais profissionais do autor e o tema tratado[22]. Ainda assim, esta é a era da especialização. Max Weber não alertou, há quase um século, que "manter-se dentro dos limites do

---

20. Eggertsson, nota 17 acima, pp. 309-10. A análise de Eggertsson é aprofundada em Birgir T. R. Solvason, "The Evolution of the Institutional Strusture of the Icelandic Commonwealth" (inédito, Dep. de Economia, Universidade da Islândia, 25 de junho de 1992).

21. Ellickson, nota 18 acima; Thomas C. Grey, *The Wallace Stevens Case: Law and the Practice of Poetry* (1991); Geral N. Rosenberg, *The Hollow Hope: Can Courts Bring about Social Change?* (1991); David Cohen, *Law, Sexuality and Society: The Enforcement of Morals in Classical Athens* (1991). Trato do livro de Grey no Capítulo 23.

22. Um pouco menos no caso de Cohen, que, além de doutor em estudos clássicos, é bacharel em direito.

trabalho especializado, o qual subentende a renúncia à faustiana universalidade do homem, é uma condição para qualquer trabalho válido no mundo contemporâneo"[23]? Então o que é que está acontecendo? Cinco coisas, creio eu:

1. O mercado de livros acadêmicos de direito, que não os didáticos, é restrito, em parte porque os professores de direito, por estarem habituados a dispor de excelentes bibliotecas, não são compradores naturais de livros, apesar de seu grande poder aquisitivo. Consequentemente, as editoras universitárias, que em geral não publicam livros didáticos, relutam em publicar livros de direito que não se imiscuam em outras áreas. Portanto, os livros multidisciplinares são maioria na lista de obras de direito dessas editoras.

2. O emprego de professor de direito, por ser, para os atuais padrões acadêmicos nos Estados Unidos, extremamente bem remunerado, pouco exigente e livre de competição, atrai muitas mentes brilhantes cuja verdadeira paixão é por outros assuntos, como é, claramente, o caso de Miller. Algumas dessas pessoas acabam se transformando em estudiosos altamente motivados, apesar de sua posição de privilégio.

3. Por ser matéria, e não método, o direito presta-se a ser estudado por pesquisadores de outras disciplinas, como a economia, a ciência política e até a crítica literária, ou por juristas que empregam as ferramentas dessas disciplinas.

4. A especialização gera uma demanda por generalistas e estudiosos interdisciplinares. A proliferação de subespecializações enigmáticas abre espaço para mediadores e intérpretes, que mesclarão abordagens ou aplicarão ao estudo dos problemas de uma disciplina uma abordagem desenvolvida em outro campo de especialização.

5. O rápido progresso das ciências sociais e a crescente importância da teoria em campos como literatura e história, que por tanto tempo resistiram a ela, multiplicaram as oportunidades de aplicação de outras disciplinas ao estudo do direito. Como resultado disso, a pesquisa acadêmica interdisciplinar de direito intensifica-se e desenvolve-se cada vez mais; e a suscetibilidade de aperfeiçoamento é uma de suas maiores virtudes.

---

23. *The Protestant Ethic and the Spirit of Capitalism*, p. 180 (Tradução para o inglês de Talcott Parsons, 1958) [trad. bras., *A ética protestante e o espírito do capitalismo*. São Paulo, Pioneira Thomson Learning, 2001. Tradução de M. Irene de Q. F. Szmrecsányi e Tamás J. M. K. Szmrecsányi, p. 130]. Conforme observei no Capítulo 6, ele estava certo em discutir o baixo grau de especialização dos teóricos do direito constitucional.

PARTE QUATRO

Sobre sexo e raça

capítulo 15
Sra. Aristóteles

O inimigo de meu inimigo é meu amigo. Sou inimigo do liberalismo. Logo, Aristóteles, na medida em que é antiliberal, é meu amigo. As intuições de meu amigo sobre ética me ajudarão a demonstrar que as mulheres deveriam servir nas forças armadas em pé de igualdade com os homens, enquanto sua falta de visão ética e sua ignorância em matéria de biologia me ajudarão a demonstrar que a maternidade substituta é um mal. Este é, resumidamente, o argumento de Linda Hirshman[1], o qual representa uma introdução bastante satisfatória à teoria do direito feminista radical.

O argumento de Hirshman levanta uma série de questões. A primeira delas é por que o liberalismo deve ser considerado antagônico ao feminismo. A crença na liberdade pessoal é uma característica comum à maioria das formas de liberalismo, assim como a crença de que a condição da mulher deve ser melhorada é comum a todas formas de feminismo. É difícil enxergar qualquer conflito entre as duas coisas. Historicamente, as mulheres se saíram muito melhor nas sociedades liberais do que nas tradicionais, ou naquelas antiliberais, de uma forma ou de outra. O liberalismo fomenta o progresso econômico e científico, o qual serviu de combustível para a emancipação das mulheres nas sociedades modernas. Pois essa emancipação deve-se principalmente à redução da

---

1. Linda R. Hirshman, "The Book of 'A'", 70 *Texas Law Review* 971 (1992).

mortalidade infantil (uma mulher não precisa mais estar constantemente grávida para aumentar as chances de ter filhos que sobrevivam até a idade adulta), à invenção de instrumentos de utilidade doméstica que geram economia de trabalho, ao aperfeiçoamento dos métodos contraceptivos, ao crescimento do trabalho leve (o "setor de serviços") e aos avanços na compreensão da biologia do sexo e da reprodução. O progresso tecnológico nem sempre gera a emancipação: a invenção da descaroçadeira de algodão, longe de emancipar os escravos, aumentou a demanda por estes. Mas o progresso tecnológico *de fato* eliminou as principais causas da subordinação feminina (sobre esse ponto, ver também o próximo capítulo).

O liberalismo, mesmo em sua forma clássica e mais restrita, é contrário à imobilidade hierárquica, à restrição ao ingresso nas profissões e à intervenção de dogmas religiosos em decisões políticas. Esse antagonismo, e a correspondente visão favorável que os liberais têm da competitividade (incluindo-se a competição por cargos públicos), da liberdade de ingresso nos mercados e nos empregos e da mobilidade social, garantem um clima mais favorável à emancipação das mulheres em relação aos laços tradicionais e papéis pré-determinados, em comparação com as ideologias das sociedades antiliberais. John Stuart Mill era um feminista ferrenho[2], ao passo que Aristóteles, com a ajuda de quem Hirshman espera "romper a redoma liberal"[3], no que concerne à posição das mulheres, defendia visões que eram conservadoras até para sua época. O Estagirita era menos progressista que Eurípides, Aristófanes, o autor da *Odisseia* e Platão (que, segundo comprovam a *República* e as *Leis*[4], foi o primeiro dos feministas radicais[5]).

2. John Stuart Mill, "The Subjection of Women", em *On Liberty and Other Writings*, p. 117 (Stefan Collini [org.], 1989).
3. Hirshman, nota 1 acima, p. 1003.
4. David Cohen, "The Legal Status and Political Role of Women in Plato's Laws", 34 *Revue Internationale des droits de l'antiquité* (3d ser., pt. 2) 27 (1987).
5. "A temperança [*sophrosyne*] de um homem e a de uma mulher não são idênticas, nem o são sua coragem e sua justiça, *como pensava Sócrates*; uma é a coragem do comando e a outra, a da obediência, e o mesmo acontece com as outras [virtudes]." Aristotle, *Politics* (tradução de B. Jowett), em *The Complete Works of Aristotle*, vol. 2, p. 1999 (Jonathan Barnes [org.], 1984) (1260 a 20-23, na edição em grego de Becker) (grifo meu). A razão disso, explica Aristóteles, é que a parte deliberativa da alma da mulher, ao contrário daquela da alma do homem, carece de autoridade total sobre a pessoa. Id. (linhas 11-14). Sobre as concepções da mulher em Aristóteles e em Platão, comparadas, ver também Nicholas D. Smith, "Plato and Aristotle on the Nature of Women", 21 *Journal of Historical Philology* 467 (1983); Maryanne Cline Horowitz, "Aristotle and Woman", 9 *Journal of the History of Biology* 183 (1976); Stephen R. L. Clark, "Aristotle's Woman", 3 *History of Political Thought* 177, 179-180, 182 (1982); Martha C. Nussbaum, "Comments", 66 *Chicago-Kent Law Review* 213, 221, 227, 230 (1990); Nancy Sherman, *The Fabric of Character: Aristotle's Theory of Virtue*, pp. 153-4 (1989).

O que desagrada Hirshman no liberalismo é a abstração, a qual a autora considera a essência do realismo científico, por um lado, e do individualismo, por outro. Hirshman enxerga na razão prática aristotélica (no sentido, já heterodoxo, de uma combinação entre o método do raciocínio e o da persuasão, os quais Aristóteles classificava como a dialética e a retórica)[6] um combate à abstração, no que concerne a seu lado epistemológico, enquanto a ética aristotélica, com sua ênfase na virtude e na comunidade, de fato combate o lado político da abstração. No entanto, o vínculo mais forte entre a ciência e o liberalismo (o qual é uma ideologia política e ética e não uma epistemologia) não é um apreço pela abstração, mas sim uma crença nas virtudes do pensamento livre, fundamental tanto para o progresso científico quanto para a liberdade política. A tradição filosófica que enfatiza não a correspondência entre as teorias científicas e a realidade objetiva, mas a importância de virtudes científicas como a abertura a novas ideias, o respeito aos dados empíricos, a diversidade de opiniões, a independência intelectual e o franco debate, é, obviamente, o pragmatismo; em geral bem-aceito pelas feministas, inclusive Hirshman. A ciência fomenta e recompensa as virtudes pragmáticas[7]; assim como o faz o lado político do liberalismo, com seu ideal de tolerância em relação aos diferentes pontos de vista e estilos de vida, seu secularismo, sua atitude adaptativa diante das transformações sociais e políticas e sua rejeição das teorias totalizantes do Bem, entre outros fanatismos. Não é em nações islâmicas como o Irã, na Índia ou nas tribos africanas que a mulher emancipada encontra espaço social, político e econômico para perseguir seus projetos heterodoxos pessoais e ideológicos; mas sim nos prósperos Estados liberais do Ocidente.

Mas o pensamento de Aristóteles é complexo; e, em muitos aspectos, a ideologia liberal se alimenta dele. Hirshman, entretanto, mantém-se fiel ao uso dos aspectos não liberais para fundamentar sua visão acerca de determinadas políticas. Segundo afirma, o melhor argumento em defesa do tratamento igualitário das mulheres no que concerne ao serviço militar não é a própria igualdade, mas o papel desse serviço como "um dos ritos através dos quais a força moral do direito determina a forma do eu virtuoso", ou como "o suprassumo da participação na comunidade"[8]. O pressuposto desse raciocínio é que cabe ao Estado, por meio da coerção (serviço militar universal), incutir no cidadão virtudes especí-

---

6. Ver *The Problems of Jurisprudence*, pp. 71-2.
7. Richard Rorty, "Is Natural Science a Natural Kind?", em Rorty, *Philosophical Papers: Objectivity, Relativism, and Truth*, pp. 46, 61-2 (1991).
8. Hirshman, nota 1 acima, pp. 994-5.

cas, como a coragem, a disciplina, a obediência e a abnegação. Assim, o indivíduo que não se submeter a esse programa de doutrinação jamais poderá se considerar um cidadão de verdade. Esta não é uma ideia absurda. A criação de uma mentalidade generalizada de estado de guerra pode ser perfeitamente natural para um país sob risco iminente de ataque. Porém, o papel das mulheres em uma situação dessas não dependerá de concepções abstratas, mas de considerações concretas sobre como podem contribuir mais para a defesa nacional – pode ser como mão de obra não especializada nas fábricas, e não na frente de batalha. Em um país como os Estados Unidos, que felizmente não sofre, no momento, sérias ameaças militares e onde, por esta razão e por outras, o treinamento militar universal seria um enorme desperdício de recursos, não é fácil enxergar a importância do militarismo ateniense. É claro que enfrentamos outras ameaças, mas uma ideologia estatal, ainda que fosse viável em uma sociedade tão heterogênea política e moralmente como a americana (e não é), pouco contribuiria para repeli-las.

Com isso não pretendo negar que haja boas razões para se aceitarem mulheres no serviço militar (voluntário), em situação de igualdade com os homens. Se ainda restavam dúvidas nesse departamento, estas se dissiparam diante do desempenho de nossos soldados do sexo feminino na Guerra do Golfo. Mas o xis da questão é justamente o desempenho, algo que não encontramos em Aristóteles. Deve-se ressaltar, mais uma vez, que não foi Aristóteles, mas Platão, quem defendeu (nas *Leis*) o serviço militar feminino.

Para Hirshman, embora a biologia de Aristóteles esteja superada (na verdade, *justamente* por isso), ela pode ser útil no exame da polêmica sobre a maternidade substituta. Para Aristóteles, enquanto o pai fornece a semente, a mãe provê o solo. Assim, de um ponto de vista genético (por assim dizer), a criança, na realidade, é do pai; é o clone do pai[9]. Essa teoria há muito foi reconhecida como errada, mas Hirshman acha que os esforços em defesa da maternidade substituta estão contaminados pela mesma falácia. Segundo a interpretação que a autora faz da maternidade substituta, o pai paga à mãe de aluguel para que esta gere o filho dele, isto é, uma criança sobre quem a mãe de aluguel não terá direitos de maternidade. Para Hirshman, isso é equivalente à visão grega antiga (visão de fato sustentada pela biologia de Aristóteles), segundo a qual o pai detinha todos os direitos sobre sua prole, de modo que, por

---

9. Esta é uma espécie de caricatura da visão de Aristóteles. Ver Johannes Morsink, "Was Aristotle's Biology Sexist?" 12 *Journal of the History of Biology* 83 (1979). É, porém, suficientemente precisa para os presentes propósitos.

exemplo, caso se divorciasse, teria todos os direitos de guarda sobre os filhos, enquanto a mãe destes não teria absolutamente nenhum.

Essa interpretação ignora diferenças cruciais[10]. É verdade que a mãe de aluguel cede sua capacidade reprodutiva. No entanto, é recompensada por isso. Além disso, não a cede pelo resto da vida (ou até que o homem se canse dela e a descarte), mas pelo tempo de uma gravidez; e a cede não apenas ao futuro pai, mas também à esposa deste, que se torna a mãe adotiva[11]. Presumindo-se, como Hirshman parece presumir, que os três adultos envolvidos na transação sejam bem-informados, mentalmente sãos e não estejam agindo sob coerção física ou econômica, tanto a mãe de aluguel quanto a esposa do pai da criança (as duas mulheres da jogada) saem beneficiadas do acordo; bem como o pai e, provavelmente, também a criança, que, de outro modo, não nasceria. Para mostrar que, no balanço geral, as mulheres saem prejudicadas, Hirshman menciona explicações de outras feministas. Mas a sua explicação específica (segundo a qual há uma analogia entre a maternidade substituta e a superada teoria aristotélica da reprodução) não é boa, se é que pode ser considerada uma explicação. A autora também apresenta algumas ideias obscuras sobre "mercantilização" e sobre a necessidade de reconstruir as relações sociais segundo o modelo da amizade cidadã como um meio-termo entre as relações de mercado e a hierarquia social. Não explica, contudo, como seria isso na prática.

Hirshman não percebe a incoerência entre atacar a maternidade substituta enfatizando-se a ligação da mãe biológica com a criança e defender o aborto tratando-se a mãe e a criança como estranhos, como no influente artigo de Judith Jarvis Thomson, que compara uma mãe a um completo estranho, obrigado a permanecer nove meses na cama, conectado por tubos a um violinista famoso, portador de uma doença dos rins potencialmente fatal[12]. Não compreendo como uma feminista é capaz de, simultaneamente, enfatizar e diminuir o papel biológico da mãe de uma forma dessas. De qualquer modo, não acho que, para redimir Aristóteles diante do feminismo, fosse necessário Hirshman afirmar que até a misoginia dele[13] pode ser utilizada em benefício da causa feminis-

10. Para uma análise completa, ver *Sex and Reason*, cap. 15.

11. Veremos que o mesmo erro – o de ignorar a esposa – é cometido por Patricia Williams, ao discutir a maternidade substituta em seu livro *The Alchemy of Race and Rights*, analisado no Capítulo 18.

12. Judith Jarvis Thomson, "A Defense of Abortion", 1 *Philosophy and Public Affairs* 47, 48-49 (1971). Ver também Laurence H. Tribe, *Constitutional Choices*, p. 243 (1985), onde as gestantes são descritas como "incubadoras", uma visão parecida com a de Aristóteles.

13. Se é que o termo é cabível. Para Morsink, a visão de Aristóteles acerca da biologia dos homens e das mulheres era a mais científica possível na época, dado o estágio de desenvolvimento em que se encontrava a ciência em seu tempo. Ver Morsink, nota 9 acima, pp. 110-2.

ta. Muitos anos atrás, um distinto professor emérito da Faculdade de Direito da Universidade de Chicago proferiu um discurso em um jantar, durante o qual se declarou admirado com o fato de as feministas valerem-se do pensamento de Hegel na concepção de suas teorias, sendo este tão misógino. Mas não deveria admirar-se, pois não há incoerência. O pensamento de Hegel, Aristóteles, Nietzsche – ou mesmo o de Ezra Pound e Salvador Dalí – não é uma teia perfeita, que se desfaz com o puxar de um fio. É possível jogar fora blocos enormes de seus sistemas de crenças, sem com isso demoli-los. Pode-se descartar a biologia de Aristóteles, bem como os valores aristocráticos do filósofo, sem comprometer, com isso, o que este tem a dizer sobre o raciocínio em face da incerteza, sobre justiça corretiva ou sobre a interpretação das leis. O que resta após a triagem necessária não demole o liberalismo nem serve de apoio à dúbia causa do feminismo antiliberal.

capítulo 16

Biologia, economia e a crítica feminista radical a *Sex and Reason*

O feminismo, como ramo do conhecimento, é o estudo das mulheres na sociedade, desde um ângulo que ressalta os efeitos das práticas sociais e políticas de governo sobre elas; que dá grande atenção ao que elas próprias (frequentemente ignoradas) disseram ou dizem; que se preocupa sinceramente com o bem-estar delas e que, enfim, privilegia o ceticismo necessário diante de teorias de tipo teocrático, ou dogmático em geral, que pregam que as mulheres estão predestinadas a se subordinarem aos homens. Segundo essa interpretação do feminismo, são feministas John Stuart Mill, Catharine MacKinnon, Mary Wollstonecraft, Andrea Dworkin, Martha Minow, Martha Nussbaum, Martha Fineman e Linda Hirshman. Segundo essa interpretação, a rejeição da biologia, da ciência econômica, do liberalismo e das provas perceptíveis pelos sentidos, bem como um vocabulário esquerdista recheado de palavras como "patriarcal", "hegemônico", "colonizador" e "ideologia de classe", além do desapreço pelos homens, ou, pelo menos, uma desconfiança diante da heterossexualidade, são características acidentais, e não orgânicas, do feminismo; pois refletem o atual domínio do feminismo radical no ambiente acadêmico. Segundo essa interpretação, ademais, igualar feminismo radical a feminismo em geral, como faz MacKinnon, é um equívoco[1].

1. Catharine A. MacKinnon, *Feminism Unmodified: Discourses on Life and Law*, p. 137 (1987); ver também Katharine T. Bartlett, "Feminist Legal Methods", 103 *Harvard Law*

Meu livro *Sex and Reason* tem sido um verdadeiro saco de pancadas para a crítica feminista radical[2]. No livro, tentei mostrar que um modelo econômico simples pode explicar os padrões e as normas gerais de comportamento sexual em diferentes culturas e épocas; e que, além disso, pode gerar novas e surpreendentes hipóteses (passíveis de teste) acerca da ocorrência de modalidades diferentes de comportamento sexual. Meu modelo (descrito com mais detalhes no último capítulo do presente livro) trata o comportamento sexual como consequência de escolhas racionais feitas em face dos custos em jogo (principalmente não pecuniários), relativos à busca de parceiros, expectativa de punição, fertilidade e doenças; e dos benefícios influenciados por preferências sexuais inatas ou, por qualquer outra razão, imutáveis: por exemplo, por relações com pessoas do mesmo sexo ou pela variedade de parceiros sexuais. No livro, não insisto dogmaticamente na ideia de que a economia seja *a* chave para os segredos da sexualidade humana. Reconheço, ali, que uma teoria econômica da sexualidade depende do trabalho descritivo e analítico dos psicólogos, historiadores e sociólogos, incluindo-se os especialistas no estudo das mulheres e dos *gays*. Interesso-me pela contribuição que a biologia pode prestar à compreensão não apenas das propriedades fisiológicas da sexualidade humana, mas também das dimensões sociais, incluindo-se as diferenças entre o comportamento sexual masculino e o feminino, além da preferência de alguns homens pelas relações homossexuais, em detrimento das heterossexuais. Além disso, comparo abordagens das ciências naturais e sociais em geral com as teorias morais da sexualidade que parecem ter modelado os costumes sexuais e as leis vigentes na sociedade. Por fim,

---

Review 829, 833 e n. 8 (1990). O ataque de MacKinnon à pornografia é tema do próximo capítulo.

2. Ver Katharine T. Bartlett, "Rumpelstiltskin", 25 *Connecticut Law Review* 477 (1993); Margaret Chon, "Sex Stories – A Review of *Sex and Reason*", 62 *George Washington Law Review* 162 (1993); Martha Ertman, "Denying the Secret of Joy: A Critique of Posner's Theory of Sexuality", 45 *Stanford Law Review* 1485 (1993); Martha Albertson Fineman, "The Hermeneutics of Reason: A Commentary on *Sex and Reason*", 25 *Connecticut Law Review* 507 (1993); Gillian K. Hadfield, "Flirting with Science: Richard Posner on the Bioeconomics of Sexual Man", 106 *Harvard Law Review* 479 (1992); Hadfield, "Not the 'Radical' Feminist Critique of *Sex and Reason*", 25 *Connecticut Law Review* 533 (1993); Jane E. Larson, "The New Home Economics", 10 *Constitutional Commentary* 443 (1993); Ruthann Robson, "Posner's Lesbians: Neither Sexy Nor Reasonable", 25 *Connecticut Law Review* 491 (1993); Carol Sager, "He's Gotta Have It", 66 *Southern California Law Review* 1221 (1993); Robin West, "Sex, Reason, and a Taste for the Absurd", 81 *Georgetown Law Journal* 2413 (1993). Hadfield não pode ser considerada uma feminista radical *tout court*, mas a posição dela diante das questões analisadas em meu livro não difere daquela de autoras reconhecidamente adeptas do feminismo radical.

procuro avaliar o desempenho dos juízes no manejo de certas questões públicas, como o que deve ser feito (se é que se deve fazer algo) da sodomia, da maternidade substituta, do aborto, do estupro conjugal e da pornografia.

O resultado é um livro longo e eclético, embora a economia ocupe o lugar central. A ênfase é descritiva e explicativa, portanto positiva e não normativa. Porém, não de forma exclusiva, pois lá também apresento opiniões sobre diversas questões normativas. Por exemplo, argumento, no espírito de John Stuart Mill, que os adultos, segundo uma definição generosa que inclui grande parte da população jovem, devem ser livres para envolver-se em relações sexuais consentidas e demais condutas semelhantes, como o consumo de pornografia e o estabelecimento e cumprimento de acordos de maternidade substituta, exceto se houver consequências palpáveis para terceiros, não tendo estes consentido com o acordo.

Em um livro de tão vasto alcance[3], que trata de assunto tão polêmico e delicado sobre o qual é tão difícil recolher dados definitivos, é natural que haja erros e omissões[4], ênfases equivocadas, manifestações de parcialidade e insensibilidade, raciocínios lógicos incompletos e distorções derivadas das limitações da experiência pessoal do autor, bem como das particularidades de sua psicologia. Além disso, o livro não se alinha a nenhuma das escolas mais ferozes da teoria da sexualidade – a interpretativista foulcaultiana, a feminista radical, a tomista, a neoconservadora, a paleoconservadora, a marcuseana ou a libertacionista *gay* e lésbica. A inspiração do livro está na economia do comportamento não mercadológico, um ramo da economia que gera controvérsias até dentro dessa profissão, além de ser odiado como "imperialista" pela maioria dos demais cientistas sociais. Outra fonte está no mais polêmico ramo da biologia evolutiva, a saber, a sociobiologia, aplicação dos princípios de Darwin ao comportamento social. Um livro assim não poderia deixar de atrair críticas de diversos lados, e as críticas vindas do lado do feminismo radical nos dizem muito sobre esse movimento.

---

3. Uma das resenhas do livro tem 101 páginas. C. G. Schoenfeld, resenha de livro, 20 *Journal of Psychiatry and Law* 515 (1992).
4. Em meu apanhado da literatura econômica precedente (*Sex and Reason*, pp. 33-6), faltou Ray C. Fair, "A Theory of Extramarital Affairs", 86 *Journal of Political Economy* 45 (1978), um estudo empírico baseado num modelo de escolha racional para o adultério, e Thomas J. Meeks, "The Economic Efficiency and Equity of Abortion", 6 *Economics and Philosophy* 95 (1990), um estudo econômico normativo do aborto.

Barcos que passam à noite

Martha Fineman questiona três afirmações específicas feitas em *Sex and Reason*. Uma delas é a de que os casais de lésbicas têm relações sexuais com menos frequência, em geral, que os casais heterossexuais; os quais, por sua vez, entabulam relações sexuais com menos frequência, também em geral, que os casais homossexuais masculinos. Fineman não nega a veracidade da afirmação (apoiada em estudiosos feministas da sexualidade lésbica)[5], alega apenas que contém pressupostos ocultos acerca da definição de relação sexual e da relação desta com outras formas de expressão sexual. A alegação é justa. Afinal, o que vem a ser "relação sexual lésbica"? Não pode o próprio termo ser considerado uma tentativa de encaixar uma atividade homossexual em um molde heterossexual? Se substituíssemos a definição de relação sexual como a medida da atividade sexual, pela definição que a caracteriza como o conjunto dos atos sexuais nos quais ao menos um dos parceiros tem um orgasmo, ainda assim a pergunta não estaria respondida. Pois, neste caso, embora ainda se sustente a relação que postulo entre frequência e presença do parceiro do sexo masculino[6], pode-se objetar que a definição continuaria abstrata. Se, contudo, a acusação de arbitrariedade se fundasse no fato de o orgasmo ser um elemento menos importante na expressão feminina do sentimento erótico que na masculina[7], isso confirmaria o argumento biológico básico segundo o qual o ímpeto sexual masculino é, em geral, mais forte que o feminino. Jamais sugiro, no livro, que as mulheres amem menos intensamente que os homens; ainda assim, se a atividade orgásmica (ou a estimulação genital em geral) é menos característica, urgente, desejada e frequente para as mulheres que para os homens, esta é uma diferença importante e, provavelmente, biologicamente programada. O argumento subjacente de Fineman, no

---

5. Lillian Faderman, *Odd Girls and Twilight Lovers: A History of Lesbian Life in Twentieth-Century America*, p. 248 (1991) ("as lésbicas tendem a fazer menos sexo que os heterossexuais e que os homossexuais do sexo masculino"); Marilyn Frye, "Lesbian 'Sex'", em *Lesbian Philosophies and Cultures*, p. 305, 313 (Jeffner Allen [org.], 1990) (os relacionamentos entre lésbicas são "relacionamentos caracterizados por uma frequência um tanto baixa de desejos claramente definidos e entabulamentos diretos de saciações"). Ver também Federman, acima, pp. 246-8, 254.

6. A menos, talvez, que a medida da atividade sexual seja, exclusivamente, o *número* de orgasmos, já que as mulheres, ao contrário dos homens, são fisicamente capazes de ter orgasmos múltiplos em sequência quase imediata. Segundo Robson, a relação sexual entre lésbicas é, não raro, multiorgásmica. Robson, nota 2 acima, pp. 498-9.

7. Sarah Lucia Hoagland, *Lesbian Ethics: Toward New Values*, pp. 167-8 (1988), traça uma imagem da sexualidade lésbica na qual o orgasmo encontra-se subordinado a um erotismo mais difuso.

entanto, continua válido: a inegável arbitrariedade de escolher uma determinada experiência erótica, ou categoria de experiências eróticas, como a unidade de comparação, no que concerne à atividade sexual, entre o ímpeto sexual do homem e o da mulher.

A segunda afirmação questionada por Fineman é a de que a capacidade de amamentação é diretamente proporcional ao tamanho dos seios. Ela está certa em questionar[8] e eu retiro o que disse. Por fim, ela contesta minha referência à "constatação comum" de que os homossexuais do sexo masculino e as mulheres andam mais bem vestidos, em geral, que os homens heterossexuais e as mulheres homossexuais. A autora não alega que minha afirmação esteja errada, mas que carece de fundamentação documental, no que está correta. Devo, portanto, retificar-me. A *Encyclopedia of Homossexuality* informa que "os homens *gays* frequentemente usam a vestimenta para apresentar-se a outros homens como parceiros sexuais em potencial". Em seguida, descrevem-se os diversos tipos de vestimenta que os *gays* usam como "sinal". Apenas um breve parágrafo é dedicado às lésbicas, onde se menciona a tradicional preferência destas pela "vestimenta formal masculina", bem como uma preferência mais recente por "itens de vestimenta um tanto sem forma e nenhum tipo de maquiagem", embora se observe que "outras mulheres homossexuais preferem uma vestimenta mais elegante, a qual se apresenta em muitas versões"[9]. Em um tratado sobre moda, também encontramos um verbete para "*Gays* do sexo masculino, vestimenta dos", mas nada sobre as lésbicas[10]. Seria estranho descrever a vestimenta formal masculina ou os itens de vestimenta feminina sem forma como "sexualmente atraentes". Não obstante, esta é uma categoria reconhe-

---

8. A afirmação, também questionada por Hadfield, "Flirting with Science", nota 2 acima, p. 492 n. 33, fundava-se em um único artigo e provavelmente é incorreta. Ver Joan M. Bedinghaus e Joy Melnikow, "Promoting Success Breast-Feeding Skills", 45 *American Family Physician* 1309, 1310 (1992); Barbara K. Popper e Constance K. Culley, "Breast Feeding Makes a Comeback – For Good Reason", *Brown University Child Behavior and Development Letter*, fevereiro de 1989, p. 1.

9. "Clothing", 1 *Encyclopedia of Homossexuality* 246, 247 (Wayne R. Dynes [org.], 1990). Ver também Lisa M. Walker, "How to Recognize a Lesbian: The Cultural Politics of Looking Like What You Are", 18 *Signs: Journal of Women in Culture and Society* 866, 867 (1993).

10. Susan B. Kaiser, *The Social Psychology of Clothing and Personal Adornment*, p. 491 (1985). O tratado confirma outra de minhas observações sobre o vestir, a saber, que o salto alto possui uma função simbólica semelhante à do atamento dos pés das chinesas: impedir a mobilidade das mulheres. Pois Kaiser observa que os sapatos femininos só são considerados atraentes quando parecem desconfortáveis. Id., p. 243. Embora, em uma edição posterior, omita-se a menção às escolhas dos homossexuais quanto à vestimenta, mantém-se a referência aos sapatos desconfortáveis. Kaiser, *The Social Psychology of Clothing: Symbolic Appearances in Context*, p. 88 (1990).

cida da vestimenta das mulheres heterossexuais, assim como dos homens *gays*[11]. Posso prever a objeção de que as lésbicas não se vestem tão bem quanto as mulheres heterossexuais ou os homens homossexuais[12] por terem uma renda menor, tanto em relação àquelas quanto a estes. A renda dos homens, em geral, é maior que a das mulheres; e muitas mulheres heterossexuais são sustentadas, ao menos em parte, por um homem[13]. Mas o estereótipo da lésbica pobre está superado, agora que a maioria das mulheres trabalha fora. Hoje, as lésbicas são, em média, mais instruídas que as mulheres heterossexuais; além de, provavelmente, terem uma renda maior[14]. A maior preocupação de Fineman é com o que chama de uma tendência a "conceitualizações e padrões de pensamento misóginos"[15]. Para ilustrar isso, cita minha afirmação de que, em sociedades muito pobres, o infanticídio feminino pode, ao reduzir o número de mulheres adultas, aumentar o bem-estar das mulheres sobreviventes[16]. Katharine Bartlett observa que o bem-estar dessas sobreviventes – o qual precisa ser interpretado de maneira abrangente, para incluir tanto o bem-estar psicológico quanto o material – pode se ver reduzido se elas tomarem conhecimento dessa prática. Outro argumento feminista válido é que custa muito caro criar meninas. Estas, portanto, são candidatas ao infanticídio apenas porque a sociedade não permite que as mulheres trabalhem. Mas não é nesses termos que Fineman discute a exatidão de minha análise do infanticídio. A misoginia de que me acusa consiste no fato de eu ter apresentado uma realidade desagradável. Aparentemente, dizer verdades desconfortáveis é misoginia. Minha

---

11. Mary K. Ericksen e M. Joseph Sirgy, "Employed Females' Clothing Preference, Self-Image Congruence, and Career Anchorage", 22 *Journal of Applied Social Psychology* 408, 411 (1992). Cf. Fred Davis, *Fashion, Culture, and Identity*, p. 35 (1992).

12. Se a expressão "vestir-se melhor" for considerada inaceitavelmente vaga para uma pesquisa científica, pode-se substituí-la pela parcela da renda gasta com vestimenta, cosméticos, e cuidados pessoais, talvez "normalizada" por referência ao gasto dos heterossexuais do mesmo sexo.

13. Em *Sex and Reason*, reflito sobre o efeito da renda sobre o comportamento relacionado ao sexo (nas pp. 133-6), mas a reflexão talvez seja breve demais, como observa Martha C. Nussbaum, "'Only Grey Matter'? Richard Posner's Cost-Benefit Analysis of Sex", 59 *University of Chicago Law Review* 1689, 1726-1728 (1992).

14. Ertman, nota 2 acima, p. 1500, 1510 n. 168.

15. Fineman, nota 2 acima, p. 512.

16. Há outro fenômeno relacionado, embora menos sinistro: uma queda na quantidade de mulheres jovens, proporcionalmente à de homens, reduzirá o valor do dote exigido pelos candidatos a marido, isto é, reduzirá o preço de um marido, o que aumenta as chances de uma mulher se casar. Para dados empíricos que comprovam a relação inversa entre o número de mulheres jovens (proporcionalmente aos homens) e o valor do dote, ver Vijayenda Rao, "The Rising of Husbands: A Hedonic Analysis of Dowry Increases in Rural India", 101 *Journal of Political Economy* 666 (1993).

análise do infanticídio, contudo, segue a linha de uma distinta antropóloga feminista, que enfatizou a iniciativa da *mãe* no infanticídio, pois é principalmente esta que carrega o fardo de cuidar de uma criança que, caso lhe seja permitido sobreviver, pode reduzir sua capacidade de cuidar dos demais filhos no presente e no futuro[17].

Fineman me critica por dizer que o estupro, na maior parte dos casos (e mais ainda, se não fosse proibido), é roubo de sexo (no sentido de que o homem obtém a satisfação sexual sem ter de negociar por esta no "mercado" das relações sexuais voluntárias) e não um mecanismo de expressão do desejo de dominação masculino. Ela não diz que essa visão está errada, apenas que foi empregada com a finalidade de defender a descriminalização do estupro. Assim, de pronunciador de verdades desconfortáveis, passo a pronunciador de verdades perigosas. Como, porém, ninguém defende a descriminalização do roubo, intriga-me a sugestão de que, ao caracterizar o estupro como roubo de sexo, estaria fornecendo um argumento aos partidários da descriminalização do estupro. Quem são esses partidários? A corrente está rumando à direção oposta. A criminalização do estupro conjugal e as leis que proíbem que a defesa investigue a conduta sexual prévia do demandante em casos de estupro são criações recentes. Pode-se alegar que o termo "roubo de sexo" desvia a atenção do caráter violento do estupro, já que muitos roubos não envolvem violência, embora alguns, é claro, envolvam. Ao usar o termo, entretanto, não tive a intenção de negar o caráter violento e, por vezes, sádico, do estupro. Na verdade, até enfatizei esses aspectos do crime. Alguns tipos de roubo se caracterizam como crimes violentos, e o estupro é um deles. Neguei apenas que os estupradores sejam, por assim dizer, representantes do restante da população masculina adulta, nomeados para manter as mulheres em um estado de de-

17. Sarah Blaffer Hrdy, "Fitness Tradeoffs in the History and Evolution of Delegated Mothering with Special Reference to Wet-Nursing, Abandonment, and Infanticide", 13 *Ethology and Sociobiology* 409 (1992). Sobre o caráter feminista da obra de Hrdy, ver seu ensaio "Empathy, Polyandry, and the Myth of the Coy Female", in *Feminist Approaches to Science* 119 (Ruth Bleier [org.], 1986). Segundo Larson, nota 2 acima, pp. 456-7, estudos recentes sobre os primatas, conduzidos por Hrdy e outros, derrubam a análise sociobiológica da sexualidade humana, ao mostrar que primatas não-humanos exibem uma variedade de comportamentos sexuais, muitos dos quais não coincidem com o padrão macho agressivo e promíscuo/fêmea recatada, que (simplificando-se bastante) os sociobiólogos consideram como a tendência inata da sexualidade humana. A verdadeira importância desses estudos, entretanto, está em mostrar como as diferenças biológicas entre as espécies de primatas determinam as diferenças de estrátegia e comportamento sexual. *Sex and Reason*, p. 20 n. 7, 97 e, sobretudo, p. 260. Larson escreve como se a totalidade dos primatas constituísse uma única espécie e, portanto, qualquer conjunto de comportamentos primatas pudesse ser considerado "natural" para os seres humanos.

pendência pelo medo[18]. É claro que as mulheres têm medo do estupro. Esse medo, ademais, atormenta-as psicologicamente e limita-lhes a liberdade de ação. Mas os homens também têm medo de serem vítimas de crimes violentos.

Ruthann Robson rechaça qualquer tentativa de refutar minhas afirmações factuais (embora dê a entender que poderia facilmente fazê-lo), porque a simples tentativa poria em perigo a sobrevivência do lesbianismo. Ela descreve suas ambições acadêmicas de maneira francamente política, como "contribuição à sobrevivência das lésbicas, tanto como indivíduos quanto como identidade"[19]. Robson cria uma variante da crítica de Fineman à minha sugestão de que a lésbica típica veste-se pior que a mulher heterossexual típica ou que o homem homossexual típico: considera a sugestão como uma afronta pessoal. Seria de esperar que as feministas condenassem a pressão da sociedade sobre as mulheres para que se vistam de forma atraente e aplaudissem as lésbicas por desafiarem essa norma, não que aceitassem a norma e negassem que as lésbicas a desafiem.

Há afirmações desconcertantes no texto de Robson, como a de que "o 'fato' de as lésbicas 'não [serem] muito atraentes' pode ser visto como uma injunção, ou ao menos uma justificativa, para a regulamentação da sexualidade lesbiana"[20]. Da primeira vez que li esse trecho, pensei que a autora poderia estar defendendo o argumento, cabível, de que, se as lésbicas (ou simplesmente todas as mulheres) fossem tidas como "naturalmente" assexuadas, então o sexo entre elas pareceria mais "antinatural" ainda. O trecho, porém, não sustenta essa interpretação, restando a mim a curiosidade de saber por que alguém imaginaria que, quanto *menos* sexualmente ativo é um grupo, *mais* o Estado deve restringir a atividade sexual desse grupo. Não sei dizer de onde Robson tirou a ideia de que, para mim, as lésbicas "não são muito sensatas"[21]. (Mais adiante, ela me atribui, também sem fundamentação, a opinião de que as lésbicas são mais racionais que os homossexuais do sexo masculino.) O comportamento racional é aquele guiado por custos e benefícios, concebidos de forma abrangente. Se uma pessoa tem uma preferência se-

---

18. Uma variante dessa visão é a de que todos os homens se beneficiam do estupro porque o medo do estupro "torna a prática da heterossexualidade consentida, bem como a instituição do casamento, medidas de segurança desejáveis" para as mulheres. Robin L. West, "Legitimating the Illegitimate: A Comment on 'Beyond Rape'" 93 *Columbia Law Review* 1442, 1454-1455 (1993).
19. Robson, nota 2 acima, pp. 504-5.
20. Id., p. 500.
21. Id., p. 501.

xual forte, o benefício de buscar satisfazer essa preferência pode exceder os custos, ainda que estes sejam altos devido à desaprovação da sociedade, à discriminação e ao risco de contrair doenças[22]. Mesmo que a preferência seja bem menos intensa (mesmo que a pessoa seja apenas circunstancialmente homossexual [ver Capítulo 26]), um ato heterossexual poderá ser substituído por um ato homossexual, se aparecer a oportunidade, ainda que a sociedade desaprove este tipo de relação sexual. Inclusive, a sugestão de Robson de que 10% das mulheres são lésbicas é totalmente exagerada, talvez em uma proporção de 10 para 1. O índice de 10%, que os partidários dos direitos dos homossexuais tentam convencer o público de que é a porcentagem real de homossexuais, tanto do sexo masculino quanto do feminino, funda-se em uma interpretação questionável do índice de Kinsey para os homossexuais do sexo *masculino* e é provavelmente três vezes maior que o real, mesmo para os homens[23]. Enfim, é uma estatística política.

Martha Ertman, por sua vez, atribui a mim a visão de que o lesbianismo é uma questão de escolha e não de biologia[24]. Tudo o que eu disse foi que a parcela representada pelas lésbicas circunstanciais na totalidade das lésbicas é maior que aquela representada pelos homossexuais circunstanciais do sexo masculino na totalidade dos homossexuais desse sexo. Não afirmei nem acredito que essa parcela esteja perto dos 100%[25].

---

22. Assim, a epidemia da aids reduziu o custo do sexo lesbiano, em comparação com o heterossexual.

23. *Sex and Reason*, pp. 294-5; ver também o Capítulo 26 do presente livro. Não se pode negar que o problema da arbitrariedade das definições de atividade sexual, anteriormente discutido, dificulta qualquer estimativa do número de homossexuais. A questão essencial é se a homossexualidade deve ser definida pela atividade ou pela preferência e, caso se opte pela primeira opção, quais atividades devem ser consideradas. Há casos limítrofes extremamente complicados. Por exemplo, deve-se considerar lésbica uma mulher divorciada que nunca obteve prazer com as relações sexuais que mantinha com o marido, não gosta de homens e só se relaciona com mulheres, algumas das quais abraça ou beija, mas sem nunca ter tido contato genital com nenhuma delas?

24. Ver também Larson, nota 2 acima, p. 459, 461.

25. Para provas recentes dos fundamentos biológicos do lesbianismo, ver J. Michael Bailey et al., "Heritable Factors Influence Sexual Orientation in Women", 50 *Archives of General Psychiatry* 217 (1993). O fato de que o lesbianismo, em certa – e talvez grande – medida, não é biológico, mas, em vez disso, representa uma reação a experiências ruins com homens (*Sex and Reason*, p. 179) prejudica a conjectura de Adrienne Rich segundo a qual a orientação sexual *normal* das mulheres é o lesbianismo, ou seja, se não fosse o sugestionamento e a intimidação da parte dos homens, todas as mulheres, ou a maioria delas, seriam lésbicas. "Compulsory Heterosexuality and Lesbian Existence", em *Powers of Desire: The Politics of Sexuality*, p. 177 (Ann Snitow, Christine Stansell e Sharon Thompson [orgs.], 1983).

Ertman também distorce minhas visões em diversos outros aspectos. Não afirmo que as lésbicas nunca foram vítimas de perseguição ou de qualquer outro tipo de discriminação,

A partir dessa caracterização incorreta de minha posição, Ertman deduz, como implicação da análise econômica, que todas as mulheres deveriam ser lésbicas, já que, como os homens tratam muito mal as mulheres, os benefícios do sexo lesbiano excedem com folga os do heterossexual, desde que inexista uma forte preferência por aquele, em detrimento deste. A autora, contudo, não consegue se decidir sobre se é mais vantajoso afirmar que o lesbianismo é congênito ou que é uma preferência; na verdade, parece preferir que não seja nem uma coisa nem outra[26]. Esse tipo de diversionismo é típico no pensamento feminista, como veremos.

Ertman, como Robson, é uma propugnadora do lesbianismo. Portanto, não se conforma com a sugestão (que faço em *Sex and Reason*) de que a homossexualidade tende a ser uma condição de menos felicidade que a heterossexualidade, mesmo depois de extinta a discriminação contra os homossexuais de ambos os sexos, se isso um dia acontecer[27]. A autora nega até que, hoje, os homossexuais sejam menos felizes que os heterossexuais, mas se contradiz, ao apontar para o alto índice de suicídios entre os homossexuais e para o fato de que "25% da população de adolescentes de rua é formada por lésbicas ou *gays*", situação que atribui à "rejeição por parte das famílias"[28]. Além disso, quer que eu "lute pelo fim dessa rejeição"[29]. Se eu estiver certo, porém (e Ertman não apresenta provas que me contradigam), a rejeição tem raízes genéticas e não será facilmente erradicada por meio da luta.

apenas que sua sujeição a sanções penais foi menos frequente. Por exemplo, o relacionamento entre lésbicas não era considerado crime na Inglaterra, na época em que a sodomia homossexual era um crime punido com pena de morte. Tampouco afirmei que as mulheres "não se interessam pela relação sexual heterossexual" (Ertman, nota 2 acima, p. 1516), mas apenas que, em geral, seu ímpeto sexual é menos intenso que o do homem. Segundo Ertman, uma vez que descrevi como "não absurda" a visão católica tradicional segundo a qual a relação sexual entre homossexuais é "antinatural", *Sex and Reason*, p. 226, citado em Ertman, nota 2 acima, p. 1519, considero essa visão correta. Na verdade, em *Sex and Reason*, rejeito a visão católica do sexo. A autora também pôs em minha boca a afirmação de que não havia homossexuais do sexo masculino na Grécia Antiga, a não ser circunstanciais. Acredito, ao contrário, que os homossexuais "verdadeiros", por oposição aos circunstanciais, podem ser encontrados em todas as sociedades. (Em minha terminologia, um homossexual "verdadeiro", ou "por opção", é todo aquele que prefere as relações com pessoas do mesmo sexo, mesmo que as relações com o sexo oposto estejam-lhe disponíveis pelo mesmo "custo", no sentido abrangente, de custo tanto pecuniário, quanto não pecuniário.) Por fim, não conclamo os pais a que "doutrinem seus filhos na heterossexualidade". Ertman, nota 2 acima, p. 1513.

26. Ver id., p. 1505.
27. Afirmo que isso é verdade sobretudo para a homossexualidade *masculina* (*Sex and Reason*, p. 307); Ertman ignora a ressalva.
28. Ertman, nota 2 acima, p. 1500 e n. 99; ver também pp. 1505-6.
29. Id., pp. 1500-1.

Natureza e cultura

Robson defende, de passagem, um argumento também enfatizado por Bartlett e Hadfield, a saber, que minha análise escancaradamente econômica depende da veracidade da sociobiologia, por mais que eu negue isso. Mas a verdade é que parte do que digo sobre a homossexualidade depende de minha convicção de que a preferência homossexual é, parcial ou totalmente, inata e não algo adquirido como resultado de escolhas pessoais, influências culturais, sedução, propugnação de ideias ou estupro. Mas nada depende de ela ser inata porque um gene ou complexo de genes da homossexualidade poderia, de algum modo, aumentar a aptidão inclusiva, ou porque uma porcentagem mais ou menos constante de crianças possui desde o nascimento, ou adquire na primeira infância, uma conformação neurológica ou psicológica que fará com que, quando atinja a maturidade sexual, atraia-se sexualmente por pessoas do mesmo sexo. Grande parte de minhas análises econômicas – como a análise dos custos de prospecção homossexual mencionada por Bartlett, Hadfield e Robson, bem como a análise da homossexualidade circunstancial – independe completamente de teorias sobre as causas da preferência homossexual. O mesmo vale para minha discussão sobre a sexualidade das mulheres. Por exemplo, independentemente de a explicação ser genética ou puramente cultural, é fato que, em geral, as mulheres sempre adotaram uma estratégia sexual mais conservadora que a dos homens; e, em termos gerais, isso é tudo que minha análise das diferenças entre o comportamento sexual masculino e o feminino pressupõe.

É claro que, se a razão da estratégia mais conservadora for cultural e não biológica, pode ser uma razão econômica; e uma análise econômica que não fornecesse explicação para isso estaria incompleta. Mas as análises econômicas, em sua maioria, são parciais e portanto incompletas, pois buscam explicar uma parte do mundo social e não a totalidade deste. Em *Sex and Reason*, de fato, procuro explicar a diferença entre as estratégias sexuais masculina e feminina em função da economia, assim como da biologia, e enfatizo a tendência à convergência das estratégias, quando o perfil ocupacional das mulheres converge com o dos homens, como na Suécia contemporânea. Bartlett, portanto, está errada quando diz que é crucial, para minha teoria, considerar que os homens e as mulheres não estão sujeitos a fatores sociais, mas apenas a forças evolutivas. A verdade é o oposto: crucial, para minha teoria, é que o comportamento sexual e os costumes humanos tenham sido moldados por forças econômicas e não meramente por forças biológicas.

Mas meu livro também está sujeito a críticas vindas da direção oposta: dos biólogos evolucionistas, para quem as diferenças de comportamento e costumes sexuais, que atribuo a fatores econômicos, são consequência da evolução. Apontar as variações do comportamento sexual, e sobretudo dos costumes, nas diferentes sociedades humanas não passa de uma forma superficial de objeção a essa questão, pois os animais exibem comportamentos diferentes em nichos ecológicos distintos. O comportamento de um gato doméstico é muito diferente daquele de um gato de rua (por exemplo, o primeiro come menos ratos e, o que é mais relevante, reproduz-se menos). Embora seja possível explicar as diferenças economicamente (para o gato doméstico, a comida é mais barata, mas a prospecção de parceiros sexuais é mais custosa), uma explicação biológica provavelmente seria adequada. A prova mais forte contra uma explicação biológica para os padrões de atividade sexual humana é aquilo que se chama de transição demográfica, isto é, a tendência de queda violenta da taxa de natalidade quando uma sociedade ultrapassa um determinado patamar de riqueza. Se, conforme consideram os biólogos evolucionistas, os seres humanos são, assim como os demais animais, máquinas de reprodução, a tendência deles a reproduzir-se menos quando passam a ter poder aquisitivo para reproduzir-se mais é um grande enigma. Pode haver uma explicação biológica, embora esta abra espaço para uma análise econômica. Os seres humanos alcançaram o presente estado de evolução biológica antes de compreenderem a lógica de funcionamento da reprodução. A seleção natural, portanto, favoreceu não a atividade reprodutiva por si mesma, mas a atividade sexual, além de uma certa afeição pela prole. Quando sexo e reprodução são separados por meio da contracepção, do aborto, da inseminação artificial, entre outras práticas presumivelmente desconhecidas no período evolutivo do desenvolvimento humano (o aborto pode ser exceção), a ideia da "máquina de reprodução" como modelo do comportamento humano está fadada a perder grande parte de seu valor explicativo, abrindo-se espaço para as explicações econômicas dos fenômenos sexuais humanos.

Bartlett é bastante pertinente ao apontar os possíveis efeitos psicológicos que a aceitação de um mercado de direitos de paternidade e maternidade pode ter sobre as mulheres e as crianças. Também está correta em observar que alguns homens obtêm prazer da ideia de que pertencem ao sexo dominante, bem como em ressaltar que, quando alego apresentar uma concepção "amoral" ou "moralmente indiferente" de sexo, na verdade estou apresentando uma concepção fundada em uma moralidade determinada: a de Mill[30]. Não obstante, uma moralidade que tome o sexo como moralmente indiferente não é exatamente um paradoxismo. Na realidade, considerar o sexo moralmente indiferente é vê-lo da mesma forma como vemos o ato de dirigir um carro. Dirigir é uma atividade potencialmente perigosa para quem dirige e para os outros. Mesmo assim, as análises éticas e políticas dessa atividade não se veem constrangidas por tabus, estigmas ou apelos à natureza ou à divindade. O ato de dirigir é considerado útil, prazeroso, racional; portanto, e principalmente, privado, o que significa que só é apropriado submetê-lo a restrições jurídicas e sociais limitadas. Livrar o sexo de sua carga moral, na medida em que for possível fazê-lo, abre o caminho para a abordagem milliana desse tema, o que acontece naturalmente quando os temas discutidos são moralmente indiferentes, como o ato de dirigir, o de comer (para quem não é vegetariano nem devoto de alguma religião que imponha restrições nutricionais) e o de jogar *bridge*.

Não está incorreto, mas é equivocado, atribuir a mim a ideia de "que convém que a sociedade recuse-se a aprovar o casamento homossexual e a custódia de crianças por homossexuais"[31]. Ao discutir os aspectos positivos e negativos do casamento homossexual, não chego a uma conclusão. Além disso, defendo que os homossexuais *não* devem ser categoricamente proibidos de ter a custódia de uma criança. Às vezes, essa custódia pode ser a melhor maneira de servir aos interesses da criança. A questão, portanto, deve ser resolvida caso a caso, não sufocada por regras. Não desprezo as objeções morais ao aborto nem sugiro ser possível refutá-las com argumentos racionais. Aponto incoerências nessas objeções, mas reconheço – e de fato enfatizo – que, a partir de certo ponto, não é proveitoso discuti-las. Reconheço, ainda, que o aborto não pode ser racionalmente justificável para "um indivíduo que atribua um alto valor (se não o mais alto) à vida do feto"[32], mas sugiro (e disso Bartlett se esquece por um instante) que os adversários do aborto *não* atribuem o mais alto valor à vida do feto. Se o fizessem, teriam de se opor ao aborto, mesmo quando a vida da mãe estivesse ameaçada, coisa que não fazem.

Mas não considero necessário apresentar razões para duvidar de que uma mulher que diz que "as filhas de lésbicas, assim como todos os de-

---

30. Isso também é observado em Nussbaum, nota 13 acima, pp. 1701-9, e em Hadfield, "Flirting with Science", nota 2 acima, p. 489.

31. Bartlett, nota 2 acima, p. 481.

32. Id., p. 486. Ver também o Capítulo 5 deste livro, no qual examino os argumentos de Dworkin e de Rawls em prol do direito de aborto.

fensores da liberdade, devem ser recrutados ao nascer e protegidos contra a heterofeminilidade por meio de palavras e ações"³³ deva ser *automaticamente* considerada uma mãe qualificada, caso essa qualificação seja contestada em juízo. O mais difícil é saber se a resposta deveria ser a mesma se se trocasse "lésbicas" por "heterossexuais" e "heterofeminilidade" por "lesbianismo". Não há nenhuma resposta categórica possível. Seria insólito, dada a opinião pública dos Estados Unidos, declarar automaticamente desqualificada para a função uma mãe que deseje evitar, a todo custo, que sua filha se torne uma lésbica, por mais inúteis que tendam a ser seus esforços. Por outro lado, é possível imaginar situações em que os esforços da mãe para afastar a filha do lesbianismo se tornem destrutivos a ponto de desqualificá-la para o papel de mãe.

Tampouco defino o casamento igualitário (*companionate marriage*) como uma relação em que "a esposa tem de se tornar suficientemente desejável (ou, antes, 'amigável') para mantê-lo [o marido]"³⁴. O trecho no qual Bartlett funda essa interpretação representa uma tentativa não de descrever o casamento igualitário, mas de avaliar o impacto que o acesso à contracepção eficaz exerce sobre este. O modelo igualitário de casamento é descrito em outros capítulos. Não descarto aquilo que Bartlett chama de "altruísmo irracional" (o altruísmo que não se funda na expectativa de retribuição) como um dos fatores do comportamento sexual e familiar, nem o desprezo como "ingênuo"³⁵.

Não considero "complacência e sentimentalismo" falar sobre "o bem-estar dos outros", mas também não vejo muito sentido na afirmação de que "as condições sociais que perpetuam a subserviência das mulheres aos homens são injustas e devem mudar"³⁶. Não há muitas pessoas, hoje em dia, que se reconheçam defensoras de condições que "perpetuam a subserviência das mulheres aos homens". O problema principal é definir "subserviência", identificar as condições que a fomentam e conceber os meios apropriados de eliminá-la. Não adiantará muito assumirmos "um compromisso com o controle da mulher sobre as decisões de reprodução (...) ou com a melhoria da qualidade de vida das crianças que nascem"³⁷, se, como sugere o trecho citado, o compromisso envolve, ao mesmo tempo, a luta pelo direito da mulher a

---

33. *Sex and Reason*, p. 429.
34. Bartlett, nota 2 acima, p. 487.
35. Id., p. 488, 494. Nem, muito menos, considero irracional o altruísmo não recíproco (a interdependência das funções de utilidade, de modo que um aumento na utilidade de A pode elevar a utilidade de B).
36. Id., p. 493.
37. Id.

matar seu bebê até o momento da concepção[38] e o direito deste a uma alta qualidade de vida desse momento em diante. Não digo que seja impossível defender até mesmo duas coisas tão discrepantes. Bartlet, no entanto, perde a autoridade para fazê-lo ao observar, algumas frases depois, que "a sociedade sai mais beneficiada quando os indivíduos, em vez de renderem-se às tendências que porventura tenham a pensar primeiramente em si, lutam contra essas tendências"[39]. Alguém poderia observar que muitos abortos resultam da "tendência [das mulheres] (...) a pensar primeiramente em si mesmas". Antes de adotar o altruísmo como bandeira social, Bartlett talvez deva ponderar as implicações disso. Para muitas feministas, um dos problemas das mulheres é o *excesso* de altruísmo.

Crítica feminista supostamente econômica

Gillian Hadfield não questiona a pertinência da economia para a compreensão da sexualidade, mas enxerga, em cada linha de meu livro, "as armadilhas de uma visão masculina da realidade do sexo"[40]. Hadfield dá poucas pistas de como seria, na sua visão, uma análise econômica satisfatória da sexualidade. Mas meu palpite, apesar de algumas mudanças de opinião em seu segundo artigo[41], é que, nessa análise, o mais importante fator causal das atitudes e do comportamento sexual seria a opressão das mulheres. Em outras palavras, a "realidade" do sexo é a dominação masculina.

Hadfield faz diversas observações pertinentes. Uma delas é que eu desprezo alguns fatores endógenos relevantes para uma análise econômica da sexualidade[42]. Os hábitos sexuais das mulheres não são apenas influenciados por suas escolhas profissionais, conforme ressaltei, como também influenciam essas escolhas. Se, para assegurar-se sua virgindade (antes do casamento), ou sua castidade (depois), as mulheres forem mantidas enclausuradas, não terão oportunidade de ingressar no mercado de trabalho. Este é um ponto que descuidei em minha análise, mas um

---

38. Esta, provavelmente, não é a posição de Bartlett. Pelo que sei, ela se oporia ao aborto tardio. No entanto, não dá indicação de qualquer ressalva desse tipo no que se refere ao direito da mulher ao "controle sobre suas decisões de reprodução".
39. Bartlett, nota 2 acima, p. 494.
40. "Flirting with Science", nota 2 acima, p. 502.
41. "Not the 'Radical' Feminist Critique of *Sex and Reason*", nota 2 acima.
42. Em um modelo econômico, os fatores endógenos, por oposição aos exógenos, são aqueles que sofrem influência das variáveis do modelo, em vez de apenas influenciá-las. Assim, em um modelo do mercado de trigo, o preço é um fator endógeno, enquanto o clima é um fator exógeno.

ponto provavelmente secundário. Não é porque os homens param de prender as mulheres que estas ingressam no mercado de trabalho; os homens desistem de prendê-las porque o custo de oportunidade do enclausuramento torna-se proibitivo.

Hadfield afirma que a contracepção é uma função não apenas do custo e da eficácia dos métodos contraceptivos, mas também do desejo de restringir o tamanho da família e do gosto por determinadas práticas sexuais, nem todas elas reprodutivas. A primeira parte dessa afirmação (que o desejo de limitar o tamanho da família pode incentivar o recurso à contracepção, mesmo que o custo desta seja alto, como era antes do advento dos contraceptivos atuais), obviamente, é verdadeira. Representa, inclusive, um lugar-comum na bibliografia sobre a fertilidade e é discutida no livro. Lá, afirmo que a definição de contracepção deve abranger também métodos não tecnológicos, tais como o coito interrompido, a abstinência esporádica, bem como as diversas formas de relação sexual sem penetração vaginal, como o sexo oral e anal. É verdade que, quando escrevi sobre como o preço da contracepção facilitou a libertação das mulheres do ambiente doméstico, desconsiderei a possibilidade de que essa libertação tivesse ocorrido antes se as preferências das pessoas relativamente a práticas sexuais como o sexo anal fossem outras. A possibilidade existe, mas sua importância é limitada, pois a maioria dos homens e das mulheres se submeterá a um considerável risco de gravidez para praticar o sexo com penetração vaginal. Há outros fatores endógenos mais importantes no mercado da contracepção. Por exemplo, o advento da pílula anticoncepcional diminuiu o custo do sexo antes do casamento e, portanto, aumentou a demanda por este; mas a crescente demanda pelo sexo antes do casamento também foi um fator no crescimento da demanda pela pílula. Garanto que é possível explorar a economia da contracepção para muito além do que tentei em *Sex and Reason*[43].

Com menos justiça, Hadfield me critica por ignorar a forma como a sociedade se organiza relativamente à criação dos filhos; quando, na verdade, o tema está no cerne da discussão sobre a evolução da moralidade sexual, no capítulo 6 de *Sex and Reason*. Ademais, ao atribuir-me a visão de que todas as mulheres, na Grécia Antiga, eram consideradas meras reprodutoras, Hadfield ignora o fato de que minha discussão refere-se às mulheres das classes mais altas, as quais eram proibidas de trabalhar. Em outra parte do livro, enfatizo a produtividade das mulheres

---

43. Ver Thomas J. Philipson e Richard A. Posner, *Private Choices and Public Health: The AIDS Apidemic in an Economic Perspective*, cap. 9 (1993).

nas sociedades agrárias tradicionais e discuto o impacto dessa produtividade sobre os costumes sexuais[44]. Mas deveria ter-me aprofundado ainda mais na análise da forma como as sociedades se organizam relativamente à criação dos filhos e, sobretudo, no estudo do papel da escravidão na configuração dos costumes sexuais. Nos lugares onde, como na Atenas ou na Roma antigas, ou no Sul dos Estados Unidos antes da Guerra Civil, há escravos e estes são empregados na criação dos filhos, reduz-se a produtividade das mulheres (livres) proibidas de trabalhar na lavoura ou em qualquer outra atividade. O casamento igualitário (o matrimônio entre indivíduos iguais, unidos por um profundo laço de afeto) é raro em um sistema no qual a única função da esposa é reproduzir; e essa limitação funcional é mais provável, quanto mais escravos houver, capazes de desempenhar o trabalho que, de outro modo, seria desempenhado pelas mulheres livres. A escravidão, portanto, estimula o casamento hierárquico (*noncompanionate marriage*). Este, por sua vez, fomenta o conhecido sistema de dois pesos, duas medidas, no que concerne à liberdade sexual; pois, quando há pouca intimidade ou afeição no casamento, o marido vê-se incentivado a manter a esposa enclausurada para garantir a paternidade sobre os filhos dela, bem como a buscar alhures a satisfação erótica que o casamento não lhe provê. Isso é facilitado ainda mais pela disponibilidade de escravos para cuidar das crianças, o que o livra do possível incômodo de ter de ajudar com as tarefas do lar[45], e porque as escravas são uma fonte imediata de satisfação sexual extraconjugal. Com o declínio da escravidão, declínio este que foi característica marcante da transição da Antiguidade Clássica para a Idade Média cristã, aumentaram as tarefas domésticas da esposa, assim como as do marido[46]. Com o cristianismo, o papel dos pais (tanto do

---

44. *Sex and Reason*, p. 129, 170. Admito que deveria, no entanto, ter mencionado que as esposas dos cidadãos gregos mais pobres, ao que parece, não raro trabalhavam fora.
45. Para provas disso, ver Richard Saller, "Slavery and the Roman Family", em *Classical Slavery*, p. 65 (M. I. Finley [org.], 1987); Keith R. Bradley, *Discovering the Roman Family: Studies in Roman Social History*, pp. 55-6, 127 (1991). É importante ressaltar, porém, um pouco em contradição com o presente raciocínio, que as esposas romanas das classes superiores, embora relativamente pouco envolvidas na criação dos filhos, sobretudo quando recém-nascidos (Suzanne Dixon, *The Roman Mother*, pp. 109-11 [1988]), gozavam de uma condição social privilegiada e de considerável liberdade. Id., pp. 233-6; *Sex and Reason*, p. 176. Para uma tentativa de análise econômica coerente com o presente argumento, ver id., p. 177.
46. Entre as hipóteses possíveis, está a diminuição do tamanho médio do grupo doméstico, atribuído à diferença entre uma sociedade escravocrata e uma sociedade livre. Andrew Wallace-Hadrill, "Houses and Households: Sampling Pompeii and Herculaneum", em *Marriage, Divorce, and Children in Ancient Rome*, p. 191, 204 (Beryl Rawson [org.], 1991).

pai, quanto da mãe) na educação dos filhos ganhou nova ênfase[47]. Passou a ser comum pensar no casamento como uma parceria funcional de iguais, em tempo integral, incompatível com o enclausuramento das mulheres, mas também com a atividade sexual extraconjugal, hétero ou homossexual, dos homens.

Hadfield tece estranhas observações sobre *Sex and Reason* – por exemplo, que o livro diminui as mulheres, por apresentar uma entrada no índice remissivo para "mulheres" e nenhuma para "homens", por dedicar mais espaço à homossexualidade masculina que ao lesbianismo e por dar atenção "desproporcional" à homossexualidade masculina[48] em comparação com a sexualidade feminina, desproporção que aparentemente consiste no fato de haver muito mais mulheres que homens homossexuais. Hadfield desconhece a maior parte de minha discussão sobre as mulheres. Assim, ao mesmo tempo em que me ataca por, reconhecidamente, não empreender uma análise econômica *sistemática* da prostituição, ignora a profusão de entradas para o termo "prostituição" no índice remissivo. O certo é que, como os homens (aparentemente em todas as sociedades) são mais promíscuos que as mulheres, estas não incorrem em custos de prospecção por sexo (com exceção das prostitutas de rua), a menos que se considerem como tal as despesas com o aumento da atratividade de forma geral. Deixando-se de lado essa importante ressalva, não mencionada por Hadfield, uma análise que se centre nos custos de prospecção, por representarem uma das questões menos difíceis na recém-nascida análise econômica do sexo, está fadada a aparentar preocupação com o comportamento masculino. A autora ignora, ademais, o fato de que é possível aprender algo sobre heterossexualidade estudando-se relacionamentos nos quais o elemento "hetero" está ausente. Relacionamentos homossexuais masculinos podem nos ensinar muito sobre como as mulheres participam de uma relação. O mes-

---

47. H. I. Marrou, *A History of Education in Antiquity*, pp. 314-5 (1956). Na Grécia Antiga, em contrapartida, "A família não era vista como o núcleo educacional. A esposa era mantida nos bastidores. Considerava-se que esta era satisfatoriamente apta a cuidar do bebê, e só. Quando a criança completava sete anos, era levada. Quanto ao pai, ocupava-se unicamente das questões públicas, pois não devemos esquecer que estamos falando de um sistema originalmente aristocrático. O pai, portanto, antes de ser o chefe da família, era um cidadão e um homem da política." Id., p. 31. Comparar com Charles de La Roncière, "Tuscan Notables on the Eve of the Renaissance", em *A History of Private Life*, vol. 2: *Revelations of the Medieval World*, pp. 157, 279-81 (Philippe Ariès e Georges Duby [orgs.], 1988), em que se descreve o papel pessoal de ambos os cônjuges, mesmo nas famílias ricas, na educação dos filhos na Itália dos séculos XIV e XV.

48. "Flirting with Sex", nota 2 acima, p. 485 n. 16, pp. 490-1. "Aparentemente, para Posner, o fenômeno central que uma teoria da sexualidade deve abordar é a escolha do ânus masculino dentre o leque de opções disponíveis". Id., p. 490.

mo acontece com os relacionamentos entre lésbicas, a partir dos quais podemos entender melhor como os homens veem um relacionamento.

Assim como Fineman e Bartlett, Hadfield acredita que a biologia é o eixo de minha análise. É estranho ela cometer esse erro, uma vez que se queixa de que eu dedico espaço demais à homossexualidade masculina. Pois minha análise teórica da homossexualidade (a qual difere de minhas recomendações sobre como a sociedade deve lidar com esta) independe totalmente de esta ter origem genética ou não. Consequentemente, seu erro a predispõe contra mim, pois Hadfield faz profissão de fé em um misterioso ceticismo geral diante de explicações biológicas do comportamento humano[49]. Parece irritá-la a sugestão de que as mulheres, em geral, entregam-se menos à luxúria que os homens, que têm um desejo sexual menos ardente que o destes. O *porquê* dessa irritação é um mistério. Como sustentáculo da ideologia da subordinação natural das mulheres aos homens, a crença equivocada de que as mulheres são mais escravas de seu desejo sexual que os homens tem-se alternado com outra crença, também errada, a saber, que as mulheres normais são totalmente desprovidas de desejo sexual[50].

Para que a balança não penda muito para o outro lado, é preciso ressaltar que uma das consequências do fenômeno da prostituição pode ser a subestimação do interesse sexual da *média* das mulheres. É de esperar que grande parte das prostitutas advenha de uma parcela da população feminina que obtém mais prazer que o habitual com a prática frequente do sexo, pois, sendo iguais todas as outras variáveis, os custos de ser uma prostituta são menores para mulheres assim. Decerto há mais

---

49. Comparar com Larson, nota 2 acima, p. 463, que expressa preocupação com o "efeito moral das afirmações sociobiológicas". Preocupo-me com a preocupação dela, pois a pesquisa acadêmica fica comprometida quando os estudiosos, por preocupações políticas ou morais, abandonam trajetos promissores de pesquisa e análise. Reconheço a importância de preocupar-se com problemas morais quando o que está em jogo é a condução de experimentos com seres humanos ou a construção de armas, mas não quando a questão envolve apenas a simples realização de pesquisas acadêmicas.

O ceticismo científico é um *leitmotiv* do feminismo radical. As críticas de Janet Halley às provas científicas da origem biológica da homossexualidade, no artigo "Sexual Orientation and the Politics of Biology: A Critique of the Argument from Motibility", 46 *Stanford Law Review* 503 (1994), parecem-se com aquele argumento das empresas produtoras de cigarro, de que não está "provado" que fumar causa câncer no pulmão. O ceticismo científico, além disso, teve um papel desastroso na história recente da homossexualidade. Na época em que ocorreu, diversos arautos dos direitos dos homossexuais denunciaram a descoberta da aids como uma conspiração contra a homossexualidade e fizeram campanha contra o sexo seguro e a interdição das casas de banho homossexuais. Randy Shilts, *And the Band Played On: Politics, People, and the AIDS Epidemic* (1987), *passim*.

50. Ver, por exemplo, Thomas Laquer, *Making Sex: Body and Gender from the Greeks to Freud* (1990).

coisas que levam alguém a tornar-se prostituta que a inclinação a fazer sexo frequentemente ou a ter múltiplos parceiros. Porém, se presumirmos os outros fatores como aleatoriamente distribuídos com respeito a tais inclinações, a generalização de que a prostituta, em geral, tem mais interesse por sexo que a mulher comum deve sustentar-se. Segue-se então que as esposas, de forma geral, têm menos interesse sexual que a média das mulheres, já que a maioria das prostitutas é solteira. Por fim, como a demanda feminina por prostitutos é praticamente nula (embora a masculina exista), o interesse sexual da média dos homens casados não diminuirá com a prostituição dos homens que mais obtêm prazer com o sexo frequente ou com a posse de múltiplos parceiros. A probabilidade de casamento é menor entre esses homens, mas o mesmo vale para aqueles que se econtram na outra extremidade da curva de distribuição do desejo sexual masculino. Assim, a distribuição dos homens casados será deficiente em ambas as extremidades, enquanto a das mulheres o será apenas em uma destas, principalmente. Portanto, as generalizações tecidas a partir da observação das mulheres "respeitáveis" tenderão a subestimar o interesse sexual feminino. Mesmo assim, o fenômeno responsável por essa impressão distorcida – a prostituição – é, ele próprio, prova contundente de que o desejo sexual feminino é, em média, menor que o masculino. Com raríssimas exceções, somente na população masculina (embora esta normalmente não seja maior que a feminina) encontramos um grau suficientemente alto de necessidades sexuais não supridas para sustentar uma indústria da prostituição.

A comparação entre a demanda sexual masculina e a feminina exige outras ressalvas, algumas destas insuficientemente enfatizadas em meu livro: os aspectos definidores que mencionei em conexão com o lesbianismo; o fato de a poliginia criar uma escassez artificial de mulheres; e diferenças ao longo do ciclo de vida, porque o desejo sexual masculino diminui mais drasticamente com a idade que o feminino. Outro ponto, ligado à minha sugestão de que a inexistência de uma demanda feminina por prostituição reflete uma discrepância entre o desejo sexual masculino e o feminino, é que o desejo sexual masculino, em comparação com o feminino, concentra-se mais intensamente em indivíduos jovens do sexo oposto. Isso cria uma "escassez" de mulheres, que a prostituição ajuda a suprir. A diferença na preferência quanto à idade do parceiro sexual constitui prova, entretanto, em favor de uma teoria biológica da atividade sexual humana, visto sugerir uma correlação entre interesse sexual e fertilidade, já que os homens mantêm-se férteis até uma idade mais avançada, em comparação com as mulheres.

As feministas radicais gostam de enfatizar – como parte de seu projeto de igualar estupro a relações sexuais marcadas pelo consentimento ostensivo das partes[51] – que as mulheres frequentemente consentem com o sexo sem realmente o desejarem[52]. Isso é exatamente o que seria de esperar se os homens têm, em geral, um apetite sexual mais forte que o das mulheres. É desnecesário, entretanto, inferir que haja coerção. Quando as pessoas têm preferências diferentes, maximizam suas satisfações através do comércio. O sexo consentido, embora indesejado, é moeda de pagamento por serviços prestados às mulheres pelos homens[53], e continuaria sendo-o, mesmo que houvesse plena igualdade econômica, política e social entre os sexos. Podemos ver isso com mais clareza se imaginarmos um casal de lésbicas no qual uma das mulheres tenha um apetite sexual mais intenso que o da outra. Ela desejará fazer sexo com mais frequência e, para tanto, terá de compensar a parceira em outro departamento: talvez assumindo uma cota maior de trabalho doméstico ou condescendendo mais com a preferência da outra por habitação ou entretenimento. A partir dessa perspectiva, a pergunta de Robin West sobre o casamento heterossexual, "Por que ela deve aceitar fazer sexo a contragosto, mas não ele?"[54], sugere um desconhecimento do que é o escambo.

Outro ponto que Hadfield me acusa de omitir (que quanto maior o investimento do pai na criação dos filhos, mais dispendiosa é, para este, uma estratégia sexual promíscua) é, na verdade, enfatizado por mim[55]. Sua importância não está apenas na discussão sobre a biologia do sexo, mas é fundamental também à minha análise da poligamia e (conforme sugeri anteriormente) do casamento igualitário. Tanto a estratégia sexual promíscua quanto a não promíscua (ou "uxória") podem ser adequadas, desde que para homens diferentes; e essa diferença corresponde à distinção econômica entre o cultivo da margem extensiva ou da margem intensiva. O homem promíscuo tem muitos filhos, mas não fica por perto para protegê-los. Isso diminui as chances de sobrevivência deles (refiro-me, é claro, à era evolutiva e não à atual), o que, por sua vez, reduz a aptidão evolutiva dele (isto é, aptidão para gerar descendentes para além da primeira geração). O homem uxório, por outro lado, tem menos filhos, mas os protege. Isso aumenta as chances de so-

---

51. Ver próximo capítulo, em que discuto a pornografia segundo MacKinnon.
52. Este é o assunto de West, nota 18 acima. Ver sobretudo id., pp. 1455-7.
53. Douglas W. Allen e Margaret Brinig, "Sex, Property Rights, and Divorce" (inédito, universidades Simon Fraser e George Mason, novembro de 1993).
54. West, nota 18 acima, p. 1456.
55. West, nota 18 acima, p. 1456.

brevivência destes e, consequentemente, a aptidão inclusiva do pai. Ambos os tipos de homem, para não mencionar aqueles que buscam uma estratégia mista, podem terminar com a mesma quantidade de netos. As mulheres, no entanto, estão limitadas ao cultivo da margem intensiva, devido à limitação inerente de sua capacidade reprodutiva. Uma estratégia sexual promíscua não faz sentido para elas do ponto de vista reprodutivo. Portanto, os genes das mulheres que, durante a era evolutiva, seguissem essa estratégia, provavelmente acabariam sendo excluídos da população.

Em *Sex and Reason*, defendo que a biologia, incluindo-se o apetite sexual masculino e a angústia paterna, juntamente com o alto índice de mortalidade infantil em uma sociedade sem os conhecimentos atuais de medicina e higiene, contribui bastante para explicar o alto grau de subordinação das mulheres encontrado nas sociedades antigas e primitivas; enquanto, graças ao desenvolvimento tecnológico e econômico, incluindo-se os avanços da medicina e da higiene, que reduziram enormemente a mortalidade infantil, bem como à invenção de aparelhos que elevam a produtividade do trabalho doméstico e ao aumento das oportunidades de trabalho para as mulheres, estas puderam, nas sociedades modernas, progredir rumo à plena igualdade social, política, econômica e sexual com os homens. Hadfield, ecoando a linha feminista, considera o poder e a exploração do homem fatores mais importantes que a biologia e a tecnologia na história das mulheres e no caráter da sexualidade feminina. (Será que a possibilidade de a libertação das mulheres de sua tradicional subordinação aos homens ter derivado essencialmente dos avanços tecnológicos alcançados pelos homens dói tanto assim?) De acordo com essa visão, o estupro, para a autora, ilustra o contínuo desejo de poder dos homens, de usar o sexo para intimidar as mulheres.

Considero plausível imaginar mulheres plenamente conscientes, em uma sociedade cujas condições tecnológicas lhes neguem a possibilidade de qualquer carreira que não a de mãe, consentindo livremente em trocar o controle sobre a reprodução pelo apoio econômico masculino. O resultado disso seria um papel de subordinação para as mulheres, um papel preferível, no entanto, desde seu próprio ponto de vista, às únicas outras opções viáveis em sua sociedade, mesmo que nenhum homem jamais tenha usado, ou ameaçado usar, de violência contra uma mulher. Por outro lado, não considero plausível supor que o motivo pelo qual, até recentemente, as mulheres eram excluídas dos setores combativos das forças armadas dos Estados Unidos seja a falocracia. As mudanças recentes na tecnologia de guerra reduziram o papel da força muscular, da resistência física e da agressividade. A demanda das forças armadas por pessoas capazes de marchar pela lama carregando mochilas de 45 quilogramas nas costas, bem como de matar a curta distância, com os próprios punhos, a golpes de fuzil ou com submetralhadoras, não desapareceu, mas diminuiu. Vivemos numa época em que a guerra consiste em apertar botões, e as mulheres podem fazer isso tão bem quanto os homens.

Uma teoria da sexualidade que enfatize a violência e o poder masculinos constitui uma hipótese rival em relação a uma teoria econômica do mesmo fenômeno. Se Hadfield tivesse dito que eu deveria ter dado mais atenção a essa hipótese, as únicas justificativas que me restariam seriam a falta de espaço; a dificuldade de encaixar essa hipótese no modelo econômico convencional do comportamento humano; a implausibilidade dela, na ausência de qualquer explicação do repentino afrouxamento das rédeas masculinas; seus enigmas lógicos (por exemplo, se os homens controlam a sociedade e todos os homens se beneficiam do estupro, por que este é ilegal?); bem como as provas por mim apresentadas em contrário e que a autora ignora[56]. Para as feministas radicais, a causa da posição subordinada das mulheres é a violência masculina. Mas se é assim, como as mulheres conseguiram se libertar dessa dominação coercitiva? Uma das respostas é que não conseguiram; que o progresso aparentemente dramático das mulheres nos últimos anos é ilusório; que as leis que proíbem que a defesa investigue a conduta sexual prévia do demandante em casos de estupro, bem como a criminalização do estupro marital e assim por diante, não passam de embuste. Nada no artigo de Hadfield sugere que ela acredite nisso. Porém, se as mulheres realizaram um progresso considerável ou ao menos claro, isso implica, se a hipótese da dominação estiver correta, que elas o realizaram porque a dominação masculina se afrouxou de algum modo. Como, então, isso ocorreu? Sabemos, mais ou menos, por que os escravos foram libertos, por que Luís XVI foi deposto e por que o czar foi derrubado e o xá, forçado a abdicar do poder. No caso das mulheres, o que as libertou, se

---

56. Por exemplo, provas de que a subordinação das mulheres aos homens é maior em sociedades onde há pouca pornografia, pouco estupro, ou ambas as coisas, em comparação com os Estados Unidos. Ver *Sex and Reason*, caps. 13-14, e o próximo capítulo do presente livro. Para dados empíricos que provam que a condição das mulheres está relacionada às contribuições econômicas destas, mesmo nas sociedades primitivas, ver Gary S. Becker e Richard A. Posner, "Cross-Cultural Differences in Family and Sexual Life: An Economic Analysis", 5 *Rationality and Society* 421 (1993). Ver também Ester Boserup, "Economic and Demographic Interrelationships in Sub-Saharan Africa", 11 *Population and Development Review* 383, 388-9 (1985).

não de todos, ao menos de muitos de seus grilhões? O economista pode apontar para a expansão dos postos de trabalho no setor de serviços, a economia de tempo trazida pelos avanços nos instrumentos de utilidade doméstica, o desenvolvimento dos contraceptivos, entre outros fatores econômicos ou tecnológicos, como causas da crescente emancipação das mulheres de sua situação de dependência em relação aos homens. Que causas uma adepta da teoria da dominação pode, por sua vez, apontar? Seus próprios escritos, como um claríssono que despertou as mulheres de uma tola passividade milenar?

capítulo 17
Obsessão pela pornografia

O título do livro de Catharine MacKinnon[1] tem a intenção de ser um comentário irônico sobre a crença de que a pornografia consiste em "meras palavras" e, portanto, ao contrário de paus e pedras, jamais fere. Mas também acaba sendo irônico em outro sentido, este involuntário. *Only Words* [Meras palavras] é uma obra retórica e não analítica. Consiste em meras palavras. É cheio de eloquência e paixão, mas, como grande parte do que se produz em teoria do direito feminista, carece das distinções cuidadosas, da escrupulosa ponderação de dados empíricos e da justa consideração das visões antagônicas que se espera de um estudo acadêmico[2]. O livro é uma enxurrada de palavras, que, a exemplo da pornografia, tal como concebida por MacKinnon, apela às paixões mais elementares (medo, repugnância, raiva e ódio), em vez de provocar a faculdade da razão. Não há nuanças no texto, nem senso de proporção. "Você cresce com seu pai segurando-a e tapando sua boca, para que outro homem lhe impinja uma dor lancinante entre as pernas. Mais tarde, seu marido a amarra à cama, despeja-lhe cera quente nos mamilos, traz outros homens para assistir e ainda faz você rir da coisa toda" (p. 1). "A mensagem [da pornografia] (...) é 'pegue-a' (...). Essa mensagem é endereçada diretamente ao pênis, entregue através de uma ereção e concretiza-

---

1. Catharine MacKinnon, *Only Words* (1993).
2. Vimos outros exemplos no capítulo anterior e veremos mais um no próximo.

da nas mulheres, no mundo real" (p. 21). "A sociedade é feita de linguagem" (p. 106), e "o discurso (...) pertence àqueles que o possuem, sobretudo às grandes corporações" (p. 78), que são cúmplices da pornografia, por serem administradas por homens e terem interesse financeiro em publicar qualquer coisa que dê lucro. Vivemos em "um mundo construído pela pornografia" (p. 67). "'A pornografia'" – aqui MacKinnon cita, aprovatoriamente, Andrea Dworkin, frequentemente sua coautora – "'é a lei para as mulheres'" (p. 40).

Por baixo da indignação, das hipérboles, do sarcasmo e das insinuações (de que "certamente há alguns [consumidores de pornografia] que redigem votos" [p. 19], e de que a Suprema Corte talvez não tivesse decidido pela ilegalidade da pornografia infantil se as crianças envolvidas no processo[3] fossem meninas e não meninos [p. 91]), divisa-se um argumento: a pornografia, além de destruir a vida das mulheres que dela participam, leva seus consumidores do sexo masculino a estuprar e matar por sexo, bem como a abusar sexualmente de meninas e a diminuir e intimidar as mulheres. "Mais cedo ou mais tarde, de uma forma ou de outra, os consumidores desejam viver mais a fundo a pornografia, em três dimensões", querem "continuar fazendo do mundo um lugar pornográfico, para poderem ficar de pau duro no dia a dia" (p. 19).

Como a pornografia "instiga comportamentos de alcance ímpar e consequências devastadoras" (p. 37), por que o judiciário a protege com o manto da Primeira Emenda? Em parte porque a maioria dos juízes é homem e em parte porque, como reação louvável a Joe McCarthy, as cláusulas da liberdade de expressão e da liberdade de imprensa da Primeira Emenda foram transformadas em dogma. Esse dogma, por sua vez, cegou os juízes do sexo masculino para o fato de que "a possibilidade de as mulheres serem lesadas pela pornografia é muito maior que a de o governo americano ser tomado por comunistas" (p. 39). Os juízes não percebem, ademais, a insustentabilidade de qualquer distinção entre palavras e feitos: "*Dizer* mate a um cão de guarda treinado é usar de meras palavras" (p. 12). Os juízes jamais foram capazes de explicar "por que, se a pornografia deve ser beneficiada pela liberdade de expressão devido a seus elementos psicológicos, o estupro e o homicídio relacionado à perversão sexual, que também possuem elementos psicológicos, também não devem sê-lo" (p. 94).

Outro fato que, segundo MacKinnon, ilustra a obscuridade da abordagem dos juízes é a aprovação de leis contra os atos de assédio sexual no ambiente de trabalho, apesar de grande parte destes ser verbal; pois,

---

3. *Nova York vs. Ferber*, 458 U.S. 747 (1982).

por que proteger as mulheres *somente* no ambiente de trabalho? Acima de tudo, o judiciário foi incapaz de reconhecer a tensão entre a igualdade, que é protegida pela Décima Quarta Emenda, e a liberdade de expressão, protegida pela Primeira Emenda. Quando a liberdade de expressão é usada para rebaixar ou intimidar um grupo humano vulnerável (como no caso dos epítetos raciais e outras "formas de expressão motivadas pelo ódio", incluindo-se o ato de ensinar que o Holocausto não aconteceu), proibi-la pode ser necessário para a obtenção da igualdade total. Nesses casos, deve-se autorizar, portanto, a proibição. Não devemos sentir remorso diante do fato de que, se esse argumento for aceito, as minorias terão mais liberdade de expressão que os indivíduos brancos do sexo masculino, pois "quanto mais se protege o discurso dos dominadores, mais dominadores estes se tornam" (p. 72). Não devemos sucumbir à "incapacidade deliberada de discernir o opressor do oprimido, que se disfarça de neutralidade escrupulosa" (p. 86). A possibilidade de os oprimidos se tornarem opressores, por meio de acusações infundadas de estupro, abuso sexual infantil e assédio sexual no local de trabalho; através de códigos contra determinadas formas de expressão, de políticas de cotas, da ação afirmativa; bem como do voto partidário e do domínio político, das demonstrações de poder e dos atos de censura por parte dos grupos de interesse; a possibilidade, em suma, de uma caça às bruxas à moda dos anticomunistas, nada disso ocorreu a MacKinnon.

Em linguagem coloquial, a palavra "pornografia" denota qualquer representação de cunho sexual, seja verbal ou pictórica, hétero ou homossexual, projetada para excitar o leitor ou observador. Não está claro, porém, que significado MacKinnon dá à palavra. No livro aqui discutido, embora não no projeto de lei antipornográfica redigido em conjunto com Andrea Dworkin (pp. 121-2 n. 32), lei essa que foi adotada pelo estado de Indianápolis e invalidada pelo judiciário por violar a Primeira Emenda, a definição parece abarcar todas as *performances* eróticas ao vivo (como o *striptease*) e todas as fotografias de mulheres, nuas ou envolvidas em ato sexual, real ou simulado. Segundo MacKinnon, "toda pornografia é produzida sob condições de desigualdade fundadas no sexo" (p. 20), e isso parece excluir representações puramente verbais e desenhos. Embora, para contar como pornografia, a representação deva retratar as mulheres como "subordinadas" aos homens de algum modo, essa exigência provavelmente seria satisfeita por qualquer fotografia de nu feminino, já que MacKinnon considera a *Playboy* pornográfica (pp. 22-3)[4]. Sua maior preocupação é com a pornografia

---

4. Ver também MacKinnon, *Feminism Unmodified: Discourses on Life and Law*, cap. 12 (1987).

que envolve violência, sobretudo os casos de violência real (em vez de simulada), cometida contra as modelos ou atrizes. Sua definição implícita, contudo, é muito mais abrangente.

É estranho que a definição de pornografia fique apenas implícita. E mais estranho ainda é a autora permitir que o livro crie a impressão de que *toda* pornografia, segundo sua definição, exceto aquela que emprega modelos infantis, é legal nos Estados Unidos. Isso não é verdade. A venda de pornografia "pesada" (principalmente a representação fotográfica explícita de atos sexuais reais ou simulados com realismo, ou de um pênis ereto, sem intenção estética ou propósito científico)[5] é ilegal, mesmo quando as pessoas fotografadas são adultas[6]. Ao contrário do que seria de esperar, MacKinnon não se queixa do fato de o empenho pela execução dessas leis ser tão fraco, que a indústria do cinema pornográfico "pesado" funciona praticamente às claras, por acreditar que basta um fino véu de intenção estética para afastar a possibilidade de sofrer processo[7]. Uma vez que acredita que os homens controlam o sistema judicial e têm um enorme interesse na pornografia, MacKinnon é incapaz de conceber a possibilidade de que haja leis efetivas contra a coisa. Além disso, sua concepção de pornografia vai muito além daquela na qual se funda a legislação atual e proibiria muito do que a Primeira Emenda de fato protege. A mercadoria da *Playboy* consiste em fotografias retocadas de jovens nuas, sorridentes e voluptuosas, em poses sugestivas. Se essas fotografias são pornográficas e devem ser suprimidas, o mesmo se aplicaria a grande parte da produção cinematográfica e teatral dos Estados Unidos, a uma parte considerável da programação de TV a cabo, assim como a uma enorme quantidade de fitas de vídeo, alguns cartões de saudação, certas peças de publicidade, uma grande quantidade de obras-primas de arte (inclusive, possivelmente, obras como

---

5. A ressalva é importante. Ver, por exemplo, *Piarowski vs. Illinois Community College*, 759 F.2d 625, 627 (7th Cir. 1985), em que se discutem os desenhos de sexo explícito de Aubrey Beardsley.

6. Ver, por exemplo, *Miller vs. Califórnia*, 413 U.S. 15 (1973); *Walter vs. Estados Unidos*, 447 U.S. 649 (1980); *Alexander vs. Estados Unidos*, 113 S. Ct. 2766, 2770 (1993); *Kucharek vs. Hanaway*, 902 F.2d 513 (7th Cir. 1990); *Estados Unidos vs. Bagnell*, 679 F.2d 826, 833, 837 (11th Cir. 1982); *Dunlap vs. O estado*, 728 S.W.2d 155 (Ark. 1987); *O estado vs. Simmer*, 772 S.W.2d 372 (Mo. 1989); *Cidade de Urbana ex rel. Newlin vs. Downing*, 539 N.E.2d 140 (Ohio, 1989); *Minnesota vs. Davidson*, 481 N.W.2d 51 (Minn., 1992); *Butler vs. Tucker*, 416 S.E.2d 262 (W. Va. 1992); Catherine Itzin, "A Legal Definition of Pornography", em *Pornography: Women, Violence and Civil Liberties*, pp. 435, 446-7 (Catherine Itzin [org.], 1992).

7. Ver Gary Indiana [um pseudônimo?], "A Day in the Life of Hollywood Sex Factory", *Village Voice*, 24 de agosto de 1993, pp. 27, 35.

"O estupro de Europa", de Ticiano) e até mesmo uma ou outra ópera (por exemplo, a cena de *Salomé* em que a dança dos sete véus é interpretada como um *striptease*).

Isso é muita coisa para tirar do mercado. Seria necessário – e isso MacKinnon não menciona – não um punhado de leis municipais ao estilo da de Indianápolis, mas um esforço de execução da lei em larga escala, do tipo da Lei Seca ou da "guerra contra as drogas", e com a mesma duvidosa perspectiva de sucesso. Na linguagem característica de MacKinnon, "Quantos corpos de mulher terão de se acumular aqui para sequer se fazerem notar em meio ao lucro e ao prazer masculinos, travestidos de princípio da Primeira Emenda?" (p. 22). Em uma linguagem mais neutra, que dano causa a pornografia "leve" *à la Playboy*, ou mesmo a pesada, que justificaria uma cruzada, ao estilo iraniano, contra a exposição fotográfica do corpo feminino? Sobre essa questão crucial, o livro praticamente se cala. Em uma nota de rodapé (pp. 119-20 n. 27), citam-se diversos estudos que provaram que a pornografia pode incitar os homens a comportar-se agressivamente. A essas provas, MacKinnon acrescenta relatos como o de um homicídio relacionado à perversão sexual, cujas características coincidiam com aquelas descritas em uma revista publicada oito meses antes, embora não haja prova de que o assassino tenha visto a revista[8]. Para tentar tirar algum proveito da decisão que invalidou a lei municipal em Indianápolis, MacKinnon ressalta que a corte aceitou a premissa dessa lei, segundo a qual a pornografia causa dano às mulheres. Porém, como explicou a corte, "Ao afirmarmos que aceitamos a constatação de que a pornografia, tal como definida pela lei municipal, traz consequências desagradáveis, queremos dizer apenas que há provas nesse sentido, que essas provas são coerentes com muitas das experiências humanas e que, *como juízes, devemos aceitar a solução legislativa de questões empíricas tão disputadas como essa*."[9]

Os Estados Unidos são um país com mais de um quarto de bilhão de habitantes, vigiados de perto por uma horda de jornalistas. Todas as coisas ruins que podem acontecer acontecem, e muitas destas são divulgadas pela imprensa, de modo que o acúmulo de relatos pode fazer qual-

---

8. Para um quadro mais amplo, porém não menos tendencioso, dos dados empíricos que provam que a pornografia causa danos, ver *Pornography: Women, Violence and Civil Liberties*, nota 6 acima, parte 3. Críticas semelhantes às minhas, do uso que MacKinnon faz dos dados empíricos, podem ser encontradas em Ronald Dworkin, "Women and Pornography", *New York Review of Books*, 21 de outubro de 1993, pp. 36, 38.

9. *American Booksellers Association, Inc. vs. Hudnut*, 771 F.2d 323, 329 n. 2 (7th Cir. 1985). A decisão foi integralmente aceita pela Suprema Corte, 475 U.S. 1001 (1986) (itálico meu).

quer coisa ruim, por mais rara que seja, parecer comum. Mas MacKinnon não reconhece as limitações desse tipo de dado empírico, baseado em relatos; nem o alcance limitado dos dados empíricos não fundados em relatos, os quais, praticamente em sua totalidade, referem-se às formas violentas de pornografia, embora ela também deseje a proibição das formas não violentas. Tampouco reconhece as provas em contrário[10]. Na Dinamarca, onde não há leis nem sequer contra a pornografia pesada (exceto a infantil), e no Japão, onde a pornografia é vendida livremente e dominada por cenas de estupro e atamento (*bondage*), o índice de estupros é muito menor que nos Estados Unidos. O índice de estupros nos Estados Unidos provavelmente caiu ou se mantém estático[11]. Seja como for, certamente não aumentou na mesma velocidade que os índices de criminalidade em geral, embora o consumo de pornografia pesada tenha aumentado devido ao advento do videocassete. A condição da mulher é geralmente muito inferior em sociedades como as dos países islâmicos, onde a pornografia é reprimida, que em sociedades onde esta não o é, como nas nações escandinavas[12]. Para alguns dos aliados conservadores de MacKinnon na luta contra a pornografia, esta não incita ao estupro, mas faz com que os homens deixem de entabular relações sexuais, para, em vez disso, masturbarem-se: em linguagem econômica, a pornografia seria um substituto da relação sexual (inclusive do estupro) e não um complemento desta. Do lado da esquerda, por sua vez, vemos Duncan Kennedy citar, em tom aprovatório, a afirmação de que a pornografia fornece uma "via de escape sem vítimas" para a "raiva sexual básica" que muitos homens sentem em rela-

---

10. Resumido em *Sex and Reason*, pp. 366-74, e em Nadine Strossen, "A Feminist Critique of 'the' Feminist Critique of Pornography", 79 *Virginia Law Review* 1099, 1176-85 (1993). Até mesmo um dos mais fiéis defensores de MacKinnon na comunidade acadêmica, após uma deferente revisão das provas empíricas em que a autora se fia, encontra apenas "uma ligação plausível entre a exposição a formas violentas de pornografia e atos sexualmente violentos". Cass Sunstein, *Democracy and the Problem of Free Speech*, p. 218 (1993). "Plausível" é diferente de "comprovada", e a concepção de pornografia de MacKinnon não se limita a formas violentas de pornografia. Se danos "plausíveis" justificam a censura, então não há liberdade de expressão.

11. Estatísticas oficiais mostram um forte crescimento da incidência de estupros *per capita* durante a década de 1970 e um leve crescimento desde então. U.S. Bureau of the Census, *Statistical Abstract of the United States* 195 (113th ed. 1993) (tab. 306). Mas um estudo do Departamento de Justiça dos Estados Unidos constatou uma grande queda na incidência de estupros e de tentativas de estupro entre 1978 e 1987. *Sex and Reason*, p. 33 n. 39. O crescimento revelado pelo estudo oficial pode ser devido unicamente a um aumento do número de casos registrados na polícia.

12. Mesmo sem essas provas internacionais, sua máxima, "Onde não há pornografia não há sexualidade masculina" (MacKinnon, *Toward a Feminist Theory of the State*, p. 139 [1989]), ainda seria pura fantasia.

ção às mulheres, raiva esta a que, de outro modo, "dariam vazão" através do estupro[13]. A própria MacKinnon afirma que "a pornografia é material para masturbação" (p. 17).

Seria um erro, contudo, concluir que já se tenha provado que a pornografia é inofensiva; pois as provas são inconclusivas. Atualmente, não há conhecimentos suficientes para garantir uma conclusão confiável de que a eliminação da pornografia reduziria, aumentaria ou não afetaria a incidência de crimes de perversão sexual e outros tipos de maus-tratos para com as mulheres. É particularmente imprudente concluir que a pornografia, nos Estados Unidos de hoje, seja uma *grande* fonte de danos para as mulheres. A questão da magnitude é crucial, pois não valeria a pena dedicar recursos sociais vultosos à extirpação de uma fonte insignificante de danos.

Não é em defesa dos numerosos consumidores de pornografia (nem todos eles heterossexuais do sexo masculino)[14] – os quais serão privados de uma fonte de prazer possivelmente inofensiva se a proposta de MacKinnon for aceita – que levanto essa questão. O principal motivo de minha preocupação é que a autora defende um programa de imposição da lei enormemente ambicioso e possivelmente quixotesco, cujo resultado sobre a vida das mulheres norte-americanas, ao que tudo indica, seria levemente positivo, nulo ou até negativo. À parte os custos diretos, sempre consideráveis, da tentativa de eliminar uma atividade consensual (tal como o comércio de drogas, o jogo e a prostituição), uma cruzada contra a pornografia, tal como definida em *Only Words*, imporia pesados custos indiretos em forma de violação das liberdades civis. A alta arte, por exemplo, sofreria perseguições ocasionais[15], além do que qualquer campanha contra crimes "sem vítima" põe em risco as liberdades civis, devido à forte necessidade de recurso a buscas, escuta telefônica, entre outros métodos de vigilância sub-reptícios, a interpretações abrangentes do conceito de conspiração, agentes disfarçados, informantes pagos e operações de inteligência. Uma campanha ineficaz seria mais barata, mas que propósito teria?

13. Duncan Kennedy, *Sexy Dressing Etc.*, p. 247 n. 93 (1993), citando David Steinberg, "The Roots of Pornography", em *Men Confront Pornography*, p. 54, 57 (Michael S. Kimmel [org.], 1990).

14. Em *Only Words*, não se discute a pornografia homossexual, mas o projeto de lei de MacKinnon e Dworkin que proíbe a pornografia sempre que um homem ou uma mulher encontra-se "subordinado", independentemente do sexo do subordinador (p. 122 n. 32). Isso é muito estranho, visto que a premissa principal do ataque de MacKinnon à pornografia é que esta é um método pelo qual os homens lesam as mulheres.

15. "Se uma mulher é subjugada, de que importa a obra ter outro valor?" MacKinnon, nota 12 acima, p. 202. Ver, ainda, adiante, a discussão sobre a nova lei canadense contra a obscenidade.

A cegueira de MacKinnon para o fato de a pornografia pesada já ser ilegal nos Estados Unidos compromete sua ênfase no tratamento brutal das modelos e atrizes pornográficas, pois esse tipo de tratamento é exatamente aquele que se espera encontrar em um mercado ilegal. A partir da experiência da Lei Seca, da prostituição, da campanha contra as drogas e do emprego de imigrantes ilegais, sabemos que, quando uma atividade econômica é excluída da proteção da lei, seus participantes recorrem a ameaças e à violência, em substituição à execução das garantias contratuais, entre outros remédios judiciais a eles negados. O cafetão é subproduto da ilegalidade da prostituição, e a exploração das atrizes e modelos pornográficas por seus empregadores é análoga à da mão de obra dos imigrantes ilegais pelos empregadores destes. Essas mulheres estariam em melhor situação se todos os tipos de pornografia fossem legais. Estranhamente, MacKinnon não demonstra qualquer preocupação com o potencial das *performances* pornográficas para a disseminação da aids; mas deveria[16].

A autora descura outra distinção crucial, ao reclamar da assimetria do tratamento dispensado à pornografia, por um lado, e ao assédio sexual verbal às mulheres no local de trabalho, por outro. Se, neste contexto, pergunta ela, as palavras são consideradas fonte de danos e podem ser objeto de uma ação, por que não no outro também? Ignora-se, aqui, uma resposta óbvia. No caso do assédio, ao menos quando adequadamente definido[17], as palavras se dirigem a uma mulher, que é o alvo de um ataque verbal. No caso da pornografia, as palavras (na verdade, a principal preocupação de MacKinnon é com as fotos) são endereçadas a um homem, leitor ou espectador da pornografia, e o objetivo é dar prazer e não insultar ou intimidar. Como as mulheres não são o público-alvo desse tipo de material e raramente o veem ou leem de fato, somente sairão lesadas se um consumidor do sexo masculino for incitado, pelo material visto ou lido, a maltratá-la. O efeito é indireto e sua magnitude representa a questão essencial que MacKinnon não aborda. É uma atitude simplista igualar a pornografia infantil à adulta sob a justificativa de que, se a objeção à primeira funda-se na desigualdade entre criança e adulto, a segunda também é baseada na desigualdade – entre ho-

---

16. Ver Indiana, nota 7 acima, p. 34, 36.
17. A razão dessa ressalva é que, em alguns casos, enxergou-se assédio em situações nas quais nenhuma mulher se caracterizava como um alvo real. Por exemplo, decidiu-se que cartazes no local de trabalho criavam um ambiente hostil para as mulheres ali empregadas (pelo qual é legalmente responsável o funcionário que os pregou na parede). Ver Kingsley R. Browne, "Title VII as Censorship: Hostile-Environment Harassment and the First Amendment", 52 *Ohio State Law Journal* 481 (1991).

mens e mulheres (p. 36). Além disso, não faz sentido algum afirmar que, como tanto o homicídio quanto a pornografia envolvem aspectos mentais, seria uma anomalia punir aquele e não punir esta.

MacKinnon quer associar as mulheres a outros grupos tradicionais de vítimas. Assim, compara a pornografia ao proferimento de epítetos raciais, bem como às passeatas nazistas e ao revisionismo do Holocausto, fenômenos que são fontes expressivas de sofrimento. Mas essas comparações, sobretudo a última, levam-na a sofismar a respeito da diferença entre a forma e o conteúdo da expressão. Durante a maior parte do tempo, ela trata a pornografia como algo que elude o intelecto racional (a "mensagem é endereçada diretamente ao pênis"). As mensagens misóginas não transmitidas por representações sexualmente explícitas estão fora do alcance de seu projeto de lei; "a pornografia [é] mais que meras palavras, enquanto as palavras do comunismo *são* apenas palavras" (p. 39). As palavras possuem imunidade. MacKinnon, no entanto, aplaude o Canadá por punir a propagação da tese de que o Holocausto não ocorreu, embora esses ensinamentos, a exemplo "do comunismo, não passem de palavras". Nessa mesma linha, afirma ainda que "é preciso reconsiderar seriamente a atual distinção jurídica entre o ato de bradar 'mate aquele negro' e o de defender a visão de que os afro-americanos devem ser banidos de determinadas partes dos Estados Unidos" (p. 108). Se, porém, as linhas que separam incitação de defesa e obscenidade de misoginia forem apagadas, a censura se tornará uma característica marcante da vida pública nos Estados Unidos. Será fácil, então, resolver o problema do comunismo (este causou mais danos a mais pessoas, se comparado à pornografia), de modo que não consigo entender por que MacKinnon considera a proteção da liberdade de expressão dos comunistas um dos pontos altos do constitucionalismo norte-americano.

Ela só apoia o resultado de *New York Times Co. vs. Sullivan*[18] (em que se decidiu pela limitação do direito das personalidades públicas a moverem processos por difamação) porque as personalidades envolvidas eram brancos racistas. Caso fossem negros, acredita MacKinnon, dever-se-ia ter-lhes garantido um direito mais amplo a mover processos (pp. 79-80). Além disso, sua atitude em relação à recusa da Corte a distinguir entre opressores e oprimidos e a garantir mais direitos a estes é de escárnio. Não está sempre claro, contudo, quem é quem. Para algumas pessoas, a população criminosa – grande parcela da qual, nos Estados Unidos, é formada por negros e que, obviamente, é a responsável pela

---

18. 376 U.S. 254 (1964).

prática de estupros e outros crimes relacionados ao sexo – é um grupo oprimido. Para os juízes alemães da República de Weimar e da época de Hitler, os alemães eram um grupo oprimido, sendo os judeus seus opressores. Stalin, por sua vez, exterminava opressores aos milhões; e, nos Estados Unidos, os fundamentalistas religiosos têm tanto direito a se considerarem oprimidos pelo desprezo que suas crenças sofrem nos setores mais influentes da sociedade quanto o têm os judeus, irritados com os lunáticos que negam o Holocausto. Será que queremos ver os juízes escolherem seus grupos favoritos, proclamando-os oprimidos e concedendo-lhes direitos adicionais?

A suprema corte do Canadá confirmou a constitucionalidade de uma lei contra a obscenidade espelhada no modelo do projeto de lei de MacKinnon e Dworkin[19]. MacKinnon vê com entusiasmo a decisão (pp. 101-6), mas não examinou o funcionamento da lei. Por exemplo, uma novela da renomada autora francesa Marguerite Duras foi apreendida pela alfândega canadense, por conter cenas de espancamento de uma mulher[20]. De fato, "os livros para *gays* ou lésbicas são os mais frequentemente apreendidos pela fiscalização"[21]. A lei mencionada, portanto, enquadra o livro de uma autora distinta e, ao mesmo tempo, diversos livros para *gays* e lésbicas, alguns de duvidoso mérito literário. Se MacKinnon se desse ao trabalho de estudá-la, certamente consideraria que uma lei assim está-se fazendo cumprir de maneira perversa.

Mas isso a faria mudar de ideia? Sua tendência natural é aceitar grandes custos sociais para salvar as mulheres da opressão. No entanto, será que as mulheres *americanas* são uma classe oprimida? Será possível que MacKinnon não tenha consciência das transformações pelas quais a condição social das mulheres passou nos últimos anos? Estará ela em uma outra dimensão temporal? E se as norte-americanas ainda são uma classe oprimida, será a *pornografia* a responsável? É possível, conforme sugere a autora, que a pornografia seja a responsável pela "feminidade" (p. 7)? Se a censura é a resposta para os problemas das mulheres, não deveríamos, então, censurar as formas de expressão incitadoras de feminidade às quais as mulheres de fato se expõem, como os comerciais de TV que mostram donas de casa encerando o chão alegremente ou os filmes de Doris Day?

---

19. *Butler vs. Regina*, [1992] 2 W.W.R. 577.
20. Sarah Lyall, "At Canada Border: Literature at Risk?", *New York Times*, 13 de dezembro 1993 p. A6. Margaret Atwood, Joyce Carol Oates e a própria Andrea Dworkin estão entre as autoras femininas que, por descreverem casos de tratamento brutal de mulheres, poderiam ter seus trabalhos incluídos na lista negra.
21. Id.

O aumento do número de mulheres no mercado de trabalho nos últimos anos concentrou a atenção da sociedade nas condições de trabalho, como o assédio sexual e as cláusulas contratuais referentes à educação dos filhos pequenos e à licença-maternidade, cláusulas estas que são desvantajosas para muitas funcionárias. Esse aumento, que é tanto causa quanto efeito da crescente emancipação das mulheres em relação às tarefas do lar, intensificou, por sua vez, a demanda das mulheres por liberdade sexual e autonomia reprodutiva; e, portanto, pela devida proteção contra o estupro e pelo direito de praticar o aborto. As mulheres, hoje menos dependentes dos homens, mais instruídas, mais bem remuneradas e mais conscientes das opções alternativas ao casamento, ganharam mais afirmação política e poder. Os políticos se preocupam em agradá-las e algumas delas efetivamente ocupam posições políticas influentes. O resultado disso é uma avalanche de leis projetadas para beneficiar as mulheres que desejam liberdade sexual, autonomia reprodutiva e a oportunidade de seguir uma carreira. Como uma classe oprimida pode ter obtido a proteção de tantas leis?

O abuso de mulheres, tomadas individualmente, persiste. Embora a estimativa de MacKinnon, de que 38% das mulheres sofreram abuso sexual quando crianças (p. 7), seja provavelmente um duplo exagero[22], mesmo o menor dos índices ainda causa choque. Ainda assim, porém, sua concepção das mulheres norte-americanas como eternas vítimas, assustadas, temerosas, intimidadas e silenciadas (pela pornografia, mais uma vez) é claramente falsa; e, além disso, paternalista, como muitas das ideias do feminismo radical. Não sei o que levou MacKinnon a tornar-se tão obcecada pela pornografia nem o que a levou a igualar relações sexuais e estupro[23]. Tudo que sei é que seus sentimentos com relação a esses temas, como aqueles de Patricia Williams relativamente ao sexo e à raça, analisados no próximo capítulo, ultrapassam de longe os fatos.

---

22. *Sex and Reason*, p. 399. A maioria desses abusos consiste em afagos, sem penetração. Mesmo assim, é algo detestável e que, aparentemente, pode causar danos psicológicos permanentes. A pornografia infantil já é asseguradamente ilegal. Quanto à pornografia adulta, não se sabe se esta tem alguma influência sobre o abuso sexual de menores.

23. "A principal distinção entre relação sexual (normal) e estupro (anormal) é que a primeira ocorre com tanta frequência que se torna impossível convencer alguém de que haja algo de errado com ela." MacKinnon, nota 12 acima, p. 146. Imagine as consequências estapafúrdias que adviriam se, levando MacKinnon a sério, substituíssemos o termo "relação sexual" pela palavra "estupro" em todas as frases onde aquele termo aparecesse.

A verdade é que não há raças: não há nada no mundo capaz de fazer tudo aquilo que pedimos que a raça faça por nós.[1]

capítulo 18

Nuança, narrativa e empatia na teoria crítica da raça

Patricia Williams, autora de *The Alchemy of Race and Rights*[2], é descrita no livro como uma jovem professora negra de direito contratual e comercial, cujo interesse contínuo é pela causa dos negros norte-americanos. Ou causas, pois preocupa-se particularmente com a discrepância entre sua condição de profissional negra e as atitudes e expectativas da comunidade predominantemente branca na qual circula, como professora em uma área acadêmica onde há relativamente poucas mulheres, muito poucos negros e, portanto, quase nenhuma mulher negra. A discrepância produz nela uma sensação de desorientação quase vertiginosa. Assim, o livro é sobre negros "privilegiados", como ela própria, e seus companheiros de raça desprivilegiados que se situam na base da pirâmide social.

O livro fornece a perspectiva de uma feminista negra sobre uma variedade de práticas e instituições: a pretensão de objetividade e impessoalidade do direito, a maternidade substituta, o consumismo, a proteção constitucional das formas de expressão motivadas pelo ódio, a condenação dos esforços estatais em prol da ação afirmativa, o comportamento

---

1. Kwame Anthony Appiah, *In My Father's House: Africa in the Philosophy of Culture*, p. 45 (1992).
2. Patricia J. Williams, *The Alchemy of Race and Rights: Diary of a Law Professor* (1991).

frio do bem-intencionado meio acadêmico liberal dominado pelos brancos e, acima de tudo, o racismo branco naquelas suas manifestações que a autora considera multifacetadas. Há pouca originalidade no conteúdo de suas citações, que são quase paráfrases. A novidade está na forma – que bem pode ser descrita como literária – adotada por Williams ao discutir essas questões jurídicas e sociais. Ela não é a única, porém, a empregar métodos literários na pesquisa acadêmica de direito. À parte alguns exemplos antigos e isolados desse gênero, esta é a marca metodológica da teoria crítica da raça. Mesmo assim, Williams é uma das mais habilidosas praticantes do gênero[3].

O subtítulo do livro, "Diário de uma professora de direito", dá pistas de qual é sua técnica. A obra não é literalmente um diário, embora contenha alguns trechos do diário da autora. Mesmo assim, assume essa estrutura ao apresentar as análises da autora sobre questões jurídicas e sociais sob a forma de reações a suas experiências diárias, seja como consumidora, professora de direito, expectadora de TV ou filha. O leitor acaba compreendendo que a maneira encontrada por Williams para lidar com os muitos estresses da vida é escrever, tão prontamente quanto possível, sobre suas reações aos acontecimentos estressantes ou impressionantes que presencia. Escrever em formato de diário, portanto, é uma forma de terapia; mas também dá ensejo a seu forte dom para a narrativa.

O método é muito bem ilustrado pelo capítulo "A dor do cativeiro verbal". O título nada revela. O capítulo abre com Williams e um amigo, Peter Gabel, um dos fundadores dos estudos jurídicos críticos, correndo atrás de apartamentos em Nova York, enquanto se preparavam para ministrar, juntos, um curso de direito contratual. "No fim, meu amigo depositara 900 dólares em dinheiro, sem contrato, troca de chaves ou recibo, a estranhos com quem não tinha nenhum vínculo, senão algumas horas de bate-papo agradável. Peter disse que não queria assinar um contrato, porque era formalidade demais. O aperto de mão e as boas vibrações eram, para ele, indicadores de confiança mais sólidos que um contrato formal" (p. 146). Com Williams, ao contrário, a coisa se deu da seguinte forma: "uns amigos encontraram um apartamento para mim em um prédio deles. No afã de demonstrar boa-fé e provar-me digna de confiança, assinei um contrato de aluguel detalhado, amplamente negociado e perfeitamente impresso, com o que evitei intimidades e estabeleci-me como a inquilina ideal". Williams, então, reflete sobre a

---

3. Ver Robin West, "Murdering the Spirit: Racism, Rights, and Commerce", 90 *Michigan Law Review* 1771, 1773 (1992).

diferença de abordagem entre ela e Peter Gabel. Peter "parecia extremamente convencido de seu potencial de poder (seja real, seja imagístico) como branco, macho ou autoridade em matéria de direito. Assim, aparentemente, não mediu muito os esforços para transpor o muro que sua imagem poderia impor". Para ela, porém, "criada para ter a consciência aguda da probabilidade de que, por mais elevada que seja minha posição profissional, as pessoas receberão e rejeitarão minha condição de mulher negra como símbolo de deslealdade, inconfiabilidade, hostilidade, raiva, impotência, irracionalidade e, provavelmente, pobreza", "mostrar que sou capaz de falar a língua contratual é minha maneira de aumentar minha confiabilidade nos negócios" (p. 147).

Começa-se a compreender que a diferença de abordagem entre Peter e Patricia, no que concerne à questão do aluguel do apartamento, simboliza uma diferença entre os estudos jurídicos críticos e a teoria crítica da raça quanto à atitude em relação aos direitos. Uma diferença entre amigos quanto a um assunto pessoal reflete uma diferença entre duas teorias jurídicas de esquerda a respeito de um problema teórico. Peter "diria que um contrato de aluguel ou qualquer outro mecanismo formal introduziria a desconfiança na relação dele com o locador e o faria sofrer alienação; o que, por sua vez, levaria à mercantilização de seu ser e à degradação de sua pessoa em propriedade", enquanto, para ela, "a inexistência de uma relação formal com o outro me deixaria desamparada" (p. 148). Na condição de negra, "Foi-me dado por esta sociedade uma forte consciência de mim mesma como alguém que mantém uma relação de excessiva familiaridade, pessoalidade e subordinação em relação aos brancos" (p. 147). "Para os negros, então, a obtenção de direitos significa o devido comportamento respeitoso e a responsabilidade coletiva de uma sociedade para com os seus membros" (p. 153). Ao pensar sobre essa questão, Williams "[estudou] algo que pode ter sido o contrato de venda de [sua] tataravó" (p. 156). Isso a fez perceber o fato de que o legado negro nos Estados Unidos inclui um sentimento de sempre ser "o possuído ou o não possuído, jamais o possuidor", ou seja, o detentor de direitos[4].

Embora esse capítulo seja politicamente significativo como uma tentativa de um membro da esquerda de defender um importante aspecto da teoria do direito liberal contra as críticas esquerdistas, não contém os exemplos mais intrigantes dos dotes narrativos de Williams. É preci-

---

4. Semelhante argumento, sobre as mulheres em geral (independentemente da raça), é defendido em Robin West, "Jurisprudence and Gender", 55 *University of Chicago Law Review* 1 (1998).

so ir a outro capítulo para encontrar sua memorável descrição de um incidente insólito, em que a polícia de Washington prendeu "cem pessoas que, violando a liberdade condicional, foram atraídas a um *brunch* pela promessa de entradas gratuitas para um jogo de futebol americano, do *Washington Redskins* contra o *Cincinnati Bengals*" (p. 166). O noticiário de TV, segundo Williams,

> mostrava uma centena de homens negros adentrando um salão, em traje de festa, alguns de *smoking*, outros com o topete novinho em folha, alguns com flores na lapela, outros claramente famintos e à espera da comida prometida e outros vestidos, por antecipação, como torcedores de um jogo de futebol ou de casaco de pele de guaxinim e boné dos *Redskins*. Uma centena de homens negros subia a escada rolante em direção ao salão de convenções e era recebida por sorridentes mestres de cerimônia brancos (agentes disfarçados), *flashes* de fotógrafos, um monte de câmeras e lindas mulheres brancas em trajes diminutos. Todos sorriam como crianças em uma festa de aniversário e pareciam empenhados em divertir-se juntos. Os cem homens negros, então, foram cercados por um enxame de homens brancos, enquanto mulheres brancas (também agentes disfarçadas) vestidas de líder de torcida se remexiam para cima e para baixo ao lado deles. Um policial vestido de galinha trazia uma pistola automática escondida e uma equipe da *SWAT*, vestida de verde guerrilha, irrompia com as armas sacadas. (pp. 166-7)

De certo modo, o trecho é comédia de primeira *à la* Evelyn Waugh, Anthony Powell ou Tom Wolfe (sobre este, ver Capítulo 23). O estilo cara de pau é altamente eficaz, sobretudo pela omissão de uma quebra de parágrafo ou outro tipo de transição entre a chegada dos convidados incautos e a prisão destes, além da recusa em enfatizar para o leitor o aspecto mais insólito de todo o episódio: o policial disfarçado de galinha. Mas o tom é dramático. Ainda que os cem homens negros sejam criminosos e estejam violando a condicional, não conseguimos deixar de sentir que foram cruelmente enganados; talvez até interpretemos o episódio como uma metáfora das dificuldades do homem negro nos Estados Unidos. Perceba a sutil expressividade da descrição dos policiais como "mestres de cerimônia *brancos*" (itálico meu).

Em outro trecho, a semelhança com o estilo de Tom Wolfe é ainda maior. Perto do *campus* da Univesidade de Nova York, há uma loja que vende, para "aluninhas estilosas", "aquelas roupas levemente cafonas, toscas e chinfrim, que caem tão bem com um batom vermelho bem forte e botas pretas de cano alto". Um belo dia, Williams nota o seguinte anúncio na vitrine da loja: "Liquidação! Sobretudos a dois dólares. Não atendemos vagabundos nem bêbados." Ofendida, ela se vira para o outro lado e vê, ali perto, "um homem negro vestido nos restos esfarrapados de um sobretudo *Harris Tweed*, os braços abertos como as asas de uma águia, como que prestes a fazê-lo voar, embora, na verdade, estivessem a mendigar dos carros que vinham por ambas as mãos da rua. Também estava bêbado, chorava e tentava equilibrar-se de pé (...). O anúncio, portanto, privava de seus direitos civis justamente as pessoas que mais precisavam de sobretudos de dois dólares, os chamados vagabundos" (p. 42).

O ápice retórico do livro é, entretanto, a descrição de um episódio ocorrido em uma loja de roupas da Benetton. "As campainhas estão em alta em Nova York. Os comerciantes da cidade, principalmente aqueles das lojas e butiques menores, usam-nas como mecanismos de filtragem, para reduzir a incidência de assaltos: se a pessoa que toca a campainha tem cara de que vai comprar algo, o comerciante aperta o botão e a porta é destrancada. Se, por outro lado, é indesejada, a porta permanece trancada. Previsivelmente, a questão da indesejabilidade revelou-se como de determinação racial", conforme descobre Williams numa tarde de sábado:

> (...) fazia compras no Soho, quando, na vitrine de uma loja, vi um suéter e quis comprá-lo para minha mãe. Encostei minha cara redonda e morena na janela e apertei a campainha, em busca de autorização para entrar. Lá de dentro, um jovem branco, que usava tênis de corrida e se deleitava com sua goma de mascar, franziu as pestanas e começou a me examinar, em busca de sinais que me situassem fora dos limites de sua compreensão social. Depois de uns cinco segundos, o jovem exclamou, "Estamos fechados", e fez uma bola com seu chiclete. Era o penúltimo sábado antes do Natal, às 13h. Dentro da loja, havia muitas pessoas brancas, que aparentemente compravam presentes para *sua* mãe. (pp. 44-5)

A força dessa cena está no sintetismo; no vívido constraste da cara morena com os olhos franzidos do vendedor e sua goma de mascar; no uso da exclusão física como metáfora da exclusão social, na sugestão de que o mais insignificante dos brancos (um adolescente mascador de chiclete) sente-se completamente à vontade para exercer poder sobre pessoas negras mais velhas e instruídas; e, por fim, na concisa e elegante descrição da reação do vendedor a ela ("começou a me examinar, em busca de sinais que me situassem fora dos limites de sua compreensão social"). Mas aqui, justamente no ápice da arte de Williams, o leitor atento começará a perceber um sentimento de mal-estar. Será que Williams *realmente* encostou a cara na janela, isto é, terá sua face realmente tocado o vidro? Ou estará ela enfeitando os fatos para efeito de dramaticidade, para tornar o insulto aparentemente ainda mais grave, pois, nesse caso, teria destruído um desejo e uma inocência infantis? Ademais, como ela *sabe* que o vendedor não a deixou entrar por causa de sua cor? A única prova apresentada é que, como o Natal se aproximava, era improvável que a loja estivesse fechada e, além disso, havia outros clientes lá dentro. O segundo fato não serve de argumento, pois é normal as lojas pararem de aceitar clientes antes de estarem completamente vazias, já que, de outro modo, pode ser que jamais conseguissem fechar. O primeiro fato é mais contundente. Embora muitas lojas fechem mais cedo aos sábados, é baixa a probabilidade de que uma loja da Benetton em Nova York, durante a temporada de compras de Natal, estivesse entre elas. Mas Williams não parece ter tentado descobrir se a loja estava aberta nem parece ter visto nenhum cliente entrar depois do acontecido. A ausência de uma placa indicando que a loja estava fechada provaria que esta estava aberta. A autora, no entanto, nada nos diz sobre a presença ou ausência de uma placa. Além disso, em muitas lojas, o horário de funcionamento está impresso na porta de entrada, detalhe este que também não é explorado. O mais provável é que a loja *estivesse* aberta. De todo modo, surpreende-me que Williams, como jurista, não tenha tentado corroborar seu argumento.

É claro que a tentativa poderia ter sido inútil. Além disso, é possível até, embora eu não encontre pistas disso no texto, que a raiva dela diante do episódio seja, em parte, reflexo de uma incerteza geral e debilitante com que se defrontam os negros em seus encontros com os brancos. Nem toda decepção que uma pessoa negra sofre é resultado de discriminação, embora seja difícil dizer qual é e qual não é. Gostamos de saber o conceito dos outros sobre nós, e isso pode ser difícil para os negros em suas relações com os brancos.

Desde o início, porém, Williams alega, em defesa desse método narrativo de fazer ciência jurídica, "que um dos mais importantes resultados da reformulação conceitual que substitui a 'verdade objetiva' pelo evento retórico é a aquisição de uma noção mais matizada de responsabilidade jurídica e social" (p. 11). A menos que "matizada" seja um eufemismo para ficcional, a promessa de Williams é descrever corretamente as particularidades de um acontecimento ou de uma situação em vez de afundá-las numa generalização, como a de que os brancos odeiam os negros. Essa promessa pressupõe um esforço por descobrir o que *realmente* se passava na mente daquele adolescente branco quando este lhe disse que a loja estava fechada. Talvez, como disse, a loja *estivesse* fechada; talvez, embora estivesse aberta, o vendedor se encontrasse muito ocupado com os clientes que já estavam lá dentro; talvez, ainda, ele fosse um empregado desleal, que queria prejudicar o patrão; ou talvez fosse preguiçoso, malicioso, bruto, irresponsável ou simplesmente um completo idiota.

Em *The Alchemy of Race and Rights*, exclui-se qualquer perspectiva que não aquela dos negros sofredores e oprimidos – exceto a da mãe de aluguel, no caso *Baby M*[5] (Mary Beth Whitehead), o qual Williams equipara a um negro oprimido, ao interpretar um contrato de maternidade substituta como uma forma de escravidão. Williams não menciona a Sra. Stern, a esposa do homem que assinou o contrato de maternidade substituta com a Sra. Whitehead, embora a Sra. Stern não apenas fosse a demandante da ação, como também candidata a mãe adotiva do bebê de seu marido com a Sra. Whitehead[6]. A Sra. Stern queria um bebê, mas tinha medo de engravidar, porque tinha esclerose múltipla. Assim, ela e o marido decidiram adotar uma criança. Para evitar os intermináveis percalços do processo de adoção convencional, os Sterns então fizeram um contrato com a Sra. Whitehead (que já tinha muitos filhos), no qual esta concordava em ser inseminada artificialmente com o sêmen do Sr. Stern e ceder o bebê ao casal, quando do nascimento, em troca de 10 mil dólares. Há uma enorme bibliografia que debate os prós e contras da maternidade substituta, mas ambos os lados reconhecem que a esposa do pai da criança é parte interessada e que se deve dar *algum* peso a suas preferências. Na interpretação de Williams, é como se o Sr. Stern, não tendo esposa nem namorada, tivesse decidido (estranhamente) comprar uma criança da Sra. Whitehead. A Sra. Stern se torna invisível.

Este é um padrão recorrente. Ao analisar o caso de Bernhard Goetz (que baleou quatro jovens negros em um vagão de metrô e foi absolvido de todas as acusações, exceto da de porte ilegal de armas, muito embora ele não pudesse ter agido *razoavelmente* em legítima defesa), Williams reprova o temor dos brancos em relação aos criminosos negros, caracterizando a ficha criminal das vítimas de Goetz como um conjunto de meras "alegações" (p. 77), perguntando-se retoricamente como a

---

5. *In re Baby M*, 537 A.2d 1227 (N.J. 1988).
6. A Sra. Stern só não figurava como parte no contrato de maternidade substituta porque os Sterns temiam que, se ela fosse incluída como uma das partes do contrato, este poderia violar a lei estadual contra a venda de bebês. 537 A.2d, fl. 1235. (O raciocínio jurídico é o seguinte: O Sr. Stern não é um comprador de bebês, porque é o pai "natural". Por outro lado, sua esposa o seria, pois não é a mãe "natural". Nem Williams nem Minow apresentam objeções a essa "imunização" dos relacionamentos biológicos.) O contrato, no entanto, previa que, caso o Sr. Stern morresse, a Sra. Stern ficaria com a custódia da criança.

comunidade teria reagido à ação de Goetz se este fosse negro e suas vítimas, brancas, *e o crime tivesse ocorrido em uma loja de departamentos e não no metrô* (um toque adicional de ficção que aumenta a irracionalidade maligna do ato de Goetz) e citando estatísticas irrelevantes segundo as quais os brancos cometem mais crimes que os negros. O que se omite é que quase metade da população carcerária é negra[7], embora os negros componham apenas 12% da população, e que a maioria dos crimes urbanos de rua (e de metrô) é cometida por negros. A criminalidade negra é um sério problema social. Fingir o contrário é fugir do assunto[8]. Outros problemas da comunidade negra ignorados por Williams são a aids, o vício das drogas, a homofobia, o abandono infantil, o antissemitismo e a falta de lideranças políticas[9].

Em uma comprida análise do episódio de Tawana Brawley, Williams consegue evitar menção ao fato de que a acusação de que Brawley sofrera abuso de racistas brancos era fraudulenta. É um subterfúgio dizer que Brawley fora "vítima de um crime inexprimível (..). Independentemente de quem o cometeu e mesmo que tenha sido ela mesma" (pp. 169-70). Se foi ela mesma, então não foi crime, ao menos não contra ela. O tratamento dado por Williams ao episódio é mais um exemplo de como ela torna tênue a linha que separa a ficção da verdade, para usar uma distinção ainda útil, embora desafiada pela filosofia. "A terrível história de Tawana carrega em si os piores temores e as piores experiências de toda mulher negra. Poucos acreditarão em uma mulher negra que foi estuprada por um homem branco" (p. 174). Williams não parece se importar se a "terrível história" é verdadeira ou não; e essa indiferença

---

7. 47%, em 1990. Calculado a partir de Louis W. Jankowski, *Correctional Populations in the United States, 1990*, p. 83 (U.S. Dept. Of Justice, Bureau of Justice Statistics, NCJ-134946, julho de 1992) (tab. 5.6). A porcentagem de brancos naquele ano era de 48%. Se considerarmos o índice de detenções como uma representação apropriada do índice de criminalidade, esses números implicam um índice de criminalidade, entre os negros, mais de sete vezes superior ao registrado entre os brancos. (A taxa de homicídios entre os homens negros é 7,7 vezes superior à registrada entre os homens brancos. U.S. Bureau of the Census, *Statistical of the United States 1993*, p. 195 [113.ª ed.] [305].) Como a maioria dos crimes é intrarracial, a disparidade entre as taxas de criminalidade implica que a "exploração" dos negros é, em grande parte, praticada por outros negros. Mas Williams joga um véu sobre esse delicado assunto.

8. Para uma obra de uma pesquisadora acadêmica negra do direito (também não conservadora) que *não* finge o contrário, ver Regina Austin, "'The Black Community', Its Lawbreakers, and a Politics of Identification", 65 *Southern California Law Review* 1769 (1992).

9. É claro que, em alguns círculos, mencionar esses problemas é atrair acusações de "difamação da população carente negra" e "difamação da classe média negra". Robin D. Barnes, "Politics and Passion: Theoretically a Dangerous Liaison", 101 *Yale Law Journal* 1631, 1645-1646 (1992).

revela uma ironia involuntária no elogio de um certo admirador à obra de Williams: "Acredito nas histórias de Williams como acredito em uma boa obra de literatura."[10]

Um aluno branco da Universidade de Stanford, incrédulo diante da afirmação de um aluno negro de que Beethoven era mulato, colou na parede um cartaz do compositor, com a cara pintada de preto e as feições africanizadas. Williams perturbou-se com a incredulidade do aluno diante da possibilidade de um gênio ter algum ancestral negro. Obviamente, o aluno poderia simplesmente não acreditar que *Beethoven* tinha algum ancestral negro, assim como eu não acreditaria que meu gato é siamês, muito embora eu saiba que alguns gatos são siameses. O aluno pode não ter praticado racismo em nenhum sentido claro, embora o ato de colar o cartaz tenha sido, no mínimo, de mau gosto. O que acho particularmente intrigante no tratamento dado por Williams ao episódio é sua pressuposição acrítica de que Beethoven era, de fato, negro. Para começar, isso poderia não ser um *fato*, mas sim um juízo classificatório. Beethoven passava por branco; seus pais e (conforme veremos) todos os demais ancestrais conhecidos eram brancos. A ideia de que uma pessoa cuja composição de ancestralidade negra seja de 1/8, 1/16, 1/32 ou 1/64, seja, em algum sentido prático, um membro da raça negra, é suficientemente inevidente para exigir exame. Williams não percebe a ironia de que a facilidade do aluno branco para africanizar o cartaz de Beethoven adveio do fato de este ser... branco.

Mas será que Beethoven era um mulato? Williams não aponta nenhuma prova nesse sentido[11]. A biografia mais conhecida de Beethoven investiga seus ancestrais até o ano de 1500, mais de dois séculos e meio antes do nascimento do compositor, e não faz referência a nenhum negro nem a não europeus, na árvore genealógica[12]. Beethoven tinha pele escura e cabelo cerdoso, o que é confirmado por muitos de seus contemporâneos e aparente em alguns de seus retratos. Além disso, conta-

---

10. Kathryn Abrams, "Hearing the Call of Stories", 79 *California Law Review* 971, 1003 (1991).

11. Ela cita documentos concernentes ao incidente em si, inclusive um relatório da universidade, "Final Report on Recent Incidents at Ujamaa House", *Campus Report*, 18 de janeiro de 1989, p. 15. Esses documentos, contudo, não procuram fundamentar a afirmação de que Beethoven era mulato, mas a pressupõem, como faz a autora.

12. *Thayer's Life of Beethoven*, p. 44 (Elliot Forbes rev. ed., 1967). No estudo mais completo que encontrei sobre os grandes homens negros, listam-se os "brancos" famosos que tinham algum ancestral negro, como Alexander Pushkin, mas não se menciona Beethoven, embora a vida do compositor se encaixe no período coberto pelo livro e embora a obra pareça favorecer a classificação como negro em todos os casos de difícil solução. Ellen Irene Diggs, *Black Chronology: From 4000 B.C. to the Abolition of the Slave Trade* (1983).

se (não há muitas provas disso) que, devido a sua aparência, ele era chamado de "o mouro"[13]. Isso não prova nada; nem tampouco o prova a afirmação do antropólogo alemão Friedrich Hertz de que "pode-se reconhecer facilmente em Beethoven traços levemente negroides"[14]. Hertz opunha-se a Houston Stewart Chamberlain, para quem havia um tipo racial germânico caracterizado por cabelos dourados, olhos azuis (*Himmelsaugen* – "olhos do paraíso") e cabeça alongada, sendo o gênio, inclusive o musical, uma função da raça. Hertz observou que diversos gênios alemães, incluindo-se Goethe e Beethoven, eram baixos, tinham pele escura, cabeça arredondada e, na verdade, pertenciam ao tipo racial "alpino" e não ao "nórdico", o qual representava a ideia do germânico para Chamberlain. Foi nesse contexto que Hertz se referiu aos traços "levemente negroides" de Beethoven. Não houve, de sua parte, sugestão de que Beethoven *fosse* um negro ou que tivesse sangue negro. Ele estava apenas enfatizando a distância que separa Beethoven do tipo nórdico.

A história do "mouro", a citação de Hertz, entre outras anedotas e frases, estão reunidas no livro *Sex and Race*, de J. A. Roger, como suporte à notável afirmação de que "não há a mais mínima prova em favor da crença de que ele [Beethoven] era um homem branco"[15]. Embora esteja repleto de informações interessantes, algumas apoiadas em fontes primárias, o livro de Rogers como um todo, cuja publicação foi paga pelo autor e cujo conteúdo exibe sinais inconfundíveis de excentricidade, é impreciso e pouco crítico. De mais a mais, as provas reunidas por Rogers em apoio a sua tese sobre a raça de Beethoven não são nada persuasivas. Na mais profunda análise que encontrei dessa questão, um estudioso acadêmico negro conclui que não há fundamentos factuais para a alegação de que Beethoven era negro[16].

Posso prever a objeção de que não importa se Beethoven era ou não um mulato, e que só um racista – alguém que duvide da possibilidade de um gênio tão importante da tradição cultural europeia ser negro – duvidaria suficientemente da afirmação de Williams, a ponto de investigar a questão. Mas é legítimo preocupar-se quando um estudioso des-

---

13. *Thayer's Life of Beethoven*, nota 12 acima, p. 72, 134, 646.
14. Hertz, *Race and Civilization*, p. 123 (1928).
15. Rogers, *Sex and Race*, vol. 3: *Why White and Black Mix in Spite of Opposition*, p. 306 (1944).
16. "A família Beethoven surgiu antes de 1500 e, prolongando-se sua existência até 1917, era totalmente composta de flamengos (não havia nela espanhóis, belgas, alemães ou africanos)." Dominique-René de Lerma, "Beethoven as a Black Composer", 10 *Black Music Research Journal* 118, 120 (1990).

cuida os fatos[17]. Os pragmatistas podem desconfiar da verdade com V maiúsculo, mas respeitam aquelas verdades com v minúsculo, a que chamamos fatos[18]. Mesmo que se presuma que questões de identidade racial sejam, em última análise, questões de classificação e não de fato, a afirmação de que Beethoven era negro ou mulato passa uma impressão enormemente discrepante, em comparação com os fatos conhecidos sobre sua ancestralidade. Williams deveria ser mais escrupulosa para com os fatos, ou então reconhecer que está escrevendo ficção.

Mencionei, anteriormente, o antissemitismo negro. Pois bem, aparentemente, nos Estados Unidos, os negros são, em geral (esta ressalva é sempre importante), mais antissemitas que os brancos; e essa divergência parece estar aumentando[19]. Mas as aparências podem enganar. Já se sugeriu que os negros antissemitas não o são por terem desapreço pelos judeus em particular, mas por não gostarem dos brancos. Como praticamente todos os judeus são brancos, eles não gostam dos judeus. Logo, o antissemitismo negro é crescente simplesmente porque é crescente o desapreço dos negros pelos brancos[20]. Ainda assim, qualquer que seja sua importância, o antissemitismo negro é uma questão real e põe em xeque outra cena envolvendo compras, descrita em *The Alchemy of Race and Rights*. É quase fim de expediente em uma loja da Au Coton e, desta vez, Williams não fica do lado de fora. Os empregados contam piadas, de judeus. "'Por falar no diabo', disse um deles, quando outros quatro jovens entraram na loja" (p. 126). Os empregados veem Williams como "barra limpa" e a deixam escutar a troça antissemita. Embora ela desaprove fortemente o antissemitismo (conforme nos conta, havia até tido uma briga com um amigo que fizera uma leve brincadeira antissemita), não consegue reprimir completamente a tentação de fingir-se cúmplice dos empregados em sua zombaria velada dos judeus. Depois, ao refletir sobre o incidente, sente-se humilhada e

---

17. Conforme ressaltado em Daniel A. Farber e Suzanna Sherry, "Telling Stories out of School: An Essay on Legal Narratives", 45 *Stanford Law Review* 807, 832-835 (1993), um apanhado crítico do movimento "narratológico" no campo da pesquisa acadêmica de direito.

18. Conforme observou um grande pragmatista sobre a negação do Holocausto, "quando acontece de a verdade, em sua conformação atual, impor-se acima de qualquer dúvida, temos a obrigação moral de agir segundo seus imperativos em vez de nos negarmos a fazê-lo, em nome de um futuro interpretativo que pode nunca chegar". Stanley Fish, "There's No Such Thing as Free Speech, and It's a Good Thing, Too", em Fish, *There's No Such Thing as Free Speech*, p. 102, 113 (1994).

19. Gregory Martire e Ruth Clark, *Anti-Semitism in the United States: A Study of Prejudice in the 1980s*, p. 42 (1982) (tab. 4.5); Jonathan Kaufman, *Broken Alliance: The Turbulent Times between Blacks and Jews in America*, pp. 273-4 (1988).

20. Ronald T. Tsukashima, *The Social and Psychological Correlates of Black Anti-Semitism*, cap. 10 (1978).

conclui: "o árduo trabalho de uma sensibilidade não racista consiste em cruzar a fronteira (...) da vontade de ser um estraga-prazeres e quebrar um círculo inclusivo, migrando do seguro ao inseguro" (p. 129).

Williams não revela a raça dos vendedores. Mark Tushnet a acusa de, com essa omissão, evitar "a condução de uma análise sistemática do antissemitismo na comunidade afro-americana"[21]. Se identificasse a raça dos vendedores, ela teria de confrontar-se com o tipo de questão difícil que costuma evitar. Se fossem negros, a questão é o antissemitismo negro, que simboliza justamente as patologias da comunidade negra norte-americana, nenhuma das quais ela discute. Por outro lado, se fossem brancos, a questão é como conciliar a disposição deles para acumpliciar-se a uma negra (e não a outros brancos) com a visão irreprimivelmente desfavorável de Williams sobre as relações raciais nos Estados Unidos.

A menção ao antissemitismo negro nos traz de volta à questão da cor de pele de Beethoven. A afirmação de que Beethoven era negro é típica e recorrente entre os afrocentristas. Integrantes desse movimento também afirmam que a melanina tem relação direta com a inteligência; que a filosofia da Grécia Antiga foi roubada dos negros egípcios e, particularmente, que Alexandre, o Grande, pilhou a biblioteca de Alexandria para roubar ideias filosóficas egípcias para seu antigo tutor, Aristóteles (de nada importa que Alexandre tenha *fundado* Alexandria e que a biblioteca tenha sido construída muito depois da morte dele); que Napoleão destruiu o nariz da esfinge para que ninguém soubesse que esta tinha traços negroides; que não apenas Beethoven era negro, mas também Haydn[22], Cleópatra[23] e Lincoln; que a negritude de Beethoven é comprovada por (entre outras coisas) a confiança que tinha em suas habilidades, confiança semelhante à de Mohammed Ali[24]; que a mãe de Dwight Eisenhower era negra; que os primeiros homens a descobrirem a América eram africanos; que a aids foi inventada pelos brancos para destruir a raça negra; que o telefone e a fibra de carbono foram inventados na África, juntamente com a ciência, a medicina e a matemática; que a concepção de Deus dos negros [africanos] era demasiado grandiosa para ser aceita pelas mentes ocidentais[25]; e, por fim, que os judeus

---

21. Tushnet, "The Degradation of Constitutional Discourse", 81 *Georgetown Law Journal* 251, 269 (1992).

22. Esta é uma das afirmações de Rogers. Rogers, nota 15 acima, pp. 306-7. Sua justificativa é que Haydn, como Beethoven, tinha pele morena.

23. Que era grega e não egípcia.

24. O Mohammed Ali aqui mencionado é, obviamente, o lutador de boxe e não o líder egípcio do século XIX, que era albanês.

25. Chancellor Williams, *The Destruction of Black Civilization: Great Issues of a Race from 4500 B.C. to 2000 A.D.*, p. 246 (rev. ed., 1976).

controlavam o comércio de escravos africanos e, hoje, conspiram com a máfia pela destruição financeira da raça negra[26]. Nem todos os afrocentristas são antissemitas; mas as afirmações irresponsáveis parecem ser a marca registrada do movimento. Seria de esperar que Williams, como jurista e pesquisadora acadêmica, desejasse manter-se o mais distante possível disso em vez de abraçar sem críticas uma das teses radicais representativas desse grupo.

Será que (a despeito do argumento de Martha Nussbaum de que a literatura de ficção em geral e particularmente o romance traduzem a realidade social com um grau de equilíbrio, matização e concretude que fornece o antídoto necessário às visões parciais arquitetadas pelas abordagens abstratas, generalizadoras e sociocientíficas como a da economia) a unilateralidade é um risco endêmico da descrição literária da realidade e não uma característica específica de Patricia Williams?[27] A convicção de que a literatura é edificante por definição é semelhante àquela, examinada no Capítulo 24, de que a retórica é edificante por definição, o que torna a "retórica maligna" uma contradição em termos. A menos que, a exemplo de Tolstói, incluamos a elevação moral na definição mesma de alta literatura, temos de admitir que muitas obras de alta literatura são racistas, misóginas, antissemitas, sádicas, esnobes, homofóbicas ou antidemocráticas. No mínimo, muitas dessas obras não retratam a realidade de maneira matizada, não dão atenção a nuanças

---

26. Sobre as afirmações dos afrocentristas, ver, por exemplo, Arthur M. Schlesinger, Jr., *The Disuniting of America: Reflections on a Multicultural Society*, p. 64, 67-71, 79 (1991); Molefi Kete Asante, *Kemet, Afrocentricity and Knowledge* (1990); Rogers, nota 15 acima; Williams, nota 25 acima; Jerry Adler, "African Dreams", *Newsweek*, 23 de setembro de 1991, p. 42; Alvin P. Sanoff, "Sorting out the African Legacy", *U.S. News & World Report*, 16 de março de 1992, p. 63; Edward Lucas, "Black Academic Blames Jews for His People's Ills", *The Independent*, 8 de agosto de 1991, p. 6; Frank Philips, "Wilkerson Says History Was Bleached", *Boston Globe*, 24 de dezembro de 1992, p. 16; Godfrey Hodgson, "The Smelting Nation", *The Independent*, 11 de janeiro de 1993, p. 23. As afirmações afrocêntricas mais bem fundamentadas são a de que a dívida dos ocidentais para com o pensamento egípcio antigo foi subestimada e a de que muitos egípcios antigos eram negros. Ver Martin Bernal, *Black Athena: The Afroasiatic Roots of Classical Civilization*, vol. 1: *The Fabrication of Ancient Greece 1785-1985* (1987). A segunda afirmação, entretanto (ver id., pp. 240-6; e também pp. 248-62 do vol. 2 de *Black Athena, The Archaeological and Documentary Evidence* [1991], e Cheikh Anta Diop, *The African Origin of Civilization: Myth or Reality* [1974]), parece duvidosa (ver referências bibliográficas em Schlesinger, acima, pp. 76-8), muito embora seja certa a existência do casamento inter-racial entre negros e egípcios, assim como entre os negros e os gregos e romanos. Ver Frank M. Snowden, Jr., *Blacks in Antiquity: Ethiopians in the Greco-Roman Experience* (1970). Desnecessário dizer que grande parte daquilo que os negros escrevem sobre a história da África e de seu povo é historiografia séria, livre das afirmações irresponsáveis aqui discutidas. Ver, por exemplo, Joseph H. Harris, *Africans and Their History* (rev. ed., 1987).

27. Martha C. Nussbaum, *Love's Knowledge: Essays on Philosophy and Literature* (1990).

nem apresentam um julgamento equilibrado das coisas. Algumas são guiadas por regras rígidas, são formalistas, abstratas, simbólicas e alegóricas – lembremo-nos, por exemplo, do grande conto de Kafka, "Na colônia penal", no qual não há nomes próprios. Aristóteles enfatiza o caráter típico da literatura (o esforço de exposição do provável e não do real), em comparação com a história, a qual, em sua opinião, é a disciplina que insiste em pôr em ordem a infinidade de fatos particulares da realidade. No Capítulo 23, veremos que o grande romance de E. M. Forster, *Howards End*, é unilateral. Os recursos da imaginação de Forster eram insuficientes para retratar, desde dentro, a classe dos comerciantes, representada por Henry Wilcox e seu filho. *Hard Times* [Tempos difíceis] também é parcial, pois Dickens é incapaz de descrever com empatia o ponto de vista utilitarista ou econômico. Quanto a Henry James, por sua vez, os judeus não eram a "praia" dele nem os membros da classe trabalhadora, a praia de Shakespeare. Patricia Williams não está em má companhia. Mas é improvável que uma escritora que não consegue enxergar o problema das relações raciais em toda a sua complexidade, por ser incapaz de captar a perspectiva dos brancos (embora ela não tenha dificuldade em reinterpretar *Pierson vs. Post* desde a perspectiva da raposa [p. 156])[28], consiga resolver esse problema.

Aceitamos a unilateralidade na literatura, ademais, porque levamos em consideração que *autre temps, autre moeurs* e porque a descrição acurada dos fatos e o distanciamento acadêmico não são regras do jogo literário. São, no entanto, regras do jogo acadêmico, e Williams escreve como estudiosa acadêmica. Se as críticas que lhe faço neste capítulo revelassem-se unilaterais, equivocadas e tendenciosas, ela não se impressionaria se eu retorquisse que minha voz é apenas uma em meio a um contínuo diálogo e que posso deixar para outros a tarefa de retificar quaisquer omissões ou desproporções em minha contribuição.

Se a unilateralidade é a face oculta da concretude empática da literatura, a identificação empática com as dores e os prazeres dos outros é o lado inesperado do distanciamento de tipo grandgriniano do economista. Considere a regulamentação do mercado de locações. É fácil ver quem é o beneficiário quando se adota uma lei que controla o mercado de locações: é o inquilino. As vítimas, por outro lado, são invisíveis: são os futuros candidatos a inquilinos, que enfrentarão uma oferta restrita de imóveis para alugar, pois os proprietários de terrenos terão menos incentivo para construir moradias para alugar, enquanto os proprietá-

---

28. Em *Pierson vs. Post*, decidiu-se que, para se obter o direito de propriedade sobre um animal selvagem, como uma raposa, deve-se reduzi-lo a uma posse, como quando se o mata.

rios de prédios já construídos preferirão vender seus apartamentos a alugá-los. A ciência econômica põe essas vítimas diante dos olhos do estudioso[29], ao contrário da literatura e do tipo de pesquisa acadêmica de direito que a imita.

Talvez a pesquisa acadêmica de economia não seja realmente empática. O economista não reconstrói imaginativamente os transtornos do indivíduo que procura, sem sucesso, um imóvel para alugar. Tudo o que faz é calcular alguns custos adicionais. Mas esta pode ser uma política mais saudável que a de cultivar a empatia. Uma ciência do direito fundada na identificação empática pode fomentar a prática míope do direito substantivo, pois a habilidade para reconstruir imaginativamente as perspectivas, emoções e experiências de outra pessoa diminui com a distância física, social e cronológica[30]. Outro aspecto, mais básico, é que a perspectiva interior (o colocar-se no lugar do outro) obtida do exercício da imaginação empática carece de relevância normativa. Comparemos as máximas *tout comprendre c'est tout pardonner* e ninguém é mal em sua própria opinião (um aforismo conhecido pelos atores e pelas atrizes). A segunda máxima chama atenção para o fato de que, quando logramos ver o mundo com os olhos do outro, perdemos a perspectiva necessária ao discernimento. Vemo-nos mergulhados em um caldeirão de justificações, percepções distorcidas e emoções opressivas. (Todo advogado sabe do risco de identificar-se excessivamente com o cliente.) A máxima do *tout comprendre*, por sua vez, expressa outro ponto: Entender outra pessoa completamente é entender a causalidade do comportamento dela, ou seja, ver esse comportamento como o fim de uma cadeia de causas e, consequentemente, como determinação e não responsabilidade; é entender a pessoa tão completamente quanto um cientista entende um animal, ou seja, como um fenômeno da natureza, não como um sujeito agente livre. Se entendermos o comportamento de um criminoso como entendemos o de uma cobra-coral, é pouco provável que lhe concedamos muita dignidade e respeito.

O projeto de uma teoria do direito fundada na identificação empática nos convida a escolher entre uma perspectiva interior distorcida e

---

29. Para uma amostra da extensa bibliografia econômica sobre os custos (muitas vezes ocultos) das leis de inquilinato, ver Edgar O. Olsen, "An Econometric Analysis of Rent Control", 80 *Journal of Politcal Economy* 1081 (1972); Peter Linneman, "The Effect of Rent Control on the Distribution of Income among New York City Renters", 22 *Journal of Urban Economics* 14 (1987); Michael P. Murray et al., "Analyzing Rent Control: The Case of Los Angeles", 29 *Economic Inquiry* 601 (1991); Choon-Geol Moon and Janet G. Stotsky, "The Effect of Rent Control on Housing Quality Change: A Longitudinal Analysis", 101 *Journal of Political Economy* 1114 (1993).

30. *The Problems of Jurisprudence*, pp. 412-3.

um distanciamento clínico desumano: entre tornar-se emotivo demais ou frio demais. A dimensão afetiva da empatia leva à identificação com a pessoa cujo destino ou bem-estar está em jogo; enquanto a dimensão intelectual leva à inserção do ser humano livre em uma teia de causas que o transforma (no dizer de Nietzsche) em uma peça irresponsável do destino. Não retiro nada do que disse – ao tratar dos juízes alemães no Capítulo 4 – sobre a importância de lembrar que os outros seres humanos são humanos. Isso não quer dizer que tenhamos de penetrar na mente deles. De fato, a consciência viva de que as outras pessoas não são acessíveis a nós (de que elas têm seus próprios planos e suas próprias perspectivas, em que podemos penetrar apenas parcialmente, se tanto) é um dos carros-chefe da plataforma esquerdista; e pressupõe, além disso, a individualidade.

Outro problema do método de Williams é a falta de clareza. Eis o final do capítulo em que Williams defende os direitos civis, contra o movimento dos estudos jurídicos críticos: "Concedamos [direitos] às árvores. Concedamo-los às vacas, à história, aos rios e às pedras. Concedamos a todos os objetos e intangíveis da sociedade o direito à privacidade, integridade e identidade; concedamo-lhes, ainda, distanciamento e respeito" (p. 165). O que *significa* dar direitos à história ou conceder às vacas direito à privacidade, integridade e identidade? Será que a menção às vacas é para nos lembrar da doutrina hindu referente à sacralidade dos animais? Será Williams uma animista e uma "ambientalista"? Será ela a reencarnação de Walt Whitman? (Ou, mais provavelmente, de Carl Sandburg.) Como é possível conciliar tudo isso com o fato de ela ser uma consumidora ligada nas últimas tendências da moda?

O que deve o leitor tirar da afirmação de que "a ação afirmativa é uma afirmação; é o ato afirmativo de contratar – ou escutar – os negros representa um reconhecimento de individualidade que inclui os negros como uma presença social" (p. 121)? A contratação de um candidato negro pode certamente ser vista como um ato "afirmativo" se comparada à não contratação, mas este não é o sentido em que normalmente se usa a expressão "ação afirmativa". Este termo, no contexto das relações raciais nos Estados Unidos, significa, no mínimo, a realização de um esforço especial de encontrar empregos para os negros e, no máximo, reservar a eles empregos aos quais os brancos ficam vetados de candidatar-se. Williams não deixa claro em que ponto desse leque de opções ela deseja que a sociedade se posicione, ou se deseja que esta se posicione em outro ponto completamente diverso, como talvez esteja pressuposto na sugestão de que a simples contratação de um negro deveria contar como ação afirmativa. Creio que a intenção de Williams seja situarse tanto dentro como fora desse leque, da mesma forma como os defensores do homossexualismo querem que este tanto seja quanto não seja uma característica inata. Isso é sugerido pela distinção que a autora faz, na mesma página, entre "programas como a ação afirmativa" e "a ação afirmativa como um conceito social e profissionalmente disseminado", bem como por sua aprovação a ambas as coisas.

A ação afirmativa, em sua forma comum, que envolve a discriminação aberta contra os brancos, atrai justamente o tipo de atenção empática e matizada que, segundo Williams, seu método de pesquisa acadêmica de direito promove; pois não raro transfere riqueza e oportunidades de pessoas que não praticaram discriminação nem se beneficiaram desta, a negros que não sofreram grande discriminação. Além disso, tende a beneficiar os negros que já estão entre os mais favorecidos, à custa dos menos favorecidos dentre os brancos. Como resultado disso, a contribuição para a igualdade de resultados pode ser pequena e, para a igualdade de oportunidades, nula. Consideremos a ação afirmativa na seleção de alunos nas universidades. O negro selecionado mediante o afrouxamento dos padrões normais de seleção não tirará o lugar do candidato branco mais preparado, mas sim o lugar de um candidato pouco preparado – na verdade, um candidato exatamente igual a ele, exceto pela diferença de raça.

A teoria crítica da raça apresenta a "narratologia" como sua singular contribuição aos métodos da pesquisa acadêmica do direito. A narrativa tem dois aspectos, que correspondem à oposição aristotélica entre história e literatura. No sentido da narração de uma história, a narrativa é a maneira como atribuímos sentido a uma série de eventos históricos[31]. Os estudiosos negros gostam dela porque acreditam que é impossível compreender a atual condição da populacão negra americana sem fazer referência à história da escravidão negra. Porém, a despeito das menções de Williams a sua tataravó escrava, seu livro não emprega a narração histórica.

A narração é também uma técnica literária. Apresentar uma questão (como a do choque entre os estudos jurídicos críticos e a teoria crítica da raça) em forma de história (como aquela das experiências de Williams e Gabel com a assinatura de um contrato de aluguel) é reforçar ou excluir a argumentação abstrata, mediante um retrato. Os retratos, incluindo-se os retratos verbais que chamamos de literatura (obras descritivas em vez de abertamente argumentativas), são capazes de mudar a forma de pensar das pessoas. Esse papel da descrição verbal, assim

---

31. Arthur C. Danto, *Narration and Knowledge* (1985), particularmente o cap. 15.

como o da fotografia, é particularmente valioso em situações nas quais temos dificuldade de *enxergar* aspectos importantes de um problema, por este envolver pessoas com experiências muito distantes das nossas. Em matéria de educação e trabalho, Patricia Williams é como outras figuras do *establishment* jurídico. Isso não ocorre, porém, quando o tema é raça e tudo o que esta conota nos Estados Unidos (ao menos quando essa raça é a negra); e talvez precisemos aprender a ver o mundo com os olhos de Williams, tanto quanto com nossos próprios olhos, antes de conseguirmos avaliar completamente os argumentos contrários e favoráveis às diversas políticas raciais. Desde esse ponto de vista, a própria unilateralidade de sua apresentação, por mais questionável que seja diante dos padrões convencionais da pesquisa acadêmica e até dos padrões professados pela teoria crítica da raça (que, relembrando, nos promete nuanças), tem seu valor, pois ilumina a psicologia e a retórica de muitos negros. Se, contudo, os brancos têm de adquirir uma perspectiva estereoscópica birracial para lidar eficazmente com os problemas raciais da sociedade, o mesmo devem fazer os negros.

PARTE CINCO
Perspectivas filosóficas e econômicas

A grande fraqueza do pragmatismo é terminar não sendo útil a ninguém.[1]

capítulo 19
Afinal, o que o pragmatismo *tem* a oferecer ao direito?

Até aqui, teci críticas pragmáticas a pensadores do direito e, ao mesmo tempo, a juristas que se dizem pragmáticos, como Horwitz e Minow. Também ataquei o realismo jurídico. Já é tempo, então, de dizer mais sobre o pragmatismo e sua relação com o realismo jurídico, bem como outras correntes do pensamento jurídico. Será este, afinal de contas, um termo útil? Possui algum significado? Pode-se falar de um "novo" pragmatismo? O que o pragmatismo tem a oferecer, concretamente, ao direito? Qual é o lugar dele na história da filosofia e do direito?

O pragmatismo e o direito: Uma breve história

Em resumo: O movimento pragmatista deu ao realismo jurídico toda a sua forma e todo o seu conteúdo intelectuais. Depois, o pragmatismo morreu (ou fundiu-se a outros movimentos filosóficos, perdendo sua identidade própria) e também o realismo jurídico[2] (ou, de

---

1. T. S. Eliot, "Francis Herbert Bradley", em *Selected Prose of T. S. Eliot*, p. 196, 204 (Frank Kermode [org.], 1975).
2. Sua morte é belamente descrita em Neil Duxbury, "The Reinvention of American Legal Realism", 12 *Legal Studies: Journal of the Society of Public Teachers of Law* 137 (1992).

forma semelhante, foi absorvido e transcendido). Tempos depois, o pragmatismo ressurgiu, o que nos leva a imaginar se está surgindo no horizonte uma nova teoria do direito, cuja relação com o novo pragmatismo será a mesma que o realismo jurídico tinha com o antigo pragmatismo. Minha resposta é um duplo "não". O novo pragmatismo, como o antigo, não é um movimento filosófico bem definido, mas um termo curinga para diversas tendências do pensamento filosófico. Mais ainda, é um termo que se aplica a tendências iguais; ou seja, o novo pragmatismo não é novo. Algumas das tendências que se unem para formar a tradição pragmatista foram proveitosamente absorvidas pelo realismo jurídico, essencialmente através dos escritos de Holmes e Cardozo. Outras não levaram e continuam não levando a lugar nenhum. As tendência que, muitos anos atrás, foram absorvidas com proveito pelo realismo jurídico, podem, de fato, ajudar a construir uma nova abordagem do direito. Esta, no entanto, será nova, em grande medida, por descartar as posturas políticas ingênuas, entre outras imaturidades e imoderações do realismo jurídico. Esse realismo recauchutado e modernizado não terá, no entanto, nenhuma dívida para com o novo pragmatismo – se é que este, de fato, existe, coisa em que não acredito.

As histórias do pragmatismo geralmente começam por Charles Sanders Peirce, embora este mesmo, com certo fundamento, tenha dado o crédito da ideia a um jurista amigo seu, Nicholas St. John Green[3]; além do que é possível encontrar precursores muito anteriores, como Epicuro, por exemplo[4]. De Pierce, o bastão passa (nas abordagens tradicionais) a William James e, depois, para John Dewey, George Mead e (na Inglaterra) F. S. C. Schiller. Como acontecimento que se sucede paralelamente ao pragmatismo e é influenciado pelos pragmatistas, entra em cena o realismo jurídico, inspirado pelas obras de Oliver Wendell Holmes, John Chipman Gray e Benjamin Cardozo e concretizado nas de Jerome Frank, William Douglas, Karl Llewellyn, Felix Cohen, Fred Rodell, Max Radin, Robert Hale, Flemin James, William Green, entre outros, a maioria professores de direito em Yale ou Columbia. Nos ensaios de Dewey sobre direito, o pragmatismo se une ao realismo jurídico[5]. Ao fim da Segunda Guerra Mundial, porém, tanto o pragmatismo filosófico quanto o realismo jurídico tinham-se extinguido (embora seja possível encontrar traços de realismo ainda na década de 1970, nas obras de

---

3. Ver Philip P. Wiener, *Evolution and the Founders of Pragmatism*, cap. 7 (1949).

4. Martha C. Nussbaum, "Therapeutic Arguments: Epicurus and Aristotle", em *The Norms of Nature: Studies in Hellenistic Ethics*, p. 31 (Malcolm Schofield e Gisela Striker [orgs.], 1986); ver também id., p. 41, 71-2.

5. Particularmente "Logical Method and Law", 10 *Cornell Law Quarterly* 17 (1924).

Grant Gilmore e Arthur Leff): o primeiro suplantado pelo positivismo lógico e outras filosofias analíticas "puras"; o segundo absorvido pelas principais correntes jurídicas e, particularmente, pela escola processual (ver Capítulo 1), que alcança seu apogeu em 1958, com *The Legal Process* [O processo legal], de Hart e Sacks. Posteriormente, com o declínio do positivismo lógico, o pragmatismo contra-ataca na figura de Richard Rorty (e não apenas este, como também Richard Bernstein, Stanley Fish, Richard Poirier e muitos outros), ao que se seguem os estudos jurídicos críticos (cria radical do realismo jurídico) e, mais tarde, mais pragmatistas (por exemplo, Cornel West) e uma escola de neopragmatistas, entre os quais estão William Eskridge, Daniel Farber, Philip Frickey, Thomas Grey, Frank Michelman, Martha Minow, Margaret Jane Radin, Cass Sunstein e outros. Esses outros incluem a mim, além de, talvez, conforme sugerido por Rorty (ver a Introdução), Ronald Dworkin – apesar de sua hostilidade escancarada ao pragmatismo – e Roberto Unger. Ademais, vem juntar-se a nós Morton Horwitz (Capítulo 11). A diversidade ideológica desse grupo é digna de nota.

Segundo o trabalho que aqui cito (e com o qual não necessariamente concordo), o pragmatismo, seja o antigo, seja o novo, apresenta-se como uma rejeição cada vez mais enfática dos dualismos do Iluminismo, tais como: sujeito e objeto, mente e corpo, percepção e realidade e forma e substância; sendo que esses dualismos são considerados os pilares de uma ordem social, política e jurídica conservadora. Nos séculos XVII e XVIII, a maioria dos pensadores estava persuadida, particularmente pela física newtoniana, de que o universo físico tinha uma estrutura uniforme, acessível à razão humana. A alguns, ocorreu então que a natureza humana e os sistemas sociais humanos poderiam ter uma estrutura mecânica semelhante. Assim, as perspectivas científicas lançaram a humanidade em uma postura calcada na observação. Através da percepção, da mensuração e da matemática, a mente humana desvelaria os segredos da natureza (incluindo-se aqueles da própria mente, que é parte da natureza) e as leis (naturais e não jurídicas) da interação social, inclusive aquelas que estabeleciam um sistema de governo fundado no equilíbrio de poderes, o comportamento econômico em conformidade com os princípios da oferta e da procura e as normas morais e jurídicas fundadas nos princípios imutáveis da psicologia e do comportamento humano. Nesse contexto, a mente era uma filmadora (que registrava tanto as atividades naturais quanto as sociais e semelhantes, determinadas por leis naturais), além de uma calculadora.

Os poetas e filósofos românticos desafiaram essa visão – científica, em termos gerais, porém revestida do sentimento platônico de um mundo imutável, por trás do caos das impressões sensíveis. Enfatizaram, em vez disso, a plasticidade do mundo e o poder unificador da imaginação humana. "O Olho, alterando, tudo altera", dizia William Blake em "The Mental Traveler". Quanto às restrições institucionais, os românticos as desprezavam (juntamente com todos os demais tipos de entrave às aspirações humanas), considerando-as mera contigência. Até a ciência consideravam enfadonha, visto que buscavam aquele sentimento de potencial ilimitado e unicidade com a humanidade (na verdade, com o universo inteiro), próprio das crianças. Eram seguidores de Prometeu. "Sê tu eu, ó impetuoso!", dizia Shelley ao vento oeste do outono. Mesmo o poema "Ode to a Grecian Urn", de Keats, que começa celebrando a permanência da arte, logo se sobrecarrega de imagens de desejos reprimidos, desolação, frieza e perda.

O principal representante dessa escola nos Estados Unidos foi Emerson, o qual deixou traços de seu pensamento tanto em Peirce quanto em Holmes. O equivalente (e admirador) europeu de Emerson foi Nietzsche. Nenhum deles foi um romântico em sentido estrito, se é que existe tal sentido. À maneira dos românticos, no entanto, aspiravam a remodelar uma relação passiva e contemplativa entre um sujeito observador e uma realidade objetiva, seja natural, seja social, transformando-a numa relação ativa e criativa entre seres humanos combativos e os problemas que os atormentavam e que eles buscavam superar. Esses pensadores viam o pensar como um exercício da vontade em função de algum desejo humano (e aqui vemos o vínculo entre pragmatismo e utilitarismo). Segundo essa visão, as instituições sociais, seja a ciência, o direito ou a religião, são produto de desejos humanos cambiantes e não de uma realidade externa a esses desejos. Os seres humanos têm não apenas olhos, mas também mãos.

Essa discussão ajuda-nos a ver por que a verdade revelou-se um conceito problemático para muitos pragmatistas. O significado essencial da palavra é independência do observador, coisa que o pragmatista tende a questionar ou até negar. Não é de surpreender, portanto, que as tentativas dos pragmatistas no sentido de definir o que é a verdade (verdade é aquilo que está fadado a ser objeto de crença, aquilo em que é bom acreditar, aquilo que sobrevive na competição entre as ideias ou então aquilo que a sociedade acorda) são frustradas pelo paradoxo. Mas o verdadeiro interesse do pragmatista não está na verdade, mas sim nos fundamentos sociais da crença ("atestabilidade garantida"). Essa mudança de direção não torna o pragmatista necessariamente um inimigo da ciência (há um grande desacordo, dentro do pragmatismo, sobre que atitude tomar perante a ciência)⁶, mas faz com que a ênfase, ao pensar-se a ciência, desloque-se do descobrimento das leis eternas da natureza para a formulação de teorias movidas pelo desejo dos seres humanos de prever e controlar seu ambiente natural e social. A implicação disso, tardiamente explicitada por Thomas Kuhn, é que as teorias científicas são uma função das necessidades e dos desejos humanos e não da forma como as coisas são na natureza. Assim, a sucessão de teorias relativas a um dado tema não precisa nos aproximar de uma "realidade suprema" (o que não significa negar que o *conhecimento* científico possa estar crescendo continuamente, sobretudo o conhecimento prático, por oposição ao abstrato). Mas isso é pôr o carro na frente dos bois, pois quero fazer uma pausa em 1921 e examinar a formulação do pragmatismo jurídico apresentada por Benjamin Cardozo no livro *The Nature of the Judicial Process* um manifesto claro e conciso do pragmatismo jurídico, publicado naquele ano.

"A causa final do direito", escreve Cardozo, "é o bem-estar da sociedade."⁷ Pior para a ideia formalista – cujas origens e pretensões cientificistas são evidentes – do direito como conjunto de princípios imutáveis. Será esse formalismo um saco de pancadas? De forma nenhuma. Quantos liberais, hoje em dia, descreveriam a igualdade racial ou a sexual como princípios meramente convenientes? Quantos originalistas definiriam dessa forma o originalismo?

Cardozo não quer dizer que os juízes estejam "livres para substituir por sua própria ideia de razão e justiça aquela dos homens e das mulheres a que servem. Seu critério deve ser objetivo", mas objetivo em um sentido pragmático, que não é o de correspondência com uma realidade externa. "Em tais questões, o que conta não é aquilo que acredito que é certo, mas sim aquilo que posso razoavelmente crer que outros homens de intelecto e consciência normais poderiam considerar razoavelmente como certo" (pp. 88-9).

As normas jurídicas devem ser vistas como instrumentais. "Nos tempos atuais, poucas normas são tão consolidadas a ponto de não poderem ser chamadas a justificar-se existencialmente como meios adaptados a um fim" (p. 98). A concepção instrumental do direito rompe com a influente teoria aristotélica da justiça corretiva. A função do direito

---

6. Ver Isaac Levi, "Escape From Boredom: Edification According to Rorty", 11 *Canadian Journal of Philosophy* 589 (1981); Paul Kurtz, *The New Skepticism: Inquiry and Reliable Knowledge*, pp. 66-72 (1992). A veia pró-científica do pragmatismo é bem ilustrada por Sidney Hook, "Scientific Knowledge and Philosophical 'Knowledge'", em Hook, *The Quest for Being, and Other Studies in Naturalism and Humanism*, p. 209 (1963).

7. Benjamin N. Cardozo, *The Nature of the Judicial Process*, p. 66 (1921). [Trad. bras. *A natureza do processo judicial*, São Paulo, Martins Fontes, 2004.]

como justiça corretiva é restaurar um equilíbrio, enquanto, para Cardozo, "o principal não é a origem, mas a meta. Não pode haver sabedoria na escolha de um caminho, a menos que saibamos aonde este conduzirá (...). A norma que funciona a contento produz reconhecimento (...). O princípio último para a seleção dos juízes (...) é o de adequação a um fim" (pp. 102-3). A frase sobre o "reconhecimento" é uma reprovação aos formalistas que acreditam que a validade de uma lei depende da demonstração de que esta deriva de uma fonte revestida de autoridade.

Embora o foco de *A natureza do processo judicial* seja o *common law*, Cardozo não via as forças criativas da imaginação do juiz como algo fadado a perecer diante do desafio da interpretação dos textos. John Marshall "deu à Constituição dos Estados Unidos a marca de sua própria mente; e a forma de nosso direito constitucional é o que é porque ele a moldou, enquanto esta era ainda plástica e maleável, com o fogo de suas próprias e intensas convicções" (pp. 169-70)[8]. Um ensaio do realista jurídico Max Radin clarifica e, ao fazê-lo, enfatiza a paridade entre as leis e o *common law*[9]. Os juízes não têm liberdade para alterar uma lei, como têm para alterar uma doutrina do *common law*. A interpretação, não obstante, é uma tarefa criativa e não contemplativa; de fato, ao decidir casos difíceis em matéria de legislação (e de direito constitucional, é claro), os juízes têm o mesmo grau de liberdade que possuem ao decidir casos difíceis de *common law*[10].

Ainda assim, a despeito dos esforços do realismo para reposicionar o foco da pesquisa acadêmica de direito, movendo-o do *common law* para o novo mundo do direito legislado, as leis revelaram-se um desafio ao qual a tradição realista, que vai de Holmes ao esmorecimento do realismo jurídico na década de 1940 e sua suplantação pela escola processual

---

8. Holmes, como vimos na Introdução, tinha uma visão mais matizada da conquista de John Marshall.

9. "Statutory Interpretation", 43 *Harvard Law Review* 863 (1930); ver também um ensaio posterior, "A Short Way with Statutes", 56 *Harvard Law Review* 388 (1942). As visões de Radin foram veementemente atacadas em James M. Landis, "A Note on 'Statutory Interpretation'", 43 *Harvard Law Review* 886 (1930). O ataque, conduzido por um dos fundadores da "escola processual", consiste basicamente na afirmação de que, em matéria de lei, há casos simples e complicados – simples no sentido de que o significado da lei em questão é claro logo de início ou pode ser clarificado pelo juiz mediante o recurso à história da legislação. Esta é uma ressalva sensata à abordagem cética de Radin.

10. "O 'significado bruto' de uma lei nos fornece um amplo panorama de escolha entre um mínimo e um máximo de abrangência. A 'intenção do legislativo' não passa de ficção inútil, pois o 'propósito' exige a seleção de um dentre muitos propósitos. As 'consequências', por sua vez, envolvem previsões proféticas para as quais os tribunais não estão especificamente preparados e que abrem espaço a diversos resultados possíveis, seja qual for o método probabilístico de cálculo." Radin, "Statutory Interpretation", nota 9 acima, p. 881.

na década de 1950, não conseguiu fazer frente. O problema começou com a famosa caracterização que Holmes faz do juiz como um legislador intersticial, a qual Cardozo ecoa em *A natureza do processo judicial*. A caracterização é útil por apontar para a função legisladora dos juízes, mas equivocada ao insinuar que os juízes e os legisladores são funcionários da mesma estirpe, ou seja, guiados e controlados pelas mesmas metas e restrições, assim como pelos mesmos valores e estímulos. Se assim fosse, o papel do juiz em relação às leis seria muito mais simples; este consistiria, essencialmente, em dar uma mãozinha ao legislativo, preenchendo as lacunas de sua produção. O processo legislativo é mais assolado por pressões de grupos de interesse que o judiciário. Por essa e por outras razões, as leis escritas são muito menos regidas por juízes imparciais, no tocante ao interesse público, do que acreditavam os realistas dos tempos áureos do *New Deal*. Não é mais possível imaginar o bom juiz pragmatista como o feliz parceiro do legislativo na idealização de soluções que satisfaçam o interesse público. O juiz que toma suas decisões fundado em sua própria concepção do interesse público está sujeito a entrar em conflito com o legislativo, como ocorreu no passado, quando os juízes adotavam a posição de que as leis escritas, "em desrespeito ao *common law*", não deveriam ser interpretadas de forma abrangente. A fidelidade aos propósitos do legislativo tornou-se a marca registrada do formalismo hodierno: os juízes devem ser agentes fiéis, *apesar* da perversidade das leis que interpretam.

Outra deficiência do realismo jurídico, relacionada a esta, era seu entusiasmo ingênuo pelo Estado, o que o marcou como um movimento "liberal" (no sentido atual e não no do século XIX), além de parte do legado do realismo jurídico ao neopragmatismo de hoje, o qual se encontra tão dominado por pessoas de orientação liberal ou radical, que o próprio movimento adquire, particularmente a seus próprios olhos, a feição de uma escola de pensamento de esquerda. O pragmatismo, no entanto, não tem valência política inerente. Além disso, os pragmatistas que atacam as devoções da direita, ao mesmo tempo em que exibem uma fidelidade totalmente acrítica às da esquerda (como as igualdades racial e sexual, o desejo por uma distribuição mais igualitária de renda e riqueza e o sentimento de generalização da opressão e da injustiça nas sociedades ocidentais modernas), não são pragmatistas genuínos, mas sim dogmáticos travestidos de pragmatistas.

Outra fraqueza do realismo jurídico era sua falta de método. Os realistas sabiam o que fazer (pensar coisas e não palavras, sondar as consequências reais das doutrinas jurídicas e buscar o equilíbrio entre visões diferentes do interesse público), mas não como fazer. Mas isso não era culpa deles. As ferramentas da economia, da estatística e de outras ciências pertinentes encontravam-se insuficientemente desenvolvidas para possibilitar a elaboração de uma abordagem do direito voltada para a engenharia social. O que *era* culpa deles (além de ser minha última e, a meu ver, melhor razão para querer evitar o termo "realismo jurídico" como descrição daquilo que *eu* busco realizar) era um pendor para a irresponsabilidade, que o movimento dos estudos jurídicos críticos, que gosta de pensar em si como descendente do realismo jurídico, herdou. Há estudiosos de primeira entre os realistas, como Radin, Patterson e Llewellyn, mas também há *Law and the Modern Mind*, *Woe Unto You, Lawyers!*, a atuação de William Douglas como juiz, os estudos empíricos que não levavam a lugar nenhum e, ao fazê-lo, desmoralizavam o empirismo aplicado ao direito, um tipo ingênuo de ciência política estatista e de idolatria ao *New Deal* e os manifestos jamais cumpridos.

Quando da publicação de *A natureza do processo judicial*, John Dewey era o principal filósofo do pragmatismo, e é principalmente a sua versão do pragmatismo que se destaca nos escritos de Cardozo. A produção de Dewey ainda durou muitos anos. Até a década de 1960, entretanto, havia pouco de novo no pragmatismo. Mesmo assim, muito do que acontecia na filosofia durante esse intervalo de tempo sustentava a abordagem pragmática. O positivismo lógico, por exemplo, com sua ênfase na verificabilidade e a consequente hostilidade à metafísica, é pragmático, por exigir que a teoria faça diferença no mundo empírico. A filosofia científica da falseabilidade de Popper aproxima-se da filosofia da ciência de Peirce, pois, em ambos, a dúvida é o motor do progresso e a verdade, uma eterna meta. O antifundacionismo, a antimetafísica e a rejeição da certeza, bandeiras do último Wittgenstein e de Quine, podem ser pensados como extensões das ideias de James e Dewey. Já nas décadas de 1970 e 1980, as correntes haviam-se fundido para formar o pragmatismo contemporâneo, representado por pensadores como Davidson, Putnam e Rorty na filosofia analítica, Habermas na filosofia política, Geertz na Antropologia, Fish na crítica literária e os juristas acadêmicos que mencionei inicialmente.

Não há utilidade, porém, em chamar esse recrudescimento do pragmatismo de "novo" pragmatismo. Isso significaria pressupor a existência de (ao menos) duas escolas pragmáticas, cada uma das quais poderia ser descrita e depois comparada com a outra. Mas nenhum desses dois pragmatismos é uma escola. As diferenças entre Peirce e James ou entre James e Dewey são profundas. Por sua vez, as diferenças entre os atuais defensores do pragmatismo são ainda mais profundas, o que torna mais fácil encontrar afinidades para além das escolas "nova" e "antiga" que dentro destas. Peirce tem mais em comum com Putnam que Putnam com Rorty, enquanto eu tenho mais em comum (a meu ver) com Peirce, James e Dewey do que com Cornell West ou Stanley Fish. Os pragmatistas do meu tipo (pró-ciência e adeptos do liberalismo clássico) não são inimigos do Iluminismo nem sonhadores utopistas. Para nós, a importância do pragmatismo em relação ao Iluminismo está em desmascarar e desafiar os vestígios platônicos, tradicionalistas e teológicos do pensamento iluminista.

Mais útil que tentar identificar e comparar escolas antigas e novas do pragmatismo é observar simplesmente que as qualidades do pragmatismo são mais bem percebidas hoje do que há trinta anos e que isso se deve ao fracasso das outras filosofias, como o positivismo lógico, em cumprir aquilo que prometeram, assim como a um crescente reconhecimento de que as qualidades dessas filosofias residem em características compartilhadas com o pragmatismo. Entre estas, estão a hostilidade à metafísica e a simpatia para com os *métodos* da ciência, por oposição à fé no poder da ciência de tomar o lugar da religião como definidora das verdades definitivas.

Os usos do pragmatismo no direito

Se tanto o antigo pragmatismo quanto o novo são tão heterogêneos quanto sugeri, surge a questão de se o pragmatismo tem algum núcleo comum e, em caso negativo, o que exatamente significa querer tornar o direito mais pragmático. Afirmei, na Introdução, que gostava da sugestão de Cornell West de que o "denominador comum" do pragmatismo é um "instrumentalismo voltado para o futuro, que busca empregar o pensamento como uma arma que possibilite ações mais eficazes"[11]. Mesmo essa definição, contudo, é vaga o suficiente para abarcar uma miríade de filosofias incoerentes política e juridicamente, incluindo-se diversas teorias do direito incoerentes entre si. Relembrando o verso de T. S. Eliot que é epígrafe deste capítulo, pode-se perguntar se o pragmatismo encontra-se suficientemente definido para que sua aplicação ao direito tenha qualquer utilidade que não a de malhar teorias jurídicas ambiciosas, como venho fazendo ao longo deste livro.

Bem, esta é, de fato, uma das principais utilidades do pragmatismo. Outra é ajudar a mudar a cara do meio jurídico, aproximando-se o direito acadêmico da ciência social e o jogo dos juízes do jogo científico.

---

11. Cornell West, *The American Evasion of Philosophy: A Genealogy of Pragmatism*, p. 5 (1989).

O pragmatismo destrói diversas objeções a esses projetos, como vimos. Pode, também, ter algumas aplicações em determinadas questões do direito. Consideremos a proteção jurídica à liberdade de expressão. Se os pragmatistas estiverem corretos e a verdade não estiver nas cartas, isso aparentemente compromete a defesa por um grau mais alto de proteção jurídica à liberdade de investigação, que é vista como o único caminho confiável para a verdade. Na realidade, porém, fortalece essa defesa. Platão acreditava na censura. Se, ao contrário do que acreditava Platão, a verdade for inalcançável, o censor (ou os especialistas que se escondem por trás dele) não pode apelar para uma verdade mais elevada como justificativa para vetar investigações mais profundas sobre um determinado assunto. O libertário, como forma de resistir à censura, pode apelar à eficácia comprovada da liberdade de investigação para a expansão do conhecimento. Pode-se duvidar de que algum dia alcançaremos a "verdade", mas não de que nossas reservas de conhecimento útil aumentam continuamente. Ainda que todas as verdades científicas hoje aceitas estejam destinadas a ser um dia superadas, isso não afetará nossa capacidade de curar a tuberculose, de gerar energia elétrica e de construir aviões. A contínua sucessão das teorias científicas não apenas coexiste com o crescimento do conhecimento científico, como é também o principal motor desse crescimento. O ponto não é que as convicções do censor sejam sempre falsas, pois bem podem ser verdadeiras em muitos casos, mas sim que a prática da censura, ao cercear a concorrência de ideias, retarda o crescimento do conhecimento e a chegada de seus benefícios.

Porém, a despeito do exemplo de Holmes, cuja influente defesa da liberdade de expressão, em seu voto divergente no caso *Abrams*, guarda uma inegável afinidade com um famoso ensaio de Peirce[12], seria um erro imaginar que exista uma *doutrina* pragmatista da liberdade de expressão, ou seja, que seja possível usar o pragmatismo para dizer a um juiz como decidir um determinado caso que envolva a liberdade de expressão. Se o pragmatista está alerta para os benefícios da retórica picante, também está ciente dos custos. As feministas radicais afirmam que a pornografia é lesiva. Para os adeptos da teoria crítica da raça, por sua vez, as formas de expressão motivadas pelo ódio é que são danosas. Não há nada no pragmatismo que ensine que os danos causados pelo discurso devam ser ignorados; nem nada que justifique a priorização da liberdade de expressão, em detrimento de outros interesses sociais. Para

---

12. Compare-se *Abrams vs. Estados Unidos*, 250 U.S. 616, 630 (1919) (voto divergente), com Peirce, "The Fixation of Belief", em *Collected Papers of Charles Sanders Peirce*, p. 223 (Charles Hartshorne e Paul Weiss [orgs.], 1934).

o pragmatista, as questões da pornografia e das formas de expressão motivadas pelo ódio são empíricas: Quais são os danos causados por esses fenômenos e quais seriam as consequências (custos e benefícios) de tentar impedi-los?

Cass Sunstein, no livro *Democracy and the Problem of Free Speech* [Democracia e o problema da liberdade de expressão] (1993), adota uma abordagem reconhecidamente pragmatista da liberdade de expressão. A autora observa que alguns tipos de restrição a essa liberdade podem, na realidade, aumentar a quantidade de discurso (por exemplo, se os jornais fossem obrigados a ceder espaço aos críticos de sua linha editorial), enquanto outros tipos (por exemplo, restrições à pornografia) podem conceder benefícios não expressivos maiores que os danos causados à liberdade de expressão – um defensor formalista da liberdade de expressão relutaria sequer em levar em consideração esses dois pontos. O resultado é um livro cauteloso e até indeciso, mas responsável, pois o autor tem plena consciência da profunda incerteza empírica que obscurece o debate sobre as consequências das diversas formas de discurso e das propostas de controle delas.

Começa a parecer, então, que o grande valor do pragmatismo reside em prevenir o encerramento prematuro dos debates e não propriamente em resolvê-los. O pragmatismo é capaz, por exemplo, de nos ajudar a manter uma postura adequadamente crítica diante de certas realidades que desempenham um grande papel em muitas áreas do direito (particularmente o direito da responsabilidade civil e o direito penal) e que são prenhes de confusão. Realidades como culpabilidade, intenção, liberdade de expressão e causalidade são repetidamente invocadas em debates sobre responsabilidade civil e penal. No entanto, quando testadas pelo critério pragmatista das consequências práticas, revelam-se extraordinariamente traiçoeiras. Para constatar que um homicído foi intencional, não é preciso penetrar nos recônditos da mente do réu em busca da requerida intenção. O que o juiz e o júri fazem é examinar as provas dos atos do réu e tentar concluir, a partir destas, se houve planejamento premeditado ou alguma outra indicação de alta probabilidade de sucesso; se houve ocultamento de provas ou outros indícios de que o réu tentou se safar ileso e se as circunstâncias do crime apontam para uma provável repetição. Todas essas considerações relacionam-se antes à periculosidade que à intenção ou à liberdade de expressão. A principal preocupação social por trás da punição diz respeito à periculosidade e não a estados mentais; e os métodos do processo judicial não permitem ao investigador dos fatos sondar, para além da periculosidade, estratos mentais ou espirituais tão furtivos que talvez nem existam.

Da mesma forma, embora se preocupe com efeitos e, consequentemente, com causas, o direito não se prende obsessivamente à "causalidade". Evita, portanto, as desgastadas controvérsias filosóficas sobre a natureza e a existência da causalidade, fundando os julgamentos de responsabilidade civil ou penal em considerações sociais e não filosóficas. Pessoas que não causaram nenhum dano porque seus planos foram interrompidos são normalmente punidas por tentativa e conspiração; determinados indivíduos são, por vezes, considerados responsáveis pelo delito, no direito civil, mesmo quando seus atos não tenham sido condição necessária ao dano sobrevindo (como no caso de dois réus que, agindo independentemente, infligem simultaneamente um dano que teria sobrevindo mesmo que apenas um deles tivesse agido); e uma pessoa cuja ação indubitavelmente "causou" dano pode ser desresponsabilizada porque o dano era uma consequência imprevisível da ação. As condições que vinculam a responsabilidade jurídica aos atos de uma pessoa podem ser descritas sem referência à culpabilidade e à causalidade.

Não quero dizer que, só porque não existem no sentido em que se pode dizer que os cérebros e os caminhões existem, a intenção, a causalidade e coisas semelhantes não são objetivas. A realidade objetiva não é a pedra de toque da ideia da objetividade pragmatista. Muitos conceitos explorados apenas indiretamente, ou nem sequer explorados, nos livros mais importantes, como o "custo marginal" e os números complexos, são tão objetivos quanto os objetos físicos, no sentido de que as afirmações sobre eles podem ser determinadas como verdadeiras ou falsas com a mesma certeza verificada nas afirmações sobre os objetos físicos. Este foi o meu argumento, quando, na Introdução, falei sobre os movimentos no xadrez. A queixa procedente sobre as realidades imaginárias do direito é que estas, às vezes, prejudicam o pensamento em vez de auxiliá-lo, o que as torna "metafísicas", no sentido pejorativo da palavra. Os conceitos vinculados de intenção e livre-arbítrio, aplicados, por exemplo, à determinação da pena, sustentam a ideia de que pessoas são diferentes de outras coisas perigosas, como cobras-coral, por exemplo[13]. Essa ideia é um útil antídoto para a mentalidade de tipo "amigo-inimigo", que descaracterizou os julgamentos de causas na Alemanha durante o período nazista, bem como para a invocação indiscriminada da periculosidade como justificativa para a prisão preventiva. Desse modo, embora o livre-arbítrio e a intenção tenham um lugar insignificante ou nulo no jogo da ciência, podem ter um lugar no jogo

---

13. Cf. Sabina Lovibond, *Realism and Imagination in Ethics*, p. 174 (1983).

dos juízes. Novamente, então, vemos o pragmatismo destruir argumentos de má qualidade (por exemplo, que as pessoas possuem uma "faculdade" da "vontade", que determina as escolhas delas) em vez de resolver questões práticas, como a de se devemos continuar empregando a "ficção" do livre-arbítrio no direito.

Não há novidade nas tentativas de furar os chamados balões metafísicos do direito (o que reflete justamente minha observação de que não há nada de muito novo no neopragmatismo), o empreendimento favorito dos realistas jurídicos. Estes, porém, faziam isso com um viés esquerdista. Ridicularizavam a afirmação de que uma empresa possui direitos naturais, já que não passa de um conjunto de contratos. Não ridicularizavam, no entanto, a ideia de tributá-las, embora conjuntos de contratos não possam pagar impostos. Os contribuintes do imposto de renda sobre pessoa jurídica são pessoas de carne e osso, nem todas ricas, pois, entre elas, estão (ou podem estar, já que a incidência do imposto de renda sobre pessoa jurídica é uma questão muito debatida em economia) os empregados e os consumidores, assim como os acionistas. Os realistas jurídicos também não atentaram para a possibilidade de a ficção da pessoa jurídica cumprir uma função econômica bastante útil, da mesma forma que a ficção jurídica do livre-arbítrio pode servir a uma função política.

O pragmatismo mantém-se como antídoto para o formalismo. A ideia de que as questões jurídicas podem ser respondidas mediante a investigação da relação entre conceitos e, portanto, sem necessidade de mais que um exame superficial da relação destes com o mundo dos fatos, é tão antipragmática quanto antiempírica. Nesse contexto, não se pergunta o que funciona, mas sim que regras e decisões formam vínculos em uma cadeia lógica que aponte a uma fonte jurídica revestida de autoridade, como o texto da Constituição ou uma doutrina inquestionada do *common law*.

O desejo de romper a ligação do conhecimento com a observação, desejo este que é a meta do formalismo, é persistente e, em certa medida, frutífero. Munidos das regras da aritmética, podemos jogar uma série de bolas em um baú e, se contarmos cuidadosamente, *saberemos* quantas bolas há no baú, sem necessidade de olhar dentro deste. Analogamente, munidos da norma jurídica segundo a qual os animais selvagens não possuem direitos não usufrutários, tudo que precisamos saber para aplicar a norma é se um animal é selvagem ou domesticado. Normas jurídicas economizam informação e isso é bom. O perigo surge quando, por exemplo, considera-se que a norma sobre os direitos não usufrutários dos animais selvagens pode ser automaticamente generalizada na forma de uma norma que determine a ausência desses direitos em *todos* os recursos naturais não estacionários. Nesse caso, é possível chegar à norma "correta" para os direitos de propriedade sobre o petróleo e o gás natural, sem a necessidade de mergulhar nas profundezas da economia do desenvolvimento de tais recursos. Tudo bem, mas o risco de que o sistema resultante de exploração do petróleo e do gás seja ineficiente é muito grande. A abordagem pragmática inverte a ordem e pergunta: Qual é a norma correta para o petróleo e o gás – a sensível, a socialmente viável, a razoável ou a eficiente? No curso da investigação, o pragmatista consultará o direito que rege os animais selvagens, em busca de qualquer (mínima) luz que este possa jogar sobre a questão, mas a ênfase será empírica desde o início. Não haverá nenhuma inclinação a permitir que as normas existentes expandam-se até seus limites semânticos, absorvendo áreas de experiência cada vez mais abrangentes, por um processo de semelhança verbal. O formalista força as práticas dos homens de negócios e das pessoas em geral a encaixarem-se no molde dos conceitos jurídicos existentes, vistos como imutáveis, tais como o de "contrato". O pragmatista, ao contrário, considera que os conceitos devem servir às necessidades humanas e, portanto, deseja que sempre se considere a possibilidade de ajustar as categorias do direito, para que se adaptem às práticas das outras comunidades que não a jurídica.

É aí que as realidades "metafísicas" geram confusão. Atos fundados no livre-arbítrio existem; mas não se segue daí que o livre-arbítrio seja um atributo da ação humana. Algumas promessas são contratuais, o que quer dizer que são executáveis judicialmente; mas não se segue daí que são executáveis por serem "contratos". É possível falar-se de um ato como causado, sem se postular uma realidade chamada "causalidade".

O atual bastião do formalismo jurídico não é o *common law*, mas a interpretação das leis e da Constituição. É aqui que encontramos as mais influentes tentativas contemporâneas de derivar decisões jurídicas através de métodos superficialmente afins à dedução. Mas essas tentativas falharão. A interpretação de textos não é um exercício de lógica. Ademais, as fronteiras da "interpretação" são tão elásticas (considerando-se que, entre os objetos verbais, entre outros, que são interpretados, estão os sonhos, além de textos em língua estrangeira e, como vimos no Capítulo 9, composições musicais) a ponto de pôr em dúvida a utilidade do conceito. Ao abordarem uma questão que tenha sido colocada como de interpretação de uma lei, os pragmatistas perguntarão qual das resoluções possíveis tem as melhores consequências, considerando-se tudo aquilo que é ou deveria ser do interesse dos juristas, incluindo-se a importância de preservar a linguagem como meio de comunicação eficaz e de preservar a separação dos poderes, através do acatamento, em linhas gerais, das decisões do legislativo relativamente ao interesse público.

Outra complicação para a teoria da interpretação das leis é que hoje já não pensamos em uma lei como, tipicamente (e, muito menos, invariavelmente), produto de esforços bem-intencionados no sentido de promover os interesses do povo, da parte de legisladores devotados a esses interesses e que sejam os representantes fiéis de eleitores que compartilham dessa mesma devoção. A teoria da escolha pública nos ensinou sobre as dificuldades da conjunção de preferências pelo método eleitoral, enquanto a teoria política dos grupos de interesse, na versão renovada pelos economistas, nos ensinou que o processo legislativo frequentemente se volta ao atendimento dos desejos redistributivos de pequenas coalisões e, ao fazê-lo, frustra qualquer concepção plausível do interesse público. Sob a pressão de ambas as teorias, fica difícil saber onde buscar o sentido das leis. Além disso, torna-se problemático falar de juízes capazes de discernir as intenções do legislativo e incerto se os juízes devem buscar, através da interpretação, aperfeiçoar os decretos de um Estado defensor de interesses particulares. As principais escolhas que as novas descobertas propiciam à teoria da interpretação são alguma versão do interpretacionismo estrito ou então uma abordagem pragmática, na qual, reconhecendo a natureza problemática da interpretação das leis, os juízes orientam suas decisões pelas consequências destas, sempre tendo em mente que, entre as consequências importantes, estão as sistêmicas, como o risco de degeneração da linguagem legislativa.

A menção da preocupação com os perigos sistêmicos deve ajudar a demolir a falácia de que o pragmatismo jurídico é a aplicação de uma equivocada justiça substantiva às ações judiciais particulares. As consequências importantes para o pragmatista são tanto as de longo quanto as de curto prazo; são tanto as sistêmicas quanto as individuais; a importância tanto da estabilidade e da previsibilidade quanto da justiça às partes individuais; a importância tanto de preservar a linguagem como um método confiável de comunicação quanto de interpretar as leis e as cláusulas constitucionais com flexibilidade para fazer com que respondam inteligentemente a circunstâncias não vislumbradas por seus idealizadores. É verdade que considerações sobre escrúpulos, sobre os laços orgânicos entre as gerações, ou sobre um dever moral de coerência ao longo do tempo não tendem a sensibilizar o juiz pragmatista. É sempre possível, contudo, que alguma linha do discurso jurídico formalista – como o interpretacionismo estrito, o livre-arbítrio ou a observância rigorosa da jurisprudência – possa se ver justificada pragmaticamente como a melhor fonte de referência para as decisões dos juízes. Os interpretacionistas estritos, por exemplo, quando pressionados a admitir que seu método não é propriamente justificável com base na fidelidade interpretativa, às vezes respondem que, ainda assim, justifica-se na prática, como forma de limitar o poder discricionário dos juízes, elevar a previsibilidade das decisões relativas às leis e disciplinar o processo legislativo, forçando-se os legisladores a dizerem o que pretendem. O pragmatista tem o dever de levar em conta os méritos de uma tal reação. Devemos ter grande cuidado, enfim, em distinguir entre o filosofar e o julgar pragmáticos, bem como de não superdimensionar as possibilidades de uso do primeiro para subscrever o segundo.

Devemos considerar até mesmo, como observei na Introdução, a possibilidade de que um juiz pragmatista considere que a melhor postura a se adotar seja a formalista, assim como um cientista pode julgar que a melhor postura a se adotar é a do realismo científico. Ainda assim, embora o discurso dos juízes sempre tenha sido predominantemente formalista, a maioria dos juízes americanos, ao menos diante de casos complicados, age pragmaticamente. Isso ocorre, em parte, porque as questões que passam pela justiça americana sempre foram tão diversas e conflitantes que o formalismo se torna inaplicável na maioria dos casos mais difíceis e, em parte, porque os juízes não são tão metódicos e intelectualmente sofisticados como os intelectuais acadêmicos gostam de imaginar. Como observou Holmes em seu voto divergente no caso *Lochner* (uma decisão geralmente censurada como exemplo de pensamento formalista fundado na "liberdade de celebrar contratos"), o erro da maioria não estava em tomar sua decisão com base no formalismo, mas em fundá-la em uma teoria econômica (a do livre-mercado) que grande parte da nação não aceitava[14]. Afirmar, contra a sugestão de que "o pragmatismo fornece a melhor explicação de como os juízes realmente decidem os casos", que este "não explica um dos traços mais salientes da prática dos juízes (a postura destes diante das leis e da jurisprudência em casos complicados), exceto na hipótese esdrúxula de que o objetivo dessa prática seja enganar o povo, caso este em que o povo não terá consentido com ela"[15], significa inferir as atitudes dos juízes a partir da retórica de seus votos. Os juízes, muitas vezes, não se caracterizam pela franqueza nem (e isso ainda mais frequentemente) pela autocrítica. É fácil, para um indivíduo, confudir suas próprias preferências

---

14. 198 U.S., fl. 75.
15. Ronald Dworkin, *Law's Empire*, p. 161 (1986).

no que tange ao interesse público com a lei. Quanto à questão de se o povo consentiu com o método pragmático de tomada de decisão dos juízes, uma resposta negativa não compromete a força explicativa – por oposição à normativa – da teoria pragmatista. De todo modo, a questão do consentimento público é artificial. Votos são, com raras exceções, redigidos para serem lidos por advogados, e não por leigos. De fato, os votos praticamente não possuem leitores leigos. Ademais, o povo parece não ter uma visão coesa do equilíbrio apropriado entre princípio e resultado nas sentenças judiciais.

É verdade que, após uma clara onda de ativismo judicial de muitas décadas de duração (que se desenvolveu ao longo da década de 1950, alcançou o auge na década de 1960, perdeu um tanto de sua força na de 1970 e arrefeceu-se bastante desde então), surge um novo interesse pelas abordagens que favorecem a continuidade com o passado, em detrimento da engenharia social do futuro. Essas abordagens são atraentes aos ativistas judiciais de ontem, ansiosos por proteger das incursões dos juízes conservadores as decisões liberais da Suprema Corte tomadas nas décadas de 1960 e 1970; a muitos conservadores para quem o judiciário continua comprometido com as políticas de esquerda; e, de forma particularmente inventiva, a Dworkin, para quem conservadores como Bork é que são os verdadeiros ativistas. Há também um novo debate sobre tradição, sobre conhecimentos que não se revelam abertamente (incorporados aos precedentes cuja autoridade prevalece, ao treinamento profissional e à linguagem habitual do direito), sobre as limitações da razão individual e sobre os perigos das transformações sociais abruptas. A postura de cautela implícita nessas abordagens é compatível com a posição do pragmatista, para quem o registro histórico dos esforços reformadores está repleto de lições importantes. Os pragmatistas, no entanto, não se contentam com um neotradicionalismo vago, pois sabem que não adianta dizer aos juízes que resolvam todas as questões duvidosas mediante uma postura de oposição a mudanças e de paralisação do desenvolvimento do direito, que dirá mediante o retorno a algum episódio do passado que reflita nossa permanente revolução constitucional (1950? 1850?). Conforme o país se transforma, os juízes, dentro dos amplos limites estabelecidos pelos legisladores e constituintes, devem adaptar as leis a um novo ambiente social e político. Nenhum tipo de tradicionalismo os ensinará como fazer isso. O que precisam fazer é idealizar fins e desenvolver uma percepção de como as transformações sociais afetam os meios apropriados a alcançá-los. Precisam ter a sensibilidade instrumental, essencial ao pragmatismo.

A objeção de Dworkin ao pragmatismo como teoria normativa do direito é que esta não é a teoria dele[16], a qual chama de "integridade". Sobre sua teoria, nada direi além de que ele tenta justificá-la de um modo que não satisfará a insistência do pragmatista por um retorno prático. "A integridade", segundo Dworkin, "infunde às ocasiões privadas o espírito das ocasiões políticas e vice-versa, para benefício de ambas", o que faz da "obrigação política" a "ideia protestante" da "fidelidade a um esquema essencial que cada cidadão tem a responsabilidade de identificar, sumamente para si próprio, como o esquema de sua comunidade."[17] O direito como integridade é, "finalmente, uma atitude fraterna, uma expressão de como estamos unidos em comunidade, embora divididos em nossos planos e interesses, bem como em nossas convicções"[18]. Não há o que extrair dessa prosa empolada.

A relação entre o pragmatismo e a concepção instrumental do direito mais altamente desenvolvida, a econômica, merece uma análise mais profunda. Uma crítica muito comum aos esforços em defesa da abordagem econômica como fonte válida de orientação para reformas jurídicas é que os defensores dessa abordagem falharam em fundá-la solidamente em alguma das grandes tradições éticas, como a kantiana ou a utilitarista. Embora isso seja cabível como observação, não o é como crítica. A ideia de que o direito deve promover e facilitar o advento dos mercados competitivos, bem como simular os resultados destes em situações nas quais os custos de transação mercadológica sejam proibitivos – a ideia que chamo de "maximização da riqueza" – possui afinidades tanto com a ética kantiana quanto com a utilitarista: com a primeira, porque a abordagem protege a autonomia dos indivíduos produtivos ou ao menos potencialmente produtivos (a maioria de nós); com a segunda, devido à relação empírica entre mercado livre e riqueza humana. Embora a abordagem econômica não possa ser deduzida de nenhum desses sistemas éticos e nem seja completamente coerente com eles, esta não é uma objeção decisiva desde um ponto de vista pragmático. A falta de fundamentação não perturba a nós pragmatistas. Não questionamos se a abordagem econômica do direito funda-se adequadamente na ética de Kant, Rawls, Bentham, Mill, Hayek ou Nozick e nem se cada uma dessas éticas possui fundamentos satisfatórios, mas sim se é a melhor abordagem a ser seguida pelo atual sistema jurídico dos Estados Unidos; em vista do que sabemos sobre os mercados (e, a

---

16. Id., cap. 5.
17. Id., p. 190.
18. Id., p. 413.

cada dia, aprendemos mais sobre estes a partir das transformações econômicas e políticas por que passam os países estrangeiros), bem como sobre o legislativo americano, os juízes americanos e os valores do povo americano.

Não precisamos pensar a maximização da riqueza como uma norma que bebe das fontes de Bentham e Mill, assim como das de Kant e Hayek, numa tentativa de impor um compromisso entre doutrinas éticas abrangentes. Podemos, em vez disso, pensá-la no sentido do conceito de "consenso sobreposto" de Rawls[19]. Adeptos de diferentes doutrinas gerais podem, não obstante, ser levados a concordar que um único princípio político, como a maximização da riqueza, aplique-se a uma esfera particular das interações sociais. Assim, um igualitarista, um liberal milliano, um economista libertário e um entusiasta da justiça corretiva aristotélica poderiam ser, todos eles, levados a concordar que algo como o atual sistema de responsabilidade civil norte-americano, concebido como provavelmente maximizador da riqueza em linhas gerais, é o sistema apropriado para regulamentar a maioria dos acidentes[20].

Mas o pragmatismo jurídico não pode se resumir à abordagem econômica. O caráter libertário dessa abordagem torna inapropriada sua aplicação a esferas nas quais os valores redistributivistas gozem de unanimidade política e moral. Além disso, por funcionar bem apenas quando há uma concordância ao menos razoável quanto aos fins almejados, essa abordagem não pode ser usada para responder à questão de se, por exemplo, o aborto deve ser restringido; muito embora possa nos dizer algo, talvez muito, sobre a eficácia e as consequências de eventuais restrições. De fato, uma das qualidades do pragmatismo é o reconhecimento de que há áreas do discurso nas quais a ausência de fins em comum impede a resolução racional de um problema[21]. Aqui, o conselho pragmático (ou um dos conselhos pragmáticos) ao sistema jurídico é que navegue harmoniosamente, na medida do possível, por entre as vias da mudança, sem agitar desnecessariamente as águas da política. De um ponto de vista pragmático, o erro de *Roe vs. Wade* não foi interpretar equivocadamente a Constituição (pois há muitas decisões benquistas que refletem abordagens igualmente desregradas da interpretação cons-

---

19. John Rawls, *Political Liberalism*, pp. 39-40 e prel. 4 (1993); e também Cass R. Sunstein, "On Legal Theory and Practice" (inédito, Faculdade de Direito da Universidade de Chicago, 1993).
20. Cf. *The Problems of Jurisprudence*, pp. 387-91.
21. Compare-se Rawls, nota 19 acima, que recomenda o liberalismo como a filosofia política apropriada para uma sociedade como os Estados Unidos, cujos integrantes defendem valores incomensuráveis.

titucional), mas nacionalizar prematuramente uma questão que deveria ter sido mantida no nível estadual ou local, até que surgisse algum tipo de consenso, fundado na experiência com diversas abordagens do problema do aborto.

Diante da sugestão da navegação harmoniosa como metodologia para uma teoria pragmática do direito, pode-se questionar se essa teoria fez algum progresso depois de *A natureza do processo judicial*. Ao rever os itens que listei como aplicações do pragmatismo no direito, podemos ver que Cardozo tinha uma forte noção da fraqueza do formalismo e uma boa teoria pragmática dos julgamentos de causas. A liberdade de expressão, no entanto, não era uma de suas grandes preocupações; e a crítica da intenção e da causalidade era, na época, menos desenvolvida do que hoje e certamente menos saliente em seu pensamento. Além disso, Cardozo não se interessava por hermenêutica, era pouco realista no que tange ao processo legislativo e não empregava a abordagem econômica do direito conscientemente (esta inexistia em 1921, só vindo a surgir, na verdade, meio século depois), embora, como muitos dos bons juízes do *common law*, tivesse intuições a respeito dela[22].

Embora a teoria pragmática do direito adote um conjunto de ideias mais rico do que o encontrado em *A natureza do processo judicial* ou "The Path of the Law", não se pode dizer que progrediu muito. Talvez esse progresso, pela própria natureza do pragmatismo, seja uma impossibilidade. Tudo o que uma teoria pragmática do direito realmente conota – e já conotava em 1897 ou em 1921, tanto quanto hoje – é uma rejeição da ideia de que o direito é algo fundado em princípios permanentes e realizado através de manipulações lógicas desses princípios; bem como uma determinação de usar o direito como instrumento para fins sociais. Ainda que essa teoria pragmática do direito que defendo não plante nenhuma árvore, ao menos dá uma boa limpada no terreno. Assinala uma atitude, uma orientação e, às vezes, uma mudança de direção. Isso já é algo, talvez muito.

---

22. William Landes e eu analisamos um exemplo – a decisão de Cardozo em *Adams vs. Bullock*, 227 N.Y. 208, 125 N.E. 93 (1919) – em nosso livro *The Economic Structure of Tort Law*, pp. 97-8 (1987).

Coase jamais ganhará o Prêmio Nobel de Economia.[1]

capítulo 20
Ronald Coase e a metodologia

Quando o nome de Ronald Coase surge em uma conversa, os economistas e os juristas versados em economia que conhecem sua obra tendem a dizer: sua produção é pequena, mas seu índice de acertos é muito alto. Coase escreveu dois grandes artigos teóricos, publicados com um quarto de século de intervalo, mas que tratam de um mesmo tema, o qual lhe valeu o Prêmio Nobel em Ciências Econômicas de 1991. Os artigos são "The Nature of the Firm" [A natureza da empresa][2] e "The Problem of Social Cost" [O problema do custo social][3]. Este último, geralmente considerado o artigo mais citado em toda a história da economia, apresenta (embora não lhe dê o nome) o Teorema de Coase: Se os custos de transação são iguais a zero, a primeira atribuição de um direito de propriedade (por exemplo, seja para o poluidor, seja para a vítima da poluição) não afetará a eficiência com que os recursos são alocados. A principal importância do teorema está em voltar a atenção dos economistas a uma faceta esquecida, mas muito importante, do sistema econômico, a saber, os custos das transações de mercado. Sob a forma de hipótese (se os custos de transação são baixos, a atribuição de direitos e responsabilidades pela lei provavelmente não afeta significativamente a

---

1. Stewart Schwab, "Coase Defends Coase: Why Lawyers Listen and Economists Do Not", 87 *Michigan Law Review* 1171, 1190 n. 62 (1989).
2. 4 *Economica* (n.s.) 386 (1937).
3. 3 *Journal of Law and Economics* 1 (1960).

alocação de recursos), o Teorema de Coase serviu de orientação para importantes pesquisas empíricas, como, por exemplo, sobre os efeitos do divórcio sem culpa, o qual, confirmando o teorema, *não* aumentou o índice de divórcios[4]. O discurso proferido por Coase ao receber o prêmio[5] não desfaz a impressão de que o trabalho de uma vida inteira se comprime naqueles dois artigos. No discurso, o autor trata apenas dos dois artigos. Observa, com modéstia, que estes não apresentam "nenhuma inovação na alta teoria", mas acrescenta rapidamente que acredita que as ideias expostas nos artigos, uma vez absorvidas pela análise econômica convencional, irão "transformar completamente a estrutura da teoria econômica, pelo menos no campo da chamada teoria dos preços ou microeconomia"[6]. Os artigos, portanto, devem caracterizar-se como contribuições à teoria e, de fato, são contribuições fundamentais: mais que suficiente para uma vida. Como os dois artigos foram destacados pela Real Academia Sueca de Ciências quando do anúncio de prêmio, é natural que Coase fizesse deles o tema de sua preleção. Mas sua decisão de tratar apenas desses artigos não era inevitável, e a impressão de que o trabalho de toda uma vida se resume em dois textos que, na verdade, são um só, é intensificada ainda mais por sua observação de que "os pontos essenciais" da exposição sobre a importância dos custos de transação, que considerava o ponto central de ambos os artigos, haviam sido apresentados em uma preleção que ele proferira em 1932, quando tinha apenas 21 anos de idade; "e é uma estranha experiência ser celebrado, aos 80 anos, por um trabalho que fiz aos vinte e poucos anos"[7]. Ao fim da preleção do Prêmio Nobel, ele explica que, como os dois artigos demonstram o caráter central dos custos de transação no funcionamento dos mercados, o próximo passo na pesquisa é estudar empiricamente os contratos, pois estes são o método (mais precisamente, um método) pelo qual as empresas se adaptam aos custos de transação.

Se o trabalho dele está destinado a "transformar completamente a estrutura da teoria econômica" e a fazê-lo através da criação e do estudo "em larga escala dos contratos de negócios"[8], Coase deve crer que as

---

4. Ver, por exemplo, Elizabeth Peters, "Marriage and Divorce: Informational Constraints and Private Contracting", 76 *American Economic Review* 437 (1986). Relembre-se, ainda, a aplicação do Teorema de Coase à questão da "justa causa" como mecanismo de proteção do emprego, analisada no Capítulo 13.
5. R. H. Coase, "The Institutional Structure of Production", em Coase, *Essays on Economics and Economists*, p. 3 (1994).
6. Id.
7. Id., p. 8; ver também Coase, "The Nature of the Firm: Origin", 4 *Journal of Law, Economics, and Organization* 1, 4-5 (1988).
8. Coase, nota 5 acima, p. 14.

tendências dominantes da economia contemporânea são falhas. Embora não afirme isso diretamente na preleção do Prêmio Nobel, ele não se desviou do assunto em outras ocasiões. Repetidas vezes, o autor deixou clara sua "insatisfação com aquilo que a maioria dos economistas tem feito (...). Essa insatisfação não diz respeito aos elementos básicos da teoria econômica, mas a como esta é usada. A objeção é, essencialmente, que a teoria flutua no ar. É como se alguém estudasse a circulação do sangue sem ter um corpo para analisar."[9] "O que dizemos nos últimos 200 anos? Nossas análises certamente se tornaram mais sofisticadas, mas não demonstramos ter melhor noção do funcionamento do sistema econômico e, em certos aspectos, nossa abordagem é inferior à de Adam Smith."[10]

Tanto a impressão que comumente se tem da obra de Coase quanto sua própria "perspectiva" desta, a qual reflete uma preocupação metodológica ignorada nas sínteses convencionais, parecem-me curiosamente equivocadas. Para começar, não é verdade que Coase escreveu apenas alguns textos. Seu *curriculum vitae* enumera seis livros ou dissertações e 75 textos. Esses trabalhos encaixam-se em três grupos. Um destes é teórico e inclui, além dos dois artigos sobre custos de transação, uma série de artigos muito bons sobre precificação dos serviços públicos[11] e um importante texto sobre a monopolização dos bens duráveis[12]. O segundo grupo consiste em diversos estudos de caso de instituições específicas, a maior parte públicas, como os correios britânicos, a BBC e a Comissão Federal de Comunicações[13]. O terceiro, finalmente, consiste em artigos sobre metodologia econômica, frequentemente no contexto da análise de algum economista em particular, como Adam Smith ou Alfred Marshall. Como já deve ter revelado o título deste capítulo, essa última série de artigos é o foco de minha análise. É impossível, porém, entender o caráter ou as limitações da visão econômica geral de Coase sem olhar para o corpo de sua obra como um todo. Sem isso,

---

9. "The New Institutional Economics", 140 *Journal of Institutional and Theoretical Economics* 229, 230 (1984). Ver também Coase, *The Firm, the Market, and the Law: Essays on the Institutional Structure of Production* (1988) (sobretudo cap. 1), reedição, com alguns acréscimos, de muitos dos mais importantes artigos de Coase. Esta é a melhor introdução ao ponto de vista singular de Coase.

10. "The Wealth of Nations", 15 *Economic Inquiry* 309, 325 (1977).

11. O artigo mais importante é "The Marginal Cost Controversy", 13 *Economica* (n.s.) 169 (1946).

12. "Durability and Monopoly", 15 *Journal of Law and Economics* 143 (1972).

13. Ver, por exemplo, "The Federal Communications Commission", 2 *Journal of Law and Economics* 1 (1959), onde se apresenta o primeiro rascunho do Teorema de Coase.

é impossível, por exemplo, entender por que ele declarou guerra à economia contemporânea[14].

As contribuições de Coase à economia e ao direito

Começarei pela série de textos sobre a polêmica do custo marginal. Harold Hotelling, entre outros renomados economistas, afirma que, se um serviço se realiza sob condições de custo médio declinante (o transporte sobre uma ponte presumidamente sem perigo de congestionamento era o exemplo clássico, embora a análise seja considerada aplicável a todos os serviços prestados em condições de custo médio declinante, como o fornecimento de gás, telefone, água e energia elétrica), apenas uma empresa pública pode fornecê-lo eficientemente. Somente uma empresa pública é capaz de cobrar um preço igual ao custo marginal, mesmo que o custo marginal seja zero, e não falir, pois cobrará o *deficit* com impostos. Uma empresa privada teria de cobrar um preço superior ao custo marginal e isso resultaria em substituição ineficiente, fora da ponte. Coase observa que, com o preço igual ao custo marginal, não há como descobrir se o povo realmente valoriza a ponte tanto quanto outras opções que, não se produzindo sob condições de custo médio declinante, teriam de sustentar-se no mercado sem o auxílio de um subsídio por meio de impostos. O problema desapareceria se o governo fosse onisciente, conforme Hotelling implicitamente pressupõe. Isso, entretanto, não ocorre[15]; e Coase, ao longo de sua carreira, insistiu, muito sensatamente, que, ao avaliar-se a questão da necessidade de intervenção do Estado, é preciso comparar o mercado real com o Estado real, não o mercado real com o Estado ideal.

Hotelling era um daqueles inovadores da "alta teoria", entre os quais Coase *não* se incluía. Como tantos outros teóricos da ciência econômi-

---

14. Aqui estão dois trechos representativos: "Quando eu era jovem, dizia-se que aquilo que fosse tolo demais para ser dito deveria ser cantado. Em economia moderna, pode ser matematizado." *The Firm, the Market, and the Law*, nota 9 acima, p. 185. "Quando os economistas descobrem-se incapazes de analisar o que acontece no mundo real, inventam um mundo imaginário com o qual são capazes de lidar." Coase, "The Nature of the Firm: Meaning", em Coase, nota 5 acima, p. 167, 175. Para Coase, um dia a matemática econômica terá seu lugar, mas esse dia ainda não chegou. "Quando começarmos a descobrir os verdadeiros fatores que afetam o desempenho do sistema econômico, suas complicadas inter-relações claramente demandarão tratamento matemático, como nas ciências naturais, e economistas como eu próprio, que escrevem em prosa, receberão os créditos. Que venha esse dia." Coase, nota 5 acima, p. 14.

15. Além disso, conforme observa Coase, se o Estado fosse onisciente, poderia taxar diretamente os usuários da ponte. Não haveria necessidade de os contribuintes como um todo susidiarem o projeto.

ca, Hotelling foi levado, por sua teoria, a propor uma solução socialista para um problema econômico com o qual, conforme demonstra Coase, a iniciativa privada é capaz de lidar (imperfeitamente, é claro), através da fixação de preços compostos por duas ou muitas partes[16], uma vez descartando-se a pressuposição – falsa, embora analiticamente controlável – da onisciência do Estado. Muitos anos depois, Paul Samuelson se oporia à TV por assinatura, sob a justificativa de que esta faria com que o preço dos programas de TV para o telespectador excedesse o custo marginal do programa, que era zero (o custo da inclusão de mais um telespectador)[17].

As arapucas socialistas da alta teoria são um refrão constantemente repetido na obra de Coase[18]. Durante os primeiros quarenta anos da vida profissional dele, os microeconomistas estavam preocupados com o problema do monopólio. Viam monopólio em toda parte ("concorrência monopolística" e "interdependência oligopolística" eram os constructos teóricos que estendiam o conceito de monopólio para além dos monopólios e cartéis clássicos, formados por uma só empresa) e, sem pensar duas vezes, recomendavam a intervenção do Estado, mediante processos antitruste e mecanismos regulatórios. Eram capazes, por exemplo, de considerar a integração vertical como um mecanismo de monopolização, que empregava a "alavancagem" ou "barreiras contra o ingresso" de novos competidores, para estender ou proteger o poder de monopólio. "The Nature of the Firm" (nota 2) oferecerá uma explicação diferente, não monopolística, para a integração vertical. Segundo essa explicação, os administradores trazem uma parte do processo de produção para dentro da empresa, em vez de manter todo o processo terceirizado por meio de contratos com outros produtores, quando os custos de coordenar as diversas partes da produção da empresa através de transações de mercado excedem os custos de coordená-las hierarquicamente. A hierarquia, obviamente, é contratual. Mas contratos de emprego que autorizam o empregador a dirigir o trabalho do empregado são diferentes de contratos com fornecedores externos (trabalhado-

---

16. Por exemplo, um preço que possua uma componente que represente uma fatia dos custos fixos do serviço e outra que represente o custo marginal da prestação do serviço ao cliente. Assim, os usuários de uma ponte podem pagar uma taxa única, calculada para cobrir o investimento para a construção da ponte, mais um pedágio toda vez que a utilizarem, calculado para cobrir o custo do desgaste advindo do uso. Ver *Economic Analysis of Law*, pp. 354-6.

17. Ver a troca de ideias entre James Buchanan, Paul Samuelson e Jora Minasian, no volume 10 do *Journal of Law and Economics* (1967).

18. Em "The Problem of Social Cost", há uma intrigante passagem, em que Coase parece atribuir ao Estado toda a culpa pela poluição. Coase, nota 3 acima, p. 26.

res autônomos) e que envolvem insumos especificados quanto a preço, qualidade, quantidade, data de entrega e as demais dimensões de *performance*, mas com o controle sobre os insumos deixado a cargo do fornecedor.

A hostilidade de Coase às explicações monopolísticas, que acabou confirmada pela diminuição do interesse pelo direito antitruste e pelas iniciativas antitruste em geral nos últimos anos, rendeu-lhe um certo embaraço quando da redação de sua apreciação de George Stigler, por ocasião do recebimento do Prêmio Nobel por este[19]. Grande parte da obra de Stigler consiste na exploração de problemas de monopólio e grande parte é teórica, até mesmo matemática. Grande parte, ademais, consiste em análises regressivas; e Coase desconfia da econometria[20], assim como dos modelos matemáticos em economia. Não é de surpreender, portanto, que o tom do ensaio sobre Stigler seja tenso (exceto para aqueles que agrupam todos os economistas empregados pela Universidade de Chicago na homogeneidade de uma "Escola de Chicago").

Coase inicia dizendo que Stigler "pode ser visto em sua melhor forma" em seu trabalho sobre a história do pensamento econômico, um assunto praticamente extinto em economia. Uma ciência tende a esquecer seus fundadores: poucos físicos leem Newton ou mesmo Einstein. Para Coase, entretanto, a economia não progrediu muito desde sua fundação e Adam Smith é quase o único economista que vale a pena ser lido. Diante disso, considera natural favorecer os estudos sobre história do pensamento econômico. Mas afirmar que o trabalho de Stigler é um dos melhores nesse campo marginal, esotérico e decadente, parece antes um falso elogio. Os trabalhos de Stigler sobre monopólio são rapidamente descartados, pois, "ao concentrarem-se no problema do monopólio no tratamento de um sistema econômico que é, em termos gerais, concorrencial, os economistas tiveram sua atenção desviada e, consequentemente, deixaram inexplicadas muitas das mais salientes características de nosso sistema econômico ou se contentaram com explicações muito deficientes"[21]. O trabalho elogiado por Coase é o mesmo mencionado pela Real Academia Sueca ao conceder o Nobel a Stigler, ou seja, o texto deste sobre economia da informação, porque oferece uma explicação monopolística para diversos arranjos econômicos, como a propaganda e as lojas de departamento. A Academia Sueca também en-

---

19. Coase, "George J. Stigler: An Appreciation", *Regulation*, Nov.-Dez. de 1982, p. 21.
20. "Se torturarmos os dados suficientemente, a natureza sempre confessará." Coase, *How Should Economists Choose?*, p. 16 (American Enterprise Institute, 1982). Ver também "Economists and Public Policy", em Coase, nota 5 acima, p. 47, 58.
21. Coase, nota 19 acima, p. 22.

fatizara a teoria da regulamentação de Stigler, a qual Coase resume precisamente como "tratar o comportamento político como uma forma de maximização da utilidade [e] os órgãos políticos como empresas fornecedoras de regulamentação, sendo que aquilo que se fornece é o que desejam aqueles grupos (ou coalisões) capazes de dar lances mais altos que os outros no mercado político"[22]. A posição de Coase é de ceticismo, porque ele não acredita que o comportamento político "possa ser satisfatoriamente descrito como uma forma de maximização racional da riqueza". Em outra parte, Coase descreve o pressuposto econômico de que o homem é um maximizador racional como "desnecessário e equivocado", mesmo quando aplicado às transações de mercado[23], e veremos que ele evita aplicar a economia a domínios externos ao dos mercados explícitos.

À parte os fenômenos do custo médio declinante e do monopólio, as externalidades, sejam negativas, sejam positivas, são justificativas teóricas padrão para a intervenção do Estado no mercado (e tanto o problema do custo médio declinante quanto o do monopólio podem ser interpretados como externalidades). Coase debruça-se sobre esses fatores em "The Problem of Social Cost" e em um artigo posterior, sobre faróis, no qual demonstra que este exemplo clássico (talvez desgastado seja uma definição melhor) de serviço público, na verdade, há muito é prestado pela iniciativa privada[24]. Embora não esteja entre os trabalhos mais conhecidos de Coase, o artigo sobre os faróis foi reeditado em *The Firm, the Market, and the Law* [A empresa, o mercado e o direito], sem dúvida por defender tão eficazmente um de seus principais argumentos antiteóricos: que os economistas usam exemplos prontos para ilustrar suas teorias, sem se preocuparem em investigar se estes estão corretos.

O argumento anti-intervencionista do artigo "The Problem of Social Cost" não é que o Teorema de Coase (termo criado posteriormente,

---

22. Id., p. 24.
23. "The New Institutional Economics", nota 9 acima, p. 231. "Não há por que supor que a maioria dos seres humanos dedica-se à maximização do que quer que seja, exceto da infelicidade e, mesmo nesse caso, o sucesso não é completo." *The Firm, the Market, and the Law*, nota 9 acima, p. 4. Se é assim, por que supor que as empresas buscam minimizar os custos de transação ou que estas e os indivíduos realizam trocas comerciais vantajosas quando os custos de transação o permitem? Porque, "para os grupos de seres humanos, em quase todas as circunstâncias, um preço (relativo) mais alto levará a uma redução da quantidade demandada" (id.). Mas se as pessoas querem maximizar sua infelicidade, por que não exaurem seus recursos tão rapidamente quanto possível, comprando mais unidades de uma mercadoria quando o preço relativo desta sobe? Em outra parte, Coase afirma que apreciaria o abandono da pressuposição econômica "de que as escolhas de um indivíduo são coerentes". "Duncan Black", em Coase, nota 5 acima, p. 185, 190.
24. "The Lighthouse in Economics", 17 *Journal of Law and Economics* 357 (1974).

por George Stigler) demonstra que os mercados internalizarão a poluição e outras externalidades. Às vezes, isso acontecerá. Outras vezes, não. Para Coase, vivemos em um mundo onde os custos de transação são positivos (do contrário, não haveria assunto para o artigo "The Nature of the Firm"). Mas as decisões inteligentes sobre intervenção estatal muitas vezes demandam mais informação do que aquela que os governos possuem ou são capazes de adquirir. A pressuposição de Pigou de que a solução para lidar com um poluidor é tributá-lo ou regulamentá-lo é, como demonstra Coase, superficial, pois a vítima da poluição pode ser capaz de reduzi-la ou eliminá-la a um custo mais baixo que o poluidor. A brecha na abordagem de Pigou pode ser emendada com a observação de que, em um caso como esse, o imposto seria nulo; assim, o poluidor não parará de poluir e a vítima se mudará do local – desfecho ideal. Mas a necessidade da emenda não foi percebida até que o artigo de Coase sobre custo social fosse publicado.

O artigo sugere que os juízes do sistema de *common law* inglês foram mais rápidos em reconhecer o caráter recíproco da poluição, ou seja, o sentido em que a poluição é "causada" tanto pela vítima quanto pelo poluidor, embora a melhor maneira de abordar a questão seja esquecer a causalidade e simplesmente perguntar qual das partes de uma interação danosa deve ser levada a mudar de comportamento (é claro que a resposta poderia ser ambas as partes). Essa sugestão, como veremos, é o germe da teoria econômica positiva do *common law*, segundo a qual os juízes do *common law* tentaram, conscientemente ou não, distribuir os direitos de propriedade e confeccionar normas de responsabilidade civil a fim de minimizar as distorções de alocação causadas pela existência de custos de transação proibitivos.

A hostilidade à intervenção estatal no mercado para além do estritamente justificável em função da maximização da riqueza é um dos fios condutores da obra de Coase. Essa hostilidade alimentou as dúvidas do autor relativamente à teoria econômica moderna. O intervencionismo marcou a postura de tantos teóricos da economia, no século XX, que a própria teoria econômica terminou dominada por conceitos que soam como convites ao intervencionismo estatal, como os de "concorrência perfeita" (para a qual nunca se encontram as condições necessárias no mundo real), "externalidade", "bem público", "função de bem-estar social" e "falha do mercado". Esses termos, juntamente com os vastos corpos teóricos formais que cresceram ao seu redor, pressupõem a fragilidade do mercado e a solidez do Estado, enquanto, para Coase, a observação atenta daquele e deste revela a solidez do mercado e a fragilidade do Estado. A meu ver, sua observação está, basicamente, correta. Ao tentar, no entanto, explicar a cegueira (ao que lhe parece) dos intervencionistas, Coase inverteu a causalidade, devido a uma tendência tipicamente intelectual de atribuir às opiniões causas intelectuais e não materiais ou psicológicas. O xis da questão não é que a teoria econômica formal favorece inerentemente o intervencionismo, mas que os economistas inclinados, por temperamento ou experiência de vida, a favorecer o Estado máximo tenderão a formular teorias compatíveis com suas preferências. Um dia, as teorias destes acabarão colidindo com a realidade e sendo superadas, como vem ocorrendo, em grande medida, com as teorias econômicas coletivistas e intervencionistas. Mesmo antes de acontecer, o viés dessas teorias fora denunciado – sobretudo pelo próprio Coase, em seus ataques à tradição pigouviana.

O perigo oposto é que os economistas inclinados, por temperamento ou experiência de vida, a defender um Estado fraco e passivo deixarão passar as oportunidades de intervenção proveitosa do Estado. É difícil acreditar, por exemplo, que a resolução do problema da poluição pode ser deixada completamente a cargo do mercado ou mesmo a cargo da combinação deste com a doutrina da perturbação da paz no *common law*. Além disso, não se deve ignorar o papel da regulamentação na criação de mercados (por exemplo, o mercado dos direitos relativos à poluição). Coase tem consciência de tudo isso. Ele não é um adepto radical do livre-mercado. Não obstante, cético que é em relação ao Estado, insiste que os custos do intervencionismo estatal sejam comparados com os benefícios em vez de presumidos como nulos.

O método econômico de Coase é semelhante ao de seu ídolo, Adam Smith. Coase explica que a "questão extremamente difícil" que Smith se coloca é "como se deve guiar a cooperação desse sem-número de pessoas em diversos países do mundo, necessária até mesmo para o mais modesto dos padrões de vida?"[25] Isso soa um tanto parecido com esta questão: Como se devem coordenar os fornecedores de insumos de um processo de produção? Há duas possibilidades – contratos com trabalhadores independentes (às vezes, esses contratos são padronizados e compartilhados nos mercados formais) e contratos com empregados – e a mais barata será a adotada[26]. Portanto, "há um nível ideal de planejamento, já que uma empresa, essa pequena sociedade planejada, só pode continuar existindo se exercer sua função de coordenação a um custo

---

25. "The Wealth of Nations", nota 10 acima, p. 313.
26. "Tínhamos um fator de produção – a administração – cuja função era coordenar. Por que utilizá-lo se o sistema de preços fornecia toda a coordenação necessária?" Coase, nota 5 acima, p. 7.

mais baixo que aquele que obteria por meio de transações de mercado e, também, a um custo mais baixo que aquele que outra empresa teria para exercer a mesma função"[27]. Assim, Coase previu que, se a formação de um conglomerado se revelasse um método ineficiente de organização da produção dentro de uma companhia, esta sofreria uma cisão parcial e, consequentemente, menos atividades seriam coordenadas pela empresa e mais pelo mercado[28]. Foi exatamente isso que aconteceu após as ondas de fusões de conglomerados nas décadas de 1960 e 1980.

Quando os custos da coordenação privada são proibitivos, o direito pode entrar em cena, especificando direitos de propriedade ou impondo responsabilidades; e, novamente, a tarefa analítica, de acordo com Coase, é apenas comparar os custos de outros métodos possíveis de lidar com os custos de transação. As comparações necessárias dão-se pela análise do funcionamento de determinadas instituições sob a óptica do estudo de caso, empregando-se entrevistas, documentos judiciais, artigos de jornal e outras fontes de dados qualitativos. Métodos quantitativos formais de investigação empírica (sobre os quais, como observei, Coase é cético) não são essenciais. Quando estava na faculdade, Coase fizera algumas disciplinas de direito, e, em "The Problem of Social Cost", examinou diversas áreas do *common law*, particularmente a doutrina jurídica da perturbação da paz, a qual celebrava por *não* seguir a receita de Pigou de sempre atribuir a responsabilidade à parte lesante. Resumindo, eis suas palavras:

> (...) em um mundo onde a reorganização dos direitos estabelecidos pelo sistema jurídico implica custos, a decisão dos juízes, em casos de perturbação da paz, diz respeito, na prática, a um problema econômico e à determinação de como os recursos devem ser empregados (...). Os juízes têm consciência disso e frequentemente ponderam, embora nem sempre de forma muito explícita, o que se ganharia e o que se perderia com a proibição de atos que tenham efeitos danosos.[29]

A concepção de economia de Coase

Pode-se compreender por que Coase considera frutífera sua abordagem smithiana. De fato, ela o *foi* nas mãos dele e de economistas de mentalidade semelhante, e continuará sendo. Muito pode ser feito com

---

27. Id., p. 8.
28. "Working Paper for the Task Force on Productivity and Competition: The Conglomerate Merger", 115 *Congresional Record* 15938 (1969).
29. "The Problem of Social Cost", nota 3 acima, pp. 27-8.

teoria econômica simples, combinada a métodos históricos e até jornalísticos de pesquisa empírica, por oposição a métodos que empregam coleta de amostras aleatórias e inferência estatística. Mas isso só explica superficialmente o traço mais incomum dos escritos de Coase, a saber, o caráter *restrito* de sua concepção do raio de alcance e dos métodos da economia. O autor, segundo afirmei, considera sua abordagem não apenas frutífera, mas destinada a revolucionar a economia. Afirmei, ainda, que, para ele, os dois séculos de vida da ciência econômica anteriores à publicação de *A riqueza das nações* foram, em grande medida, desperdiçados e, de agora em diante, devemos começar a estudar grandes volumes de documentos comerciais. Coase demonstra total indiferença diante de uma de suas mais impressionantes conquistas, o foco e o impulso que "The Problem of Social Cost" conferiu ao movimento da teoria econômica do direito[30]. Podem-se considerar muitas das doutrinas e instituições do direito, bem como muitos de seus procedimentos, como reações ao problema dos custos de transação, com o objetivo seja de reduzir esses custos, seja, no caso de estes revelarem-se irremediavelmente proibitivos, de produzir o sistema de alocação de recursos que existiria se fossem nulos. O direito tenta fazer o mercado funcionar e, caso não o consiga, busca mimetizá-lo. Uma das frases da preleção do Nobel simboliza a atitude de Coase em relação ao movimento da teoria econômica do direito: "Não falarei muito a respeito de sua influência [a do artigo sobre custo social] sobre a pesquisa acadêmica do direito, que foi imensa. Considerarei, principalmente, sua influência sobre a ciência econômica, que não foi imensa, embora eu acredite que um dia será."[31] Entre 1976 e 1990, mais de um terço das citações de toda a obra de Coase, conforme registrado no Índice de Citações de Ciências Sociais [*Social Sciences Citation Index*], ocorreu em revistas acadêmicas de direito, não de economia[32], e a proporção está aumentando[33]. A despeito do Prêmio Nobel, Coase talvez seja uma personalidade ainda mais impor-

---

30. Movimento este que foi descrito em Anthony T. Kronman, *The Lost Lawyer: Failing Ideals of the Legal Profession*, p. 266 (1993), como "a corrente mais forte do ensino do direito na atualidade. A teoria econômica do direito já domina completamente alguns campos e marca forte presença em outros. Nenhum professor de direito responsável pode ignorar essa teoria, simpatize ou não com ela". Apesar da importante contribuição dada por Kronman à teoria econômica do direito em seu artigo "Mistake, Disclosure, Information, and the Law of Contracts", 7 *Journal of Legal Studies* 1 (1978), sua postura não é de simpatia. Ver *The Lost Lawyer*, acima, pp. 226-40.

31. Coase, nota 5 acima, p. 10.

32. William M. Landes e Richard A. Posner, "The Influence of Economics on Law: A Quantitative Study", 36 *Journal of Law and Economics* 385, 405 (1993) (tab. 6).

33. Para 40%, no período que vai de 1986 a 1990. Id.

tante no direito que na economia, um fato com o qual não está nem um pouco satisfeito. É importante acrescentar, logo de início, que, como diretor do programa de estudos de teoria econômica do direito da Faculdade de Direito da Universidade de Chicago e editor do *Journal of Law and Economics*, Coase deu enorme apoio a William Landes, a mim e a outros estudiosos que aplicam a análise econômica do direito. Isso torna ainda mais intrigante sua falta de interesse por esse movimento, de cujo desenvolvimento tanto participou.

A chave para a compreensão da postura metodológica de Coase, sobretudo a hostilidade à teoria formal, está, a meu ver, em seu britanismo. Embora tenha vivido nos Estados Unidos desde meados da década de 1950, ele é tão americano quanto era indiano um britânico que trabalhasse na Secretaria de Estado da Índia, no século XIX. Coase afirma não ter sido influenciado significativamente por nenhum economista norte-americano além de Frank Knight[34] e raramente escreve sobre qualquer instituição americana que não a Comissão Federal de Comunicações, cujas funções, relativamente às companhias telefônicas e emissoras, possuem equivalentes entre as instituições britânicas estudadas por Coase antes de ir para os Estados Unidos.

Seu caráter britânico se expressa de diversas maneiras, uma delas superficial: a espirituosidade sutil e picante com que, volta e meia, fala de seus colegas economistas é puro veneno acadêmico inglês à moda antiga, como em: "A inépcia de seus [de Adam Smith] modos e sua rusticidade foram fortemente criticadas por alguns economistas. Tão fortemente, na verdade, a ponto de sugerir que, se ao menos esses economistas fossem vivos em 1776, Adam Smith não teria sido necessário."[35] Os outros aspectos do caráter britânico de Coase, porém, são mais importantes. Seus escritos seguem uma tradição econômica inglesa moldada por Smith e Marshall, pelo professor de Coase, Arnold Plant, e pelo movimento do *laissez-faire* do século XIX; e, embora tenha escrito críticas a

---

34. "The Fire of Truth: A Remembrance of Law and Economics at Chicago, 1932-1970" (Edmund W. Kitch [org.]), 26 *Journal of Law and Economics* 163, 213-5 (1983) (com comentários de Coase). Mesmo sobre Knight, Coase afirma: "Não tenho dúvidas de que, em meus escritos mais recentes, fui grandemente influenciado por ele, embora não saiba dizer bem de que maneira." "The Nature of the Firm: Meaning", nota 14 acima, p. 20. Sem dúvida, sua afinidade com Knight está na crença deste de que a economia não progrediu muito desde Adam Smith, bem como em seu ceticismo diante do uso de técnicas quantitativas para testar teses econômicas. Neil Duxbury, "Law and Economics in America" 44-6 e n. 172 (inédito, Faculdade de Direito da Universidade de Manchester, 1994).

35. "The New Institutional Economics", nota 9 acima, p. 317. Lembremo-nos, ainda, da rejeição sumária de Coase à matemática econômica e de seu ataque aos métodos quantitativos.

Hotelling e outros economistas não ingleses, particularmente a Paul Samuelson, seu maior alvo continua sendo Pigou[36]. O movimento matemático e estatístico em economia, essencialmente americano (ou, pelo menos, não inglês), passou totalmente despercebido por Coase e, de fato, é objeto de seu desdém. Sua escrita é a prosa límpida do ensaísta erudito inglês. A simplicidade altiva, a modéstia, a preponderância do senso comum e a rejeição da alta teoria fazem de Coase o George Orwell da economia contemporânea.

A desconfiança em relação à teoria é um detalhe brilhante da tapeçaria do pensamento inglês. Basta lembrarmo-nos da postura antimetafísica de Samuel Johnson, Bentham e Hume e, no século XX, de Moore, Ayer e J. L. Austin (tão diferente da tradição da filosofia continental), bem como da tradição antiteorética do *common law*, tão diferente do pendor abstrato, apriorístico e sistematizador da teoria do direito continental. Mesmo no campo da teoria, há diferenças entre os pensadores ingleses e os outros. Tanto a teoria da mão invisível do mercado, de Adam Smith, quanto a da seleção natural, de Darwin, a despeito de sua generalidade e sutileza, são conceitos extremamente simples, não matemáticos, que, uma vez compreendidos, parecem (embora não para todo o mundo) totalmente intuitivos e obviamente corretos. (Compare Cournot a Smith e Mendel a Darwin.) A teoria dos custos de transação de Coase pertence a essa tradição de simplicidade teórica, pois, após negar qualquer "inovação na alta teoria", o autor explica, na frase seguinte de sua preleção do Nobel: "Minha contribuição à economia consiste em chamar a atenção para a necessidade de inclusão, em nossa análise, de fatores econômicos sistêmicos tão óbvios, que, como o carteiro do conto de G. K. Chesterton sobre o padre Brown, 'O homem invisível', tendem a passar despercebidos."[37] Mas a teoria de Coase – e não apenas a parte que leva o nome de Teorema de Coase, mas também (e na mesma linha) a parte que questiona se a responsabilidade deve sempre acompanhar a causalidade – não é óbvia. Na verdade, não é nada intuitiva e seu descobrimento (ou sua criação) exigiu uma inteligência muito elevada, fosse esta matematicamente prendada ou não (embora seja verdade que, em parte devido a sua simplicidade, essa teoria é de fácil entendimento, sobretudo para pessoas jovens, que não foram influenciadas pela tradição pigouviana). O Teorema de Coase pode

---

36. Ver as entradas sobre Pigou e Samuelson no índice remissivo de *The Firm, the Market, and the Law*, nota 9 acima, pp. 216-7. Seria mais exato falar da tradição econômica "britânica" em vez de "inglesa", visto que Adam Smith era escocês, assim como o era David Hume, um clássico da tradição intelectual "inglesa", mais abrangente, de que trato adiante.

37. Coase, nota 5 acima, p. 3.

ser demonstrado matematicamente, mas as "provas" aritméticas elementares apresentadas por Coase em "The Problem of the Social Cost", que usam faíscas de locomotiva e gado estraviado, são perfeitamente adequadas. Coase é prova viva da máxima de Whitehead segundo a qual "é preciso uma mente muito incomum para empreender a análise do óbvio"[38].

Para Coase, a importância de seu teorema está em ser "o primeiro passo para a análise de uma economia com custos de transação positivos"[39], uma análise a ser conduzida não com o auxílio de ferramentas mirabolantes, seja teoréticas, seja empíricas, mas através de estudos de caso guiados pela "teoria econômica básica". A teoria básica não incluiu (ou ao menos finge não incluir) o conceito de maximização e pode também não incluir o de equilíbrio. Na visão de Coase, um dos pontos muito fortes da concepção econômica de Adam Smith é que este "pensava na concorrência (...) como rivalidade, como um processo e não como uma condição definida por uma alta elasticidade da demanda, como pensa a maioria dos economistas de hoje. Considero desnecessário ocultar minha convicção de que a visão de Smith terminará prevalecendo."[40] Coase, aqui, está em terreno perigoso. A ideia de concorrência como um processo, como rivalidade e não como a condição de um mercado onde, devido ao fato de que cada vendedor vê-se diante de uma demanda altamente elástica por seu produto, nenhum destes é capaz de obter um lucro supracompetitivo mediante a restrição de sua produção (em outras palavras, um mercado em equilíbrio competitivo), é fonte de grande parte do pensamento falho sobre monopólio, que Coase denuncia. Quando um mercado é formado por poucas empresas ou se todos os vendedores de um produto cobram o mesmo preço, os mais ingênuos veem nisso uma situação de pouca concorrência ou de ausência de concorrência e começam a falar de "interdependência oligopolística" e "paralelismo consciente". Uma empresa pode não ter nenhum rival e, ainda assim, ter preços competitivos, devido à possibilidade iminente de ingresso de uma nova concorrente no mercado.

Mas por que Coase se prende a uma luta de vida ou morte com o formalismo econômico e até, de fato, com a totalidade da economia atual externa às fronteiras daquele grupo pequeno, mas valente, dos "economistas da nova economia institucional", do qual é o guru?[41] Creio que

---

38. Alfred North Whitehead, *Science and the Modern World*, p. 4 (1925).
39. Coase, nota 5 acima, p. 11.
40. "The Wealth of Nations", nota 10 acima, p. 318.
41. "A nova economia institucional deve estudar o homem como ele é, agindo dentro dos limites impostos pelas instituições reais. A nova economia institucional é a ciência econô-

isso ocorre devido ao que descrevo como sua desconfiança inglesa da abstração. Na realidade, os indivíduos não são maximizadores racionais, os preços não se igualam ao custo marginal e os mercados nunca estão em equilíbrio. Coase não está interessado em aproximações, mas apenas na realidade observável. Para ele, o valor da mão invisível de Adam Smith está em dirigir nossa atenção para os fenômenos visíveis, ou seja, para as práticas e instituições econômicas que podem ser observadas, descritas e comparadas. Obviamente, os economistas da "Escola de Chicago" com quem Coase é frequente, mas equivocadamente, comparado, economistas como Friedman, Becker e Stigler, também acreditam que a teoria só é válida na medida em que oriente a investigação do mundo visível; isso é marca registrada da Escola de Chicago. Para eles, entretanto, a teoria formal *tem* seu valor nesse contexto, enquanto, para Coase, qualquer sistema teórico mais elaborado que o de Adam Smith é desnecessário, inútil e até nocivo. No final das contas, porém, a mão invisível é de fato invisível, ou seja, habita o mundo da teoria e não o mundo real. Ademais, a matemática pode fornecer precisão à teoria, pode desvelar incoerências, gerar hipóteses, possibilitar a concisão e até promover a inteligibilidade e destrinchar interações complexas[42]. A análise estatística, por sua vez, é capaz de organizar e interpretar grandes volumes de dados. É improvável que os estudiosos sérios dos custos de transação abandonem os métodos formais que mortificam Coase e contentem-se em folhear documentos comerciais. Na verdade, o que tem cada vez mais orientado esse tipo de estudo é a teoria dos jogos, uma teoria formal. A influência de Coase no campo da economia diminuiu, devido ao fato de seus artigos não falarem a língua da ciência econômica contemporânea, que é a matemática, e também devido ao fato de ele não ter buscado desenvolver uma *teoria* dos custos de transação.

Coase foi mal compreendido porque não tornou sua tese tão acessível quanto poderia tornar e porque o conteúdo funcional dos custos de transação permanece obscuro. Coase renuncia à geometria e à matemática (...) e

---

mica tal como esta deve ser." "The New Institutional Economics", nota 9 acima, p. 231. Coase, mesmo assim, criticava os primeiros institucionalistas – John R. Commons e companhia – por sua hostilidade à teoria econômica clássica, porque "sem uma teoria, não tinham nada para oferecer, exceto uma massa de trabalhos descritivos à espera de uma teoria ou da fogueira" (id., p. 230) (mais uma vez, a espirituosidade picante). Por teoria, Coase entende a visão econômica de Adam Smith. Os institucionalistas modernos a quem Coase se refere – os "novos" institucionalistas – incluem Thráinn Eggertsson, Victor Goldberg, Benjamin Klein, Douglass North e Oliver Williamson. Ver próximo capítulo.

42. Como tentei fazer, de um jeito bem modesto, ao criar o modelo da função de utilidade dos juízes, no Capítulo 3; ver também capítulos 24 e 26.

usa, em vez disso, laboriosos exemplos aritméticos para explicar suas teorias. Embora isso não o impeça de reconhecer e discutir as nuanças presentes nessas teorias, muitos leitores se beneficiariam se seus argumentos, uma vez conceitualizados, fossem traduzidos em uma linguagem mais formal (...). Coase (...) não se esforça nesse sentido e não reconhece os esforços de tradução realizados por outras pessoas. Um dos problemas crônicos da obra de Coase é que o conceito de custos de transação é vago (...). Embora evidentemente reconheça a necessidade de funcionalização, Coase ainda está por se dedicar a isso de forma sistemática.[43]

A alusão à matemática levanta uma questão maior: a da complexidade *versus* simplicidade de expressão. Muitas pessoas, a exemplo de Orwell, acreditam que a expressão escrita deve ser clara como água, o que significa palavras simples e frases curtas. Para muitos propósitos, isso é verdade. Mas não é uma verdade universalmente válida. No mínimo, há a questão do público. Em nenhum lugar está escrito que todo autor há de tentar alcançar um público tão grande quanto possível. Para muitas formas de escrita, o público interessado é inevitavelmente pequeno e domina um vocabulário especializado, não havendo, assim, por que o autor evitar o uso desse vocabulário. Antes de sairmos por aí dizendo que um autor é "ilegível", é preciso termos certeza de que somos membros de seu público-alvo e não, por assim dizer, meros bisbilhoteiros. Ademais, e isso é ainda mais importante, ainda que não acreditemos, como os wittgensteinianos, que o pensamento é impossível sem a linguagem, é patente que restringir o vocabulário de um indivíduo pode limitar o alcance e a profundidade de seu pensamento (um ponto que, ironicamente, foi ressaltado pelo próprio Orwell, no livro *1984* (lembra-se da "novilíngua"?). Um vocabulário mais vasto e mais rico e até uma sintaxe mais intrincada podem possibilitar uma melhor compreensão. Pode ser que os economistas de hoje exagerem na matemática, mas não é verdade que a matemática seja apenas uma forma obscurantista de comunicação.

Não pretendo endossar a repetitividade, a obscuridade deliberada, o jargão pelo jargão ou com o objetivo de confundir o leitor, as ocultações eufemísticas de realidades desagradáveis, os desfiles de erudição, os circunlóquios forçados em torno do politicamente correto, as metáforas ambivalentes, o esforço para parecer engraçado, entre outros vícios familiares da escrita e da profissão acadêmicas. (Lembre-se de minhas restrições à escrita pós-modernista, no Capítulo 14.) De fato, o

---

43. Oliver E. Williamson, resenha de livro, 77 *California Law Review* 223, 229 (1989) (omitem-se as notas de rodapé).

caráter cada vez mais interdisciplinar da pesquisa acadêmica deveria privilegiar a prosa clara e livre de jargão, uma *lingua franca*, que possibilitasse a comunicação com estudiosos de outras áreas. Pretendo apenas insistir que "escrever bem" e adotar um estilo simples de escrita nem sempre são sinônimos. Para botar mais lenha na fogueira, gostaria de observar que nem todos aqueles que pensam claramente escrevem claramente. Alguns maus escritores são bons escritores. John Rawls, por exemplo, é um escritor medíocre, com vocação para frases intrigantes e sugestivas ("posição original", "véu de ignorância", "equilíbrio reflexivo", "consenso sobreposto"). Por outro lado, alguns bons escritores são escritores ruins. George Stigler, o mais sagaz e elegante escritor dentre os economistas profissionais, confessava-se vítima do "vício da brevidade". E estava certo. Sua escrita é tão sintética que, não raro, é desnecessariamente difícil de entender. Mas estou me desviando de minha intenção principal, que é simplesmente lembrar, através da crítica à postura metodológica de Ronald Coase, que a simplicidade tem seu preço.

A hostilidade à teoria é particularmente saliente nas discussões de Coase sobre o que a economia *é*. Para ele, esta não é um conjunto de teorias, abordagens e técnicas; muito menos a ciência da escolha racional. Não passa de um "tema em comum", a saber, "o sistema econômico" ou, mais especificamente, "a operação das instituições sociais que integram o sistema econômico: as empresas, o mercado de produtos e serviços, o mercado de trabalho, o mercado de capitais, o sistema bancário, o comércio internacional e assim por diante. É o interesse comum por essas instituições que distingue a profissão econômica."[44] Entende-se melhor agora o ceticismo de Coase diante da aplicação que Stigler faz do modelo econômico ao processo político e sua falta de interesse na adoção do Teorema de Coase por parte dos juristas. Coase menospreza os esforços de economistas como Stigler e Gary Becker – o maior dos praticantes e divulgadores da economia não mercadológica – no sentido de inserir a teoria econômica em outras disciplinas, como direito, sociologia, sociobiologia, pedagogia, saúde, demografia e política. A espirituosidade picante está bastante em evidência aqui. "A razão desse movimento dos economistas em direção a áreas vizinhas certamente não é termos resolvido os problemas do sistema econômico; talvez fosse mais plausível afirmar que os economistas estão procurando por áreas em que possam ter algum sucesso."[45] Coase admite que o ca-

---

44. Coase, "Economics and Contiguous Disciplines", 7 *Journal of Legal Studies* 201, 204, 206-7 (1978).
45. Id., p. 203.

ráter generalista da teoria econômica facilita sua aplicação a outros campos. Porém, como, em sua visão, a força de ligação de uma área de estudos é o tema e não a teoria, os estudiosos dessas áreas aprenderão dos economistas as noções mais importantes de teoria econômica e, munidos delas, gozarão de uma vantagem decisiva sobre eles: o conhecimento do conteúdo específico da área em questão. O autor também admite que a economia é a mais avançada das ciências sociais, mas não atribui isso a nenhuma sofisticação teorética, mas à casualidade de que o economista possui uma conveniente ferramenta de mensuração, o dinheiro, graças à qual é capaz de fazer observações precisas. Essa ferramenta está ausente (ao menos em grande medida) quando os economistas direcionam-se a disciplinas que não estudam os mercados explícitos. Na visão de Coase, a expansão da economia a outras áreas significa o abandono da economia. A teoria – por sua própria força, seu formalismo e sua consequente generalidade, que seduz os economistas a buscar vitórias fáceis sobre disciplinas fracas – está arruinando a ciência econômica.

Mas deve haver algo de errado com essa visão. Os sociólogos, psicólogos, estudiosos marxistas de teoria política, historiadores, antropólogos e até os estudiosos da Antiguidade Clássica (como M. I. Finley, em seus últimos trabalhos) também estudam o sistema econômico e nem por isso são economistas. A falácia que está na raiz disso, que reflete uma ingenuidade filosófica que os filósofos da ciência descobriram ser característica da visão metodológica dos cientistas, inclusive dos economistas[46], é a crença obstinada de que cada palavra possui uma definição correta e que é tarefa da razão encontrar essa definição e agir de acordo com ela. Já encontramos essa falácia antes. Ela é o falso motor essencial do formalismo jurídico. Para os pensadores jurídicos do século XIX, um contrato significa o encontro de duas ou mais mentes. Assim, se alguém anunciasse uma recompensa pela recuperação de seu gato perdido, a pessoa que encontrasse o gato e o devolvesse, mas que não tivesse lido o cartaz, não teria direito a exigir a recompensa na justiça. Esta é uma maneira pouco proveitosa de abordar a questão de se um indivíduo deve ter o direito de exigir na justiça o pagamento de uma recompensa da qual não tinha conhecimento. A resposta depende necessariamente de considerações práticas, como o impacto sobre o ato de encontrar algo e os custos da utilização do sistema judicial para garantir o pagamento de eventuais recompensas e não da definição da palavra

---

46. Ver, por exemplo, Daniel M. Hausman, *The Inexact and Separate Science of Economics* (1992); Hausman, *Essays on Philosophy and Economic Methodology* (1992).

"contrato". Da mesma forma, de nada adianta abordar, a partir da investigação do significado da economia, a questão de o que os economistas deveriam estar fazendo; sobretudo dado o caráter redundante da definição de economia em função do sistema econômico.

Ao predizer que os economistas vão acabar quebrando a cara por competir com os estudiosos de outras disciplinas, Coase admite implicitamente que as fronteiras de uma disciplina estabelecem-se por considerações práticas e não teóricas. Isso é um passo na direção certa – e que inclusive pode ser clarificado pela teoria coasiana da empresa. Mas a razão que Coase apresenta para se pensar que essas incursões fracassarão é que uma disciplina se define por seu raio de alcance e não por suas teorias e seus métodos; e isso leva inevitavelmente à questão de qual é o raio de alcance da economia. Essa visão é incoerente com seu próprio ponto de vista, muito bem defendido e semelhante ao de Kuhn, segundo o qual, dentro de uma ciência (incluindo-se a economia), a aceitação de uma teoria é determinada por um processo competitivo e não pela conformidade da teoria com algum critério *a priori* de solidez teórica, como a previsibilidade de sucesso[47].

Ainda que se conseguisse persuadir Coase a, em conformidade com o conceito econômico de vantagem comparativa, mudar sua definição de economia para aquilo que os economistas fazem melhor que as outras pessoas, isso só ajudaria um pouco, pois isso levaria à questão de quem ou o que é o economista. Um jurista que estuda o direito como um método de otimização econômica, quiçá empregando técnicas econômicas desconhecidas por Coase, é um jurista, um economista, ambas as coisas ou nenhuma? Talvez (embora eu duvide muito) os departamentos de economia tornem-se redutos exclusivos de "alta teoria" e o tipo de economia que interessa a Coase passe a ser praticado nas faculdades de administração, de direito e de serviço social e nos departamentos de ciência política, sociologia, saúde pública, educação etc. (Gary Becker tem uma cadeira descrita como de economia *e* sociologia), talvez por pessoas com dois diplomas. Por que isso deveria incomodar alguém, exceto um burocrata universitário, coisa que Coase definitivamente não é? Devemos lamentar que a estatística tenha rompido com a matemática ou que algumas universidades tenham departamentos separados de matemática pura e aplicada? A contribuição de Michel Foucault para a compreensão da sexualidade dos gregos e romanos foi maior que a de qualquer estudioso da Antiguidade Clássica, exceto Kenneth Do-

---

47. Este é o tema do libreto escrito por Coase para o American Enterprise Institute, citado na nota 20; o melhor dos ensaios de metodologia, em minha opinião.

ver, e nem por isso ele foi considerado um estudioso da Antiguidade Clássica. Os departamentos de estudos clássicos decidem quem deve ser considerado como tal, empregando critérios que incluem mérito e influência, mas não apenas estes. Órgãos de regulamentação estatais, por sua vez, decidem quem deve ser considerado advogado. As disciplinas diferem em flexibilidade. A dos estudos clássicos está entre as menos flexíveis, enquanto a economia e a filosofia estão entre as mais flexíveis, pois cada uma delas quer apresentar como membro privilegiado de sua área pessoas que não possuem as credenciais convencionais, como Herbert Simon e Gordon Tullock, na economia, e Ronald Dworkin, na filosofia. Logo, se os juristas dominarem completamente a análise econômica do direito, como teme Coase, provavelmente serão chamados de economistas. Que importância têm essas coisas?

Grande parte do estimulante trabalho desenvolvido pela ciência econômica (sem falar do próprio Coase) nos últimos trinta anos deu-se em áreas comumente consideradas como pertencentes à economia do comportamento não mercadológico, como a economia da educação, do processo político, da saúde, da família e do direito[48]. (Devido ao sucesso desse trabalho, muitos economistas hoje pensam nessas áreas como áreas do comportamento "mercadológico".) Se se considerar, então, que pouco ou nada disso é realmente "economia", entende-se a inquietude com que Coase contempla o presente estado da teoria econômica e a urgência com que clama por uma "transformação completa" dessa ciência. Pois, talvez, naquele campo considerado por ele como da economia propriamente dita, o movimento dominante tenha, *de fato*, rumado na direção de uma maior formalização da teoria econômica e não de um maior entendimento do sistema econômico, embora este certamente não tenha sido o único movimento. A economia do trabalho, que Coase reconhece como parte da economia, fez grandes progressos nesse período. O mesmo aconteceu com a teoria financeira, que lida com os mercados de capitais, os quais integram o domínio da economia, tal como Coase o define; assim como com a economia da regulamentação, conforme reconheceu Coase[49], e com a economia da informação, quando aplicada aos fenômenos do mercado (como a dispersão de preços de uma mesma mercadoria) em vez de, digamos, à prospec-

---

48. Ver Gary S. Becker, "Nobel Lecture: The Economic Way of Looking at Behavior", 101 *Journal of Political Economy* 385 (1993); além de Jack Hirshleifer, "The Expanding Domain of Economics", 75 *American Economic Review* 53, 59 n. 24 (edição especial de aniversário, dezembro de 1985), e outras referência em *The Problems of Jurisprudence*, p. 370 n. 15.

49. Coase, nota 20 acima, p. 19.

ção de cônjuges, um assunto que, para Coase, foge do âmbito da economia. Mesmo definida de forma restritiva, a ciência econômica não se sustentou nem por trinta anos, que dirá por duzentos. Porém, uma vez que se compreenda a definição *extremamente* restritiva de Coase *e* seu desapreço pela formalização, fica mais fácil entender como uma pessoa tão inteligente pode defender uma visão tão questionável.

As fraquezas das pessoas vêm de suas próprias forças. A excentricidade da genialidade e a rabugisse ocasional que ela fomenta[50] são sinônimos de independência intelectual. Esta é uma postura alimentada pelo isolamento intelectual prolongado e sombrio.

> Muitas de suas ideias principais foram concebidas em uma fase muito prematura de sua vida (...). Ele refletiu sobre suas ideias e enriqueceu sua análise através de leituras e observação, por aproximadamente trinta anos. Sua vida foi marcada por longos períodos (...) durante os quais construiu sua posição ideológica completamente sozinho, com pouco ou nenhum contato com outras pessoas interessadas em questões de economia (...). Sem dúvida alguma, apreciava a própria companhia e era perfeitamente capaz de trabalhar por conta própria, sem necessidade de nenhum estímulo dos outros.[51]

Este é Coase, o maior economista inglês vivo, escrevendo sobre Adam Smith, seu maior predecessor. A descrição, no entanto, aplica-se igualmente bem a Coase[52]; e não apenas por "The Problem of Social Cost" ter sido publicado aproximadamente trinta anos depois que Coase deu início a seus estudos de economia. Não é preciso observar muito atentamente suas receitas metodológicas para perceber que estas lhe serviram bem.

---

50. Em uma das resenhas de *The Firm, the Market, and the Law*, observa-se o tom "queixoso" de alguns trechos do livro: "A mensagem é 'eu sou mal compreendido'." Michael C. Munger, resenha de livro, 65 *Public Choice* 295, 296 (1990).
51. "The Wealth of Nations", nota 10 acima, p. 310.
52. "Ronald é inglês da cabeça aos pés, [e] um isolacionista nato." George J. Stigler, *Memoirs of an Unregulated Economist*, p. 159 (1988).

capítulo 21

A nova economia institucional encontra a teoria econômica do direito

No capítulo anterior, citei um trecho em que Coase dizia que a nova (ele a chama de moderna) economia institucional "é a ciência econômica tal como esta deve ser"[1]. Além disso, ele é ainda um dos principais fundadores da teoria econômica do direito pós-antitruste. Assim, pode-se dizer que está na interseção desses dois movimentos, donde é natural supor que coincidam em vários pontos – até mesmo, quiçá, em todos. A sobreposição existe, mas não a identidade, muito embora as diferenças sejam, no fim das contas, um tanto irrelevantes, porque ambas as áreas integram a economia e esta é, cada vez mais, uma área unificada, que segue um paradigma comum, no sentido de Kuhn, e porque muitas das aparentes difrenças são meramente de ênfase e vocabulário.

O que é a "nova economia institucional"?

O adjetivo "nova" pressupõe a existência de uma economia institucional anterior, como, é claro, existiu[2] e de fato ainda existe[3]. A atividade

---

1. Para uma introdução à nova economia institucional, ver *Economics as a Process: Essays in the New Institutional Economics* (Richard N. Langlois [org.], 1986).
2. Para um excelente resumo, ver Terence W. Hutchison, "Institutionalist Economics Old and New", 140 *Journal of Institutional and Theoretical Economics* 20 (1984).
3. Ver, por exemplo, Geoffrey M. Hodgson, *Economics and Institutions: A Manifesto for a Modern Institutional Economics* (1988), que, apesar do título, é bastante crítico em relação

dos mais conhecidos dentre os institucionalistas originais, Thorstein Veblen e John R. Commons, floresceu nas primeiras décadas do século XX. O mais distinto de seus seguidores vivos é John Kenneth Galbraith e o mais fiel e ativo é Allan Gruchy. Outro membro da escola é Willard Hurst, professor emérito de direito na Faculdade de Direito da Universidade de Wisconsin. Ian Macneil, da Faculdade de Direito da Universidade do Noroeste [*Northwestern University*], também pode ser situado nessa área. (Voltarei a Hurst e Macneil.) O motivo condutor da escola da velha economia institucional era (e é) a rejeição da teoria econômica clássica (em algumas versões, da totalidade da teoria), o que inspirou a caracterização depreciativa de Coase, citada no capítulo anterior: "sem uma teoria, não tinham nada para oferecer, exceto uma massa de trabalhos descritivos à espera de uma teoria ou da fogueira"[4]. Já tentei ler a obra-mestra de Willard Hurst, um calhamaço sobre a história da indústria da madeira de Wisconsin[5], mas não fui muito longe. O livro é uma massa densa de descrições, lúcido, inteligente e, tenho certeza, escrupulosamente preciso, porém tão carente de um aparato teórico – em um *aspecto* perceptível – a ponto de tornar-se ilegível, quase como se o autor tivesse se esquecido de ordenar suas palavras em frases[6]. Isso, portanto, serve de lição: o gosto pelos fatos, que eu gostaria que os juízes e professores de direito desenvolvessem, transforma-se em uma temeridade se não se fizer acompanhar de um gosto pela teoria – não a teoria normativa e não, portanto, aquilo que passa por teoria no direito constitucional, mas a teoria positiva, econômica ou não, que orienta a busca dos fatos relevantes.

ao que chamo de nova economia institucional. A "velha" economia institucional tem sua própria sociedade, a Associação para a Economia Evolutiva [*Association for Evolutionary Economics*], e uma revista, o *Journal of Economic Issues*.

4. Sobre a (velha) economia institucional, George Stigler afirmou: "A escola morreu tão completamente quanto qualquer escola pode morrer, no sentido de que não tem influência viável nem mesmo sobre as escolas bem-sucedidas, tampouco qualquer sucessor de relevo." "The Fire of Truth: A Remembrance of Law and Economics at Chicago, 1932-1970" (Edmund W. Kitch [org.]), 26 *Journal of Law and Economics* 163, 170 (1983) (notas do professor Stigler). O caráter antiteorético do velho institucionalismo é reconhecido e até celebrado em Jon D. Wisman e Joseph Rozansky, "The Methodology of Institutionalism Revisited", 25 *Journal of Economic Issues* 709 (1991).

5. James Willard Hurst, *Law and Economic Growth: The Legal History of the Lumber Industry in Wisconsin 1836-1915* (1964).

6. Para avaliações mais favoráveis, escritas desde a perspectiva dos estudos jurídicos críticos, a qual simpatiza com a política dos velhos institucionalistas e sua hostilidade à teoria econômica neoclássica, ver Robert W. Gordon, "Introduction: J. Willard Hurst and the Common Law Tradition in American Legal Historiography", 10 *Law and Society Review* 9, 44-5 (1975); Mark Tushnet, "Lumber and the Legal Process", 1972 *Wisconsin Law Review* 114.

Os velhos economistas institucionais rejeitavam a teoria econômica clássica, a teoria de Adam Smith. Caíram, assim, nas graças dos adeptos dos estudos jurídicos críticos. A nova economia institucional, por sua vez, ao menos em algumas versões, rejeita ou no mínimo questiona seriamente a teoria econômica neoclássica, tal como exposta, por exemplo, por Paul Samuelson. As razões dessa rejeição são tanto metodológicas quanto políticas. Para facilitar a formulação e a exposição matemática, a teoria econômica neoclássica adota pressupostos que parecem (e frequentemente são), tanto do ponto de vista físico quanto do psicológico, muito pouco realistas: que os indivíduos e as empresas são maximizadores racionais, que a informação é gratuita, que as curvas de demanda são infinitamente elásticas, que os insumos e a produção são infinitamente divisíveis, que os cronogramas de custo e receita são matematicamente regulares e assim por diante. A falta de realismo dos pressupostos, às vezes, provoca uma ruptura entre a teoria econômica e o sistema econômico que a teoria supostamente descreve e explica. Como a realidade não se encaixa na teoria, é natural, embora certamente não inevitável, que os teóricos queiram alterar a realidade. Assim (e é aqui que está a origem da objeção política à teoria neoclássica), como as condições do mundo real jamais satisfazem as especificações da teoria para uma alocação eficiente de recursos (preço igual ao custo marginal, mercado completo, ausência de externalidades e do problema do segundo melhor e assim por diante), a teoria econômica neoclássica transforma-se em uma receita para intervenções estatais – leis antitruste, leis de controle de poluição, educação obrigatória, leis trabalhistas, regulamentação das companhias públicas e do transporte de cargas e muito mais. Como todos os desvios em relação à concorrência perfeita são tachados de "falhas do mercado" e como esses desvios são encontrados por toda parte, fica difícil ter uma fé consistente no mercado não regulado. Isso angustia os economistas liberais (agora mais provavelmente qualificáveis de conservadores). Não é de surpreender, portanto, que estes dominem a economia institucional. (Há, é claro, entre os conservadores tradicionais, uma influente tendência de desconfiança em relação a todo tipo de teoria.)

Os novos economistas institucionais, contudo, não são contra a teoria econômica *tout court*. Esta é a diferença crucial entre eles, os velhos institucionalistas. Alguns deles, como Coase, querem retornar à teoria de Adam Smith, mais simples, mais flexível e não matemática. Assim, por não se preocuparem com a impossibilidade de dar tratamento matemático aos temas, comprazem-se em flexibilizar as afirmações da teoria neoclássica, mais austeras. Outros, como Oliver Williamson, guardam reservas quanto a aspectos específicos da teoria neoclássica, mas querem enriquecê-la em vez de abandoná-la. Por fim, alguns novos institucionalistas não querem modificar em nada a teoria econômica, apenas vê-la aplicada à totalidade das instituições em diversas culturas e épocas[7].

A rejeição ao formalismo econômico, ou a uma certa versão desse formalismo, é o lado negativo da nova economia institucional. O lado positivo é o estudo das... instituições. Pode ser difícil enxergar de que modo o interesse pelas instituições seria capaz de distinguir a nova economia institucional de todos os tipos de economia matemática, exceto o mais abstruso deles. Abaixo dessas alturas estonteantes, *todos* os economistas acreditam-se engajados no estudo das instituições: as instituições do sistema econômico, definidas de forma abrangente ou restritiva. Os teóricos da "concorrência perfeita" veem-se como estudiosos de uma instituição chamada sistema de preços ou mercado. Os novos institucionalistas, por sua vez, como os velhos institucionalistas, seus predecessores, pensam as instituições num sentido mais palpável. Estudam não "o mercado", mas as instituições concretas graças às quais os mercados funcionam – por exemplo, as normas do Conselho de Comércio de Chicago, contratos de longo prazo na indústria do urânio, como as companhias públicas estipulam suas tarifas, as condições de oferta de diamantes aos negociadores, o sistema de direitos de propriedade sobre os animais no *common law*, o funcionamento dos gravames restritivos em uma cidade sem leis de zoneamento, a estrutura de governança dos conglomerados de empresas, como os fazendeiros de um determinado condado da Califórnia lidam com os animais que invadem sua fazenda, o surgimento do Estado-Nação e até mesmo a função do anel de noivado no "mercado" matrimonial[8]. O exame minucioso de instituições específicas implica, por sua vez, maior ênfase no estudo de caso (baseado em histórias e etnografias, votos de juízes e outros documentos judiciais, relatos de jornais e revistas e até entrevistas) do que no estudo de agrupamentos de dados, analisados em conformidade com avançadas teorias de inferência estatística. A impressão que fica, portanto, é a de uma área em que o ceticismo volta-se não apenas para a teoria econômica formal, como também para a econometria.

---

7. Por exemplo, Thráinn Eggertson, no livro *Economic Behavior and Institutions* (1990), cuida de distinguir sua abordagem daquelas dos novos institucionalistas que questionam o modelo da escolha racional. Id., p. 6.

8. Margaret F. Brinig, "Rings and Promises", 6 *Journal of Law, Economics, and Organization* 203 (1990).

Classificado que fui entre os novos economistas institucionais[9], devo ser muito cuidadoso em minhas críticas. Não duvido nem por um momento que haja lugar na ciência econômica para os estudos de caso guiados pela teoria informal (uma descrição que se aplica, na verdade, a parte de meus próprios estudos) e, portanto, para a nova economia institucional. Rejeito, porém, qualquer sugestão de que a nova economia institucional deve, de algum modo, substituir o restante da microeconomia. Essa visão anda lado a lado com um desapreço pela abstração, um sentimento de que esta falsifica a realidade. De fato, a abstração implica um afastamento do realismo descritivo. Porém, como há muito afirmou Milton Friedman, uma teoria não é necessariamente falsa só porque os pressupostos sobre os quais se sustenta são irrealistas (isto é, falsos nos detalhes)[10]. Essa ideia, por sua vez, reside na má compreensão do propósito da teoria, que não é descrever os fenômenos investigados, mas acrescentar mais conhecimento útil, principalmente sobre relações causais. Para tanto, uma teoria irrealista pode ser perfeitamente útil, na verdade até essencial. Suponhamos que a questão seja se a imposição de um imposto sobre produtos industrializados ao cigarro causará um aumento no preço e uma queda nas vendas do produto. A resposta, que é importante para a estimativa dos efeitos do imposto do ponto de vista tanto da saúde quanto da arrecadação, não seria óbvio para um leigo em economia, pois este poderia pensar que os produtores arcariam com todo o impacto da tributação, deixando o preço e, portanto, a produção inalterados. Poderíamos criar, para o problema, um modelo que presumisse que a indústria tabagista caracteriza-se pela concorrência perfeita, que sua produção é infinitamente divisível, que o preço dos cigarros também o é, que o grau de informação dos consumidores é perfeito, que os preços podem ser alterados instantaneamente e tudo o mais. O modelo então preveria, como consequência do imposto, o aumento do preço e a queda da produção. Nesse caso, se o imposto fosse instaurado e os efeitos fossem aqueles previstos no modelo, teríamos razão para pensar que descobríramos uma relação causal e que o uso ulterior do modelo nos levaria à descoberta de outras relações causais.

O equivalente estatístico dessa observação é que é possível obter uma equação de regressão na qual os coeficientes das variáveis independen-

---

9. Kaushik Basu, Eric Jones e Ekkehart Schlict, "The Growth and Decay of Custom: The Role of the New Institutional Economics in Economic History", 24 *Explorations in Economic History* 1, 2 n. 4 (1987).

10. Coase, entretanto, rejeita a posição metodológica de Friedman. R. H. Coase, *How Should Economists Choose?* (American Enterprise Institute, 1982).

tes seja altamente significativo estatisticamente, ainda que a quantidade de variância explicada pela equação seja pequena[11]. Isso significa que, embora a equação em questão não seja uma descrição completa ou mesmo adequada, identificaria fortes correlações. Essas correlações, por sua vez, bem poderiam ter relevância causal e, logo, possibilitar a previsão e o controle.

De volta ao exemplo do cigarro, se quiséssemos saber se o impacto de uma tributação desse produto seria maior sobre as compras por pessoas instruídas, comparativamente às compras por pessoas não instruídas, precisaríamos de um modelo mais refinado. Poderíamos subdividir o preço total do cigarro em preço nominal e custos percebidos de saúde e presumir que os custos de saúde e, portanto, o preço total seriam mais altos para os consumidores de maior nível cultural. Há muitas razões para presumir isso: os custos da falta de saúde são maiores, quanto maior é o salário de um indivíduo (este tem mais a perder se ficar incapacitado por falta de saúde); renda e educação são diretamente proporcionais; e os indivíduos mais instruídos têm custos de informação sobre saúde mais baixos (portanto, entre outras coisas, o modelo mais refinado significaria a flexibilização do pressuposto neoclássico convencional da informação perfeita e sem custos). O modelo refinado estima que a demanda por cigarros por parte dos consumidores instruídos será menos flexível com relação ao preço do que a demanda pelo produto por parte dos não-instruídos, porque a fração que o preço representa no custo total do cigarro é menor para aqueles do que para estes. Logo, o modelo prevê que o imposto sobre produtos industrializados teria um impacto menor sobre as vendas para os instruídos. Se a estimativa se revelasse correta[12], teríamos aprendido algo sobre o comportamento econômico, ainda que o modelo refinado continuasse sendo irrealista, por pressupor a divisibilidade infinita dos preços e da produção e assim por diante. Um modelo pode ser uma ferramenta útil de exploração, mesmo que seja irrealista, assim como a teoria astronômica de Ptolomeu era uma ferramenta útil de navegação (e, logo, de "exploração" em sentido diverso), ainda que sua premissa básica fosse falsa. Por outro lado, uma descrição exaustiva, como aquela que encontramos no livro de Willard Hurst sobre as madeireiras, pode ser inútil.

---

11. Lembrar a breve análise desse ponto na Introdução, no contexto da análise econômica dos crimes e das punições.
12. Para provas que a confirmam, ver Gary S. Becker, Michael Grossman e Kevin M. Murphy, "Rational Addiction and the Effect of Price on Consumption", 81 *American Economic Review* 237, 240 (número dedicado às comunicações e atas da reunião anual da American Economic Association, maio de 1991).

Devemos ser pragmáticos em relação à teoria. Ela é uma ferramenta e não um lampejo da verdade suprema; e os critérios de análise utilizados por uma ferramenta são sua utilidade. É de duvidar que houvesse hoje muitas pesquisas em matemática pura se descobertas matemáticas aparentemente inúteis quando realizadas (como a descoberta da geometria não euclidiana, no século XIX) não tivessem revelado, repetidas vezes, sua utilidade prática. Até onde sei, há mais verdades no livro de Hurst que em toda a literatura econômica sobre tributação de produtos industrializados. Só que não consigo enxergar nenhuma utilidade no livro.

Está errado, portanto, ser contra a teoria formal. Mas também está errado supor que a teoria econômica formal seja inerentemente intervencionista. Talvez a teoria formal *de má qualidade* o seja, mas este é outro argumento. Os teóricos neoclássicos costumavam ser bastante indolentes quanto a propor o uso de verbas públicas para corrigir "falhas do mercado", porque presumiam que essas verbas poderiam ser obtidas mediante a tributação da renda, sem maiores efeitos sobre a distribuição de recursos. Milton Friedman, porém, em um trabalho *teórico* (e não um estudo de caso do Departamento da Receita Federal), demonstrou que não havia razão para esperar que os efeitos de distorção distributiva de um imposto sobre a renda fossem menores que aqueles de um imposto sobre produtos industrializados[13].

Os ótimos trabalhos de Coase sobre a empresa, sobre a precificação de serviços produzidos sob condições de custo médio declinante e sobre custo social devem ter-se originado de sua educação orientada para a prática (seu diploma de graduação era em comércio e não em economia) e de estudos de caso, como seu estudo sobre a Comissão Federal de Comunicações, onde pela primeira vez se esboçou o Teorema de Coase. Mas estes são trabalhos teóricos. Esses trabalhos corrigem a teoria neoclássica, ao acrescentar os custos de transação ao universo de análise (como George Stigler acrescentou os custos de informação), ao refutar Hotelling e sua defesa do controle estatal dos monopólios naturais e ao mostrar que Pigou estava errado em supor que o modo eficiente de corrigir uma externalidade negativa seja sempre impor tributos ou regulamentações ao lesante. Coase também nos ajudou a ver que os socialistas deformam a teoria econômica de acordo com ideais socialistas, o que torna necessária a realização de correções por parte de economistas liberais, como ele próprio. Esta é uma tarefa teórica.

Embora seja correto desconfiar do simplismo teórico tanto na economia quanto em outras áreas, não devemos desprezar a eficiência da

---

13. Milton Friedman, *Price Theory*, cap. 3 (1976).

teoria. A tartaruga nem sempre vence a lebre. Milton Friedman é o economista liberal mais influente do mundo. Conduziu famosos estudos institucionais sobre a renda dos profissionais e a história das políticas monetárias nos Estados Unidos, mas, no que se refere à importância dele para o liberalismo econômico, esses estudos são secundários. Essa importância reside em sua oposição ao imposto de renda progressivo, sua insistência em que a liberdade política depende da liberdade econômica, sua luta pela não obrigatoriedade do serviço militar e por uma emenda constitucional que instaurasse a responsabilidade fiscal, suas críticas ao keynesianismo, sua oposição à regulamentação das profissões e a leis paternalistas, como aquelas que regulamentam o uso de narcóticos, e sua proposta de criação do cheque-educação [*education voucher*] e de um imposto de renda negativo. Sem querer desrespeitar Friedman, é preciso ressaltar que ele não conduziu nenhum estudo de caso detalhado e exaustivo sobre o conteúdo de suas posições relativas ao interesse público fora das áreas fiscal e monetária e (como observado no Capítulo 1) da regulamentação das profissões. Ele chegou a suas posições por meios teóricos. Se tivesse seguido o caminho dos estudos de caso, seu raio de alcance teria sido mais limitado e, consequentemente, a ciência econômica teria se enriquecido menos.

Eis outro exemplo de como a teoria econômica formal é proveitosa para o estudo das instituições. O núcleo doméstico é uma instituição econômica. É tão importante para a economia quanto a empresa. Além disso, é uma forma organizacional não convencional, do tipo que os teóricos neoclássicos tendiam a desprezar. Mas não deveriam tê-lo feito, pois o crescimento contínuo da produtividade do lar nas últimas décadas, como resultado dos novos mecanismos de economia de trabalho (não apenas os aparelhos de utilidade doméstica, mas também a comida congelada), bem como do avanço dos métodos de planejamento familiar, dos meios de comunicação e da tecnologia do entretenimento doméstico, foi um dos fatores que possibilitaram a crescente participação feminina no mercado de trabalho, que está transformando a economia dos países ricos. O principal estudioso da produção familiar, Gary Becker, é um teórico formidável. Sua ferramenta teórica básica, que os institucionalistas de todas as épocas tendem a ridicularizar, é o pressuposto de que os indivíduos são maximizadores racionais da própria satisfação. Esse pressuposto orientou proveitosos trabalhos empíricos conduzidos por Becker e outros, além de ter colocado definitivamente o núcleo familiar na órbita da análise econômica. Não precisamos, portanto, lamentar a ausência de estudos econômicos de caso sobre famílias individuais.

Embora minha intenção, até aqui, tenha sido a de descrever, em linhas gerais, a nova economia institucional, o que fiz, na verdade, foi descrever esse campo segundo a concepção de Coase e daqueles que se identificam de perto com ele. Oliver Williamson, por outro lado, tem uma concepção um tanto diferente – mais exato seria, talvez, falar de uma ênfase diferente[14]. Sua abordagem é mais eclética que a de Coase, tanto metodológica, quanto politicamente. Williamson não faz objeção, em princípio, aos modelos formais e aos estudos econométricos. De fato, em vez de ansiar por um retorno à abordagem informal de Adam Smith, almeja construir um novo modelo para o comportamento econômico, que incorporará não apenas algumas ideias de Smith e dos "velhos institucionalistas", como também as ideias da psicologia moderna e da teoria das organizações. Sua intenção é aplicar o modelo enriquecido à integração vertical, à governança corporativa e aos contratos de longo prazo. Ele não parece estar particularmente interessado nos mercados formais, como o de valores mobiliários e o de *commodities*, nem nos direitos de propriedade, nas externalidades ou na crítica da regulação estatal. Seu foco, em vez disso, é em tipos de contrato – compreendidos de forma abrangente – que diferem muito dos contratos à vista (nos quais é mais provável que se satisfaçam, ao menos aproximadamente, as condições de concorrência perfeita: muitos compradores e vendedores, total conhecimento, mercadorias padronizadas e assim por diante) e que, ao invés, são marcados pela assimetria na informação, pelo monopólio bilateral e pela incerteza. Enquanto Coase dirige a atenção dos profissionais da economia para a importância dos custos de transação, Williamson busca uma posição mais abaixo da agenda implícita na obra de Coase, explorando as fontes dos custos de transação elevados e os mecanismos contratuais e organizacionais vislumbrados pelos homens de negócios para driblar esses custos. Outros adeptos da nova economia institucional, como Douglass North, comparando o Estado com um contrato de longo prazo, usam o estudo econômico dos custos de transação para enriquecer o estudo das instituições políticas[15].

---

14. Ver, por exemplo, Oliver E. Williamson, "The Economics of Governance: Framework and Implications", 140 *Journal of Institutional and Theoretical Economics* 195 (1984), e "Reflections on the New Institutional Economics", 141 *Journal of Institutional and Theoretical Economics* 187 (1985). A apresentação mais completa da abordagem de Williamson pode ser encontrada em seu livro *The Economic Institutions of Capitalism: Firms, Markets, Relational Contracting* (1985).

15. Ver, por exemplo, Douglass C. North, "Transaction Costs, Institutions, and Economic History", 140 *Journal of Institutional and Theoretical Economics* 7 (1984). O trabalho de North está vinculado – no nível temático e não no metodológico – ao ramo da velha economia institucional que enfatizava os obstáculos institucionais ao desenvolvimento dos paí-

Porém, no processo de moderação do pensamento de Coase, Williamson avançou muito rumo à redução da nova economia institucional à economia convencional. Não tenho nada contra isso. Ele acredita que o que está fazendo é novo, que está rejeitando os pressupostos essenciais da economia neoclássica, como a maximização racional, em favor de novos conceitos, como "racionalidade limitada", "especificidade dos ativos", "impacto da informação", "dimensionamento" e "oportunismo"; que está arrastando novas disciplinas para dentro da economia, principalmente o direito e a teoria das organizações[16]; e que está redirecionando a atenção dos economistas a instituições anteriormente ignoradas por estes. Esse último ponto está correto, mas não está claro em que medida a abordagem de Williamson pode ser descrita como novidade teórica e em que medida é mera reciclagem de teorias antigas em um novo vocabulário, que não representa, necessariamente, um avanço, em matéria de clareza e precisão, em relação às antigas. Será, por exemplo, que "racionalidade limitada" significa algo além do fato de que os atores econômicos possuem uma quantidade de informações menor que a total e devem levar isso em conta ao agir (racionalmente)? Tanto os custos de produção quanto os de absorção ou processamento da informação são parte da teoria econômica convencional desde o artigo de Stigler sobre custos de informação, publicado no início da década de 1960 (ver Capítulo 20). Esses fatores podem ser, e foram, incorporados à teoria econômica sem necessidade de alteração de nenhum dos pressupostos fundamentais, como a maximização racional; pois racionalidade não é onisciência. Williamson afirma que equiparar racionalidade limitada a custos de informação positivos é ignorar "a impossibilidade de pensar problemas complexos, mas bem-estruturados, como descrever, em sua totalidade, a árvore de decisões de um jogo de xadrez"[17]. Mas isso não seria apenas um exemplo de processamento dispendioso de informações?[18] Máquinas de xadrez são capazes de processar esse tipo de problema es-

---

ses atrasados, ilustrado pela obra de Gunnar Myrdal. Ver Christer Gunnarsson, "What Is New and What Is Institutional in the New Institutional Economics? An Essay on Old and New Institutionalism and the Role of the State in Developing Countries", 39 *Scandinavian Economic History Review* 43 (1991).

16. "Os três braços interdisciplinares da NEI [Nova Economia Institucional] são o direito (sobretudo o direito contratual), a economia (com forte ênfase no ato de economizar) e a teoria das organizações (responsável por um conteúdo comportamental maior)." "Reflections on the New Institutional Economics", nota 14 acima, p. 190.

17. Williamson, "Transaction Cost Economics Meets Posnerian Law and Economics", 149 *Journal of Institutional and Theoretical Economics* 99, 109 (1993).

18. Assim o define o guru de Williamson, Herbert Simon. "Theories of Rationality", em Simon, *Models of Bounded Rationality*, vol. 2: *Behavioral Economics and Business Organization*, p. 408, 416 (1982).

pecificamente a um custo menor que a maioria dos seres humanos. Quanto à "ideia da mente como um recurso escasso"[19], significa ela mais que o fato de a mente ter uma capacidade limitada de processamento de informações, ou seja, que não apenas a produção de informações, mas também o processamento destas é algo dispendioso?

Williamson ressalta a "incapacidade [das pessoas] de processar corretamente eventos de baixa probabilidade de ocorrência"[20]. Embora este também soe como um caso de custos elevados de processamento de informações, William refere-se a uma literatura psicológica que constata que os seres humanos possuem uma incapacidade sistemática de processar certos tipos de informação, como eventos de baixa probabilidade de ocorrência e informações formatadas de determinadas maneiras[21].

A "racionalidade limitada" poderia se referir, portanto, (1) ao custo da aquisição de informações, (2) ao custo do processamento de informações, (3) às incertezas inerradicáveis (se qualquer um desses dois tipos de custo for proibitivo) do tipo que tem no seguro uma reação institucional, (4) às distorções no processamento de informações que resultem da estrutura do cérebro humano ou (5) a alguma combinação dos fatores acima[22]. Seria interessante que Williamson explicasse a "racionalidade limitada" em função desses fatores e indicasse a utilidade do conceito, no seu entender.

Outro dentre os termos favoritos de Williamson, a "especificidade dos ativos", ao menos possui clareza: refere-se à existência de recursos especializados e, portanto, ao problema do monopólio bilateral. O conceito de "oportunismo" também é claro. Tal como utilizado por Williamson e outros economistas, o conceito significa tirar vantagem – por vezes, de um monopólio temporário, por vezes, de informações superiores ("assimetria na informação"). Em outras palavras, interessa-se particularmente por cenários nos quais não se pode recorrer a incentivos privados para a promoção do bem-estar público. Esses termos, felizmente, estão livres das obscuridades que cercam o termo "racionalidade limitada". Mesmo assim, não passam de expressões novas para velhos temas econômicos. O crescente uso da teoria dos jogos para a exploração desses assuntos nasce da própria teoria dos jogos e não de algo que seja específico da nova economia institucional.

19. Williamson, nota 17 acima, p. 110.
20. Id., p. 109.
21. Ver, por exemplo, *Decision Making: Descriptive, Normative, and Prescriptive Interactions* (David E. Bell, Howard Raiffa e Amos Tversky [orgs.], 1988).
22. Para uma análise útil, ver Kenneth E. Scott, "Bounded Rationality and Social Norms", 150 *Journal of Institutional and Theoretical Economics* 315 (1994).

A novidade da obra de Williamson não reside na identificação de novas fontes de "falhas do mercado" e em sua domesticação teórica, nem na formulação de uma teoria dos custos de transação. Está em chamar a atenção dos economistas para um sem-número de problemas pouco explorados[23] e em contribuir para a resolução destes, ao explorar as saídas encontradas pelos homens de negócios para vencer os custos de transação, através de diversos mecanismos em diversos cenários. Williamson afirma, por exemplo, que a organização descentralizada, característica dos conglomerados de empresas, representa economia nos custos com informação, se comparada à tradicional estrutura hierárquica; e, com isso, amplia-se o universo de controle da administração corporativa. Além disso, há hoje uma rica bibliografia que mostra como as empresas adaptam-se à incerteza dos contratos de longo prazo, bem como aos problemas de monopólio bilateral e às tentações oportunísticas deles resultantes[24].

Mas quanto essa literatura deve às ideias de Williamson ou mesmo às de Coase? Há um pista na visão de Williamson acerca da "teoria dos preços aplicada da Escola de Chicago", visão esta que me parece um tanto distorcida[25]. Ele elogia a Escola de Chicago pela "insistência na teoria dos preços como método de análise das formas não convencionais de organização", mas a critica por estimular os economistas a "concentrarem-se nas características de monopólio", como a discriminação de preços, como explicação para essas formas não convencionais (venda casada, integração vertical e assim por diante)[26]. A crítica ignora o papel central dos custos de informação não apenas no artigo de Stigler sobre economia da informação, mas também em sua teoria dos cartéis, na qual os custos de informação são um dos assuntos principais e o oportunismo, o outro[27]. Os estudos de teoria econômica do direito conduzidos pela Escola de Chicago – os quais seguem, em grande medida, a

---

23. Conta muito a favor de Williamson sua disposição para discutir questões importantes de economia (por exemplo, o comportamento da empresa), antes mesmo que se desenvolvessem as ferramentas teóricas necessárias para lidar com essas questões. Hoje, a teoria já chegou lá.

24. Ver, a título de exemplo desse tipo de bibliografia, Keith J. Crocker e Scott E. Masten, "Pretia ex Machina? Prices and Process in Long-Term Contracts", 34 *Journal of Law and Economics* 69 (1991). Benjamin Klein, um dos principais estudiosos desse ramo da nova economia institucional, fornece um resumo bastante útil no artigo "Self-Enforcing Contracts", 141 *Journal of Institutional and Theoretical Economics* 594 (1985).

25. "Reflections on the New Institutional Economics", nota 14 acima, p. 189.

26. Id., pp. 189-90.

27. Os ensaios importantes estão em George J. Stigler, *The Organization of Industry* (1968).

teoria dos preços aplicada, que Williamson associa, acertadamente, a Friedman, Stigler e seus seguidores – preocupam-se com problemas de incerteza, monopólio bilateral e oportunismo e com as saídas encontradas pelas instituições para tentar resolvê-los[28]. Nenhum desses estudos é citado por Williamson, muito embora o direito seja uma das ramificações do tripé interdisciplinar sobre o qual se assenta, segundo ele, a nova economia institucional.

Há vinte anos, tinha-se uma noção bem definida de que a economia era uma área divida em escolas rivais: a Escola de Harvard, a Escola de Chicago, a Escola do MIT, a Escola de Cambridge e assim por diante. Mas isso não vale tanto hoje. A grande diferença atualmente é entre economia teórica e economia aplicada. A nova economia institucional ao estilo de Williamson é uma forma de economia aplicada difícil de distinguir, exceto no vocabulário, das outras formas; e a única palavra verdadeiramente útil do novo vocabulário é "oportunismo".

Direito e economia

As raízes do movimento da teoria econômica do direito são profundas. Bentham aplicava a teoria econômica ao comportamento dos criminosos e aos métodos de punição destes. Holmes, Brandeis, Learned Hand e Robert Hale preparavam o terreno para a recepção da economia pelo direito americano. Nas décadas de 1940 e 1950, o direito antitruste, o direito societário e as áreas de regulamentação dos órgãos executivos que prestam serviços públicos e de tributação federal passavam a ser estudados pela economia. Entre os pensadores representativos daquele período, estão Aaron Director, Henry Simons, Donald Turner e Henry Manne. Na década seguinte, os artigos de Coase, Becker e Guido Calabresi introduziam a "nova" teoria econômica do direito, que enfatiza a aplicação da economia às instituições centrais do sistema jurídico, incluindo-se a propriedade, os contratos, a responsabilidade civil, o direito penal, o direito de família, as áreas de processo civil e penal, de ressarcimento, de indenização por perdas e danos, entre outros remédios judiciais, o direito marítimo, a legislação e a formulação de normas

---

28. Para exemplos de textos onde esses assuntos são particularmente enfatizados, ver William M. Landes e Richard A. Posner, "The Independent Judiciary in an Interest-Group Perspective", 18 *Journal of Law and Economics* 875 (1975); Landes e Posner, "Salvors, Finders, Good Samaritans, and Other Rescuers: An Economic Study of Law and Altruism", 7 *Journal of Legal Studies* 83 (1978); Landes e Posner, "A Positive Economic Analysis of Products Liability Law", 14 *Journal of Legal Studies* 535 (1985); e Posner, "Gratuitous Promises in Economics and Law", 6 *Journal of Legal Studies* 411 (1977).

no *common law*, com sua ênfase nas decisões segundo a jurisprudência. Desde 1970, testemunha-se um fluxo cada vez maior de trabalhos acadêmicos, que cobrem toda a gama de assuntos da teoria econômica do direito, tanto a velha (onde uma importante área de estudos foi o estudo econômico da falência) quanto a nova[29].

O movimento da teoria econômica do direito difere da nova economia institucional por não ter aspirações (ou ao menos por ter poucas aspirações) a mudar a teoria econômica ou a metodologia empírica dos economistas. Em parte devido à natureza de seu tema e em parte porque muitos de seus adeptos têm pouco treinamento formal em economia ou estatística, recorre-se muito a teorias informais e estudos de caso. Não há, contudo, hostilidade ao uso de modelos matemáticos nem à metodologia econométrica; e a geração mais recente de estudiosos da teoria econômica do direito está mergulhada na teoria dos jogos. Tampouco há, embora alguns dos mais proeminentes adeptos da teoria econômica do direito sejam economistas liberais na tradição de Coase, Hayek e Friedman, uma inclinação ou agenda política nesse movimento, exceto na medida em que qualquer forma de análise econômica "burguesa" é considerada como política pelos esquerdistas radicais. A única singularidade do movimento, visto como um movimento da ciência econômica, é o assunto de que trata. Apenas se o tomamos como pertencente ao campo do direito é que o movimento torna-se metodologicamente radical.

O conjunto dos temas da teoria econômica do direito coincide com aquele da nova economia institucional em diversos pontos. Integração vertical, governança corporativa e contratos de longo prazo são temas estudados tanto pela teoria econômica do direito quanto pela nova economia institucional. Indivíduos que estudam essas práticas, como Benjamin Klein, Victor Goldberg e Paul Joskow, a quem Oliver Williamson trata como da família, são também considerados, corretamente, estu-

---

29. Para uma noção do alcance desse campo hoje, ver *Economic Analysis of Law*. Sobre a crescente influência da teoria econômica do direito sobre o campo do direito, ver William M. Landes e Richard A. Posner, "The Influence of Economics on Law: A Quantitative Study", 36 *Journal of Law and Economics* 385 (1993); e também o Capítulo 2 do presente livro. Há ainda uma associação de profissionais da área, a Associação de Direito e Economia dos Estados Unidos [*American Law and Economics Association*], além de um número crescente de estudiosos dessa teoria na Europa, no Japão e na América Latina. Há até um grupo de estudiosos da teoria econômica do direito na linha de descendência dos velhos institucionalistas. Ver *Law and Economics: An Institutional Perspective* (Warren J. Samuels e A. Allan Schmid [orgs.]); Nicholas Mercuro e Steven G. Medema, "Schools of Thought in Law and Economics: A Kuhnian Competition" 46-60 (Relatório de trabalho no 12-93, Dept. de Economia e Finanças, Universidade de New Orleans, 1993).

diosos da teoria econômica do direito. Da mesma forma, historiadores do novo institucionalismo, como Douglass North e Thráinn Eggertsson, exibem pelos direitos de propriedade o mesmo e profundo interesse que os estudiosos da teoria econômica do direito exibem.

Mas a coincidência entre as duas abordagens não é total, e isso leva a uma diferença não em matéria de teoria, mas de ênfase teorética. A preocupação dos novos economistas institucionais com os custos de transação os afasta da teoria dos preços, conduzindo-os na direção de conceitos feitos sob medida, por assim dizer, para lidar com problemas de custos de transação. (Uma exceção é o conceito de monopólio bilateral, que é parte da teoria clássica dos preços.) A maior amplitude do domínio temático da teoria econômica do direito conduz a uma abordagem teórica mais eclética. Mesmo quando estuda um assunto tão comum quanto o direito penal, o economista ou o jurista de inclinação econômica tende a fazer uso intenso das ferramentas da teoria dos preços, uma vez que as penas, embora não sejam preços, têm efeitos semelhantes aos dos preços. O mesmo ocorre com os estudos sobre as restrições jurídicas aplicáveis ao mercado de adoções ou sobre o tráfico, no mercado de drogas ilegais. Mas a teoria financeira desempenha um grande papel na análise econômica do direito societário, do direito de falência e outras áreas do direito comercial, assim como a teoria da escolha pública desempenha um importante papel na análise das leis e instituições. A teoria do capital humano, por sua vez, também tem papel importante na teoria econômica do direito (vimos isso de relance, no Capítulo 13) e pode até explicar alguns fenômenos de interesse particular dos institucionalistas.

Não obstante, há muitos pontos de coincidência entre a teoria econômica do direito e a nova economia institucional. Ainda assim, quando fala do direito como uma das pernas do tripé interdisciplinar sobre o qual se assenta a nova economia institucional, Williamson não parece se referir à análise econômica do direito, atividade que define o movimento da teoria econômica do direito. A teoria das organizações é distinta da teoria econômica, de modo que é possível enxergar essas duas teorias como ramificações separadas de um tronco interdisciplinar. É muito difícil, contudo, enxergar de que maneira a aplicação da teoria econômica ao direito poderia ser uma terceira perna, separada das demais. Além disso, conforme observei, Williamson não cita a "nova" literatura sobre teoria econômica do direito, produzida na Universidade de Chicago, embora essa literatura aborde, diretamente, justamente os assuntos que mais lhe interessam. Para ele, ao que parece, um tipo de teoria jurídica de algum modo distinta da teoria econômica pode contribuir com a nova economia institucional (pode representar uma ramificação separada, dentre aquelas que surgem da economia). Assim, naturalmente, um de seus professores de direito favoritos é Ian Macneil, o teórico não econômico dos contratos "relacionais"[30]. Para Macneil, o direito contratual tem-se preocupado demasiadamente com os contratos à vista, em detrimento daqueles calcados em uma relação duradoura entre as partes contratantes.

Isso soa como música para os ouvidos de Williamson. Infelizmente, porém (embora isso seja bastante comum quando se trata de "teorias" jurídicas que carecem de fundamentação econômica), a teoria dos contratos de Macneil tem pouco conteúdo. Sua busca é por uma "norma fundamental [*Grundnorm*] que reconheça que toda forma de comércio está calcada nas relações"[31]. Se isso significa que devemos pensar sobre os problemas e as oportunidades que surgem quando as partes mantêm uma relação duradoura em vez de apenas se encontrarem como estranhas em um mercado à vista, eu concordo. Uma relação como essa pode tornar os contratos autoimpositivos, pois ambas as partes têm algo a perder com a ruptura da relação. Por outro lado, pode criar a tentação da ruptura oportunística (talvez uma das partes cumpra o contrato antes da outra) ou problemas de monopólio bilateral. Estes podem intensificar-se nos casos em que uma das partes busca a modificação do contrato, já que as partes negociam apenas entre si. Estes são, com vimos no Capítulo 13, com respeito aos contratos de trabalho, problemas muito afetados pela economia e para cuja solução nem Macneil nem qualquer outro "teórico jurídico" dos contratos tem a contribuir[32]. Se eu estiver certo e a nova economia institucional e a teoria econômica do direito forem dois lados de uma mesma moeda, a hostilidade irracional de Macneil à segunda pode explicar sua incapacidade de dar contribuições concretas à primeira. Não acho que "irracional" seja um adjetivo excessivamente forte para qualificar a seguinte passagem, bastante representativa: "A visão da teoria econômica do direito é uma de duas visões possíveis do inferno nos Estados Unidos. Uma visão realista fundada nessa teoria é meramente um inferno mais suave, convencional, de direita liberal (...). Uma visão idealista fundada na teoria econômica do direito é um inferno habitado por um mercado hedonista,

---

30. Sobre a grande estima de Williamson por Macneil, ver *The Economic Institutions of Capitalism*, nota 14 acima, pp. 68-73.

31. Ian R. Macneil, "Reflections on Relational Contract", 141 *Journal of Institutional and Theoretical Economics* 541, 542 (1985).

32. Mas o leitor pode julgar por si mesmo, da leitura do artigo de Macneil, "Relational Contract: What We Do and Do Not Know", 1985 *Wisconsin Law Review* 483, sobret. pp. 523-4.

governado, assim como todas as outras esferas da vida, por uma burocracia do direito privado, que não é atenuada pelo devido processo senão na medida em que as burocracias privadas achem por bem permitir."[33]

Assim, a ramificação separada de Williamson cai por terra. Quanto à ramificação da teoria das organizações, até onde vejo, esta não acrescenta à ciência econômica nada que já não tenha sido acrescentado pela literatura sobre custos de informação, anos antes. Confirma-se, portanto, minha sugestão anterior de que a nova economia institucional, exceto na versão de Coase, não passa de... economia; e, conforme já afirmei, também o movimento da teoria econômica do direito é apenas economia. Quando os novos institucionalistas estudam contratos de longo prazo, governança corporativa, integração vertical, direitos de propriedade e coisas desse tipo, estão fazendo a mesma coisa que os estudiosos de teoria econômica do direito fazem quando estudam os mesmos assuntos. Nessa área de investigação, pelo menos, a convergência entre as duas abordagens é completa. É uma pena que o gosto de Oliver Williamson por neologismos tenha tornado o reconhecimento dessa convergência mais difícil do que deveria ser.

Novamente a maximização racional da utilidade

O maior abismo entre os dois movimentos surge da atitude de ceticismo dos novos institucionalistas diante da maximização racional da utilidade. Coase rejeita esse marco da teoria econômica moderna (referiu-se a ele como "sem sentido")[34], ao mesmo tempo que afirma que sua própria abordagem guia-se a partir do pressuposto de que as pessoas preferem mais a menos[35]. Logo, se me pedirem para escolher entre 2 e 3, eu preferirei 3. Mas e se eu tiver outra oportunidade, que valha 4? Então preferirei esta, pois prefiro mais a menos. Bem, e se eu tiver outra oportunidade, que valha 5? Escolherei esta. E assim por diante, até que eu tenha maximizado minha utilidade. Segundo Coase, porém, não é bem assim: a demonstração de Gary Becker de que "mesmo que as pessoas não sejam racionais, é de esperar que um preço mais alto leve a uma redução na quantidade demandada" prova que é um erro supor

---

33. Bureaucracy, Liberalism, and Community – American Style", 19 *Northwestern University Law Review* 900, 919 (1984).

34. Coase, "Coase on Posner on Coase", 149 *Journal of Institutional and Theoretical Economics* 96, 97 (1993).

35. "Para grupos de seres humanos, em quase todas as circunstâncias, um preço (relativo) mais alto para qualquer coisa levará a uma redução da quantidade demandada. Isso não diz respeito apenas ao preço pecuniário, mas ao preço em seu sentido mais amplo." *The Firm, the Market, and the Law*, nota 14 acima, p. 4.

que o fato "de um preço mais baixo levar a um aumento na demanda implique maximização racional da utilidade"[36].

Segundo Becker, como o orçamento dos consumidores é limitado, mesmo os consumidores irracionais comprarão, em geral, menor quantidade de uma mercadoria quando o preço desta subir, pois os recursos deles se exaurirão mais rapidamente. Becker não indica que ele próprio pense que a maioria dos consumidores, ou mesmo algum deles, *é* irracional. Tampouco sugere que outros fenômenos econômicos comprovados, além da curva de demanda de mercado em diagonal descendente, tais como a tendência de equiparação dos preços de uma mesma mercadoria, possam ser explicados sem se pressupor a racionalidade. Coase não acredita no consumo aleatório. Para ele, as pessoas preferem mais a menos; e disso subentende-se que as curvas de demanda são descendentes porque os consumidores são racionais.

Acreditaria Coase que alguma deficiência cognitiva ou psicológica nos impeça de subir a escada das opções preferidas, da maneira que descrevi? Os neurônios falhos nos fazem desconsiderar os custos de oportunidade ou deixar de desconsiderar os custos irrecuperáveis? Isso é improvável. O conceito de custo de oportunidade é um dos fundamentos do Teorema de Coase e a distinção entre custos irrecuperáveis e custos recuperáveis é fundamental na literatura sobre precificação dos serviços públicos, à qual Coase deu notáveis contribuições.

Para Williamson, o próprio significado de maximização da utilidade torna-se "obscuro" no caso de os custos de informação serem positivos[37]. Qual é o mistério, então? As pessoas fazem uma lista das oportunidades e escolhem a melhor. Mas o custo de identificação das oportunidades limitará o tamanho da lista. Às vezes, portanto, uma pessoa fará uma escolha diferente daquela que faria se os custos com informação fossem nulos. Quando a incerteza é generalizada, as pessoas podem recorrer à sabedoria popular, desconsiderando informações relativas à escolha que seria a ideal em situações normais. É possível até que a intensificação da incerteza leve as pessoas a *restringir* a entrada de informações em seu processo de decisão, pois a maior incerteza pode derivar de uma menor confiabilidade das informações. Assim, podem-se encontrar mais regras de comportamento em áreas de maior incerteza[38]. Essas complicações desafiam os modelos simples de maximização racional; mas certamente não justificam que se descarte o conceito.

---

36. Coase, nota 34 acima, p. 97. A citação é do artigo de Becker sobre comportamento irracional, citado por mim na Introdução.

37. Williamson, nota 17 acima, p. 113.

38. Ronald A. Heiner, "The Origin of Predictable Behavior", 73 *American Economic Review* 560, 570-1 (1983).

capítulo 22

Para que servem os filósofos?

Richard Rorty, o mais conhecido filósofo vivo do pragmatismo, deve estar fazendo algo certo, já que foi excomungado tanto pela esquerda quanto pela direita[1]. Para a esquerda, ele é um apologista do "liberalismo da guerra fria" e da "democracia capitalista burguesa". Para a direita, um cupim a roer as bases da civilização ocidental e um puxa-saco de esquerdistas radicais como Roberto Unger e Catharine MacKinnon. Em certo sentido, Rorty é tudo isso. Porém, seu trabalho tem uma unidade, conforme exporei, e uma unidade impressionante. Mas tem também um grande ponto fraco: uma noção deficiente dos fatos, relacionada à falta de interesse do filósofo pela ciência e, portanto, pela sociologia e pela economia. Isso está relacionado, ainda, a sua crença na plasticidade da natureza humana. Esse ponto fraco traz à tona a questão da capacidade da filosofia de contribuir para a solução de problemas concretos de direito e de interesse público em geral. Não que Rorty seja um filósofo típico. Mas o ponto fraco de que falo é típico da filosofia moderna e ajuda a explicar por que os filósofos são menos ativos no ensino e estudo do direito que os economistas. Já expressei aqui algumas dúvidas quanto à filosofia analítica[2]. Neste capítulo,

1. Conforme admite simpaticamente em Rorty, "Trotsky and the Wild Orchids", 2 *Common Knowledge* 140, 140-141 (1993).
2. Ver, particularmente, a discussão sobre Dworkin e Rawls, na Introdução e no Capítulo 5. Quanto a Rorty, ele é tanto um praticante quanto um crítico da filosofia analítica.

acrescentarei outras e as estenderei a outros estilos de filosofia, principalmente o próprio pragmatismo.

A filosofia hoje

Os filósofos acadêmicos são indivíduos cuja atividade concentra-se em duas áreas de competência. A primeira delas é a interpretação, elaboração e crítica de textos filosóficos, desde textos paradigmáticos mais antigos, de Platão a Wittgenstein, até os livros e artigos laboriosamente produzidos, em número assuntador, pelos membros dos atuais departamentos universitários de filosofia. A segunda atividade é o uso das ferramentas da lógica e da retórica para abordar problemas colocados pelos autores dos textos clássicos (problemas como o ceticismo, o livre-arbítrio e assim por diante). Mas nem sempre foi assim. Platão e Aristóteles não eram, essencialmente, exegetas ou analistas técnicos. Nem tampouco Nietzsche, cujos livros alguns filósofos analíticos, entretanto, gostariam de excluir do conjunto dos clássicos da filosofia; e nem Wittgenstein[3]. Esse fenômeno, porém, é bem comum hoje; e nem os clássicos nem as versões modernas destes têm muito a dizer sobre quaisquer problemas específicos de natureza política, social ou econômica; exceto pelas obras práticas de teoria política de Aristóteles, Mill e outros. Para mim, porém, e particularmente para Rorty, a lista dos clássicos da filosofia é dominada por obras (algumas de Aristóteles e Mill, é claro) que exploram problemas "fundamentais" (embora, para alguns, a descrição mais adequada seria semânticos ou gramaticais), como a natureza da mente, da vontade e da percepção, as condições da identidade pessoal, a lógica da matemática, a realidade do mundo exterior, os fundamentos da crença verdadeira, a natureza da racionalidade, o significado da causalidade, a diferença entre as coisas e os conceitos, a natureza da ciência e a objetividade da moral.

Não pretendo desacreditar os clássicos da filosofia. Nestes, podemos encontrar intuições extraordinárias sobre a personalidade e o dilema humanos. Eles desafiam os dogmas estabelecidos, através da afirmação insistente de que buscamos justificar até nossas crenças pessoais mais profundas. Constituem-se, ademais, como uma poderosa ferramenta de dissipação das confusões linguísticas que obnubilam nosso pensamento sobre coisas (ou, antes, não coisas) como "causalidade", "interpretação" e "livre-arbítrio". Têm também muito a dizer sobre metodologia em

---

3. Embora a exegese tenha seu papel, por exemplo, em *Sobre a incerteza*, que é, em parte, uma crítica do argumento de G. E. Moore contra o ceticismo.

direito e em sociologia, como vimos ao analisar as visões de Coase. Oferecem, ainda, grandes exemplos (e não apenas o de Sócrates) de coragem intelectual e moral. É fonte de muitas das ideias políticas e morais fundamentais de nossa sociedade, bem como das ideias mestras de diversas escolas de teoria do direito. Esqueçamo-nos da dívida do realismo jurídico para com o pragmatismo ou da dívida do formalismo langdeliano para com Platão e consideremos que, por trás de Ackerman, está Habermas; por trás de Eskridge, Gadamer; por trás de Michelman, Rawls; por trás de Kronman, Aristóteles; por trás de Cornell, Hegel; por trás de Kennedy, Sartre; por trás de Weinrib, Kant; por trás de Sunstein, Dewey; e, por trás de muitas das assumidades da teoria econômica do direito, estão Bentham e Popper. O pragmatismo deixou sua marca nos textos jurídicos e documentos judiciais redigidos por Oliver Wendell Holmes e Benjamin Cardozo, e eu mesmo fiz uso da filosofia ao longo deste livro.

Mas nenhuma dessas concessões (sem má-fé, entenda-se) à importância da filosofia sugere que seja possível e proveitoso garimpar os textos filosóficos ou consultar os filósofos em busca de soluções *específicas* para problemas *específicos* de administração pública. A compartimentação do conhecimento, um traço tão visível do mundo moderno, pode ter condenado a filosofia à irrelevância no nível da prática. Rorty sabe disso[4]. Na verdade, afirmou-o muito antes de mim e ainda está por fazer com que seus atos correspondam a suas palavras. Pois uma das implicações dessas palavras é que ele deveria evitar pronunciar-se publicamente sobre questões práticas (seja sobre as políticas econômicas dos países emergentes, o sistema público de saúde dos Estados Unidos, creches gratuitas para os filhos de mulheres que trabalham fora ou restrições legais ao aborto), exceto quando os especialistas nessas questões tentarem fortalecer seus pontos de vista com argumentos filosóficos. Os filósofos são especialistas na refutação de argumentos filosóficos, assim como os juristas o são na refutação de argumentos jurídicos. Mas nem aqueles nem estes possuem, em virtude de seu treinamento e de sua experiência profissional, a habilidade de prestar aconselhamento em ques-

---

4. "Não pense que, por sermos filósofos, possamos ter alguma utilidade, enquanto profissionais, nas batalhas contra o imperialismo ou o racismo." Rorty, "Truth and Freedom: A Reply to Thomas McCarthy", 16 *Critical Inquiry* 633, 641 (1990). O argumento não é novo. "A aplicação de procedimentos de raciocínio filosófico é apenas um tipo de atividade. Trabalhar com esses procedimentos não nos ajudará a determinar se, digamos, a crença no cristianismo ajuda os homens a viverem uma vida melhor, se os cegos conseguem visualizar as formas corretamente, se o mecenato estatal das artes estimula a mediocridade ou se a tragédia expurga as emoções." John Passmore, *Philosophical Reasoning*, p. 18 (1969).

tões de interesse público[5]. Todos têm o direito de ter e expressar sua opinião em tais questões. Mas os filósofos, ao contrário (dependendo da questão) dos médicos, servidores públicos da áreas de saúde, físicos, economistas, engenheiros, oficiais militares, assistentes sociais, arquitetos, entre outros profissionais especializados, não possuem mais direitos que o homem comum. Rorty não ostenta o título de "filósofo" nem alega que seu conhecimento de filosofia lhe fornece intuições especiais em questões de interesse público. No entanto, se ele não fosse um filósofo famoso, não haveria mercado para suas ideias sobre questões públicas.

Graças ao treinamento, à experiência ou ao conhecimento adicionais, alguns filósofos foram capazes de opinar construtivamente em questões públicas específicas. Foucault, por exemplo, quando se preparava para escrever sua *História da sexualidade*, aprofundou-se na leitura da bibliografia sobre a sexualidade, predominantemente não filosófica. Arthur Danto, por sua vez, é, além de filósofo, um eminente crítico de arte. Diversos filósofos contemporâneos, entre os quais Stanley Cavell, Martha Nussbaum e o próprio Rorty, também se distinguem como críticos literários (analisaremos uma amostra do trabalho crítico de Rorty mais adiante). Além disso, os escritos de John Dewey sobre educação são um exemplo mais antigo da contribuição de um filósofo para a vida prática. Meus filhos frequentaram a escola fundada por ele, a Escola Experimental da Universidade de Chicago. William James, ademais, foi um importante psicólogo, assim como Nietzsche. Mas o conhecimento era menos compartimentalizado na época de Dewey e James. Foucault e Danto, por sua vez, são exceções que confirmam a regra[6], já que a definição de filosofia de Foucault inclui a história, e Danto considera que a arte contemporânea *é* filosofia. Quanto a Ronald Dworkin, ilustre filósofo e, ao mesmo tempo, influente comentarista de questões jurídicas, sua formação é de jurista[7]. Mill, por fim, era economista e filósofo, enquanto Bentham era jurista e economista. Ambos precederam a atual compartimentalização do conhecimento. Mais adiante, comentarei a incrível ausência, nas fileiras dos estudiosos acadêmicos de direito, de filósofos que não sejam também juristas.

---

5. Exceto, no caso dos juristas, em assuntos como a reforma do direito da responsabilidade civil, profundamente permeados de tecnicalidades jurídicas; embora, mesmo nesse caso, o papel dos juristas seja limitado.

6. Isto é, desvela. A ideia de que uma regra é confirmada pela demonstração de que possui exceções – o sentido mais comum da expressão "exceção que confirma a regra", atualmente – é o mais puro disparate.

7. As armadilhas da análise unicamente filosófica do direito são analisadas em George P. Fletcher, "Corrective Justice for Moderns", 106 *Harvard Law Review* 1658, 1661-66 (1993), resenha de Jules Coleman, *Risks and Wrongs* (1992).

Rorty

Para a tradição filosófica central do Ocidente, uma tradição na qual ainda se pode ver a mão modeladora de Platão, a razão humana está engajada em uma busca cada vez mais bem-sucedida pelas verdades permanentes, definitivas, mas, felizmente, cognoscíveis, que se escondem por trás das aparências – as verdades científicas, é claro, mas também as morais, jurídicas, políticas (e, em algumas versões, as teológicas) e, talvez, até o equivalente estético da verdade, a beleza. Em cada área de investigação, a busca é vista como centrípeta. Acredita-se que os investigadores convirjam para uma realidade uniforme, que, apesar de oculta, age como um ímã que atrai a curiosidade humana. Essa realidade última (Deus, em algumas formulações, o universo físico, em outras, ou ainda a estrutura da consciência humana, em outras) estabelece uma base objetiva para nossas investigações e nos permite (em princípio) determinar, de uma vez por todas, que o universo tem bilhões de anos de idade e não milhares; que a segregação nas escolas públicas viola a cláusula de igual proteção das leis; que William Faulkner é melhor escritor que Margaret Mitchell; que a paz geralmente é melhor que a guerra e que a democracia é um sistema de governo melhor que o nacional-socialismo. A maioria de nós acredita nessas coisas. Gostamos de pensar, ademais, que acreditamos nelas porque elas correspondem à realidade, ou seja, que não são apenas preconceitos locais, produto da sociedade e de nossa criação.

Rorty discorda disso[8]. Para ele, acreditamos em uma coisa quando essa crença combina com as nossas outras crenças. Há duzentos anos, a escravidão negra, embora já fosse controvertida, repousava confortavelmente sobre um sistema de crenças relacionado às origens e diferenças entre as raças. Hoje, temos outras crenças com relação a essas coisas, e a escravidão não combina com elas, motivo pelo qual foi excomungada. Não porque a escravidão seja "realmente" errada. O problema não tem nada a ver com a ideia de "realmente", se esta for tomada como um conceito que aponta para algo mais "objetivo" que a opinião pública. A escravidão simplesmente não fecha com nosso atual sistema de crenças, que inclui uma crença historicamente recente na igualdade racial, tão dogmaticamente defendida (embora muitos de seus fiéis duvidem dela, em segredo) quanto o era a crença na desigualdade, por nossos ancestrais. Rorty estaria disposto, a meu ver, a dar o próximo passo e admitir

---

8. "Sempre (bem, nem sempre, mas pelos últimos vinte anos, mais ou menos) me intrigou o que deveria ser considerado uma resposta arrasadora a Hitler." Rorty, nota 4 acima, p. 637.

que esse sistema de crenças foi afetado pelas transformações do valor econômico da escravidão, bem como que continuamos condescendentes com a "escravidão" sob outros nomes e em diversos cenários, como as prisões e as maternidades, conforme afirma Akhil Amar (ver Capítulo 6). Da mesma forma, até a época de Copérnico e, de fato, algum tempo depois, a concepção heliocêntrica do universo não tinha utilidade alguma, de modo que a questão de sua veracidade não veio à tona. Algum dia, essa concepção pode tornar-se inútil novamente e ser abandonada.

Este não é o tipo de relativismo para o qual a crença na escravidão, no direito divino dos reis e na organização geocêntrica do universo continuam sendo opções possíveis para nosso sistema de crenças. É um erro supor que somente as afirmações comprovadas ou as tautológicas possam ser adotadas como crenças inabaláveis. Na verdade, nossas crenças mais inabaláveis são intuitivas e não raro transitórias. Como, porém, não há garantia de que as investigações humanas venham a convergir em alguma realidade suprema (pois a "realidade suprema" pode não ser acessível à inteligência humana) e como, portanto, nosso pensamento depende de nossa posição (nação, classe, sexo, raça e assim por diante), o progresso, se pudermos chamá-lo assim, não vem como um desfile pelas avenidas da verdade nem na forma de avançadas repentinas em direção à verdade. Vem do acúmulo de conhecimentos práticos e de mudanças na posição de onde vemos o mundo. Foi isso que aconteceu quando Copérnico decidiu fazer do Sol, e não da Terra, o centro do sistema solar ou quando Bentham apresentou a tese de que os animais possuem direitos morais, pois são capazes de sentir dor.

A tarefa política essencial, na visão de Rorty, é criar um aparato social que, através do cultivo da tolerância e da proteção jurídica da diversidade e do debate, estimule o surgimento de gênios como Copérnico, Bentham, Jesus Cristo, Karl Marx, Nietzsche, Freud, Dickens e Orwell, capazes de, mediante o emprego de poderosas metáforas (como "gravidade", "id", "Scrooge"* e "Grande Irmão") e outras redefinições, derrubar nossos dogmas (embora, talvez, erigindo outros no lugar), enriquecer nosso universo de possibilidades e nosso repertório de técnica de controle dos ambientes físico e social, assim como alargar nossas simpatias. O sistema político em que a tolerância e a diversidade são preponderantes e essenciais é o liberalismo, porque o Estado liberal é neu-

---

* Ebenezer Scrooge é o personagem principal do romance *Um conto de Natal*, de Charles Dickens. Seu sobrenome entrou para os dicionários da língua inglesa como substantivo comum, sinônimo de "pão-duro", "avaro". (N. do T.)

tro com relação aos valores substantivos, insistindo apenas nos valores formais, como a proteção da privacidade e da liberdade de credo, expressão e ocupação, necessárias para assegurar a diversidade de crenças, opiniões e estilos de vida. Esses valores e suas salvaguardas institucionais constituem a "democracia epistemológica"[9], que vimos na Introdução. Esta tem muito pouco a ver com a vontade do povo e tudo a ver com a criação das condições necessárias à discussão inteligente de todos os tipos de questões, sejam estas pessoais, sociais, científicas ou de qualquer outro tipo.

Tudo isso parece, a mim, essencialmente satisfatório. Essas afirmações são a generalização, para a esfera política, do veio falibilista da filosofia da ciência. Os falibilistas, como Mill, Peirce, Dewey e Popper, enfatizam os procedimentos e valores científicos em vez da verdade científica, ou seja, o processo em vez da meta de chegada. O cientista é o investigador que, desdenhoso do aliciamento dos poderes do Estado como modo de forçar os outros a concordarem com seus pontos de vista (para obter, segundo a notável frase do juiz Robert Jackson, a unanimidade do cemitério)[10], apresenta estes a uma comunidade de investigadores, de uma forma que os torna refutáveis, caso sejam falsos. O processo de falseamento resulta em uma troca de perspectivas, cada uma das quais faz um depósito em um repositório de conhecimentos cada vez maior. A coragem de errar do cientista representa um modelo para todos os investigadores. Admito que esta é uma visão um tanto idealizada da ciência, mas os filósofos que não conseguem encontrar nenhuma diferença metodológica interessante entre a ciência e a crítica literária, ou entre a ciência e a magia, estão olhando do lado errado do telescópio.

Ao enfatizar o processo da ciência e não seus objetos, não pretendo negar que esta nos ponha em contato com as coisas como elas são, incluindo-se alguns entes que, embora invisíveis a olho nu (átomos, moléculas, DNA e assim por diante), não são meros artifícios teóricos, mas existem de fato. Mesmo assim, a decisão de fragmentar a realidade assim, em átomos, moléculas, DNA etc., é uma decisão humana, tomada por motivos de conveniência[11]; muitas tecnologias se desenvolvem por tentativa e erro e não por aplicação de teorias científicas. Teorias falsas, como a cosmologia de Ptolomeu, podem transmitir conhecimentos ver-

---

9. Sobre esta, ver Hilary Putnam, *Reviewing Philosophy*, cap. 9 (1992).
10. *West Virginia State Board of Education vs. Barnette*, 319 U.S. 624, 631 (1943).
11. Portanto, não é um disparate *completo* dizer que não havia dinossauros até que o homem os descobrisse. A ideia de distinguir esses objetos físicos do restante do mundo físico, isto é, de reconhecer uma classe dos "dinossauros", foi criação humana.

dadeiros, por exemplo, sobre como navegar orientando-se pelas estrelas. Por fim, é impossível demonstrar a veracidade de uma teoria, apenas sua falsidade, utilidade ou ambas as coisas. Portanto, a abordagem falibilista, de fato, desloca a ênfase da questão de se a teoria científica representa com precisão a natureza intrínseca da realidade; e, quando se aplica essa abordagem a questões políticas, jurídicas e éticas, atenua-se bastante o sentido em que é possível dizer que a investigação nos ensine em que pé as coisas realmente estão. Assim, só nos resta a esperança de que, através do choque, da comparação e da sucessão das teorias, tornemo-nos pessoas melhores, mais sábias e mais felizes. Analisando o dilema do "Pierre" imaginário de Sartre, que deve decidir entre juntar-se à resistência ou cuidar de sua mãe idosa, Hilary Putnam observa que, qualquer que seja sua opção, Pierre talvez nunca saiba se fez a escolha certa[12]. Este tipo de indeterminação radical é comum no direito. A peculiar adequação do falibilismo e do antifundacionismo de Rorty à teoria jurídica talvez explique por que, conforme verifiquei no banco de dados LEXIS de artigos de direito, os juristas acadêmicos citam Rorty com mais frequência do que citam qualquer outro filósofo vivo, exceto Rawls e Nozick (e Dworkin, mas este é um caso especial).

Obviamente, e Rorty nem sempre nos chama a atenção para isso, não se deve fomentar o experimentalismo sem se pensar nos custos que ele implica. O experimento nazista nos ensinou muito sobre teoria política, mas uma pessoa teria de ser terrivelmente curiosa para pensar que o benefício fez valer o custo. Sem dúvida, aprenderíamos muito com a reintrodução da escravidão ou com a adoção do sistema islâmico de penas ou se passássemos a criar pessoas para reprodução, como fazemos com os animais domésticos. O desafio aos dogmas, inclusive aqueles como a liberdade e a humanidade, não tem nada de errado, mas não é uma mercadoria de valor infinito. No contexto do comércio, deve-se comparar seu preço com o de outras mercadorias valiosas, como a vida, a liberdade, a felicidade e a estabilidade social.

A defesa epistemológica do liberalismo, que inclusive lembra a defesa da liberdade de expressão feita por Holmes, foi submetida a diversas críticas, dentre as quais são três as principais. A primeira – feita pelos filósofos realistas e pelos católicos, entre outros, e que não tentarei analisar, pois pertence ao domínio indeterminado da alta teoria – é que *existem* verdades objetivas concernentes à ciência, à moral, à política e ao direito, as quais podemos iluminar com a luz da razão. A segunda

---

12. Putnam, nota 9 acima, p. 194.

crítica, de autoria de Alasdair MacIntyre[13], é que, se não insistir em algum tipo de uniformidade básica de perspectivas, uma sociedade não conseguirá resolver suas discórdias mediante o debate racional, pois os querelantes não terão um conjunto de fundamentos comuns sobre que se apoiar. Isso é verdade, mas não é algo tão ameaçador quanto crê MacIntyre. De fato, os antiabortistas ferrenhos e as feministas radicais que defendem o direito incondicional ao aborto, habitam universos morais diferentes, assim como acontecia com os abolicionistas e os senhores de escravos. Não é por acaso que, no debate público sobre o aborto, ambos os lados utilizam a retórica abolicionista e, ao fazê-lo, afirmam um abismo moral intransponível entre si. Mas nenhum dos lados tem mais poder político que o outro. Assim, cada um deles, no esforço de prevalecer sobre o outro, atinge um público que, por ocupar um terreno de interseção entre os dois grupos (e sentir o peso das objeções, por um lado, ao aborto incondicional e, por outro, à criminalização do aborto), é capaz de fazer uma escolha racional ou, ao menos, razoável[14]. Essas pessoas não têm compromisso com nenhuma das partes, a exemplo de um júri. Qualquer que seja a decisão delas, esta não satisfará aos radicais do lado perdedor, que se sentirão coagidos e não persuadidos. Muitos litigantes e grupos com direito a voto, quando perdem, sentem-se assim. Esses sentimentos, porém, não são incompatíveis com a paz social. Uma sociedade não precisa se despedaçar por falta de consenso normativo.

Em terceiro lugar, os críticos feministas radicais e esquerdistas de Rorty afirmam que o liberalismo não é verdadeiramente neutro, mas que, na verdade, desequilibra as forças do debate: permite às pessoas acumularem grandes fortunas, que podem usar para manipular a opinião pública, e relega as outras à pobreza e ao silêncio, como ao forçar as mulheres a posições de subordinação no lar e no mercado de trabalho. Não há nada no liberalismo que previna a aceitação de tais desequilíbrios; mas essa alegação empírica, em particular, é falsa. Embora os meios de comunicação de massa dos Estados Unidos sejam de proprie-

---

13. MacIntyre, "Moral Arguments and Social Contexts: A Response to Rorty", em *Hermeneutics and Praxis*, p. 222 (Robert Hollinger [org.], 1985).

14. "Embora haja muitos grupos pró-aborto e pró-vida nos Estados Unidos e embora esses grupos dominem a atenção dos meios de comunicação de massa, apenas uma pequena porcentagem da população americana pertence a esses grupos altamente faccionais e altamente polarizados. A maioria esmagadora da população não é polarizada e não defende atitudes rigidamente faccionais. A maioria das pessoas se posiciona entre as duas extremidades e demonstra uma considerável ambivalência em sua atitude." Hyman Rodman, Betty Sarvis e Joy Walker Bonar, *The Abortion Question*, pp. 143-4 (1987).

dade de empresas gigantescas e indivíduos ricos, não apenas seus repórteres, como até a maioria dos jornalistas que compõem seus editoriais e colunas situam-se bem à esquerda e criticam ferozmente as pessoas ricas, as empresas gigantescas, o liberalismo burguês e os valores conservadores. Os porta-vozes das mulheres e das minorias outrora oprimidas conquistaram posições de influência e grande visibilidade nas universidades, nos meios de comunicação e na política. Longe de serem silenciados, esses grupos são cortejados pelas mais poderosas instituições de comunicação do país e conseguiram silenciar diversos de seus tímidos críticos nessas instituições. (Quem, além de mim, ousa dizer "*os* porta-vozes"?) As críticas mais fortes e estrondosas à democracia burguesa, ao capitalismo liberal, aos mercados livres, ao consumismo, aos valores políticos e estéticos ocidentais, ao patriarcado, ao heterossexualismo, aos ricos, ao tratamento concedido aos negros e outros integrantes de minorias, bem como a todas as outras coisas que os radicais de esquerda desaprovam, são ouvidas não nos poucos países que permanecem socialistas após o colapso da União Soviética, mas nos Estados Unidos. A desigualdade de renda e riqueza não silencia, efetivamente, o debate.

Afirmei que duas das mais sérias críticas à posição de Rorty (que não há consenso suficiente, na sociedade americana, para viabilizar uma escolha racional entre perspectivas morais ou políticas concorrentes, e que o liberalismo silencia seus críticos) não coincidem com os fatos. Seria de esperar que Rorty o houvesse dito. Mas não disse; pelo menos não claramente, pois enquanto, de um lado, ele de fato afirma coisas como, "Penso que nosso país – apesar de suas atrocidades e seus vícios passados e atuais, bem como de sua eterna avidez por eleger tolos e velhacos para cargos de alto escalão – seja um bom exemplo do melhor tipo de sociedade inventada até hoje", e "Pessoas como eu não veem nada de errado (...) no legado político e moral do iluminismo", contrabalança essas observações com profecias extraordinariamente funestas: "1973 pode ter sido o começo do fim"; "O cenário de *It Can't Happen Here* [Isso não pode acontecer aqui], romance de Sinclair Lewis, pode se tornar cada vez mais provável"; os Estados Unidos "podem degringolar em um regime fascista a qualquer momento"[15]. O filósofo percebe, naquilo que chama de democracia burguesa, falhas tão profundas e generalizadas, a ponto de desesperar-se e dizer, por exemplo, que, "se há esperança, ela está no Terceiro Mundo"[16].

---

15. Rorty, nota 1 acima, p. 141, 150-1. E tudo isso em um artigo publicado em 1993!
16. "Unger, Castoriadis, and the Romance of a National Future", 82 *Northwestern University Law Review* 335, 340 (1988). Rorty me autorizou a dizer que ele "hoje acha essa frase 'estúpida'."

Duvido que muitas pessoas, no Terceiro Mundo, concordariam com isso. A maioria delas diria que, se há esperança para o Terceiro Mundo, esta reside na pronta imitação das instituições políticas ocidentais, sobretudo o capitalismo e as pré-condições institucionais deste, a saber, os direitos de propriedade e o estado de direito. O próprio termo "Terceiro Mundo" logo poderá tornar-se anacrônico, se já não o for, uma vez que o "Segundo Mundo" (o império soviético) sumiu do mapa. À medida que a China, a Índia e os países da América Latina desestatizam sua economia (os países da Ásia Oriental que não a China já o fizeram, em grande medida), "Terceiro Mundo" está a caminho de se tornar sinônimo de África. Mesmo assim, em 1988, com o socialismo já cambaleante por toda a parte, Rorty ainda tinha esperanças de "que algum dia, em algum lugar, o governo recém-eleito de uma sociedade altamente industrializada [como o Brasil, iria] decretar que todos teriam a mesma renda, independentemente de seu emprego e de ter alguma deficiência"[17]. Esse experimento em particular, ou pelo menos uma versão aproximada dele (ninguém, suponho, jamais o considerou viável literalmente), já foi realizado repetidas vezes, no Terceiro Mundo e alhures, a começar pelo primeiro período do comunismo soviético, e sempre falhou[18]. Já é tempo de parar de incentivar esse tipo de iniciativa justamente nos países que sairiam mais prejudicados com isso. Chamo novamente a atenção do leitor para minha observação anterior de que não se deve pensar que a experimentação social não tenha seus custos ou que estes sempre se justifiquem. Outro ponto é que um pragmatista deve se interessar pelos resultados dos experimentos anteriores e não por mais experimentação.

Em 1991, Rorty expressava temor "de que não haja iniciativas que salvarão o hemisfério Sul", com a possível exceção de "iniciativas tecno-burocráticas autoritárias, como a política chinesa de só permitir um filho por família", e outros mecanismos, não especificados, de "planejamento centralizado"[19]. O pessimismo de Rorty com relação ao Sul é prematuro quando consideramos o crescimento econômico fenomenal, nos últimos anos, de grandes países do hemisfério Sul, como Indonésia e México. Esse crescimento não tem nada a ver com o planejamento centralizado, mas sim com o desmantelamento deste para abrir caminho ao livre-mercado.

17. Id., p. 349.
18. Ver, por exemplo, Peter J. Boethe, "The Soviet Experiment with Pure Communism", 2 *Critical Review* 149 (1988). Outros exemplos são a Revolução Cultural, na China, a Cuba de Castro, a Coreia do Norte e a Espanha republicana, no início da Guerra Civil Espanhola.
19. Rorty, "Love and Money", 1 *Common Knowledge* 12, 14-6 (1992).

Quatro anos antes da dissolução da União Soviética, Rorty escrevia que "o tempo parece estar do lado soviético", enquanto denunciava como "gangue de bandidos" "os misteriosos milionários, manipuladores de Reagan"[20]. Afirmações como essas trazem à mente o mundo imaginário habitado pelos críticos esquerdistas de Rorty, como Jo Burrows. Esta, em ensaio publicado não em 1960, mas em 1990, sugere que o sistema econômico internacional pode estar injustamente contra a União Soviética, vê a Nicarágua sandinista como um lugar propício a reformas sociais e democráticas não marxistas, acredita que os países pobres só conseguirão "acabar com os monopólios do Norte" se "mantiverem os trabalhadores especializados dentro do país" (o Muro de Berlim?) e se "desencorajarem a produção agrícola que possa beneficiar somente os ricos" (desencorajar as exportações?), declara que a doutrina liberal está "ultrapassada" e que precisamos de "um sistema político inteiramente novo, que acomode Oriente e Ocidente, Norte e Sul" e, por fim, critica Rorty por ignorar "as alternativas socialistas pragmáticas concebidas pela Escola de Frankfurt"[21]. Este é o mundo de sonhos clichê da esquerda. Não se acorda dele lendo os autores favoritos de Rorty, seja Nietzsche ou Derrida, Sartre ou Heidegger, Orwell ou Nabokov. Alguns destes são grandes pensadores, mas, com a exceção parcial de Orwell[22], não têm mais a contribuir para a solução dos problemas do mundo moderno que um Praxiteles ou um Wagner.

Não dá para criticar Rorty por não prever a queda iminente do comunismo. Praticamente ninguém previu, mesmo aqueles que fizeram do estudo do comunismo seu projeto de vida intelectual; e, apesar da força sentimental que os sonhos da esquerda exercem sobre ele, Rorty provou-se muito mais sensato que aqueles que se agarraram por tanto tempo à fé no comunismo, se não na União Soviética, então na China; se não na China, então em Cuba; se não em Cuba, então na Alemanha Oriental. Seu ensaio sobre os intelectuais na política é um corajoso ataque ao culto do politicamente correto e do esquerdismo radical dos de-

---

20. "Thugs and Theorists: A Reply to Bernstein", 15 *Political Quarterly* 564, 566-7 (1987). Ainda mais recentemente, Rorty escreveu sobre "acontecimentos [nos Estados Unidos] que remetem a Weimar" e afirmou "que os republicanos passaram 12 anos saqueando o país e que os eleitores da classe operária aparentemente viraram as costas aos liberais democratas, de uma vez por todas". "The Feminist Saving Remnant", *New Leader*, 1 a 15 de junho de 1992, pp. 9, 10.

21. Burrows, "Conversational Politics: Rorty's Pragmatist Apology for Liberalism", em *Reading Rorty: Critical Responses to "Philosophy and the Mirror of Nature" (and Beyond)*, p. 322, 337-8 nn. 27-28 (Alan R. Malachowski [org.], 1990).

22. Parcial porque Orwell jamais abandonou sua fé no socialismo democrático, uma fé tão irrefletida quanto eram contundentes suas críticas ao comunismo.

partamentos universitários na Inglaterra contemporânea[23]. Além disso, mostrou como podemos salvar representantes do "edificante" tão distantes da tradição filosófica analítica, como Nietzsche e Heidegger, da acusação de reacionarismo político, se reinterpretarmos seus projetos como pessoais em vez de políticos ou metafísicos – se enxergarmos que, como Freud, esses autores têm coisas valiosas para dizer sobre como devemos viver nossa vida pessoal e como (Nietzsche é particularmente valioso aqui) podemos assumir o controle sobre nossa vida. Tudo isso, por sua vez, é inteiramente compatível com o liberalismo burguês (na verdade, viabilizado por este), o qual, conforme viam Emerson e Mill, cria oportunidades de experimentos de vida individuais, enquanto os pensadores edificantes estão ocupados projetando os experimentos em si.

O que falta em Rorty é a acuidade da ciência social, necessária não apenas à concepção de soluções inteligentes para os problemas dos países liberais ricos, mas até mesmo para reconhecer quais são esses problemas ou para, em outras palavras, distingui-los dos falsos problemas. Não está claro, por exemplo, que as nações ricas exploram as pobres; que o *déficit* do orçamento federal e a concorrência japonesa são um problema realmente grave para os Estados Unidos (o segundo nem chega a ser um problema); que a aids representa uma crise social para o país, em vez de uma doença feia, perigosa, mas facilmente controlável e apenas moderadamente dispendiosa; que a quantidade total de dinheiro que os Estados Unidos gastam com saúde é excessiva, ainda que a distribuição entre os pacientes possa estar distorcida; que a perda de postos de emprego no setor industrial e o ganho destes no setor de serviços é um problema; que o colapso da poupança e do crédito é algo mais que a previsível colheita do que se plantou com as tolas regulamentações bancárias do New Deal; que o problema das drogas é muito mais que um subproduto das tentativas tolas de solucioná-lo (como o problema do alcoolismo na época da Lei Seca); que a renda e a riqueza estão excessivamente mal distribuídas; que o sistema educacional americano como um todo é marcadamente inferior aos sistemas educacionais dos outros países ricos ou carece de recursos; ou que a infraestrutura física dos Estados Unidos está se desintegrando. Não acho que devamos lamentar a decadência dos sindicatos mais do que devemos lamentar o declínio daqueles outros dinossauros industriais, as fábricas de carros de Detroit.

---

23. "Intellectual in Politics: Too Far In? Too Far Out?" 38 *Dissent* 483 (1991).

Essas avaliações podem estar erradas. Tudo que sei com certeza é que os assim chamados problemas que acabei de mencionar suscitam questões analíticas e empíricas difíceis, cuja possibilidade de compreensão e, ainda mais, de solução, através das intuições e dos procedimentos analíticos de pessoas versadas somente em humanidades não é maior que a possibilidade de que problemas de física de altas energias ou de cirurgia cerebral sejam compreendidos e resolvidos a partir do estudo detido do *Tractatus Logico-Philosophicus*. Para Rorty, contudo, a economia ou qualquer outra teoria de ciências sociais aplicável aos problemas sociais é apenas... teoria; e ele é contra a teoria social. Mas há teorias sociais e teorias sociais. Só porque o desconstrucionismo e as teorias neoaustríacas do anarcocapitalismo são inúteis para a solução de problemas práticos, não se segue daí que nenhuma teoria seja útil a esse propósito. A ciência econômica não tem nenhuma teoria convincente de justiça distributiva, mas tem muito a dizer sobre as consequências de políticas ostensivamente projetadas para tornar a distribuição de renda e riqueza mais igualitária. Uma montanha de trabalhos teóricos e empíricos sobre as consequências da regulamentação do mercado de locação de imóveis, do controle de preços, do salário mínimo, das leis trabalhistas protecionistas, das políticas de construção de casas populares, do imposto de renda progressivo, do serviço público de saúde, dos sistemas de cheque-educação e do imposto de renda negativo, fornece as premissas factuais indispensáveis para uma análise consciente das políticas redistributivas[24].

---

24. Alguns estudos ilustrativos (nem todos negativos!) são Finis Welch, *Minimum Wages: Issues and Evidence* (1978); *The Economics of Legal Minimum Wages* (Simon Rottenberg [org.], 1981); Charles Brown, Curtis Gilroy e Andrew Kohen, "The Effect of the Minimum Wage on Employment and Unemployment", 20 *Journal of Economic Literature* 487 (1982); Edgar O. Olsen e David M. Barton, "The Benefits and Costs of Public Housing in New York City", 20 *Journal of Public Economics* 299 (1983); William A. Rabiega, Ta-Win Lin e Linda M. Robinson, "The Property Value Impacts of Public Housing Projects in Low and Moderate Density Residential Neighborhoods", 60 *Land Economics* 174 (1984); Howard J. Sumka e Michael A. Stegman, "An Economic Analysis of Public Housing in Small Cities", 18 *Journal of Regional Science* 395 (1978); Robert A. Androkovich, Michael J. Daly e Fadle M. Naqib, "The Impact of a Hybrid Personal Tax System on Capital Accumulation and Economic Welfare", 36 *European Economic Review* 801 (1992); James M. Snyder e Gerald H. Kramer, "Fairness, Self-Interest, and the Politics of the Progressive Income Tax", 36 *Journal of Public Economics* 197 (1988); Martin Feldstein, *Hospital Costs and Health Insurance*, pt. 2 (1981); Roger Feldman e Bryan Dowd, "A New Estimate of the Welfare Loss of Excess Health Insurance", 81 *American Economic Review* 297 (1991); Joseph Friedman e Daniel H. Weinberg, *The Economics of Housing Vouchers: An International Analysis* (1986); Orley Ashenfelter e Mark W. Plant, "Nonparametric Estimates of the Labor-Supply Effects of Negative Income Tax Programs", 8 *Journal of Labor Economics* S396 (1990); John F. Cogan, "Labor Supply and Negative Income Taxation: New Evidence From the New Jersey-Pennsylvania Experiment", 4 *Economic Inquiry* 465 (1983); Allan H. Meltzer e Scott F.

Para Rorty, tudo de que precisamos para entender nossos problemas sociais é um vocabulário de jornalista criador de intrigas, que nos dará as ferramentas necessárias para falar dos ricos que roubam dos pobres, dos fortes que pisam os fracos, da ganância excessiva da classe alta, da indiferença egoísta da classe média e do controle do Estado e dos meios de comunicação por bandidos e milionários. Para alguns propósitos, esse vocabulário é adequado, conforme o provou Orwell, um grande jornalista. Para a descrição e solução de nossos problemas sociais, porém, é pobre; motivo pelo qual a defesa orwelliana do socialismo democrático desperta tão pouco interesse hoje. Nossos problemas sociais *podem* ser consequência do jogo de influências, da falta de caráter, do monopólio ou da concentração de riquezas. Mas também podem ser traços inerentes da modernidade, consequências remediáveis ou irremediáveis da tensão entre capitalismo e democracia ou até entre liberalismo e democracia. Estas são questões empíricas, passíveis de serem estudadas, como o atesta uma série de trabalhos importantes em economia e ciência política, que lidam com o processo eleitoral, os grupos de interesse, as leis, as regulamentações, entre outras características do Estado democrático moderno. A investigação necessária não deve ser limitada por um vocabulário que comprometa, por antecipação, o investigador. Mesmo que não existam realidades profundas e metafísicas do tipo em que, por muito tempo, acreditaram os pensadores religiosos e filosóficos da tradição central do Ocidente, não se segue daí que tudo o que nos resta seja um antinomianismo raso. Há teorias sociológicas e metodologias empíricas intermediárias, cuja utilidade não é comprometida pela ausência de fundamentos metafísicos.

Não vejo indicação alguma de que Rorty ou seus críticos da esquerda tenham estudado esses problemas políticos, sociais e econômicos sobre os quais escrevem, seja a política econômica dos Estados Unidos, seja o papel dos milionários nas políticas do governo Reagan; nem sequer de que considerem esses problemas como passíveis de serem estudados, embora o melhor exemplo disso possa ser encontrado não em algum estudo de autoria de Rorty ou de crítica a este, mas em um livro de Hilary Putnam, a quem já fiz referência. Putnam é mais conhecido entre os filósofos por seu trabalho em lógica matemática e filosofia da linguagem, da mente, da matemática e da física. Se há algo mais distan-

---

Richard, "A Positive Theory of In-Kind Transfers and the Negative Income Tax", em *Political Economy*, p. 53 (Allan H. Meltzer, Alex Cukierman e Scott F. Richard [orgs.], 1991). Sobre controle de preços, ver Capítulo 1; sobre proteção ao emprego, ver Capítulo 13; e sobre o controle do mercado de locação de imóveis, ver Capítulo 18.

te, digamos, da política norte-americana em relação à América do Sul do que o livro *Gramatologia*, de Derrida (para mencionar apenas seu trabalho mais lúcido), são as ramificações técnicas da lógica e da filosofia em que Putnam se especializou. Porém, assim como Noam Chomsky, outro polímata de Cambridge, Putnam tem opiniões contundentes sobre a política dos Estados Unidos com relação à América Latina. Em um capítulo originalmente apresentado em forma de preleção, em 1983, ele denuncia a suposta política dos governos republicanos de imposição de ditaduras às nações latino-americanas[25]. Aparentemente, ao revisar o texto para publicação, em 1990, não lhe ocorreu examinar a história política recente da região. Se o tivesse feito, descobriria que, durante os governos de Reagan e Bush, cada um dos ditadores ou grupos ditatorias da América Latina, exceto, é claro, Castro (a quem ouso dizer que Putnam já admirou), já tinha deixado o poder ou já fora expulso deste, de uma forma ou de outra, e substituído por algum tipo de imitação relativamente satisfatória de democracia[26]; que, um após o outro, esses países abandonavam sua tradicional hostilidade em relação aos Estados Unidos e se ocupavam de imitar suas instituições, tanto as econômicas quanto as políticas; e que essa guinada em direção ao livre-mercado, ao livre-comércio, à propriedade privada dos meios de produção e às eleições livres, ou seja, em suma, ao deprezado modelo do liberalismo burguês, parecia pôr a prosperidade ao alcance dessas nações pobres. Não pretendo sugerir que os republicanos mereçam crédito por esses eventos nem que o governo dos Estados Unidos tenha, algum dia, se esforçado muito por promover a democracia e a prosperidade na América Latina. Estou apenas questionando se Putnam sabe o que aconteceu lá durante a década de 1980.

Putnam também afirma em um capítulo que, involuntariamente, aplica-se a ele mesmo ("Como não resolver problemas éticos"), que não é um economista. Logo depois, entretanto, insiste em opinar sobre o problema do desemprego nos Estados Unidos. Mais uma vez, a análise cheira a mofo, pois Putnam lamenta que a taxa de desemprego em 1982 tenha sido de 10%, algo bastante chocante, mas que não se repetiu desde então, informação que o autor recusa-se a dar ao leitor. Putnam se desculpa por ter, duas vezes ao longo da vida, sucumbido ao canto de

---

25. *Realism with a Human Face*, cap. 12 (1990).
26. Desde 1990, houve processos de retorno à ditadura no Haiti, Peru e outros países, embora eu não saiba de ninguém que culpe os Estados Unidos por esses acontecimentos. Para uma análise equilibrada da democratização da América Latina durante a década de 1980, ver Dietrich Rueschemeyer, Evelyne Huber Stephens e John D. Stephens, *Capital Developments and Democracy*, cap. 5 (1992).

sereia do marxismo. Essas experiências, contudo, não foram suficientes para ensiná-lo a abster-se de comentar questões distantes de sua área de conhecimento. Isso traz à mente um outro grande lógico que gostava de expressar suas opiniões sobre questões políticas do cotidiano: Bertrand Russel.

As afirmações de filósofos fortemente acadêmicos como Rorty e Putnam são mais proveitosas quando se atêm à defesa ou refutação de argumentos fundados nos textos em cuja crítica e em cujo estudo são especialistas. Rorty movimenta-se bem dentro dos limites de sua competência quando observa que a demolição das bases filosóficas tradicionais do liberalismo não significa a demolição do liberalismo como teoria (nenhum filósofo terá muito êxito se tentar demolir uma prática tão bem-sucedida), porque o liberalismo conta com uma justificativa epistemológica perfeitamente satisfatória, cujas raízes estão na filosofia analítica não fundacional de Mill, na de Peirce e Popper, bem como na de James e Wittgenstein. Porém, quando Rorty profetiza o triunfo da União Soviética ou a chegada de um Messias do Terceiro Mundo, fala de assuntos que jamais estudou, questões cujo estudo depende da aquisição de ferramentas intelectuais que ele jamais procurou obter. Embora elogie os cientistas por sua tradição de investigação imparcial, sistemática e empírica, Rorty não aborda as questões políticas com um espírito científico.

Quando Putnam afirma, "Sempre que demos a grupos oprimidos uma chance de mostrar suas habilidades, estas nos surpreenderam"[27], está apenas manifestando devoção ao esquerdismo. Se investigasse o assunto, rapidamente perceberia o caráter equivocado de sua afirmação. Quando John Rawls denuncia aquilo que chama de "publicidade estratégico-mercadológica, encontrada em mercados imperfeitos, oligopolísticos e dominados por um número relativamente pequeno de empresas"[28], é visível que está repetindo ideias de terceiros. O que o entrega é a frase "mercados (...) oligopolísticos e dominados por um número relativamente pequeno de empresas": um mercado dominado por um número relativamente pequeno de empresas é o *significado* de oligopólio em economia. Rawls critica a publicidade praticada por essas empresas porque procura influenciar os consumidores "pelo uso de *slogans*, fotografias que prendem os olhos e assim por diante"[29], uma descrição igualmente satisfatória do tipo de propaganda política que ele conside-

---

27. Putnam, nota 9 acima, p. 198.
28. Rawls, *Political Liberalism*, pp. 364-5 (1993).
29. Id., p. 365.

ra sagrado. Sagrado para algumas pessoas, de qualquer modo; pois Rawls critica muito a convicção da Suprema Corte de que é inconstitucional o Estado restringir a quantidade de dinheiro de seu próprio bolso que um candidato político pode usar. Para Rawls, os ricos poderem gastar mais dinheiro que os pobres em politicagem é uma negação da igualdade de liberdades essenciais e as decisões da Suprema Corte que permitem isso são incoerentes com a regra do "um homem, um voto", adotada pela Corte nos litígios que envolvem proporcionalidade representativa estadual. Como observei no Capítulo 6, os efeitos reais dessa regra não são claros; tampouco está claro que as regras que limitam os gastos com o financiamento de campanhas políticas promovem a democracia ou a troca de ideias. Ambos os tipos de restrição levantam intricadas questões teóricas e empíricas[30], nenhuma das quais é discutida por Rawls.

Quando Elisabeth Anderson, outra filósofa analítica de alto nível, recomenda a substituição das empresas capitalistas por "cooperativas de trabalhadores", em parte porque "a proteção ambiental tende a harmonizar-se mais, tanto com os interesses quanto com os ideais das empresas geridas por seus trabalhadores, que com aqueles das empresas capitalistas", pois "os trabalhadores, ao contrário dos capitalistas, têm de viver na comunidade onde trabalham e, portanto, precisam conviver com a poluição criada por eles"[31], também é visível que está repetindo ideias de terceiros. Se a definição de "trabalhadores" incluir tanto aqueles que trabalham na parte administrativa quanto os operários, ou se uma empresa tiver algumas ou muitas fábricas e apenas algumas destas for poluidora, pode ser que a maioria dos trabalhadores-proprietários não seja exposta a essa poluição; e, mesmo que sejam expostos, esses indivíduos têm mais a perder (seu emprego) com medidas de controle da poluição que os acionistas teriam, pois, ao elevar os custos da empresa, tais medidas podem torná-la menos competitiva e forçá-la a reduzir ou até paralisar a produção. Além disso, apenas algumas páginas antes, Anderson afirma que os trabalhadores subestimam os perigos do ambiente de tra-

---

30. Ver, por exemplo, Alan I. Abramowitz, "Incumbency, Campaign Spending, and the Decline of Competition in U.S. House Elections", 53 *Journal of Politics* 34 (1991); Bruce Bender, "An Analysis of Congressional Voting on Legislation Limiting Congressional Campaign Expenditures", 96 *Journal of Political Economy* 1005 (1988); James B. Kau e Paul H. Rubin, *Congressmen, Constituents, and Contributors: Determinants of Roll Call Voting in the House of Representatives*, cap. 8 (1982). Até mesmo Cass Sunstein, tão devoto da igualdade política quanto Rawls, não vai além de dizer que "a defesa de limitações legais ao financiamento de campanhas eleitorais é plausível, mas, de forma alguma, inequívoca". Sunstein, *Democracy and the Problem of Free Speech*, p. 99 (1993).

31. Anderson, *Value in Ethics and Economics*, p. 213 (1993).

balho³². Por que isso não deveria se aplicar também a trabalhadores-proprietários que tenham de escolher entre menos empregos e menos poluição? De fato, nas cooperativas de madeira compensada do noroeste, principal "história de sucesso" de empresas norte-americanas cujos donos são os próprios trabalhadores, as condições de trabalho, de acordo com um admirador de cooperativas citado por Anderson, são tão marcadas pela sujeira, pelo barulho e pelo perigo, quanto nas serrarias capitalistas³³.

A filósofa não discute nenhuma dessas questões; não leva em consideração que a raridade dos casos de cooperativas bem-sucedidas pode nos dizer algo sobre a viabilidade de remodelar a economia inteira à imagem delas³⁴; apoia-se sobre uma bibliografia ultrapassada, baseada no suposto sucesso das fábricas iugoslavas geridas por trabalhadores, na época de Tito³⁵; e ignora a extensa bibliografia recente sobre os problemas e o desempenho reais das cooperativas³⁶.

Só mais um exemplo do alheamento do mundo, típico dos filósofos: a análise de Rorty do romance *1984*, de Orwell³⁷, é uma peça de crítica literária de primeira linha, mas aceita como verdade um aspecto do livro que, em 1989, já havia sido desmentido pela história, a saber, a previsão de como seria a vida na década de 1980. Rorty escreve: "Às vezes, as coisas se revelam tão ruins quanto pareciam à primeira vista. Orwell nos ajuda a formular uma descrição pessimista da situação política que, quarenta anos depois, a experiência apenas veio a confirmar."³⁸ Na verdade, quarenta anos depois, o que a experiência mostrou é que Orwell superestimou o poder do Estado de fazer lavagem cerebral na população. Em 1989, ano da queda do Muro de Berlim e dois anos antes da

---

32. Id., pp. 195-203.
33. Christopher Eaton Gunn, *Workers' Self-Management in the United States*, p. 130 (1984).
34. O *kibutz* foi um experimento razoavelmente bem-sucedido de organização socialista da produção. Mas apenas uma porcentagem mínima e cada vez menor da força de trabalho israelense já trabalhou em um *kibutz*. Seria temeroso, portanto, supor que o *kibutz* sirva de modelo para a organização de toda uma economia. Igualmente temeroso seria considerar viável a reestruturação da economia americana segundo o modelo das cooperativas de madeira compensada.
35. Ver Jaroslav Vanek, *The General Theory of Labor-Managed Market Economies* (1970).
36. Para um excelente resumo, ver Henry Hansmann, "When Does Worker Ownership Work?" ESOPs, Law Firms, Codetermination, and Economic Democracy", 99 *Yale Law Journal* 1749 (1990).
37. Rorty, *Contingency, Irony, and Solidarity*, cap. 8 (1989). Outro exemplo, ainda, é a defesa filosófica da regulamentação do mercado de locação de imóveis, conduzida por Jane Radin em seu artigo "Residential Rent Control", 15 *Philosophy and Public Affairs* 350 (1986), que ignora a bibliografia econômica sobre o tema.
38. Rorty, nota 37 acima, p. 182.

dissolução da União Soviética, já era evidente que décadas de doutrinação comunista tiveram um impacto apenas superficial sobre os valores e as crenças fundamentais dos habitantes dos países comunistas, incluindo-se aqueles que nasceram (na verdade, cujos pais nasceram) sob o jugo do comunismo. Quando a tampa se abriu, as antigas superstições e os velhos amores, ódios, preconceitos e desejos transbordaram novamente. A televisão revelara-se importante não como mecanismo de vigilância, como esperava Orwell, mas como um meio de comunicação mundial que impediu que os governos comunistas escondessem de seu povo a verdade essencial sobre o Ocidente: que os habitantes deste eram mais livres, saudáveis e prósperos. A única mente permanentemente inclinada ao comunismo era a dos intelectuais, pois estes eram as únicas pessoas que haviam investido na ideologia.

Rorty sabe de tudo isso, mas resiste às implicações, por acreditar (este é um falso correlato de sua rejeição ao fundacionismo) que as pessoas são altamente maleáveis pelas elites políticas e econômicas, quiçá altamente maleáveis em termos absolutos[39]. Não é preciso subscrevermos às noções metafísicas sobre a "natureza humana" que Rorty corretamente ridiculariza[40], para concebermos, a partir da biologia e da sociologia, um retrato do comportamento e das habilidades do homem que transforme tanto Winston quanto O'Brien em criações irrealistas. As pessoas em geral (os Winstons deste mundo) não são tão "manada" quanto Orwell pensava, e tampouco os membros das elites políticas (os O'Briens) são tão eficientes. "O povo" não é um brinquedo dócil nas mãos dos ministros da propaganda, dos publicitários e das autonomeadas elites religiosas ou culturais. Não que as pessoas sejam incapazes de grandes crueldades, de violência e de estupidez, imunes aos encantamentos dos flautistas políticos ou possuidoras de uma "faculdade" do livre-arbítrio. Com o devido respeito a Bruce Ackerman (Capítulo 7), não tenho nenhuma visão exaltadora da sabedoria das massas reunidas em assembleia democrática. Mas o Estado moderno, as grandes corporações e os meios de comunicação não são capazes de moldar a mente delas com a facilidade que supõem Orwell e Rorty, este com menos justificativa, pois tem à disposição uma experiência de quatro décadas a mais. É natural, contudo, que um professor acredite na viabilidade da lavagem cerebral.

---

39. Em id., p. 187, o filósofo apresenta o instinto sexual como exemplo de maleabilidade. Acho isso estranho. Ver Capítulo 26 do presente livro.

40. "Não existe uma natureza humana no sentido profundo em que Platão e [Leo] Strauss usam o termo." Rorty, "Education, Socialization, and Individuation", *Liberal Education*, Setembro/ Outubro de 1989, pp. 2, 5.

O Rorty analista político, desnecessariamente, mantém partes de seu público distantes do Rorty filósofo – de ambas as extremidades do espectro político, o que é mais curioso. Mas desejo refletir, particularmente, sobre as pessoas que, em parte através do exemplo do próprio Rorty com sua apologia desmesurada de Unger e MacKinnon, sucumbiram à visão falaciosa (que Rorty não defende) de que o pragmatismo é uma filosofia de esquerda, concebida para lançar dúvidas sobre as bases da tradição científica, jurídica, política e moral do Ocidente. O objetivo do pragmatismo é gerar dúvida sobre todas as bases filosóficas, não necessariamente para contrariar as práticas que aparentemente se assentam sobre estas, mas para mostrar que não se assentam sobre elas, isto é, que a validade dessas práticas depende da avaliação de suas consequências e não do fato de se assentarem sobre uma base; e que metáforas retiradas das artes da edificação não jogam luz alguma sobre a justificação das instituições sociais. Seria um erro *filosófico* apoiar, como corolário do pragmatismo, o entusiasmo antiliberal de Unger pela destruição, através de mecanismos como um departamento estatal de desestabilização, de práticas estabelecidas que incluem instituições tão constitutivas do liberalismo quanto a propriedade.

O pragmatismo aciona o mecanismo que desconecta da atividade prática de administração da vida e da sociedade o retumbante maquinário da abstração filosófica. Seu objetivo é nos libertar de ideias pré-concebidas, fundadas no pensamento "filosófico". Esse importante ensinamento fica obscurecido quando um filósofo pragmatista de renome nos apresenta, ainda que ocasionalmente e de forma descuidada, clichês desgastados sobre o Terceiro Mundo e os milionários da Era Reagan, que refletem preconceitos tão pobres, arbitrários e irrefletidos quanto qualquer um que sustente o edifício do filosofar convencional.

Filosofia e direito

Em tensão com aquilo que se expõe neste capítulo, Martha Nussbaum afirma que os filósofos têm muito a contribuir com o ensino e o estudo do direito[41]. O papel do filósofo, na visão dela, é perscrutar os pressupostos irrefletidamente adotados pelas pessoas que se dedicam a atividades práticas, como advogados, médicos e economistas; em suma, fazer aquilo que Sócrates fazia. Não acho que os filósofos de hoje sejam muito parecidos com Sócrates. Este arriscou sua vida e acabou sacrifi-

---

41. Martha C. Nussbaum, "The Use and Abuse of Philosophy in Legal Education", 45 *Stanford Law Review* 1627 (1993).

cando-a, porque, à semelhança de Jesus Cristo, insistiu em questionar, para além dos limites da prudência, os valores e as práticas das pessoas mais poderosas de sua comunidade[42]. A verdade é que muitos filósofos de fato fazem perguntas profundas e penetrantes sobre os valores de uma comunidade, embora raramente sobre a sua própria comunidade. Um exemplo disso é o questionamento das práticas das comunidades científicas, inclusive a econômica, por parte dos filósofos da ciência. Nussbaum propõe diversas maneiras através das quais os filósofos podem desempenhar um papel análogo no campo do direito. Eles podem questionar a noção de racionalidade, que está no cerne da análise econômica do direito; podem analisar, com mais rigor que os advogados e os juízes, conceitos filosóficos como os de justiça, livre-arbítrio e intenção, que frequentemente surgem nos processos judiciais; podem, enfim, sistematizar melhor a relação entre "razão" e "emoção" no direito. Para Nussbaum, a melhor maneira de trazer o filosofar rigoroso para dentro do direito é fazer com que as faculdades de direito contratem filósofos, em regime de meio período, para lecionar disciplinas que comporiam o curso normal de direito e nas quais infundiriam rigor filosófico. A filósofa tem consciência de que muitos professores de direito já utilizam a filosofia em seus cursos e escritos, mas teme que o façam de forma amadora.

Se os filósofos têm tanto a contribuir com o direito, surge a questão de por que tão poucos deles lecionam em faculdades de direito. Será *somente* porque as faculdades de direito têm (como ocorre de fato) uma noção excessivamente limitada do direito? A maioria dos professores de direito que tratam de teoria do direito ou aplicam a filosofia a outras áreas pedagógicas e teóricas do direito tem formação acadêmica em filosofia; alguns têm até doutorado na área. Praticamente todos, no entanto, também possuem diploma de direito e nunca integraram o corpo docente de uma faculdade de filosofia nem nunca publicaram em revistas acadêmicas de filosofia. A situação equivalente em economia é diferente. Muitos daqueles que contribuíram para a análise econômica do direito não possuíam diploma de direito, incluindo-se Coase, Director, Landes, Polinsky, Shavell e Simons. Não obstante, esses economistas (e outros que eu poderia citar) foram membros do corpo docente de alguma faculdade de direito, em tempo integral. Além disso, diversos

---

42. Esta é a interpretação mais edificante de por que Sócrates se meteu em confusão. Outra é que o filósofo mantinha íntimas relações com os governantes impopulares da oligarquia que precedera a democracia pela qual foi condenado. Karl Popper, *The Open Society and Its Enemies*, vol. 1: *The Spell of Plato*, pp. 192-3 (5.ª ed. rev., 1966).

economistas "puros" que não tinham um cargo em uma faculdade de direito em tempo integral ou que simplesmente não tinham cargo nenhum em uma faculdade dessas, contribuíram diretamente com o pensamento jurídico. Entre estes, estão Alchian, Becker, Demsetz, Diamond, Ehrlich, Jensen e Stigler. Embora os professores de direito tenham tomado emprestado dos filósofos ideias de todo tipo, poucos filósofos até hoje discutiram questões jurídicas, seja doutrinais, seja institucionais, de maneira significativa. Rawls e Rorty estão entre os exemplos de filósofos que mencionam o direito *en passant*. Por sua vez, Jules Coleman (professor em tempo integral da Faculdade de Direito de Yale), Jeffrie Murphy, Judith Jarvis Thomson e a própria Nussbaum fazem parte de um grupo menor de filósofos contemporâneos que já discutiram questões jurídicas menos esporadicamente, sem ter formação em direito. Quando se pensa em filósofos do direito atuais, vêm à mente figuras como Ronald Dworkin, Charles Fried, Peter Goodrich, Kent Greenawalt, Thomas Grey, H. L. A. Hart, Anthony Kronman, Frank Michelman, Michael Moore, Margaret Jane Radin, Joseph Raz, Donald Regan, Frederick Schauer, Brian Simpson, Cass Sunstein, Lloyd Weinreb, Ernest Weinrib e Robin West – e todos estes são professores de direito[43]. Embora, para Nussbaum, a maior parte do que se escreve nas revistas acadêmicas de direito seja pueril, o que atribui ao fato de que "tudo aquilo que se escolhe sem anos de estudos sérios e de prática tende a ser malfeito", enquanto um filósofo que lecione em regime de meio período em uma faculdade de direito é capaz de, "gradualmente, aprender bastante sobre direito, primeiro cursando disciplinas de direito e depois, finalmente, lecionando algumas das disciplinas do currículo oficial do primeiro ano"[44], é muito mais comum os professores de direito aprenderem filosofia o bastante para aplicar à teoria do direito, do que os professores de filosofia aprenderem direito o bastante para a mesma finalidade.

43. Em um esforço de ser mais sistemático nesse estudo comparativo, comparei os professores classificados na categoria "teoria do direito" àqueles classificados na categoria "teoria econômica do direito", na Associação de Faculdades de Direito dos Estados Unidos, *AALS Directory of Law Teachers 1992-1993* (1993), um registro (com pequenas biografias) dos professores que lecionam em tempo integral nas faculdades de direito americanas. Em uma amostra aleatória de 184 dos 642 professores de teoria do direito, apenas 4 (2,2%) não tinham diploma de direito; enquanto, dos 118 professores de teoria econômica do direito presentes na lista, 10 (8,5%) não tinham diploma de direito. Curiosamente, H. L. A. Hart não se encaixa em minha lista. Embora ele tenha sido *barrister* por um tempo, seu diploma de graduação é em filosofia e seus empregos como professor universitário foram nessa área, até que foi nomeado professor de teoria do direito em Oxford. Na época, não era comum filósofos britânicos conseguirem diplomas de doutorado e pós-doutorado.

44. Nussbaum, nota 41 acima, p. 1644.

Isso se deve a diversos motivos, e estes me deixam pessimista quanto às propostas de Nussbaum. O primeiro motivo, já mencionado aqui, é que as técnicas da filosofia analítica são semelhantes àquelas do raciocínio jurídico, o que tem importantes implicações para a carreira de um professor. Um estudante universitário que tenha se saído bem em filosofia e pense na possibilidade de aplicar essa disciplina ao direito, tem boas chances de se sair bem na faculdade de direito; e o diploma de direito é o único de que precisará para se tornar um professor de direito com o dobro do salário a que um professor de filosofia pode almejar ou para se tornar um advogado com muitas vezes o salário a que ambos podem almejar. A análise econômica, com seu forte amparo em técnicas matemáticas e estatísticas de construção de modelos e de investigação empírica, é diferente tanto da análise jurídica quanto da análise filosófica. As habilidades matemáticas e as verbais, muitas vezes, não estão relacionadas. Não obstante, sem habilidades verbais, é difícil sair-se bem na faculdade de direito, pois o ensino convencional do direito dá forte ênfase à leitura e à escrita. Assim, um estudante universitário com jeito para economia, que pensasse na possibilidade de aplicar essa disciplina ao direito, saberia, por um lado, que, se estudasse direito em uma faculdade, não aprenderia técnicas analíticas prontamente substituíveis pela análise econômica e, por outro lado, que poderia não se sair bem na faculdade de direito. Esse estudante, portanto, poderia concluir que, em termos gerais, sairia perdendo se, em vez de escolher a faculdade de economia, escolhesse cursar a de direito. Outra consideração relacionada é que um doutorado em economia tem muito mais valor de mercado que um doutorado em filosofia. Os economistas acadêmicos são mais bem pagos que os filósofos, em parte porque os economistas com ph.D. têm boas oportunidades de emprego fora da universidade, além de poderem ganhar dinheiro extra por fora, prestando serviços de consultoria. É fácil entender por que o aspirante a analista jurídico, a menos que pretenda fazer análise doutrinal, tende mais a seguir o caminho do doutorado em economia, renunciando ao diploma de direito, do que o aspirante a analista filosófico do direito, a seguir o caminho do doutorado em filosofia e renunciar ao diploma de direito. Consequentemente, é mais provável que a filosofia seja aplicada ao direito por juristas que por filósofos que lecionem tanto direito quanto filosofia.

Como deixei implícito ao analisar as visões metodológicas de Coase, não importa muito se a filosofia do direito será produzida por indivíduos que se declaram professores de direito ou por indivíduos que se declaram filósofos. Esta é, essencialmente, uma questão de ajustar as fronteiras entre os departamentos universitários. Na verdade, importa um pouco, porque as faculdades de direito carecem de algumas das características institucionais que se revelaram importantes para o fomento da pesquisa acadêmica de qualidade em áreas como a filosofia. Ainda assim, seria difícil mostrar que Ronald Dworkin teria sido um filósofo mais competente se tivesse obtido, além do diploma de direito, um doutorado em filosofia.

O que importa muito é que a filosofia analítica e o raciocínio jurídico compartilham muitas das mesmas desvantagens. As afiadas habilidades lógicas e polemistas que associamos à filosofia anglo-americana são grandes ferramentas críticas, mas não nos levam muito longe na solução de problemas jurídicos práticos, como o que fazer com respeito ao aborto, à confissão sob coerção e à pena de morte. Hilary Putnam observa que "os métodos convencionais do filósofo – a argumentação cuidadosa e o estabelecimento de distinções – obtêm mais sucesso na demonstração de que uma posição filosófica está errada, que na determinação de que qualquer posição filosófica específica está certa"[45]. Note-se que falo de posição *filosófica*. Deve ser ainda mais difícil usar os métodos convencionais do filósofo para determinar que uma posição *não* filosófica está certa. Para fazer progressos consideráveis em direção à solução de problemas práticos de direito e políticas sociais, é preciso entender bastante da atividade jurídica ou social em questão. A maioria dos filósofos analíticos não se sente confortável no plano dos fatos. (Os filósofos não analíticos da tradição continental, em termos gerais, não são diferentes nesse quesito.) Preferem demonstrar as incoerências e outros defeitos na posição de pessoas cujas ideias divergem das deles no que concerne à atividade em questão, a tentar justificar suas próprias ideias. Não é de admirar que não tenham desempenhado um papel maior na formação e crítica do direito.

---

45. Putnam, nota 9 acima, p. 134. Rorty questiona se é possível salvar a filosofia analítica "de um escolasticismo decadente". Rorty, "Tales of Two Disciplines" (inédito, Departamento de Filosofia da Universidade da Virgínia, s/d).

PARTE SEIS
Na fronteira

capítulo 23
Direito e literatura revistos

Meu principal interesse acadêmico, desde que comecei a lecionar direito em 1968, é a aplicação da economia ao direito. Mas o foco desse interesse mudou. Em 1968, os principais campos do direito aos quais a economia estava sendo aplicada eram o direito antitruste e a regulamentação dos órgãos executivos que prestam serviços públicos e do transporte de cargas. Foi nesses campos que comecei meu trabalho de pesquisa acadêmica, e me especializei neles quando era funcionário do Estado, entre 1962 e 1968. Com o passar dos anos, porém, interessei-me cada vez mais pela "nova" teoria econômica do direito, isto é, pela aplicação da economia a áreas do direito cuja relação com a concorrência, o mercado, os preços, entre outros fenômenos econômicos convencionais, era nula ou apenas periférica. Meu interesse pela aplicação da economia a áreas do direito e da atividade social distantes do domínio convencional da ciência econômica está por trás de minhas reservas com relação às receitas metodológicas de Coase, as quais interpretam tão restritivamente o alcance que se deve atribuir à economia. Isso também explica a incursão de meu interesse pela teoria econômica do direito em outros campos interdisciplinares do direito, como a teoria feminista do direito, os estudos jurídicos críticos e as teorias filosófica, política e literária do direito. Quem quer que deseje explorar a economia da maternidade substituta, da responsabilidade penal, da eficiência do *common law*, dos efeitos redistributivos da legislação, do comportamento dos juízes, da ação afirmativa, ou das instituições jurídicas de sociedades que conhecemos somente ou principalmente por fontes literárias (como os épicos homéricos e as sagas islandesas), está fadado a esbarrar nos outros campos interdisciplinares mencionados e a interessar-se pelas contribuições que estes têm a dar a nosso conhecimento do direito e do sistema jurídico, seja em cooperação, seja em competição com a ciência econômica. A progressiva dissolução das fronteiras entre as diferentes áreas do conhecimento é uma tendência cada vez mais forte no campo da pesquisa acadêmica em geral. Hoje, já não é tão fácil distinguir um sociólogo de um antropólogo, um estudioso da antiguidade clássica de ambos, um estudioso de teoria literária de um filósofo ou mesmo um economista de um biólogo evolucionista. Esse enfraquecimento das linhas divisórias encontra-se tão avançado no estudo acadêmico do direito quanto em qualquer outro campo. Consequentemente, as próprias distinções entre os diferentes campos de estudo interdisciplinares do direito, como a teoria econômica do direito e a teoria literária do direito, tornaram-se imprecisas, conforme espero mostrar nos capítulos desta última parte do livro.

Em 1988, quando publiquei *Law and Literature: A Misunderstood Relation* [Direito e literatura: uma relação mal compreendida], a teoria literária do direito era um campo novo na área dos estudos interdisciplinares do direito. Analisei-a sob quatro aspectos. Um destes (pode-se chamá-lo de "o direito na literatura") é a representação do direito (definido de modo mais generalista, de maneira que se inclua a vingança como um sistema pré-jurídico ou extrajurídico de preservação da ordem social) nas obras de literatura. Examinei clássicos como *O mercador de Veneza, Os irmãos Karamázov, O estrangeiro, Billy Budd* e *O processo*[1]. Outro aspecto é o uso das técnicas literárias em documentos jurídicos. Meu foco aqui é na retórica dos votos dos juízes[2]. Pode-se chamar isso de "o direito como literatura". O terceiro é o uso de teorias de interpretação literária para iluminar o eterno debate sobre os métodos adequados de interpretação das leis e

---

1. Em *Problemas de filosofia do direito*, acrescentei uma análise do *Rei Lear* e do grande romance de Manzoni (pouco estimado nos Estados Unidos), *Os noivos* (*I promessi sposi*).

2. Aprofundo-me mais na discussão da retórica dos juízes em *Cardozo: A Study in Reputation* (1990), bem como, intermitentemente, em *Problemas de filosofia do direito* (ver a entrada "retórica", no índice remissivo). Relembre-se, ainda, a análise da retórica de Herbert Wechsler, no Capítulo 1; do juiz como espectador de uma peça, no Capítulo 3; da retórica de Robert Bork, no Capítulo 9; das sagas nórdicas, no Capítulo 14, e do uso das técnicas da narrativa pelos estudiosos da teoria crítica da raça, no Capítulo 18. Além disso, no próximo capítulo, inteiramente dedicado à retórica, com ênfase especial, embora não exclusiva, à retórica jurídica, analiso uma passagem da *Odisseia*.

das constituições. Em último lugar ("a literatura no direito"), está a análise dos quatro campos do direito que regulam diretamente a produção e a disseminação da literatura: as normas jurídicas que regem a difamação, a privacidade, o ultraje ao pudor e a propriedade intelectual.

As interseções específicas entre o direito e a literatura analisadas no presente capítulo são: (1) a representação *implícita* do direito em obras de literatura que não parecem ser "sobre" o direito, como o romance *Howards End*, de E. M. Forster e a poesia de Wallace Stevens; (2) a representação do direito na literatura popular, como no romance *A fogueira das vaidades*, de Tom Wolfe, por oposição à literatura clássica e (3) as recentes sugestões de que os problemas e métodos da tradução literária podem ajudar a esclarecer questões de interpretação constitucional. Os itens (1) e (2) são exemplos do direito na literatura, enquanto o item (3) ilustra o uso da teoria literária para orientar a interpretação jurídica.

A representação literária implícita do direito

E. M. Forster não era um jurista. Muito embora em seu romance mais famoso, *Passagem para a Índia*, o centro da trama seja o julgamento de um crime, ninguém chegou a sugerir que um livro anterior seu, *Howards End* (publicado em 1911), seja um romance "jurídico". Mesmo assim, o capítulo 38 desse livro apresenta uma cena que deve causar um impacto especial sobre o leitor que tenha noções de direito.

O romance gira em torno de um contraste de estilos e valores entre uma dupla de irmãs alemãs de nascença, mas radicadas na Inglaterra, e os Wilcox. As irmãs Margaret e Helen Schlegel (Helen é a mais nova) são eruditas, sensíveis e espiritualmente elevadas, enquanto os Wilcox são uma família profundamente inglesa, cujos integrantes masculinos – Henry e o filho Charles – personificam os valores comerciais da classe média filistina, os quais Forster reprovava. Margaret se casa com Henry após a morte da primeira Sra. Wilcox, com quem Margaret se identificara espiritualmente, por compartilhar de seu amor pelo lar dos Wilcox, Howards End. Henry e Charles, é claro, não davam a mínima para o lugar. Helen, solteira, engravida de um jovem patético da classe operária, Leonard Bast. A esposa de Bast fora amante de Henry Wilcox no tempo em que este era casado com a primeira esposa. Wilcox, grosseiramente, a pusera de lado.

No início do capítulo 38, Henry faz perguntas a Margaret para tentar descobrir a identidade do "sedutor" de Helen. Ele considera a gravidez da cunhada solteira um grande escândalo (reação que, para Forster, simboliza a hipocrisia da moral vitoriana), diante do qual só há duas reações possíveis. Se o sedutor não for casado, deve ser forçado a desposá-la. Se for casado, "deve pagar caro por sua má conduta e ser espancado quase até a morte" (p. 305)[3]. (Posteriormente, Leonard Blast *é* espancado, por Charles Wilcox, e, por ter o coração fraco, morre; Charles, então, é preso por homicídio, o que deixa Henry desolado.) Margaret, não querendo revelar o nome do sedutor a Henry (de fato não revela; ele o descobre depois, da boca de outra pessoa), muda de assunto. Ela lhe pergunta se Helen pode ficar em Howards End, pois ela deseja muito ficar ali uma última noite, antes de partir para Munique para ter o bebê em segredo. Henry fica chocado com o pedido. Sua reação, inicialmente, é bastante branda. Ele pergunta a Margaret quais são as razões de Helen para querer ficar em Howards End, mas não chega a lugar nenhum (Margaret insiste que a única coisa que importa é que a irmã quer ficar) e rapidamente muda o tom. "Se ela quer dormir aqui por uma noite, pode querer dormir por duas. Talvez não devamos deixá-la sair da casa nunca mais" (p. 306). Ao ler isso, um advogado deve ficar de orelha em pé, pois Henry recorre a um truque comum de advogado, o "caminho sem volta" (o que os leigos chamam de "bola de neve" ou "dá a mão, puxa o braço"). Esse truque é uma variante do conceito de "princípios neutros" de Wechsler. Se você aceitar a afirmação *a*, terá de ponderar se isso o compromete a aceitar *b, c... n*. A justificativa é que essas afirmações não diferem em princípio, logo não há um ponto de parada lógico. É preciso, portanto, ponderar as consequências de toda a cadeia de afirmações. Supor que esse princípio da argumentação lógica apaga a distinção entre uma visita de uma noite e uma visita de duração indefinida é absurdo. Podemos começar a imaginar se Henry Wilcox não é um inflexível, um dicotomizador, um obcecado por regras, em suma, um adepto do raciocínio legalístico; e se sua insistência em que as únicas reações possíveis à gravidez de Helen são um casamento forçado ou a prática de um crime contra o sedutor não coincide com seu argumento do "caminho sem volta", em prol de uma rigidez obtusa. Em outra parte do romance, encontramos mais uma prova disso: a Sra. Wilcox, proprietária de Howards End, desejara deixar a casa para Margaret, mas expressara essa intenção em um bilhete que não atendia às formalidades que se exigem de um testamento válido. Portanto, Henry, em seu legítimo direito, rasgara o bilhete e perpetrara, assim, uma injustiça em nome da lei.

---

3. A paginação segue a edição da Vintage Books (1954).

A impressão de rigidez obtusa é reafirmada quando ele se mostra incapaz de apreender o sentido da observação de Margaret, "Você vai perdoá-la como você espera ser perdoado e como, de fato, o foi?" (p. 307). A referência é ao caso de Henry com a mulher que agora é esposa de Leonard Bast, pelo qual Margaret o perdoou. Mas a observação tem outro significado, a saber, o de apelo à misericórdia como algo acima da estrita observância da lei. Como tal, reafirma Henry como um pensador legalista, quando este a rejeita, afirmando: "Sei como uma coisa leva à outra". Quando ele se abstém de reagir a sua próxima observação, "Permite-me que mencione a Sra. Bast?" (p. 308), Margaret se enfurece. "Margaret investiu contra ele, agarrando-o pelas duas mãos. Estava transfigurada. 'Chega!', gritou. 'Você há de ver a conexão, Henry, se esta o matar! Você teve uma amante e eu o perdoei. Minha irmã tem um amante e você a enxota da casa (...). Apenas diga a si mesmo: 'O que Helen fez, eu fiz.'" Mas nem essa investida surte efeito. Comprometido como está com o preceito da justiça legal de que casos semelhantes devem ser tratados de forma semelhante, Henry insiste que "os dois casos são diferentes". Porém, por incapacidade intelectual, não consegue identificar a diferença e logo muda o tom da conversa: acusa Margaret de chantageá-lo, o que situa as palavras dela em uma categoria que serve de contrapeso à má conduta dele. A acusação de chantagem, entretanto, é falsa. Margaret não ameaçou, expressa ou implicitamente, levar a público a relação de Henry com a Sra. Bast, caso ele não deixasse Helen passar a noite em Howards End. Henry é muito fraco em matéria de raciocínio jurídico. O interessante, contudo, é ver o cenário de um romance, tão distante daquele de um julgamento ou de qualquer outra cena identificável como jurídica, ecoar inequivocamente a retórica e o raciocínio jurídicos.

Forster, claramente, identifica o modo jurídico de pensar com a incapacidade de ligar o coração com a mente. ("Apenas faça a ligação (...)", esta é a famosa epígrafe de *Howards End* e, de fato, o lema de Forster.) Para Forster, a tragédia humana está em que as pessoas se emaranham em estruturas de pensamento que as impedem de levar uma vida emocionalmente satisfatória. O autor, sem dúvida, tinha em mente sobretudo a componente da moral sexual vitoriana que, pela rejeição da homossexualidade, contribuíra para tornar sua própria vida infeliz. Mas essa rejeição, em *Howards End*, é deslocada para a rejeição de Henry a Helen, por sua pequena violação do código vitoriano. Esse próprio código, Forster o associa à mentalidade jurídica (e, na época em que o romance foi escrito, apenas uma década depois do julgamento e da condenação de Oscar Wilde, o sexo homossexual era não apenas um ato imoral, mas um crime), a qual imagina estar rigidamente comprometida com dicotomias inflexíveis e abstrações incapazes de captar as complexidades da emotividade humana e que, consequentemente, inflige sofrimentos desnecessários. Essa reação literária ao direito, bastante comum[4], subestima o valor das normas e abstrações como métodos através dos quais se pode dar alguma ordem ao caos das interações sociais. Meu argumento principal, porém, é que as percepções de um advogado podem ajudar a encontrar significados ocultos em obras de literatura cuja preocupação está longe de ser o direito.

Wallace Stevens, diferentemente de E. M. Forster, era advogado. Contudo, até Thomas Grey escrever um livro sobre Stevens, ninguém supusera que a poesia dele tivesse algo a ver com seu "emprego principal" como advogado-executivo de uma empresa de seguros[5]. O livro de Grey possui importância especial para mim, porque ele é um pragmatista e afirma que a poesia de Stevens apoia a perspectiva pragmática sobre o direito. Para Grey, o pensamento jurídico oscila entre extremos irrealistas (a posição "oficial", segundo a qual as conclusões jurídicas derivam, por dedução, de princípios gerais imparciais e a linha "de oposição", para a qual o direito, na verdade, não passa de política) e Stevens, em sua poesia, pode ser visto como uma espécie de terapeuta para os rigores habituais e institucionais do pensamento binário", que geram essa oscilação (pp. 6-7). Concordo com o primeiro ponto. É tolice supor que o principal problema da teoria do direito consiste em saber se o direito resume-se à lógica ou à política. Também concordo com o outro argumento de Grey, segundo o qual aqueles "literatos do direito" para quem a escolha é entre conceber o juiz como um poeta (a preferida deles) e concebê-lo como um economista, abraçam um esteticismo preciosista e sem sentido[6]. Também me sinto persuadido por sua sugestão de que, na medida em que Stevens é um poeta "filosófico", essa filosofia é o pragmatismo; e graças a isso, Grey é capaz de tecer alguns paralelos interessantes com Holmes. Mas não concordo que a poesia de Stevens seja um corretivo útil para o tipo de dicotomização antipragmática que encontramos no Capítulo 1 e de cuja prática Grey acusa, acertadamente, as principais faculdades e personalidades do campo da teoria do direito.

4. Ver *Law and Literature*, cap. 2.
5. Thomas C. Grey, *The Wallace Stevens Case: Law and the Practice of Poetry* (1991).
6. "Estrategicamente, aceitar a separação entre o coração e a cabeça, e alinhar-se ao primeiro na consequente batalha [por exemplo, com o movimento da teoria econômica do direito], significa relegar-se a uma condição marginal, secundária e eventual – significa a derrota" (p. 89).

Como Prova A de sua tese, Grey apresenta "The Motive for Metaphor"[7] ["O motivo da metáfora"], poema no qual Stevens contrasta o mundo da metáfora ("A lua obscura que ilumina um mundo obscuro/ De coisas que jamais serão sequer expressas") com aquele mundo que hoje chamaríamos de "real": "Aço contra o sutil (...)/ O X vital, arrogante, fatal, dominante." O símbolo algébrico é uma metáfora eficaz para a orientação não metafórica, impessoalizada, eficiente, grandgrindiana e de tipo "no limite", que caracteriza o mundo do "meio-dia essencial,/ O A B C do ser,/ A têmpera sanguínea, o martelo/ Do vermelho e do azul, o som duro." Na visão de Grey, Stevens opõe o mundo de metáforas e nuanças delicadas do poeta ao mundo do advogado cabeça-dura, prático e decidido, que desdenha da ambiguidade e da metáfora e, nas famosas palavras de Holmes, "pensa coisas, não palavras" (também podemos relembrar aqui o aforismo de Holmes segundo o qual o direito é vocação de pensadores e não de poetas). Interpretado dessa forma, o poema "separa eficientemente – como fazia Stevens em sua vida e como o juiz Posner afirma [em *Law and Literature*] que deveríamos fazer em nossa pesquisa acadêmica de direito – os reinos da poesia e da literatura" (p. 59)[8]. Mas Grey acredita que, se o lermos com mais atenção, é possível ver no poema a dissolução da dicotomia entre o mundo metafórico e o mundo real. Observa, por exemplo, que enquanto a primavera, uma estação de transição, é uma metáfora adequada do mundo nuançado, provisório e traiçoeiro (além de alusivo) da poesia ou da metáfora, Stevens escolhe, como símbolo para o mundo lúcido do cotidiano, não o verão, como espera o leitor, mas um momento (o meio-dia), que não dura mais que um instante e ocorre em todas as estações. O contraste entre o mundo da metáfora e o da ação também é obscurecido pelo fato de que as primeiras linhas do poema ("Você gosta de como é embaixo das árvores no outono,/ Porque tudo está metade morto"), ao descreverem o mundo da metáfora, são atipicamente simplórias, claras e literais para um poema de Stevens. Logo, conclui Grey, Stevens está insistindo que o mundo metafórico não é inteiramente uma quimera e que o mundo real não é inteiramente caracterizado pela clareza e severidade masculinas (a vida segundo Henry Wilcox). Ambos os mundos são uma mistura de dureza e suavidade, clareza e obscuridade, masculinidade e feminilidade. "Em uma primeira leitura, 'O motivo da metáfora' nos adverte sobre os perigos de os juristas situarem seu tema excessivamente no mundo obscuro da literatura, de

---

7. *The Collected Poems of Wallace Stevens*, 288 (1955).
8. Não aceito essa caracterização de minha posição, mas isso não vem ao caso.

folhas farfalhantes e nuvens esfumaçantes, alheando-se muito da rudeza do suor e da violência do meio-dia. A segunda leitura, o outro lado que Stevens nos faz escutar depois de quase lograr resistir à penetração de nossa inteligência, adverte-nos de um perigo oposto da teoria do direito" (p. 64).

Eu não vejo nada disso. Para mim, o tema do poema é simplesmente o motivo da metáfora e não algo que tenha a ver com direito[9]. A ligação feita por Grey entre o mundo do "meio-dia essencial", da "têmpera sanguínea", do "aço contra o sutil", do "X" e assim por diante, e o mundo do direito, é arbitrária. Faltam, no poema de Stevens, sinais que nos permitam interpretar como legalista os argumentos de Henry Wilcox contra a permanência de Helen por uma noite em Howards End e como uma crítica à sensibilidade jurídica, a cena na qual os profere. Quando diz, por exemplo, que "o verso 'Aço contra o sutil', portanto, contrapõe dois aspectos do direito, a saber, a rigidez cortante (...) e a flexibilidade perante a imaginação" (p. 67), temo que Grey esteja preso a uma ideia pré-concebida e não reagindo a algo cuja presença "no" poema seja razoavelmente concebível. Grey nos adverte que Stevens, afinal de contas, era um advogado. Porém, ainda que tomado em si mesmo, esse recurso à biografia é pouco convincente, porque Stevens separava sua atividade jurídica de sua atividade poética (voltarei a isso). Além disso, incomodará aqueles de nós para quem as interpretações textuais devem encontrar *algum* suporte no texto, para serem convincentes; que um texto literário não é uma mera fonte de auxílio para a construção de uma biografia, assim como a letra de uma lei não é uma mera fonte de auxílio para a interpretação do histórico desta (relatórios de comissões e coisas semelhantes). Uma vez que, ademais, a poesia é uma linguagem metafórica, qualquer "afirmação" que ela fizer sobre o mundo "real" será, forçosamente, expresso em termos metafóricos; e, como toda metáfora criativa implica o emparelhamento de termos dessemelhantes, é fácil tomá-la como ironia, como o fazem os novos críticos, para quem a ironia é uma característica geral da poesia, usada com finalidade de ênfase. Isso, porém, nos diz mais sobre poesia que sobre direito. Alguns dos exemplos específicos utilizados por Grey para demonstrar o caráter inescapavelmente metafórico da realidade cotidiana são pouco convincentes. Um deles é a substituição do termo meio-dia

---

9. "O motivo da metáfora, de acordo com Wallace Stevens, é um desejo de associar e, em última instância, identificar a mente humana àquilo que acontece fora desta, porque a única alegria genuína que podemos ter está naqueles raros momentos nos quais sentimos que, muito embora conheçamos em parte, como afirma Paulo, também somos parte daquilo que conhecemos." Northrop Frye, *The Educated Imagination* 33 (1964).

pelo termo verão (ou inverno), para significar essa realidade. A palavra "verão" remete a associações complexas, enquanto "meio-dia" traz de pronto à mente o brilho do Sol[10] e, logo, serve de complemento ao "som duro" e o "clarão cortante", com que Stevens estende a imagem do mundo real, no verso seguinte.

O problema mais profundo da abordagem de Grey é a implausibilidade da suposição de que "O motivo da metáfora" é capaz de impelir os juízes, advogados e estudantes de direito, um pouco que seja, em direção a uma sensibilidade ou mentalidade com a qual o "pensamento binário" em teoria do direito seja incompatível. O próprio Stevens, como explica Grey nos três primeiros capítulos de seu livro, embora fosse um grande poeta, obteve êxito quase completo em dicotomizar a prática do direito e a atividade de escrever poesia[11]; devemos esperar que os *leitores* de Stevens sejam menos exitosos a esse repeito? Grey subestima o grau de compartimentalização da vida do homem moderno[12], uma vida na qual a leitura de poesia pode ser pensada como um descanso da prática do direito e da redação jurídica, não como uma fonte de orientação para os projetos profissionais do advogado-leitor.

Grey usa Stevens para defender ainda outro argumento: que a busca da ciência por padrões ordenados e até elegantes no caos da experiência sensível, uma busca cujo equivalente jurídico, para Grey, é a versão langdelliana do formalismo, é movida pelo *prazer* que ela proporciona. Repouso, ordem, certeza, resolução, completude e perfeição, estas são metas hedonistas. "Os proponentes do direito estrito não são servos ascetas de sua própria legenda, mas hedonistas de outra espécie" (p. 96), impelidos a uma visão de "Grandeza total de um edifício total,/ Escolhido por um inquisidor de estruturas/ Para si mesmo."[13] Para Grey, essa passagem pode nos ajudar a entender por que o formalismo atrai tanto a imaginação dos juristas. Ao mesmo tempo, o autor insiste na ideia de que a mudança – a qual associa com a equidade, por contraposição ao direito estrito – tem seus próprios deleites; e, portanto, que a imutabilidade das verdades lógicas e matemáticas é uma das

---

10. É por isso que o título do romance mais conhecido de Arthur Koestler, *Darkness at Noon*, é tão interessante.

11. Essa conclusão, porém, é questionada em David A. Skeel, Jr., "Notes toward an Aesthetics of Legal Pragmatism", 78 *Cornell Law Review* 84, 94-104 (1992).

12. Ver Erving Goffman, *The Presentation of Self in Everyday Life* (1959). Volto a esse ponto no Capítulo 25.

13. "To an Old Philosopher in Rome" ["Para um velho filósofo em Roma"] [Santayana], em *Collected Poems*, nota 7 acima, pp. 510-1. A intenção de Stevens talvez seja que associemos "inquisidor" ao Grande Inquisidor, de Dostoiévski, o criador abertamente abnegado de um "edifício total".

fontes do prazer proporcionado pelo formalismo, mas também representa uma limitação desse prazer. Para citar Stevens, este nos lembra que "A morte é a mãe da beleza", porque a morte e a mudança de estação são inseparáveis. "Não há mudança mortal no paraíso?" "O fruto maduro jamais cai?"[14]

Mais uma vez, incomoda-me a ausência de quaisquer referências jurídicas, explícitas ou implícitas. Stevens afirma que o pensamento científico ou sistemático em geral é fonte de prazer para seus praticantes, mas que outras atividades, é preciso reconhecer, proporcionam seus próprios prazeres e, de fato, apontam certas limitações hedonísticas das buscas puramente intelectuais. Isso é bastante verdadeiro; e, nesse nível de abstração, sem dúvida há aplicações possíveis à teoria jurídica. Mas abordar o debate entre formalismo e realismo através de Wallace Stevens significa começar terrivelmente longe da meta de chegada.

Os juristas podem conseguir derivar alguma utilidade profissional do estudo da poesia de Wallace Stevens, simplesmente porque sua poesia é densa e difícil, o que instiga o leitor (instigou Grey) a buscar chaves para a compreensão na biografia do poeta. Nesse aspecto, a poesia dele se assemelha a muitos textos jurídicos, cuja dificuldade convida o leitor a buscar luz em fontes externas (como a história legislativa de uma lei) que correspondam às intenções de um poeta, reveladas em sua biografia, suas cartas ou seus escritos de crítica (Grey recorre a todas essas fontes). A leitura de um poema de Wallace Stevens exige do leitor não apenas a atenção meticulosa a cada palavra, mas também que pondere até que ponto é adequado buscar orientação quanto ao seu sentido em fontes externas ao próprio texto, além de requerer a competência linguística e cultural que Stevens teria esperado que os leitores empregassem na leitura de seus poemas. Uma das características mais importantes de um bom jurista é ser um leitor atento e de muitos recursos. Portanto, a imersão na poesia e em outros tipos de obras literárias difíceis não é uma forma ruim de se preparar para o estudo do direito.

14. Essas citações são de "Sunday Morning" ["Manhã de domingo"], em *Collected Poems*, nota 7 acima, p. 69. A frase "A morte é a mãe da beleza" pode nos trazer à mente, mais uma vez, a ode de Shelley ao vento oeste de outono, ao qual se dirige como "Destruidor e conservador" – "O Thou/ Who chariotest to their dark wintry bed/ The winged seeds, where they lie cold and low,/ Each like a corpse within its grave, until/ Thine azure sister of the Spring shall blow/ Her clarion o'er the dreaming earth, and fill/ (Driving sweet buds like flocks to feed in air)/ With living hues and odours plain and hill." ["Ó, tu/ Que carregas ao sombrio leito invernal/ As sementes aladas, onde jazem frias e ínferas,/ Cada qual como um cadáver em seu sepulcro, até/ Tua irmã anil da primavera soprar/ Seu clarim e despertar a terra e encher/ (Guiando doces botões, como flocos, para se alimentar de ar)/ De vivos matizes e odores as planícies e montanhas."]

Como parte de uma hostilidade que tenho, em geral, aos assim chamados "cânones de interpretação", através dos quais os juízes fingem conseguir encontrar "o" significado dos contratos, das leis, dos testamentos, das cláusulas constitucionais, entre outras normas e outros instrumentos jurídicos, há tempos acuso de manifestamente irrealista o princípio de que o leitor de uma lei, de um contrato ou de qualquer outra norma ou instrumento jurídico deve presumir que todos os significados tenham sido colocados lá por alguma razão, ou seja, que não há excedentes, incoerências, erros ou irrelevância. Hoje percebo, auxiliado por minhas próprias batalhas interpretativas com os poemas de Wallace Stevens analisados por Grey, que esse princípio pode ser visto sob outra luz, mais favorável. Pode ser visto como um antídoto para a leitura apressada, descuidada e preguiçosa. Se presumimos que cada palavra está lá por uma razão, somos levados a ler e ponderar cada palavra, como certamente nos levaria a fazer um bom professor de poesia. Apenas quando esse princípio de interpretação deixa de ser uma disciplina e transforma-se em um algoritmo é que se torna cabível acusá-lo de irrealista e enganador. Em algum ponto, portanto, o direito e a literatura, de fato, coincidem (mesmo quando a literatura em questão é a poesia de Wallace Stevens, um advogado que mantinha seu "emprego principal", seu trabalho do "meio-dia essencial", separado da atividade de escrever poesia.

O direito na literatura popular

A tendência do movimento da teoria literária do direito tem sido a de concentrar-se em obras-primas da literatura mundial que tenham o direito como tema, como *O mercador de Veneza* e *O processo*[15]. Mas qualquer um que tenha um mínimo de familiaridade com a cultura popular americana de hoje pode perceber que, nela, os temas jurídicos são uma constante e até uma preocupação[16]. Deixarei a outros, contudo, a tarefa de analisar como o direito aparece no cinema e nas séries de TV. Restringir-me-ei à literatura e me referirei particularmente ao *best-seller* de Tom Wolfe, *A fogueira das vaidades* (1987).

O romance retrata o progressivo envolvimento do protagonista, Sherman McCoy, no ambiente hostil, sombrio e sórdido que é (segun-

---

15. Em *Law and Literature*, analiso, embora muito sucintamente, uma obra de ficção popular, *Ragtime*, de E. L. Doctorow, mas apenas pelas ideias que toma emprestadas do romance clássico de Heinrich von Kleist, *Michael Kohlhaas. Law and Literature*, p. 46.
16. Ver *Symposium on Law in Popular Culture*, 98 *Yale Law Journal* 1545 (1989).

do Wolfe) o sistema de justiça penal do Bronx atualmente. McCoy é investigado, interrogado, preso, indiciado e, depois de o primeiro indiciamento ser invalidado por motivo de falso testemunho perante o júri de pronúncia, é reindiciado. Em um epílogo, conta-se novamente como foi seu primeiro julgamento, que termina em impasse do júri. Ao fim do romance, o personagem está prestes a ser novamente julgado. (No epílogo, alude-se também a uma ação civil contra McCoy.) A acusação é de exposição imprudente de pessoas a situação de risco, a qual progride para homicídio por atropelamento, quando a vítima morre. McCoy fora buscar sua amante no Aeroporto Kennedy com seu carro esportivo e, na volta para Manhattan, perdera-se na região sul do Bronx. Uma dupla de adolescentes – um dos quais era traficante ("O rei do *crack* da Avenida Evergreen") – jogara um pneu no caminho de McCoy. Quando este saiu do carro para retirá-lo, os adolescentes aproximaram-se de uma forma que o réu, corretamente, interpretou como ameaçadora. Seguiu-se uma briga e Maria assumiu o volante. McCoy pulou de volta no carro e este, ao mover-se, atingiu o outro adolescente (não o rei do *crack*). Maria não parou, e nem ela nem McCoy relataram o incidente à polícia. A acusação, estimulada por líderes negros autonomeados, esquerdistas e radicais impulsivos (como a "Força de Ataque dos Punhos de Aço *Gays* Contra o Racismo") e por uma imprensa faminta por escândalos, retrata a vítima como um estudante honrado (o que não é verdade), perante um público crédulo.

O romance dá atenção ao processo penal e aos profissionais envolvidos neste. Larry Kramer, promotor-assistente que processa McCoy, é um dos personagens principais do romance, juntamente com Kovitsky, o juiz designado para o caso. A galeria de personagens secundários do romance inclui o próprio promotor, ávido por publicidade, bem como outros advogados, réus, funcionários do tribunal e uma jurada, "a garota de batom marrom", a quem Kramer paquera com uma hilária falta de habilidade; que culmina em escândalo quando o promotor-assistente tenta alugar, para os encontros amorosos entre os dois, o "ninho de amor" (o aluguel é regulamentado, claro) onde McCoy e Maria Ruskin tinham *seus* encontros amorosos. Além do processo que envolve McCoy diretamente, Wolfe nos entretém com um longo episódio de negociação de um acordo judicial e com uma parte de um processo por homicídio.

Só porque *A fogueira das vaidades* tem uma trama jurídica, personagens jurídicos e cenas jurídicas, não se segue que o romance seja "sobre" direito, em um sentido fértil e interessante. Uma obra literária, para florescer em uma cultura diferente daquela em que foi concebida (para, em outras palavras, *ser* literatura), não deve versar sobre temas excessivamente regionais e particulares. Não se deve esperar, portanto, que uma obra de literatura retrate o direito de forma que atraia aos interesses profissionais de um advogado ou de um professor de direito[17]; muito menos quando se trata de uma obra de ficção popular como *A fogueira das vaidades*. Um livro não se vende às centenas de milhares de cópias em um curto intervalo de tempo, explorando assuntos estritamente profissionais e acadêmicos. Portanto, a diferença que importa ressaltar aqui, entre literatura clássica e literatura popular, é que a primeira forma seu vasto público ao longo de décadas, séculos e até milênios, enquanto a segunda o faz em um período muito mais curto, por vezes de uma só vez.

Isso não quer dizer que todos os livros populares nem que todos os clássicos estejam predestinados a jamais ter algo de interessante a dizer sobre direito. O interesse social do direito não se resume às preocupações profissionais dos juristas nem às enigmáticas investigações conduzidas pelos estudiosos de teoria do direito. É verdade que muitas obras abertamente sobre direito, notadamente *O processo*, de Kafka, utilizam o direito como uma metáfora de outras dimensões da experiência humana e, portanto, são mal compreendidas quando interpretadas literalmente. Mas clássicos como *As eumênides*, *O mercador de Veneza*, *Os noivos* e *Billy Budd* têm muito a dizer sobre o direito no nível teórico, se não no prático. Os grandes romances jurídicos de Dickens, *As aventuras do Sr. Pickwick* e *A casa soturna* [*Bleak House*] (para não mencionar *David Copperfield* e *Grandes Esperanças*, ambos com personagens notáveis no papel de advogados), não apenas têm interesse para a teoria do direito, como também são críticas importantes ao sistema jurídico inglês. Além disso, um romance popular contemporâneo sobre direito pode ser mais útil que uma pesquisa de opinião pública, para dar uma ideia de como os leigos encaram o direito.

Quando li *A fogueira das vaidades* pela primeira vez[18], não considerei o romance importante em nenhum desses aspectos; não porque o tenha considerado um livro ruim – considerei-o, e considero-o, um bom livro, até mesmo excelente. As descrições dos jantares fúteis da classe rica comparam-se às de Proust. Aconteceu apenas que não o vi como um livro que tivesse algo de interessante a dizer sobre o direito ou qualquer

---

17. *Law and Literature*, cap. 2, sobretudo pp. 71-9. As obras literárias podem conter temas regionais (tomemos a pesca de baleias, em *Moby Dick*, e a música dodecafônica, em *Doutor Fausto*). Para perdurar como literatura, porém, tem de transcendê-los.

18. E escrevi o ensaio no qual esta parte do capítulo se baseia e que hoje renego em parte: "The Depiction of Law in *The Bonfire of the Vanities*", 98 *Yale Law Journal* 1653 (1989).

outra instituição. Não tinha dúvida de que Wolfe, com seus imensos dotes jornalísticos e sua impressionante habilidade narrativa, seria capaz de escrever uma penetrante crítica ficcional do sistema jurídico dos Estados Unidos. Percebi traços de Dickens no cenário grotesco de *A fogueira das vaidades*, mas ressaltei que o livro não aspirava a se tornar outro *A casa soturna*, ou *As aventuras do Sr. Pickwick*. Afirmei que, com algum esforço, seria possível encontrar no livro elementos de importância para a teoria do direito: o perigo da utilização indevida do processo jurídico para fins políticos; o efeito radicalizador (sobre McCoy) de ser processado (segundo um velho ditado, se um conservador é um esquerdista que foi assaltado, um esquerdista é um conservador que foi preso); a capacidade que um ato público de prisão tem para infligir uma profunda e transformadora humilhação, tornando o resultado efetivo do processo penal quase uma questão secundária; o efeito da hostilidade racial sobre o Estado de Direito; a dificuldade de fazer justiça em meio a grandes diferenças de classe; e até mesmo a dificuldade de reinterpretar a história segundo os métodos do processo judicial. Afirmei, contudo, que essas coisas estavam no livro, mas não eram do livro, pois o autor não as tratara de uma maneira que alterasse nossa forma de entendê-las.

Hoje, considero essa avaliação do livro injusta e carente de sensibilidade. *A fogueira das vaidades* revelou-se um livro sobre o qual eu penso bastante, em parte porque descreve tão vivamente aquilo que Wolfe, com percepção profética (o tipo de coisa que atribuímos a Kafka), identificou como os novos problemas do sistema jurídico americano. O livro foi escrito antes da condenação de Michael Milken e do indiciamento de Clark Clifford; antes de vermos investidores e corretores de seguros serem arrastados de seus escritórios, aos prantos e algemados, sob acusações de fraude que frequentemente acabavam se revelando infundadas; antes de os tribunais se tornarem palco para cenas de violência; antes da fraude de Tawana Brawley; antes dos julgamentos do policial que bateu em Rodney King; antes das manifestações de rua de Los Angeles, que se seguiram à absolvição, no primeiro desses julgamentos; e antes do indiciamento de O. J. Simpson. A justiça legal norte-americana hoje parece, muitas vezes, encontrar-se em uma sinistra intersecção entre raça, dinheiro e violência, uma intersecção em nenhum lugar mais bem retratada que em *A fogueira das vaidades*, muito embora o livro tenha sido escrito antes de ela se tornar visível.

Só tentarei desenvolver um desses pontos. Os maus-tratos perpetrados pelo sistema de justiça penal dos Estados Unidos contra pessoas acusadas de algum crime, mas ainda não condenadas, é um escândalo internacional. Pessoas acusadas de crimes do colarinho branco são presas da maneira mais pública e desonrosa e levadas de algemas à prisão para serem fichadas, mas depois são libertadas sob fiança. Pessoas acusadas de crimes hediondos vêm, em geral, embora nem sempre, de classes sociais nas quais um ato público de prisão não é um carimbo de desonra. Mas esses indivíduos são jogados na prisão, onde definham, às vezes por muitos meses e em condições terríveis, à espera de julgamento. É curioso pensar que a prisão de Joseph K, no primeiro capítulo de *O processo*, é imensamente mais *civilizada* que qualquer prisão imaginável na terra da liberdade, no limiar do século vinte e um.

Isso não quer dizer que o tema essencial de *A fogueira das vaidades* seja o direito. O tema jurídico desenvolve-se naturalmente a partir do objetivo principal do autor, que é satirizar as diversas classes sociais e os vários grupos étnicos que coexistem de forma tensa em Nova York, bem como, em menor grau, em outras grandes cidades americanas. O livro explora à exaustão a característica mais intrigante de Nova York, hoje ainda mais pronunciada que quando Wolfe escreveu o livro: a justaposição de extremos grotescos de opulência[19] e imundície, a primeira simbolizada por McCoy e o cenário de Park Avenue e Wall Street, a segunda, pelo Tribunal Penal do Condado de Bronx, com suas instalações sujas e superlotadas, sua clientela de criminosos negros e hispânicos, bem como seus funcionários e policiais sofridos e mal pagos, que mal se podem considerar de classe média. Oscilando entre os extremos, está uma casta rica de prostitutas, alpinistas sociais, puxa-sacos, parasitas e vigaristas, que buscam participar da opulência e evitar o mergulho na imundície. Nova York se revela com uma *crueza* que proporciona um produtivo estudo de campo ao satirista social dotado de perspicácia e língua afiada[20]. (Wolfe tem um olhar particularmente aguçado para preços e para a maneira de vestir das pessoas.) Isso não significa que Wolfe descreva a cidade de Nova York e suas instituições com total fidelidade. O escritor exagera a sordidez de Nova York, menos por descrevê-la equivocadamente (sei, por fontes confiáveis, que seu retrato do Tribunal Penal do Condado de Bronx é basicamente preciso, embora as imediações não sejam *exatamente* tão infernais quanto ele descreve; e que, na verdade, o livro inteiro é uma romanceação, povoada de instituições e personagens cuja correspondência com nova-iorquinos notórios é ime-

---

19. Assim mesmo, nem Wolfe foi capaz de imaginar alguém – Michael Milken, na verdade – que ganhasse 500 milhões de dólares de salário em um ano.
20. No Capítulo 18, vimos a mesma habilidade, empregada por outra viva observadora da cena nova-iorquina, Patricia Williams.

diatamente perceptível), que por suprimir sua complexidade. Mas isso faz parte da licença poética do satirista.

Pois Wolfe situa-se na tradição de Bosch e Swift, de retratar a humanidade naquilo que esta tem de pior. Logo, faz parte de sua técnica apresentar uma visão unilateral do tema tratado. Seu alvo é não apenas o indivíduo, como também o grupo ao qual este pertence. Esta é uma característica saliente do romance, mas nada cativante, pois é possível reconhecer, sem apoiar códigos que restringem a "expressão motivada pelo ódio", que a difamação de grupos irrita e pode ferir susceptibilidades. Entre os grupos criticados por Wolfe (os quais certamente variam em matéria de susceptibilidade), estão negros, judeus, brancos protestantes, britânicos, homossexuais, *yuppies*, esquerdistas, políticos, mulheres, ricos e pessoas que trabalham para os ricos. A depreciação de tipos humanos é tão abrangente, que seria equivocado descrever Wolfe como um chauvinista, pois uma pessoa assim divide o mundo entre nós e eles. Embora Wolfe pareça não gostar dos negros e, ao negar-se metodicamente a criar qualquer personagem negro dotado de qualidades positivas, desfavoreça a causa da fraternidade inter-racial, também não parece gostar dos brancos. Aparentemente, ele tem uma queda pelos irlandeses. Estes, porém, acabarão se alinhando aos outros, pois, ao que tudo indica, Wolfe os admira *apenas* por aquilo que descreve como sua invencível estupidez – fonte, no seu entender, da coragem física deles, a única virtude que o autor lhes concede. Um dos personagens judeus de Wolfe, o juiz Kovitsky ("um guerreiro judeu, um filho de Masada", como pondera Larry Kramer, p. 111)[21], é apresentado sob uma luz, em geral, favorável (como um cara durão, pois esse é o tipo do cara que Wolfe, um sulista, admira; se me permitem o estereótipo). Isso, no entanto, é compensado pela descrição imensamente desfavorável de outros judeus, como Kramer, que é antiético, invejoso, vaidoso, lascivo, feio e, no fim das contas, ridículo; Lopwitz, o novo rico de Wall Street; o editor de tablóide apelidado de "Rato Morto"; e o marido de Maria, o corno Ruskin, que administra um serviço de viagens para pessoas que querem peregrinar a Meca. Por outro lado, Fallow, o jornalista britânico (um alcoólatra antissemita), é o mais desprezível dos personagens do livro. Se eu tivesse de adivinhar qual, dentre os grupos satirizados no livro, Wolfe *realmente* detesta, meu palpite seria os ingleses (o que, naturalmente, seria coerente com sua simpatia pelos irlandeses). Sou tentado a dizer que Wolfe é como Nietzsche, sobre quem é difícil dizer se detesta-

---

21. A paginação se refere à edição de capa mole, de 1988, do romance de Wolfe.

va mais os judeus ou os antissemitas. Mas Wolfe, é claro, pode simplesmente não odiar grupo algum. Pode estar apenas sendo malicioso.

O caráter ecumênico da sátira a salva da crueldade. Ademais, cruel ou não, um punhado de cenas brilhantes a redimem: a do "recesso para formação de comboio" do Tribunal Penal do Condado de Bronx[22]; a do saguão principal da corretora de McCoy; o jantar da alta sociedade em Bavardages[23], com seus "buquês" de convidados, seus "raios X sociais" (as *socialites* anoréxicas de meia-idade) e suas "tortas* de limão" (as acompanhantes ou jovens esposas dos homens ricos de idade avançada); a logística de ir a uma festa a poucos quarteirões de casa (uma limusine é "obrigatória"); a cena da morte no restaurante, que já mencionei; o improvável furo jornalístico de Fallow, com a revelação dos detalhes do "crime" de McCoy; e minha cena favorita dentre todas (dantesca, pode-se afirmar, mas ao menos digna de Dickens e, certamente, de Kafka), a qual tem lugar quando, no curso de uma investigação, Kramer pede para usar o telefone em uma delegacia de polícia e é direcionado a uma sala, onde encontra três homens negros, cada um sentado atrás de uma mesa:

> Kramer pensou em como era incomum dar de cara com uma delegacia inteira composta por delegados negros. O que estava na mesa mais próxima à porta vestia um colete de *thermal* e uma camiseta preta sem mangas, que deixava à mostra seus braços fortes.
>
> Kramer alcançou o telefone que estava sobre a mesa e disse, "Posso usar?"
>
> "Ei, que porra é essa, cara?"
>
> Kramer afastou a mão.
>
> "Por quanto tempo eu tenho que ficar sentado aqui, acorrentado como um maldito animal?"
>
> Nisso, o homem levantou seu poderoso braço esquerdo, num estrondo horrível. Havia uma algema em seu punho, de onde saía uma corrente. A outra extremidade da algema estava presa à perna da mesa. A essa altura, os outros dois, nas outras mesas, já tinham levantado os braços e faziam barulho e reclamavam. Todos os três estavam algemados às mesas.

---

22. Os juízes e outros funcionários do tribunal estacionam o carro a alguns quarteirões do prédio, mas têm medo de andar pelo estacionamento à noite. Assim, quando parece que a sessão se prolongará, os procedimentos são interrompidos devido ao que chamam de "recesso para formação de comboio", durante o qual todos os funcionários vão buscar seus carros e estacioná-los em frente ao prédio do tribunal. O recesso é sinalizado por um dos oficiais de justiça, que grita "Yo-ohhhhhhh" (p. 178).
23. A palavra francesa para "fofocar" é "bavarder".
* *Tart*, no original em inglês. Em sentido figurado, a palavra significa também "prostituta". (N. do T.)

"Tudo o que eu fiz foi *olhar* o filho da puta apagar aquele merda, e foi ele o filho da puta que *apagou* aquele merda, e sou eu que você deixa aqui acorrentado como um maldito animal, e aquele filho da puta" – ouve-se outro estrondo horrível, enquanto ele sinaliza para a sala de trás com a mão esquerda – "ele está sentado lá, assistindo à maldita TV e comendo costela."

Kramer olhou para o fundo da sala e, realmente, lá atrás, no vestiário, um sujeito, sentado na ponta de uma cadeira e iluminado pela luz frenética de um aparelho de televisão, comia uma ripa de costela de porco assada. Estava levemente inclinado para a frente e as mangas de seu *blazer*, propositadamente, deixavam muito à mostra os punhos da camisa e as abotoaduras reluzentes.

Enquanto isso, os três reclamavam. *Malditas costelas (...) malditas algemas! (...) maldita TV!*

Mas é claro! As testemunhas. Assim que Kramer percebeu isso, tudo aquilo, as algemas e tudo o mais, encaixou-se. (pp. 223-4)

A fogueira das vaidades não é um "grande" romance, se o padrão de qualidade usado para julgá-lo for Dickens ou Dostoiévski. A trama e os personagens não passam de linhas que ligam uma série de quadros, como este acima. A prosa, por sua vez, é desinteressante; "iluminado pela luz frenética de um aparelho de televisão" é a única frase memorável do quadro das testemunhas e não é tão boa quanto o melhor de Patricia Williams. Os personagens são superficiais (isso pode estar relacionado à misantropia de Wolfe) e se revelam através do mecanismo demasiado simplista de fazer o leitor compartilhar de seus pensamentos. Além disso, mais ou menos ao final do segundo terço do romance, o autor fraqueja. A última terça parte do romance é tão inferior às duas primeiras, que é como se o autor tivesse morrido e o livro tivesse sido terminado por um escriba. A sátira, progressivamente, cede lugar a um estilo burlesco vago e, por fim, tedioso. A cena na qual uma multidão ataca o juiz Kovitsky dentro do tribunal, clamando pela anulação do indiciamento de McCoy, é exagerada e improvável; a auréola sobre a cabeça de Kovitsky, a essa altura, torna-se demasiado brilhante. E os sinais da redenção de McCoy, que Wolfe começa a despejar, são piegas. O livro, enfim, esmorece. Wolfe parece ter ficado sem ideias para terminá-lo.

Mas esta é a única crítica que conta. O fato de faltar ao romance uma trama rica, personagens multidimensionais e uma prosa distinta apenas o identifica com um certo tipo de romance; pois as mesmas observações poderiam ser feitas com relação a *1984*. O "romance" não é um gênero fechado. O romance satírico ou político (*A fogueira das vaidades* é ambas as coisas) não deve ser julgado por sua semelhança com romances de cunho psicológico ou filosófico.

Além disso, também não deve ser julgado pela semelhança com romances profundamente preocupados com o direito ou a justiça. Wolfe não está interessado nem na reforma do direito, no sentido que interessava a Dickens, nem na justiça humana e divina, no sentido que impulsionava Sófocles e Dostoiévski. A representação do processo penal em *Os irmãos Karamázov* não é projetada para produzir cor local ou suspense narrativo nem para ser uma caricatura ou registro jornalístico; mas sim para opor a investigação racional, exemplificada pelo sistema de justiça penal, à intuição religiosa – para desvantagem da primeira[24]. As únicas religiões, em *A fogueira das vaidades*, são o esquema de extorsão do Reverendo Bacon e o culto a Mammon, dos filhos de Wall Street. O direito, para Wolfe, é simplesmente outro cenário (que em nada difere, concretamente, de uma festa na Park Avenue, um jantar em um restaurante sofisticado ou a "colônia de formigas" onde vive Larry Kramer com a esposa, o filho e a empregada, que é só o que pode pagar seu mísero salário de funcionário público) onde se podem observar os cômicos tropeços das pessoas triviais. Embora a politização da função de promotor público e a automatização da justiça penal nas grandes cidades dos Estados Unidos sejam problemas sociais genuínos, que o romance retrata vivamente, não há sugestão alguma de que seja possível amenizar esses problemas, muito menos solucioná-los. Pelo contrário, o leitor é levado a crer que o atual sistema de justiça penal do Bronx logo dará lugar a outro, dominado por uma minoria que já é maioria no Bronx, e que *este* sistema será ainda pior que o atual, pois nele não haverá pessoas como Kovitsky. Para estimular a reforma social (em vez de propor algum mecanismo de tipo "mão invisível", que transformará a ganância dos indivíduos em benefícios sociais), um autor tem de passar a impressão de acreditar na existência de ao menos algumas pessoas boas na sociedade. Se não houver nenhuma, não apenas será improvável que a reforma ocorra, como não haverá razão para *querermos* que ela ocorra, pois, nesse caso, as pessoas não merecerão uma vida melhor. Os nova-iorquinos de Tom Wolfe são, em sua grande maioria, aberrações e monstros que não merecem um sistema melhor nem ganhariam nada com isso, salvo no sentido mercenário.

Seria de esperar que a literatura popular sobre o direito nos dissesse muito sobre como os leigos veem a lei. Porém, nesse quesito, com *A fogueira das vaidades* não aprendemos nada que já não tenhamos aprendido com os romances jurídicos clássicos, como *Os irmãos Karamázov* e *As aventuras do Sr. Pickwick*: que as pessoas leigas esperam que os

---

24. *Law and Literature*, pp. 166-71.

preciosismos técnicos contem (e é com base em um preciosismo técnico que o primeiro indiciamento de McCoy é anulado); que não se surpreendem quando ocorrem abusos na justiça (McCoy, lembremo-nos, é inocente das acusações feitas contra ele e os verdadeiros culpados são usados como falsas testemunhas pela promotoria); que esperam que os processos judiciais sejam intermináveis e absurdamente caros; e que não têm ilusões a respeito das limitações morais e intelectuais dos juízes, advogados, jurados, entre outros participantes da máquina do judiciário, nem quanto ao corrompimento dessa máquina devido a temores e ambições políticas e pessoais. O juiz Kovitsky até chega a proferir um discurso de Dia do Direito para Larry Kramer: "O que o faz pensar que pode aparecer perante a corte levantando a bandeira da pressão da comunidade? A lei não é uma criação da minoria nem da maioria. A corte não se abala com suas ameaças" (p. 676). Kovitsky, no entanto, é duramente punido por sua independência: nega-se-lhe a renomeação para o cargo.

O grande público é mais cínico que os profissionais da área com relação ao direito, e é útil que nós, profissionais do direito, sejamos relembrados disso de tempos em tempos, ainda que já devêssemos saber de tudo isso de antemão, a partir de outras e mais grandiosas obras de literatura, da observação cotidiana, do senso comum e do noticiário diário. No Capítulo 9, afirmei que uma das coisas que obstruíram a nomeação de Robert Bork para a Suprema Corte foi o fato de ele e seus aliados não compreenderem o que o povo espera dos juízes. Eles não entendiam – compreensivelmente – que o povo espera, na verdade, coisas incompatíveis. Talvez não seja possível aprender muito com a cultura popular sobre como o povo realmente enxerga o direito. Mas podemos – nós, profissionais do direito – aprender algo e usar isso a nosso favor.

A fogueira das vaidades é um bom romance, de importância limitada para as questões profundas da teoria do direito. Por outro lado, "Non sub Homine", de H. B. Whyte[25], um pequeno conto, até onde sei sem méritos literários[26], possui uma importância sem limites. A narrativa do conto ocorre no futuro. O prédio do tribunal federal em Foley Square (Nova York, mais uma vez) abriga o maior computador jamais produzido. Alimentado com todas as decisões judiciais já tomadas, todas as leis

---

25. Que pode ser encontrado em *Dark Sins, Dark Dreams: Crime in Science Fiction*, p. 121 (Barry N. Malzberg e Bill Pronzini [orgs.], 1978). "H. B. Whyte" é o pseudônimo de um advogado nova-iorquino. O conto foi publicado pela primeira vez em uma revista de ficção científica. Minha paginação refere-se à versão publicada no livro acima.

26. É claro que posso estar simplesmente repetindo o erro que cometi ao subvalorizar *A fogueira das vaidades*.

já aprovadas, todas as regulamentações e assim por diante, o computador utiliza sua enorme biblioteca de decisões judiciais e outras prescrições normativas para responder a perguntas jurídicas. Seu trabalho é tão bem-feito que tornou desnecessários os tribunais, os quais foram relegados ao desempenho de funções cerimoniais. Além disso, por "tirar o direito das mãos do homem", o computador "gerou um novo sentimento de respeito pelo direito" (p. 123)[27].

Agora, porém, ocorreu uma crise. Um caso aparentemente de rotina, acerca da possibilidade de transferência de um contrato de locação, foi submetido ao computador e este não apresentou uma decisão. O operador do computador, um homem chamado Cook, descobre que o problema não provém de um defeito mecânico, mas do fato de que, após examinar todas as devidas fontes revestidas de autoridade, o computador concluíra "que não havia nada a escolher entre qualquer das decisões. Com efeito, o computador até imprimiu duas decisões perfeitamente redigidas e rigorosamente fundamentadas, cada uma das quais chega a uma conclusão oposta à da outra." Cook e a assistente Jane leem as duas decisões e percebem que "não havia nada, em nenhuma delas, que não estivesse completamente justificado. Estava claro que qualquer uma das duas decisões satisfaria inteiramente os litigantes, que ainda aguardavam no Saguão das Perguntas, no andar de baixo" (p. 124).

Cook se aterroriza. "O 2-10 [o nome do computador] é infalível", diz. "Não se pode permitir que falhe." Jane observa, "Com você, a máquina jamais poderia falhar. Pessoas, relacionamentos, sentido, nada disso tinha a mínima importância, desde que a maldita máquina (...)." Isso faz Cook se lembrar "de que, em algum momento do passado, ele amara ou não a garota; mas isso não importava (...). O sistema estava em perigo" (pp. 124-5). Escolhendo aleatoriamente entre as duas decisões preparadas pelo computador, Cook opta por aquela na qual o demandante vence, e pede a Jane que lhe dê seguimento. Depois, com a ajuda de Jane, reprograma a máquina para que, a partir de então, escolha aleatoriamente um vencedor, sempre que for incapaz de optar ra-

---

27. A vida imita a arte: "Um novo serviço informatizado chamado QuickCourt [Direito-Rápido] dá ao faz-tudo praticamente todas as informações necessárias para entrar com ações de divórcio não contestadas, tocar pequenas causas, pesquisar jurisprudência e estabelecer acordos extrajudiciais entre proprietários e inquilinos, sem contratar advogado. E tem mais: é grátis. O computador, que é bilíngue e possui mecanismo de voz (e já se encontra *online* na biblioteca de direito do Tribunal Superior do Condado de Maricopa), dispensa informações sobre o judiciário, define termos jurídicos usuais e calcula pensões alimentícias." "Simplifying Legal Work", *Arizona Republic*, 25 de junho de 1993, p. A20.

cionalmente por uma das partes em litígio. "Jamais se poderia questionar a imparcialidade da máquina, nem sua autoridade." O único problema é que Jane sabe o que ele fez. Ao sair, esta lhe adverte (bastante gratuitamente, ao que me parece), "Você é uma pessoa fria." Cook pondera sobre a afirmação e decide que Jane está errada. "Não sou frio de modo algum. Tenho sentimentos (...) pelo 2-10" (p. 125). Decide, então, eletrocutá-la, para proteger o segredo de como o computador decide casos indeterminados. Este é o fim do conto de quatro páginas.

O conto provavelmente não é digno de nenhum prêmio de literatura. Os personagens são inexpressivos, a prosa é rasa e as premissas, absurdas (a mais absurda das premissas é a de que a máquina não fora, desde o princípio, programada com um algoritmo de decisão de casos perfeitamente equilibrados). Porém, como parábola de teoria do direito, é imensamente sugestivo. Mostra-nos a tradicional ideologia do "Estado de Direito", levada a seu extremo lógico, com a substituição do julgamento humano pelo mecânico. Mostra-nos, além disso, a psicologia das pessoas que querem ver o direito totalmente livre da emotividade e como essa psicologia é compatível com uma fúria destrutiva. Ademais, antecipando a teoria feminista do direito, apresenta-nos uma visão diferente do julgamento realizado segundo a lei e a personifica em uma mulher. Por fim, expõe-nos a impotência do julgamento mecânico perante a incerteza.

O conto nos faz pensar, acima de tudo, na inerradicável componente de criatividade no julgamento realizado segundo a lei. O computador foi programado com todos os casos já decididos. Deve, portanto, decidir os casos inéditos com base naqueles. Mas muitos dos casos decididos (todos os que não foram meras repetições de casos anteriores) foram, certa feita, inéditos. Como, então, pode-se decidir um caso inédito quando as únicas fontes para a decisão são casos antigos, os quais, por definição, são diferentes deles? Um computador precisa de mais dados, em seu banco de memória, que aqueles fornecidos ao 2-10. Precisa, na verdade, de tudo aquilo que os seres humanos falíveis possuem em seu banco de memória.

Reflexões ulteriores sobre essa fraca, mas sugestiva, parábola de ficção científica nos levarão a enxergar algo que, à primeira vista, parece enigmático: por que, por mais impossível que seja o caso, sua decisão no cara ou coroa é considerada uma falta grave do juiz[28]. A razão disso

---

28. Alguns anos atrás, um juiz de Nova York perdeu o cargo, em parte por admitir que jogava uma moeda para decidir casos cuja decisão poderia pender para qualquer um dos lados. Lembremo-nos, ainda, do julgamento do juiz Bridlegoose, sob a acusação de usar dados para decidir os casos, em *Gargântua e Pantagruel.*

(ou, ao menos, aquela de que tratarei, pois há outras, inclusive a relutância do juiz em reconhecer o elemento de indeterminação no processo de julgar) é que esse tipo de decisão não acrescenta nenhuma descoberta ou informação ao estoque de casos existentes. Isso não teria importância se a única função do juiz fosse decidir casos segundo as normas existentes. Pois, nesse caso, todo o conteúdo do direito residiria nas normas e o juiz seria estritamente um solucionador de disputas (como o árbitro de um jogo de beisebol) – e jogar uma moeda para o alto não é a pior maneira de resolver uma disputa, se for irremediavelmente incerto qual dos querelantes está correto. Mas suponhamos que o juiz seja um aplicador de normas apenas quando estas e suas aplicações estão claras e que, nas demais situações, ele seja um *criador* de normas, conforme sugeri no Capítulo 3. Suponhamos, então, que o que queremos dos juízes não sejam decisões de arbitragem em todos os casos, mas sim decisões desse tipo na maioria dos casos e juízos conformes à lei nos casos restantes. O juiz que atira uma moeda para o alto em um caso indefinido não cumpre com seu dever de emitir um juízo conforme à lei para esse caso.

O ponto não é que, se o juiz ao menos pensasse mais sobre o caso, chegaria à conclusão correta, de modo que a proibição do cara ou coroa é necessária para impedir os juízes de se tornarem preguiçosos. Se o caso é indefinido, como muitos são, não há conclusão correta. Do ponto de vista dos litigantes, o cara ou coroa produz uma conclusão tão correta quanto qualquer outro método de resolução de disputas produziria. No caso indefinido, não pedimos ao juiz que acerte (uma exigência impossível de cumprir), mas que se valha da ocasião para formular direito. Podemos ver agora que uma das várias limitações do computador de Cook é que ele estaria decidindo os casos segundo regras cada vez mais caducas e obsoletas, porque a única informação na qual pode basear suas decisões consiste nos julgamentos humanos com os quais foi programado quando de sua criação. A cada ano, portanto, seu trabalho seria mais malfeito, mesmo que ninguém se inteirasse de como Cook o manipulara para resolver o problema dos casos sem solução.

A tradução como interpretação

A ideia de que a literatura fornece problemas de interpretação capazes de aclarar os problemas hermenêuticos apresentados pela Constituição não é nova. Nova é a ideia de que os problemas de tradução de uma obra literária de uma língua para outra podem dar nova luz à interpretação constitucional[29]. A proposta é literária em dois sentidos. Toma emprestadas ideias advindas da pesquisa acadêmica sobre tradução literária e de exemplos desse tipo de tradução; além de ser, em si mesma, metafórica, pois não se "traduz" a Constituição, no sentido de vertê-la a uma língua diferente. Há problemas literais de tradução no direito: o uso de intérpretes por testemunhas que não falam inglês ou a tradução, para o inglês, de leis, tratados, contratos, documentos usados como provas em processos judiciais, entre outros documentos de importância jurídica escritos em língua estrangeira. Mas tais problemas não são do interesse da escola da "interpretação como tradução".

O raciocínio apresenta-se de duas formas, que são problemáticas de maneiras diferentes. James Boyd White afirma que, como "nenhuma frase pode ser traduzida para outra língua sem sofrer mudanças", a tradução só pode ser "a composição de um determinado texto por uma mente individual, em reação a outro texto"[30]; sendo que o voto de um juiz contendo a interpretação de uma cláusula da Constituição deve ser visto sob essa mesma ótica. A premissa, porém, é exagerada. Algumas frases podem ser traduzidas para outra língua sem nenhuma perda de significado, como as instruções de montagem de uma mesa de cozinha, por exemplo. A cláusula da Constituição segundo a qual o Presidente da República deve ter pelo menos 35 anos ou aquela que determina que cada estado tem direito a dois senadores, podem ser "traduzidas" do contexto linguístico, político e social do século XVIII, para aquele do século XX, sem perda de significado; muito embora a expectativa de vida tenha aumentado e o método de escolha de senadores tenha mudado.

Essa observação é mais que uma pequena crítica, pois mostra que a tradução literal não é um paradoxo e, ao mostrar isso, também prova que a tradução envolve a realização de escolhas, nenhuma das quais precisa ser "certa" ou "errada". Tomemos o cognome habitual de Agamenon na *Ilíada*: *anax andron*. A tradução literal poderia ser "líder supremo dos guerreiros", mas soaria artificial. Se quiséssemos fazer a *Ilíada* soar moderna, poderíamos traduzir o termo como "Comandante Supremo dos Aliados" ou até "Chefe Geral" (isso seria como encenar as peças de Shakespeare com um figurino moderno). Ou, se quiséssemos conservar a impressão de uma época ou de uma cultura remotas, poderíamos deixar o termo sem tradução, como em "Kaiser Wilhelm" (em vez de "Imperador Guilherme"). Poderíamos nos contentar com "Lorde

---

29. James Boyd White, *Justice as Translation: An Essay in Cultural and Legal Criticism* (1990); Lawrence Lessig, "Fidelity in Translation", 71 *Texas Law Review* 1165 (1993).

30. White, nota 29 acima, pp. 250, 254.

Agamenon", como em algumas traduções da *Ilíada*, mas isso soa um pouco a Império Britânico. A escolha entre essa miríade de possibilidades, nenhuma delas totalmente satisfatória e nenhuma claramente certa ou errada, tem a ver com os efeitos pretendidos pelo tradutor, com a utilização que se pretende para a tradução e, portanto, com o público-alvo desta. Embora, para White, a reflexão sobre as dificuldades da tradução literária deva despertar a humildade no juiz que se veja diante da tarefa de "traduzir" um documento do século XVIII para a cultura de hoje, outra dedução possível, a partir da prática da tradução literária, consiste na liberdade do tradutor. Se um tradutor pode escolher entre uma tradução literal e uma tradução livre, por que um juiz não pode escolher entre a interpretação literal e a livre?

Não é de surpreender, portanto, que, onde White enxerga um convite à humildade, Lawrence Lessig veja uma licença para a criatividade do juiz. Apoiando-se na forte convicção (própria dos juristas) de que a interpretação da Constituição e das leis, para ser legítima, deve ser fiel ao texto constitucional ou legislativo, e acrescentando que o objetivo da tradução é preservar o significado do texto original, Lessig afirma que a tradução fiel jamais é literal, porque a importância cultural das palavras muda. A palavra "Lorde" pode ser uma tradução literal adequada para *anax andron*, mas seu significado para os norte-americanos de hoje é tão diferente (Lorde Peter Wimsey? Lorde Haw-Haw? Lorde Acton?), que atribuí-la a "Agamenon" altera, para os leitores americanos, o significado de Homero. Para preservar o significado em um outro contexto social, pode ser que tenhamos de escolher uma tradução literal *errada*. Isso demonstra que "o tradutor tem autoridade para *mudar o texto*"[31]. O mesmo deve valer, segundo Lessig, para a interpretação da Constituição por parte do juiz.

Este é um raciocínio poderoso, baseado em um profundo estudo da teoria e prática da tradução[32]. Mas não responde à questão fundamental, que consiste em saber se uma tradução modernizante daquilo que está estabelecido na Constituição é uma coisa boa. Lessig afirma que sim, pois, do contrário, não estaremos sendo fiéis ao significado da Constituição. Reconhece, ainda, que a fidelidade é apenas um dos critérios de uma boa tradução. Eu enfatizaria, porém, que este é um critério *ambíguo* de uma boa tradução. Uma tradução é fiel, em certo sentido, quando se atém ao sentido denotativo das palavras traduzidas, ainda que o resultado seja artificial ou mesmo equivocado. Uma tradução que seja

---

31. Lessig, nota 29 acima, p. 1191.
32. Ver id., pp. 1189-211.

flexível, mas transmita uma noção melhor de como o autor teria se expressado se fosse um americano de hoje, será, para alguns propósitos, uma tradução melhor. Não é, contudo, mais "fiel ao original"; apenas é fiel ao original em um sentido diferente. A escolha entre as diferentes fidelidades dependerá de considerações sobre o público pretendido ou potencial, os tipos de traduções existentes, o talento do tradutor e as preferências do autor (se este for vivo e detiver os direitos da tradução).

Lembram-se do livro *Hitler's Justice: The Courts of the Third Reich* (Capítulo 4)? O título em alemão é *Furchtbare Juristen: Die unbewältigte Vergangenheit unserer Justiz*, que significa, aproximadamente, "Juízes terríveis [outra possibilidade seria 'Detestáveis juristas']: A recusa a enfrentar a história de nosso judiciário"[33]. Portanto, a tradução do título para o inglês foi, na verdade, muito livre. Mas isso provavelmente pode ser justificado pela diferença entre o público leitor da edição alemã e o da edição em inglês. Uma tradução literal provavelmente faria o leitor americano pensar que se trata de uma história do judiciário dos Estados Unidos. Além disso, o que é mais importante, o título em alemão visa a atingir pessoas que tendem a ter o sistema judiciário alemão em alta conta e adverte esses leitores de que o livro desafiará suas ideias pré-concebidas[34]. É improvável que os leitores americanos se choquem com quaisquer críticas às instituições alemãs do período nazista. Estes, portanto, achariam o título de Müller (se traduzido literalmente) equivocadamente sensacionalista – um título que promete surpresas, mas não cumpre a promessa (para o público americano). Mesmo assim, não se poderia qualificar como *errada* a tradução literal do título do livro de Müller. Poderia soar estranha aos ouvidos de um americano, mas transmitiria o espírito geral do livro de uma maneira que a tradução livre não transmite. Esta faz com que a obra pareça mais acadêmica e sóbria do que realmente é, enquanto a literal alerta o leitor para o fato de que o livro tem pretensões polêmicas e pode, consequentemente, ter um problema de parcialidade, como de fato tem, conforme vimos no Capítulo 4. Uma tradução literal do título poderia ter reduzido suas vendas nos Estados Unidos, mas a tradução livre pode ter levado alguns leitores a interpretá-lo equivocadamente.

O tradutor tem o poder de alterar o texto. Mas saber se é correto ele fazer isso em uma determinada circunstância é algo que depende de uma série de fatores contextuais; e, no cenário jurídico, esses fatores são

---

33. *Bewältigung der Vergangenheit* é o termo usado para denotar confrontação e reconhecimento, em oposição a negação, justificação ou acobertamento, do passado nazista.

34. Walter Otto Weynrauch, "Limits of Perception: Reader Response to Hitler's Justice", 40 *American Journal of Comparative Law* 237, 240-241 (1992).

muito diferentes daqueles envolvidos na questão de como traduzir mais adequadamente o título de Müller. A teoria e a prática da tradução derrubam a inevitabilidade do interpretacionismo estrito, mas não ajudarão os advogados e juízes a escolher entre a interpretação estrita ou a livre, em áreas específicas do direito[35].

Suponha-se que perguntássemos qual seria a melhor forma de traduzir uma obra de literatura ou filosofia, se o único objetivo fosse transmitir seu significado com clareza, sem qualquer preocupação com a legibilidade ou o impacto emocional. A resposta, provavelmente, seria: uma tradução literal, com numerosas notas de rodapé, que explicassem os equívocos aos quais o texto vertido pode levar. Palavras e frases intraduzíveis (como *anax andron* e *Bewältigung der Vergangenheit*) poderiam ser deixadas no original, e seu significado, explicado através de paráfrases entre parênteses. Anacronismos, falsos cognatos, convenções e diferenças de contexto culturais, linguísticas e históricas, tudo isso seria explicado pacientemente. O resultado seria um texto frio e volumoso, mas a perda de significado seria mínima. O problema da tradução estaria "resolvido". Isso nos ajuda a ver em que consiste esse problema. Consiste em alcançar um meio-termo entre o desejo de preservar o sentido do texto original e o desejo de envolver, atrair e agradar algum público-alvo contemporâneo ou mesmo apenas economizar-lhes o tempo. Sem dúvida, o problema da interpretação constitucional poderia ser visto analogamente, mas a analogia seria demasiado distante para ser esclarecedora.

Ao chamar-nos a pensar na interpretação como tradução, tanto White quanto Lessig estão apresentando um raciocínio em forma de metáfora. O problema do raciocínio metafórico, assim como do analógico, ao qual se assemelha muito, é que ele exige justamente uma tradução. A tradução literária e a interpretação constitucional têm, de fato, características em comum, mas há também diferenças; e estas podem sobrepor-se às semelhanças. A tradução, no sentido convencional e não naquele mais abrangente, tem como preocupação o problema específico da equivalência em línguas diferentes e possui objetivos diferentes daqueles da interpretação constitucional. Além disso, não há nada, na teoria ou na prática da tradução, que sustente uma preferência geral pela tradução estrita em detrimento da livre ou o contrário. A utilidade da "tradução" como critério de qualidade para a interpretação constitucional é retórica e não analítica. Nas mãos de um hábil estudioso de re-

---

35. Lessig reconhece essa possibilidade. Lessig, nota 29 acima, p. 1268.

tórica como Lessig, ela fornece um idioma com o qual o juiz ativista pode virar a mesa sobre o juiz adepto do interpretacionismo estrito, acusando-o de infidelidade à letra da Constituição e – como Lessig concebe a fidelidade na tradução como uma mistura de criatividade e humildade – também de falta de humildade![36] Ronald Dworkin usa uma artimanha semelhante, ao definir o direito de forma tão abrangente, que inclui toda a ética política. Graças a essa definição, Dworkin pode qualificar os juízes que relutam em fazer do direito constitucional um braço da filosofia política e moral não só de tímidos, obscuros e frios, mas até de injurídicos. A tática de Amar e Widawsky, um ativismo disfarçado de originalismo, é semelhante (Capítulo 6). Além disso, Lessig e Amar já foram elogiosamente incluídos na mesma categoria, como integrantes de uma nova escola de originalismo liberal, que fizeram o tiro de Bork sair pela culatra[37].

A chocante acusação de que os autoproclamados adeptos da fidelidade são infiéis deve acabar caindo por terra. As traduções literais, como as interpretações musicais com instrumentos de época (Capítulo 9), são "fiéis" em um sentido perfeitamente inteligível. Da mesma forma, uma tradução não é ruim e nem mesmo infiel, por ser flexível. Assim, ainda que o juiz ativista não possa reclamar para o seu método o monopólio sobre a fidelidade, pode defender-se das acusações de ilegitimidade por carência de fidelidade, sem negar que a legitimidade depende da fidelidade. Mas será falta de bom senso de minha parte desejar que o bonde da retórica jamais tivesse sequer partido? Que os juízes ativistas da era Warren não tivessem se fingido de originalistas? Que os conservadores, na década de 1980 (Bork, Meese etc.), também não tivessem se fingido de originalistas? E que os atuais defensores das decisões e da abordagem geral da era Warren não se finjam de originalistas? Não será possível analisar o mérito das decisões de casos como *Brown*, *Griswold*, *Roe*, *DeShaney* e *Hardwick*, sem as retóricas pretenciosas e definitivamente inúteis da metodologia interpretativa? Ou, para apresentar o próximo capítulo, estarei eu sendo duro demais com a retórica?

---

36. Ver *The problems of Jurisprudence*, p. 22.
37. "Jeffrey Rosen Replies", em "'Life's Dominion': An Exchange", *New Republic*, 6 de setembro de 1993, pp. 44-5.

capítulo 24
Retórica, advocacia e raciocínio jurídico

Um dos principais empregos dos juristas é a advocacia, frequentemente ridicularizada por fazer com que a pior das causas pareça a melhor. A advocacia ilustra a prática da "retórica" no sentido de discurso de persuasão; e, desde Protágoras, considera-se que um dos usos da retórica seja, de fato, fazer com que o argumento mais fraco pareça o mais forte[1]. Protágoras e Górgias são os mais conhecidos dentre os sofistas, que viveram entre os séculos V e IV a.C. e costumam ser considerados os inventores da teoria da retórica, embora já se tenha afirmado que os verdadeiros inventores foram Platão e Aristóteles, pois, antes destes, não se entendia a distinção entre a ideia ou mensagem bruta e as diferentes formas verbais ou expressivas em geral, nas quais se pode codificá-las para maximizar sua força persuasiva[2].

O sentido conotativo dos termos "sofista" e "sofístico", hoje, nos dá uma pista sobre o caráter ambivalente da reputação de que goza a arte da retórica em nossa cultura. A própria palavra "retórica" tem, para a

---

1. G. B. Kerferd, *The Sophistic Movement*, p. 101 (1981). Protágoras pode ter sido levemente mal compreendido. Talvez sua intenção tenha sido afirmar que a retórica poderia ser usada para fazer com que um argumento desmerecidamente fraco se tornasse um pouco mais forte. Edward Schiappa, *Protagoras and Logos: A Study in Greek Philosophy and Rhetoric*, cap. 6 (1991).

2. Este é o assunto abordado em Thomas Cole, *The Origins of Rhetoric in Ancient Greece* (1991).

maioria de nós, a conotação negativa de discurso traiçoeiro e complicado, o oposto de ir direto ao assunto. Uma das questões sobre as quais é famosa a divergência entre Platão e Aristóteles é se a retórica é essencialmente má (Platão) ou essencialmente boa (Aristóteles). Conforme mostrarei, é possível chegar mais perto da resolução dessa divergência se nos voltarmos à economia do discurso de persuasão. Mas a retórica não é só expressão. Para Aristóteles, assim como para muitos de seus seguidores hodiernos, é também um método de raciocínio. Vista sob esse prisma, a retórica está intimamente ligada à casuística, no raciocínio moral, e ao método casuístico, no raciocínio jurídico. Examinarei tanto a concepção cognitiva quanto a concepção persuasiva da retórica, bem como a relação (íntima, para alguns) entre retórica e pragmatismo.

Não estarei, é claro, escrevendo sobre uma folha em branco. Porém, embora a literatura sobre retórica seja imensa, é pouco variada e de má qualidade quando comparada à de sua rival tradicional, a filosofia. A obra primordial ainda é a *Retórica*, de Aristóteles. Pouco se avançou nos mais de dois milênios de produção teórica subsequentes[3].

Um pouco de economia do discurso de persuasão

Persuadir uma pessoa significa fazer com que ela adote nossa opinião sobre determinado assunto, sem pagar-lhe nada nem coagi-la. Um dos métodos de persuasão é a transmissão de informações, mas persuadir e informar são coisas diferentes. A persuasão pode ser obtida sem transmissão de informação, mesmo que não se defina a informação como "verdadeira" *a priori* (uma definição demasiado restritiva). Informações verdadeiras podem não persuadir, seja porque o receptor não acreditou nela, seja porque, embora tenha acreditado nela, ela não lhe dá incentivos para agir conforme o desejo do persuasor. A persuasão pode fornecer razões para a ação, mediante a comunicação de informações, tanto verdadeiras quanto falsas, que induzam à crença e ao desejo; ou pode passar inteiramente ao largo da razão e fazer um apelo baixo às emoções, que é como Catharine MacKinnon concebe o funcionamento da

---

3. A melhor introdução atual à área parece ser Brian Vickers, *In Defence of Rhetoric* (1988). Sobre casuística, ver Albert R. Jonsen e Stephen Toulmin, *The Abuse of Casuistry: A History of Moral Reasoning* (1988). A bibliografia *econômica* sobre retórica e sobre comunicação em geral é escassa. Ver referências a *The Economics of Justice*, na nota 10, abaixo; e também William M. Landes e Richard A. Posner, "Trademark Law: An Economic Perspective", 30 *Journal of Law and Economics* 265, 271-3 (1987) (sobre a economia da linguagem). Os economistas, entretanto, já analisaram problemas intimamente relacionados, sob o nome de custos de informação, discriminação estatística e sinalização.

pornografia. Veremos, contudo, que seria um erro supor que a razão e a emotividade estejam sempre em conflito.

Podemos dar uma feição econômica à retórica se adotarmos os pressupostos, bastante plausíveis, de que as pessoas geralmente fazem escolhas com base em uma relação entre custos e benefícios, tal como esta lhes parece (benefícios e custos não necessariamente pecuniários ou comparados mediante um processo explícito de cálculo), e que as crenças são um dos fatores que entram no processo pessoal de avaliação de custos e benefícios. Assim, o persuasor pode tentar, de duas maneiras, convencer o ouvinte a adotar sua visão. Pode procurar influenciar as crenças deste ou desviar o processo de ponderação (normalmente implícito) através do qual este faz suas escolhas, para levá-lo a tomar uma decisão que, tendo-se em conta os custos, não consideraria apropriada, caso não tivesse sido desviado em seu processo decisório.

Vou me concentrar sobre as tentativas de influenciação das crenças. Um orador é capaz de influenciar de duas formas as crenças de sua plateia. Uma delas é pelo fornecimento de informações, entendidas no sentido amplo, que abrange tanto as informações falsas, quanto as verdadeiras, além das deduções, inferências e demais mecanismos de manipulação lógica ou indutiva dos "fatos", que sirvam como provas para a mente racional, bem como os dados subjacentes com os quais se trabalhe. Outra maneira com que um orador pode influenciar as crenças de um público é através da utilização de quaisquer tipos de sinais que aumentem a credibilidade de seus argumentos – sinais como falar com grande autoconfiança ou fornecer informações pessoais que o tornem uma pessoa digna de credibilidade aos olhos do público. Este caminho é, temporariamente, o primeiro, pois o orador deve despertar no público um espírito receptivo, antes de ter qualquer esperança de alterar suas crenças através da informação[4]. A criação desse espírito receptivo é chamada, na retórica clássica, de "apelo ético".

O persuasor que tenha fixado uma meta escolhe a combinação de mecanismos retóricos (incluindo-se informações verídicas, mentiras, sinais e apelos emocionais) que, a um custo mínimo, maximizará a probabilidade de atingir essa meta. A ressalva "que tenha fixado uma meta" é importante. Não raro, o persuasor terá uma série de metas, ordenadas

---

4. Muitos anúncios publicitários são assim. O exemplo mais intrigante é o do anunciante, que paga por uma dispendiosa programação de TV na esperança de induzir os telespectadores a assistirem a seus comerciais. A publicidade, no mundo contemporâneo, é uma importante arena da retórica, na qual os mecanismos clássicos dessa técnica, como o apelo ético, podem ser bem compreendidos. Ver Larry Percy e John R. Rossiter, *Advertising Strategy: A Communication Theory Approach*, pp. 75-92 (1980).

desde a mais até a menos desejada, e pode não se concentrar sobre a mais desejada, pois o custo de persuadir o público a aceitá-la pode ser proibitivo. Às variáveis determinantes desse custo podemos chamar "distância" e "tenacidade". O custo de persuadir um público a acreditar em X, sendo iguais todas as outras variáveis, será menor, quanto menor for a distância entre X e Y^5, onde Y é a crença prévia do público em relação ao tema do discurso. Quanto menor essa distância, menor será a perturbação causada à atual teia de crenças do público pela adoção da crença X. A razão leva as pessoas a relutarem em realizar transformações fundamentais em seu sistema de crenças. Logo, a probabilidade de adotarem uma nova crença é maior quando isso não as obriga a abandonar muitas de suas crenças já existentes.

A referência a "crenças fundamentais", por sua vez, traz à tona a segunda variável, a tenacidade. As pessoas sustentam sua crenças com diferentes graus de intensidade. Quanto maior for a força com que um indivíduo sustenta uma crença, maior será sua relutância em abandoná-la, mesmo que, para quem vê de fora, a mudança de crença proposta seja pequena. A história das controvérsias religiosas é rica em exemplos disso.

A tenacidade das crenças do público provavelmente afetará a escolha retórica do orador quanto aos fins, assim como a distância afetará sua escolha retórica quanto aos meios. O orador habilidoso terá o cuidado de fazer pontes entre as crenças do público e aquela que deseja fazê-lo adotar. Daí a importância da analogia como instrumento retórico.

Um dos fatores mais importantes, no que se refere à escolha do orador quanto aos métodos retóricos, é o custo, para o público, da aquisição e do processamento (chamemos "absorção" ao conjunto das duas coisas) da informação. Um orador, normalmente, quer ser entendido. Logo, não faria sentido que este falasse uma língua diferente daquela de seu público. Mas a questão da absorção da informação envolve muitos outros elementos. Aristóteles explica que a função da retórica é induzir à crença, em circunstâncias nas quais a demonstração apodítica é impossível. A importância desse ponto pode ser demonstrada com ajuda de uma analogia (naturalmente): a da "venda" de uma ideia, para vender um produto. Quando um produto é lançado, há uma certa probabilidade (p) de que não faça sucesso no mercado. A opção do consumidor por comprá-lo ou não pode ser equacionada da seguinte forma:

---

5. Akira Yokoyama, "An Economic Theory of Persuasion", 71 *Public Choice* 101, 103 (1991); cf. Percy e Rossiter, nota 4 acima, p. 162.

$$EU_j = (1-p)B_j - pL_j,$$

onde EU_j é a utilidade estimada do produto j, B é o benefício que o funcionamento do produto trará ao comprador e L é a perda em que este incorrerá se o produto não funcionar. O "produto" pode ser uma ideia. Nesse caso, p seria a probabilidade de a ideia ser falsa ou de ser má ideia. Suponhamos que a ideia seja a de que Deus existe. Este é um exemplo de ideia impossível de ser provada ou falseada pelos métodos da ciência ou da lógica. Segundo o famoso argumento de Pascal, como o benefício advindo da aceitação dessa ideia, caso ela seja verdadeira, é enorme (a salvação eterna) em comparação com a perda que sucederá se ela for falsa, devemos, racionalmente, acreditar em Deus, mesmo que consideremos pequena a probabilidade de sua existência. Isto é, EU_j pode ser positivo, ainda que p seja grande, desde que B_j seja suficientemente maior que L_j. (Para ser mais preciso, EU_j será positivo se a razão de B_j para L_j superar a razão de p para $1-p$.) Esse argumento, independentemente de seus defeitos (crença não é algo inteiramente involuntário, Deus poderia não se tocar diante de um fiel tão oportunista e, além disso, escolher a seita errada poderia ser tão fatal quanto permanecer um agnóstico), reconhece, implicitamente, a estrutura econômica do problema da persuasão.

Os economistas distinguem entre bens "de pesquisa", cuja qualidade pode ser determinada no ato da venda (por exemplo, um melão Cantaloupe, que podemos apertar para sabermos se está maduro), e bens "de crença", cuja qualidade deve ser aceita de boa-fé (por exemplo, um refrigerador, quanto a sua durabilidade). Os custos da informação para o consumidor são muito mais altos no segundo caso. As ideias que um orador tenta "vender" a seu público, não raro, são bens de crença; e a importância do apelo ético é que este aumenta a disposição do público para acreditar no orador.

A importância do custo da informação para o público ao qual se dirige o rétor é subestimada por alguns pragmatistas contemporâneos, como Richard Rorty e Donald McCloskey, que, nesse aspecto, são herdeiros de Nietzsche, para quem *todos* os esforços despendidos para induzir à crença são retóricos. Essa afirmação nem sempre representa um elogio à retórica[6], mesmo quando a lista de instrumentos retóricos é

---

6. Peter Goodrich explica bem: "A retórica, em outras palavras, obtém sua desforra sobre o racionalismo, não pela afirmação de qualquer mérito ou valor intrínseco da disciplina retórica, mas pela observação de que também o racionalismo sofre de uma virose figurativa." Goodrich, *Legal Discourse: Studies in Linguistics, Rhetoric and Legal Analysis*, p. 110 (1987).

flexibilizada para incluir todos os métodos concebíveis de investigação ou demonstração racional. Nesse contexto, lemos, por exemplo, que a "prolepse (antecipação de possíveis objeções)" está entre as "figuras de argumentação"[7]. Devemos resistir a essa flexibilização, pois, se todos os instrumentos da razão, até o silogismo e a inferência estatística, forem considerados "figuras de argumentação", o termo "retórica" perderá a identidade e a utilidade:

> A disciplina [da retórica] é engrandecida, praticamente a ponto de tornar-se irreconhecível, na obra daqueles neorretóricos (Kenneth Burke e Chaim Perelmann, por exemplo) desejosos de transformá-la em uma arte do raciocínio prático que consista não apenas no domínio, segundo a necessidade, de premissas derivadas da ética, da política, da psicologia ou de qualquer outra ciência, mas que dê importantes contribuições próprias ao repositório total do conhecimento humano. Adotar essa postura, como diz Aristóteles (*Retórica* 1.4, 1359b12), é reclamar, para a retórica, elementos de um outra arte.[8]

Um típico relatório científico é menos "retórico", no sentido perfeitamente inteligível da palavra, que o discurso político ou as alegações finais da acusação e da defesa perante o júri. Isso ocorre porque o custo da informação é muito menor para o público especializado de um relatório científico que, por exemplo, para o público leigo do discurso de um político sobre macroeconomia ou relações exteriores. Quanto maior for o custo de absorção da informação para um determinado público, mais o orador recorrerá a formas de persuasão que evitem sobrecarregar o poder de absorção desse público, minimizando, assim, esse custo. É mais fácil o público entender que um cientista tem boa reputação, que compreender os detalhes da teoria dele. Logo, é de esperar que, ao dirigir-se ao público leigo, um cientista esforce-se por estabelecer sua boa reputação. Da mesma forma, a preferência pela democracia representativa, em detrimento da direta, assenta-se, em parte, sobre a percepção de que é menos dispendioso, para os eleitores, determinar a competência e a integridade de um político, que avaliar propostas políticas concorrentes.

O alto custo da informação também explica a ênfase da teoria política do direito no princípio do contraditório. Não precisamos compartilhar da fé mística dos juristas na produção da verdade através da con-

---

7. Peter Goodrich, *Reading the Law: A Critical Introduction to Legal Method and Techniques*, p. 193 (1986).
8. Cole, nota 2 acima, p. 20.

frontação de mentiras (confrontação essa que tende mais a produzir atordoamento, que conhecimento), para aceitar que a perspectiva de réplica coíbe a retórica desonesta, pois reduz a probabilidade de o público ser enganado. Como os benefícios da desonestidade ficam reduzidos, é mais provável que os oradores em debate se atenham a argumentos válidos ou, ao menos, justificáveis. É de esperar que se recorra menos ao princípio do contraditório diante de um público especializado e, portanto, menos manipulável. Seria tolo propor que os cientistas espelhem seus métodos naqueles dos juristas[9].

Na abordagem econômica da retórica, presume-se que o orador apelará aos interesses pessoais de seus ouvintes. O apelo, no entanto, não precisa ser ostensivo, nem a concepção de interesse pessoal, restritiva. Ilustrarei isso com um exemplo tirado de Homero. A antiguidade do exemplo não é nenhuma surpresa. Em geral, espera-se que as sociedades antigas e primitivas apresentem técnicas retóricas altamente desenvolvidas[10], pois essas técnicas não dependem da posse do conhecimento científico e tecnológico moderno e, além disso, são particularmente valiosas onde o custo da informação é alto. Da mesma forma, não devemos nos surpreender com o fato de que a retórica, que floresceu na Grécia Antiga, na Idade Média e no Renascimento, perdeu terreno, desde então, para outras disciplinas. Fora das áreas especializadas do discurso e da investigação, o custo da informação diminuiu com a disseminação da alfabetização, a educação universal, o avanço das comunicações, a expansão do conhecimento, o surgimento dos especialistas em informação, o crescente prestígio dos métodos de investigação científicos e racionais em geral; bem como com o desenvolvimento de instituições de todo tipo, desde escolas e universidades, até a garantia dos produtos, as lojas de departamentos e a democracia representativa (por oposição à direta), que possibilitam a economia nos custos com informação. Todos esses fatores representam alternativas em relação à retórica e contribuíram para a redução de seus domínios.

No Canto VI da *Odisseia*, o barco de Odisseu naufraga quando este está voltando para sua casa, em Ítaca, após vinte anos de ausência. O herói é carregado pelas águas até as proximidades da foz de um rio, no

---

9. Embora, às vezes, façam-se propostas desse tipo. Para uma discussão disso, ver Richard H. Gaskins, *Burdens of Proof in Modern Discourse*, caps. 1, 5 (1992).

10. Para algumas provas disso, ver meu livro *The Economics of Justice*, pp. 172-3, 276-7 (1981); e também *Law and Literature*, p. 278, onde analiso a retórica de outra passagem de Homero. Não pretendo afirmar que Homero possua uma *teoria* da retórica. Além disso, Cole, nota 2 acima, cap. 2, aponta uma série de limitações da *prática* da retórica, tal como revelada nos épicos de Homero.

reino da Esquéria, nu, imundo, exausto e só. Encontra-o a princesa da ilha, Nausícaa, que descera ao rio com suas servas, para lavar algumas roupas. Ao verem a repulsiva aparição, as servas fogem, mas Nausícaa permanece onde está. Odisseu dirige-se a ela[11]. Ele quer roupas para vestir e ajuda para voltar a casa, mas não tem como provar-lhe quem ele é. Como, então, persuadirá Nausícaa a ajudá-lo?

Odisseu começa com uma forte dose de bajulação. Pergunta-lhe se ela é uma deusa ou uma mortal. Caso seja mortal, tão gentil é, que "três vezes felizes são teu pai e tua honrada mãe, e três vezes felizes, teus irmãos", e "o mais feliz de todos será aquele que conseguir, com seus dons de galanteio, conduzir-te a seu lar. Pois meus olhos jamais viram um mortal como ti, fosse homem ou mulher". Depois de vinte linhas de exageros desse tipo, Odisseu finalmente menciona o apuro em que se encontra: "um grande sofrimento me acometeu". Em breves palavras, explica que seu barco naufragou e acrescenta: "Acredito que meus problemas ainda não tenham terminado." Só então, na vigésima sexta linha de um discurso de apenas trinta e sete linhas, Odisseu roga piedade a Nausícaa, observando, entre outras coisas, que não conhece ninguém mais na ilha. Tudo o que ele lhe pede é, presumindo que a roupa trazida ao rio por ela e por suas servas estivesse guardada em uma trouxa, que lhe dê essa trouxa para que possa, com ela, cobrir sua nudez e, depois, mostre-lhe onde é a cidade. O pedido é feito de forma breve e, depois, Odisseu tira de si o foco do discurso e o põe novamente sobre ela. "Quanto a ti, que os deuses te concedam tudo que teu coração desejar", incluindo-se, particularmente, um marido e um lar. O herói continua nesse tom por mais algumas linhas e o discurso então termina.

Como não pode pagar a Nausícaa para que o ajude, Odisseu tem de despertar nela um espírito de doação. Segundo a teoria econômica do altruísmo, quanto maior a disparidade de riqueza entre o doador e o beneficiado da doação, maior a probabilidade de ocorrência da transferência altruística. Além disso, as pessoas normalmente atribuem muito mais valor ao próprio bem-estar que àquele de um estranho. Dado, porém, o caráter decrescente da utilidade marginal do dinheiro, mesmo um altruísmo leve pode produzir uma situação na qual o aumento da utilidade para o receptor da doação representado por uma transferência de riqueza superará a diminuição da utilidade para o doador. Suponha

---

11. *Odyssey*, vol. 1, bk. vi, pp. 216-9, linhas 149-85 (tradução para o inglês de A. T. Murray, 1919, reimpresso em 1974 na Loeb Classical Library). Tomei a liberdade de modernizar a linguagem de Murray.

que D_r derive 100 úteis (uma medida arbitrária de utilidade subjetiva) de seu primeiro dólar, mas, por ser muito rico, derive apenas 1 útil de seu último dólar. D_e, por ser muito pobre, derivaria 100 úteis do ganho de um dólar adicional. Suponha, ainda, que D_r, por ser moderadamente altruísta, derive 2 úteis de satisfação de cada 100 úteis obtidos por D_e. Assim, ao transferir um dólar a D_e, D_r elevará a própria utilidade em 1 útil (2 − 1), o que tornará a transferência um ato de maximização de utilidade para D_r. Para induzir a transferência, D_e desejará lembrar D_r de quão rico D_r é e de quão pobre ele, D_e, é.

É isso que Odisseu faz. A primeira parte de seu discurso é dedicada essencialmente a estabelecer quão rica Nausícaa é potencialmente, já que, graças a sua amabilidade, ela poderá obter um marido rico (que superará os outros pretendentes, ao dar-lhe os melhores presentes). Odisseu não precisa gastar muito tempo persuadindo Nausícaa de seu presente estado de pobreza, pois este é evidenciado por sua aparência. Depois de estabelecer a disparidade de condição econômica entre os dois, Odisseu enfatiza quão mínimo é, para a princesa, o custo do presente que ele lhe pede (um trapo e uma pequena informação); porque quanto menor for esse custo, maior será a probabilidade de o presente produzir um aumento líquido da utilidade do doador. Mesmo assim, oferece alguma compensação pelos modestos presentes pedidos, ao terminar o discurso com votos de felicidade a Nausícaa. Votos de felicidade valem pouco, mas um pequeno benefício serve de contrapeso a um pequeno custo.

A primeira parte do discurso de Odisseu tem também a função de tranquilizar Nausícaa quanto ao caráter do orador. Ao fingir-se em dúvida sobre se Nausícaa é uma mortal ou uma divindade, Odisseu pretende dissipar qualquer tipo de medo desse homem sujo e nu, que possa levar Nausícaa a fugir de sua presença, a exemplo das servas; pois seria improvável um mortal, como ele, atacar uma divindade. Além disso, ao encher Nausícaa de elogios, Odisseu prova-se, ao mesmo tempo, cortês, respeitoso e eloquente. Ele usa palavras civilizadas para compensar a aparência física selvagem. Ao fazê-lo, sinaliza, ademais, que pode não ser o que parece – pode ser, como de fato é, um homem poderoso, temporariamente acometido pelo infortúnio e, portanto, alguém que pode um dia retribuir a gentileza de Nausícaa. Logo, há pistas que apontam para a possibilidade da reciprocidade altruística.

O discurso de Odisseu, portanto, é altamente racional, embora não transmita muitas informações de tipo convencional. A aparência de paradoxo que reside nessa afirmação (altamente racional, mas com poucas informações) vem da antítese, muito comum, mas falsa, entre razão e emotividade[12]. As emoções direcionam e concentram a atenção (como no dito espirituoso de Johnson, segundo o qual a perspectiva de ser enforcado provoca uma maravilhosa capacidade de concentração mental), reforçam os compromissos, fornecem motivação e fomentam o conhecimento por identificação emotiva (e estimulam a imaginação de várias outras maneiras). A razão, por sua vez, serve de estopim para as emoções e as disciplina, direciona e restringe. A generosidade é uma emoção. No entanto, segundo a análise econômica do altruísmo, é uma emoção ativada pela percepção de disparidades de renda e pela amplitude da possível transferência. Depende, portanto, do conhecimento.

Platão versus Aristóteles

Se estou correto até aqui quanto à retórica, não devemos acusá-la de irracional, mesmo quando emprega métodos de persuasão longe de serem científicos. Isso deve nos deixar um pouco mais confortáveis com respeito à advocacia. Esta não precisa ser sinônimo de fazer com que a pior das causas pareça a melhor, ainda que seja uma atividade fortemente retórica (como é, de fato). Antes, porém, de aceitar uma conclusão tão reconfortante para os profissionais do direito, devemos examinar o famoso ataque de Platão à retórica, no *Górgias*. O *Górgias* é um diálogo repleto de ironia, no qual Sócrates sugere que, se um dia fosse levado a julgamento em Atenas, bem poderia ser condenado à morte, pois não empregaria as artes retóricas para obter a absolvição. Ao dizer isso, o filósofo antecipa a própria morte, pois o diálogo foi escrito após o julgamento e a condenação de Sócrates.

Mestres da retórica, como Górgias, frequentemente eram contratados para escrever discursos para litigantes. Em uma sociedade onde não havia profissionais do direito, esses indivíduos desempenhavam um papel semelhante ao dos advogados em nossa sociedade. Sócrates pressiona Górgias quanto ao valor social da retórica e o induz a aceitar sua formulação, segundo a qual "a retórica produz a persuasão. Seu único negócio é a persuasão."[13] Górgias admite também que, quando usada no

---

12. Antítese criticada em Ronald de Sousa, *The Rationality of Emotion* (1987), e Martha C. Nussbaum, *Need and Recognition: A Theory of the Emotions* (Preleções Gifford 1992/93, inédito).

13. *Gorgias*, p. 11 (Tradução de W. C. Helmbold, 1952) (p. 453 da edição grega de Stephanus). (Usarei ambas as paginações. Portanto, "p. 11; 453". A tradução de Terence Irwin do *Górgias*, de 1979, é mais rigorosa. Para os meus propósitos, porém, a tradução de Helmbold, mais idiomática, é preferível.) O ataque de Platão à retórica no *Górgias* é exaustivamente criticado em Vickers, nota 3 acima, pp. 84-120, com forte apoio nas críticas anteriores de E. R. Dodds e principalmente de Irwin. Platão discute a retórica em vários outros diá-

tribunal, a retórica é um tipo de persuasão que produz crenças sobre a justiça e a injustiça, sem instilar nas pessoas o conhecimento dessas coisas, porque o rétor "jamais seria capaz de instruir uma plateia tão grande sobre assuntos de tal monta, em pouco tempo" (p. 14; 455). Isso leva Górgias a ironizar que, em um debate entre um mestre em retórica e um médico, sobre quem deveria ser eleito médico da cidade, o primeiro ganharia e seria eleito. Sócrates descreve isso como "um caso em que o ignorante é mais persuasivo que o especialista, perante os ignorantes" (p. 18; 459).

Sócrates, através de seu raciocínio, obriga Górgias a concordar que, da mesma forma como um médico tem de aprender medicina para praticá-la, um mestre da retórica tem de aprender a justiça para discursar sobre esta. Logo, conforme Górgias se predispõe a reconhecer, aceitando como verdade um aspecto da ética socrática ao mesmo tempo fundamental e duvidoso, um bom rétor deve ser um homem justo; pois, no contexto da ética de Sócrates, as pessoas só fazem o mal por ignorância, e um homem justo não falaria de forma injusta. Mas Górgias já admitira que os oradores, às vezes, abusam de seu talento e defendem o lado injusto de um caso. Logo, os oradores devem ignorar o que é a justiça, e Górgias parece não ter ideia nem mesmo do que seja a retórica. Pressionado a dar uma definição sua de retórica, Sócrates define-a como uma disposição (no sentido em que um professor é incapaz de explicar como ou por que funciona) das pessoas que sabem lidar com os outros. A retórica, uma disposição semelhante à culinária e caracterizada principalmente pela bajulação, está para a justiça como a cosmética está para a ginástica e como a culinária está para a medicina. A cozinheira "finge saber quais comidas são as melhores para o corpo; de modo que, se uma cozinheira e um médico tivessem de entrar em um concurso que tivesse crianças como juízes (...) o médico passaria fome até morrer" (p. 25; 464). O próprio Sócrates, se um dia for julgado, será "como um médico julgado por um júri de crianças, acusado por uma cozinheira" (p. 100; 521).

Cálicles, outro participante do diálogo, censura Sócrates por não entender que o único princípio da justiça é que "o mais forte governará e gozará de vantagem sobre seu inferior" (p. 52; 483). Se isso estiver certo, é tolice, da parte de Sócrates, preocupar-se com a possibilidade de a arte da retórica não conduzir a um conhecimento profundo do justo.

logos, mas não sinto necessidade de ir além do *Górgias*. Inclusive, o Górgias de Platão, intencionalmente ou não, é uma caricatura do Górgias histórico, uma figura razoavelmente importante na psicologia da comunicação. Charles P. Segal, "Gorgias and the Psychology of the Logos", 66 *Harvard Studies in Classical Philology* 99 (1962).

Mas Sócrates rejeita o princípio de que a justiça é a lei do mais forte. Segundo o filósofo, "devemos evitar com mais diligência o cometer que o sofrer injustiça" (p. 106; 527), porque as contas se ajustarão após a morte. As almas serão "todas julgadas totalmente nuas e só depois de mortas. O juiz também deverá estar nu e morto, a contemplar, apenas com sua alma, a alma nua de cada homem morto, para que o julgamento seja justo" (p. 103; 523). O homem julgado justo seguirá para as Ilhas dos Bem-Aventurados, enquanto os injustos irão para o Tártaro, "um cárcere de punição e pena" (p. 102; 523).

Há muitas dificuldades no raciocínio elaborado por Platão (através de Sócrates) contra a retórica. Em primeiro lugar, embora não muito importante, falta a Platão, aparentemente, a coragem de suas convicções. O diálogo platônico, incluindo-se o *Górgias*, é um tipo de discurso altamente retórico. Já mencionei o emprego da ironia, mas Platão também recorre intensamente à analogia, ao comparar, por exemplo, a retórica à cosmética e à culinária. Utiliza ainda o mito ou a alegoria (a estória sobre o julgamento após a morte) e, além disso, adota o formato dialógico, no qual discursos provavelmente fictícios, em grande medida, são postos na boca de personagens históricos reais.

Esta não é uma dificuldade grave no que concerne ao ataque de Platão à retórica. Podemos combater fogo com fogo e, ainda assim, achar que este seja, em termos gerais, uma coisa ruim; embora, no *Fedro*, sugira-se que Platão distinguia os métodos retóricos que eram bons por terem bons propósitos dos maus métodos dos sofistas. Um dos problemas realmente graves é que a ênfase tranquilizadora de Platão na justiça após a morte nos desvia do problema prático de como impedir a condenação dos justos – por exemplo, a do próprio Sócrates. Este bem poderia ter escapado da condenação em seu julgamento, se tivesse usado as artes retóricas ou contratado um orador habilidoso para escrever o discurso a ser proferido perante o júri; pois, de qualquer modo, uma parcela considerável dos jurados votou por sua absolvição. Seu julgamento não era um caso perdido. A indiferença em relação ao aqui e agora nunca foi um princípio viável da ordem social, embora tenha feito de Sócrates um verdadeiro santo.

Aristóteles tem uma visão mais amigável da retórica, em todos os aspectos. Seu tratado[14] começa pondo de lado, implicitamente, as críticas de Platão, explicando que aqueles que haviam escrito sobre retórica até

---

14. Aristóteles, *Rethoric* (Tradução de W. Rhys Roberts), em *The Complete Works of Aristotle: The Revised Oxford Translation*, vol. 2, p. 2153 (Jonathan Barnes [org.], 1984). Mais uma vez, remeterei ao número de página (e de coluna) da edição grega estabelecida (Bekker), assim como à paginação da tradução.

então trataram "de coisas externas ao exercício da retórica", a saber, "a incitação ao preconceito, à compaixão, à ira e outras emoções semelhantes" (p. 2152; 1354a). Apelos emotivos deveriam ser (e são, nos Estados adequadamente regulados, afirma o filósofo) proibidos, o que calaria aqueles oradores cuja ocupação consiste em fazer tais apelos. Com esses abusos fora de cena, a retórica pode ser vista como "útil, porque a justiça e a verdade, por natureza, tendem a prevalecer sobre seus opostos, de maneira que, se as decisões dos juízes não saem como deveriam, isso se dá por culpa dos oradores, e estes devem ser reprovados conformemente" (p. 2154; 1355a).

Aristóteles divide em três categorias os métodos de persuasão. O primeiro é o apelo ético. O segundo, intimamente relacionado a este, consiste em pôr os ouvintes em um estado de espírito receptivo. O terceiro, por fim, é o argumento do discurso. Aqui, Aristóteles enfatiza o entimema, que, na lógica moderna, é um silogismo no qual uma das premissas é oculta por ser de conhecimento geral. Assim, pode-se dizer que Sócrates é humano e, portanto, é mortal; em lugar do tortuoso silogismo: todos os homens são mortais, Sócrates é um homem, logo Sócrates é mortal. Não está claro se Aristóteles usou o termo em um sentido tão limitado. Pode tê-lo tomado meramente como uma afirmação apoiada pela razão, como quando uma conclusão segue-se provavelmente, mas não certamente, das premissas; em vez de seguir-se certamente, como no caso do silogismo[15], ou quando as premissas são provavelmente, mas não certamente, verdadeiras[16]. De todo modo, ao situar o entimema (em vez de, digamos, a voz ou a expressão corporal do orador) no centro do palco da retórica, Aristóteles afirma a racionalidade dessa técnica. Isso, por sua vez, conforme explica o filósofo, demonstra ser absurdo afirmar que uma pessoa deve ter o direito de defender-se pela força, mas não com palavras, pois o uso do discurso racional, para obter-se o que se deseja, é mais tipicamente humano que o uso da força. Aristóteles acrescenta ainda que, assim como o entimema é (embora não esteja totalmente claro em que sentido) o equivalente retórico do silogismo, o exemplo é o equivalente retórico da indução.

Não apenas o método de argumentação mas também os fundamentos empíricos são mais informais, na retórica, que na lógica, na matemática ou na ciência. "Ante certos auditórios, nem mesmo com a posse do mais exato conhecimento seria mais fácil produzir convicção com

---

15. M. F. Burnyeat, "Enthymeme: Aristotle on the Logic of Persuasion", em *Aristotle's "Rhetoric" – Philosophical Essays*, p. 3 (David J. Furley e Alexander Nehamas [orgs.], 1994).
16. Cole, nota 2 acima, pp. 154-6.

nossas palavras", pois não é possível persuadir, com base no conhecimento, os desprovidos de instrução, já que o conhecimento pressupõe instrução prévia. O orador, portanto, deve usar "noções comuns" (p. 2154; 1355a). Temos, dessa forma, um retrato de orador (desenvolvido no restante do tratado): este, tendo estabelecido sua credibilidade perante a audiência e tendo provocado nesta uma atitude atenta e receptiva, dá seguimento à defesa de seu argumento através da lógica informal, acrescentando-lhe eventuais provas, que procura vincular à atual estrutura de crenças dos ouvintes através do apelo a noções de conhecimento comum.

Podem-se fazer várias objeções a esse retrato. A primeira é que ele pressupõe a possibilidade de os tipos ruins de apelo emocional manterem-se de fora da cartola do orador. É verdade que, nos julgamentos modernos, as formas mais ostensivas de apelo às emoções (como a exposição dos delitos passados do réu, para pôr em julgamento seu caráter; o uso de fotografias da vítima ensanguentada, para horrorizar o júri; e o apelo à hostilidade racial ou religiosa) podem ser afastadas pelas normas probatórias. Entretanto, é impossível fazer o mesmo com formas mais sutis de apelo às emoções, mas igualmente traiçoeiras. Não há praticamente nada que um sistema judiciário possa fazer para impedir um advogado de se vestir de uma maneira planejada para transmitir aos membros do júri a impressão de que ele é uma pessoa comum, como eles[17]; de fazer aulas de atuação para aprender a transmitir uma impressão mais convincente de sinceridade; de selecionar, como testemunhas, especialistas dotados de uma personalidade vencedora; de bajular jurados e juízes; ou de usar a entonação de voz e a expressão facial e corporal para dar falsas impressões[18].

Mas essa objeção à defesa aristotélica da retórica pode ser um pouco relativizada pela observação de que as emoções podem tanto clarificar quanto obscurecer a compreensão. Por exemplo, o apelo de um advogado às emoções pode induzir no juiz ou no jurado um entendimento por identificação empática dos motivos, dos impulsos e das crenças da vítima ou de um infrator. Graças a esse apelo, o tribunal pode conseguir formar uma impressão mais exata dos fatos essenciais e, consequentemente, fazer um julgamento mais justo[19]. A retórica pode ser "um

---

17. Mais sobre o "vestir-se para o sucesso [forense]", adiante.
18. Talvez seja possível impedir os advogados de preparar as testemunhas. Nos sistemas jurídicos europeus, tenta-se, com algum sucesso, fazê-lo. O mesmo não acontece no sistema jurídico norte-americano.
19. Martha C. Nussbaum, "Equity and Mercy", 22 *Philosophy and Public Affairs* 83 (1993).

meio de fazer a verdade soar verdadeira – muitas vezes, o único meio disponível"[20].

A segunda objeção à posição de Aristóteles é que ele adota uma noção equivocada de "distância" e "tenacidade" (elementos que, fundidos, podem ser chamados de "persuadibilidade"), ao tomar como ponto de referência a verdade e não as crenças dos ouvintes. Segundo o teorema de Bayes, os antecedentes de um indivíduo (isto é, as crenças que possui antes de ser exposto a um novo argumento ou a uma nova prova) influenciarão a crença por ele formada com base no novo argumento ou na nova prova. Se dois astrônomos tivessem debatido, no ano de 1250 d.C., sobre se a Terra gira em torno do Sol ou vice-versa, o astrônomo que adotasse a primeira posição teria tido muito mais trabalho, para persuadir o público, que aquele que adotasse a segunda posição, ainda que a posição do primeiro astrônomo estivesse muito mais próxima da verdade[21].

Em terceiro lugar, mesmo quando não há tensão entre a verdade e as crenças do público (este pode não ter nenhuma crença que seria contrariada pela adoção de qualquer uma das crenças proclamadas pelos oradores em concurso), se os oradores diferem quanto à habilidade, aquele que defende a ideia errada pode, não obstante, sair vitorioso[22]. Isso pode ocorrer mesmo na completa ausência de fatores emocionais, pois as pessoas diferem enormemente quanto às habilidades intelectuais, bem como quanto à habilidade de despertar emoções. A desigualdade dos advogados é ignorada por James Boyd White em sua tentativa de refutar a posição de Platão contra a retórica[23]. White também joga contra Platão, ao comparar a prática ideal do direito com as práticas censuradas no *Górgias*, mas não indica como devemos passar do real ao ideal; e, também, ao afirmar que "o direito converte as matérias brutas que são a natureza humana e os conflitos humanos, em outra forma de vida e linguagem, em raciocínios sobre a justiça"[24]. Isso é tratar a "justiça" como um conceito universal, o que dá a entender que o apelo à justiça feito por um advogado nazista teria, se não um conteúdo idêntico ao daquele feito por um advogado norte-americano, ao menos um

---

20. Cole, nota 2 acima, p. 140.
21. A verdade é que tanto a Terra quanto o Sol giram em torno de um ponto imaginário próximo ao Sol.
22. Em outras palavras, o sucesso da retórica depende do orador (suas habilidades etc.) e dos ouvintes (a receptividade destes etc.), assim como o sucesso da medicina depende tanto do médico quanto do paciente. Cole, nota 2 acima, pp. 87-8.
23. "Plato's Gorgias and the Modern Lawyer: A Dialogue on the Ethics of Argument", em White, *Heracles' Bow: Essays on the Rhetoric and the Poetics of the Law*, p. 215 (1985).
24. Id., p. 232.

fundo edificante inextinguível. Isso advém da fé do jurista em que as pessoas se tornam boas falando. Apenas ignorando-se as realidades do processo jurídico é que é possível apagar totalmente a tensão entre retórica e racionalidade, como na extraordinária afirmação de Jonsen e Toulmin, segundo a qual, no contexto do direito, "a 'retórica' de um caso qualquer (como este pode ser apresentado de forma *mais persuasiva*) não entra em conflito, de forma nenhuma, com seus 'méritos', isto é, a *força racional* dos argumentos pertinentes. Ou seja, em empreendimentos práticos como o direito civil, o papel da 'teoria' é, ao mesmo tempo, *racional e retórico*."[25]

Quando Aristóteles passa das generalidades para a análise dos detalhes do desempenho retórico, encontramo-nos naquele mundo amoral do advogado, onde, para todo argumento, há um contra-argumento plausível, com o qual o advogado pode efetivamente esperar fazer com que a pior causa pareça ser a melhor[26]. A capacidade de gerar argumentos opostos é conhecida, no léxico da retórica, como "invenção". Este é o tipo de coisa que deixa as pessoas intrigadas com a retórica. Em Aristóteles, há uma análise sensacional de como defender ambas as partes em um caso que envolve um contrato. Depois de enumerar uma série de argumentos em favor da execução do contrato (como: "um contrato é uma lei, embora de um tipo particular e limitado [...] e que o próprio direito como um todo é uma espécie de contrato, de maneira que quem quer que desrespeite ou repudie qualquer contrato está repudiando o próprio direito" e "a maioria das relações comerciais, a saber, as voluntárias, são regidas por contratos. Quando estes perdem sua força de obrigatoriedade, cessam as relações humanas [...]"), o filósofo exibe os contra-argumentos: "O dever do juiz como arbitrador é decidir o que é justo. Deve, portanto, perguntar a si mesmo onde jaz a justiça e não o que significa este ou aquele documento"; e "devemos procurar saber se o contrato (...) contradiz contratos anteriores ou posteriores; porque os posteriores podem ser os válidos ou os anteriores podem ser os justos e os posteriores, os fraudulentos, segundo nossa necessidade" (p. 2192; 1376b). É a frase "segundo nossa necessidade" que deixa com a pulga atrás da orelha aqueles que não são advogados.

Se tanto a censura de Platão à retórica quanto a defesa aristotélica dessa mesma arte são profundamente falhas, o que pensar então? Para responder a essa pergunta, é preciso saber *por que* Platão e Aristóteles

---

25. Jonsen e Toulmin, nota 3 acima, p. 298.
26. Para um catálogo moderno dos artifícios e subterfúgios da prática forense, ver Pierre Schlag e David Skover, *Tactics of Legal Reasoning* (1986).

divergem quanto ao valor social da retórica. As principais razões são que os dois filósofos trabalham com concepções diferentes de investigação racional e avaliam de forma diferente a natureza e as habilidades dos ouvintes do orador. Para Platão, a investigação científica e ética consiste em abrir caminho por entre o entulho mental que interfere na habilidade das pessoas de *ver* a verdade e o bem. Nesse contexto, o alvoroço da oratória jurídica e política só serve para juntar mais entulho. Já Aristóteles acredita (obviamente, com acerto) que a verdade frequentemente se esconde, que aproximações probabilísticas, em muitos casos, são a única solução viável e que as técnicas por ele catalogadas facilitam a obtenção dessas aproximações.

Quanto à diferença entre Platão e Aristóteles no que concerne à avaliação do público da retórica, embora Aristóteles enfatize que, muitas vezes, os ouvintes não possuem instrução e, portanto, são inexoravelmente estúpidos, não os considera desprezíveis. Uma das razões disso é que, como explica o filósofo, seu interesse volta-se mais para a retórica política que para a forense; e, para ele, um público presta mais atenção a um debate político, porque esse tipo de debate envolve assuntos que o afetam. Os jurados de um caso, por outro lado, não são afetados pelo resultado do debate forense (apenas os litigantes o são) e, portanto, prestam menos atenção a este[27]. Em uma democracia direta minúscula e em constante ameaça de guerra, como a de Atenas, ao contrário do que acontece em uma democracia representativa segura, como a dos Estados Unidos, o benefício que um indivíduo obtém ao votar corretamente e, logo, acompanhar atentamente os debates políticos, tende, na verdade, a exceder o benefício de votar corretamente e acompanhar atentamente os casos como jurado. O fato importante aqui, do ponto de vista teórico, é que, quanto menos cada membro do público tiver a ganhar individualmente com a escolha certa, menor será a responsabilidade que podemos esperar da retórica.

O interesse de Platão, no *Górgias*, concentra-se mais na retórica forense. Quanto ao público desta (os grandes júris atenienses, que não tinham direito de deliberar, mas deviam votar o veredito no fim do julgamento), o filósofo não o considerava melhor que crianças. Platão era um aristocrata. Logo, essa avaliação demeritória da capacidade de seus concidadãos vinha-lhe naturalmente. Aristóteles também tinha uma visão

---

27. Note o paralelo entre a sugestão de que o não envolvimento é diretamente proporcional à falta de atenção (poderíamos dizer que o não envolvimento fomenta o desinteresse) e minha análise, no Capítulo 3, de como a tentativa de garantir a imparcialidade dos juízes estimula a preguiça nestes.

crítica do júri ateniense, mas, como observei, enfatizava a retórica política em vez da forense. Ambos, porém, ignoram a possibilidade de que, se o júri pudesse ser persuadido de estar jogando um "jogo" judicial dependente da fidelidade a certas normas de atenção e imparcialidade, poderia se comportar tão responsavelmente quanto se comportaria se alguma outra forma mais óbvia de interesse pessoal estivesse em jogo.

O contraste entre as avaliações platônica e aristotélica da retórica sugere que o valor social da retórica, por oposição ao privado, tende a ser menor, quanto maior o custo de absorção de informações pelos ouvintes. Mas a relação entre as duas variáveis, na verdade, é mais complexa. Se o custo da informação é zero, a retórica não tem valor; é inofensiva, mas também inútil. Se, por outro lado, o custo for muito alto, a retórica poderá ser indispensável, mas também tão perigosa, que o poder de decisão deve ser retirado do público, ignorante e manipulável. Pois não se deve confundir retórica com educação. Esta "propõe-se a nos apresentar os argumentos de ambos os lados da questão, sob a ótica da verdade, dando a cada um destes o grau de influência apropriado; e só tem a persuasão em vista na medida em que os próprios argumentos pareçam convincentes", enquanto a retórica "esforça-se, por todos os meios, a persuadir-nos. Para tanto, amplifica todos os argumentos de um lado e diminui ou oculta aqueles que poderiam ser apresentados em favor do [outro] lado."[28]

O custo de absorção de informações para um determinado público é diretamente proporcional à complexidade do tema em concurso e inversamente proporcional à familiaridade desse público com o tema (ou conhecimento especializado deste), à educação geral de seus integrantes, bem como à inteligência e racionalidade destes. Quanto menos inteligentes e bem-informados os ouvintes e quanto mais intrinsecamente complexo o tema em debate, mais longe da verdade tendem a estar suas crenças anteriores. Mais altos, portanto, serão os custos de absorção de informações para eles e, consequentemente, mais provável será que os oradores recorram a apelos emotivos (do tipo que obscurece o raciocínio em vez de clarificá-lo), sinais enganadores e informações falsas; mais provável será, ainda, que o público forme, como resultado do esforço dos oradores, outra crença falsa. Sem dúvida, para Platão, a acusação contra Sócrates – de que este corrompera a juventude ateniense, não reconhecia os deuses da cidade e introduzira novos deuses no lugar destes – exigia uma avaliação complexa, que o júri do julgamento

---

28. Adam Smith, *Lectures on Rhetoric and Belles Lettres*, p. 62 (J. C. Bryce [org.], 1983).

de Sócrates não estava preparado para fazer. Como o foco dramático do *Górgias* é o julgamento de Sócrates (embora este nunca seja mencionado diretamente e, na verdade, fique de fora da cronologia do diálogo), não é de surpreender que o veredito implícito dado à retórica seja negativo. O veredito não teria sentido se não fosse possível conceber nenhuma alternativa ao tipo de julgamento imposto a Sócrates. Nesse caso, a única crítica sensata a se fazer seria a Sócrates, por não ter contratado um orador para ajudá-lo. Mas é possível, por meio das normas probatórias e de outras inovações institucionais no direito processual, reduzir a utilização de métodos retóricos na resolução de disputas jurídicas; e quanto mais alto for o custo da informação para os tribunais, mais atraente se tornará esse tipo de inovação.

Aristóteles, ao contrário de Platão, enfatiza[29] uma situação um tanto idealizada, na qual o público de um debate, embora lhe falte o conhecimento especializado do assunto, é inteligente, atento e imparcial; e na qual os oradores em concurso são impedidos de ultrapassar as fronteiras da argumentação racional. Aqui, o custo da absorção de informações, embora exista, não é tão alto, a ponto de tornar atraente ou compensador o emprego dos métodos retóricos mais desonestos. Ademais, a variedade disponível desses métodos é restringida, no mínimo, por normas processuais rudimentares.

Pode-se perceber por que os democratas tendem a ver com bons olhos a retórica e com suspeita a ciência. A retórica leva a sério a opinião das pessoas comuns (no limite, pode-se dizer que faz da opinião pública o árbitro da verdade), enquanto a ciência reveste de autoridade os especialistas. Platão, na *República*, deseja que os filósofos governem pela força e pela dissimulação[30]. Ele provavelmente aprovaria o tipo de judiciário profissional que encontramos hoje na Europa, do qual o júri foi, em grande medida, banido; enquanto Protágoras, com sua doutrina segundo a qual um julgamento imparcial requer a consideração da opinião do homem comum, foi chamado de "o primeiro defensor racional" da democracia[31]. Mas o excesso de democracia é um problema real. A inexistência de mecanismos institucionais de controle sobre o júri ateniense (não havia juízes profissionais nem direito de recurso) é aterrorizante para quem quer que dê valor aos direitos civis. O sistema jurídi-

---

29. Não exclusivamente, pois os apelos emotivos também são bastante discutidos na *Retórica*. O livro é tanto um manual de retórica prática quanto um tratado teórico do tema.

30. Sobre as implicações políticas das divergências entre Aristóteles e Platão quanto à retórica, ver Mary P. Nichols, "Aristotle's Defense of Rhetoric", 49 *Journal of Politics* 657 (1987).

31. Schiappa, nota 1 acima, p. 184.

co ateniense dava muito espaço à retórica inflamada e colocava os livres-pensadores inconformistas, como Sócrates, em uma posição de grande risco. A democracia e a retórica se alinham de um lado do muro e o individualismo, do outro lado; enquanto o liberalismo posiciona-se em cima, desconfortavelmente. Ou, enfatizando-se as incursões que a democracia irrestrita é capaz de fazer na liberdade do mercado das ideias políticas, podemos dizer que democracia demais, no curto prazo, pode levar a democracia de menos, no longo prazo.

A comparação entre a visão de Platão e a de Aristóteles sugere, acima de tudo, que não se deve tentar impor uma avaliação normativa à advocacia (ou a qualquer outro tipo de defesa argumentativa) em geral. (O empenho dos defensores da retórica por fazê-lo pode ser uma das causas do pouco apreço de que goza a disciplina. Oradores pouco habilidosos que são, eles exageram na argumentação em favor de sua causa.) A questão crucial é a competência intelectual e a maturidade emocional do tribunal em relação à complexidade das questões do caso em juízo. Se, por uma combinação entre as normas probatórias e o preparo emocional e intelectual do júri, os advogados forem levados a se aterem aos métodos retóricos aprovados por Aristóteles, todos os quais são pertinentes à investigação racional naquelas situações de incerteza radical tão comuns nos litígios levados a julgamento[32], seu esforço terá resultados racionais.

Essa discussão sugere uma resposta a uma questão levantada no Capítulo 1, a saber, se se deve considerar que um ator contratado para proferir as alegações finais de um advogado perante o júri está envolvido na prática do direito e deve, portanto, ser proibido de desempenhar a função referida, exceto se for advogado também. Proibir os advogados de fazer aulas de atuação é inviável, mas é viável proibi-los de contratar atores para proferir suas alegações. O efeito de uma proibição como essa é a redução do investimento naquele tipo de dramaturgia forense que tende tanto a enganar quanto a informar o júri. O gasto com tempo que um advogado despenderia para fazer uma quantidade de aulas de atuação suficiente para transformá-lo em um bom ator é alto, enquanto o aumento da eficácia do advogado-ator perante os júris provavelmente seria pequeno, pois a habilidade de atuar é mais o resultado de um talento nato, que de treinamento – de outro modo, seria difícil explicar os altíssimos salários dos atores de sucesso. Assim, uma regra contra a contratação de atores para proferir as alegações finais da acusa-

---

32. Para não levar a júri os casos nos quais não há dúvida razoável, existem, no direito, mecanismos como o julgamento sumário, que solucionam esses casos sem levá-los a julgamento.

ção ou da defesa em um julgamento não seria contornada em massa pelos advogados (que poderiam se tornar, eles próprios, [melhores] atores), embora eu conheça um advogado muito bem-sucedido, em Chicago, que fez aulas de atuação.

É interessante observar que, até quase meados do século XX, os *barristers* (isto é, advogados, de primeira e segunda instâncias), em geral, não tinham diploma de direito e, de fato, recebiam pouca instrução formal em direito. Recomendava-se a eles, em vez disso, o estudo dos oradores gregos. Dos *solicitors*, esperava-se que realizassem a pesquisa e a análise jurídica; e dos *barristers*, esperava-se eloquência, habilidade na réplica e desembaraço verbal; retórica, em suma. É interessante observar, também, que o mais intelectual dos juízes norte-americanos, Holmes, embora fosse ele próprio um mestre em retórica, visse o direito como vocação de pensadores, não de poetas, e esperasse vê-lo erigido em bases científicas, definia-o como o prognóstico daquilo que os juízes fazem. Definir o direito dessa forma é fazê-lo desde a perspectiva do consultor jurídico e não do advogado; e o papel do consultor jurídico é essencialmente analítico, enquanto o do advogado é fortemente retórico.

"Quando me tornei o primeiro assessor de moda dos Estados Unidos, meus primeiros clientes eram advogados (...). Bons advogados são grandes vendedores e ótimos atores. Sabem, perfeitamente, que as formas não verbais de comunicação, muitas vezes, são tão importantes quanto os elementos factuais de um caso (às vezes, mais importantes que estes)."[33] O Sr. Malloy pode estar exagerando, mas há um fundo de bom senso naquilo que ele escreve, embora eu fique completamente perplexo com esta afirmação: "se você tiver um júri corriqueiro formado por indivíduos brancos de classe média baixa e indivíduos negros de classe média, em igual quantidade, vista-se para os negros. O preconceito dos brancos contra o cinza será menor que o preconceito dos negros contra o azul"[34]. Não sei se isso é verdade, mas tenho certeza de que é algo que o advogado consciencioso deve ponderar. Reconhecer isso é reconhecer quanto a retórica forense está distante dos procedimentos científicos de investigação e prova.

Retórica como raciocínio

Já antecipo a objeção (*prolepse*) de que estou tratando a retórica como um conjunto de mecanismos de persuasão e que, ao fazê-lo, desprezo o

---

33. John T. Malloy, *New Dress for Success*, p. 295 (1988).
34. Id., p. 299.

fato de que ela também é uma forma de pensar[35], talvez a única forma viável para os juristas e os juízes (talvez para *quem quer que seja*). No restante do capítulo, pretendo me ocupar dessa questão.

Analogia. Começo pela defesa do raciocínio analógico no direito, por Cass Sunstein[36]. Poder-se-ia pensar que a analogia, como a metáfora e a narração de histórias, fosse um mecanismo usado estritamente para estimular a imaginação ou dar vida aos argumentos; não tendo efetivamente nada a ver com o pensar. Mas Sunstein afirma que a analogia torna possível a realização de decisões jurídicas racionais nas ocasiões em que, por falta de informações cruciais ou pela ausência de um consenso quanto às premissas, não há uma teoria geral da qual se possa deduzir a decisão "certa", com a ajuda de um pouco de investigação factual. Se os empregadores são proibidos de demitir funcionários por estes se recusarem a cometer perjúrio em nome daqueles, um juiz pode encarar isso como uma razão para crer (por analogia) que eles também deveriam ser proibidos de demitir funcionários que entrem com ações trabalhistas na justiça. Esse "raciocínio" parece funcionar, afirma Sunstein, mesmo quando o juiz não tem nenhuma teoria totalmente elaborada sobre quando se deve proibir os empregadores de demitirem empregados sem garantias (ver Capítulo 13). Parece, então, que, graças ao raciocínio por analogia, o indivíduo raciocinante consegue mover-se de um particular (um caso, por exemplo) a outro, sem ter uma teoria ou lei geral da qual ambos sejam exemplos.

Não compreendo isso. Não vejo como alguém pode ser capaz de chegar a uma conclusão racional no caso trabalhista, sem descobrir ou postular uma *razão* pela qual se deve proibir os empregadores de demitir empregados que se recusem a cometer perjúrio. A razão, presumivelmente, é desencorajar a prática do perjúrio. Nesse caso, então, poderíamos refletir sobre se há igual razão para estimular o recurso a ações trabalhistas e se há alguma consideração contrária a esse estímulo, que pudesse estar ausente no caso de perjúrio. Pode-se chamar a isso raciocínio por analogia, se se quiser, mas o que ocorre verdadeiramente aqui é a inquirição (ou garimpagem) de um caso anterior, em busca de políti-

---

35. Ver, por exemplo, Jonsen e Toulmin, nota 3 acima, p. 72.
36. "On Analogical Reasoning", 106 *Harvard Law Review* 741 (1993). Os editores da *Harvard Law Review* classificam esse importante artigo como "Comentário" e o colocam entre as "Notas" e as "Notas sobre livros", ambas escritas por estudantes, enquanto a seção "Artigos" é a primeira da revista, antes da seção "Notas". Aparentemente, os editores acharam que o artigo de Sunstein, por ter apenas 50 páginas, não poderia ser considerado um artigo de direito no sentido pleno. A prolixidade é, certamente, um dos principais mecanismos retóricos empregados pelos juristas.

cas aplicáveis ao caso em juízo. Em seguida, decide-se esse caso, tendo-se essas políticas como referência[37]. Isso é mais uma prova de que a melhor maneira de tratar o direito é como uma ciência do interesse público (embora primitiva, talvez, dada sua curiosa dependência em relação àquelas considerações acerca do interesse público obteníveis a partir de decisões judiciais publicadas) e não como algum ramo especial do raciocínio. Não é de surpreender que o "verdadeiro" raciocínio analógico, que vai de um caso antigo a um caso novo com base na percepção de algum tipo de "semelhança", tenha sido fonte de muitas doutrinas judiciais perniciosas, incluindo-se muitas doutrinas tradicionais do direito antitruste, hoje praticamente descartadas. Um exemplo disso é a doutrina da "alavanca"*, fundada em uma analogia grosseira e equivocada entre o uso de uma alavanca para levantarmos um corpo mais pesado que o nosso e o incentivo que o monopolizador de um produto ou serviço (por exemplo, o maquinário necessário para a produção de sal) tem para monopolizar também os produtos ou serviços suplementares (como o sal)[38].

Tanto os atrativos quanto as armadilhas do raciocínio analógico vêm de seu caráter formalista. Embora Sunstein seja contra o formalismo e considere o raciocínio analógico o triunfo da razão prática sobre os métodos dedutivos apoiados pelos formalistas jurídicos, o uso que os juristas fazem dessa técnica é, na verdade, formalista. Quando se veem diante de um caso que envolva o sistema de direitos de propriedade adequado para um novo recurso natural, como, digamos, o petróleo, os juristas examinam os casos já decididos que lidaram com recursos "semelhantes", como, digamos, a água ou os coelhos. Eles não saem por aí para conversar com engenheiros de produção de petróleo, ecologistas ou economistas especializados em recursos naturais. Tratam a questão como um problema *interno* às fontes jurídicas, uma questão que diz respeito às relações entre conceitos jurídicos. Fazem isso porque o sonho do ju-

---

37. Compare-se com G. E. R. Lloyd, *Polarity and Analogy: Two Types of Argumentation in Early Greek Thought*, pp. 412-3 (1966), em que o autor, depois de citar trechos da *Retórica* que sugerem "como Aristóteles poderia ter buscado justificar muitas de suas analogias, a saber, tendo em vista que todos os casos por ele comparados são exemplos das mesmas leis gerais", ressalta: "o fato é que a forma assumida por seu raciocínio, nessas ocasiões, não é condizente com aquilo que a teoria (...) parece exigir. Não consiste em (1) uma indução cuidadosa para a determinação de uma regra geral, seguida de (2) uma dedução em que se aplica a regra a outro caso. Caracteriza-se, em vez disso, como uma comparação direta entre dois casos particulares."

* "Leverage", vocábulo inglês que significa, literalmente, "alavanca", também tem, naquela língua, o sentido conotativo de "poder de barganha". (N. do T.)

38. Para outras críticas ao raciocínio analógico no direito, ver *The Problems of Jurisprudence*, pp. 86-100. Sobre a teoria da alavanca, ver *Economic Analysis of Law*, pp. 311-2.

rista é conseguir resolver novos casos puramente por referência a casos antigos, isto é, sem nenhum conhecimento externo ao "direito".

Minha intenção não é fazer pouco caso da analogia, recurso ao qual recorri intensamente no Capítulo 3, onde comparei os juízes a espectadores de teatro e a jogadores que jogam por diversão, e no início do presente capítulo, onde comparei a persuasão à venda de mercadorias. Analogias podem ser sugestivas e até iluminadoras. Quando, porém, advogados e juízes raciocinam por analogia, a partir de casos antigos, para resolver casos novos, isso geralmente significa que estão limitando sua análise desses casos aos elementos encontráveis nos casos anteriores; e, como no exemplo do uso de casos que envolvem animais selvagens com o objetivo de conceber um sistema de direitos para o petróleo e o gás, os casos anteriores, muitas vezes, são um repositório deficiente de fatos e políticas úteis à decisão do caso presente.

Mas a analogia tem pelo menos uma função profundamente valiosa para o direito, que vai além do sugestivo ou do metafórico: fixar as fronteiras de uma norma ou doutrina jurídica. Este é um uso crítico, não criativo, da analogia. O foco é nas diferenças e não nas semelhanças, e o efeito é o cerceamento, não a expansão, das normas. Suponhamos, mais uma vez, que a norma seja que, quanto aos recursos fugidios (qualquer coisa capaz de se mover), só é possível possuí-los se eles forem reduzidos à posse. A ilustração disso está nos casos que envolvem os coelhos e outros animais selvagens ("ferae naturae"). O indagador socrático – o emprego crítico da analogia é o pilar pedagógico da escola socrática – poderia perguntar: isso significa que é impossível possuir petróleo e gás, exceto se estas substâncias forem reduzidas à posse? A resposta mais inteligente é "não". Petróleo e gás são entes muito mais valiosos que coelhos e a maioria dos animais selvagens. Correm, portanto, mais risco de se exaurirem prematuramente. Consequentemente, é mais provável que justifiquem o custo da criação de direitos de propriedade desvinculados da posse. Proibir a concessão de tais direitos reduzirá os incentivos à preservação desses recursos[39]. Assim, a analogia equivocada entre o petróleo e o gás e os coelhos mostra que a norma foi definida de maneira excessivamente abrangente[40].

---

39. Cf. Harold Demsetz, "Toward a Theory of Property Rights", 57 *American Economic Review* 347 (número dedicado às comunicações e atas, maio de 1967).

40. Não pensem que este seja um exemplo esotérico. "O emprego da analogia com os animais selvagens era tão frequente que o petróleo e o gás chegaram a ser classificados como minerais selvagens ou minerais *ferae naturae*. Dado o grande volume de litígios concernentes ao petróleo e ao gás, tem-se a impressão de que o número de casos que envolvem petróleo e gás e nos quais se faz referência aos direitos dos animais selvagens é maior que o núme-

Uma das mais importantes habilidades do advogado é determinar o alcance das normas jurídicas[41], pois a típica pergunta que o cliente lhe faz é se um determinado curso de ação violaria uma norma jurídica. Devido à imprecisão da linguagem, o enunciado verbal de uma norma, muitas vezes, não é uma fonte de orientação confiável quanto ao alcance real desta. Para determinar esse alcance, postulam-se casos hipotéticos situados nas mais remotas fronteiras semânticas da norma e questiona-se se esses casos, que são suficientemente "afins", em matéria de semântica, para contarem como aplicações da norma, situam-se dentro do alcance desta, definido por referência ao propósito dela e a outras fontes pertinentes de orientação relacionadas com o interesse público.

Esse procedimento assemelha-se ao modelo hipotético-dedutivo de investigação científica. Nesse modelo, que, embora hoje seja considerado uma descrição inexata do processo científico, apreende traços importantes desse processo, o cientista propõe uma teoria, deduz dela hipóteses empíricas e depois testa essas hipóteses. Se a hipótese não passa no teste, a teoria é desmentida e deve ser alterada ou abandonada. De modo semelhante, poderíamos ter uma "norma" segundo a qual a Constituição protege todo tipo de discurso político. Isso implicaria que uma ameaça de morte dirigida ao Presidente da República, por este ter violado a concepção da separação do poderes de Montesquieu, gozaria de imunidade. Mas sabemos que ameaças de morte não gozam de imunidade. Isso significa que a norma não é válida da maneira abrangente como a enunciamos. Precisamos, portanto, enunciá-la de outra forma. O uso de casos hipotéticos, vistos como analogias potencialmente equivocadas com casos situados no cerne de uma norma ou doutrina, é o equivalente das hipóteses confrontadas pelo cientista com dados colhidos através da experimentação ou da observação. A norma segundo a qual, em relação aos recursos fugidios, só se podem adquirir direitos de posse, teve de ser alterada quando confrontada com o exemplo do petróleo e do gás. Tanto no modelo hipotético-dedutivo quanto nos equivalentes moral e jurídico desse modelo, a meta é a harmonia ou coerência – entre teoria e observação, no campo da ciência; entre uma teoria moral e ideias morais inabaláveis, no campo da ética; e, no campo do direito, entre uma teoria jurídica e as decisões judiciais consolidadas.

---

ro de casos que envolvem diretamente esses animais." Eugene Kuntz, *Treatise on the Law of Oil and Gas*, vol. 1, § 4.1, pp. 112-3 (1987) (omite-se a nota de rodapé).

41. Esse ponto ajuda a explicar por que, conforme observei no Capítulo 22, matemáticos e cientistas brilhantes, caso lhes faltassem habilidades verbais satisfatórias, não conseguiriam se tornar advogados brilhantes.

Esse emprego da analogia para estabelecer a coerência entre nossas teorias e os casos que aceitamos como elementos fixos de nosso panorama jurídico é diferente de seu emprego "criativo", no qual a noção vaga de "afinidade" serve para identificar teorias possivelmente utilizáveis como recursos para a decisão de casos sem precedentes. Quando o petróleo e o gás passaram a ser considerados recursos valiosos e os juristas lançaram-se à procura de teorias jurídicas que pudessem reger sua utilização, o critério da afinidade fez com que se voltassem – equivocadamente – para o regime de regulamentação aplicável aos coelhos e às raposas. A analogia possibilita a descoberta de entidades passíveis de controle jurídico. Esta é uma função valiosa, semelhante àquela de sentimentos como o medo e o desejo, na canalização de nossos pensamentos. Porém, para escolher a analogia que regerá o novo caso, precisamos tecer considerações referentes ao interesse público, bem como a propósitos e consequências. Por exemplo, a afirmação de que proibir o aborto é como permitir a escravidão nos convida a refletir sobre por que não gostamos da escravidão e se a razão ou as razões disso se aplicam ao aborto. A analogia nos conduz apenas ao patamar da análise, e podemos ter dificuldade para ir além desse patamar, se só procurarmos por informações sobre o interesse público e sobre propósitos e consequências na jurisprudência. Uma vez que o direito é, em grande medida, um conjunto de casos que um dia foram genuinamente desprovidos de precedentes, o fato de os juristas serem mestres do raciocínio analógico não escusará sua incapacidade para adotar uma atitude mais receptiva diante dos métodos investigativos utilizados por outras disciplinas.

Casuística. O raciocínio analógico, tal como o definem os juristas, é semelhante, quiçá idêntico, ao método casuístico do raciocínio moral ou religioso. Em ambos os tipos de raciocínio, o indivíduo vai de um caso (real ou hipotético) a outro, não de uma teoria a um caso. "Casuística" *significa* raciocínio baseado em casos. Jonsen e Toulmin, em sua defesa da casuística (nota 3), observam que, muitas vezes, temos de fazer escolhas sem a ajuda de uma teoria geral; que, muitas vezes, somos mais confiantes quanto à decisão apropriada para um determinado caso, seja um processo judicial, seja um dilema moral, que quanto a qualquer teoria da qual se possa deduzir essa decisão; que, frequentemente, conseguimos chegar mais rapidamente a um acordo sobre casos que sobre teorias; que regras, normas ou máximas gerais não raro têm de ser adaptadas para se encaixarem em casos específicos; que (o mesmo ponto) a equidade, a *epieikeia* de Aristóteles, tem seu papel na aplicação de regras gerais a casos específicos; que, em poucas palavras, as circunstâncias alteram os casos e, consequentemente, o julgamento sensato é tão importante quanto o poder analítico. Concordo com esses pontos, mas não vejo como possam identificar um estilo singular de raciocínio. Os casos são, para o jurista ou o moralista, como são os dados para o cientista. O cientista que ignore a correspondência entre os dados e sua teoria não estará fazendo um bom trabalho. O mesmo vale para o juiz ou advogado que não entenda que as exceções, muitas vezes, são necessárias para fazer as regras "se encaixarem" nos casos supostamente regidos por elas. Ambos os exemplos ilustram a importância da sensibilidade empírica em diferentes esferas do pensamento humano. É lamentável, porém, a frequência com que o banco de dados dos advogados e dos juízes se limita às decisões judiciais.

Jonsen e Toulmin nos contam a fascinante história da evolução da doutrina católica referente à usura[42]. Ao longo dos séculos, os teólogos católicos, raciocinando cautelosamente de caso em caso, praticamente inverteram a doutrina. Da proibição absoluta do empréstimo a juros, passou-se à proibição do empréstimo a juros apenas às pessoas carentes. No curso dessa (r)evolução doutrinal, estimulada pela expansão comercial e a consequente pressão dos comerciantes e banqueiros pela permissão para obterem e concederem empréstimos financeiros, os teólogos se depararam com o conceito de custo de oportunidade: uma pessoa que empresta dinheiro incorre em um custo real, medido pelos benefícios que poderia obter se desse outro emprego ao dinheiro. Se a economia fosse uma ciência bem desenvolvida na época, um economista poderia ter explicado aos teólogos, em poucos minutos, por que os juros são uma compensação e não um roubo. Mas não havia economistas então. Assim, os teólogos tiveram de encontrar o caminho até essa ideia, sem a ajuda da teoria. O que fizeram, em circunstâncias difíceis, *foi* economia; não alguma coisa específica, que os juristas e os teólogos façam particularmente bem.

No decurso dessa controvérsia, a "retórica", no sentido prático da palavra, aparece no esforço dos teólogos (o qual encontra equivalentes óbvios no direito) por manter uma aparência de continuidade com a tradição, que inclui (literalmente) textos sagrados. Os teólogos tinham duas tarefas de persuasão. Uma delas era persuadir o clero de que o empréstimo financeiro não era pecado[43] e a outra, persuadir a comunidade

---

42. Jonsen e Toulmin, nota 3 acima, cap. 9. Ver também John T. Noonan, Jr., *The Scholastic Analysis of Usury* (1957).
43. Compare-se com a invenção da contabilidade de dupla entrada, atribuída ao objetivo retórico de fazer com que as transações comerciais, inclusive o empréstimo a juros, não parecessem exploradoras: "Este [o registro contábil de dupla entrada] demonstra que, para todo lucro obtido, incorreu-se em um igual conjunto de débitos correspondentes." James A. Aho, "Rhetoric and the Invention of Double Entry Bookkeeping", *Rhetorica*, Inverno de 1985, pp. 21, 34.

leiga de que a doutrina católica era coerente e inteligente, em vez de intermitente e (anteriormente) equivocada. Da mesma forma, os juízes desejam persuadir as pessoas tanto da justeza de suas decisões quanto da coerência ou, ao menos, da continuidade destas em relação às decisões de seus predecessores. Mas não devemos confundir uma retórica da continuidade com a obrigação moral de manter-se fiel à jurisprudência.

Metáfora. Há pouco mencionei a ideia de "alavanca". Esta explica o uso da metáfora no direito. A metáfora desempenha um papel cognitivo bastante útil, de lançar uma pessoa para fora de seu atual quadro de referências, levando-a a olhar para determinada coisa de uma maneira nova, talvez mais esclarecedora. Assim, mesmo que se concorde, como eu tendo a concordar, que uma metáfora não tem nenhum sentido além do literal, o que implica que a maioria das metáforas é falsa ou, mais precisamente, que seu valor de verdade é insignificante[44], é possível perceber que, como insistem Cass Sunstein, James Boyd White e outros, a retórica, em certo sentido, é uma forma de pensar e não apenas uma maneira de persuadir um público a acreditar em um conjunto de argumentos sobre os quais o orador já refletiu plenamente. Do rio de Heráclito e da caverna de Platão ao barco de Neurath, passando pelos jogos de linguagem de Wittgenstein, pelo fantasma na máquina de Ryle, pelo "verzul" de Goodman e pelos conceitos de equilíbrio reflexivo e véu de ignorância de Rawls, a metáfora sempre foi a menina dos olhos (para usar uma metáfora) dos mais rigorosos filósofos.

Sim, a metáfora é uma forma de pensar, mas uma forma frequentemente indisciplinada e equivocada. Tomemos as passagens que citei da análise de Aristóteles sobre como defender os contratos. A julgar por sua discussão, o direito contratual ateniense do século IV a.C. era muito mal estruturado[45], de modo que era, de fato, igualmente possível defender e repudiar a execução de qualquer contrato. As normas jurídicas restringem o campo de ação da retórica forense. Esta é uma de suas virtudes, mas os entusiastas do "direito é retórica" tendem a descuidá-la. O direito contratual moderno é bem estruturado, o que impõe o acordo

---

44. "Quando falamos de metáfora, a inverdade patente é o caso mais comum. Ocasionalmente, porém, a verdade patente também servirá. A expressão 'Negócios são negócios' [ou 'nenhum homem é uma ilha'] tem um sentido literal óbvio demais para considerarmos que sua enunciação tem como objetivo transmitir informações. Nesse caso, então, procuramos outro uso (...). O sentido usual da expressão, no contexto em que se a emprega, é suficientemente ímpar para nos levar a desconsiderar a questão da verdade literal." "What Metaphors Mean", em Donald Davidson, *Inquiries into Truth and Interpretation*, pp. 245, 258 (1984).

45. Esta era uma característica geral do direito ateniense da época, conforme enfatizado em David Cohen, "Rhetoric, Morals, and the Rule of Law in Classical Athens" (a ser publicado em breve em *Zeitschrift der Savigny-Stiftung für Rechstgeschichte*).

acerca das premissas, exclui uma série de argumentos e silencia, no amplo leque de casos contratuais, o mais loquaz defensor da pior das causas. A incerteza no que concerne aos direitos e deveres legais não é uma constante da natureza nem algo a se celebrar por maximizar o papel da retórica.

Retórica e ciência. Quando concebida como um conjunto residual de métodos de raciocínio e persuasão empregados como paliativo onde, por falta de informação, falta de consenso acerca das premissas, inexistência de um paradigma normativo, imprecisão irremediável ou incomensurabilidade dos valores, os processos habituais de investigação científica ou semicientífica (processos lógicos e de verificação empírica) estão indisponíveis, a retórica não é uma coisa boa nem ruim. É apenas algo indispensável naquelas áreas (que ainda permeiam o direito, embora não tanto quanto creem os adeptos dos estudos jurídicos críticos) onde não se encontram disponíveis métodos mais definitivos de resolução de divergências.

Os defensores mais calorosos da retórica não aceitarão minha tentativa de distinguir o raciocínio retórico do científico. Podemos analisar mais a fundo a questão com a ajuda do artigo de Herbert Wechsler sobre os princípios neutros no direito constitucional, discutido no Capítulo 1. O artigo de Wechsler, fortemente retórico, celebra a tradicional antítese da retórica, a razão. Outro exemplo análogo é o *Górgias*, diálogo que, embora denuncie a retórica e exalte a razão, o faz empregando recursos retóricos e não analíticos. Quando alguém elege como tema a celebração da razão, pode obter, como efeito colateral, a invisibilidade de sua retórica. Tendemos a levar a sério o que as pessoas dizem. Se um indivíduo declara fidelidade à razão, isso nos deixa menos atentos à possibilidade de que seu arrazoado em prol de uma abordagem racional do tema defendido não seja, este mesmo, um apelo à razão. Uma ciência fraca pode, portanto, alardear seu caráter científico e seu desdém pela retórica, para mascarar sua fraqueza. Ao fazê-lo, porém, transforma-se em mais um refém da escola do "tudo [inclusive a ciência] é retórica".

O potencial enganador da retórica científica pode parecer particularmente grande nas áreas da ciência econômica (inclusive a análise econômica do direito) onde as tentativas no sentido de confrontar as hipóteses econômicas com dados empíricos rigorosamente analisados de acordo com os melhores métodos estatísticos são raras e os resultados, inconclusivos. A ciência, inclusive a social (incluindo-se, ademais, a ciência econômica e não apenas suas aplicações ao direito), tal como praticada na realidade, não se encaixa exatamente nos modelos de metodologia científica mais influentes, como o modelo hipotético-dedutivo, anteriormente mencionado. Como enfatizaram Coase e McCloskey, no espírito de Kuhn, as teorias econômicas, na verdade, não se sustentam segundo os altos padrões subentendidos nas influentes análises de metodologia científica e econômica de Carnap, Popper, Friedman, Stigler e outros[46]. Esses padrões não são funcionais, servem mais como objetivos a serem perseguidos. McCloskey exagera, por exemplo, quando trata o resultado de um experimento natural (como uma elevação do preço, que leva a uma queda da demanda; o racionamento, como resultado da imposição do congelamento de preços; ou os benefícios advindos da desregulamentação, corretamente previstos pelos economistas)[47] como uma narrativa ou o "capital humano" como metáfora. Ademais, é, a meu ver, excessivamente simpatizante do "tudo é retórica", além de particularmente pouco convincente quando afirma que a economia avançaria se, ao menos, os economistas reconhecessem que, na verdade, são rétores[48]. Identificou, no entanto, vários mecanismos retóricos nada edificantes, usados pelos economistas acadêmicos, entre os quais se inclui a utilização falaciosa da inferência estatística[49]. Reconheço que existe uma retórica científica de que os oradores clássicos não tratam porque viviam em uma época na qual o método científico estava apenas nascendo, e que é obscurecida pela conotação de "retórica" como discurso ornamental[50]. Talvez não haja uma linguagem "neutra", nenhuma prosa transparente como uma janela de vidro. Enquanto Wechsler dá amostras de certeza pessoal para aumentar a credibilidade de seus argumentos, uma tática oposta e não necessariamente menos retórica é fingir estar proferindo verdades impessoais, isto é, agir, de fato, como um

---

46. R. H. Coase, *How Economists Should Choose* (American Enterprise Institute, 1982); Donald N. McCloskey, *The Rhetoric of Economists* (1985).

47. Clifford Winston, "Economic Deregulation: Days of Reckoning for Microeconomists", 31 *Journal of Economic Literature* 1263 (1993).

48. Donald N. McCloskey, "The Consequences of Rhetoric", em *The Consequences of Economic Rhetoric*, p. 280 (Arjo Kramer, Donald N. McCloskey e Robert M. Solow [orgs.], 1988). Para críticas, ver Stanley Fish, "Comments from Outside Economics", em id., p. 21; Robert M. Solow, "Comments from inside Economics", em id., p. 31.

49. Ver também Coase, nota 46 acima, pp. 14-7.

50. Como exemplo de análise retórica de um trabalho científico bem conhecido (o relatório de duas páginas de Watson e Crick, na revista *Nature*, que anuncia o descobrimento da estrutura de dupla hélice da molécula de DNA), ver Lawrence J. Prelli, *A Rhetoric of Science: Inventing Scientific Discourse*, pp. 236-56 (1989). McCloskey, nota 46 acima, e os ensaios em *The Rhetoric of the Human Sciences: Language and Argument in Scholarship and Public Affairs* (John S. Nelson, Allan Megill e Donald N. McCloskey [orgs.], 1987), são particularmente importantes para minha análise. Ver também Jeff Mason, *Philosophical Rhetoric: The Function of Indirection in Philosophical Writing*, pp. 68-72 (1989), onde se discute o manifesto de A. J. Ayer pelo positivismo lógico, *Language, Truth, and Logic*.

oráculo. (Afinal, foram os gregos que tiveram a ideia.) Suprimir o "eu" autoral pode ser tão enganador quanto induzir o ouvinte a inferir certeza de nossa certeza. Os cientistas buscam apoiar sua autoridade em afetações de rigor matemático, no uso de um jargão intimidador, na supressão das dúvidas e na ocultação da parcela de julgamento pessoal presente na avaliação dos resultados dos experimentos, das estatísticas e da observação. Alguns filósofos analíticos, como os formalistas jurídicos da tradição de Langdell, "geometrizam" seus temas[51].

O pragmatista tende menos a descuidar essas retóricas da razão que o não pragmatista. O fundacionista (digamos, um Platão, um Bentham ou um realista científico de hoje), por sua vez, impacienta-se com a retórica, porque se pensa capaz de estabelecer, através da lógica, da matemática, da reflexão ou do que quer que seja, um canal de comunicação com a verdade; e ninguém supõe que a retórica seja um instrumento adequado para a construção desse canal. Não lhe agrada a metáfora da "conversação" como forma de caracterizar a investigação. Para ele, a investigação é individual e não social; o órgão favorito dele é o olho, com sua mirada penetrante no cerne das coisas e não o ouvido, sempre alerta ao falatório humano. A retórica pertence ao mundo obscuro (assim parece a um platonista) das aproximações, probabilidades, opiniões e, quando muito, das crenças justificadas; um mundo de diálogos, mas não de visões claras e verdades definitivas. No entanto, se acreditamos que esse mundo barulhento e obscuro é o nosso mundo, nele se incluindo a parte investigada (ou interpretada) pela ciência, então nossa tendência será pensar que Protágoras, Górgias e os outros sofistas estavam no caminho certo (e pragmático) quando fundiram fato e opinião, notadamente no bordão de Protágoras, "o homem é a medida de todas as coisas"[52]. Se a ciência não nos põe em contato com o que está realmente "lá fora", quão diferente é esta de uma decisão judicial que supostamente afirma o que a lei ou os fatos significam? Lembremo-nos de que Górgias, pressionado por Sócrates, admitiu que, embora discursasse sobre a justiça, não sabia o que esta significava. Ora, isso não deveria ter incomodado Górgias, pois, para ele, não havia nada a *ser* sabido; tudo era opinião. A fusão de fato e opinião dá à advocacia forense seu quinhão e, consequentemente, convida o pragmatista, simpatizante dessa fusão, a pensar a ciência segundo o modelo do direito; não o inverso disso,

---

51. Martin Warner, *Philosophical Finesse: Studies in the Art of Rational Persuasion*, cap. 1 (1989).
52. Cujo sentido, segundo a interpretação de Schiappa, nota 1 acima, cap. 7, é que todos os juízos são relativos a algum quadro de referências.

como Langdell e outros formalistas jurídicos tentaram fazer. Daí o paradoxo no qual incorre Richard Rorty quando admira a ética da investigação científica por considerá-la um modelo de atividade intelectual racional, justa e democrática; sem, contudo, admirar muito a ciência, detinada, a seu ver, a falhar em sua autoproclamada busca por uma descrição precisa de como as coisas são.

Mesmo assim, ainda que o pragmatismo tenha conseguido destituí-la de sua posição de sucessora do monoteísmo no papel de provedor das verdades definitivas, isso não significa que se tenha demonstrado que ela está no mesmo patamar da propaganda, da censura e da panfletagem (assim como da casuística e do raciocínio jurídico), como métodos de resolução de desacordos. Devemos nos perguntar se não há uma *grande* diferença de grau entre a racionalidade da economia e de outros tipos de investigação científica e sociocientífica, por um lado, e a racionalidade de métodos muito mais retóricos de investigação e argumentação, comumente usados no direito[53]. Devemos ter em mente que diferenças de grau podem ser importantes, que é útil distinguir a ficção dos fatos e que uma obra como *The Alchemy of Race and Rights*, de Patricia Williams, está mais próxima da ficção do que estaria um trabalho científico dotado do mesmo grau de prestígio.

Acima de tudo, devemos rejeitar o argumento dos humanistas ingênuos, segundo o qual a própria distância que separa a retórica da ciência torna-a intrinsecamente edificante e digna. Segundo essa interpretação, a retórica se transforma em sinônimo não somente da razão e da expressão, como também do bem. Surge, portanto, como a disciplina mestra, subordinando tudo, da matemática à ética. Isso destitui o termo de sua utilidade; é melhor restringi-lo aos métodos de persuasão não lógicos, não científicos e não empíricos. Nesse caso, a retórica ao menos tem um tema, em vez de não passar de um nome para tudo. Quando a retórica é moralizada, a análise retórica se transforma no jogo do velho advogado de parabenizar os juízes que concordem com ele; e torna-se impossível enfatizar a destreza retórica de um Hitler[54]. Este exemplificava as duas principais formas em que a retórica pode ser perniciosa. A primeira delas consiste em transmitir informações a um público sobre como explorar ou oprimir algum outro grupo. (É assim que

---

53. "Seria um erro (...) substituir um cientificismo arrogante por um retoricismo atroz." J. E. McGuire e Trevor Melia, "Some Cautionary Strictures on the Writing of the Rhetoric of Science", *Rhetorica*, Inverno de 1989, pp. 87, 88.

54. Ver Roderick P. Hart, *Modern Rhetorical Criticism*, pp. 357-62 (1990), para um reconhecimento, raro na bibliografia sobre a retórica, de que Hitler era, de fato, um distinto praticante dessa arte. Cf. Vickers, nota 3 acima, p. 414.

algumas feministas veem a pornografia.) A outra consiste em sabotar o aparato cognitivo do público (este também é um elemento da oposição feminista à pornografia, definida como a representação gráfica ou explícita do sexo; e que, portanto, tende a estimulá-lo). Grandes oradores vociferantes, como Hitler, transmitem sentido sem significado e acordo sem compreensão[55].

Certamente não é o fato de poder ser utilizada para o mal o que distingue a retórica da ciência. São as outras diferenças que explicam por que a "retórica" manteve sua valência ambivalente, apesar do árduo esforço de muitas pessoas de fora de sua área de estudo no sentido de reabilitá-la. A menos importante dessas diferenças é que a retórica já vem pronta, não produz conhecimento. O orador trabalha com o material que recebe. Um típico exemplo é o *barrister* inglês, que recebe o caso do *solicitor* e nem se encontra com o cliente. O rétor não é um descobridor. Os manuais de retórica não ensinam o leitor a interpretar teorias científicas, conduzir pesquisas empíricas ou realizar experimentos. Além disso, o orador não arrisca a pele. Diferente de Sócrates, ele respeita a opinião pública ou, para usar uma expressão menos politicamente correta, os preconceitos de seu público. Há pelo menos um motivo pelo qual a bibliografia retórica é mais monótona que a científica. A retórica faz-se presente não em situações de incerteza radical, como pensava Aristóteles, mas quando os fatos são conhecidos e a questão é como fazer um público entendê-los e sensibilizar-se com eles. Foi diante de uma situação como essa que se viu Lincoln, um advogado muito bem-sucedido e talvez o maior dos mestres da retórica na história dos Estados Unidos. Ao evocar Lincoln, porém, pretendo mostrar que, ao ressaltar a falta de originalidade da retórica, não a estou *criticando. Esta* diferença entre a retórica e a ciência é apenas a diferença que existe entre o *marketing* e a produção. Muito dificilmente, um economista concederá primazia a esta – em termos realistas, o *marketing* é um estágio da produção.

No entanto, há duas diferenças entre a retórica e a ciência que, de fato, possuem importância normativa. Em primeiro lugar, a retórica consiste, em grande medida, em elementos que se neutralizam mutuamente: a impugnação das investidas retóricas de um oponente. Esta não é uma característica da ciência, muito embora o caráter competitivo do empreendimento científico faça surgir esforços duplicados, em certo

---

55. A sátira mais primorosa desse tipo de oratória é o episódio de Mynheer Peeperkorn na cachoeira, em Thomas Mann, *The Magic Mountain*, pp. 620-1 (tradução para o inglês de H. T. Lowe-Porter, 1961) [Trad. bras. *A montanha mágica*. Rio de Janeiro, Nova Fronteira, 2000].

grau[56]. Em segundo lugar, a ciência (da qual se pode considerar, para os presentes propósitos, que fazem parte a matemática e a lógica) tende a desmentir as afirmações falsas e, logo, a promover a verdade, enquanto a retórica não possui tal tendência[57]. Tome-se um conjunto de afirmações passíveis de serem objeto de crença. Estas podem ser verdadeiras ou falsas e nelas se pode crer ou não. Isso gera uma divisão em quatro categorias de afirmações: verdadeiras e cridas, verdadeiras e descridas, falsas e cridas e, por fim, falsas e descridas. Em geral, crer em afirmações verdadeiras rende mais utilidade que crer em afirmações falsas; e descrer das afirmações falsas gera mais utilidade que crer nestas. Assim,

$$U_1(t, b) - U_2(t, d) = Z_1 > 0,$$

$$U_3(f, d) - U_4(f, b) = Z_2 > 0.$$

Tome-se $Z \equiv Z_1 + Z_2$ como representação da utilidade de crer naquilo que é verdadeiro e descrer daquilo que é falso. O esforço de atingir esse estado, no entanto, tem um custo, que representaremos como c. Esse estado só será atingido se $Z > c$. A retórica age sobre a variável c, mas pode elevar ou diminuir o valor desta. Pode fazer a verdade soar como verdade, mas também pode fazer a mentira soar verdadeira e, consequentemente, induzir à crença em algo falso. Da mesma forma, pode fazer a verdade soar como mentira e, consequentemente, induzir à descrença em algo verdadeiro. Mesmo quando está livre da mentira, e muitas vezes não está, a retórica tende a alterar (ou confirmar) as crenças, sejam estas em verdades ou em mentiras.

Nada disso é motivo para proibir a retórica, da mesma forma que não é motivo para proibir a publicidade e os litígios, cujas atribuições são semelhantes e que, na verdade, podem ser considerados como subdivisões da retórica. Esses fatores, porém, podem nos ajudar a entender por que a retórica é menos estimada que a ciência.

---

56. Esta é uma forte característica da tecnologia. Consideremos os segredos industriais e a disputa pela patenteação de invenções com valor comercial.

57. Para exemplos ulteriores, ver *Law and Literature*, cap. 6, sobretudo pp. 279-81.

capítulo 25

A proteção jurídica da imagem que apresentamos ao mundo

Há um emaranhado complexo de leis inter-relacionadas – escritas ou derivadas das decisões dos juízes – que protegem um interesse que não tem nome, o interesse ao qual chamo "a imagem que apresentamos ao mundo". A economia, com um pequeno auxílio da teoria simples dos jogos (lembremo-nos do Capítulo 14) e da filosofia, é capaz de nos ajudar a cruzar esse labirinto, desvelar a unidade do direito, pensar concretamente sobre problemas frequentemente obscurecidos por discussões pomposas sobre a "privacidade" e, de quebra, fazer uma ponte entre a análise da retórica como sinalização, realizada no capítulo precedente, e a análise da sexualidade, a ser conduzida no próximo capítulo. Examinei esse tema minuciosamente em outras ocasiões[1], o que me permite

---

1. Ver, especificamente, meu livro *The Economics of Justice*, parte 3 (1981), e meu artigo "Blackmail, Privacy, and Freedom of Contract", 141 *University of Pennsylvania Law Review* 1817 (1993). Para outras análises econômicas do tema deste capítulo, ver *Conference on the Law and Economics of Privacy*, 9 *Journal of Legal Studies* 621 (1980); Stephen M. Renas et al., "Toward an Economics Theory of Defamation, Liability, and the Press", 50 *Southern Economic Journal* 451 (1983); C. J. Hartmann e S. M. Renas, "Anglo-American Privacy Law: An Economic Analysis", 5 *International Review of Law and Economics* 133 (1985); Douglas H. Ginsburg e Paul Schectman, "Blackmail: An Economic Analysis of the Law", 141 *University of Pennsylvania Law Review* 1849 (1993); Steven Shavell, "An Economic Analysis of Threats and Their Illegality: Blackmail, Extortion, and Robbery", 141 *University of Pennsylvania Law Review* 1877 (1993).

ser breve aqui. O que apresentarei, no entanto, é uma extensão, não um mero resumo, do trabalho que já desenvolvi; além de uma réplica a um dos grandes críticos desse trabalho.

A privacidade, a reputação e o eu

Nós mesmos construímos (nem sempre conscientemente, é claro) o eu que apresentamos ao mundo externo. Construímos esse eu através daquilo que fazemos, daquilo que vestimos (recordemo-nos da discussão do vestir como sinalização, no Capítulo 16), daquilo que dizemos e não dizemos, bem como através da cosmética e da cirurgia estética. Construímos representações falsas e verdadeiras de nossa personalidade, nossa condição financeira, nossa história, nosso físico, nossa saúde e nossas intenções; e também ocultamos muito sobre esses elementos. Em suma, apresentamo-nos ou fazemos publicidade de nós mesmos[2]. Isso representa um passo em direção à automodelação, que está no cerne do conceito de individualismo defendido por George Kateb (ver a Introdução), mas cuja utilidade é tanto instrumental quanto intrínseca. Algumas pessoas "vendem" seu eu público em um sentido quase literal, como uma celebridade, quando cobra uma quantia elevada para emprestar seu nome ou rosto a um comercial publicitário e, além disso, atenta cuidadosamente para o provável impacto de um comercial específico sobre outras oportunidades de exploração de seu eu público[3]. O resto de nós "vendemos", no sentido figurativo, nosso eu público construído, quando o usamos para realizar transações vantajosas no mercado de trabalho, no mercado matrimonial e, de maneira mais geral, no mercado das relações humanas, seja de caráter pessoal, seja de caráter comercial. O leitor deste livro já deve ter-se acostumado a separar a ideia de transações pecuniárias do conceito de "mercado".

O eu público é protegido por todo um corpo de direito civil e penal. O direito que rege a difamação (oral e escrita) e a parte do direito civil (intimamente relacionada) que rege a invasão de privacidade, aquela que prevê remédio judicial pela exposição de alguém sob uma "luz desfavorável", impedem que as pessoas lesem, com inverdades, o eu publicamente construído. O aspecto mais problemático da responsabilidade civil por violação da privacidade é que esta, ocasionalmente, é utilizada

---

2. Ver o clássico de Erving Goffman, *The Presentation of Self in Everyday Life* (1959); e também Roger Ingham, "Privacy and Psychology", em *Privacy* 35 (John B. Young [org.], 1978).

3. Cf. *Douglass vs. Hustler Magazine, Inc.*, 769 F.2d 1128 (7th Cir. 1985).

para impedir as pessoas de lesar, com verdades, o eu publicamente construído. Essa utilização é reafirmada pelo direito penal que rege a chantagem, o qual proíbe a venda do silêncio à pessoa cujo segredo foi descoberto pelo chantagista.

O aspecto menos problemático do ilícito civil da invasão de privacidade (embora também seja o que está menos relacionado à privacidade), o "direito ao uso publicitário da imagem ou do nome", dá a uma pessoa o direito de proibir a utilização publicitária de seu nome ou de sua imagem sem o seu consentimento. Quem mais invoca esse direito são as celebridades, que não são tímidas, mas apenas desejam controlar a comercialização do direito de utilização de seu nome ou de sua imagem, para aumentar sua renda e, logo, valorizar seu nome. O direito de privacidade também possui aspectos não relacionados, ou apenas minimamente relacionados, ao eu publicamente construído. A proibição das ações de busca e apreensão indevidas determinada pela Quarta Emenda, proibição essa originalmente compreendida como uma forma de proteção dos direitos de propriedade em sentido geral, hoje é mais comumente vista como uma forma de proteção da privacidade, em um sentido distinto daquele de propriedade. (O grampo telefônico viola a privacidade das comunicações, mas não invade os direitos de propriedade.) A vigilância invasiva, como no caso do fotógrafo Ron Gallela, que costumava seguir Jacqueline Onassis por toda parte, infringe o direito de privacidade. Existem leis estaduais e federais cuja função é garantir a precisão das informações que o Estado mantém sobre as pessoas. Além disso, "direito de privacidade" é o mais famoso eufemismo para direito de aborto, entre outros aspectos da autonomia sexual e reprodutiva protegidos por lei. O único aspecto dos direitos de privacidade que me interessa aqui é o das proteções jurídicas ao eu público[4]. A difamação e o ilícito civil contra a privacidade conhecido como *false-light* são análogos não apenas entre si, mas também, de forma bastante esclarecedora, à depreciação de um produto ou serviço pela concorrência. Não há dificuldade alguma em entender por que o direito deve prever remédio judicial para um vendedor cujo concorrente minta ao público que seus produtos são de má qualidade. Mas nós, que não somos fabricantes de nada, também nos "vendemos" aos outros, sejam estes empregadores, empregados, leitores, amigos, ou familiares. Se alguém nos desqualifica injustamente e é acreditado, nós perdemos transações

---

4. Para excelentes análises dos aspectos jurídicos da privacidade, ver Julie C. Inness, *Privacy, Intimacy, and Isolation* (1992); Robert C. Post, "The Social Foundations of Privacy: Community and Self in the Common Law Tort", 77 *California Law Review* 957 (1989).

valiosas – e o mesmo acontece com as pessoas com quem teríamos realizado transações. X poderia ser o empregado mais valioso de Y. Se, no entanto, alguém injustamente acusa X de desonestidade e Y o demite, ambos saem perdendo.

O outro lado da moeda, porém, é que a desqualificação justa, tanto de pessoas quanto de produtos ou serviços, melhora o funcionamento do mercado das relações humanas pessoais e comerciais. Se X é desonesto e Y o demitiria se soubesse disso, então a revelação da desonestidade de X a Y melhorará o funcionamento do mercado de trabalho. Se o eu público construído por um indivíduo engana as pessoas com quem esse indivíduo se relaciona, a destruição dessa imagem remove uma barreira às transações bem informadas.

Pode parecer que a própria ideia de "construção" de um eu público já traga uma conotação de mentira. Mas aquilo que é artificial não é necessariamente mentiroso. A publicidade é artificial, mas muitas vezes diz a verdade. Se uma pessoa se veste com sobriedade para passar uma imagem de seriedade, não estará divulgando uma imagem falsa de si mesma se, de fato, for uma pessoa séria, escrupulosa e controlada. Muitas vezes, ademais, o único método de construção de imagem que um indivíduo precisa empregar para criar o eu público por ele desejado é comportar-se bem no trabalho e na vida pessoal. Desse modo, seu eu público será construído por pessoas que o conheçam direta ou indiretamente e que façam deduções sobre seu caráter e suas qualidades, a partir de seu comportamento e daquilo que outros tenham contado a elas sobre ele. Esse indivíduo, em suma, adquirirá uma reputação. A reputação difere de seus esforços de sinalização de características específicas, mas está intimamente relacionada a estes, como efeito e causa (parcial). Há uma analogia entre isso e o "apelo ético", analisado no capítulo precedente.

Outro ponto a se observar, mais profundo, é que a ideia de ego – o "verdadeiro eu", interior, privado e "real" – é uma construção mental. Aquilo que dizemos e fazemos em público quando falamos e agimos por vontade própria, é uma seleção realizada a partir de uma vasta gama de palavras e feitos possíveis, que a consciência põe diante de nossa imaginação, para avaliarmos e escolhermos. Se tivermos autoconsciência, podemos perceber que, não fossem as restrições (os custos e benefícios gerados por nossas interações com outras pessoas), diríamos e faríamos coisas bem diferentes. Além disso, podemos considerar que nossos impulsos e nossas crenças que, por serem secretos, não sofrem restrições, são tanto mais autênticos quanto mais desinteressados, posto que, nesse caso, não sofrem influência dos custos e benefícios. Mas a reflexão revelará que é estranho considerarmos nossa vida privada imaginária mais "real" que nossa vida pública. Isso teria a implicação perversa de que o discurso, em sua maior parte, consiste em mentiras, visto que "ocultamos", em nossas declarações públicas e até nas mais íntimas conversas, uma miríade de sentimentos de hostilidade, luxúria, raiva e desprezo que nos circunda os recantos mais "recônditos" do pensamento. Apenas alguém que considerasse (aparentemente sem provas suficientes) a vida imaginária mais autêntica que o eu público deveria ver como fonte de desonestidade o fato de não se fazer deste um mero fio condutor para aquela. No tocante à comunicação ou à teoria da sinalização, a construção de um eu público nos permite eliminar o "ruído" ou a "conversa paralela" de nossas comunicações, elementos esses que só retardariam a compreensão de nossas intenções e de nosso comportamento[5]. O eu "interior", o eu imaginário, pode fornecer pistas interessantes de nossos desejos pré-sociais, como veremos no próximo capítulo; mas nem por isso é mais autêntico que nosso eu público.

Ou eus públicos, já que as pessoas têm vários eus públicos, que correspondem aos diversos "mercados" nos quais elas se "vendem"[6]. Construímos uma imagem de eu para nosso cônjuge, outra para nossos pais, outra para nosso empregador e assim por diante. Essas imagens correspondem a marcas diferentes do mesmo produto básico, projetadas para diferentes mercados. Erving Goffman chama esses diferentes eus públicos de papéis. A analogia com o teatro é cabível (lembrem-se de que a usei no Capítulo 3, ao falar sobre os juízes), mas um pouco traiçoeira, pois fazemos distinção entre um ator e seus papéis e consideramos o primeiro como o eu mais autêntico. Ainda assim, nego que nossos muitos eus devam ser vistos como projeções de um eu "interior". Não tentarei solucionar o mistério de quem é esse "nós" que "constrói" nossos vários eus públicos.

Associei o eu público à sinalização e à reputação, que correspondem ao orador e ao público, na retórica. Sinalizamos nossas intenções, nossa competência e assim por diante, por meio de palavras e atos, com o

---

5. Tanto o princípio *parol-evidence* (cuja função consiste essencialmente em limitar, na interpretação de um contrato, a utilização, como prova, daquilo que as partes disseram durante as negociações pré-contratuais) quanto a hostilidade de alguns juízes à interpretação de uma lei com a ajuda das discussões, dos estudos e dos relatórios que cercaram e precederam sua promulgação, podem ser vistos como tentativas de facilitar a comunicação, através da supressão de ruídos.

6. Ver Goffman, nota 2 acima; Ingham, nota 2 acima. Esse ponto também é enfatizado em um dos mais interessantes artigos filosóficos sobre a privacidade: o artigo de James Rachels, "Why Privacy is Important", em *Philosophical Dimensions of Privacy: An Anthology*, p. 290 (Ferdinand David Schoeman [org.], 1984).

intuito de moldar a reputação com a qual o público nos honra, baseado na interpretação que faz desses sinais[7]. Não é por acaso que, muitas vezes, nos sentimos mais à vontade conversando com estranhos que esperamos jamais reencontrar, que com amigos íntimos[8]; ou que pessoas idosas, cujo futuro transacional é curto, tendem a ser menos reservadas que as pessoas mais jovens, ao falarem de si mesmas.

A despeito da função transacional da reputação, a analogia comum entre reputação e dinheiro, como quando se fala de "ganhar" uma reputação "de ouro", é equivocada. Afinal, foi um moralista de confiabilidade duvidosa (Iago, em *Otelo*) quem afirmou, "Aquele que rouba minha carteira rouba lixo (...)/ Mas aquele que me afana o bom nome/ Rouba de mim algo que não o enriquece,/ E me torna pobre de fato." Nossa reputação não nos *pertence* do modo que o dinheiro em nosso bolso nos pertence; ela representa a opinião dos outros sobre nós, e estes podem tirá-la de nós sem oferecer compensação. Quem desmascara a reputação não merecida de um indivíduo "enriquece" aqueles que poderiam realizar transações com esse indivíduo.

A ênfase na função instrumental da privacidade e da reputação é um importante corretivo para a aprovação irrefletida tão frequentemente concedida a essas mercadorias. Imaginamos a noção de privacidade como uma de nossas distinções como seres humanos, mas os animais "inferiores" também possuem a noção de privacidade. Para estes também, "uma das funções da privacidade é a ocultação de informações que, se reveladas, poderiam dar vantagem competitiva ao oponente"[9]. A obtenção da privacidade é dispendiosa. Logo, por ser uma mercadoria de grande valor para as pessoas, devido a sua utilidade para que estas conduzam seus planos e projetos, não é de surpreender que ela seja aquilo que os economistas chamam de mercadoria superior – a demanda por essa mercadoria não apenas é função negativa do preço, mas também função positiva da renda. Se as pessoas, hoje em dia, têm, de longe, muito mais privacidade que seus antepassados, isso não ocorre porque o custo de obtenção da privacidade caiu, mas porque somos muito mais ricos que nossos antepassados. A privacidade é um valioso bem privado, mas, às

---

7. A função econômica da reputação é o tema de uma considerável literatura sobre economia e teoria dos jogos, exemplificada por Arnoud W. A. Boot, Stuart I. Greenbaum e Anjan V. Thakor, "Reputation and Discretion in Financial Contracting", 83 *American Economic Review* 1165 (1993).

8. Este fenômeno não se restringe aos Estados Unidos. Ver Georg Simmel, "The Stranger", em *The Sociology of Georg Simmel*, p. 402, 404 (Kurt H. Wolff [org.], 1950).

9. Peter H. Klopfer e Daniel I. Rubenstein, "The Concept *Privacy* and Its Biological Basis", 33 *Journal of Social Issues*, no. 3, 51, 60 (1977).

vezes, é um mal para a sociedade. Um alto grau de privacidade é fonte não apenas daquela forma rica de individualidade celebrada por Kateb, mas também de perigos potencialmente sérios para a ordem social. Crime, subversão e fraude, tudo isso é facilitado pela privacidade. Logo, não é nada repreensível, mas sim natural, que a sociedade tenha lutado contra a tendência à privacidade ilimitada com mecanismos como o grampo telefônico e os bancos de dados informatizados de informações pessoais.

A função transacional do eu público ajuda a explicar algumas distinções entre as leis que protegem o eu, distinções essas que, de outro modo, seriam misteriosas. Uma delas é a sobrevivência de alguns dos direitos (mas não todos) a essa proteção, após a morte de seu portador. O direito de mover processo por invasões de privacidade sob a forma de exposição pública de informações pessoais íntimas e (com exceções sem importância) o direito de mover processo por difamação, extinguem-se com a morte do demandante. Porém, cada vez mais, o direito sobre a publicidade indevida é herdável. A explicação é simples, uma vez adotada uma visão econômica desses direitos. Quando uma pessoa morre, deixa de realizar transações, e os direitos que facilitam a realização de transações perdem todo o valor. (Portanto, o fato de o direito de mover processo por difamação sobreviver à morte do difamado, caso a difamação consista em uma declaração de que este possuía uma doença hereditária, só aparentemente é uma exceção à não herdabilidade desse direito nos demais casos.) Mas o nome e a imagem de uma celebridade, caso possuam valor publicitário após a morte desta, continuam sendo mercadorias comercializáveis; e, em geral, bem como neste exemplo, a eficiência com que se alocam os recursos é maximizada quando as mercadorias valiosas são passíveis de posse. Se todos puderem usar a imagem de Elvis Presley com fins publicitários, o valor publicitário dessa imagem pode tornar-se nulo. Assim, um valor econômico verdadeiro, por mais vulgar que possa parecer aos bem pensantes, se extinguirá com o uso excessivo, devido à ausência de direitos de propriedade, da mesma forma que um pasto pode sofrer desgaste excessivo, caso o proprietário de cada animal não leve em consideração o custo que a pastagem de seu animal representa para os demais proprietários de animais[10].

---

10. Com a sobrecarga do pasto, cada animal tem de pastar mais para obter seu quinhão de alimento. Isso resulta em uma perda de peso, a qual, por sua vez, reduz o valor de venda do animal.

Uma observação sobre a norma da "malícia real" no direito que rege a difamação

É fácil enxergar por que o direito protege a reputação fundada em verdades, e pode parecer, mas não é, igualmente fácil enxergar por que essa proteção é limitada (pela regra da "malícia real"[11] do caso *New York Times Co. vs. Sullivan*, entre outras normas criadas pela Suprema Corte em nome da Primeira Emenda), quando a reputação é a de uma figura pública e quem investe contra ela é um veículo de imprensa ou um canal de TV. O argumento econômico em favor da limitação é simples, mas incompleto. A atividade de descoberta e disseminação da verdade sobre figuras públicas, sobretudo, mas não exclusivamente, quando membros do governo, possui grande valor social. Mas o descobridor e disseminador é incapaz de transformar a totalidade desse valor social em valor privado, isto é, renda; e a perspectiva de extração de renda é, normalmente, uma condição para o ingresso em uma atividade dispendiosa. Os direitos de propriedade sobre a informação são incompletos. Como os direitos de autor protegem apenas a forma com que um jornalista ou escritor se expressa, mas não o conteúdo, que pode ser copiado livremente, a ameaça da responsabilidade civil por difamação pode exercer um efeito dissuasivo desproporcional sobre a investigação jornalística. Ao diminuir essa ameaça, o direito pode, na realidade, gerar um maior alinhamento entre o valor social e o privado. Em jargão econômico, o direito pode permitir a externalização de certos custos (os custos para a pessoa difamada, custos que só poderiam ser impostos ao difamador pela responsabilidade civil)[12], para aumentar a probabilidade de que certos benefícios, por serem externos, sejam conferidos – os benefícios aos leitores de outros artigos ou livros, que tenham copiado o tema, as ideias e as técnicas do difamador, mas não as palavras.

Esse argumento, entretanto, não leva em consideração outra norma do direito que rege a difamação, aquela que determina a responsabilidade civil do veiculador, mesmo quando este apenas repete uma afirmação difamatória feita por outrem, sem verificar a veracidade desta. Se o difamador por derivação fosse imune à responsabilidade civil, seria difícil convencer um veiculador a dar o primeiro passo, isto é, a fazer uma declaração possivelmente difamatória sobre uma figura pública; pois arcaria com todos os custos estimados da responsabilidade civil, compen-

---

11. Ou o difamador sabe que a declaração difamatória é falsa, ou é irresponsavelmente indiferente à sua veracidade ou falsidade.
12. Ou, como veremos, através da punição por crime de chantagem.

sados apenas pelo valor publicitário de um "furo" jornalístico. Porém, se os plagiadores levarem, por assim dizer, a rosa e os espinhos (a possibilidade de serem processados por difamação, juntamente com o benefício de publicar uma reportagem instigante), atenua-se o efeito de desestímulo ao jornalismo investigativo exercido pelo sistema incompleto de direitos de propriedade sobre as ideias. Os benefícios são externalizados, mas também o são os custos, pois quem quer que plageie a reportagem do primeiro veiculador assumirá, igualmente, uma fatia da possível responsabilidade civil por difamação, já que pode ser processado, tanto quanto o difamador original.

Outra razão para duvidar da eficiência da norma da malícia real é que esta protege mais os veiculadores subsequentes que o primeiro, porque é improvável que aqueles saibam da falsidade da declaração difamatória ou mesmo que suspeitem fortemente desta. Assim, é improvável que sejam responsabilizados por repeti-la, pelo menos quando houver sido originalmente publicada ou veiculada por uma empresa respeitada. Mesmo assim, portanto, ainda existirá um fator de dissuasão sobre a publicação da notícia em primeira mão.

Outro nome para figura pública é figura com valor noticioso. Conforme diminui o valor noticioso, que representa um indicador do valor social da informação sobre uma pessoa, diminui também, apropriadamente, a proteção jurídica do veiculador da informação. Afirmei, contudo, que a norma da malícia real pode dar aos veiculadores de informação mais proteção do que aquela de que necessitam para se verem adequadamente estimulados a obter e publicar notícias, mesmo sobre figuras públicas.

O ilícito civil da publicidade indevida de informações íntimas

É fácil enxergar por que o direito, mesmo não sendo muito impressionável pela retórica empolada sobre a reputação, como a de Iago, prevê remédios judiciais para ataques *falsos* à reputação das pessoas. Esses ataques reduzem o valor informacional do eu público construído pelos indivíduos. Um dos grandes enigmas da proteção jurídica da imagem do eu público é porque o direito muitas vezes fornece remédios judiciais contra ataques *justificados* a essa imagem. Isso ocorre através daquelas normas da responsabilidade civil por violação da privacidade que impõem responsabilidade civil pela divulgação pública de fatos verdadeiros, mas pertencentes à esfera privada, pessoal e, normalmente, íntima; bem como através das normas do direito penal que regem a chantagem, as quais punem as pessoas que ameaçam divulgar fatos verdadeiros sobre alguém, se esse alguém não lhes pagar para que mantenham silêncio[13].

Deve-se distinguir entre dois tipos de fatos verdadeiros, mas de caráter privado, cuja divulgação pública as pessoas não desejam. Um destes é o tipo que prejudica a reputação e, ao fazê-lo, reduz as oportunidades de transações favoráveis de um indivíduo. Podemos chamar a isso publicidade indevida *desonrosa*. O outro tipo é aquele que causa embaraço, pela revelação de aspectos de uma pessoa que, embora não sejam necessariamente, ou mesmo tipicamente, desonrosos, não são parte do eu público construído por essa pessoa, ou seja, são secretos. Chamemos isso de publicidade indevida *embaraçosa*. A primeira categoria pode ser ilustrada pela revelação de que o indivíduo tem ficha criminal, fez cirurgia de troca de sexo, sofre de uma doença mortal, tem um histórico de deficiência mental ou é bissexual. Todos estes são fatos que podem fazer com que os outros evitem essa pessoa, seja justa, seja injustamente. Por outro lado, a publicidade indevida embaraçosa, mas não desonrosa, pode ser exemplificada por uma foto de jornal que mostre a pessoa tomando banho ou defecando ou que exponha a cicatriz de uma cirurgia ou, ainda, uma reportagem de jornal que revele que sua filha foi estuprada e assassinada.

O desejo de um indivíduo de esconder coisas que não fariam com que as pessoas com quem ele deseja realizar transações se recusassem a fazê-lo ou cobrassem um preço mais alto (pecuniário ou não) para fazê-lo, não se encaixa direito na ideia econômica do homem racional. A discrição ou o sigilo acerca de coisas que não afetam nossa aptidão para as interações sociais que desejamos é, no presente estado de desenvolvimento do conhecimento sobre a psicologia humana, um fato misterioso e bruto sobre essa psicologia. Mas este é mesmo um fato bruto, como a preferência por algumas comidas em detrimento de outras, mesmo quando estas não diferem quanto ao valor nutricional ou ao preço; e isso é importante em uma análise econômica, mesmo que o economista seja incapaz (ao menos como economista) de entendê-lo. O direito protege as coisas que valorizamos, desde que seja capaz de fazê-lo sem impor custos desproporcionais aos outros ou sem investigar muito detidamente por que as valorizamos. Seria pretensioso, bem como antiliberal, fazê-lo de outro modo.

Se o porquê de querermos esconder informações pessoais "embaraçosas" é um mistério, outro mistério, análogo a este, é o porquê da

---

13. A chantagem fundada em fatos falsos sobre alguém também é crime, mas se caracteriza como um crime intimamente análogo à difamação.

existência de um mercado de divulgação dessas informações sobre pessoas que nunca vimos, já que o conhecimento desses fatos não possui nenhuma finalidade instrumental. Mas este é outro fato bruto que o economista é obrigado a levar em consideração, como o gosto pela pornografia, um tanto semelhante. Ele mostra que a supressão desse mercado implica custos, tanto quanto a permissão de que continue funcionando. Os custos conflitantes têm de ser ponderados. A responsabilidade civil por violação da privacidade faz isso, indireta, porém inequivocamente, ao comparar o caráter ofensivo da divulgação ao valor noticioso desta. A comparação é favorecida pela relação de oposição entre esses custos ou valores concorrentes. Quanto mais ofensiva é uma divulgação, menos valor noticioso esta tende a ter; e quanto mais valor noticioso esta possui, menos ofensiva tende a ser. Por mais zelosos de nossa vida privada e melindrosos que sejamos, sabemos que circunstâncias incomuns podem fazer cair em domínio público mesmo os detalhes mais privados e íntimos de nossa vida. Nossa privacidade, mais ou menos como nossos direitos de propriedade, está condicionada ao poder de desapropriação detido pelo Estado. Mesmo um funcionário público não eleito, que pode não demonstrar o mesmo exibicionismo demonstrado por muitos políticos, sabe (e, se tiver tato, aceita) que sua vida privada está mais sujeita a investigações que aquela de um indivíduo particular. Este, por sua vez, sabe que, se tivesse o infortúnio de ser vítima de algum crime ou catástrofe natural ou mesmo a sorte de ser rico ou muito inteligente, os detalhes íntimos de sua vida poderiam atrair a curiosidade legítima do público[14]. Por outro lado, mesmo quem tem inclinação para *voyeur* entende que os outros se sentem profundamente agredidos pela revelação de detalhes íntimos excitantes, mas que não transmitem informações úteis, e também que essa inclinação pode ser satisfeita sem a invasão da privacidade alheia.

Esses pontos serão ilustrados por dois casos. No primeiro, o *New York Times* publicara um artigo de tipo "onde está ele hoje", sobre um homem que fora um prodígio da matemática quando criança, mas que, depois de adulto, tornara-se uma pessoa excêntrica e reclusa[15]. Como o demandante mantinha um nível mínimo de relações, o artigo não poderia ser defendido com o argumento de que desmascarava uma reputação mantida com o objetivo de obter vantagens não merecidas nas transações com outras pessoas. Mas há a curiosidade – que, embora não

---

14. Como em *Kelley vs. Post Publishing Co.*, 98 N.E.2d 286 (Mass., 1951).
15. *Sidis vs. F-R Publishing Corp.*, 113 F.2d 806 (2d Cir. 1940). O artigo foi escrito pelo humorista James Thurber, sob pseudônimo.

seja lasciva nem escarnecedora, é perdurável – acerca do fenômeno da criança-prodígio, bem como do gênio em geral, que dava valor noticioso ao artigo, como o próprio Sidis poderia ser levado a entender. A Corte decidiu que a publicação do artigo não acarretava responsabilidade civil. No segundo caso[16], um jornal publicou uma fotografia de uma mulher em um parque de diversões, tirada no exato momento em que um jato de ar levantava-lhe o vestido à altura da cintura. A mulher obteve indenização por perdas e danos não pelo fato de a publicação da foto prejudicar potencialmente suas oportunidades transacionais, mas porque a invasão de privacidade era, ao mesmo tempo, ofensiva e gratuita (vimos que esses são pontos relacionados): mesmo em 1964, não faltavam, às pessoas que quisessem olhar fotografias de pernas de mulheres, oportunidades de fazê-lo sem invadir a privacidade de ninguém. Incomoda-me um pouco o juízo de valor implícito na classificação da curiosidade acerca de prodígios infantis como algo superior à curiosidade acerca das pernas das mulheres. De todo modo, pode-se evitá-lo, enfatizando-se que é mais fácil satisfazer o segundo tipo de curiosidade sem ter de pôr ninguém em uma situação embaraçosa.

No caso *Melvin vs. Reid*[17], por outro lado, vemos um ganho de causa muito mais questionável ser concedido a um demandante queixoso de violação da privacidade. A Sra. Melvin era uma ex-prostituta, processada por homicídio, mas absolvida. Depois da absolvição, ela abandonou a prostituição, casou-se e (segundo alegava) vivera, por sete anos, uma vida irrepreensivelmente respeitável em uma comunidade onde seu passado sinistro era desconhecido; até que tudo foi revelado em um filme sobre o caso de assassinato, *The Red Kimono*, que expunha seu nome de solteira. O filme não deturpara os fatos sobre ela, mas revelara fatos que provavelmente fariam as pessoas evitarem-na. A corte decidiu que os argumentos alegados pela demandante configuravam responsabilidade civil por violação da privacidade. A decisão é surpreendente, tanto do ponto de vista jurídico quanto do econômico, pois, na prática, anula a defesa da verdade, em nome de uma acusação de difamação. O filme não revelava os fatos íntimos da vida sexual da demandante nem a mostrava em fotografias de nudez; apenas relatava eventos do passado de um indivíduo, do tipo que as pessoas usam para construir sua reputação, boa ou má. Os juízes podem ter imaginado que as pessoas dariam peso demais ao passado da demandante quando fossem prever seu comportamento futuro, ou seja, relutariam muito em dar

---

16. *Daily Times Democrat vs. Graham*, 162 So. 2d 474 (Ala. 1964).
17. 297 Pac. 91 (Cal. App. 1931).

crédito a suas confissões de reabilitação total. Este é o tipo de atitude paternalista (e, dadas as circunstâncias, nem um pouco plausível) em relação ao comportamento do mercado ("mercado" inclui o mercado das relações pessoais) que o economista geralmente considera inapropriada como fundamento para a intervenção estatal. Não é de surpreender que, embora tenha sido acompanhada em alguns casos, a decisão de *Melvin vs. Reid* foi, em geral, rejeitada como precedente[18].

O caso geralmente considerado como aquele que pôs fim a *Melvin vs. Reid* é *Cox Broadcasting Corp. vs. Cohn*[19]. Na Geórgia, uma lei proibia a divulgação do nome das vítimas de estupro. Mesmo assim, um canal de TV obteve o nome de uma mulher que fora estuprada e assassinada (o nome constava no indiciamento dos responsáveis pelo crime) e o divulgou, desafiando a lei. O pai da vítima entrou com um ação por responsabilidade civil, alegando que a veiculação violara seu direito de privacidade. A emissora argumentou que o nome da mulher era matéria de interesse público, mas a Suprema Corte do Estado da Geórgia afirmou que a lei estabelecia o contrário e decidiu que o ato acarretava responsabilidade civil. A Suprema Corte dos Estados Unidos, porém, reformou a sentença, afirmando que a lei violava a Primeira Emenda. A Corte não disse que a publicação de informações verídicas jamais possam fundamentar uma ação judicial por invasão de privacidade. Mas decidiu que a Primeira Emenda cria uma imunidade que permite a divulgação de informações contidas em documentos de domínio público, ainda que essa divulgação fira a sensibilidade das pessoas sãs.

Este é um caso estranho, do ponto de vista tanto do demandante quanto do acusado. A invasão de privacidade era sutil. Lembre-se de que quem moveu o processo não foi a vítima do estupro, que estava morta, mas o pai. O fato de a filha de alguém ter sido estuprada e assassinada é grave e doloroso, mas não é o tipo de informação pessoal íntima que a maioria das pessoas quer esconder. Pelo contrário, as famílias das vítimas de crimes hediondos amiúde participam ativamente na investigação e no julgamento do criminoso e, às vezes, tentam tornar público o crime, para estimular maior vigor e eficácia na prevenção e punição de tais crimes. Ao mesmo tempo, o valor noticioso do *nome* da vítima de estupro e assassinato é muito difícil de se entender. Os amigos e conhecidos descobririam o que acontecera com ela, mesmo que seu

---

18. Ver, por exemplo, *Rawlins vs. Hutchinson Publishing Co.*, 543 P.2d 988, 993-996 (Kan. 1975); *Romaine vs. Kallinger*, 537 A.2d 284, 294-295 (N.J. 1988); cf. *Forsher vs. Bugliosi*, 163 Cal. Rptr. 628, 639 (Cal. 1980); *Street vs. National Broadcasting Co.*, 645 F.2d 1227 (6th Cir. 1981).

19. 420 U.S. 469 (1975). Ver também *Florida Star vs. B.J.F*, 491 U.S. 524 (1989).

nome não fosse veiculado na televisão. Por outro lado, aqueles que a desconheciam não se instruiriam em nenhuma questão de interesse público por saberem o nome da mulher. A ideia da Corte de que o povo tem o direito de saber o que está nos documentos de domínio público é questionável, pois a lei da Geórgia retirava do domínio público uma parte de cada documento de indiciamento por estupro (a parte que continha o nome da vítima).

O caso *Haynes vs. Alfred A. Knopf, Inc.*[20] é semelhante a *Cox*, porém mais pendente para o lado da defesa. Os réus eram o editor e o autor de um *best-seller* sobre a migração de negros das zonas rurais do Sul para as cidades do Norte dos Estados Unidos, iniciada na década de 1940[21]. Embora o livro seja uma obra séria de história social, o autor é um jornalista e a abordagem é jornalística, não sociológica. O foco é em indivíduos específicos, tanto negros envolvidos na migração quanto políticos brancos envolvidos nos programas de erradicação da pobreza da década de 1960. A figura central da narrativa, e uma das principais fontes de informação, para o autor, sobre a vida dos negros envolvidos na migração, é uma mulher chamada Ruby Daniels, que, depois de trabalhar na colheita do algodão em uma plantação no Sul, mudou-se para Chicago, passou pelas experiências comuns dos negros "do gueto" (pobreza, bem-estar, a vida de quem participava dos "projetos", filhas de mãe solteira, que, por sua vez, também concebiam filhos como mães solteiras e assim por diante) e, já idosa, mudou-se de volta para sua cidade natal, no Mississippi. Quando morava em Chicago, ela conhecera Luther Haynes, outro imigrante da zona rural do Mississippi, com quem viveu, teve quatro filhos e casou-se, mas de quem acabou se divorciando. Haynes e a esposa eram os demandantes do processo. O livro descreve Haynes como um bêbado mulherengo que abandonou Ruby Daniels e os filhos. Porém, no início da década de 1970, Haynes se casara novamente e começara a endireitar sua vida. Quando *The Promised Land* [*A terra prometida*] foi publicado, em 1991, Haynes havia largado a bebida, tinha um emprego e era um membro respeitado de sua comunidade (era diácono de sua igreja). Juntamente com a esposa, gozava de uma renda e de um estilo de vida de classe média. O demandante defendeu perante a corte, embora sem sucesso, que tanto ele como a Sra. Melvin deveriam ter o direito de enterrar um passado que não fazia justiça a seu atual caráter e apenas humilharia ele e a esposa.

---

20. 8 F.3d 1222 (7th Cir. 1993). Admito que minha opinião é tendenciosa, pois fui o autor da sentença.

21. Nicholas Lemann, *The Promised Land: The Great Black Migration and How It Changed America* (1991).

Para o economista, a ponderação apropriada entre as condutas passada e presente de um indivíduo, com vistas a uma avaliação realista de seu caráter e, portanto, de sua aceitabilidade em futuras transações, é algo que não cabe aos juízes realizar, mas sim às pessoas que possivelmente realizarão transações com esse indivíduo. Ademais, a história de Luther Haynes possui alto valor noticioso. A causa dos negros dos bairros pobres é um tema cuja importância transcende a esfera privada, e um estudo de caso sobre indivíduos negros, se não é o único nem talvez o melhor método de iluminar o assunto, é um método válido. Não vale dizer que o autor poderia ter usado um pseudônimo para Luther Haynes. A proteção efetiva da privacidade de Haynes teria exigido outras mudanças de nome (por exemplo, o nome de Ruby Daniels teria de ser mudado) e talvez mudanças em outros detalhes sobre ele. Tais mudanças fariam com que o livro deixasse de ser uma obra de jornalismo investigativo para se tornar uma obra de ficção sociológica, um gênero literário de valor, do qual *A fogueira das vaidades* (Capítulo 23) é um exemplo, mas que não é a única alternativa digna às abordagens sociocientíficas detalhistas e impessoais de história social. Além disso, um Luther Haynes ficcional bem poderia ser denunciado como um estereótipo que denigre os homens negros.

The Promised Land foi elogiado por uma vasta gama de estudiosos acadêmicos, inclusive por distintos estudiosos negros[22]. Mas sua publicação teria sido muito mais dispendiosa, talvez inviável, se aos indivíduos negros (que não se limitam, de maneira nenhuma, a Luther Haynes) cujos históricos passados de conduta demeritória o livro conta fosse dado o direito de indenização pelos danos a sua reputação ou mesmo apenas o direito de impor mudanças que reduziriam a credibilidade e a comerciabilidade do livro. Pode parecer que, se o livro, em sua versão não censurada, é *tão* bom, teria sido lucrativo editá-lo, ainda que o editor tivesse de cumprir uma sentença favorável a Haynes na ação por perdas e danos. Mas o editor não poderia esperar que todo o valor do livro fosse captado em seu preço de venda, pois outros autores podem usar as ideias do livro sem ter de pagar por estas; e podem evitar o acarretamento de responsabilidade civil por invasão de privacidade, simplesmente abstendo-se de mencionar os Haynes.

A decisão do caso bem poderia ter sido outra se o livro tivesse exposto detalhes íntimos do relacionamento de Luther Haynes com Ruby Daniels, com sua esposa ou com outra mulher. Detalhes desse tipo não

---

22. Dois destes citados neste livro: Henry Louis Gates Jr. (Capítulo 2) e Patricia Williams (Capítulo 18).

seriam pertinentes diante do assunto tratado nem relevantes para a reputação de Haynes. Não teriam valor noticioso, nem relevância para as pessoas que poderiam vir a realizar transações com Haynes; e sua publicação teria sido, de longe, mais ofensiva, em parte por causa da gratuidade. O tratamento que o livro dá a Haynes não é provocador ou voyeurístico.

Um traço curioso de todos esses casos de privacidade é que a decisão de mover processo representa, da parte do demandante, um abandono de sua privacidade, já que os fatos relatados nos documentos judiciais, bem ao contrário da decisão do caso *Cox*, questionável, mas revestida de autoridade, são de domínio público. Os leitores deste livros que, por acaso, não tenham lido as decisões dos casos *Sidis*, *Cox*, *Melvin* e *Haynes*, inteiraram-se daqueles fatos que os demandantes desses casos queriam manter em sigilo. Para obterem um remédio judicial eficaz, portanto, o demandante de uma ação por violação da privacidade tem de conseguir indenização não apenas pelos danos infligidos pela publicidade indevida original, mas também pelos danos resultantes da publicidade indevida secundária que o próprio processo tenha recebido ou venha a receber no futuro. Até onde sei, ninguém nunca se deu conta desse fato, o que pode explicar por que há tão poucos processos por violação de privacidade.

Kin Lane Scheppele discorda de uma versão anterior de minha análise dos casos de violação da privacidade[23]. Para ela, como análise positiva (uma tentativa de explicar o padrão que rege as decisões judiciais), minha análise fracassa em *Melvin vs. Reid* e nos casos que acompanham a decisão deste. A autora, no entanto, só cita três casos que o acompanham, dois dos quais foram decididos no âmbito das leis da Califórnia[24], logo após *Melvin*, e são de validade igualmente duvidosa depois de *Cox*. No terceiro caso, uma revista publicou uma fotografia de uma mulher deitada em uma cama de hospital. Ela tinha uma doença rara, que a levava a ter um enorme apetite e, ainda asim, perder peso. O título do artigo que acompanhava a foto era "Starving Glutton" ["Gulosa esfomeada"][25]. O título era difamatório, pois a "gula" (um dos sete pecados capitais) subentende uma falha de caráter, e não uma doença. Além

---

23. Scheppele, *Legal Secrets: Equality and Efficiency in the Common Law* (1988), sobretudo cap. 13.

24. Ela erra quando afirma (id., p. 249) que *Virgil vs. Time, Inc.*, 527 F.2d 1122 (9th Cir. 1975), não foi. O caso foi posto sob a jurisdição do judiciário federal, pois as partes eram cidadãos de estados diferentes. Mas as questões envolvendo responsabilidade civil eram regidas pelas leis da Califórnia.

25. *Barber vs. Time, Inc.*, 159 S.W.2d 291 (Mo. 1942).

disso, o nome da paciente era irrelevante, pois o artigo era sobre a doença, e não sobre ela. Quanto a esse aspecto, o caso difere de *Haynes* ou, como reconhece Scheppele, *Sidis*. Ademais, o artigo não pretendia alertar (e nem era provável que isso ocorresse), digamos, uma seguradora que a mulher pudesse ter procurado para fazer um seguro de vida ou de saúde, sem revelar sua doença.

Segundo Scheppele, minha interpretação jurídica foi exatamente o contrário da correta, porque os juízes concedem indenização por perdas e danos pela publicidade indevida de informações demeritórias sobre as pessoas (*Melvin*), mas não pela divulgação de informações não demeritórias. Mas o caso *Melvin* representa, quando muito, uma posição minoritária no campo dos direitos de privacidade. Além disso, os únicos casos que ela cita em apoio à afirmação de que os juízes não sentenciam o pagamento de indenização por perdas e danos pela publicidade indevida de informações não demeritórias são casos nos quais, diferentemente de *Graham*, as informações não eram embaraçosas. A revelação destas, portanto, não teria sido altamente ofensiva para a maioria das pessoas (por exemplo, informações verídicas sobre aumentos de salário recebidos pelo demandante)[26].

Para Scheppele, uma norma que prive as pessoas da proteção legal do sigilo de seus atributos pessoais que possuam valor noticioso ou de seu histórico pessoal demeritório, fará com que elas despendam mais recursos com ocultação. Os remédios judiciais contra as invasões de sua privacidade serão substituídos pelo esforço próprio de evitar essas invasões. Esses recursos adicionais, que podem ser dedicados a ações como mudança de nome, de endereço ou mesmo à realização de uma cirurgia plástica, seriam um desperdício, do ponto de vista social, pois só serviriam para ocultar informações com valor noticioso e fomentar a realização de transações malinformadas. Para avaliar esse argumento, é preciso distinguir entre dois tipos de caso. No primeiro, o indivíduo não fez nada que esperasse provocar a curiosidade do povo. Sidis jamais esperaria figurar em um artigo da *New Yorker*, nem Haynes esperaria ser tratado pelo autor de um *best-seller* como figura representativa na grande migração dos negros do Sul para o Norte; tampouco Cohn esperaria ser o pai de uma mulher estuprada e assassinada. Uma vez que pessoas desse tipo não esperam perder a privacidade, qualquer que seja o estado dos direitos de privacidade, é pouco provável que despendam recursos para garantir melhor sua privacidade. No segundo tipo de caso, bem

---

26. Scheppele, nota 23 acima, p. 250.

ilustrado por *Melvin vs. Reid*, uma pessoa fez exatamente o tipo de coisa que desperta a curiosidade do povo; mas, quanto mais tenta esconder, melhor a "história" que cria. A Sra. Melvin não teria se tornado famosa se não houvesse tentado esconder seu passado sob a máscara de uma dona de casa virtuosa.

Chantagem

A questão mais difícil, em matéria de responsabilidade civil por violação da privacidade, é saber como integrá-la ao direito penal que rege a chantagem. Ademais, a chantagem é cheia de seus próprios enigmas. Se Nicholas Lemann tivesse procurado Luther Haynes e lhe oferecido 1000 dólares para que não usasse seu nome em *The Promised Land*, Lemann seria culpado por crime de chantagem. Mas que sentido há em tornar crime esse tipo de conduta? Uma resposta econômica é que a supressão do nome reduziria o valor social do livro. Pode parecer que o autor levaria isso em conta ao estipular seu preço para trocar o nome da vítima da chantagem. Isso seria verdade se o autor fosse capaz de captar plenamente o valor social do livro, através dos direitos autorais que receberia com a venda deste. Mas vimos que isso não acontece. Uma vez publicado o livro, outros estudiosos dos problemas raciais do país podem usar as ideias e pesquisas nele contidas, sem compensar o autor. Permitir a chantagem reduziria os benefícios sociais da publicação.

Até aqui, a análise está correta, porém incompleta, pois ignora o aspecto regulador da chantagem[27]. O pagamento de chantagem amiúde funciona como uma fiança. A única diferença é que é paga a um agente privado de imposição da lei (o chantagista) e não ao Estado. A analogia é particularmente adequada quando, como costuma acontecer, o chantagista ameaça revelar um crime cometido pela vítima da chantagem. Mas esta é apenas uma das categorias de casos de chantagem. Haynes pode ter sido vítima de chantagem, mas não por ser culpado de algum tipo de conduta pela qual pudesse ser processado (trinta e tantos anos depois do acontecido). No caso da chantagem de homossexuais, a conduta, seja ou não oficialmente criminosa, é, como veremos no próximo capítulo, manifestação de uma condição involuntária[28], que não se alteraria com a legalização da chantagem. Uma pessoa não escolhe ser ho-

---

27. Um tema explícito no *thriller* de Eric Ambler, *A Coffin for Dimitrios* (1939).
28. Refiro-me a pessoas de orientação ou preferência homossexual e não aos homossexuais "de oportunidade". Essa distinção é explicada no próximo capítulo. Ambos os tipos podem ser chantageados, obviamente.

mossexual e não desistiria da suposta escolha, ainda que não houvesse proteção legal contra a chantagem. Obviamente, entre os indivíduos que chantageiam homossexuais ou chantageariam se isso fosse lícito, raramente se encontram editores. Logo, o custo social dessa chantagem não consiste em nenhuma redução da quantidade de informações de valor noticioso. Consiste no dispêndio de recursos desprovidos de valor social, porque tudo o que fazem é transferir riqueza de uma pessoa (a vítima da chantagem) a outra (o chantagista). Se a chantagem fosse legal, os homossexuais devotariam cada vez mais recursos à ocultação de sua condição e seriam mais angustiados. Poderiam até ingressar em formas de ocultação altamente dispendiosas, em potencial, para terceiros (na era da aids), como o casamento heterossexual. Ainda assim, se eu estiver certo e a orientação homossexual for inata, não se reduziria o número de homossexuais[29]. A angústia e os esforços de ocultação induzidos pela chantagem não teriam produto social. Pode-se conceber que a chantagem de criminosos reduza os índices de criminalidade; o mesmo, porém, não se aplica à chantagem de pessoas cuja condição seja involuntária[30].

Os melhores exemplos de chantagem reguladora são os casos em que o chantagista ameaça delatar o crime da vítima à polícia, a qual, por sua vez, quase certamente a processaria, caso tivesse as informações que o chantagista ameaçou revelar, mas somente se tiver essas informações. Em casos assim, o chantagista é uma espécie de agente complementar de imposição da lei, e o pagamento da chantagem pode ser a única pena cumprida por sua vítima, pelo crime cometido. Assim, se a chantagem fosse legal, a criminalidade poderia diminuir.

Não há nenhuma explicação econômica completamente adequada de por que esse tipo de chantagem é ilegal. Já se argumentou que a legalização da chantagem poderia resultar em um excesso de ações penais. Mas isso só poderia ocorrer se se permitisse ao chantagista processar sua vítima, bem como revelar informações incriminatórias sobre ela, caso esta se recusasse a pagar-lhe. Desde que o promotor público conserve a autoridade de não processar, este não apenas controlará a quantidade de ações judiciais, mas será capaz de regular indiretamente a quantidade de chantagens realizadas, já que, quanto menor a probabilidade de abertura de processo, menor será a quantia que as vítimas de chantagem estarão dispostas a pagar aos chantagistas e, portanto, menos chantagem haverá.

---

29. Tudo isso está sujeito à distinção da nota anterior.
30. Outro exemplo seria chantagear um homem impotente. É altamente improvável que a licitude desse tipo de chantagem reduzisse a incidência da impotência.

Outra explicação possível para a ilegalidade da chantagem reguladora é que a legalização desta elevaria o preço que os agentes públicos de imposição da lei teriam de pagar pela informação. Haveria uma concorrência entre estes e as vítimas de chantagem. Na verdade, o chantagista leiloaria as informações incriminatórias por ele coletadas e as forneceria àquele que desse o maior lance. A polícia recorre intensamente a informantes pagos; e estes cobrariam mais caro se tivessem outro mercado para suas informações. Em contraposição a isso, deve-se ponderar sobre a expansão dos recursos dedicados ao levantamento de informações sobre criminosos, se a chantagem fosse legal. A elevação do preço das informações incriminatórias estimularia uma expansão da produção, e os agentes de imposição da lei poderiam sair beneficiados, ainda que tivessem de pagar um preço mais alto por cada item de informação.

A chantagem pode ser um exemplo (incompatível seja com uma abordagem econômica, seja com uma abordagem pragmática do direito) do desenvolvimento do direito através do raciocínio irrefletido por analogia. O termo "chantagem", originalmente, referia-se ao uso de ameaças físicas para a obtenção de dinheiro ou outro valor. A chantagem era, portanto, um sinônimo de extorsão. A proibição da extorsão não é problemática. Não porque a vítima do extorsionário ceda à ameaça "involuntariamente" (uma pessoa que oferece seu dinheiro a um ladrão como resposta à ameaça "seu dinheiro ou sua vida" faz uma escolha voluntária, com pleno conhecimento das opções), mas porque a maioria de nós preferiria viver em um mundo onde não estivéssemos sujeitos a exigências como essa. Quando, porém, a pessoa que faz a ameaça tem pleno direito de fazer o que está ameaçando fazer, como relatar um crime à polícia, a defesa da proibição é mais problemática. Naquela subcategoria de casos nos quais a ameaça não tem potencial regulatório (quando seu único propósito e efeito é a transferência de riqueza da vítima à pessoa que faz a ameaça), torna-se novamente possível defender a proibição. De fato, essa defesa lembra aquela contra a extorsão simples. Ambos os casos são de transferências de riqueza estéreis, no sentido de improdutivas, que geram uma perda líquida para a sociedade, medida pelo valor dos recursos usados para a realização de tais transferências e para a defesa contra estas.

Quando, porém, o chantagista ameaça expor uma conduta criminosa ou desonesta pela qual a vítima não tenha sido punida, há uma consequência adicional, possivelmente benéfica, que é ofuscada pela analogia com as ameaças físicas. Suponhamos, para retornar ao exemplo do empregado desonesto, que X esteja se apropriando indevidamente do dinheiro do patrão, Y, e que Z saiba disso. Z, então, exige que X pague chantagem. Se a chantagem fosse legal, Z poderia conseguir extrair de X uma quantia bem próxima da totalidade do dinheiro indevidamente apropriado. Nesse caso, poder-se-ia coibir a apropriação indevida. Naturalmente, é possível que, se a chantagem fosse legal, Z delatasse X a Y. Ele poderia até tentar cobrar de Y uma quantia pela informação, o que configuraria uma transação legal. Mas também é possível que não cobre. É difícil determinar, *a priori*, se a legalização da chantagem em tais situações tonaria o desvio de dinheiro algo menos ou mais comum. A insistência dos juristas em que uma ameaça é uma ameaça tem retardado a investigação das prováveis consequências da autorização da chantagem como mecanismo complementar de imposição da lei.

Um dos traços mais patentes da chantagem é, a exemplo do que acontece com a violação da privacidade, a quantidade reduzida de casos. Só consegui encontrar 124 casos registrados de chantagem nos Estados Unidos, no século XIX[31]. Certamente, houve casos que não consegui encontrar. Além disso, muitos processos exitosos jamais são registrados, por não ter havido recurso. Se considerarmos, no entanto, que o total de casos registrados nos Estados Unidos durante esse período alcança os milhões, fica patente a insignificância do número que encontrei. Meu palpite é que a chantagem entre estranhos é rara, enquanto a chantagem entre conhecidos é comum, porém muito difícil de ser detectada. Esse último ponto é o mais simples. A chantagem, por ser ilegal, é clandestina, informal e desorganizada. Por isso, é difícil, para o chantagista, obter sobre um estranho informações que este, por razões óbvias, se esforçará por manter em sigilo. A maioria dos chantagistas, portanto, é composta por conhecidos de suas vítimas e, em muitos desses casos, o chantagista e sua vítima mantêm uma relação duradoura. Em um caso desse tipo, é possível que a comunicação da chantagem seja tácita, e o próprio pagamento pode tomar a forma de um ajuste sutil, amiúde não pecuniário, nos termos da relação. As esposas que conhecem as culpas secretas do marido são, suponho eu, mais bem tratadas por este; e isso, na prática, é chantagem, embora não o seja juridicamente.

No caso de estranhos, os custos de transação da chantagem são altos, já que esta é crime. Ao fazer uma exigência através de chantagem, o chantagista mune a vítima com toda a informação de que esta precisa para denunciá-lo à polícia. A vítima sabe, além disso, que, se denunciar o chantagista, este provavelmente não levará a termo sua ameaça, pois,

---

31. "Blackmail, Privacy, and Freedom of Contract", nota 1 acima, pp. 1841-3.

se o fizer, a polícia, o promotor, o júri e o juiz considerarão isso como um agravante. A vítima também sabe que, como a chantagem é ilegal e, logo, clandestina, o chantagista provavelmente não achará que pagar a penalidade adicional para levar a cabo sua ameaça seja um investimento compensador na construção de uma reputação respeitável de chantagista. Se a vítima estiver razoavelmente confiante em que o chantagista realizará corretamente essa sequência de manobras e decidirá não retaliar se a ameaça for desafiada, ela a desafiará – embora haja um fator complicador: *depois* que o chantagista tiver pago sua pena, não haverá nada que o impeça de abrir o bico para se vingar; a única maneira de impedir isso seria vincular uma condição pós-penal que o proibisse de fazê-lo, sob pena de sofrer punições ulteriores. (Outro obstáculo à chantagem é que, não havendo meios legais de impor o cumprimento dos contratos de chantagem, a vítima não saberá ao certo o que está comprando.)

Não podemos esperar que essa estratégia funcione naqueles raros casos em que o chantagista tem provas não de um deslize qualquer, mas de um crime grave, que a polícia provavelmente não ignorará, em seu zelo por punir a chantagem. Em um caso assim, a vítima não terá credibilidade para ameaçar denunciar à polícia a ameaça de chantagem. No outro extremo, a probabilidade de tentativa e êxito da chantagem é mínima justamente no caso em que ela é mais censurável do ponto de vista econômico, por não ter, nesta situação, nenhuma função regulatória. Refiro-me aos casos nos quais a informação que o chantagista possui é embaraçosa, mas não desonrosa; ou, mesmo que seja desonrosa, ainda assim provavelmente não se alterará diante da possibilidade de chantagem. Embora os homossexuais sempre tenham temido a chantagem e, sem dúvida, tenham sido vítimas desta com mais frequência que os heterossexuais, o índice de chantagens bem-sucedidas de homossexuais, se minha análise econômica estiver correta, é desprezível (ou o pagamento de chantagem por parte de homossexuais é, em média, baixo; o que, analiticamente, tem valor semelhante). A razão disso é que um homossexual que denuncie à polícia uma tentativa de chantagem não corre o risco de ser processado por nenhum crime. Consciente disso, o chantagista também saberá que essa tentativa de chantagem será, quase certamente, denunciada; sobretudo porque, uma vez denunciada, o chantagista não ousaria levar a cabo sua ameaça e revelar o segredo da vítima, pois, se o fizer, será punido mais severamente.

Essa análise põe em relevo uma importante ressalva à discussão sobre os crimes sem vítima do Capítulo 17. Embora o controle desses crimes seja muito dispendioso, isso não ocorre quando a realização do crime demanda uma transação complexa. Embora se dediquem recursos ao cumprimento da proibição legal da chantagem, o caráter delicado das negociações necessárias à realização de uma transação de chantagem, bem como a dificuldade que o chantagista tem para vender uma promessa de silêncio digna de crédito, são fatores suficientes para assegurar uma baixa incidência do crime, contanto apenas que a atividade seja mantida na ilegalidade e, logo, na clandestinidade. Mais ou menos na mesma linha, uma lei contra os cartéis deve reduzir drasticamente a incidência do tabelamento de preços (ainda que a justiça não seja nada eficiente na punição dessa prática), já que a realização de contratos eficazes de tabelamento de preços é, assim como a realização de contratos eficazes de chantagem, difícil sem proteção jurídica[32].

---

32. George J. Stigler, "The Economic Effects of the Antitrust Laws", em Stigler, *The Organization of Industry*, p. 259, 169-270 (1968).

capítulo 26

A economia e a construção social da homossexualidade

Não há um campo mais confuso do direito, hoje, que o da regulação do comportamento sexual. Qualquer que seja a questão (aborto, direitos dos homossexuais, pornografia, assédio sexual no ambiente de trabalho, estupro, abuso sexual infantil, maternidade substituta, o tratamento dado aos presidiários transexuais ou as medidas jurídicas quanto à aids e ao fenômeno das mães solteiras), os juízes não apenas estão profundamente envolvidos, como também, conforme argumentei em *Sex and Reason* [Sexo e razão], têm muito pouca noção do que estão fazendo. Os métodos convencionais de raciocínio jurídico não os levam a lugar nenhum nessa área. Além disso, os aspectos emotivos e os tabus dos fenômenos subjacentes tornam o senso comum uma forma nada confiável de orientação.

Em que área, então, pode-se demonstrar melhor a utilidade de uma abordagem pragmática, científica e econômica do direito? Assim, dedico a essa tarefa este capítulo final, no qual aperfeiçoo e amplio a análise econômica da homossexualidade apresentada em *Sex and Reason*[1] e re-

---

[1] Ver menções a "homossexualidade" e "homossexuais", no índice remissivo. No interior do livro, assim como neste capítulo, uso a palavra "homossexuais" sem intenção pejorativa, embora eu saiba que a maioria dos homossexuais do sexo masculino prefere ser chamada de "*gay*".

laciono essa análise ao debate entre as teorias essencialista e socioconstrutivista da homossexualidade.

A abordagem descrita e aplicada

Preferências e comportamento dos homossexuais. O pressuposto básico da economia – ao menos do tipo de economia que eu promovo – é a racionalidade instrumental: o indivíduo escolhe os meios mais apropriados, em matéria tanto de custos quanto de benefícios, à consecução dos fins almejados, sendo que geralmente se presume que os benefícios lhe são concedidos e não escolhidos livremente[2]. A escolha dos meios não precisa ser consciente (e amiúde não é). Logo, não há nenhum paradoxo em falar de escolha racional pelos animais. Além disso, como emoção e razão não são coisas necessariamente antagônicas, também não há paradoxo em supor que, apesar das intensas emoções que precedem e acompanham o comportamento sexual, pode ser frutífero concebê-lo segundo um modelo racional.

É útil distinguir-se o desejo sexual – que compreende tanto o apetite quanto as preferências – do comportamento sexual. O desejo sexual consiste tanto no impulso (desejo, no sentido do "empurrar") quanto na atração (desejo, no sentido do "puxar") e determina os fins, no sentido da relação entre meios e fins. O comportamento sexual, por sua vez, é o cardápio de meios. Quanto mais intenso for o *apetite* sexual de uma pessoa, mais esta valorizará a atividade sexual, no sentido de que estará disposta a abrir mão de uma quantidade maior de algum outro bem, para poder praticá-la; enquanto a estrutura de *preferências* sexuais dessa pessoa afetará o valor que ela vincula a diferentes formas e objetos da atividade sexual, bem como à variedade de parceiros sexuais. Portanto, o apetite ou impulso afeta, acima de tudo, a permutabilidade entre atividades sexuais e não sexuais, enquanto as preferências afetam a permutabilidade entre diferentes parceiros e atividades sexuais. Adoto, ainda, o pressuposto de que, em geral, embora não em todos os casos, os homens possuem um impulso sexual mais forte que o das mulheres e um gosto maior pela variedade de parceiros sexuais, a qual não defino como um gosto pela bissexualidade (embora isso também possa acontecer), mas como um gosto por múltiplos parceiros do sexo preferido. Os fundamentos empíricos dessas pressuposições, por mais controvertidos que sejam nos círculos femininos, são consideráveis. A teoria bioló-

---

2. Não pretendo sugerir que a racionalidade instrumental seja a única concepção defensável de racionalidade. Ver Robert Nozick, *The Nature of Rationality*, cap. 5 (1993).

gica que explica os dados empíricos, embora não seja definitiva, é respeitável[3].

A diferença entre desejo sexual e comportamento sexual expõe uma ambiguidade no conceito de homossexualidade. O conceito pode referir-se a uma preferência, forte ou fraca, por relações com parceiros do mesmo sexo; ao ato de ingressar em relações com parceiros do mesmo sexo (seja com frequência ou raramente); ou, ainda, a alguma combinação de preferência e comportamento – talvez o único homossexual "de verdade" seja aquele que, além de preferir ter relações com pessoas do mesmo sexo, também age de acordo com essa preferência[4]. Não há por que insistir em um único significado para a palavra. O importante é deixar claro o sentido dado a ela em cada utilização ou contexto. Por ora, é suficiente observar que, no inglês comum dos Estados Unidos, um "homossexual" é qualquer pessoa que, sendo iguais todas as outras variáveis, prefere alguém do mesmo sexo, como parceiro sexual, a alguém do sexo oposto. Na linguagem da economia, esse "homossexual movido pela preferência" comprará mais atividades com parceiros do mesmo sexo que com parceiros do outro sexo, se o preço cheio (aquele que compreende tanto os fatores não pecuniários quanto os pecuniários) for o mesmo. O bissexual verdadeiro, então, será aquele que comprará a mesma quantidade de cada tipo de sexo, se o preço cheio for o mesmo. Quando utilizar o termo "homossexual", estarei me referindo ao homossexual movido pela preferência, salvo indicação em contrário.

A ênfase na distinção entre *preferência* homossexual e *comportamento* homossexual pode parecer equivocada em uma análise econômica. Os economistas são conhecidos por sua desconfiança dos motivos declarados pelas pessoas e a consequente insistência em inferir preferências a partir de comportamentos ("preferência revelada", ou seja, o ato de pormos em prática as ideias que professamos). Mas minha aborda-

---

3. Sobre ambos os argumentos, ver *Sex and Reason*, cap. 2; Richard Green, *Sexual Science and the Law* (1992); Simon LeVay, *The Sexual Brain* (1993); David M. Buss e David P. Schmitt, "Sexual Strategies Theory: An Evolutionary Perspective on Human Mating", 100 *Psychological Review* 204 (1993), sobretudo pp. 210-2.

4. Os defensores dos direitos dos homossexuais preferem o termo "orientação" ao termo "preferência", por pensarem que este último conota escolha ou mutabilidade; e, embora muitos deles se angustiem diante de teorias biológicas da homossexualidade (lembre-se da reação de Martha Ertman, discutida no Capítulo 16), costumam negar que um indivíduo escolha a homossexualidade, da forma como alguém escolhe ser advogado ou metodista. Concordo que a homossexualidade não é uma escolha. Porém, uma vez que os economistas tendem a considerar as preferências como dadas e não como escolhidas (e a concentrar-se sobre as escolhas dadas às preferências), "preferência" e "orientação" possuem conotações semelhantes em uma análise econômica da homossexualidade.

gem é coerente com a tradição da preferência revelada[5]. A preferência homossexual, em minha análise, é inferida não a partir daquilo que uma pessoa diz sobre suas preferências sexuais, mas das escolhas comportamentais que ela faz, *quando as relações heterossexuais e as homossexuais lhe são oferecidas pelo mesmo preço*. A mensuração empírica da preferência homossexual assim definida é muito difícil, mas o foco conceitual no comportamento revelador da preferência é razoavelmente claro, embora não totalmente, por razões que devem ter ficado óbvias a partir da discussão do "eu real", no capítulo anterior.

A preferência homossexual, tal como a defino, não é uniforme. Algumas pessoas têm uma forte aversão à adoção de um comportamento homossexual. No contexto da presente abordagem, essas pessoas evitarão adotar esse comportamento, ainda que ele seja muito mais barato que o comportamento heterossexual. Outras pessoas, por sua vez, têm uma forte aversão à adoção de um comportamento heterossexual. Kinsey concebeu uma escala de zero a seis para representar o leque das preferências homossexuais. Um indivíduo zero tem apenas a preferência heterossexual, enquanto um indivíduo seis tem apenas a homossexual. Um três é um bissexual perfeito, indiferente ao sexo do parceiro. Kinsey, então, representou a preferência por meio da "fantasia": que tipo de relações sexuais sonhamos ter? Nossas fantasias revelam preferências dotadas de certa autenticidade (embora não a única e nem mesmo a essencial), porque não são afetadas pelos custos e benefícios provenientes de nossas interações com outras pessoas. São, *grosso modo*, preferências pré-sociais ou biológicas.

A distribuição das preferências, provavelmente, é bimodal; mais ou menos da mesma forma que a "habilidade manual" é bimodal. A grande maioria das pessoas é destra, enquanto uma pequena minoria é canhota e uma minoria ainda menor é ambidestra. Ainda assim, alguns destros conseguem escrever com a mão esquerda sem muita dificuldade, enquanto alguns canhotos conseguem escrever com a mão direita sem muita dificuldade. Se houver uma forte pressão da sociedade no sentido de escrever com a mão direita, a maioria dos canhotos é capaz de aprender a fazê-lo, mas jamais se sentirão totalmente confortáveis. Do mesmo modo, a grande maioria das pessoas parece ter uma forte preferência heterossexual, embora algumas delas considerem a relação

---

5. Para alguns economistas, graças à teoria da preferência revelada, a ciência econômica pode prescindir dos conceitos de utilidade e maximização da utilidade. Não penso assim, pelas sólidas razões reunidas por Amartya Sen, em "Internal Consistency of Choice", 61 *Econometrica* 495 (1993), mas essa questão não é importante para minha análise.

heterossexual um tanto substituível pela homossexual. Uma pequena minoria, provavelmente não mais que 4% dos homens e 2% das mulheres (talvez menos)[6], possui uma forte preferência homossexual; mas, novamente, algumas dessas pessoas consideram a relação homossexual substituível pela heterossexual, embora esta seja inferior. Por sua vez, é aparentemente muito reduzido o número de pessoas bissexuais, isto é, aquelas que consideram igualmente desejáveis os parceiros masculinos e os femininos.

Em uma análise econômica, o valor (parcialmente determinado pela localização na escala de Kinsey) que as pessoas atribuem às várias finalidades do sexo – como o prazer, a consolidação de um relacionamento, o disfarce da própria preferência sexual, a consolidação, expressão e reafirmação da dominação e a geração de filhos – determina, juntamente com o custo dos diferentes tipos de comportamento sexual, a quantidade e as espécies desse comportamento adotadas pelas pessoas. Obviamente, um homem que tenha uma forte preferência homossexual atribuirá um alto valor às relações homossexuais. Se, porém, a ameaça de punição, escrúpulos religiosos, o medo de contrair uma doença ou de ser rejeitado pela sociedade ou o desejo de ter filhos fizer com que os custos estimados desse tipo de relação excedam os benefícios, esse homem pode, a despeito de sua preferência, substituir as relações homos-

---

6. *Sex and Reason*, pp. 294-5. Recentes pesquisas de larga escala sobre comportamento sexual realizadas na Inglaterra e na França sugerem estimativas ainda mais baixas. Essas pesquisas estão coligidas em ACSF Investigators, "AIDS and Sexual Behaviour in France", 360 *Nature* 407 (1992), e Anne M. Johnson et al., "Sexual Lifestyles and HIV Risk", 360 *Nature* 410 (1992); também o sugere uma nova pesquisa sobre os homens dos Estados Unidos, John O. G. Billy et al., "The Sexual Behavior of Men in the United States", 25 *Family Planning Perspectives* 52, 59-60 (1993); e os dados preliminares de uma vasta pesquisa sobre sexo, que está sendo conduzida por um grupo da Universidade de Chicago, liderado por Edward Laumann, do departamento de sociologia. Uma análise geral dos dados reunidos pelas pesquisas sobre sexo conclui que "apenas cerca de 2% ou 3% dos homens sexualmente ativos e cerca de 1% ou 2% das mulheres sexualmente ativas são, no momento, homossexuais". Tom W. Smith, "American Sexual Behavior: Trends, Socio-Demographic Differences, and Risk Behavior", p. 6 (National Opinion Research Center, Universidade de Chicago, GSS Topical Rep. 25, Version 1.2, 18 de outubro de 1993); ver também id., p. 33 (tab. 8). A objeção habitual à inferência da porcentagem de homossexuais a partir de pesquisas é que os homossexuais "enrustidos" ocultarão sua preferência sexual, mesmo do mais habilidoso dos entrevistadores. Se isso for verdade, o que se subentende é que, quanto mais tolerante a sociedade, maior a porcentagem de homossexuais que as pesquisas revelariam. Mas essa relação não existe. Na verdade, as pesquisas sobre práticas sexuais nos países escandinavos, mais tolerantes com a homossexualidade que os Estados Unidos, revelam uma frequência menor do comportamento homossexual do que a revelada pelos dados das pesquisas norte-americanas. Os dados escandinavos são coligidos em Mads Melbye e Robert J. Biggar, "Interactions between Persons at Risk for AIDS and the General Population in Denmark", 135 *American Journal of Epidemiology* 593, 600 (1992).

sexuais pelas heterossexuais. Pode até decidir renunciar a todo e qualquer tipo de relação sexual.

Imagine uma sociedade intolerante com os homossexuais, onde, além disso, haja alta incidência de aids? (Para alguns, esta seria uma descrição precisa de nossa sociedade.) Um homem dotado de um forte desejo homossexual poderia, não obstante, ingressar em algumas relações heterossexuais, por querer ter filhos; por querer fazer-se passar por heterossexual, para evitar o estigma da sociedade, além da discriminação no trabalho, entre outros tipos de discriminação econômica que possam abater-se sobre um homossexual assumido; porque a aids aumenta demais o custo de sua forma preferida de relação sexual (por exemplo, o sexo anal sem camisinha); ou porque a repressão torna custoso, para ele, encontrar outros homossexuais com quem possa ter relações. Ainda assim, mesmo em uma sociedade como essa, uma pessoa de forte preferência *hetero*ssexual poderia, eventualmente, adotar um comportamento *homo*ssexual, se tivesse um forte impulso sexual (o que subentende uma preferência por outra atividade sexual e não por uma atividade não sexual, como substituto para uma atividade sexual que seja a sua preferida, mas que não lhe esteja disponível) e se o custo da relação sexual heterossexual fosse muito alto, como poderia ser, caso ela estivesse confinada em uma instituição onde haja segregação sexual, como um navio da marinha ou uma prisão.

Formalmente, escolher-se-á uma relação sexual homossexual, em detrimento de uma heterossexual, se

$$(B_1 - C_1) > 0, \quad (B_1 - C_1) > (B_2 - C_2), \tag{1}$$

onde B_1 e B_2 são, respectivamente, os benefícios do ato homossexual e do ato heterossexual para uma determinada pessoa e C_1 e C_2, os respectivos custos. O motivo da inclusão da primeira condição é que, se o benefício efetivo do ato homossexual, embora maior que aquele do ato heterossexual, for igual a zero ou negativo, a pessoa escolherá a abstinência (a opção sem custos e sem benefícios sexuais).

A segunda condição presente em (1) pode ser reexpressa da seguinte forma:

$$(B_1 - B_2) > (C_1 - C_2). \tag{2}$$

Isso nos ajuda a ver que, mesmo que um indivíduo prefira, digamos, um ato homossexual a um ato heterossexual, se o custo do primeiro for maior (talvez devido à ameaça de punição ou pelo desejo de ter filhos), ele pode substituí-lo pelo ato heterossexual, exceto se sua aversão a este não for muito grande. Por exemplo, considere-se que B_1 e B_2 sejam iguais a 10 e 5, respectivamente, e que C_1 e C_2 sejam iguais a 9 e 1, respectivamente. Nesse caso, muito embora a pessoa prefira o ato homossexual, tanto à abstinência (porque $(B_1 - C_1) > 0$) quanto ao ato heterossexual (porque $B_1 > B_2$), ela ingressará no ato heterossexual, porque $B_1 - B_2 = 5$ é menos que $C_1 - C_2 = 8$, ou equivalentemente, da desigualdade (1), porque o benefício efetivo do ato homossexual, $B_1 - C_1 = 1$, é menor que aquele do ato heterossexual, $B_2 - C_2 = 4$.

A abordagem econômica da homossexualidade levanta hipóteses interessantes, verificáveis e, até certo ponto, fundamentadas, sobre o comportamento homossexual. A mais dramática destas é a comprovada substituição do sexo inseguro pelo sexo seguro, por parte dos homossexuais do sexo masculino, na trilha do surgimento da aids[7]. Como o custo do sexo inseguro subiu, deu-se uma substituição deste pelo sexo seguro (maior utilização da camisinha nas relações anais, redução do número médio de parceiros sexuais por indivíduo homossexual do sexo masculino e uma tendência de adoção de atividades relativamente seguras, como o sexo oral e a masturbação mútua, no lugar do sexo anal, o qual (sem proteção) gera uma probabilidade muito maior de transmissão do vírus da aids. O sexo seguro não é um substituto perfeito para o sexo inseguro, mesmo quando é perfeitamente seguro. Se o fosse, seria de esperar não apenas a substituição total, em vez de parcial, do sexo inseguro pelo seguro, como também que a substituição tivesse ocorrido *antes* da epidemia de aids, já que outras doenças sexualmente transmissíveis já se disseminavam entre os homossexuais. Como, portanto, o sexo seguro deve ser percebido pelos homossexuais como custoso, é provável que a aids tenha causado não apenas um certo grau de substituição do sexo inseguro pelo seguro, mas também uma certa redução na ocorrência do sexo homossexual, embora essa redução não seja tão grande quanto seria se não existisse o sexo seguro como opção. Uma das alternativas ao sexo homossexual é a abstinência e a outra é o sexo heterossexual (ver a desigualdade [1]); de modo que, quanto maior for o custo do sexo homossexual, mais abstinência e sexo heterossexual devemos esperar.

Um dos principais fatores determinantes do comportamento homossexual é o custo da prospecção sexual, isto é, o custo de encontrar um parceiro sexual adequado. Este não é apenas um custo de informação. Se

---

7. Para análise e bibliografia, ver Tomas J. Philipson e Richard A. Posner, *Private Choices and Public Health: The AIDS Epidemic in an Economic Perspective*, cap. 2 (1993).

o fosse, seria igual a zero e não (tal como defino o termo) infinito, se uma pessoa estivesse confinada em um lugar onde soubesse que não há parceiros sexuais para ela.

O conceito de custo de prospecção sexual é útil para explicar por que os homossexuais estão concentrados em cidades, e não em todas estas, mas em apenas uma, ou algumas, em cada país, dependendo do tamanho destas[8]. Se os homossexuais se distribuíssem homogeneamente em vez de se concentrarem em um pequeno número de localidades, o custo de prospecção seria muito alto, pois a parcela homossexual da população é muito pequena. Para dar um exemplo radical, um homem poderia ser o único homossexual de sua cidade; de modo que, para encontrar um parceiro sexual de seu tipo preferido, teria de arcar com custos consideráveis, na forma de tempo e de viagens. Esses custos se reduzem grandemente quando os homossexuais se agrupam em uns poucos lugares, onde, devido a sua concentração, há uma grande população homossexual a ser prospectada.

Mas talvez esse exemplo seja simples demais. Pois, se houvesse dois homossexuais na cidade, não estariam estes tão bem quanto estariam em uma cidade com uma grande população homossexual? É verdade que cada um deles teria de enfrentar uma concorrência muito maior pelo parceiro sexual que escolhesse. Isso pressupõe, contudo, algo que é sempre temeroso quando lidamos com a sexualidade masculina: a indiferença à variedade em matéria de parceiros sexuais. (Devemos, portanto, esperar uma concentração geográfica de lésbicas menor que a de *gays*, já que as mulheres, inclusive as lésbicas, têm, em geral, menos gosto pela variedade de parceiros sexuais.)[9] Outro ponto, mais importante, é que a experiência com os mercados do namoro, da coabitação e do casamento sugere que uma combinação satisfatória de parceiros sexuais requer a prospecção de uma amostragem ampla de possíveis parceiros, devido à personalidade altamente idiossincrática das pessoas, quando vistas como candidatas a uma relação íntima. Se isso for verdade, o efeito da concentração da população de homossexuais sobre a redução dos custos da busca de parceiros provavelmente se sobreporá aos custos do aumento da concorrência. Uma grande parcela das relações sexuais homossexuais (e também das heterossexuais), é claro, insere-se no "mercado à vista" (o encontro anônimo no banheiro ou com um garoto ou garota de programa), caso este em que o aspecto relacional fica minimi-

---

8. Para provas empíricas, ver ACSF Investigators, nota 6 acima, p. 408; Johnson et al., nota 6 acima, p. 411.
9. Ver nota 3 acima; também o Capítulo 16 e *Sex and Reason*, pp. 91-2.

zado. Mas o sexo anônimo pressupõe um grande número de parceiros sexuais em potencial, o que, por sua vez, torna necessária uma grande concentração da população em questão.

Suponhamos, entretanto, que, como consequência dos baixos custos de prospecção nas cidades onde os homossexuais estão concentrados, os homossexuais, nessas cidades, formem casais; motivo pelo qual sobram poucos homossexuais livres para namorar os recém-chegados. Nesse caso, as oportunidades para os recém-chegados poderiam não ser muito melhores que nas pequenas cidades de onde vieram. Como, porém, o desejo dos homens pela variedade de parceiros sexuais é maior que o das mulheres, casais homossexuais masculinos tendem a ser menos estáveis que casais heterossexuais (ou de lésbicas)[10]. Isso pode estar mudando como resultado da aids, a qual elevou o custo da posse de múltiplos parceiros, sobretudo para os homossexuais (do sexo masculino). É possível, então, que as grandes cidades estejam perdendo um pouco de seu poder de atração junto aos homossexuais. Outro benefício da vida urbana para os homossexuais é a maior dificuldade de ser reconhecido em uma cidade grande. Assim, é de esperar que as sociedades tolerantes exibam menor desproporção geográfica em sua população homossexual, em comparação com as sociedades intolerantes, já que os benefícios da ocultação da preferência homossexual são menores nas sociedades tolerantes.

O conceito de custos de prospecção sexual pode ajudar a explicar por que muitos homossexuais têm modos "afeminados" (andar, postura, fala, maneiras ou modo de vestir perceptivelmente distintos daqueles do homem "normal"). As mulheres distinguem-se facilmente dos homens, mesmo em encontros casuais, devido a diferenças físicas gritantes, sobretudo de forma e de voz. Os homossexuais, porém, não são facilmente distinguíveis de seus semelhantes heterossexuais. Assim, a adoção de uma postura peculiar[11] permite que eles sinalizem sua preferência sexual (como em uma memorável passagem de Proust, em que se descreve o primeiro encontro entre Charlus e Jupien) e reduzam, desse modo, o custo da prospecção homossexual. O sinal não é totalmente claro, pois alguns homens heterossexuais são afeminados[12]. Mas a dubiedade, na verdade, pode ser útil aos homossexuais, em uma sociedade repressora;

---

10. Ver *Sex and Reason*, pp. 305-7.

11. Não necessariamente afeminada. Outros métodos de sinalização da preferência homossexual, como as roupas de couro e o cachecol, tornaram-se tão comuns quanto esse, ou mais. Ver, por exemplo, "Clothing", 1 *Encyclopedia of Homosexuality* 246 (Wayne R. Dynes [org.], 1990).

12. O que sugere, por sinal, que ter maneiras afeminadas não é algo totalmente voluntário.

pois, assim, os homens "normais" não conseguem ter certeza de que um homem afeminado é homossexual. Isso sugere a possibilidade de que pode haver menos e não mais (como seria de esperar) afeminação em uma sociedade tolerante, que em uma sociedade intolerante.

O caráter substituível das práticas sexuais é frequentemente ignorado nas discussões sobre o interesse público, como, por exemplo, no debate acerca das políticas concernentes à aids. Os conservadores, observando que os homossexuais e bissexuais estão entre as principais fontes de transmissão da doença nos Estados Unidos e nas nações ocidentais, supõem que medidas de repressão à homossexualidade reduziriam a disseminação da doença. Mas isso não está claro. Um dos efeitos de tal repressão seria o aumento dos benefícios do casamento (heterossexual) para as pessoas de preferência homossexual, pois esse tipo de casamento tanto facilita a ocultação da preferência homossexual quanto fornece uma segunda opção de expressão sexual, que é tanto mais desejável, quanto maior se tornar o custo da opção preferida, ou seja, a relação homossexual. Confirmando essa hipótese, parece que a probabilidade de os homossexuais se casarem é, de fato, maior em sociedades repressivas que em sociedades tolerantes[13]. Um homossexual casado pode manter relações sexuais clandestinas, contrair aids e transmiti-la à esposa, principalmente porque, se propuser a esta que façam sexo seguro, isso pode ser interpretado como uma prova de sua vida dupla. Do ponto de vista do controle da aids, portanto, pode fazer sentido legalizar o casamento homossexual, pois isso reduziria o custo da união homossexual duradoura e, consequentemente, a promiscuidade homossexual, um dos fatores responsáveis pela rápida disseminação da aids na comunidade homossexual.

Outro ponto relacionado a este é que a redução do estigma atribuído pela sociedade à homossexualidade reduziria o incentivo dos homossexuais para agruparem-se nas grandes cidades, onde podem formar suas próprias comunidades isoladas. A concentração de uma população potencialmente contagiosa, exceto quando tem o propósito ou o efeito de manter essa população em quarentena, pode acelerar a disseminação de uma doença, por aumentar a quantidade de pessoas expostas a esta. A concentração da população homossexual reduz o custo de prospecção para os homossexuais que desejem sexo com múltiplos parceiros, e este é um reconhecido fator de risco para a aids. Logo, o estímulo à dispersão dessa população (o qual poderia ser dado pelo casamento ho-

---

13. Michael W. Ross, *The Married Homosexual Man: A Psychological Study*, pp. 110-1 e tab. 11.1 (1993).

mossexual) reduziria a promiscuidade homossexual e, com esta, a disseminação da epidemia.

Alguns conservadores que se preocupam com a epidemia de aids apoiam as leis que criminalizam a sodomia, vigentes em mais ou menos metade dos estados dos Estados Unidos. Para eles, essas leis reduzem o número de atos homossexuais. Mas a ciência econômica pode nos ajudar a ver que uma meta mais realista seria proibir apenas aqueles atos homossexuais com probabilidade de transmissão da aids. Embora, historicamente, o significado de "sodomia" seja sexo anal, a maioria das leis norte-americanas proíbe explicitamente tanto o sexo oral quanto o anal e impõe a mesma pena sobre ambas as práticas. (Hardwick, do caso *Bowers vs. Hardwick*, ficou famoso por ter praticado sexo oral, não anal, e por ter sido acusado de sodomia.) Isso é um erro. Os homossexuais deveriam ser encorajados a substituir o sexo anal pelo oral, pois é muito difícil transmitir aids por sexo oral. Pela mesma razão, dever-se-ia estimulá-los a substituir o sexo anal sem camisinha pelo sexo anal com camisinha. Em vez disso, ambos são punidos pelas atuais leis contra a sodomia.

Embora as leis contra a sodomia, caso sejam conservadas, devam se restringir ao sexo anal sem proteção, a fim de, como afirmei, canalizar o comportamento homossexual para formas mais seguras de sexo, os argumentos econômicos em prol dessa conservação são muito fracos. Como ocorre com outros "crimes sem vítima" ou "crimes contra a coletividade", os custos de punição desse crime são muito altos. Tão altos, que as leis contra a sodomia praticamente não se fazem cumprir. E o custo não é o único fator. O apoio popular à criminalização de relações sexuais voluntárias entre adultos, mesmo quando homossexuais, é fraco. Os benefícios de uma lei que não se cumpre são baixos e, aqui, provavelmente negativos. As leis contra a sodomia contribuem para uma atmosfera de hostilidade contra os homossexuais, o que prejudica os esforços de contenção da epidemia da aids, pelas razões acima observadas.

Se a justiça fizesse cumprir as leis contra a sodomia, pesados custos seriam impostos aos homossexuais, quase como aqueles que seriam impostos aos heterossexuais, caso se proibisse o sexo com penetração vaginal. Devido à aids, entre outras doenças graves sexualmente transmissíveis, práticas caracteristicamente homossexuais, como o sexo anal sem preservativos, impõem custos externos, ao elevarem o risco de contração da doença pelos futuros parceiros sexuais (e pelos futuros parceiros sexuais *destes*) de uma pessoa que poderia ser infectada por tais práticas. Logo, um ato sexual homossexual, mesmo quando se dá de forma consentida e entre adultos totalmente sãos, não pode ser considerado Pareto-superior à não realização do ato sexual, porque não coloca ao menos uma pessoa no mundo em uma situação melhor *e* ninguém em uma situação pior. Porém, uma vez que as doenças sexualmente transmissíveis podem ser prevenidas, a um custo moderado, através do sexo seguro, é improvável que uma política de proibição do sexo entre homossexuais, ainda que fosse de imposição razoavelmente barata, aumentasse o bem-estar social no sentido econômico do termo, o qual enfatiza a satisfação das preferências. Um caminho mais direto para lidar com o problema da externalidade – e um método atualmente empregado por vários estados – é a criminalização do ato de expor conscientemente os parceiros sexuais ao vírus da aids.

Homossexualidade de oportunidade. Observei que pessoas de preferência sexual predominantemente heterossexual podem, não obstante, adotar um comportamento homossexual, quando o custo do comportamento heterossexual for proibitivo. Não devemos nos surpreender, portanto, com o fato de que pessoas de preferência heterossexual confinadas em prisões, navios, monastérios, colégios internos, entre outras instituições onde haja segregação sexual, amiúde recorram a atos homossexuais, por terem suas oportunidades heterossexuais altamente ou totalmente limitadas. Por preferirem o sexo heterossexual ao homossexual, esses homossexuais "de oportunidade" preferem desempenhar o papel de inserção durante a relação oral ou anal, porque este está mais próximo daquele desempenhado pelo homem no sexo heterossexual. Além disso, preferem rapazes adolescentes a homens adultos, porque os primeiros são fisicamente mais semelhantes às mulheres, visto serem, tipicamente, menores e mais delicados que os homens adultos e terem menos pelos no corpo, pele mais macia e voz mais fina. Em outras palavras, esses homens buscam, em bom economês, o mais próximo substituto possível para sua atividade sexual preferida, porém proibitiva em termos de custos.

Devemos, porém, distinguir, no que concerne à liberdade de escolha, entre diferentes tipos de instituição onde há segregação sexual. A prisão é involuntária[14], enquanto o sacerdócio é voluntário. (O serviço militar em navios da marinha, às vezes, é involuntário; e, mais frequentemente, voluntário.) A estimativa, portanto, é de que haja mais pessoas de preferência predominantemente homossexual entre os padres que entre os presidiários. O custo de se ver privado de oportunidades heterossexuais é mais baixo para essas pessoas que para indivíduos de preferência

---

14. Bem, não inteiramente, pois se pode dizer que uma pessoa que escolhe uma carreira criminosa em vez de uma carreira lícita assume o risco de ser presa.

predominantemente heterossexual. Logo, é mais provável que as primeiras escolham, por livre e espontânea vontade, uma carreira na qual as oportunidades heterossexuais sejam reduzidas. É verdade que, na Europa medieval, os rapazes eram, muitas vezes, conduzidos ao sacerdócio – e as garotas, internadas em conventos – pelos pais, em vez de escolherem livremente. Ainda assim, o viés seletivo acima descrito pode funcionar ainda hoje. Suponhamos, conforme era comum entre as famílias medievais dentre as quais se recrutavam os padres e as freiras, que se exigisse um dote para o casamento. Nesse caso, pais que tivessem filhas adolescentes tenderiam a conduzir aquelas menos casáveis à vida no convento, pois estas demandariam dotes maiores; e, entre essas garotas menos casáveis, as lésbicas provavelmente estariam representadas em proporção maior, visto algumas lésbicas terem maneiras "masculinas", nada atraentes aos homens. Da mesma forma, os pais de rapazes adolescentes tenderiam a conduzir ao sacerdócio seus filhos menos casáveis, pois estes, entre os quais provavelmente os homossexuais estariam representados em proporção maior, não se sairiam bem na concorrência por noivas com dote elevado.

Como, porém, os atos homossexuais são mais reprovados na comunidade clerical que na subcultura das penitenciárias, a frequência desses atos pode ser maior nas prisões que entre os padres, ao mesmo tempo em que a parcela de pessoas com preferência predominantemente homossexual é maior entre estes. Esse ponto ilustra a diferença entre preferência homossexual e comportamento homossexual. Na verdade, nesse exemplo, os dois fenômenos estão inversamente relacionados.

A sinalização é importante para a compreensão da homossexualidade no clero católico dos Estados Unidos, hoje. Como os padres não podem casar-se, o sacerdócio é um bom lugar para um homossexual se "esconder". É pouco provável que sua condição de solteiro seja tomada como indicação de homossexualidade, o que não aconteceria tanto, se lhe fosse permitido casar-se. Muitos solteiros, é claro, são heterossexuais. Como, porém, há mais homossexuais entre os solteiros que entre os homens casados, a solteirice é frequentemente considerada como indicação de possível homossexualidade. (Note-se que, à medida que o índice de casamentos entra em declínio em uma sociedade, esse sinal se enfraquece.) À medida que uma sociedade se torna mais tolerante com a homossexualidade, de modo que faça declinar o benefício de ser enrustido, a porcentagem de padres homossexuais diminuirá. O mesmo aconteceria, obviamente, se o sacerdócio fosse permitido aos homens casados.

A instituição onde há segregação sexual é um dos exemplos que ilustram a afirmação segundo a qual a prevalência do comportamento homossexual é uma função inversa da disponibilidade de mulheres para os homens. Eis outra: há mais competição por mulheres em uma sociedade poligâmica[15] que em uma sociedade monogâmica. Em uma sociedade poligâmica, os homens não estão limitados a ter uma só esposa. Consequentemente, há uma escassez de mulheres, sobretudo para os homens mais jovens, que, em geral, possuem menos recursos para obter uma esposa. Deve-se esperar, portanto, uma incidência maior do homossexualismo de oportunidade, sendo iguais todas as outras variáveis, em uma sociedade poligâmica, em comparação com uma sociedade monogâmica; e que este assuma a forma, principalmente, da pederastia, isto é, da relação sexual entre um homem e um garoto. Este é o tipo de comportamento homossexual preferido por pessoas de preferência predominantemente heterossexual, pois, como observei, os garotos se parecem mais com mulheres que os homens adultos. Além disso, na sociedade poligâmica, os pederastas provavelmente se encontram entre os homens mais jovens e não entre os mais velhos, pois os primeiros é que não têm condições de pagar por uma esposa.

A prostituição feminina, é verdade, seria uma opção alternativa à pederastia, como forma de atender às demandas sexuais dos solteiros. No entanto, em uma sociedade poligâmica, as mulheres são um bem de alto custo, devido a sua escassez relativamente à demanda. Logo, é provável que a prostituição seja cara. No sentido econômico, o custo da prostituição inclui a oportunidade de que a mulher abre mão ao tornar-se prostituta. Quanto mais falta ela fizer na oferta de esposas, mais tem a perder tornando-se prostituta. Maior será, portanto, a compensação que exigirá para tanto. Obviamente, se houver escravidão, o preço das prostitutas pode despencar. Mulheres escravizadas são um substituto bastante aproximado para as prostitutas.

Mesmo uma sociedade monogâmica pode pender em favor das mulheres, fenômeno que, ao empurrar para cima o preço do sexo heterossexual (inclusive no seio do matrimônio), eleva a demanda por aquilo a que chamo homossexualismo de oportunidade. Na Atenas antiga, a prática generalizada do infanticídio feminino e o confinamento doméstico de moças sexualmente maduras para satisfazer a demanda por noivas virgens limitavam o acesso dos jovens solteiros da classe dos cidadãos a parceiras sexuais da mesma classe, mas do sexo oposto. Não é de surpreender, portanto, que a pederastia (tal como celebrada, por exemplo,

---

15. Tecnicamente, em uma sociedade polígina, isto é, uma sociedade na qual os homens podem ter mais de uma esposa, mas as mulheres não podem ter mais de um marido. A grande maioria das sociedades polígamas são políginas.

nos diálogos de Platão sobre o amor) pareça ter sido comum entre os cidadãos[16]. Mas talvez *devamos* nos surpreender, já que a prostituição também era comum, o que tornava a situação diferente daquela de uma sociedade poligâmica, de uma prisão, de uma embarcação naval, entre outros focos familiares de homossexualismo de oportunidade, onde o custo do acesso a mulheres é proibitivo. Também havia muitas escravas. As prostitutas e escravas, no entanto, eram estrangeiras ou pertenciam às classes inferiores e, portanto, não podiam satisfazer completamente os anseios românticos dos jovens rapazes da classe dos cidadãos. Confirmando esse ponto, a literatura platônica e grega clássica em geral enfatiza o aspecto mental e espiritual das relações de pederastia e não o físico, embora essa ênfase possa conter uma grande medida de racionalização. Ademais, se muitos homens, hoje e, sem dúvida, também na Atenas antiga, não considerariam nenhum tipo de garoto como um substituto para qualquer tipo de mulher, não há razão para supor que a pederastia tenha sido uma prática universal entre os cidadãos atenienses ou mesmo que tenha sido uma prática social dominante – apenas que era mais comum que em uma sociedade como a nossa, na qual as meninas não são mortas ao nascer nem confinadas até se casarem. Outro ponto é que, entre os cidadãos da Atenas antiga, o casamento se caracterizava como uma relação entre pessoas de condição radicalmente desigual (um homem mais velho, instruído e socialmente ativo e uma mulher jovem [não raro uma adolescente], sem instrução e de vida doméstica). Essa desigualdade, exemplificada pelo fato de que os maridos e as esposas atenienses não tinham obrigação de fazer nenhuma de suas refeições juntos e de que cuidar das crianças era tarefa dos escravos e não da mãe, deve ter reduzido o valor afetivo do casamento e pode ter, dessa forma, mudado o foco da teorização romântica para relações socialmente mais igualitárias. Uma destas era a relação entre um jovem solteiro e seu amante adolescente *ginasiano*.

Mesmo diante de tudo isso, porém, persiste o enigma da pederastia generalizada, em uma sociedade onde as prostitutas eram abundantes e baratas. Se o que se procurava era uma relação *igualitária* [*companionate*] selada pelo sexo (da qual uma relação com uma prostituta não seria um substituto próximo), por que os jovens solteiros não se uniam entre si, em vez de procurar garotos?[17] É fácil imaginar o surgimento do homossexualismo de oportunidade entre homens de mesma idade e

---

16. Ver *Sex and Reason*, pp. 38-45 e a bibliografia lá citada – sobretudo K. J. Dover, *Greek Homosexuality* (2.ª ed., 1989). [Trad. bras. *A homossexualidade na Grécia Antiga*, São Paulo, Nova Alexandria, 2007.]

17. Ao final deste capítulo, concebo e rejeito uma resposta não econômica a essa questão.

condição social, em uma sociedade onde os homens eram considerados superiores às mulheres, tal como aquela da Atenas antiga. De tal premissa, seria natural inferir que as relações entre homens são superiores às relações entre homens e mulheres (e, *a fortiori*, àquelas entre mulheres e mulheres; para os gregos, o lesbianismo era antinatural) e que a relação poderia ser completada, selada ou tornada perfeita pela intimidade física, como a troca de sangue em uma "fraternidade de sangue". Há uma demanda por relações igualitárias; e o sexo, conforme argumento em *Sex and Reason*, é capaz de consolidar esse tipo de relação. Se uma relação igualitária com as mulheres for inviável, os homens a substituirão por uma relação igualitária com outro homem e podem selá-la com o sexo. Dotados, como são, de uma enorme capacidade de procriação, muitos homens são suficientemente pouco seletivos em matéria de sexo, a ponto de não incorrer em muitos custos com a erotização da união masculina. Segundo essa interpretação, a própria ausência do casamento igualitário, bem como de outras formas de relação igualitária com mulheres, fomenta a união entre homens. Essa união, por sua vez, é incipiente ou potencialmente homoerótica, devido à função de consolidação de relações desempenhada pelo sexo.

Essa análise aponta para relações homossexuais entre homens da mesma idade e não para a pederastia. Esta, no entanto, parece ter sido a forma predominante de homossexualismo de oportunidade no mundo grego antigo. Se as relações com o mesmo sexo forem mais prazerosas para um homem heterossexual quando o objeto sexual for um garoto e, logo, mais parecido com uma mulher, ele achará o benefício da pederastia mais compensador que o benefício de uma relação mais igualitária; e pode, portanto, escolher o primeiro. *O Banquete* de Platão sugere, entretanto, que, para alguns homens da Grécia Antiga, o benefício igualitário da relação com indivíduos da mesma idade e do mesmo sexo excedia o custo sexual[18].

Outro fator causal da pederastia ateniense pode ter sido a rivalidade masculina[19]. Os homens competem pelas mulheres, tanto para disseminar sua semente quanto para estabelecer uma hierarquia de poder. A masculinidade competitiva é uma dimensão da sexualidade diferente do igualitarismo, mas que também está ausente nas relações com prostitutas. A pederastia à moda ateniense representava uma válvula de escape

---

18. Aquiles e Pátroclo, na *Ilíada*, podem ilustrar esse tipo de relacionamento homoerótico. Eva Cantarella, *Bisexuality in the Ancient World*, pp. 10-1 (1992).
19. O aspecto competitivo da sexualidade grega é enfatizado em John J. Winkler, *The Constraints of Desire: The Anthropology of Sex and Gender in Ancient Greece*, caps. 2-3 (1990).

para esse aspecto do desejo sexual masculino, como acontece com a atividade sexual entre detentos normalmente homofóbicos nas prisões dos Estados Unidos, hoje. A homossexualidade competitiva, como teoria da pederastia ateniense, distingue-se daquela da reprodução da hierarquia social, que discutirei mais adiante. O foco aqui não é a posição relativa do homem-amante e do garoto amado (o *erastes* e o *eromenos*), mas a posição relativa dos homens que competem entre si.

Dada a proeminência da pederastia na cultura ateniense ou, pelo menos, nos círculos da elite dessa cultura, pode parecer curioso que faltasse aos gregos uma concepção própria da homossexualidade, no sentido em que se a concebe nos Estados Unidos hoje, isto é, como uma forte preferência por relações com pessoas do mesmo sexo, em detrimento daquelas com pessoas do sexo oposto. (Analogamente, nas sociedades "machistas", os homens frequentemente negarão a própria *existência* de homossexuais em sua sociedade.) Há duas razões para essa diferença, ambas as quais dão suporte à abordagem econômica. Primeiramente, quanto mais comum for o homossexualismo de oportunidade, menor será a probabilidade de as pessoas saberem da existência da preferência homossexual. Lembremo-nos de que os homossexuais de oportunidade são pessoas de preferência heterossexual e não homossexual. Como os homossexuais por preferência parecem ser uma minoria pequena em todas as sociedades, o comportamento sexual em uma sociedade onde o homossexualismo de oportunidade é comum tenderá a ser dominado por pessoas de preferência heterossexual e não por aquelas de preferência homossexual. Estas últimas se manterão despercebidas. Em segundo lugar, o distanciamento emocional que, em geral, caracterizava os casamentos atenienses teria reduzido o custo do casamento para os indivíduos de preferência homossexual, já que estes eram capazes de cumprir com suas (ínfimas) obrigações conjugais sem incorrer em grandes custos[20]. Sendo os homossexuais capazes de se encaixar facilmente na instituição básica da sociedade, sua preferência homossexual carecia de relevância social – não tinha nada de extraordinário e, portanto, não era notado, mais ou menos como acontece com o canhotismo hoje.

Com a ascensão do casamento igualitário, concebido como o casamento entre indivíduos em condição de igualdade ao menos aproximada, o casamento passou a representar mais custos para os homossexuais,

---

20. Ver, por exemplo, Cantarella, nota 18 acima, p. 90. A maioria dos homens homossexuais é capaz de ter relações sexuais plenas com mulheres (isto é, é capaz de realizar penetração e ejaculação), mesmo sem gostar de fazê-lo. *Sex and Reason*, pp. 100-1.

já que envolvia, a partir de então, um grau de intimidade difícil de alcançar sem um vínculo de desejo sexual mútuo. O casamento igualitário tende a expelir aqueles que chamo de homossexuais por preferência da instituição social do casamento, tornando-os mais visíveis e atraindo assim a atenção da sociedade para a existência de uma classe de pessoas cujas preferências sexuais diferem daquelas da maioria. Outro ponto é que o adultério é uma falta mais grave em um regime de casamento igualitário, e a atividade homossexual por parte de um homem casado é uma forma de adultério.

Pode parecer estranho que, até quase o fim da era vitoriana, homens que hoje chamaríamos de homossexuais tendiam a ser considerados homens normais, de apetite reprimido. Porém, em uma sociedade que recompensava fortemente a virgindade e, logo, tendia ao confinamento e à anestesia sexual das mulheres casáveis (e das casadas), faltava a muitos homens de apetite sexual forte os escapes heterossexuais adequados; e alguns deles apelavam ao sexo homossexual (outros, é claro, às prostitutas). Esses homens diferiam dos heterossexuais comuns apenas por tenderem a ter um apetite sexual mais intenso e – um ponto intimamente relacionado – a carecerem de "autocontrole" (pois quanto mais forte é um impulso, maior é o custo de reprimi-lo). Uma vez que os casamentos vitorianos, como os da Atenas antiga, eram amiúde deficientes em matéria de intimidade, homens de preferência sexual homossexual, como Oscar Wilde, conseguiam manter um casamento exitoso ou, ao menos, que passava despercebido. Mais uma vez, a consciência da existência de uma categoria de homens de preferência caracteristicamente homossexual era tolhida. A categoria em evidência era a dos sodomitas e não a dos homossexuais.

Venho analisando a demanda do homossexual de oportunidade por um substituto do sexo feminino, mas é preciso tratar também da demanda do indivíduo de preferência homossexual por parceiros sexuais masculinos, sejam ou não, estes próprios, indivíduos de preferência homossexual. Meu palpite é que um homem heterossexual de boa aparência terá, em geral, mais experiências homossexuais (de oportunidade, da parte dele) que um homem heterossexual feio. Os homens, sejam estes heterossexuais ou homossexuais, atribuem mais valor à boa aparência de seu parceiro sexual que as mulheres. Logo, no mercado sexual homossexual, um homem belo terá maior vantagem competitiva sobre homens pouco atraentes que no mercado sexual heterossexual.

Lesbianismo. Até aqui, concentrei-me quase inteiramente nos homossexuais do sexo *masculino*. Não pedirei desculpas por deixar de conceder igual espaço a ambos os sexos, e não apenas por já ter discutido o lesbianismo no Capítulo 16. A atividade homossexual masculina, assim como a preferência, parecem ser muito mais comuns que seus equivalentes femininos e estiveram, muito mais frequentemente, sujeitas a punições. Além disso, a homossexualidade masculina tornou-se socialmente problemática com a aids, o que não aconteceu com o lesbianismo (relações lesbianas não transmitem o vírus da aids). Mesmo assim, a ciência econômica tem algo a dizer sobre o lesbianismo. Assim como ocorre com a homossexualidade masculina, é de esperar que os custos relativos dos comportamentos heterossexual e homossexual afetem a prevalência relativa desses comportamentos entre as mulheres de preferência homossexual. Como as prostitutas têm dificuldade de construir relações duradouras e emocionalmente adequadas com os homens, não é de surpreender que o lesbianismo seja comum entre elas[21]. É difícil saber, no entanto, se o homossexualismo de oportunidade é mais comum entre as mulheres que entre os homens. Por um lado, como a demanda por sexo parece ser, em geral, mais fraca entre as mulheres que entre os homens, é menor a probabilidade de as mulheres se depararem com o problema da indisponibilidade de escapes sexuais preferenciais e, portanto, é menos provável que substituam estes por outros menos preferidos. Por outro lado, justamente porque a demanda por sexo é, em geral, mais fraca entre as mulheres que entre os homens, podemos esperar que as mulheres adotem, como substituição, as relações com o mesmo sexo, se houver razões não sexuais para fazê-lo. Juntos, esses dois pontos sugerem o seguinte par de hipóteses passíveis de teste: a "revolução sexual" das décadas de 1960 e 1970, ao expandir as oportunidades heterossexuais das mulheres (em parte por reduzir o custo do sexo para elas, sendo a pílula anticoncepcional o fator-chave nessa redução de custo), reduziu a incidência do lesbianismo de oportunidade; e o movimento feminista das décadas de 1970 e 1980 (continuando até a década de 1990), ao fomentar a hostilidade das mulheres em relação aos homens, aumentou a incidência do lesbianismo de oportunidade.

Análise normativa. Embora eu tenha agora alargado o campo de visão, para abranger o lesbianismo, o foco continua sendo a análise econômica positiva e não a normativa, ou seja, a explicação dos fenômenos e não a transformação das políticas públicas (ainda que eu tenha enveredado por este assunto, quando discuti as políticas públicas em relação aos homossexuais, movidas pelo problema da aids). A economia é útil tanto na análise normativa quanto na análise positiva do sexo. Embora

---

21. Ver *Sex and Reason*, p. 179.

eu já tenha tratado do casamento homossexual, quero acrescentar que o analista econômico, ao menos aquele que simpatiza com o livre-mercado, provavelmente não dará muita ênfase à expansão de uma instituição tão fortemente regulada como o casamento. É verdade que o casamento moderno é uma questão de livre-arbítrio e pode se dissolver com a mesma facilidade que um contrato de parceria. Mas a liberdade das partes contratantes é limitada, porque o casal não tem liberdade para fazer um acordo exigível judicialmente em todos os aspectos do "contrato", incluindo-se a duração e as consequências da dissolução deste. Há um argumento econômico em defesa da desregulamentação do casamento, que se transformaria em algo semelhante aos contratos de coabitação, em que as partes estabelecem seus próprios termos. A forte afirmação de compromisso implícita na decisão de casar-se segundo as regras do atual regime de matrimônio daria lugar a outro compromisso, tão forte quanto esse ou ainda mais forte, implícito na decisão de casar-se ou (se se quiser restringir o termo "casamento" à instituição familiar e regulamentada) de coabitar, nos termos de um contrato rescindível apenas em caso de morte, infração grave ou outro tipo de mudança dramática de circunstâncias. Teria de haver cláusulas de proteção às crianças, em qualquer união com potencial de procriação. Porém, feita essa importante ressalva (cuja aplicabilidade às uniões homossexuais é limitada, mas não desprezível, devido à possibilidade da adoção e da inseminação artificial), eu não temeria uma evolução do elemento regulador, que hoje é o estado ou condição da pessoa, em direção ao contrato[22]. Isso resultaria em um tratamento essencialmente uniforme das relações homossexuais e heterossexuais.

Outras questões importantes de interesse público acerca da homossexualidade são a discriminação no trabalho, com ênfase específica na exclusão dos homossexuais do serviço militar, a custódia de crianças e a idade de consentimento (que, nos Estados Unidos, é invariavelmente maior para as relações homossexuais, nos estados onde a relação sexual entre homossexuais não é proibida). Mais uma vez, a perspectiva econômica é útil. Porém, ainda mais claramente que antes, não é decisiva. Já tratei, em referência à aids, da questão da preservação das leis contra a sodomia. Ilustrarei subsequentemente a análise econômica normativa da homossexualidade com a proibição do ingresso de homossexuais nas

---

22. Para economizar nos custos de transação, os casais poderiam escolher entre opções de contratos pré-concebidos, mais ou menos como as pessoas escolhem planos de saúde e de previdência. Naturalmente, um dos contratos poderia ser adaptado às necessidades particulares do casal, se nenhum deles se mostrasse completamente satisfatório e se o casal estivesse preparado para arcar com os custos de transação adicionais.

forças armadas[23]. Quanto aos outros temas, remeto o leitor às discussões em *Sex and Reason*.

À parte as questões simbólicas e (o que está intimamente relacionado) as implicações para a autoestima e a aceitação social dos homossexuais em geral, a proibição tem dois custos óbvios. Primeiro, quanto mais se a coloca em prática, mais reduzido fica o campo de seleção, o que força o Estado a pagar salários mais elevados ou outro tipo de compensação ao efetivo militar, pois há menos concorrência por cargos. Em outras palavras, a proibição reduz a oferta de candidatos aos serviços militares, embora não com muita intensidade, em parte porque, mesmo antes da recente modificação, a proibição era driblável. O mais importante são os custos de fazer cumprir a proibição. Estes não são nada triviais. Há, contudo, um benefício potencialmente compensador: na medida em que os heterossexuais não querem servir ao lado de homossexuais, a remoção da proibição elevaria os custos com pessoal. O Estado teria de pagar salários mais altos para contratar e reter o pessoal heterossexual. Esse efeito, que provavelmente não seria completamente compensado pela maior oferta de candidatos junto à população homossexual, sugere que, ainda que a liderança do Departamento de Defesa não tivesse sentimentos de hostilidade em relação aos homossexuais e, de fato, acreditasse (como bem pode ser) que estes podem ser soldados tão bons quanto os heterossexuais, a proibição poderia ser mantida para minimizar os custos totais com pessoal; exatamente do mesmo modo que, não fosse pelas leis que proíbem a discriminação racial no ambiente de trabalho, um empregador não preconceituoso poderia se recusar a contratar negros, porque seus empregados brancos exigiriam um bônus salarial pela desutilidade que enxergariam como resultante da obrigação de trabalhar ao lado de negros. A própria simetria entre esses argumentos hipotéticos em favor da discriminação racial e da discriminação contra os homossexuais, para muitos, condenará esta última forma de discriminação, independentemente de quaisquer considerações econômicas. Quero, no entanto, poupar-me de outras considerações[24].

Isso significa que também quero me abster de tratar da questão de se o afrouxamento da proibição de ingresso de homossexuais no serviço

---

23. A proibição foi modificada. Em que medida a modificação significa uma mudança verdadeira na política das Forças Armadas em relação aos homossexuais e às lésbicas, não está claro; e não especularei sobre a questão.

24. Traço uma visão mais abrangente da questão em *Sex and Reason*, pp. 314-23. A título de repertório sobre o debate a respeito dos homossexuais nas Forças Armadas, ver Jeffrey S. Davis, "Military Policy toward Homosexuals: Scientific, Historical, and Legal Perspectives", 131 *Military Law Review* 55 (1991).

militar reduziria a eficácia operacional, por prejudicar o moral dos heterossexuais. Esta é, ao menos à primeira vista, uma questão de ciência militar e não de economia. Portanto, não tentarei abordá-la aqui. Apenas ressaltei que, mesmo que a questão fosse ignorada, existiria um argumento em defesa da manutenção da proibição, ainda que outros argumentos pudessem ter mais peso. Minha conclusão é que, considerando-se todos os fatores envolvidos, a análise econômica não nos diz se a proibição em questão deve ser mantida ou abolida.

Este é um ponto geral no que concerne à análise econômica das práticas sexuais. Suponhamos uma situação (como aquela que ocorre nos Estados Unidos, hoje) em que haja um grande contingente de medo aparentemente injustificado e de hostilidade em relação aos homossexuais, de modo que muitas pessoas percebam utilidade em medidas repressoras da atividade homossexual. Deveria essa utilidade ser contrabalançada, na mesma proporção, pela utilidade que os homossexuais derivam dessa atividade? A resposta a essa pergunta é "não", para aqueles que, como John Stuart Mill e Ronald Dworkin, rejeitam, como fontes ilegítimas de políticas de interesse público, aquilo que Mill chama de preferências concernentes à conduta "autorreferenciada" das outras pessoas e Dworkin, de "preferências externas". Esta é minha posição também. Para defendê-la, porém, como tentei fazer em *Sex and Reason*, eu teria de transpor as fronteiras da economia, tal como estas são geralmente e até generosamente compreendidas hoje.

A ciência econômica e a construção social da sexualidade

Prometi tratar da relação entre a análise econômica da homossexualidade e o debate entre essencialistas e construtivistas sociais, sobre a natureza da homossexualidade. Há duas frentes de debate. A primeira e menos importante trata de se a preferência homossexual é menos ou mais imutável ou inata, de um lado, ou questão de escolha, de outro. Há cada vez mais indícios de que a forte preferência sexual que caracteriza uma pessoa, em nossa sociedade, como homossexual é provavelmente genética, se não congênita, e, se nenhuma das duas coisas, produto de fatores físicos e psicológicos que agem sobre o indivíduo na infância[25]. Para minha análise econômica, não importa qual desses fatores

---

25. Além das provas citadas em *Sex and Reason*, ver Green, nota 3 acima, pp. 63-84; LeVay, nota 3 acima; J. Michael Bailey et al., "Heritable Factors Influence Sexual Orientation in Women", 50 *Archives of General Psychiatry* 217 (1993) (e os estudos lá citados); Dean H. Hamer et al., "A Linkage between DNA Markers on the X Chromosome and Male Sexual Orientation", 261 *Science* 321 (1993). Para um bom e famoso resumo das provas, ver Chan-

é o real. A análise seria afetada se a preferência homossexual, como o comportamento homossexual, fosse questão de escolha. Mas isso hoje parece extremamente improvável.

Embora os defensores dos direitos dos homossexuais se recusem a aceitar as teorias genéticas, e biológicas em geral, da homossexualidade (basicamente, ao que parece, por motivos políticos)[26], poucos deles afirmam que a homossexualidade é um hábito que um indivíduo adota ou cultiva, como se cultiva o gosto pela música clássica ou por vinhos de qualidade. Se assim pensassem, ficariam nas mãos dos integrantes da direita religiosa, para quem a homossexualidade poderia ser extirpada se os homossexuais em potencial fossem impedidos de adotar um comportamento homossexual e, desse modo, tomar gosto por este; e poderiam até ser "curados" se a sociedade induzisse os homossexuais a restringirem-se ao comportamento heterossexual, até desenvolverem um gosto por este. Em defesa dessa posição, um rabino afirmou que o fato de muitos homossexuais já terem namorado mulheres ou mesmo mantido relações sexuais com estas mostra que a preferência homossexual não é biologicamente determinada[27]. A ideia de que as preferências derivam do comportamento, ao estilo de Pavlov, assemelha-se ao argumento que Hamlet apresenta à mãe, segundo o qual, se ela se recusar a ter relações sexuais com o marido por uma noite, isso fortalecerá sua disposição para fazê-lo na noite seguinte, na outra e, finalmente, em todas as noites.

dler Burr, "Homosexuality and Biology", *Atlantic Monthly*, março de 1993, p. 47; e, para uma visão cética delas, William Byrne e Bruce Parsons, "Human Sexual Orientation: The Biologic Theories Reappraised", 50 *Archives of General Psychiatry* 228 (1993), e Janet Halley, "Sexual Orientation and the Politics of Biology: A Critique of the Argument from Motibility", 46 *Stanford Law Review* 503 (1994). As provas consistem em estudos de gêmeos idênticos, comparações do cérebro de homens homossexuais e heterossexuais que morreram de aids, a inexistência de qualquer tipo reconhecido de "cura" para a preferência homossexual, o fato de que a preferência homossexual parece ser encontrada em todas as sociedades humanas, apesar das enormes diferenças nos costumes sexuais e nos métodos de criação dos filhos, a existência da homossexualidade em muitas espécies animais, os relatos experienciais dos homossexuais no sentido de terem tomado consciência de sua preferência sexual desde muito cedo na vida e, mais recentemente, as provas indiretas da existência de um gene que predispõe o indivíduo do sexo masculino à homossexualidade, transmitido pelo lado materno. Ver Hamer et al., acima. Cada prova, tomada individualmente, é contestável, mas a força cumulativa é grande.

26. A economia política do movimento pelos direitos dos homossexuais levanta questões fascinantes, que não discutirei aqui. Ver Philipson e Posner, nota 7 acima, cap. 8, para algumas conjecturas baseadas na teoria econômica dos grupos de interesse.

27. Dennis Prager, "Homosexuality, the Bible, and Us", *Public Interest*, verão de 1993, pp. 60, 73-5. Prager não distingue entre homossexualidade de oportunidade e por preferência, nem se refere a nenhum dos indícios biológicos concernentes à segunda.

A ideia de que a preferência sexual é instável, ainda que não seja questão de escolha, não é descabida. Robin West, por exemplo, confessa: "Não tenho mais certeza, hoje, do que tinha há vinte anos, sobre qual é minha orientação sexual (...). Não tenho a menor ideia se sou um 'um de Kinsey', um 'três de Kinsey' ou um 'seis de Kinsey'. Acho que o mesmo acontece com a maioria das pessoas que conheço bem e suspeito que também aconteça com aquelas que não conheço bem, mas que são, de algum modo, 'como eu', quanto à classe, idade e consciência cultural."[28] Essa declaração me deixa completamente confuso. Um seis de Kinsey é uma pessoa de orientação *exclusivamente* homossexual. É difícil acreditar que, ao longo de um período de vinte anos de idade adulta (pois West não era uma criança vinte anos atrás), uma pessoa possa não ter "a menor ideia" se se sente exclusivamente atraída por membros do mesmo sexo ou quase exclusivamente atraída por membros do sexo oposto (o um de Kinsey).

Porém, o cerne do debate acerca da construção social da sexualidade não é o caráter inato ou a mutabilidade[29] da preferência sexual *individual* ao longo de uma vida; mas sim a mutabilidade de um elemento que, poder-se-ia supor, seria fortemente determinado biologicamente (portanto, *fundamental*, no sentido prático): a natureza humana. Uma das teses mais representativas do construtivismo social radical, na qual a influência concreta de Foucault é palpável, é aquela segundo a qual a homossexualidade foi inventada no século XIX pelos psiquiatras europeus; de modo que, quando falamos da "homossexualidade" dos antigos atenienses, falamos, necessariamente, de um fenômeno diferente da homossexualidade dos americanos do século XX – prova disso seria que a afeminação, que alguns acreditam ser uma característica "natural" da homossexualidade, não era um traço da homossexualidade grega[30].

Se, por homossexualidade, entendermos não uma categoria particular de preferências ou de atos, mas uma concepção ou definição prevalente em uma determinada sociedade, em uma determinada época, a homossexualidade dos gregos antigos deverá, de fato, ser considerada um fenômeno diferente da homossexualidade moderna nos Estados

---

28. West, "Sex, Reason, and a Taste for the Absurd", 81 *Georgetown Law Journal* 2413, 1433 (1993) (nota de rodapé omitida). Ver também Janet E. Halley, "The Politics of the Closet: Towards Equal Protection for Gay, Lesbian, and Bisexual Identity", 36 *UCLA Law Review* 915, 934-46 (1989).
29. Não são a mesma coisa. Um gosto, uma vez adquirido, pode ser imutável; o que ocorre com alguns vícios. Isso não serve de argumento contra esforços preventivos.
30. David M. Halperin, "One Hundred Years of Homosexuality", em Halperin, *One Hundred Years of Homosexuality and Other Essays on Greek Love*, p. 15 (1990).

Unidos. A homossexualidade grega era dominada pela prática da pederastia por homossexuais de oportunidade (isto é, indivíduos de preferência heterossexual), enquanto a homossexualidade nos Estados Unidos é dominada pelas práticas de pessoas que possuem uma forte preferência homossexual. A afeminação é associada aos indivíduos de preferência homossexual e não aos homossexuais de oportunidade. De fato, é presumível que ela seja conscientemente adotada como estratégia de sinalização por indivíduos de preferência homossexual que, sobretudo em uma sociedade intolerante com a homossexualidade, possam ter dificuldade para identificar-se uns aos outros. Esses indivíduos podem usar o ambíguo sinal da afeminação para reduzir os custos de prospecção sexual, sem se entregarem aos "héteros". Não é nenhuma surpresa, portanto, que a afeminação não seja associada ao comportamento homossexual no pensamento grego antigo.

Se algum construtivista social acredita que nenhum homem ou mulher tinha fortes preferências por relações com o mesmo sexo, em detrimento de relações com o sexo oposto, até a palavra "homossexualidade" ter sido criada na segunda metade do século XIX[31], está pondo o carro linguístico na frente dos bois emocionais. Uma pessoa pode ter um sentimento, um impulso, um desejo ou uma aversão e não ser capaz de dar-lhe um nome. As crianças têm sentimentos antes de serem capazes de falar, e os animais têm sentimentos. O segundo exemplo é particularmente pertinente, dado o considerável grau de coincidência entre a sexualidade humana e a animal; já que *somos* animais. Não podemos ter um desejo por pizza antes de esta ser inventada, mas poderíamos ter fome antes dessa invenção[32]. A orientação sexual está mais para a fome que para o desejo por um produto inventado, como a pizza. Se tudo que o construtivismo social implica (e não é pouco) é que a expressão ou ocultação da preferência homossexual em determinadas práticas e idiossincrasias sexuais, o grau de incidência do comportamento homossexual e o conceito culturalmente dominante de homossexualidade variam de sociedade para sociedade, bem como de acordo com a época, e que, além disso, muitas sociedades carecem de um conceito definido de

---

31. Cf. Id., p. 30. Para críticas da visão construtivista radical da homossexualidade, por um filósofo homossexual, ver Richard D. Mohr, *Gay Ideas: Outing and Other Controversies*, cap. 7 (1992). Embora eu tenha usado o termo "construtivista radical" (além do que me descreveria como um "construtivista moderado"), é comum igualar-se construtivismo social a construtivismo radical, da mesma forma que é comum igualar-se feminismo a feminismo radical.

32. Cf. Hillary Putnam, *Renewing Philosophy*, pp. 111-4 (1992), onde se observa que uma coisa é dizer que nós fizemos o Grande Tacho, e outra, que fizemos as estrelas.

preferência homossexual (para o qual se criou a palavra "homossexualidade"), porque a prática da homossexualidade nessas sociedades é dominada por heterossexuais, concordo com quem quer que negue que Platão e Freud estejam falando da mesma coisa quando discutem sobre o desejo sexual de um homem por outro homem. No meio do caminho entre essas visões, encontramos a sugestão de Martha Nussbaum de que as condições sociais na Atenas antiga elevavam não apenas a demanda pela pederastia, mas também o desejo por esta[33]. Em minha análise, a preferência sexual é uma constante, e as transformações sociais alteram o comportamento apenas por mudarem os custos e benefícios associados às diferentes formas de comportamento sexual. Assim, a escassez de mulheres pode levar à pederastia, ou punições violentas à sodomia podem induzir os homossexuais a se casarem, sem que isso tenha qualquer efeito sobre a preferência (disposição ou inclinação).

Analogamente, também não acredito, como poderia acreditar um construtivista social mais convicto, que a preferência dos solteiros atenienses por relacionar-se com garotos, em vez de entre si, refletia uma incapacidade, em uma sociedade onde a relação heterossexual era caracterizada pela desigualdade (entre um macho dominante e uma fêmea subordinada), de visualizar relações sexuais entre iguais, como dois homens adultos da classe dos cidadãos. Se isso fosse verdade, a homossexualidade masculina de oportunidade deveria ser menos pederástica, quanto mais sexualmente igualitária fosse a sociedade. Mas não acredito que esse modelo se sustente. Portanto, eis um caso no qual a análise econômica e o construtivismo radical geram hipóteses incompatíveis (e comprováveis).

E este não é o único caso. Acredito que não apenas o sexo do parceiro sexual preferido, mas também as preferências concernentes à frequência do ato sexual e à variedade de parceiros sexuais sejam, em grande medida, inatas em vez de construídas. Vejo com ceticismo, portanto, a possibilidade de que a discriminação contra os homossexuais (incluindo-se a recusa em reconhecer o casamento homossexual) ou a ideologia patriarcal seja um fator preponderante na instabilidade das uniões homossexuais masculinas; pois por que, então, as uniões lésbicas são mais estáveis? Mesmo o casamento hierárquico, com seu padrão de "dois pesos, duas medidas", que reflete, em parte, as diferentes preferências inatas dos homens e das mulheres, pode ser estável. É muito menos provável que uma relação monogâmica entre dois homens (e isso independen-

---

33. Cf. Martha Nussbaum, "Constructing Love, Desire, and Care" (texto inédito, Departamento de Filosofia, Universidade de Brown, 1993).

dentemente da ausência de filhos) seja uma base sólida tradicional para o casamento. Quando nenhum dos parceiros gosta da monogamia, a relação provavelmente será rompida pelo ciúme sexual. Pelo menos é essa a minha estimativa; pois esta é uma área frutífera para estudos empíricos. Se os construtivistas sociais estiverem certos, devemos esperar relações homossexuais masculinas monogâmicas estáveis em sociedades tolerantes com a homossexualidade e não dominadas pelos tradicionais valores "patriarcais".

Minha estimativa depende da convicção de que, exceto pela orientação sexual, os homens homossexuais são como os outros homens e não como as mulheres. Se todos eles, ou alguns deles, *forem* como as mulheres (se, como se costumava acreditar, os homossexuais formam um "terceiro sexo"), aumentam as perspectivas de relacionamentos monogâmicos e duradouros entre homossexuais do sexo masculino. Duvido, entretanto, que algum construtivista social venha a desafiar minha premissa de que os homens homossexuais são como os outros homens (exceto no que concerne ao sexo preferido de seu parceiro), pura e simplesmente para salvar seu otimismo em relação à monogamia homossexual. Pois é fundamental, para o projeto construtivista, que todos nós sejamos iguais, que as diferenças socialmente relevantes aparentemente atribuíveis aos genes sejam, na verdade, construções sociais.

William Eskridge invoca Foucault em defesa de uma versão menos radical da construção social da sexualidade humana que aquela por mim examinada até aqui. Mesmo assim, Eskridge a considera antitética em relação ao pragmatismo[34]. (Que melhor momento poderia haver, portanto, para terminar este livro?) Em *Sex and Reason*, proponho que a proibição do ingresso de homossexuais no serviço militar seja flexibilizada e não eliminada; e, embora defenda a liberdade dos homossexuais para formar parcerias domésticas, abstive-me de advogar o reconhecimento do casamento homossexual. Minha visão revela um Eskridge pragmático, que reconhe as atitudes e instituições existentes, como ponto de partida para a confecção de mudanças estritamente graduais. Uma perspectiva socioconstrutivista, em sua opinião, demonstraria a instabilidade desse ponto de partida, ou seja, que não há nada de natural na hostilidade aos homossexuais ou ao casamento heterossexual e que essas instituições são construções sociais, que se transformarão com a mesma rapidez que a sociedade.

À primeira vista, a sugestão de que o pragmatismo e o construtivismo social são antitéticos soa enigmática. A rejeição dos pontos de par-

---

34. William N. Eskridge, Jr., "A Social Constructionist Critique of Posner's *Sex and Reason*: Steps toward a Gaylegal Agenda", 102 *Yale Law Journal* 333 (1990).

tida tradicionais não é a própria essência do pragmatismo, como Cass Sunstein jamais se cansa de enfatizar? O projeto pragmatista não consiste justamente em "pôr o mundo para girar, torná-lo menos estático e mais transicional e descrevê-lo de forma mais flexível, menos técnica e mais incerta"?[35] Que melhor descrição do construtivismo social se poderia imaginar?

A diferença é a seguinte. Os construtivistas sociais, quando se tornam normativos, tendem a ser utopistas. Por sentirem a fluidez de todas as instituições sociais, acreditam que uma leve mudança de rumo pode provocar uma revolução. O pragmatismo não implica o gradualismo nem fomenta a veneração do *status quo*; mas tampouco propugna que a rejeição ao fundacionismo implique uma negação da obstinação das atitudes ou da inércia das instituições. Um reformador pragmatista preocupa-se com aquilo que funciona e, portanto, não pode ignorar a opinião pública ou a realidade política só porque as coisas que deseja transformar não estão enraizadas na natureza, mas, em vez disso, são "meras" construções sociais. (Eis, portanto, outro exemplo da questão recorrente de que o pragmatismo fornece pouca orientação para a ação concreta.) Eu concordo que a hostilidade aos homossexuais e as restrições quanto a quem pode se casar são construções sociais, que não têm o peso da natureza ou da moral por trás. A hostilidade aos homossexuais não é uma característica de todas as sociedades humanas. Logo, é improvável que tenha bases biológicas. Além disso, enquanto o casamento heterossexual está intimamente ligado à biologia humana, o reconhecimento do casamento entre homossexuais não violaria nenhum imperativo biológico. O pensamento dos autores da Bíblia a respeito da homossexualidade provavelmente não sensibilizará o pragmatista, para quem nada impede, a princípio, a subversão das atitudes e instituições estabelecidas. Esse mesmo pragmatista, ademais, conhece muitos casos em que o medo das consequências de mudanças radicais (como o advento da liberdade religiosa, o fim das leis de segregação das mulheres ou a admissão de mulheres na profissão de advogado) provou-se infundado[36]. Mas a hostilidade aos homossexuais na sociedade americana não deixa de ser um fato, só por carecer de bases biológicas ou supranaturais críveis. É um fato, além disso, que qualquer pessoa responsável que trabalhe na concepção de políticas acerca do interesse público deve levar em conta ao refletir sobre propostas de reforma. Não vem ao caso

---

35. Richard Pointer, *Poetry and Pragmatism*, p. 40 (1992).
36. Lembremo-nos (Capítulo 10) da ameaçadora profecia de James Fitzjames Stephen sobre as consequências da emancipação feminina.

se as atitudes que carecem de bases biológicas são sempre de fácil transformação. Não devemos, trilhando o caminho de Blake, Emerson e Nietzsche, concluir que toda e qualquer característica do panorama social é tão frágil quanto as fachadas de uma cidade cenográfica e tão instável quanto a imagem de um caleidoscópio. O ódio étnico e o religioso são exemplos de crenças obstinadas, embora irracionais, que o reformador político sério tem de tratar como fatos sociais, ainda que não deva aceitá-los como realidades permanentes. Trata-se, além disso, de exemplos que lembram aquele do ódio aos homossexuais. A determinação instantânea, por decreto, da completa igualdade entre homossexuais e heterossexuais pode ser tão irrealista, no cenário americano contemporâneo, quanto o teria sido a completa igualdade racial e sexual em 1850. O construtivismo social não aboliu a realidade, pragmaticamente definida como o domínio do – temporariamente – inalterável.

Créditos • Índice remissivo

Créditos

Partes dos seguintes artigos são aqui reimpressas com a permissão dos detentores dos direitos autorais: "Legal Scholarship Today", 45 *Stanford Law Review* 1647 (1993), e "Bork and Beethoven", 42 *Stanford Law Review* 1365 (1990), © de Conselho Universitário da Universidade de Leland Stanford Junior; "The Deprofessionalization of Legal Teaching and Scholarship", 91 *Michigan Law Review* 1921 (1993), e "Medieval Iceland and Modern Scholarship", 90 *Michigan Law Review* 1495 (1992), © de The Michigan Law Review Association; "Duncan Kennedy on Affirmative Action", 1990 *Duke Law Journal* 1155, © de Duke Law Journal; "Legal Reasoning from the Top Down and from the Bottom Up: The Question of Unenumerated Constitutional Rights", 59 *University of Chicago Law Review* 433 (1992), e "Foreword", em James Fitzjames Stephen, *Liberty, Equality, Fraternity* 7 (1992), © de Universidade de Chicago; "Democracy and Dualism", *Transition*, verão de 1992, p. 68, © de Oxford University Press; "Democracy and Distrust Revisited", 77 *University of Virginia Law Review* 641 (1991), © de Virginia Law Review Association; "Law as Politics: Horwitz on American Law, 1870-1960", 6 *Critical Review* 559 (1992), e "Richard Rorty's Politics", 7 *Critical Review* 1 (1993), © de The Center for Independent Thought; "Ms. Aristotle", 70 *University of Texas Law Review* 1013 (1992), © de Texas Law Review Association; "The Radical Feminist Critique of Sex and Reason", 25 *Connecticut Law Review* 515 (1993), © de Connecticut Law Review; "Hegel and Employment at

Will: A Comment", 10 *Cardozo Law Review* 1625 (1989), © de Cardozo Law Review; "The Strangest Attack Yet on Law and Economics", 20 *Hofstra Law Review* 933 (1992), © de Hofstra Law Review Association; "What Has Pragmatism to Offer Law?" 63 *University of Southern California Law Review* 1653 (1990), © de Universidade do Sul da Califórnia; e "The Depiction of Law in The Bonfire of the Vanities", 98 *Yale Law Journal* 1653 (1989), © The Yale Law Journal Co., Inc.

Índice remissivo

Abel, Richard L., 50n, 63, 91
aborto, 169-70, 427-8, 476, 548; e a Constituição, 191-204; e feminismo, 193-5, 308, 351, 355, 364; no direito alemão, 166, 169; na teoria moral, 23, 28; indeterminação da análise moral do, 38-9, 202-3; e privacidade, 559
Abrams vs. Estados Unidos, 282n, 418
Abrams, Kathryn, 396
ação afirmativa, 82, 86-7, 89, 108-15, 216-8, 379, 404
Ackerman, Bruce, 104, 185, 198, 230-43, 470, 487
adultério, 597
advocacia, 523-43 *passim*
advogados: como atores ou que contratem atores, 55, 541-2; ganhos dos, 74; efeitos econômicos dos, 95; educação dos, 51-2; renda dos, 50, 71; em que diferem dos juízes, 129n; determinação dos preços dos serviços dos, 64-5; em número excessivo? 94-5; condições de trabalho dos, 71-2. *Ver também* direito (profissionais do)
afeminação, 588-9, 603
África, 399
afro-americanos, *ver* negros, *Brown vs. Board of Education*; teoria crítica da raça; discriminação
afrocentrismo, 399
Aho, James A., 549n

aids, 371n, 384, 395, 399, 585-91
Alchemy of Race and Rights, The (Williams), 114, 388-405, 554
alemães, juízes e advogados, *ver em* juízes; direito (profissionais do)
Allport, Gordon, 220
altruísmo, 321, 366; economia do, 530-1; recíproco, 531
aluguéis, regulamentação do mercado de, 401, 404
Amar, Akhil Reed, 81n, 224-9, 311, 473, 522
ameaça, 576
América Latina, 477-8, 483
American Booksellers Association, Inc. vs. Hudnut, 381n
análise econômica do direito, *ver* teoria econômica do direito
analogia, crítica, 546; raciocínio por, 17-8, 187-9, 228, 544-50; e o papel que desempenha na retórica, 526; sugestiva, 546; e sua utilização por Platão, 534
Anderson, Elisabeth, 485-6
Anleu, Sharon L. Roach, 68n
antissemitismo, negro, 395, 398-9
apelo ético (em retórica), 79-80, 525, 527, 560
apetite sexual, 581; masculino *vs.* feminino, 356, 362n, 371-4

Appiah, Kwame Anthony, 388
aprendiz, 46, 57
aptidão inclusiva, 374
arbitragem, 64, 122, 332
Areeda, Philip, 100
Aristóteles, 102, 347-52, 404, 413, 469-70, 548; retórica de, 523-4, 534-43, 555
Arnold, Thurman W., 297
artes e ofícios, movimento de, 49
artesanalidade (*artisanality*), 48-9, 60, 67, 73, 80
artesanato, *ver* artesanalidade
Ashley, Clarence D., 293
assédio sexual, 380, 384, 387
assistência de advogado, direito a, 249-50
assistentes sociais, responsabilidades legais dos, 222-5
Associação de Direito e Economia dos Estados Unidos [*American Law and Economics Association*], 463n
Associação para a Economia Evolucionista [*Association for Evolutionary Economics*], 451n
Atenas (antiga), 489n; direito e instituições sociais na, 59, 331, 340, 368-9, 532, 541; costumes matrimoniais e sexuais na, 593-5, 605
ativismo judicial, 5, 260, 267, 269, 425, 522
ato de julgar, 516-7; através do "cara ou coroa", 516-7
atores, *ver* advogados (como atores ou que contratem atores)
Austin, Regina, 395n
autonomia do direito, 18-9
Axelrod, David, 341

Baby M, caso, 394
Balkin, J. M., 68n, 226n, 334-5
Ball, Milner S., 136n
bandeira, queima da, 188-9, 266
Banquete, O (Platão), 595
barrister, 50-1, 275, 543
Bartlett, Katharine, 354n, 358, 363-7
Baxter, William F., 105
Becker, Gary S., 3, 16n, 98n, 144-5, 325n, 375n, 443, 445, 447-8, 455, 457, 462, 466-7
Beethoven, 253-4, 396-9
bem público, 436
Bentham, Jeremy, 24, 168, 279, 281, 285-6, 441, 462, 470-3, 553

Bernabè, Franco, 329n
Bernal, Martin, 400n
Berns, Walter, 244-51, 262, 275, 280
bilinguismo, 306, 312
biologia, 204, 305, 372, 487; aristotélica, 350-1; essencialismo biológico, 311; evolutiva, 496; e feminismo, 394n; da homossexualidade, 601n; e lesbianismo, 360-1; da privacidade, 562-3; do sexo, 354-76 *passim*, 559. *Ver também* sociobiologia
bissexualidade, 581-5
Black, Charles L., Jr., 83
Black, Hugo, 211, 267
Blake, William, 333, 412, 608
Bloodtaking and Peacemaking (Miller), 330-43
Bok, Derek, 74
Bolling vs. Sharpe, 243, 270
Bonar, Joy Walker, 476n
Bork, Robert H., 13, 84, 105, 127n, 185, 190-1, 199, 228, 233, 244, 245n, 252-71, 275, 280, 425, 496
Boudreaux, Donald J., 183n, 232n
Bowers vs. Hardwick, 2n, 265, 268, 590
Brand, Paul, 50n, 59
Brandeis, Louis D., 60, 73-4, 76, 147, 211, 224, 462
Brawley, Tawana, 395, 508
Brennan, Geoffrey, 137n, 139n
Brilmayer, Lea, 100
Brown vs. Board of Education, 2n, 65-7, 77-80, 83, 234, 240, 251, 262-4, 295, 300
Buck vs. Bell, 166
Burke, Edmund, 230
Burrows, Jo, 479
busca e apreensão, 559

Calabresi, Guido, 3, 105, 462
capital humano, 325, 464, 552
capitalismo, 476-87
Cardozo, Benjamin N., 2, 72, 205, 410, 413-6, 428, 470, 496
Carrington, Paul D., 89n, 102n
cartéis, de produtos *vs.* de serviços, 53-4; papel do governo na conservação dos, 54-5; profissionais do direito como formadores de, 35-6, 49-59, 64-5; teoria dos, 41, 461, 579
Casa de hóspedes, A, 67n
casamento, 589, 592; ateniense, 594; concepção cristã do, 369-70;

Índice remissivo 615

igualitário, 366, 369-70, 595; economia do, 598-9; homossexual, 367, 589, 605-6; hierárquico, 605. *Ver também* divórcio
casuística, 89, 96, 165, 524, 548-50
causalidade, 419-20, 436, 441
censura, 386, 417-8
ceticismo, 5-6, 10-1
chantagem, 499, 559, 564n, 574-9; economia da, 574-9; análise lúdico-teorética da, 577-9; como forma suplementar de garantir a lei, 574-7; conjugal, 577
ciência, 6-9, 10-13, 20, 30, 67, 96, 298-9, 302, 349, 412-3, 417, 482; e feminismo, 349, 371n; modelo hipotético-dedutivo de, 547; o direito como, 52, 545; e liberalismo, 349; filosofia da, 474, 551-6; *vs.* retórica, 551-6; retórica da, 528; sociologia da, 38-9. *Ver também* ciências sociais
ciências sociais, 343, 415-8, 445, 468, 480-2, 553; e seu papel no direito, 220-1
Clark, Charles E., 83-4
coabitação, contratos de (como substituto do casamento), 599
Coase, Ronald H., 429-52, 454n, 458-67 *passim*, 489, 495, 552
Coase, Teorema de, 327n, 429-30, 441
códigos contra formas de expressão motivadas pelo ódio, 114, 379, 510
coerência, 548
Cohen, David, 25n, 91, 166n, 342n, 550n
Cohen, David N., 342
Cohen, Joshua, 27
Cohen, Mark A., 119n, 134n
Cole, Thomas, 523n, 528-9nn, 537n
Coleman, Jules, 471n, 490
Collier, Charles W., 114n
Comaroff, John, 91
comércio, cláusula de, 215, 257
Commentary, 252, 264
common law, 50, 246, 287-8, 414-5, 441; teoria da eficiência do, 140-1, 185, 436, 438; doutrina do emprego "sem garantias", 316-29.
Common Law, The (Holmes), 2n, 50n, 293
Commons, John R., 443, 451
compensação, *ver* economia (da compensação dos empregados)
comportamento racional, 17-8; dos juízes, 122-54. *Ver também* racionalidade
computador, como juiz, 514-6

comunicação, teoria da, 559. *Ver também* retórica (economia da)
comunismo, 477-80, 487
conceptualismo, *ver* formalismo
concorrência: entre os profissionais do direito, 69-72, 98; natureza da, 442; perfeita, 436, 452-4, 458; seus efeitos sobre a qualidade, 98-101. *Ver também* cartéis; corporação de ofício medieval; monopólio
confinamento doméstico (das mulheres), 367-8
conflitos de interesses, judiciais, 123
conglomerado, 438, 453
congresso, 123n
consenso: normativo, 476; sobreposto, 427
conservadorismo, 279; social, 264, 280, 382, 589-90. *Ver também* neoconservadorismo
Constituição, 74-81, 199, 220; processo de emenda, 232-44 *passim*, 260; como contrato de longo prazo, 259-60; hermenêutica da, 518-22; concepção leiga da, 270; abordagem pragmática da hermenêutica da, 205-11. *Ver também* direito constitucional e casos, doutrinas e cláusulas específicos
construção social da realidade, 6, 90, 304-5, 309, 312, 317-8, 334-5; e o sexo, 601-8
contendas, resolução de, 332, 337-42, 516-7
contracepção, 206, 241-2, 368, 598. *Ver também* aborto
contraditório, princípio do, 528
contratos, 422; de chantagem, 577. *Ver também* contratos, direito dos
contratos, direito dos, 291-3, 422, 550; ateniense, 538, 550; termos de um contrato, 291-2; e o direito a recompensa, 1, 245, 446; teorias kantianas *vs.* teorias econômicas do, 293; liberdade no, 293, 295, 318; de longo prazo, 458, 461, 463; "relacional", 465
cooperativas de trabalhadores, 485-6
Cooter, Robert D., 120n, 125
Cornell, Drucilla, 316-29, 470
corporação, conceito de, 421; teorias jurídicas da, 302; tributação da, 421
corporação de ofício medieval, 41-9, 73
Cox Broadcasting Corp. vs. Cohn, 569, 572
crianças, direitos das, 306-11

crime, 16-17; índice de criminalidade entre os negros, 395; sem vítima, 578. *Ver também* chantagem; extorsão
Currie, David P., 100, 208n, 261n, 267n
custo: de oportunidade, 549; de prospecção sexual, 587-8, 604; social *vs.* privado, 564-5. *Ver também* "Problem of Social Cost, The"
custos de transação, 429, 435n, 441, 456, 458-9, 461, 599n. *Ver também* "Problem of Social Cost, The"

Dahl, Robert, 220
Daily Times Democrat vs. Graham, 568n, 573
Danto, Arthur, 471
Davidson, Donald, 416, 550
Décima Primeira Emenda, 247
Décima Quarta Emenda, 66. *Ver também* Devido processo legal; cláusula de igual proteção das leis
Décima Terceira Emenda, 193, 226-8
decisão (*vs.* dito incidental), 133
Declaração de Direitos, *ver* incorporação; direitos e dispositivos específicos
democracia, 175-6, 203, 213, 231, 237, 248, 256-7, 279, 283, 487; ateniense, 176, 231; deliberativa, 27, 237; concepção dualista da, 231-43; epistêmica, 27n, 474; liberal, 176; e sua relação com o liberalismo, 26-7; plebiscitária, 176; e retórica, 515-2
Democracia e desconfiança (Ely), 212-21
Democracy and the Problem of Free Speech (Sunstein), 419
depreciação (ilícito civil), 559
desconstrução, 335
desemprego, *ver* trabalho (efeitos das leis de proteção ao emprego sobre o)
DeShaney vs. Winnebago County Dept. of Social Services, 222-8
desqualificação, 48n
desuso, 265
detenção sem julgamento: na Inglaterra, 170-9; de nipo-americanos, 167, 173, 176
devido processo legal: cláusulas, 222, 225, 261; substantivo, 192-3, 267
Devlin, Patrick, 278
Dewey, John, 27n, 410, 416-7, 470-1, 474
Dickens, Charles, 68n, 511-3
difamação, 385, 497; regra da "malícia real", 564-5; responsabilidade da publicação que apenas repita uma declaração difamatória, 564-5; direito civil da, 558-9, 564
Director, Aaron, 462, 489
direito, ensino do, 51-2, 59, 61-2, 76, 80n, 86-115, 186, 330, 546; papel da literatura no, 504; contribuição da filosofia ao, 488-92; método "socrático" de, 86-7
direito, estudo acadêmico do, 74-85, 87-109, 138, 291, 311-2, 342-3, 389-90, 397-8, 404; estudo acadêmico doutrinal do, 87-96, 100-1; estudo acadêmico interdisciplinar do, 89-109; estudo acadêmico utopista do, 312-5. *Ver também* estudos jurídicos críticos; teoria crítica da raça; teoria econômica do direito
direito, faculdades de, 100-115, 163, 224, 298; a ação afirmativa e a contratação nas faculdades, 109-15; tratamento da Constituição nas, 222; durante o nazismo, 157-8, 161, 489-91. *Ver também* direito (ensino do); Faculdade de Direito de Harvard; Faculdade de Direito de Yale
direito, profissionais do, 19, 35-179, 300-1; ingleses, 49-50, 174, 543, 555; alemães, 155-70; sua história nos Estados Unidos, 51-2; na visão dos leigos, 513; mudanças recentes na profissão, 68-74, 334; restrições à concorrência entre os, 51-9, 64-5, 69, 74, 98-9
direito, tutela privada do, 574-5
direito acadêmico, *ver* direito (ensino do); direito (estudo acadêmico do)
direito constitucional, 92-3, 183-271; efeito conjunto da criação de novos direitos constitucionais, 228
direito e literatura, 91, 495-522. *Ver também* literatura; narratologia; retórica
direito natural, 163, 199, 210, 302. *Ver também* direitos naturais
direitos autorais, 564-5
direitos fundamentais, teoria dos, 213, 220-1, 266
direitos naturais, 317-8
direitos, 302-3, 311; efeito cumulativo da criação de novos direitos constitucionais, 228; sua importância para os negros, 390. *Ver também* direitos naturais; propriedade (direitos de)

diretrizes para o pronunciamento de sentenças judiciais, 131
discriminação: contra os estrangeiros, 214, 216; contra os negros, 216, 392-3; pelas corporações de ofício, 45; contra os homossexuais, 599, 605-8; pelos escritórios de advocacia, 65, 99; nas escolas públicas, 65-7; contra as mulheres, 193-5, 216-8. *Ver também* ação afirmativa; *Brown vs. Board of Education*
discurso, 10
dissonância cognitiva, 63
dissuasão, 338-41
distinção de sujeito e objeto, 334, 411-2
dito incidental (*vs.* decisão), 133
divórcio, 430
dominação dos homens sobre as mulheres, como teoria da sexualidade, 359, 367-76. *Ver também* pornografia
dote, 358n, 592
Douglas, William O., 3, 241, 297
Dover, Kenneth J., 447-8, 594n
Dred Scott, decisão de (*Scott vs. Sandford*), 67, 192, 266-7
Dubber, Markus Dirk, 156n, 164
Duxbury, Neil, 3n, 80, 298n, 409n
Dworkin, Andrea, 91, 353, 378-9, 383n, 386
Dworkin, Ronald, 91, 105, 116, 207, 228-9, 231, 243, 257, 270, 424-6, 448, 471, 490, 522, 601; sobre o aborto, 187-201; e o pragmatismo, 11-15, 22, 411, 426; teoria do direito como integridade, 426

Easterbrook, Frank H., 105, 128n
Eastland, Terry, 252-3, 256
econometria, 434, 453-4
economia, 313-5, 481; do altruísmo, 530-1; dos cartéis, 461; dos cartéis e das corporações de ofício, 41-9; escola de Chicago de, 434, 443, 461; da compensação dos empregados, 98-9, 118-9, 144-54; do direito societário, 294; do emprego "sem garantias", 316-29; tradição inglesa da, 440; dos benefícios adicionais, 307, 326; do homossexualismo, 363; da produção familiar, 457; do capital humano, 325, 464, 552; dos mercados ilegais, 384; da informação, 434, 448, 459-60, 526-9; institucional, 450-67; do julgar, 117-54; impacto dos advogados no crescimento econômico, 95; do ócio, 145-54; e liberalismo, 25; limitações da, 23-5; *vs.* literatura, 400-1; metodologia da, 429-67 *passim*; natureza da, 16-20, 445-9; nova economia institucional, 443, 450, 452-67; do comportamento não mercadológico, 334, 445, 448; dos empreendimentos não lucrativos, 120-5; antiga economia institucional, 450-2, 463; diferenças em relação à filosofia, 491; da privacidade, 558; dos direitos de propriedade, 546; da qualidade, 42-3; teoria das preferências reveladas, 582; da vingança, 337-40; da retórica, 523-43; retórica da, 552-3; do sexo, 354-5 *passim*, 580-608; tratada pelos teólogos, 549. *Ver também* teoria econômica do direito
economia institucional, 443, 450-67; nova, 443, 450, 452-67; velha, 450-2, 463n
educação: de crianças deficientes, 305-6; na época do *New Deal*, 240-2. *Ver também Brown vs. Board of Education*; direito (ensino do)
Edwards, Harry T., 96-106, 226n, 330
eficiência, 141, 288
Eggertsson, Thráinn, 340n, 342n, 443n, 453n, 464
Eliot, Charles W., 52n
Eliot, T. S., 4, 243, 409, 417
Ellickson, Robert C., 91, 105, 340n, 342
Elster, John, 90
Ely, John Hart, 185, 199, 212-21, 231, 311
Emerson, Ralph Waldo, 29, 30, 196, 412, 480, 608
emoção, 536; e sua relação com a razão, 532
empatia, 220, 254, 269, 305, 402, 536; teoria jurídica da, 402-3
empirismo, 208, 224, 419. *Ver também* pragmatismo; ciência
emprego, *ver* trabalho
empresa, conceito de, 437-8, 461; de propriedade do trabalhador, 485-6. *Ver também* "Nature of the Firm, The"
engenharia social, 67
engenho (*craft*), *ver* engenhosidade; corporação de ofício medieval
engenhosidade (*craftsmanship*), 45-9, 64-5, 75; *vs.* artesanalidade, 49
entimema, 535

Epicuro, 315, 410
epieikeia, 548
Epstein, Richard A., 105, 185, 199, 266, 317-8, 324n
equidade, 503, 548
equilíbrio, 445
Ertman, Martha, 354n, 358n, 361-2, 582n
escola processual da teoria do direito, 1, 63, 81-3, 83n, 104, 411, 414-5 e n. *Ver também* Hart, Henry M.; Wechsler, Herbert
escravidão, 314, 318, 320-4; aborto como analogia da, 548; negra nos Estados Unidos, 167-8, 204, 226, 233, 239, 250, 323-4, 348, 394, 404, 472, 476; e criação dos filhos, 369; trabalho não remunerado como forma de, 283; na Islândia, 338; emprego metafórico da palavra, 224-7; natural, 281; autoescravização, 321; consequências sexuais, 593-4
escritórios de advocacia, aumento do tamanho dos, 70-1. *Ver também* direito (profissionais do)
Eskridge, William N., Jr., 80n, 105, 127n, 411, 470, 606
essencialismo, 311
estabelecimento, cláusula de, 193, 196, 251
Estado de Direito, 21, 170, 175, 178, 516
estagiários de direito, 61, 73, 94, 120, 126, 131, 334
estilos de escrita, 444-5
estudos acadêmicos, organização burocrática dos, 447; índices de inclusão na base de dados referencial em diferentes áreas dos, 106; interdisciplinares, 445, 496
estudos jurídicos críticos, 1-4, 13, 21, 90-1, 296-8, 389-90, 416, 450n
estupro, 360, 363, 373-5, 381-3, 386-7
ética, *ver* ética jurídica
ética jurídica, 98-102
eu, conceito de, 558-61; público, 559-60
euroesclerose, 329
evolução, *ver* sociobiologia
externalidades, 564, 590-1; mentais, 24-5; pecuniárias, 25; positivas *vs.* negativas, 435. *Ver também* "Problem of Social Cost, The"
extorsão, 576

Faculdade de Direito de Colúmbia, 410
Faculdade de Direito de Harvard, 3, 51, 75, 82
Faculdade de Direito de Michigan, 330, 333n
Faculdade de Direito de Yale, 2-3, 241, 410
falibilismo, 474. *Ver também* Popper, Karl
false light tort, 559
família, economia da; *ver* produção familiar; casamento; sexualidade
Farber, Daniel A., 398n, 411
Farnsworth, E. Allan, 100
Farwell vs. Boston & Worcester R.R., 288n
Federalist Papers, 232, 235, 288
Federman, Lillian, 356n
Fedro, 534
feminismo, 193-5, 338, 347-53, 555; entre os negros, 389-405 *passim*; conceito de, 353; e liberdade de expressão, 418; radical, 335, 353-4, 371n, 373, 375-6, 476. *Ver também* teoria feminista do direito
ficção jurídica, 421
filhos, criação dos, 368-9. *Ver também* crianças, direitos das; menores, abuso de
filosofia, 96, 305, 318, 446, 468-92; analítica, 8-9, 85, 200-1, 411, 469-92 *passim*; sua contribuição ao ensino do direito, 488-92; sua influência sobre o moderno estudo do direito, 90; pós-modernista, 334-5; prática da, 8-9; da ciência, 429-67 *passim*, 474, 551-6. *Ver também* filosofias, doutrinas e filósofos específicos
financiamento de campanha, 485
Fineman, Martha Albertson, 353, 354n, 356-60
Finley, M. I., 446
Fish, Stanley, 5, 13, 91, 144, 334-5, 398n, 411, 416-7, 552n
flagrante preparado, 28
Flexner, Abraham, 60
Fogueira das vaidades, A, 505-13, 571
formalismo, 1-4, 13, 20-1, 80-1, 83, 287-303 *passim*, 413, 421-2, 446, 470, 503; jurídico *vs.* econômico, 18-20; literário, 400; raciocínio por analogia como forma de, 545; seu papel na concepção pragmática do direito, 424
formalistas, 553
Forster, E. M., 401, 497-500
Foucault, Michel, 334, 447, 471, 603, 606
Frank, Jerome, 3, 291, 297-300
Frankfurter, Felix, 34n, 63, 205, 241, 298-300

Freisler, Roland, 159
Frickey, Philip P., 80n, 411
Fried, Charles, 102, 490
Friedman, David, 336n, 340n
Friedman, Milton, 279, 443, 454-7, 462-3, 552
Frye, Marilyn, 356n
Frye, Northrop, 502n
Fuller, Lon, 156n
função de utilidade: dos empregados de organizações sem fins lucrativos, 121; dos jogadores, 142; dos juízes, 122-54

Gabel, Peter, 389-90
Galanter, Marc, 95n, 105
Galbraith, Kenneth, 451
garantia, cláusula da. Ver garantia da forma republicana de governo (cláusula da)
garantia da forma republicana de governo, cláusula da, 76, 215, 264
Gargântua e Pantagruel, 516n
Gates, Henry Louis, Jr., 114n
gays e lésbicas, estudos jurídicos dos e das, 91, 96
Gely, Rafael, 129n
Gilligan, Carol, 91, 311
Gilmore, Grant, 411
Gilson, Ronald J., 43n
Gitlow vs. Nova York, 282n
Glendon, Mary Ann, 105
Goetz, Bernhard, 394
Goffman, Erving, 503n, 558n, 561
Goldberg, Victor, 443n, 463
Goodrich, Peter, 490, 527
Gordon, Robert W., 18n, 103-4nn, 105, 451n
Górgias, 523, 532n, 553
Górgias, 89, 102, 532-4, 537, 539, 553
Graglia, Lino A., 67n, 262n, 267n
grampo, 247, 559, 563
Grécia Antiga, família na, 368-9
Green, Nicholas St. John, 410
Greenberg, Paul E., 151n
grego, direito, 340, 538. Ver também Atenas
Gregory, John, 62n
gregos, costumes sexuais, 362n
Grey, Thomas C., 105, 185n, 342, 411, 490, 500-5
Griswold, Erwin N., 78n
Griswold vs. Connecticut, 2n, 198, 206-7, 218, 234, 241-2, 265
Gruchy, Allen, 451

Gunther, Gerald, 78n
Gustafsson, Bo, 43n

Hadfield, Gillian K., 354n, 357n, 363, 365, 367-8, 370-5
Hale, Robert L., 3, 298n, 318, 462
Haley, James A., 151n
Halley, Janet, 371n, 602-3nn
Halperin, David M., 603n
Hamermesh, Daniel S., 327n, 329n
Hand, Learned, 75, 152, 295, 297, 462
Hansmann, Henry B., 105, 121n, 486n
Hard Times, 168, 401
Harlan, John Marshall, 205
Hart, H. L. A., 141n, 278, 490
Hart, Henry M., 34n, 60, 65, 80, 82, 297, 411
Harvard Law Review, 75, 82
Hayek, Friedrich, 196, 279n, 427
Haynes vs. Alfred A. Knopf, Inc., 570-3
Hegel, Georg Wilhelm Friederich, 316-29 *passim*, 352, 470
hermenêutica, 90, 93
Hertz, Friedrich, 397
Higgins, Richard S., 120n, 127n
Hilberg, Raul, 169
Hirschman, Linda R., 347-53
história do pensamento jurídico, 18, 287-303
Hobbes, Thomas, 185, 259, 281, 318
Holmes, Oliver Wendell, Jr., 2, 5, 63, 82, 101, 138n, 152, 239, 242, 250, 290-303 *passim*, 339, 412, 414, 424, 462, 500, 543; conceito de propriedade em, 319n; impacto de James Fitzjames Stephen sobre, 277-9; filosofia judicial de, 204, 208-11; e o pragmatismo, 13-5, 209, 410, 470, 500; relacionamento com a Senhora Castletown, 296, 299-300; teoria da liberdade de expressão em, 282, 418, 475. *Ver também Common Law, The*
Holmes, Stephen, 26n, 90
"homem econômico", 16
Homero, 340, 529-31, 595n
homossexuais, chantagem de, 574-5, 578; discriminação contra, 216; renda dos, 358; porcentagem de, 361, 583-4
"homossexual", definição de, 581-2
homossexualidade, 24, 28, 268-9, 357-8, 360-2, 365, 370, 371n, 404, 499; no clero católico, 592; economia da, 367, 580-608; frequência da, 361, 583-4;

teoria genética da, 601n; no direito alemão, 162; na Grécia, 593-5, 603; de oportunidade, 361-3, 588, 591-7, 604; preferência *vs.* comportamento, 581-7, 591, 604-5; na Escandinávia, 584n; e a construção social da realidade, 564-608; e urbanização, 588. *Ver também* lesbianismo
Horwitz, Morton J., 105, 287-303, 318, 409, 411
Hotelling, Harold, 432-3, 441, 456
Howards End, 401, 497-500, 502
Hrdy, Sarah Blaffer, 359n
Huizinga, J., 141n
hunzas (hunzukuts), 314, 338
Hurst, James Willard, 451, 455

Idade Média, 331-42, 592
idealismo filosófico, 10
ideologia, 37, 47, 60, 64, 67, 99, 143, 152
igual proteção das leis, cláusula de, 66-7, 192, 215, 222, 250, 265-6; e o aborto, 193-5. *Ver também Brown vs. Board of Education*
igualdade: feminina, 194-6, 202. *Ver também* discriminação; mulher
igualitarismo, 279-80, 307, 314. *Ver também* igual proteção das leis (cláusula de)
Iluminismo, 333-5, 411, 417
imunidade do soberano, 247
incerteza, *ver* informação (custo da)
incorporação (da Declaração de Direitos), 261-2, 267
individualismo, 28-30, 317-8, 402, 542, 558, 562-3. *Ver também* liberdade
industrialização dos serviços, 68
infanticídio, 169, 204, 359, 593
informação, custo da, 459-60, 467, 524n, 526-9, 540. *Ver também* economia (da informação); retórica (economia da)
integração vertical, 433, 458, 461, 463
intenção, como questão filosófica, 420-1
interesse, grupos de, 217-8, 232, 248, 415, 423
interpretação, 66-7, 90-1, 93, 184-5, 192, 248-9, 423, 496; cânones da, 505; constitucional, 213, 220-1, 231, 248-9, 517-22; holística, 165, 190, 197-200, 209; musical, 253-5, 522; das leis, 414, 423, 502, 505, 561n. *Ver também* originalismo; interpretacionismo estrito
interpretacionismo estrito, 80, 165, 213, 24-51, 423-4, 521-2

Irmãos Karamázov, Os, 503n, 513
irracionalidade, *ver* racionalidade
Irwin, Terence, 532n
islandesas, sagas, 331-42
Islândia medieval, 330-43

Jackson, Robert, 73, 239, 474
Jackson, Thomas, 105
Jaffe, Louis L., 81n
Jaffee, Leonard R., 313-5, 330
jogo (conceito de, em Wittgenstein), 8, 140-4, 401
jogo, teoria do, 90, 141n, 341, 460, 463, 562n; aplicada à chatagem, 577-9
"John Marshall" (discurso de Holmes), 13-5
Jonsen, Albert R., 96n, 524n, 538, 544n, 548-9
jornalismo, 482
Joskow, Paul, 463
juízes, 59-60, 76, 84, 92, 116-79, 207-10, 213, 260-1, 334; primeiros (dos Estados Unidos), 51; do tribunal recursal, 118-54 *passim*, 210; franqueza dos, 424; concepção de Cardozo sobre o papel dos, 413-4; nos sistemas de *civil law*, 135n; conflitos de interesses dos, 123; ferramentas de identificação e filtragem de casos, 133-4, 154; eleitos, 143; ingleses, 49-50; federais, 116-54 *passim*; na Alemanha imperial e na República de Weimar, 156-7, 163; renda dos, 144-54; independência dos, 174-7; perspectiva interna dos, 141n; papel interpretativo dos, 423; em que diferem dos advogados, 140; em que diferem dos legisladores ou se assemelham a estes, 134, 140-1, 245, 250, 414-5, 516-7; expectativas dos leigos diante dos, 270, 513; que têm um segundo emprego, 123, 147; na Alemanha nazista, 157-70, 243, 420; norma de igualdade na distribuição de casos aos, 132; crescente delegação a terceiros da redação de pareceres, 73-4; qualidade dos, 149-52; relação com os professores de direito, 88, 138, 224, 301; seleção dos, 146, 149-51; autoimagem dos, 142; de primeira instância, 116, 129-30; em tempo de guerra, 174-5, 178; por que jamais se permite que decidam no "cara ou coroa", 516-7; na Alemanha do pós-Segunda Guerra Mundial, 160-3;

remuneração e mandato dos, 118-9; "jogo" dos, 8, 22, 138-9, 140-5, 152, 420-1, 540. *Ver também* votos dos juízes; Suprema Corte
julgamentos: anglo-americanos *vs.* continentais, 135
júri, 137; apelo às emoções do, 536, 541-2; ateniense, 540-1
júri de pronúncia, 248
justa causa ou causa racional (leis da), *ver* economia (do emprego "sem garantias"); trabalho
justiça, por computadores, 514-6. *Ver também* justiça corretiva
justiça corretiva, 413, 427
Justiça de Hitler, A (Müller), 156-70, 520-1
justiça penal, 168, 277, 286, 331, 391, 401, 462; direito do réu a um advogado, 249; elemento mental na, 420-1; privada, 331-42 *passim*, 574-5; retratada na literatura popular, 505-9, 513; leis contra a sodomia, 590

Kafka, Franz, 507-8, 511
Kaiser, Susan B., 357n
Kamm, Frances M., 204
Kant, ética de, 12, 30, 160, 293, 426-7
Kaplow, Louis, 100
Kateb, George, 29-30, 558, 563
Kelman, Mark, 63n
Kennedy, Duncan, 63-4, 105, 382, 470; sobre a ação afirmativa e a contratação nas faculdades de direito, 110-5
kibutz, 486n
Kinsey, Alfred, 583
Kinsey, escala de, 584-5, 603
Kirk, Russel, 279
Klein, Benjamin, 419n, 461n, 463
Knight, Frank H., 440
Kobayashi, Bruce H., 120n, 140n
Kornhauser, Lewis A., 130n
Krausz, Michael, 255n
Kreyssig, Lothar, 160
Kronman, Anthony T., 64n, 68n, 99-100, 102, 105, 439n, 470, 490
Kuhn, Thomas, 231n, 413, 447, 450, 552
Kuntz, Eugene, 547n

Landes, William M., 439-40, 462-3nn, 489, 524n
Landis, James M., 414n
langdelismo, *ver* formalismo
Langdell, Christopher Columbus, 19, 51-2, 81, 185, 503, 552-3

Larson, Jane E., 354n, 359n, 361n, 371n
Latour, Bruno, 38n
Laumann, Edward O., 584n
Law and the Modern Mind (Frank), 297, 300, 416
Lazear, Edward P., 316-7nn,
Leff, Arthur Allen, 141n, 411
Leffler, Keith B., 43n
Legal Process (Hart e Sacks), 411
legislação, 134, 143, 414-5. *Ver também* congresso; interpretação (das leis)
legitimidade política, 258, 295, 522
Lei Seca, 232, 381, 384
leis de proteção ao emprego, *ver* trabalho (efeitos das leis de proteção ao emprego sobre o)
Leland, Hayne E., 43n
Lemann, Nicholas, 570
Lerma, Dominique-René de, 397n
lesbianismo, 356-62, 366, 587-8, 592, 595, 597-8, 605; visão do, na Grécia Antiga, 595; de oportunidade, 361, 597-8
Lessig, Lawrence, 518n, 519-22
Levi, Edward H., 186n
Levinson, Sanford, 105
Levitt, Theodore, 68n
Levmore, Saul, 105
liberalismo, 24-31, 237, 334, 473, 482, 488, 542, 566; clássico, 13, 24, 31, 246, 269, 279-80, 348, 417, 452; defesa epistemológica do, 473-6; crítica feminista ao, 347-52; origem grega do, 25n; moderno, 413, 415; político, 201, 209-11; e estado de direito, 21; e ciência, 349; bem-estar, 28, 264, 280, 336. *Ver também* democracia; Mill, John Stuart
Liberalismo político, O (Rawls), 30n, 201-4, 209-10, 427
Liberdade, A (Mill), 24, 264, 275, 279n
liberdade, 279-80; positiva *vs.* negativa, 28, 223, 225; sua relação com a riqueza, 30
liberdade de associação, 77-8
liberdade de contrato, *ver* contratos, direito dos (liberdade no)
liberdade de expressão, 188-90, 211, 251, 282n, 349, 377-87, 474; e financiamento de campanha, 485; teoria pragmática da, 417-9
liberdade de investigação, *ver* liberdade de expressão
libertarismo, 196, 279, 336, 427. *Ver também* liberalismo (clássico)

Liberty, Equality, Fraternity (Stephen), 275-86
licenciamento, 40-1, 52, 107
Linder, Marc, 164n
linguagem, 334, 482, 552; neologismos na ciência econômica, 460, 466; sua relação com o pensamento, 444-5
Lipman, Samuel, 253-5, 269, 271
literalismo, *ver* interpretacionismo estrito
literatura, 79, 96, 340; analogia entre juiz e leitor ou espectador de teatro, 136-8; romance coletivo, 243; diferenças entre literatura clássica e popular, 507; e a teoria crítica da raça, 389-405 *passim*; se é ou não edificante, 400-1; sagas islandesas, 331-42; popular, 505-17. *Ver também* direito e literatura
livre-arbítrio, 9, 279, 402, 420, 487
livre exercício, cláusula do, 193, 196-8
Llewellyn, Karl, 3, 64, 291, 297, 300, 416
Lloyd, G. E. R., 545n
locação de imóveis, 320
locatário, direitos do, 319-20
Lochner vs. Nova York, 2n, 166, 208, 233, 239-40, 295, 424
lógica, 9
Lomasky, Loren, 137n, 139n
Lott, John R., Jr., 120n, 140n

MacIntyre, Alasdair, 476
MacKinnon, Catharine, 91, 105, 193n, 353, 377-87, 468, 488
Macneil, Ian, 451, 465
Maine, Henry, 284
Making All the Difference (Minow), 304-12
Malloy, John T., 543
Mann, Thomas, 555n
Manne, Henry, 105, 462
Marrou, H. L., 370n
Marshall, John, 13-5, 73, 211, 288, 414
Martin, Donald L., 323n
marxismo, 37, 47, 283, 288-9, 479. *Ver também* comunismo
masculinidade competitiva, 595
massa, produção em, 47, 49, 68, 73
matemática: seu papel na ciência econômica, 432, 441, 444, 452, 491
maternidade substituta, 311, 350-1, 394
maximização da riqueza, 18, 23, 30, 185, 427, 435
McCloskey, Donald N., 527, 552
McConnel, Michael W., 100, 240n
McGuire, J. E., 554n

medicina, profissionais da, 37, 55, 58, 78, 80n, 104
Melia, Trevor, 554n
Meltzer, Daniel, 100
Melvin vs. Reid, 568-9, 572-3
mendigos, 24
menores, abuso de, 222-8; abuso sexual de, 311, 387
mercantilização, 60
metafísica, 420
metáfora, 10, 224, 500-2, 507, 518-21, 544; teoria da, 550-1
método socrático, 546
Michaels, Walter Benn, 91
Michelman, Frank I., 105, 199, 231n, 411, 470, 490
Mill, John Stuart, 24, 28-30, 211, 264, 275, 279-81, 285, 355, 365, 427, 469, 471; e experiências de vida, 480; e falibilismo, 474; como feminista, 348, 353; sobre a opinião pública, 336; sobre a conduta pessoal, 601. *Ver também* liberalismo (clássico)
Miller, William Ian, 91, 105, 314n, 330-42
Minda, Gary, 85
Minow, Martha, 105, 304-12, 315, 394n, 409, 411
Miranda vs. Arizona, 264n
miscigenação, 76, 167
misoginia, 351-2, 358, 385
monopólio, 433, 461-2, 464, 545. *Ver também* cartéis
monopólio bilateral, 324
Moore, G. E., 469n
moral regida pelo direito, 278-86
Morawetz, Thomas, 141n
mórmons, perseguição aos, 25
Morsink, Johannes, 350-1nn
mulher: situação econômica da, 347-8; prováveis efeitos da emancipação sobre a, 284-5; opiniões sobre ética diferentes daquelas do homem? 311; efeitos das leis de proteção ao emprego sobre a, 328-9; interesses materiais da, 204, 285; benefícios por gravidez e licença maternidade, 305, 307; produtividade da, 368-9; e liberdade sexual, 194-7, 202; condição da, 366-76, 386-7; condição na Grécia Antiga, 368-9; condição na Roma Antiga, 369. *Ver também* discriminação (contra as mulheres); feminismo; teoria feminista do direito

Müller, Ingo, 156-70
Munger, Michael C., 449n
música: movimento da *performance* autêntica, 253-5, 522
Myrdal, Gunnar, 459n

"Na colônia penal" (Kafka), 401
narrativa, 404-5. *Ver também* narratologia
narratologia, 389-405
"Nature of the Firm, The" (Coase), 429-30, 433, 436
Nature of the Judicial Process, The [A natureza do processo judicial] (Cardozo), 413-4, 416, 428
natureza humana, 487
nazismo, *ver* juízes (na Alemanha nazista)
negros, 239-42, 250, 322, 328, 388-405, 510-1, 543; movimento afrocêntrico, 399-400; juristas, 108-15; dificuldades dos (nos bairros pobres das grandes cidades), 570-3. *Ver também Brown vs. Board of Education*; teoria crítica da raça; discriminação
neoconservadorismo, 252, 264. *Ver também* conservadorismo (social)
neotradicionalismo, 425-6
New Deal, 233-44, 415, 480
New York Times Co. vs. Sullivan, 385-6, 564
Nietzsche, Friedrich, 3n, 26, 29n, 196, 281, 334, 403, 412, 473, 479-80, 510, 527, 608
"Non sub Homine" (Whyte), 514-6
Nona Emenda, 193
Noonan, John T., Jr., 105, 549n
Norrington, Roger, 254
North, Douglass C., 443n, 458, 464
nova economia institucional, 461-2, 450, 452-67
Nozick, Robert, 426, 475, 581n
Nuremberg, julgamentos de, 82
Nussbaum, Martha C., 91, 136n, 348n, 353, 358n, 367n, 400, 410n, 471, 488-91, 532n, 536n, 605

O'Hara, Erin, 120n, 152n
objetividade, 18, 36-7, 88, 91, 108, 413, 420. *Ver também* verdade
Odisseia, 529-31
oligopólio, 71, 433, 484
Only Words (MacKinnon), 377-87
oportunismo, 459- 61, 465
organizações, teoria das, 459, 464, 466
organizações sem fins lucrativos, economia das, 120-5, 326-7

originalismo, 213, 228, 233, 253-71, 413, 522. *Ver também* interpretacionismo estrito
Orwell, George, 441, 444, 473, 479, 482, 486-7

parentesco, 338-9
Pareto, princípio de, 25, 590-1
Parol-evidence, princípio, 561
Pascal, Blaise, 527
Passagem para a Índia, 497
Passmore, John, 470n
"Path of the Law, The" (Holmes), 2n, 279, 292n, 299
pederastia, 593-5, 604-5
Peirce, Charles Sanders, 412, 416-8, 474, 484
Peller, Gary, 75n, 114
Pendlebury, David, 106n
pergunta retórica, 79
personalidade pública, no direito que rege a difamação, 564-5
perturbação da paz, doutrina jurídica da, 437-8
pessoas deficientes, 304-12 *passim*, 328
Philipson, Thomas J., 586, 602n
Pierson vs. Post, 401
Pigou, A. C., 436-8, 441, 456
Pirenne, Henri, 42n
Planned Parenthod vs. Casey, 184n, 200
Platão, 11, 63, 469, 553; e eros, 593-5; visão da retórica, 523-4, 532-5, 538-42. *Ver também* platonismo; Sócrates
platonismo, 20, 411, 417
Plessy vs. Ferguson, 66, 239-40
poder, *ver* dominação dos homens sobre as mulheres
poesia, *ver* Stevens, Wallace
Poirier, Richard, 411
poligamia: entre os mórmons, 25; e homossexualismo de oportunidade, 593-4
Polinsky, A. Mitchell, 489
politicamente correto, 8, 335, 379
Pollack, Louis H., 83
poluição, 437, 485-6. *Ver também* "Problem of Social Cost, The"
Popper, Karl, 299, 416, 470, 474, 484, 489n, 552
populismo, 27, 237, 247-8, 257, 301, 377-87, 418
pornografia, 377-87, 555, 567; lei canadense relativa à, 386; infantil, 380,

384; definição de, 379-80; em outros países, 382; regulamentação legal da, 380, 383-4
positivismo, *ver* positivismo jurídico; positivismo lógico
positivismo jurídico, 163, 165, 235
positivismo lógico, 9, 411, 417, 552n
pós-modernismo, 2, 10-1, 255, 333-8; utópico *vs.* conformista, 334
Prager, Dennis, 602n
pragmatismo, 2-22, 37-8, 81, 175, 178, 224, 286, 296, 299, 304-12, 409-28, 478, 488, 553-4, 606-8; Bork como pragmatista, 262, 267; no direito constitucional, 204-11; afinidades com a filosofia continental, 90; definição de, 4-13; e feminismo, 349; empregado pelos juízes alemães, 165-7; de Thomas Grey, 500; história do pragmatismo no direito, 409-17; e a filosofia judicial de Holmes, 204-11; nos julgamentos de casos, 12-3; filosófico *vs.* prático, 305; e pós-modernismo, 335; relação com a ciência, 20; sua utilidade para os juízes, 12-3, 144; de Wallace Stevens, 500. *Ver também* Rorty, Richard
prática não autorizada do direito, 53, 55
práticos profissionais, 70, 84
precedente, 4, 141; limitação do precedente como ferramenta de orientação das decisões judiciais, 516-7; e a qualidade dos juízes, 152-3; seu papel na função de utilidade dos juízes, 129-31
preços, controle de, 82
preferências reveladas, teoria das, 582
Priest, George, 105
Primeira Emenda: e difamação, 564-5; e privacidade, 569-70. *Ver também* os direitos específicos da Primeira Emenda
princípios neutros, 77, 78, 82-3, 498
Pritchard, A. C., 183n, 232n
privacidade, 242, 474, 497, 557-79 *passim*; direito constitucional à, 216; economia da, 558; proteção legal de informações pessoais, 565-74; valor privado *vs.* valor social da, 562; como sigilo, 566; como bem supremo, 563; responsabilidade civil por violação da, 558-9; como recurso transacional, 557-79 *passim*
privilégios e imunidades, cláusulas dos e das, 193, 215, 261
"Problem of Social Cost, The" (Coase), 429-30, 435, 438-9, 442, 449

produção familiar, 347-8, 457
profissões liberais, natureza das, 39-41, 60-2, 78; restritas, 40-1, 64-5, 300-1. *Ver também* direito (profissionais do); medicina (profissionais da)
"programa forte" na sociologia da ciência, 38n
progresso, 473
prolepse, 543
Promised Land, The (Lemann), 570-74
proporcionalidade representativa, 76, 103, 214, 218-9, 264, 485
propriedade, e a pessoa humana, 320
propriedade: direitos de, 302, 318-20; economia dos, 546; sobre a informação, 564-5; sobre os recursos naturais, 246, 422, 545-7; sobre os animais selvagens, 422, 545-7
proscrição, 332
prostituição, 370-3, 383, 593-4; e lesbianismo, 598
Protágoras, 277, 523, 541-2, 553
psicologia: cognitiva, 460, 467; da privacidade, 566
publicidade, 484-5, 487, 525n, 556, 558-60, 563
publicidade indevida: desonrosa *vs.* embaraçosa, 566; direito ao uso publicitário da imagem ou do nome, 559; herdabilidade do direito ao uso publicitário da imagem ou do nome, 563
público e privado, distinção entre, 298, 302, 318, 336
Putnam, Hilary, 416-7, 474-5 e n, 482-4, 492, 604n

qualidade, 57; variação da qualidade dos votos dos juízes, 73. *Ver também* economia (da qualidade)
Quarta Emenda, 559
Quine, Willard V. O., 416
Quinta Emenda, 192

raça, *ver* negros
Rachels, James, 561n
raciocínio jurídico, 9, 184-7, 470, 498-9. *Ver também* formalismo; teoria do direito; positivismo jurídico
racionalidade, 332-3, 489, 535, 566; e mudança das crenças, 526-7; limitada, 459-60; conceito de, aplicado ao sexo, 581; do consumidor, 467. *Ver também* comportamento racional; utilidade (maximização da)

racionalismo, 11
racismo, 396-8. *Ver também* discriminação (contra os negros); escravidão (negra nos Estados Unidos)
Radin, Margaret Jane, 319-20, 411, 486n, 490
Radin, Max, 414
Rakowski, Eric, 20n, 85
Rasmusen, Eric, 120n, 130n
Rawls, John, 30n, 90, 201-4, 209-10, 318, 427, 445, 470, 475, 485, 550
razão, 36; e emotividade, 532; prática, 349
realismo: moral, 38, 476; científico, 10, 38-9, 349, 424, 474-5, 553-4. *Ver também* realismo jurídico
realismo jurídico, 1-4, 19-21, 63, 165, 241, 290-1, 296-300, 409, 414-6, 421, 470
Reconstrução, 232-5, 239-41
redação de peças jurídicas, 73. *Ver também* votos dos juízes; retórica (jurídica)
referencial, base de dados, 106
regras, 401, 517; nos jogos, 141-2; natureza das, 142-3; exemplos de teste das, 546-8; e incerteza, 467
regulamentação, teoria econômica da, 435, 448
regulamentação 18B (inglesa), 170-9
Rehnquist, William H., 270
relativismo, 6, 11, 268; "irrestrito", 473
religião, definição jurídica da, 195-6; natureza da, 195-6; concepção de, para James Fitzjames Stephen, 281-2
relíquias de família, 319
renda econômica, 54n
representação, 214-21. *Ver também* democracia; liberalismo
República, A (Platão), 541
reputação, 335; caráter instrumental da, 561-2; dos juízes, 127
responsabilidade civil, 294, 420, 427, 557-61 *passim*
Retórica (Aristóteles), 102, 534-43
retórica, 144, 277, 288-9, 338, 522-56; abolicionista, 476; e democracia, 541-2; como disciplina mestra, 554; economia da, 523-43; se é ou não edificante, 400; apelo ético, 525, 527, 560; invenção, 538; nos tribunais, 496; jurídica, 78-9, 84; como forma de raciocínio, 543-56; científica, 553-4; *vs.* ciência, 551-6. *Ver também* narratologia; estilos de escrita
retóricos, como proto-advogados, 532

revistas de direito, 89, 93, 107. *Ver também Harvard Law Review*
Rich, Adrienne, 361n
Riqueza das nações, A, *ver* Smith, Adam
rixa, 331-42
Robson, Ruthann, 354n, 356n, 360-3
Rodell, Fred, 3, 21, 300
Rodman, Hyman, 476n
Roe vs. Wade, 184n, 192-4, 198, 200, 216, 269, 427
Rogat, Yosal, 138n
Rogers, J. A., 397, 399n
romantismo, 411-2
Rorty, Richard, 11n, 12-3, 27n, 34n, 334-5, 349n, 411, 416, 468-88, 490, 492n, 527, 554
Rosen, Jeffrey, 61n, 228n, 342n, 522n
Rosen, Sherwin, 69n
Rosenberg, Gerald N., 94n, 342-3
Rubens, Peter Paul, 54n
Rubin, Paul H., 120n, 127n
Russel, Bertrand, 484
Ryan, Alan, 29n, 319n

Safell, David C., 219n
Samuelson, Paul, 433, 441, 452
Sartre, Jean-Paul, 470, 479
Sarvis, Betty, 476n
Scalia, Antonin, 188, 233n, 244
Scheppele, Kim Lane, 91, 572-3
Schiappa, Edward, 523n, 541, 553n
Schlag, Pierre, 50n, 335, 538n
Schlegelberger, Franz, 161
Schlesinger, Arthur M., Jr., 400n
Schwab, Stewart, 429n
Scott vs. Sandford, *ver Dred Scott* (decisão de)
segregação, *ver Brown vs. Board of Education*
segundo emprego: no judiciário, 147-9
Sen, Amartya, 128n, 583n
serviço militar, 374-5; proibição de homossexuais no, 600-1, 606; obrigatório, 349-50
serviço social, 222-5
serviços jurídicos, crescimento da demanda por, 68-9, 94-5
serviços públicos, empresas de, 120n; determinação dos preços dos, 294, 431-3, 492
Sétima Emenda, 248
sexo, comportamento sexual, 354-76, 580-608; biologia do, 581-2; desejo

sexual, 581; economia do, 580-608; estratégias sexuais masculinas vs. femininas, 373-4; regulamentação do, 22-3, 91; revolução sexual, 598; "seguro", 586-9; estudo do, 96. *Ver também* homossexualidade; sexualidade
Sexta Emenda, 249-50
sexualidade, 487n; e regulamentação do aborto, 194-5, 202; tese da dominação masculina, 359, 367-76; orientação ou preferência, 581-2; nos primatas, 359n; construção social da, 601-8
Shavell, Steven, 557n
Shaw, Lemuel, 288n, 291
Shawe-Taylor, Desmond, 254n
Shelley vs. Kraemer, 270
Shelley, Percy Bysshe, 412
Sherry, Suzanna, 398n
Sidak, J. Gregory, 173n
Sidis vs. F-R Publishing Corp., 567-8, 572-3
Siegan, Bernard H., 67n, 262n, 266
silogismo, 535
Simon, Herbert, 448, 459n
Simons, Henry, 462, 489
Simpson, A. W. Brian, 50n, 170-9, 288n, 294n, 490
sinalização, 592. *Ver também* teoria da comunicação; vestimenta
sindicatos, 47n, 325-6
síndrome de Down, 308, 309n
Skinner vs. Oklahoma, 265n
Slaughter-House Cases, 239
Smith, Adam, 139n, 146n, 437, 440-3, 449, 452, 458; sobre a diferença entre educação e retórica, 540
Smith, K. J. M., 275n, 277n
Smith, Tom W., 584n
socialismo, 24n. *Ver também* marxismo
sociobiologia, 355, 359n, 363, 371, 445
sociologia, 97
sociologia do trabalho, 37, 68. *Ver também* engenhosidade; corporação de ofício; direito (profissionais do); produção em massa
Sócrates, 488-9, 532, 534, 542
sodomia, 285n, 597; leis que criminalizam a sodomia, 590. *Ver também Bowers vs. Hardwick*; homossexualidade
sofista, 523-4, 533
solicitor, 51
Spiller, Pablo T., 129n
Spitzer, Matthew, 105

stare decisis, *ver* precedente
Steinberg, David, 383n
Stephen, James Fitzjames, 264, 275-86, 320, 607n
Stevens, John Paul, 265-6
Stevens, Wallace, 500-5
Stigler, George J., 98n, 220n, 434-6, 443-5, 449n, 451n, 456, 459, 461-2, 490, 552, 579n
Stone, Harlan Fiske, 239
Strauss, David, 203, 223-9, 311
subordinação das mulheres, *ver* dominação dos homens sobre as mulheres; mulher
subsídio, definição de, 288
Sullivan, Kathleen, 100
Summers, Robert S., 85
Sunstein, Cass R., 27n, 100, 105, 193n, 198, 301n, 382n, 411, 419, 427, 470n, 495, 544-5, 607; sobre o raciocínio por analogia, 544-5
Suprema Corte, 60, 66, 74-85, 94, 117n, 118, 124, 132, 253; decisões sobre concorrência entre profissionais do direito, 70; diferenças entre os juízes da Suprema Corte e os outros juízes, 153-4; reforma das decisões da Suprema Corte pelo legislativo, 127n; sobrevivência da, 256-8
supremas cortes (dos estados), 130n
surdez infantil, 305-6, 309n

Taney, Roger, 267. *Ver também Dred Scott* (decisão de)
Temin, Peter, 236n
Tempting of America, The (Bork), 252-71
teoria, 7, 10, 20, 108, 144, 199, 334, 481; papel dos pressupostos na, 452; exigência de generalidade da teoria constitucional, 186, 187-8, 191; moral abstrata, 203; científica (natureza da), 418; "de cima para baixo" *vs.* "de baixo para cima", 184-91. *Ver também* economia (metodologia da); estudos acadêmicos (interdisciplinares)
teoria crítica da raça, 2, 91, 114, 388-405; e liberdade de expressão, 418
teoria da probabilidade de Bayes, 91, 103, 537
teoria do direito, 85, 490-1; como subproduto dos cartéis, 36, 62-4; nazista, 158-9; professores de, 490n. *Ver também* formalismo; realismo jurídico
teoria econômica: clássica, *ver* Smith, Adam; neoclássica, 452

teoria econômica do direito, 2-3, 16-22, 23-5, 31, 90-1, 102-3, 313, 425, 440, 445-6, 462-66, 470, 489, 490n, 495-6, 500; "nova", 495-6; e o conceito de consenso sobreposto, 427; e pragmatismo, 425-7. *Ver também* "Problem of Social Cost, The"
teoria feminista do direito, 2, 91-4, 103, 305, 347-87, 516; questão do essencialismo biológico, 311
terceiro mundo, 477-8, 484
textualismo, 213. *Ver também* originalismo; interpretacionismo estrito
Thomson, Judith Jarvis, 351n, 490
totalitarismo, 175
Toulmin, Stephen, 96n, 524n, 538, 544n, 548-9
trabalho: contratos de, 433, 437, 465; efeitos das leis de proteção ao emprego sobre o, 326-9; sua regulamentação na Europa, 323-9; demissão retaliativa, 544; comparado à escravidão, 283-4; emprego "sem garantias", 316-29, 544
trabalho, economia do. *Ver* economia (da compensação dos empregados)
tradução, 517-22
transição demográfica, 364
Tribe, Lawrence H., 193, 351n
tributação, 432; de cigarros, 455; regulamentadora, 436-7
troca de favores, 134
Tullock, Gordon, 448
Turner, Donald F., 3, 462
Tushnet, Mark, 13, 78n, 168n, 199, 399
tutela privada do direito, 313-42

Unger, Roberto, 105, 468, 488
União Soviética, 479, 484, 487
Universidade de Chicago: Departamento de Graduação em Gestão e Políticas Públicas, 223; Faculdade de Gestão de Serviço Social, 223
usura, doutrina católica da, 549
utilidade marginal: descendente, 145, 149; conceito econômico de, 118n; maximização da, 435, 442-3, 457-9, 466-7, 583n
utilitarismo, 23-4, 165-7, 279, 286, 321, 401, 412, 426
utopistas, estudos acadêmicos, 312-5

Veblen, Thorstein, 451
vegetarianismo, 313, 365

verdade, 5, 10, 38, 62, 108, 117, 412-3, 417-8, 472-3, 537, 553, 556; das metáforas, 550-1; Platão *vs.* Aristóteles sobre a, 539
vestimenta, função sinalizadora da, 357, 360, 536, 543, 558, 560, 588
Vickers, Brian, 524n, 532n, 554n
vingança, 496; como princípio fundamental da ordem social, 337-42. *Ver também* rixa
vitaliciedade (acadêmica), 316-29 *passim*
vitorianos, costumes sexuais, 597
voto, 539; nos tribunais, 128-31, 153; voto "maria vai com as outras", 131-5; estímulos para votar, 128-9; quantidade efetiva de votantes, 138, 153; comércio de votos (troca de favores), 134. *Ver também* proporcionalidade representativa
votos, *ver* votos dos juízes
votos dos juízes, 60, 73-4, 94, 122, 334, 425; satisfação com a redação dos, 131

Waldron, Jeremy, 90
Warren, a corte presidida pelo juiz, 152, 212, 214-5, 290, 522
Warren, Earl, 66, 212, 223
Weber, Max, 342
Wechsler, Herbert, 65n, 74-80, 82-4, 88, 258n, 297, 496, 551
West, Cornel, 12, 411, 417
West, Robin L., 105, 313n, 354n, 360n, 373, 389-90nn, 490, 603
Weyrauch, Walter Otto, 164n, 520n
White, Byron, 269
White, G. Edward, 105, 289n, 296n
White, James Boyd, 91, 105, 518n, 518-22, 537, 550
White, R. J., 276n, 285n
Whitehead, Alfred North, 442
Whyte, H. B., 514-6
Widawsky, David, 225-9
Wigmore, John H., 65n
Williams, Patricia J., 114, 351n, 388-405, 512, 554
Williamson, Oliver O., 443-4nn, 452, 458-67
Winter, Steven, 335
Wittgenstein, Ludwig, 8, 142, 334, 416, 444, 469, 484, 550. *Ver também* jogo (conceito de, em Wittgenstein)
Woe Unto You, Lawyers! (Rodell), 416
Wolfe, Tom, 391, 505-13
Wollstonecraft, Mary, 353
Woolgar, Steve, 38n